금융 머신러닝

이론에서 실전까지
금융 머신러닝

매튜 딕슨 · 이고르 핼퍼린 · 폴 빌로콘 지음
이기홍 옮김

i!i
에이콘

에이콘출판의 기틀을 마련하신 故 정완재 선생님 (1935-2004)

불가능한 것을 일단 없애버리면 남는 것은
아무리 있을 수 없는 일이라도 반드시 진실이 될 것이다.

- 아서 코난 도일(Arthur Conan Doyle)

지은이 소개

매튜 딕슨Matthew F. Dixon

일리노이 공과대학의 응용수학 조교수다. 인텔에서 지원하는 금융을 위한 컴퓨터 방법을 연구하고 있다. 계량 트레이딩과 위험 모델링에 관한 학문과 금융 기관을 위한 컨설팅을 하기 전에는 런던에 있는 리먼 브라더스에서 신용거래 구조화 업무를 했다. 임페리얼 칼리지에서 응용수학 박사 학위를 취득했으며, 스탠포드 대학교와 UC 데이비스에서 박사후 교수와 초빙 교수로 임용됐다. 머신러닝과 금융 모델링에 관한 동료 리뷰 출판물을 20여 편 출판했고, 블룸버그 마켓과 파이낸셜타임스에서 핀테크 전문가로 꼽혔으며 실리콘밸리와 월스트리트에서 자주 초청받는 강연자로 활동하고 있다. R 패키지를 공개하고 Google Summer of Code에서 멘토로 활동했으며 탈레시안사Thalesians Ltd.의 공동 설립자다.

이고르 핼퍼린 Igor Halperin

NYU의 금융공학 연구 교수며, 피델리티 인베스트먼트 Fidelity Investment 의 AI 연구원이다. 이전에 JP모건 JPMorgan에서 거의 15년 동안 퀀트 리서치의 전무이사였다. 텔아비브 대학교에서 이론 물리학 박사 학위를 받았다. 금융 산업에 합류하기 전에 테크니온과 브리티시컬럼비아 대학교에서 이론 물리학 박사 학위를 받았다.

폴 빌로콘 Paul Bilokon

탈레시안사의 CEO이자 설립자로, 여러 자산 클래스에 걸친 전자 및 알고리듬 트레이딩 전문가이며, 도이체뱅크와 씨티그룹에서 이러한 사업을 구축하는 데 도움을 줬다. 전자 트레이딩에 집중하기 전에는 파생상품에 관해 일했으며 노무라, 리먼 브라더스, 모건 스탠리에서 퀀트 역할을 해왔다. 크라이스트 처치 대학 Christ Church College, 옥스포드 Oxford, 임페리얼 칼리지 Imperial College에서 교육을 받았다. 수학 및 계량 금융뿐만 아니라 머신러닝과 수학 논리에 관심이 많다.

감사의 글

계량 금융과 공학 분야에서 영감이 되고 우리 경력에 있어 귀감이 됐던 마크 데이비스^{Mark Davis}(임페리얼 칼리지)에게 이 책을 바친다. NYU 탄돈 금융공학부 학장인 피터 카^{Peter Carr}는 금융 분야에서 머신러닝 분야의 성장을 지원하는 데 큰 역할을 해왔다. 우리에게 알고리듬 금융 프로그램 석사 과정에서 연사로서의 기회와 머신러닝 강사 자리를 제공해주어 논문을 쓰고 교과서에서 요구하는 핵심 분야를 파악할 수 있도록 도움을 줬다. 미구엘 알론소(AIF), 아고스티노 카포니(콜롬비아), 라마 콘트(옥스포드), 케이 기제케 (스탠포드), 알리 히르사(콜롬비아), 세바스티안 자이문갈(토론토 대학교), 게리 카잔체프(블룸베르크), 모턴 레인(UIUC), 욜겐 오테리에더(ZHAW)는 다양한 학계와 산학 협동 워크숍 및 커뮤니티 미팅을 열어 분야를 활성화했으며, 이 책에 도움을 줬다. 동시에 런던에서 이 책이 나오기를 지지해줬는데, SIAM/LMS 워크숍과 탈레시안과 같은 실무자 특별 이익 단체들은 매력적인 금융 애플리케이션을 많이 발견했다. 이 책은 NYU, UIUC, 일리노이 테크, 임페리얼 칼리지의 강좌와 토론토 필즈 인스티튜트에서 열린 2019년 머신러닝에 관한 부트캠프를 통해 더욱 풍성해졌다.

그동안 Tomasz Bielecki(일리노이 테크), Igor Cialenco(일리노이 테크), Ali Hirsa(콜롬비아 테크), Brian Peterson(DV 트레이딩)의 지원을 받을 수 있었다. 연구 협력자 및 동료 Kay Giesecke(스탠포드 대학교), Diego Klabjan

(NWU), Nick Polson(시카고 부스), Harvey Stein(블룸버그)에게 감사하며, 이들은 모두 금융 분야에서 새롭게 부상하고 있는 머신러닝 분야를 우리가 이해하도록 도움을 줬다. 스리 크리슈나무르시(퀀트 대학교), 사이드 아멘(큐에마크로), 타일러 워드(구글), 니콜 쾨니히슈타인의 귀중한 의견에 감사드린다. Siwen Jing, BoWang, Siliang Xong의 소스코드와 연습에 기여한 일리노이 공대 대학원생들에게 감사한다. 코드 개발을 지지해준 스와미나단 셋후라만, 뉴욕 대학교와 코세라^{Coursera}에서 가르친 코스를 지원해주고 코드 개발을 제공한 볼로드 체르나트와 조지 그비시아니에게 특별히 감사한다. 마지막으로 학생들과 임페리얼 칼리지의 MSC 재정 및 수학 강좌의 주최자(다미아노 브리고, 앙투안 자키에, 미코 파카넨, 룰라 무르타다)에게 감사드린다. 이 강좌에 제시된 많은 아이디어를 테스트했다. 또한 블랑카 호바스의 유용한 아이디어에 감사한다.

미국 일리노이주 시카고, **매튜 딕슨**
미국 뉴욕주 브루클린, **이고르 핼퍼린**
영국 런던, **폴 빌로콘**
2019년 12월

옮긴이 소개

이기홍(keerhee@gmail.com)

카네기멜론 대학교에서 석사 학위를 받았고, 피츠버그 대학교의 Finance Ph.D, CFA, FRM이며, 금융, 투자, 경제 분석 전문가다. 삼성생명, HSBC, 새마을금고 중앙회, 한국투자공사 등과 같은 국내 유수의 금융 기관, 금융 공기업에서 자산 운용 포트폴리오 매니저로 근무했으며, 현재 딥러닝과 강화학습을 금융에 접목시켜 이를 전파하고 저변을 확대하는 것을 보람으로 삼고 있다. 저서로는 『엑셀 VBA로 쉽게 배우는 금융공학 프로그래밍』(한빛미디어, 2009)이 있으며, 번역서로는 『포트폴리오 성공 운용』(미래에셋투자교육연구소, 2010), 『딥러닝 부트캠프 with 케라스』(길벗, 2017), 『프로그래머를 위한 기초 해석학』(길벗, 2018)과 에이콘출판사에서 출간한 『실용 최적화 알고리즘』(2020), 『초과 수익을 찾아서 2/e』(2020), 『자산운용을 위한 금융 머신러닝』(2021), 『실전 알고리즘 트레이딩 배우기』(2021), 『존 헐의 비즈니스 금융 머신러닝 2/e』(2021), 『퀀트 투자를 위한 머신러닝·딥러닝 알고리듬 트레이딩 2/e』(2021) 등이 있다. 누구나 자유롭게 머신러닝과 딥러닝을 자신의 연구나 업무에 적용해 활용하는 그날이 오기를 바라며 매진하고 있다.

옮긴이의 말

금융업에 종사하면서 세계의 많은 석학과 유명 펀드 매니저들을 만났다. 특히 금융 퀀트 부문의 리서처와 매니저들을 접할 수 있는 기회가 있었다. 거듭 느끼는 것이지만 분야를 막론하고 투자 철학이 중요하며 그러한 투자 철학을 갖게 한 경험과 전통이 중요하다는 것을 깨닫는다. 한국인이 (최고로) 잘할 수 있는 분야가 자산 운용, 그중에서도 퀀트 분야라고 생각한다. 자유로이 연구하고 운용할 자원이 부족하며 전통과 경험이 미천하다는 약점 역시 존재한다. 이러한 상황을 타파하고자 독자들이 전통과 경험을 단기간에 뛰어넘기 위한 학습에 도움을 줄 수 있는 '금융 퀀트 머신러닝 융합' 시리즈를 기획했다.

이 시리즈는 세 개의 기둥을 갖는데, 이 책은 그중 마지막 단계이자 세 번째 기둥이 돼 줄 작품이다. 첫 번째 기둥이 스테판 젠슨^{Stefan Jansen}의 『퀀트 투자를 위한 머신러닝·딥러닝 알고리듬 트레이딩 2/e^{Machine Learning for Algorithmic Trading - Second Edition}』이며 두 번째 기둥은 마르코스 로페즈 데 프라도^{Marcos Lopez de Prado} 교수의 『실전 금융 머신러닝 완벽 분석^{Advances in Financial Machine Learning}』과 『자산 운용을 위한 금융 머신러닝^{Machine Learning for Asset Managers}』이다. 첫 번째 기둥이 일반적인 머신러닝/딥러닝 기법을 금융에 그대로 적용하고자 하는 시도를 담은 책이라면 두 번째 기둥은 머신러닝 자체보다는 머신러닝이 금융에 도입될 때 생겨날 수 있는 많은 문제를 다루며, 머신러닝적 사고를 통해 금융의 특수한 설정을 잘 반영함으로써 금융과 머신러닝의 결합이 더욱 유용할 수 있다는 것을 강조하고 있다.

세 번째 기둥은 오히려 고전적 경제학 및 금융의 입장에서 머신러닝과 딥러닝을 도입해 머신러닝을 오히려 금융적 관점에 해석하고 기존 금융 경제학을 발전시키고자 한다. 많은 머신러닝/딥러닝 및 심지어 물리학 개념이 도입됐음에도 불구하고 오히려 금융 경제학에 뿌리를 두고 있는 독자는 무엇인가 더 친근함을 느낄 것이다. 동시에 기존 금융 경제학이 머신러닝을 반영하면서 이런 방향으로 뻗어나가고 있구나 하는 것을 실감할 수 있을 것이다. 더 나아가서 고전 경제학과 금융이 기반을 두고 있는 물리학과 통계학의 많은 기존 개념 및 최신 이론을 머신러닝에 더욱 가미해서 금융적 맥락에서 성능을 더욱 발휘하게 만든다. 이번 기둥은 그야말로 '통합의 길'을 제시하고 있다. 이 시리즈의 완성본이라고도 할 수 있을 것이다. 기본적인 머신러닝과 딥러닝을 익힌 독자는 이 세 기둥을 통해 진정한 금융 퀀트의 길에 접어든다고 할 수 있다. 너무나 유익하고 재미있는 앞으로의 항로에 기대를 건다.

이 책과 이전에 출간된 책들은 파이썬 코드를 활용해 실제로 연습할 수 있으므로 개념을 쉽게 이해할 수 있도록 돕고 있다. 앞으로 이 세 기둥을 기반으로 더욱 고급의 발전된 내용들을 선보일 예정이다. 이러한 어려운 작업을 허용해주신 에이콘출판의 권성준 사장님, 조유나 과장님 및 모든 분께 감사드린다.

차례

1부   횡단면 데이터를 사용한 머신러닝

1장   서론   39

2부   순차적 학습

3부   순차적 데이터와 의사결정

9장   강화학습 소개

들어가며

금융에서의 머신러닝은 패턴 인식, 금융 계량경제학, 통계 컴퓨팅, 확률 프로그래밍, 동적 프로그래밍을 포함한 다수의 새로운 분야의 교차점에 위치한다. 계산 자원과 대규모 데이터 세트가 증가하는 추세와 함께 머신러닝은 오픈소스 머신러닝 툴킷으로 제공되는 플러그앤플레이 알고리듬에 중점을 두고 컴퓨팅 엔지니어링 분야의 핵심으로 성장했다. 알고리듬 거래와 같은 알고리듬에 초점을 맞춘 금융 영역이 주로 머신러닝 기술을 채택했지만 공학에 기반을 둔 연구 단체와 기업 활동의 영역을 벗어나면 머신러닝의 많은 부분은 여전히 미스터리로 남아 있다.

공학을 전공하지 않은 학생과 실무자의 머신러닝을 이해하는 데 있어 핵심적인 장벽은 금융 시계열 분석에 적합한, 잘 확립된 이론과 개념이 없다는 것이다. 이것들은 금융 모델링 직관과 과학적 추론의 발전에서 기초 역할을 한다. 더욱이 머신러닝은 공학 실재론^{ontology}에 크게 정착돼 있어 수학, 통계, 물리학, 경제 같은 계량적 분야의 학생, 학자, 금융 실무자들이 어느 정도 지적 접근을 할 수 없게끔 만든다. 결과적으로 이 분야에 필요한 능력에 대해 많은 오해가 있으며 이해하더라도 제한적이다. 머신러닝 기법은 종종 효과적이지만 여전히 제대로 이해되지 않고 종종 수학적으로 받아들여지기 어렵다. 시계열 분석, 계량경제학, 수학 통계에서 좀 더 기초적인 이론의 맥락에서 머신러닝 분야의 핵심 개념을 어떻게 배치할 것인가? 심층 신경망과 같은 고급 머신러닝 기법이 선형회귀와 같은 잘 알려진 통계 모델과 수학적으로 동등한 조건인 것은 어느 조건에서인가? 서로 다른 금융 애플리케이션에 대한 좀 더 전통적인 계량경제학 방법에 비해 머신러닝 학습 방법을 사용함으로써 얻을 수 있는 이익에 대해 어떻게 추론해야 하는가? 어떤 이론이 금융 모델링 문제에 머신러닝의 적용을 지원하는가? 강화학습은 파생상품 가격 결정을 위한 블랙–숄즈–머튼$^{Black-Scholes-Merton}$ 모델에 모델 독립적 접근 방식을 어떻게 제공하고 있는가? Q 러닝은 금융에서 이산 시간 확률적 제어 문제를 어떻게 일반화하는가?

이 책은 계량 금융 분야의 퀀트와 데이터 과학자 외에 금융 경제학, 경영학, 응용통계학 분야의 고급 대학원생과 학자를 대상으로 작성됐다. 우리는 머신러닝을 데이터, 정규화, 편향–분산 트레이드오프를 제어하기 위한 기법의 새로운 알고리듬 표현에 중점을 두고 금융 경제학과 동적 프로그래밍 같은 계량경제학의 다양한 주제에 대한 비선형 확장으로 제시해 표본 외 예측 개선을 유도한다.

이 책은 이론과 응용을 다루는 세 부분으로 나눠져 있다. 첫 번째 부분은 베이지안과 빈도주의의 관점에서 횡단면 데이터에 대한 지도학습을 제시한다. 좀 더 진보된 내용으로 투자 관리 및 파생상품 모델에 대해 가우시안 프로세스뿐 아니라 딥러닝을 포함한 신경망의 중요성을 강조한다. 두 번째 부분에서는 시계열 데이터에 대한 지도학습을 다룬다. 이는 거래, 확률적 변동성, 고정 소득 모델링의 예에서 보듯이 금융에 사용되는 가장 일반적인 데이터 유형이다. 마지막으로 세 번째 부분에서는 강화학습과 트레이딩, 투자, 자산 관리에 대한 응용을 다룬다. 이 책은 방법론과 애플리케이션에 대한 독자의 이해를 돕고자 파이썬 코드 예를 제공한다. 이 새로운 분야의 연구를 위한 가교로, 이 책은 연구자의 관점에서 금융에서의 머신러닝의 최전선 경계를 제시해 통계 물리학에서 잘 알려진 개념들이 금융에서 머신러닝을 위한 연구 주제로 얼마나 많이 등장할 가능성이 있는지를 강조한다.

전제 조건

이 책은 계량 금융, 데이터 과학, 분석, 핀테크 분야의 경력을 쌓으려는 데이터 과학, 수학 금융, 금융 공학, 경영 과학 연구 분야의 대학원생을 대상으로 한다. 선형 대수학, 다변량 미적분학, 고급 확률 이론, 확률 과정, 시계열 통계학(계량경제학)의 고학년 학부 과정을 이수하고 수치 최적화와 계산 수학에 대해 기본적으로 이해하고 있어야 한다. 이 책의 후반부에 있는 강화학습은 투자 과학에 대한 약간의 배경지식만 있다면 더 쉽게 접근할 수 있다. 또한 파이썬 프로그래밍에 대한 사전 경험이 있어야 하며, 이상적으로는 컴퓨터 금융 및 입문 머신러닝에 대한 강의를 듣는 것이 좋다. 이 책의 자료는 머신러닝에 대한 대부분의 과정보다 수학적이고 공학에 덜 집중돼 있으며, 이러한 이유로 길버트 스트랭Gilbert Strang의 최신 서적인 『딥러닝을 위한 선형대수학Linear Algebra and Learning from Data』을 기본으로 읽을 것을 추천한다.

이 책의 장점

금융 계량경제학에서 잘 확립된 기초 주제에서 금융에서 머신러닝의 응용에 이르는 가교로서 유용한 책이다. 통계 머신러닝은 표본 외 예측을 개선할 수 있도록 데이터, 정규화, 모델 평균의 새로운 알고리듬 표현을 강조하면서 금융 계량경제 및 계량 금융의 비모수적 확장을 제시한다. 고전적인 금융 계량경제 및 동적 프로그래밍과 구별되는 주요 특징은 데이터 생성 프로세스에 대한 가정이 없다는 것이다. 이는 모델 및 성능 평가에 중요한 영향을 미친다. 이 책의 주요 공헌은 다음과 같다.

- 교과서 시장은 머신러닝에 관한 우수한 저서로 포화 상태다. 그러나 금융 계량경제학의 관점에서 주제를 제시하고 머신러닝의 기본 개념을 금융 시계열 분석, 투자 과학 및 금융 위험 관리와 같은 금융에서 이미 잘 확립된 표준 모델링과 의사결정 프레임워크에 접목하

는 책은 거의 없다. 이러한 분야의 통합으로 인해 머신러닝 이론이 금융 모델링 실무를 어떻게 향상하는지에 대한 직관을 개발할 수 있다.

- 머신러닝은 공학 실재론에 확립돼 있어 수학, 통계, 물리학, 경제 등의 계량 분야에서 학생, 학자, 금융 실무자들이 어느 정도 지적 접근을 할 수 없게 만든다. 더욱이 금융 계량경제학은 이 변환된 분야와 보조를 맞추지 못했으며, 이러한 분야 간에 다양한 모델링 개념을 조정할 필요가 있다. 이 책은 확률과 고급 통계학, 선형 대수학, 시계열 분석, 파이썬 프로그래밍 등의 선행 교육을 받은 학생들을 위한 대학원 과정의 기초가 될 강력한 수학적 아이디어를 바탕으로 만들어졌다.

- 이 책은 머신러닝의 '블랙 박스' 특성에 대한 우려를 완화하고자 좀 더 이론적인 설명을 추구하는 규제자, 자산 관리자, 연방 연구 기관, 금융의 다른 고도로 규제된 비즈니스 기능의 전문가 이익을 위해 머신러닝에 대한 금융 모델을 금융 시장적 관점에서 간결한 이론으로 다룬다.

- 강화학습은 데이터 생성 프로세스를 가정하지 않고 포트폴리오 최적화, 파생상품 가격 결정, 자산 관리 응용을 포괄하는 금융의 확률적 제어 문제에 대한 모델 독립적 프레임워크로 제시된다. 또한 Q 러닝으로 최적의 실행과 같은 시장 미시 구조의 문제에 대한 모델 독립적 접근 방식을 제공한다. 그리고 역강화학습 방법을 처음으로 제시한다.

- 객관식 질문, 수치 예, 각 장의 끝에 있는 80개 이상의 연습문제는 기술적 개념을 이해할 수 있도록 이 책 전반에 걸쳐 사용된다.

- 위험 관리와 주식 연구에서의 알고리듬 트레이딩 및 금융 모델링에 머신러닝의 적용을 입증하는 파이썬 코드를 제공한다. 이 코드는 구글의 텐서플로나 파이썬의 데이터 처리 라이브러리인 판다스와 같은 강력한 오픈소스 소프트웨어 툴킷을 사용한다.

이 책의 구성

1장

금융 산업의 머신러닝 필요성과 채택에 대한 고유한 장벽을 형성한 중요한 사건을 논의하며 금융 머신러닝의 산업 맥락을 짚는다. 금융 산업은 머신러닝을 다양한 기술적 수준으로 채택했다. 그것이 어떻게 채택됐는가는 응용을 뒷받침하는 학파에 의해 크게 분열돼 있다. 머신러닝의 특성과 머신러닝이 실제로 어떻게 사용되는지를 보여주는 몇 가지 수학적 핵심 예를 살펴본다. 특히 선형회귀, 로지스틱 회귀, 자기회귀 시계열 모델과 같이 잘 확립된 기존의 기법과 신경망이 어떻게 관련이 있는지를 보여줌으로써 신경망은 '블랙박스'라는 많은 금융 실무자의 우려를 해결하기 시작한다. 이 주장은 이후의 장에서 더욱 발전한다.

2장

확률적 모델링을 소개하고 베이지안 추론, 모델 선택, 온라인 학습, 베이지안 모델 평균화와 같은 베이지안 계량학의 기본 개념을 검토한다. 혼합 모델과 같은 확률론적 그래픽 모델을 사용해 복잡한 데이터의 좀 더 다용도 표현을 발전시킨다.

3장

베이지안 회귀분석을 소개하고 이전 장의 많은 개념을 어떻게 확장하는지 보여준다. 커널 기반 머신러닝 방법(특히 베이지안 머신러닝 방법의 중요한 클래스인 가우시안 프로세스 회귀)을 개발하고 파생상품 가격의 모델을 '대리'하기 위한 이들의 적용을 입증한다. 또한 자연스럽게 후속 장의 주제인 빈도주의 설정에서 정규화의 역할과 함수 형태에 대한 직관을 개발하는 지점을 발견할 수 있다.

4장

지도학습, 딥러닝, 신경망에 대해 좀 더 심층적으로 설명하며, 기초적인 수학과 통계 학습 개념을 제시하고 이들이 트레이딩, 위험 관리, 투자 관리에서 실제 사례와 어떻게 관련돼 있는지 설명한다. 이러한 응용은 예측과 모델 설계에 대한 과제를 제시하며, 이 책 전반에 걸쳐 반복되는 주제로 다뤄진다. 다양한 모델 설계 선택을 설명하고자 신경망을 좀 더 공학적인 스타일로 설명한다.

5장

신경망 설계에 최소한의 제한을 가하는 신경망 해석 방법을 제시한다. 특성 중요도에 순위를 매기는 방법을 포함해 순전파 신경망을 해석하는 기법을 시연한다. 특히 팩터 모델링을 위한 딥러닝 모델에 해석 가능성 분석을 적용하는 방법을 보여주는 예도 제시한다.

6장

금융 계량경제학에서 가장 중요한 모델링 개념에 대한 개요를 제공한다. 이러한 방법은 다음 장에 제시된 좀 더 진보된 신경망 구조에 대한 개념적 기반과 성능 베이스라인을 형성한다. 사실, 구조의 각 유형은 여기에 제시된 많은 모델의 일반화다. 특히 계량경제학과 시계열 분석에 거의 노출되지 않은 공학 또는 과학 배경을 가진 학생에게 유용하다.

7장

재무 데이터에 대한 강력한 종류의 확률적 모델을 제시한다. 이러한 모델 중 다수는 이전 장에서 빈도주의 모델의 심각한 정상성 한계를 극복한다. 적합화의 증명 절차도 다르다. 최대 우도 추정 또는 베이지안 추론보다는 상태 공간 모델에 칼만 필터링 알고리듬을 사용한다. 다양한 알고리듬으로 금융에서의 은닉 마르코프 모델과 입자 필터의 간단한 예를 제시한다.

8장

금융 시계열 분석을 위한 다양한 신경망 모델을 제시하며, 이러한 모델이 금융 계량경제학에서 잘 알려진 기술과 어떻게 관련되는지 보여주는 예를 제공한다. 순환 신경망^{RNN}은 비선형 시계열 모델로 제시되고 AR(p)와 같은 고전적인 선형 시계열 모델을 일반화한다. 이들은 금융 시계열의 예측을 위한 강력한 접근법을 제공하고 비정상성 데이터에도 일반화한다. 또한 시계열 데이터를 필터링하고 데이터의 다른 척도를 활용하기 위한 합성곱 신경망^{CNN}도 제시한다. 마지막으로 오토인코더가 정보를 압축하고 주성분 분석을 일반화하는 데 어떻게 사용되는지 보여준다.

9장

마르코프 의사결정 프로세스와 동적 프로그래밍의 고전적인 방법을 소개하고 강화학습의 아이디어와 MDP를 해결하기 위한 다른 근사 방법을 제공한다. Q 러닝으로 이동하기 전에 벨만 최적성, 반복 가치와 정책 업데이트를 설명한 후 탐욕, 배치 학습, Q 러닝과 같은 주요 계산 개념을 다루면서 주제에 대한 좀 더 엔지니어링 스타일의 설명으로 빠르게 진행한다. 다수의 소규모 사례 연구를 통해 자산 관리와 트레이딩에서 RL이 최적화 문제에 어떻게 적용되는지에 대한 통찰력을 제공한다. 이러한 예는 파이썬 노트북으로 각각 지원된다.

10장

앞서 제시한 이론을 발전시키고 더불어 금융에 대한 강화학습을 실제로 적용해본다. 계량 금융의 가장 일반적인 문제 중 하나로 시작하는데, 이산 시간에서 최적의 포트폴리오 거래의 문제다. 거래 또는 위험 관리의 많은 실제 문제는 서로 다른 최적화 기준, 포트폴리오 구성과 제약으로 인해 다양한 형태의 동적 포트폴리오 최적화에 해당된다. 기존의 블랙-숄즈 모델을 Q 러닝을 이용한 데이터 중심 접근법으로 일반화하는 옵션 가격 결정 강화학습 접근법을 소개한다. 그런 다음 G-러닝이라는 Q 러닝의 확률론적 확장을 제시하고 동적 포트폴리오 최적화에 어떻게 사용할 수 있는지를 보여준다. 보상 함수의 특정 설정에 대해 G-러닝은 반분석적으로 다루기 쉬우며 선형 2차 규제자^{LQR}의 확률적 버전에 해당한다. 이러한 사례에 대해 자세히 분석하고 동적 포트폴리오 최적화 및 자산 관리 문제의 예와 해결책을 보여준다.

11장

역강화학습^{IRL}과 모방학습^{IL}의 가장 인기 있는 방법에 대한 개요를 살펴본다. 이러한 방법은 강화학습과 유사하게 데이터 중심 방식으로 최적 제어 문제를 해결하지만 이제 보상이 관찰되지 않는다는 중요한 차이가 있다. 문제는 오히려 에이전트의 관찰된 행동에서 보상 함수를 배우는 것이다. 보상이 없는 행동 데이터는 많이 수집할 수 있으므로 이러한 데이터에서 학습하는 문제는 확실히 매우 흥미롭다. 가장 유망한 IRL 방법에 대한 중간 수준의 설명을 제공하며, 독자에게 IRL에 대한 현재 문헌을 이해하고 따를 수 있는 충분한 지식을 제공하고, 보상의 '실제 값'을 알 때 이러한 방법이 어떻게 수행되는지 보고자 간단한 시뮬레이션 환경을 사용하는 예를 제시한다. 그런 다음 트레이딩 전략 식별, 감성 기반 트레이딩, 옵션 가격 결정, 포트폴리오 투자자의 추론, 시장 모델링에 대한 애플리케이션을 포함하는 계량 금융에서 IRL의 사용 사례를 살펴본다.

12장

계량 금융과 머신러닝에서 새롭게 부상하는 연구 주제를 다룬다. 많은 흥미로운 신흥 주제 중에서 두 가지 광범위한 주제에 초점을 맞춘다. 첫 번째는 에이전트의 인지-행동 주기의 두 가지 작업으로 지도학습과 강화학습의 통합을 다룬다. 특히 정보 이론 기반 강화학습 버전을 포함해 문헌에서 몇 가지 최신 연구 아이디어를 개략적으로 설명하고 금융 응용 분야에 대한 관련성을 논의한다. 이러한 아이디어가 RL 금융 모델에 대해 흥미로운 실제적 의미를 가질 수 있는 이유를 설명하는데, 여기서 특성 선택은 일반적으로 '알파 연구'에서 수행되는 것처럼 외생적이 아닌 장기 목표 최적화라는 일반적인 작업 내에서 수행될 수 있다. 제시된 두 번째 주제는 시장 역학 모델을 구성하고자 강화학습 방법을 사용하는 것을 다룬다. 또한 이러한 RL에서 영감을 받은 시장 모델에 대한 계산을 위한 몇 가지 고급 물리학 기반 접근법을 소개한다.

소스코드

많은 장에 파이썬 노트북이 첨부돼 몇 가지 주요 개념을 설명하고 머신러닝 방법의 적용을 보여준다. 각 노트북에는 가볍게 주석이 달려 있다. 이러한 노트북의 대부분은 텐서플로를 사용한다. 이러한 노트북과 함께 파이썬 소스 파일과 데이터를 구글 콜랩$^{Google Colab}$에 로드하는 것이 좋다. 자세한 지침과 자세한 내용은 노트북과 함께 각 장의 부록과 각 장의 하위 폴더에 있는 README.md을 참고하라.

- **저자 깃허브:** github.com/mfrdixon/ML_Finance_Codes
- **에이콘출판사 깃허브:** github.com/AcornPublishing/ml-finance

범위

머신러닝 분야가 빠르게 발전하고 있으며 이 분야의 연구에 뒤떨어지지 않는 것은 어려운 추구라는 것을 우리는 인식하고 있다. 머신러닝은 지도학습, 비지도학습, 강화학습을 포함한 많은 방법론 클래스를 포괄하는 용어다. 이 책은 지도학습과 강화학습에 초점을 맞춘다. 이것들은 금융에 있어 계량경제학, 예측 모델링, 최적 제어와 가장 중복되는 영역이기 때문이다. 지도학습은 생성과 판별 학습으로 분류될 수 있다. 우리는 어파인 변환affine transformation을 통해 직접적으로 또는 매니폴드에 대한 투영을 통해 입력 공간을 분할하는 판별적 학습기에 초점을 맞춘다. 신경망은 광범위한 함수에 대한 보편적 근사치를 제공하는 것으로 나타났다. 또한 잘 알려진 다른 통계 기법으로 축약돼 시계열 데이터에 적응할 수 있음을 보여줄 수 있다.

이 책의 많은 장은 시계열 모델을 확장해 시계열의 최적 제어 문제를 다루고 포트폴리오 최적화, 옵션 가격 결정, 자산 관리와 같은 고전적인 금융 문제가 얼마나 자연스럽게 강화학습RL 및 역강화학습IRL의 문제로 제기되는지를 보여주는 RL과 IRL에 대한 소개에 할애한다. 이러한 문제에 적용할 수 있는 간단한 RL 방법을 제시할 뿐만 아니라 이들 응용에서 신경망을 어떻게 사용할 수 있는지 설명한다.

이미 다른 고전적인 머신러닝 방법을 다루는 몇 가지 우수한 교과서가 있다. 우리는 머신러닝을 다양한 금융 모델링 및 의사결정 프레임워크에 접목하는 방법에 초점을 맞추기로 선택한다. 이 책의 많은 부분이 신경망에만 국한되지 않는다는 것을 강조하지만 랜덤 포레스트와 같은 대안적인 지도학습 접근법들의 비교는 이 책의 범위를 벗어난다.

다지선다형 문제

핵심 개념을 설명한 후 객관식 질문을 제시한다. 모든 질문에 대한 정답은 각 장의 끝에서 몇 가지 더 어려운 내용에 대해 부분적인 설명도 제공된다.

연습문제

모든 장의 끝에 연습문제가 있다. 각 연습문제는 본문에서 설명하는 개념을 익히고 금융에서의 머신러닝을 응용하게끔 유도하며, 다른 장의 내용과 부드럽게 연결하고자 선택됐다. 완료하는 데 몇 분 정도 걸릴 수 있는 간단한 연습을 나타내는 (*)부터 상당히 복잡한 연습을 나타내는 (**)까지의 난이도에 따라 등급이 매겨진다. 따로 명시되지 않는 한, 각 연습문제에서 참조되는 모든 공식은 해당 장의 공식과 일치한다.

강사 자료

이 책은 장 끝의 질문에 대한 해답을 제공하는 별도의 강사 매뉴얼을 제공한다. 객관식 질문에 대한 솔루션에 대한 전체 설명도 제공된다. 매뉴얼은 이후 장에서 일부 프로그래밍 연습에 대한 추가 참고 사항과 예제 코드 솔루션을 제공한다.

문의

한국어판의 정오표는 www.acornpub.co.kr/book/ml-finance에서 찾아볼 수 있다. 질문이 있다면 에이콘출판사 편집 팀(edit@acornpub.co.kr)이나 옮긴이의 이메일로 문의하길 바란다.

1부

횡단면 데이터를 사용한 머신러닝

01

서론

1장에서는 금융 산업에서의 머신러닝 필요성과 채택에 대한 고유 장벽을 형성한 중요한 사건을 알아보면서 금융의 머신러닝에 대한 산업 맥락을 소개한다. 금융업계는 머신러닝을 다양한 기술적 수준으로 채택했다. 그것이 어떻게 채택됐는가는 응용을 뒷받침하는 학문적 교리에 따라 크게 분열돼 있다. 1장에서는 머신러닝의 특성과 그것이 실제로 어떻게 사용되는지를 보여주는 몇 가지 핵심 수학적 예를 살펴보고, 1장 이후 장에서 더 많은 기술적 설명을 위한 직관을 구축하는 데 중점을 둔다. 특히 선형회귀, 로지스틱 회귀, 자기회귀 시계열 모델과 같이 잘 확립된 기존의 기법과 어떻게 관련이 있는지를 보여줌으로써 신경망은 '블랙박스'라는 많은 금융 실무자의 우려를 해결하기 시작한다. 그러한 주장은 1장 이후의 장에서 더욱 발전한다. 또한 1장에서는 금융을 위한 강화학습을 소개하고 실제로 머신러닝을 적용할 때의 설계 개념과 실제 과제를 강조하는 좀 더 심층적인 사례 연구로 이어진다.

1. 배경

1955년 뉴햄프셔 하노버에 있는 다트머스 대학에서 젊은 수학 조교수였던 존 매카시$^{John McCarthy}$는 마빈 민스키$^{Marvin Minsky}$, 나다니엘 로체스터

Nathaniel Rochester, 클로드 섀넌Claude Shannon과 함께 인공지능에 관한 다트머스 여름 연구 프로젝트를 위한 제안서를 제출했다. 1956년 여름에 트렌차드 모어Trenchard More, 올리버 셀프리지Oliver Selfridge, 허버트 사이먼Herbert Simon, 레이 솔로몬오프Ray Solomonoff 등이 주최했다. 제시된 목표는 야심찬 것이었다.

"이 연구는 학습의 모든 측면이나 지능의 다른 특징들이 원칙적으로 매우 정확하게 묘사될 수 있다는 추측을 근거로 진행돼 그것을 시뮬레이션하는 기계가 만들어질 수 있다는 것이다. 기계가 언어를 사용하게 하고 추상화와 개념을 형성하며, 현재 인간에게 남겨진 문제의 종류를 해결하고, 스스로를 개선하는 방법을 모색하는 시도를 할 예정이다." 그래서 인공지능AI, Artificial Intelligence 분야가 탄생했다.

이때부터 AI는 다양한 판단 과제에서 끊임없이 인간을 능가하려고 노력했다(Pinar Saygin et al. 2000). 이러한 성공의 가장 기본적인 지표는 튜링 테스트Turing test다. 튜링 테스트(Turing 1995)는 인간과 동등하거나 구별할 수 없는 지능적 행동을 보이는 기계의 능력을 테스트한 것이다. 최근 몇 년 동안 AI의 성공 패턴이 나타났는데, 이는 제한된 고차원 공간에서 기하급수적인 후보 수를 평가해 발견된 가장 좋은 솔루션인 다수의 의사결정 변수가 있는 상황에서 기계가 성능을 능가하는 것이다. 특히 딥러닝 모델은 이미지 처리(Simonyan과 Zisserman 2014), 게임 학습(DeepMind 2017), 신경 과학(Poggio 2016), 에너지 절약(DeepMind 2017), 피부암 진단(Kubota 2017; Esteva et al. 2017)을 포함한 광범위한 분야에서 괄목할 만한 성공을 거뒀다.

이러한 추론에 대한 하나의 일반적인 설명은 많은 양의 정보를 처리하고 몇 가지 주요 변수 이상의 결정을 내릴 수 없다고 인식된 인간의 무능을 지적한다. 그러나 이 관점은 분야를 부분적으로 대표하더라도 AI나 인간 학습을 정당화하지는 않는다. 인간은 곧 대체되지 않을 것이다. 기가플롭스gigaflops로 표현한 인간 지능에 대한 중간 추정치는 알파고를 작동시킨 기계의 약 10^4배다. 물론 이 수치는 심지어 인간의 마음이 튜링 기계 인지라는 중요한 질문에 대해 제약을 가한다.

1.1 빅데이터: 금융 분야의 빅 컴퓨팅

컴퓨팅 성능 및 스토리지 용량의 지속적인 증가와 함께 금융 시스템 전반에 걸친 활동을 기록하고 전달하기 위한 기계 판독 가능 데이터의 증가는 금융 모델링의 모든 부분에 중요한 영향을 미치고 있다. 2007~008년 금융 위기 이후 규제 감독자들은 '데이터 중심' 규제 쪽으로 방향을 바꿨으며, 그 대표적인 예가 위기로 인해 유발된 미국과 유럽의 은행 대출 및 거래 장부 스트레스 테스트 프로그램을 위한 상세한 계약 조건을 수집하고 분석하는 것이다(Flood et al. 2016).

증권 가격, 회사 펀더멘털 또는 거시경제 지표의 일반적인 범위를 벗어난 데이터와 정보를 지칭하는 '대체 데이터'는 자산운용 매니저, 트레이더, 의사결정자들에게 점점 더 중요한 역할을 하고 있다. 소셜 미디어는 현재 헷지펀드가 사용하고 있는 대체 데이터의 상위 범주 중 하나로 평가되고 있다. 트레이딩 회사들은 자연어 처리[NLP]를 금융 뉴스와 실적 발표 보고서, SEC 10K 보고서와 같은 기타 비정형 문서에 적용할 수 있는 머신러닝 전문가를 고용하고 있다. 블룸버그[Bloomberg], 톰슨 로이터[Thomson Reuters], 레이븐팩[RavenPack]과 같은 데이터 공급업체는 체계적인 트레이딩 모델에 맞게 처리된 뉴스 감정 데이터를 제공하고 있다.

데 프라도[de Prado](2019)에서는 이러한 새로운 대체 데이터 세트의 속성 중 일부를 탐구한다. (a) 이러한 데이터 세트의 다수는 뉴스 기사, 음성 녹음 또는 위성 이미지와 같은 비정형, 비수치 또는 비범주형이다. (b) 고차원적인 경향이 있으며(예, 신용카드 거래) 변수 수가 관측치의 수를 크게 초과할 수 있다. (c) 그러한 데이터 세트는 NaNs(값이 할당되지 않은, 즉 결측치)를 포함하는 희소한 데이터 세트인 경우가 많다. (d) 에이전트들의 네트워크에 대한 정보를 암시적으로 포함할 수 있다.

또한 데 프라도(2019)는 고전적인 계량경제학 방법이 그러한 데이터 세트에서 실패하는 이유를 설명한다. 이러한 방법은 선형대수를 기반으로 하는 경우가 많으며, 이 경우 변수 수가 관측치 수를 초과할 경우 실패하기 쉽다. 공분산 행렬과 같은 기하학적 객체는 네트워크를 특징짓는 위상적 관계를 인식하지 못한다. 반면 머신러닝 기법은 고차원 공간에서 복잡한 패턴을 식별하는 데 필요한 수치적 힘과 함수적 유연성을 제공해 계량경제학 방법보다 현저한 개선을 제공한다.

ML을 '블랙박스'로 보는 견해는 데 프라도(2019)에서 오해로 간주한다. ML의 최근 발전으로 머신러닝을 과학 이론의 신뢰성 평가, 설명 또는 예측 목적을 위한 상대적 정보 변수(일반적으로 ML에서 특성feature이라고 함)의 결정, 인과 추론, 대규모의 고차원적이며 복잡한 데이터 세트의 시각화에 적용할 수 있게 됐다. ML의 발전은 현대적이고 복잡한 대체 데이터 세트에 대한 목표 설정, 이상치 감지, 특성 추출, 회귀, 분류에서 계량경제학 방법의 단점을 해결한다. 예를 들어 p개 특성의 존재는 최대 $2^p - p - 1$개의 승법적 상호작용 효과가 있을 수 있다. 두 특성의 경우 이러한 상호작용 효과는 $x_1 x_2$ 하나만 있다. 세 개 특성의 경우 $x_1 x_2$, $x_1 x_3$, $x_2 x_3$, $x_1 x_2 x_3$이 있다. 10개의 특성에 대해 1,013개의 승법적 상호작용 효과가 있다. ML 알고리즘과 달리 계량경제학 모델은 데이터의 구조를 '학습'하지 않는다. 모형 설정에서 상호작용 효과 중 일부를 쉽게 놓칠 수 있다. $y_t = x_{1,t} + x_{2,t} + x_{1,t} x_{2,t} + \epsilon_t$ 대신 $y_t = x_{1,t} + x_{2,t} + \epsilon_t$을 적합화하는 경우와 같이 상호작용 효과 누락의 결과는 상당히 클 수 있다. 의사결정 트리와 같은 머신러닝 알고리즘은 복잡한 패턴을 가진 데이터 세트를 단순한 패턴을 가진 부분집합으로 재귀적으로 분할하며, 이는 단순한 선형 설정으로 독립적으로 적합화될 수 있다. 기존 선형 회귀분석과는 달리 이 알고리즘은 $x_{1,t} x_{2,t}$ 효과의 존재에 대해 '학습'하므로 훨씬 더 나은 표본 외 결과를 산출한다.

자산 가격 결정 연구에서 더 실증적 기반의 모델링으로 향하는 경향이 있다. 즉, 여러 자산 간의 기대 수익률의 차이를 이해하고 총 시장 주식 위험 프리미엄의 동학을 모델링할 때 더 풍부한 기업 특성과 '팩터'를 사용한다(Gu et al. 2018). 예를 들어 하비[Harvey] 등(2016)은 주식 수익률 행태를 설명하고자 확고한 특성과 공통 요소를 포함하는 316개의 '요인'을 연구했다. 자산의 위험 프리미엄 측정은 기본적으로 예측의 문제며 위험 프리미엄은 미래에 실현되는 초과 수익에 대한 조건부 기대값이다. 초과 수익률을 거래 가능한 이상 현상으로 신뢰성 있게 연결시키는 방법론은 높이 평가되고 있다. 머신러닝은 견고한 특성에서 실현된 증권 수익률을 모델링하기 위한 비선형 실증적 접근법을 제공한다. 딕슨과 폴슨[Dixon and Polson](2019)은 자산 위험 프리미엄을 측정하기 위한 자산 가격 결정 모델의 공식화를 검토하고 표준 자산 가격 결정 프레임워크에 신경망을 적용한다.

1.2 핀테크

데이터와 머신러닝의 부상은 금융권 디지털 혁신과 기술 지원 비즈니스 모델 혁신을 아우르는 '핀테크' 산업으로 이어지고 있다(Philippon 2016). 오늘날 핀테크에 중심이 되는 혁신의 예로는 암호화폐와 블록체인, 새로운 디지털 자문과 트레이딩 시스템, P2P[peer-to-peer] 대출, 주식 크라우드펀딩, 모바일 결제 시스템 등이 있다. 행동 예측은 종종 소비자 대면 비즈니스 모델에 필요한 제품 설계와 위험 관리의 중요한 측면이다. 소비자나 경제 에이전트는 잘 정의된 선택을 제공받지만 알려지지 않은 경제적 요구와 제약을 갖고 있으며, 많은 경우 엄격하게 경제적으로 합리적인 방식으로 행동하지 않는다. 따라서 시스템 일부를 미리 알 수 없는 규칙에 따라 작동하는 블랙박스로 취급할 필요가 있다.

1.2.1 로보어드바이저

로보어드바이저Robo-advisors는 최소한의 인력 개입으로 재무 자문이나 포트폴리오 관리 서비스를 제공하는 재무 어드바이저다. 그동안 블룸과 같은 예외는 있지만 부동산과 은퇴 계획보다는 포트폴리오 관리에 초점이 맞춰졌다. 어떤 이들은 서비스 기관이 선택한 ETF로 투자자를 제한하고, 어떤 이들은 더 유연하다. 예를 들어 Betterment, Wealthfront, Wise-Banyan, FutureAdvisor(피델리티 및 TD Ameritrade와 함께 작업), Bloom, Motif Investment, Personal Capital이 있다. 로보어드바이저 사이에서 머신러닝의 정교함과 활용도가 증가하는 추세다.

1.2.2 사기 탐지

2011년 부정행위로 인해 금융 산업은 연간 약 800억 달러의 손실을 입었다(Consumer Reports, June 2011). PwC의 2016년 글로벌 경제 범죄 조사에 따르면 금융 서비스 산업의 응답자 중 46%가 지난 24개월 동안 경제 범죄의 희생자라고 답했으며, 이는 2014년에 보고된 45%에 비해 소폭 증가한 수치다. 경제 범죄를 경험했다고 신고한 사람 중 16%가 100건 이상의 사건을 겪은 적이 있으며, 6%가 1,000건 이상의 피해를 본 적이 있다. 조사 결과 상위 5개 경제 범죄 유형은 자산유용(2014년 67%에서 60% 감소), 사이버 범죄(2014년 39%에서 49% 증가), 뇌물수수와 부패(2014년 20%에서 18% 감소), 돈세탁(2014년 24%), 분식회계(2014년 21%에서 18% 감소)로 나타났다.

경제 범죄의 탐지는 금융 서비스업에서 가장 오래된 머신러닝의 성공 사례 중 하나다. 로지스틱 회귀분석, 나이브 베이즈naïve Bayes 및 서포트 벡터 머신support vector machines과 같은 고전적인 방법에 대한 간단한 개요를 위해 Gottliebet et al.(2006)을 참고하라.

전자거래가 늘면서 이는 새로운 종류의 금융사기와 시장 조작으로 이어졌다. 일부 거래소는 스푸핑^{spoofing}[1]에 대항하기 위해 딥러닝의 사용을 조사하고 있다.

1.2.3 암호화폐

나카모토 사토시가 비트코인의 핵심 구성 요소로 2009년 처음 구현한 블록체인 기술은 분산형 공개장부 기록 거래다. 해시 포인터가 포함된 블록을 이전 블록, 타임스탬프, 거래 데이터에 연결해 안전한 P2P 통신을 가능하게 한다. 비트코인은 금융 산업의 결함을 보완하고자 블록체인을 활용해 분산 방식으로 거래를 저장하는 분산형 디지털 화폐(암호화폐)다.

기존 금융 네트워크와 대조적으로 블록체인 기반 가상화폐는 전체 거래 그래프를 대중에게 노출한다. 예를 들어 이러한 개방성을 통해 네트워크에서 가장 중요한 에이전트를 즉시 (가명으로) 찾을 수 있다. 모든 금융 상호작용을 처리함으로써 네트워크 내 정보의 흐름이 시간이 지남에 따라 어떻게 진화하는지를 특징화할 수 있도록 그림 1.1처럼 충실도가 높은 그래프를 사용해 네트워크를 모델링할 수 있다. 이 새로운 데이터 표현은 과거 시계열 가격의 공분산보다는 미시 구조의 위상 네트워크 구조에 중점을 둔 새로운 형태의 금융 계량경제학을 허용한다. 리스크 투자, 금융 예측 분석의 형성과 역학 및 더 일반적으로 현대 금융 세계를 재형성하는 데 있어 사용자, 주체와 그들의 상호작용이 새로운 연구 영역이다(Dyrhberg 2016; Gomber et al. 2017; Sovebetov 2018).

---

1. 스푸핑(spoofing)은 질서 있는 거래의 실행에 대한 의도적이거나 부주의한 위반 또는 그러한 특성을 가진 거래 행위의 전형적인 예로 체결 전에 취소할 목적으로 매수 또는 매도하는 것을 들 수 있다. – 옮긴이

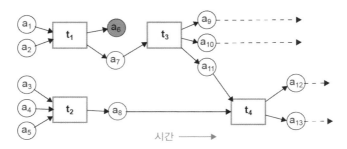

그림 1.1 비트코인 네트워크의 거래 주소 그래프 표현. 주소는 원으로, 거래는 사각형으로 표현되고, 에지는 코인의 교환을 가리킨다. 블록 주문은 시간 순으로 거래되며, 반면 입력과 출력 노드를 가진 각 거래는 비트코인 네트워크상의 하위 그래프로 인코딩된 변경 불가능한 결정을 표현한다(출처: Akcora et al. 2018).

2. 머신러닝과 예측

해가 지날 때마다 금융은 계산 방법에 점점 더 의존하게 된다. 동시에 금융 시스템 전반에 걸친 활동을 모니터하고 기록하고 통신하고자 기계 판독을 할 수 있는 데이터가 늘었고, 데이터의 증가는 모델링 주제에 접근하는 방법에 중요한 영향을 미쳤다. AI와 학습용 컴퓨터 알고리듬 집합, 이른바 '머신러닝'이 성공한 이유 중 하나는 컴퓨터 하드웨어와 소프트웨어 진보를 넘어 여러 요인이 작용한 결과다. 기계는 복잡하고 고차원적인 데이터 생성 프로세스를 모델링하고 수백만 개의 모델 설정을 스윕한 다음 새로운 정보에 대응해 모델을 강건하게 평가하고 수정할 수 있다(Dhar 2013). 여러 경쟁 모델을 지속적으로 업데이트하고 호스팅함으로써 어느 하나의 모델이 그 시장 뷰에만 효과적인 고립된 데이터 수집 모델(silo)로 작동하는 것을 방지할 수 있다. 구조적으로 ML의 채택은 심지어 우리의 행동을 변화시켰다. 즉, ML을 사용해 데이터에서 관점을 추론, 실험, 형성하는 방식이 경험적으로 주도적인 트레이딩과 투자 결정 프로세스로 이어졌다.

머신러닝은 패턴 인식과 의사결정을 위한 다양한 클래스의 알고리듬을 다루는 광범위한 영역이다. 지도학습^{supervised learning}에서 쌍 $(x_1, y_1), ..., (x_n, y_n), x_1, ..., x_n \in X, y_1, ..., y_n \in Y$가 제공되며, X와 Y 사이의 관계를 학습하는 것이 목표다. 각 관측치는 특성 벡터^{feature vector}, y_i는 레이블^{label}이나 반응^{response}으로 지칭된다. 비지도학습^{unsupervised learning}에서 레이블링되지 않은 데이터 $x_1, x_2, ..., x_n$이 주어지며, 목표는 유사한 관찰을 그룹화하거나 일부 숨겨진 패턴을 포착해 데이터에 대한 탐험적 정보를 검색하는 것이다. 비지도학습은 계층적 군집화, k-평균 군집화, 자기 조직 맵, 가우시안 혼합, 은닉 마르코프 모델과 같은 군집 분석^{cluster analysis} 알고리듬을 포함하며 일반적으로 데이터 마이닝^{data mining}이라고 한다. 두 경우 모두 데이터는 금융 시계열, 뉴스 문서, SEC 문서, 중요한 이벤트에 대한 텍스트 정보일 수 있다. 세 번째 유형의 머신러닝 패러다임은 강화학습^{Reinforcement Learning}이며, 마르코프 의사결정 프로세스의 벨만 최적성^{Bellman optimality}을 적용하는 알고리듬 접근법으로 어떤 개념의 누적 보상을 최대화하고자 변화하는 체제에 대응하는 일련의 상태와 행동을 정의한다. 각 시점의 단일 동작을 고려하는 지도학습과 대조적으로 강화학습은 최적의 행동 시퀀스와 관련이 있다. 따라서 이는 주어진 기간에 걸친 최적의 트레이딩 실행, 포트폴리오 배분과 청산으로 이어지는 의사결정에 사용되는 동적 프로그래밍의 한 형태다.

지도학습은 근본적인 예측 문제를 해결한다. P 변수의 고차원 입력 행렬 $X = (X_1, ..., X_P)$가 주어졌을 때 출력 Y의 비선형 예측 변수인 $\hat{Y}(X)$를 구성한다. 머신러닝은 단순히 다음 형태의 입출력 맵 연구와 구축으로 볼 수 있다.

$$Y = F(X) \text{ 여기서 } X = (X_1, ..., X_P)$$

$F(X)$는 때로 '데이터 특성' 맵이라고 불린다. 출력 변수 Y는 연속형, 이산형 또는 혼합형일 수 있다. 예를 들어 분류 문제에서 $F : X \rightarrow G$이고 여기서 $G \in \mathcal{K} := \{0, ..., K-1\}$, K는 범주의 수이고 $\hat{G}$는 예측 변수다.

지도 머신러닝은 독립 변수 X에 대해 파라미터화된[2] 모델 $g(X|\theta)$를 사용해 연속 또는 범주형 출력 Y나 G를 예측한다. 이 모델은 데이터에 적합한 하나 이상의 자유 파라미터 θ로 파라미터화된다. 범주형 변수의 예측은 분류classification라고 하며 패턴 인식에서 흔히 볼 수 있다. 범주형 변수를 예측하는 가장 일반적인 방법은 반응 G를 하나 이상의 이진 값으로 인코딩한 다음 모델 예측을 연속형으로 처리하는 것이다.

? 다지선다형 문제 1

다음 올바른 문장을 모두 선택하시오.

1. 지도학습은 입력 변수와 출력 변수의 관계를 학습하는 것을 포함한다.
2. 지도학습은 인간 지도자가 레이블이 붙은 훈련 데이터를 준비해야 한다.
3. 비지도학습은 인간 지도자가 필요하지 않으므로 지도학습보다 우수하다.
4. 강화학습은 지도학습을 마르코프 의사결정 프로세스에 대해 일반화한 것으로 볼 수 있다.

지도학습 모델에는 판별 학습과 생성 학습의 두 가지 종류가 있다. 판별 모델은 클래스 사이의 결정 경계를 학습하고 입력에 조건부인 출력의 분포를 암묵적으로 학습한다. 생성 모델은 입력과 출력의 결합분포를 명시적으로 학습한다. 판별 모델의 예로는 신경망이나 의사결정 트리가 있으며, 제한된 볼츠만 머신RBM, Restricted Boltzmann Machine은 생성 모델의 예다. 결합분포를 학습하면 베이즈 규칙에 의해 입력이 주어졌을 때 출력의 조건부 분포도 제공할 수 있지만 결합 확률을 기준으로 특성을 선택하는 등 다른 용도로도 사용될 수 있다는 장점이 있다. 생성 모델은 일반적으로 구축하기가 더 어렵다.

---

2. 파라미터 공간이 무한 차원일 경우 모델을 비모수적(non-parametric), 유한 차원일 경우 모수적(parametric)이라 한다.

이 책은 주로 판별 모델에만 초점을 맞추겠지만 분명히 구별은 해야 한다. 판별 모델은 입력이 주어질 확률을 예측한다. 예를 들어 레이블 $G = k, k \in \mathcal{K}$의 확률을 예측하는 경우 $g(x \mid \theta)$는 매핑 $\mathbb{R}^p \rightarrow [0, 1]^K$이고 출력은 '원핫' 인코딩($k$번째 위치에 1이 있는 0으로 구성된 K 벡터)으로 불리는 G에 대한 이산 확률분포를 나타낸다.

$$\hat{G}_k := \mathbb{P}(G = k \mid X = \boldsymbol{x}, \theta) = g_k(\boldsymbol{x} \mid \boldsymbol{\theta}) \tag{1.1}$$

따라서 다음을 얻는다.

$$\sum_{k \in \mathcal{K}} g_k(\boldsymbol{x} \mid \boldsymbol{\theta}) = 1 \tag{1.2}$$

특히 G가 이분법적일 때($K = 2$) 모델 출력의 두 번째 성분은 다음과 같은 G의 조건부 기대값이다.

$$\hat{G} := \hat{G}_1 = g_1(\boldsymbol{x} \mid \boldsymbol{\theta}) = 0 \cdot \mathbb{P}(G = 0 \mid X = \boldsymbol{x}, \theta) + 1 \cdot \mathbb{P}(G = 1 \mid X = \boldsymbol{x}, \theta) = \mathbb{E}[G \mid X = \boldsymbol{x}, \theta] \tag{1.3}$$

G의 조건부 분산은 다음과 같다.

$$\sigma^2 := \mathbb{E}[(G - \hat{G})^2 \mid X = \boldsymbol{x}, \theta] = g_1(\boldsymbol{x} \mid \boldsymbol{\theta}) - (g_1(\boldsymbol{x} \mid \boldsymbol{\theta}))^2, \tag{1.4}$$

최대값이 $g_1(x \mid \theta) = 0.5$인 반전 포물선이다. 다음 예는 입력 공간을 분할하기 위한 고정 규칙 집합을 기반으로 하는 간단한 판별 모델을 보여준다.

예제 1.1 모델 선택

$G \in \{A, B, C\}$와 $X \in \{0, 1\}^2$가 표 1.1에 주어진 이진 2 벡터다.

표 1.1 샘플 모델 데이터

G	x
A	(0, 1)
B	(1, 1)
C	(1, 0)
C	(0, 0)

이 경우에 입력과 출력을 매치하고자 파라미터를 사용하지 않는 스텝 함수 $g(x)$를 $\{0, 1\}^2$에 대해 다음과 같이 정의할 수 있다.

$$g(\boldsymbol{x}) = \begin{cases} \{1, 0, 0\} & \text{if } \boldsymbol{x} = (0, 1) \\ \{0, 1, 0\} & \text{if } \boldsymbol{x} = (1, 1) \\ \{0, 0, 1\} & \text{if } \boldsymbol{x} = (1, 0) \\ \{0, 0, 1\} & \text{if } \boldsymbol{x} = (0, 0) \end{cases} \tag{1.5}$$

식 1.5에 정의된 판별 모델 $g(x)$는 100% 정확도로 이 실험 결과를 예측하는 고정 규칙 집합을 지정한다. 직관적으로 입력과 출력 사이의 실제 관계가 결정적이지 않으면 이러한 모델에 명백히 결함이 있다. 분명 숙련된 분석가는 일반적으로 그러한 모델을 구축하지 않을 것이다. 그러나 이와 같이 구조화된 규칙은 규칙 기반 기술적 분석과 신용 등급과 같은 점수에 사용되는 휴리스틱 사례에서와 같은 금융 산업에서 어디서나 볼 수 있다.

모델이 일반화될 수 있는 경우 이 특정 함수를 제외할 이유는 없다. 따라서 이와 같은 데이터 세트를 분석하는 자동 시스템은 특별히 이를 방지하는 조치를 취하지 않으면 식 1.5에 제시된 것과 같은 함수를 구성하기 쉽다. 따라서 다른 데이터에 입출력 매핑을 일반화할 수 있도록 이론적으로 건전한 프로세스를 사용한다는 목표를 갖고 식 1.5의 규칙들이 받아들이기 왜 힘든지를 이해하는 것이 모델 설계자의 의무다.

예제 1.2 모델 선택(계속)

표 1.1의 대체 모델을 고려하자.

$$h(\boldsymbol{x}) = \begin{cases} \{0.9, 0.05, 0.05\} & \text{if } \boldsymbol{x} = (0,1) \\ \{0.05, 0.9, 0.05\} & \text{if } \boldsymbol{x} = (1,1) \\ \{0.05, 0.05, 0.9\} & \text{if } \boldsymbol{x} = (1,0) \\ \{0.05, 0.05, 0.9\} & \text{if } \boldsymbol{x} = (0,0) \end{cases}$$

이 모델을 표본으로 추출한 경우 확률 $(0.9)^4 = 0.6561$로 표 1.1의 데이터를 생성한다. 표 1.1의 결과를 근거할 때 이 모델을 고려 대상에서 제외시킬 수 없다. 이때 어떤 모델을 선택해야 할까?

비공식적으로 모델 선택의 핵심 문제는 모델 g가 데이터를 지나치게 신뢰를 하며 이러한 신뢰가 정당화되지 않는다는 것이다. h와 같은 다른 많은 함수도 표 1.1을 쉽게 생성했을 것이다. 확률 1.0으로 표 1.1을 생성할 수 있는 모델은 하나뿐이지만 최소 0.66의 확률로 표를 생성할 수 있는 모델은 매우 많다. 이런 그럴듯한 모델 중 다수의 결과는 크게 신뢰가 가지 않을 것이다. 평균적으로 어떤 모델이 가장 좋은지 판단하려면 다른 핵심 개념을 도입해야 한다.

2.1 엔트로피

머신러닝에서 모델 선택은 **엔트로피**entropy라고 알려진 양을 기반으로 한다. 엔트로피는 각 이벤트와 관련된 정보의 양을 나타낸다. 엔트로피의 개념을 설명하기 위해 공정하지 않은 동전[3] 던지기를 고려해보자. 두 가지 결과가 있다. $\Omega = \{H, T\}$. Y는 밀도 $f(Y = 1) = \mathbb{P}(H) = p$와 $f(Y = 0) = \mathbb{P}(T) = 1 - p$의 동전 뒤집기를 나타내는 베르누이 확률 변수라 하자. Y의

---

3. 앞면과 뒷면의 나올 확률이 1/2로 같은 동전을 공정한 동전이라 한다. – 옮긴이

(이진) 엔트로피는 다음과 같다.

$$\mathcal{H}(f) = -p\log_2 p - (1-p)log_2(1-p) \leq 1\text{bit.} \tag{1.6}$$

로그의 기저가 2로 선택된 이유는 상한이 확률 변수의 결과, 즉 {0, 1}을 표현할 때 필요한 비트의 수를 나타내기 위해서다.

편향된 동전의 이진 엔트로피는 그림 1.2에 나와 있다. 동전이 완전히 편향돼 있다면 뒤집기의 각 결과가 이미 알려져 있기 때문에 새로운 정보를 제공하지 않는다. 동전 뒤집기에 의해 드러날 수 있는 정보의 최대량은 동전에 편향이 없을 때 얻을 수 있다.

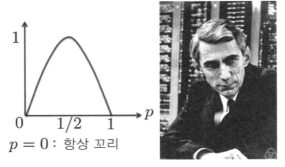

$p = 0$: 항상 꼬리

그림 1.2 (왼쪽) 이 그림은 편향된 동정의 이진 엔트로피를 보인다. 동전이 완전히 편향되면 결과가 이미 알려져 있어 각 동전 뒤집기는 아무런 새로운 정보를 제공하지 않으며, 따라서 엔트로피가 0가 된다. (오른쪽) 엔트로피 개념은 1948년[4]에 클로드 섀넌(Claude Shannon)[5]에 의해 소개됐으며, 원래 손실 없는 압축 인코딩(lossless compression encodng)의 평균 길이에 대한 상한을 표현하기 위한 것이었다. 섀넌의 엔트로피는 정보 이론의 수학 원리에 근본적인 개념이다.

이제 편향된 동전의 설정에서 파라미터화된 질량을 다시 고려하자. i.i.d. 이산형 확률 변수 $Y : \Omega \rightarrow Y \subset \mathbb{R}$을 고려하고 다음 식이 Y에 대한 파라미터화된 확률 질량 함수$^{\text{probability mass function}}$라 하자.

4. C. Shannon, A Mathematical Theory of Communication, The Bell System Technical Journal, Vol. 27, pp. 379-423, 623-656, July, October, 1948.

5. Photo: Jacobs, Konrad [CC BY-SA 2.0 de (https://creativecommons.org/licenses/by-sa/2.0/de/deed.en)].

$$g(y|\theta) = \mathbb{P}(\omega \in \Omega; Y(\omega) = y)$$

다음의 교차 엔트로피^{cross-entropy}를 사용해 $g(y|\theta)$가 참밀도 $f(y)$와 얼마나 다른지 측정할 수 있다.

$$\mathcal{H}(f, g) := -\mathbb{E}_f\left[\log_2 g\right] = \sum_{y \in \mathcal{Y}} f(y) \log_2 g(y|\theta) \geq \mathcal{H}(f), \qquad (1.7)$$

이에 따라 $\mathcal{H}(f, f) = \mathcal{H}(f)$이며, $\mathcal{H}(f)$는 f의 엔트로피다. 즉, 다음과 같다.

$$\mathcal{H}(f) := -\mathbb{E}_f[log_2 f] = -\sum_{y \in \mathcal{Y}} f(y) log_2 f(y). \qquad (1.8)$$

$g(y|\theta)$는 $g(Y = 1|\theta) = p_\theta$,의 편향 동전 모델이라면 $g(Y = 0|\theta) = 1 - p_\theta$다. 교차 엔트로피는 다음과 같다.

$$\mathcal{H}(f, g) = -p\log_2 p_\theta - (1-p)log_2(1-p_\theta) \geq -p\log_2 p - (1-p)log_2(1-p) \tag{1.9}$$

그림 1.3에서처럼 $p = 0.7$과 $p_\theta = 0.68$을 가정하면 교차 엔트로피는 다음과 같다.

$$\mathcal{H}(f, g) = -0.3\log_2(0.32) - 0.7\log_2(0.68) = 0.8826322$$

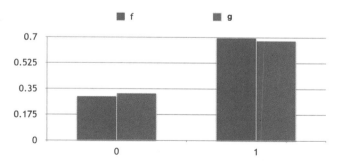

그림 1.3 편향 동전의 참 분포 f와 파라미터화된 동전 모델 g의 비교

표 1.1의 실험으로 돌아가서 입력에 따라 달라지는 이들 모델의 교차 엔트로피를 고려해보자. 모델 g는 표 1.1의 데이터의 특성을 완전히 표현

하고 여기서 그것을 참으로 해석한다. 그러나 모델 h는 데이터의 몇 가지 두드러진 측면만 요약하며 모델 h에서 많은 표가 생성될 수 있다. 표 1.1이 유일한 결과임을 나타내는 잡음이나 강력한 증거가 존재하는 경우 h와 같은 모델이 실제 기본 현상을 잘 설명한다고 해석할 수 있다.

모델 h와 모델 g 사이의 교차 엔트로피를 평가해 표의 각 관측치에 대해 $-\log_2(0.9)$를 얻으며, 모든 샘플에 대해서 합해져 음의 로그 우도를 얻을 수 있다. 교차 엔트로피는 $h = g$일 때 최소이며, $-\log_2(1.0) = 0$을 얻는다. g가 파라미터화된 모델이었다면 교차 엔트로피를 명확하게 최소화하거나 로그 우도를 동등하게 최대화함으로써 파라미터의 최대 우도 추정치를 얻을 수 있다. 2장에서 파라미터 추정 주제를 다시 살펴본다.

? 다지선다형 문제 2

다음 문장 중 올바른 것을 모두 선택하시오.

1. 신경망 분류기는 입력 특성 벡터가 주어진 경우 각 범주에 대한 확률적 가중치를 출력하는 판별 모델이다.

2. 데이터가 독립적이고 동일한 분포(i.i.d.)인 경우 이분법 분류기의 출력은 베르누이 확률 변수의 조건부 확률이다.

3. 환경 X에 의존하는 편향 동전에 대한 θ 파라미터화된 판별 모델은 $\{g_i(X|\theta)\}_{i=0}^{1}$로 쓸 수 있다.

4. 환경 X에 의존하는 두 편향 동전의 모델은 동등하게 $\{g_i^{(1)}(X|\theta)\}_{i=0}^{1}$와 $\{g_i^{(2)}(X|\theta)\}_{i=0}^{1}$ 또는 다중 분류기 $\{g_i(X|\theta)\}_{i=0}^{3}$로 모델링할 수 있다.

2.2 신경망

신경망은 계층적 추상화 계층을 사용해 고차원 입력 공간에 대한 비선형 맵 $F(X)$를 나타낸다. 신경망의 예로는 구성을 통해 형성된 일련의 L 계층[6]인 순전파 네트워크가 있다.

> **심층 순전파 신경망**

심층 순전파 신경망은 다음 형태의 함수다.

$$\hat{Y}(X) := F_{W,b}(X) = \left(f^{(L)}_{W^{(L)},b^{(L)}} \cdots \circ f^{(1)}_{W^{(1)},b^{(1)}} \right)(X)$$

여기서 각 항목은 다음과 같다.

- $f^{(l)}_{W^{(l)},b^{(l)}}(X) := \sigma^{(l)}(W^{(l)}X + b^{(l)})$는 준어파인 함수$^{\text{semi-affine function}}$이고, 여기서 $\sigma^{(l)}$은 $max(\cdot, 0)$ 또는 $tanh(\cdot)$와 같은 일변수 연속 비선형 활성 함수다.
- $W = (W^{(1)}, ..., W^{(L)})$와 $b = (b^{(1)}, ..., b^{(L)})$은 각각 가중치 행렬과 오프셋 (오프셋은 다른 용어로 편향)이다.

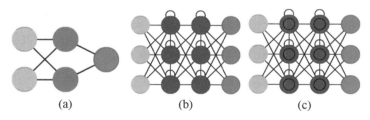

(a)　　　　(b)　　　　(c)

그림 1.4 이 책에서 다룬 신경망 구조의 예(출처: Van Veen, F.과 Leijne, S (2019), "신경망 동물원"(https://www.asimovinstitute.org/neural-network-zoo에서 발췌)) 입력 노드는 노란색으로 표시되고 입력 변수를 나타내며, 녹색 노드는 은닉 뉴런이며 은닉 잠재 변수를 나타낸다. 빨간색 노드는 출력 또는 반응을 나타낸다. 파란색 노드는 순환 또는 메모리를 가진 은닉 노드를 나타낸다. (a) 순전파 (b) 순환 (c) LSTM

---

6. 입력값은 계층으로 취급하지 않는다. 그래서 L − 1개의 은닉층과 출력층으로 구성된다.

순전파 신경망 구조의 초기 예는 그림 1.4(a)에 제시돼 있다. 입력 노드는 노란색으로 표시되고 입력 변수를 나타내며, 녹색 노드는 은닉 뉴런이며 은닉 잠재 변수를 나타내며, 빨간색 노드는 출력 또는 반응이다. 활성 함수는 네트워크가 비선형 함수를 근사화하는 데 필수적이다. 예를 들어 은닉층이 하나 있고 $\sigma^{(1)}$이 항등 함수라면 다음과 같이 된다.

$$\hat{Y}(X) = W^{(2)}(W^{(1)}X + b^{(1)}) + b^{(2)} = W^{(2)}W^{(1)}X + W^{(2)}b^{(1)} + b^{(2)} = W'X + b'$$
$$(1.10)$$

선형회귀, 즉 어파인 변환이다.[7] 은닉층이 없는 경우 신경망 구조는 표준 선형회귀 $Y = WX + b$가 되고 반응이 연속 또는 범주형일 때 ϕ가 시그모이드 또는 소프트맥스 함수인 경우 로지스틱 회귀분석 $\phi(WX + b)$가 된다. 여기서 사용되는 용어의 일부와 이 모델의 세부 사항은 4장에서 설명한다.

순전파 신경망의 이론적 뿌리는 다변량 함수의 콜모고로프-아놀드 표현 정리Kolmogorov-Arnold representation theorem(Arnold 1957; Kolmogorov 1957)에 의해 주어진다. 놀랍게도, Hornik et al.(1989)은 하나의 은닉층을 가진 신경망이 비선형 함수를 보편적으로 근사할 수 있다는 것을 보여줬다.

모델 파라미터의 추론과 구조 설계에는 분명히 많은 문제가 있다. 몇 개의 계 층으로 할 것인가? 각각의 은닉층에 얼마나 많은 뉴런이 있는가? '변수 선택'을 어떻게 수행할 것인가? 과적합을 피하려면 어떻게 해야 하는가? 이러한 중요한 질문에 대한 세부 사항과 고려 사항은 4장에서 다룬다.

---

7. 매핑의 함수 형태는 선형회귀와 동일하지만 신경망은 데이터 생성 프로세스를 가정하지 않으므로 추론은 일반적인 최소 제곱 회귀와 동일하지 않다.

3. 통계 모델링과 머신러닝

지도 머신러닝은 종종 데이터 생성 프로세스가 알려지지 않은 것으로 처리되는 통계 모델 추정의 알고리듬 형태다(Breiman 2001). 모델 선택과 추론이 자동화되며, 강건한 모델을 개발하고자 대량의 데이터를 처리하는 것을 강조한다. 입력 변수와 출력 변수 사이의 관계가 비선형적이고 입력 공간이 종종 고차원적인 복잡한 설정에서 예측 변수를 제공하도록 설계된 매우 효율적인 데이터 압축 기술로 볼 수 있다. 머신러닝 모델은 데이터의 필터링과 의사결정의 정확도와 강건성과의 균형을 맞추는 데 종종 의사결정이 이산적이고, 입력 데이터의 범주형 함수다.

이는 데이터가 모델에 의해 생성됐다고 가정하고, 특히 고차원 데이터 세트에 적용될 때 일반적으로 과적합의 어려움을 겪는 표준 통계 모델에 사용되는 최대 우도 추정기와 근본적으로 다르다. 현대의 데이터 세트의 복잡성을 감안할 때 지정가 주문 호가창limit order book이나 고차원 금융 시계열이든 알려진 데이터 생성 프로세스를 기반으로 추론을 제기할 수 있을지에 대한 의문은 더욱 커진다. 데이터 생성 프로세스에 대한 경제적 해석을 할 수 있더라도 정확한 형태를 항상 알 수는 없다는 것이 합리적인 주장이다.

따라서 머신러닝이 데이터 분석을 위해 제공하는 패러다임은 기존의 통계 모델링 및 테스트 프레임워크와 매우 다르다. R^2, t-값, p-값, 통계적 유의성 개념과 같은 전통적인 단위 지표는 표본 외 예측과 편향-분산 트레이드오프를 이해하는 것으로 대체된다. 머신러닝은 데이터 중심이며 대규모 데이터 세트에서 구조를 찾는 데 중점을 둔다. 변수나 예측 변수 선택을 위한 주요 도구는 규제화와 드롭아웃이며, 이 도구는 4장에서 자세히 설명한다.

표 1.2는 최대 우도 추정 기반 추론을 지도 머신러닝과 대비시킨다. 그 비교는 설명의 편의를 위해 다소 과장됐다. 오히려 두 접근법은 연속된

방법들의 양극단으로 봐야 한다. 라쏘^{LASSO}와 릿지 회귀 같은 선형회귀 기법이나 일래스틱넷$^{Elastic Net}$과 같은 하이브리드는 중간 어딘가에서 고차원 데이터 세트에서 표본 외 예측 성능을 유지하면서 최대 우도 추정의 설명력을 일부 제공한다.

표 1.2 이 표는 최대 우도 추정 기반 추론을 지도 머신러닝과 대조한다. 비교는 설명의 용이성을 위해 다소 과장된 것이지만 두 가지 비교는 연속된 방법들의 양극단으로 봐야 한다. 라쏘와 릿지 회귀분석 같은 규제화된 선형회귀 기법이나 일래스틱넷와 같은 하이브리드는 최대 우도 추정의 설명력의 일부 조합을 제공하는 동시에 고차원 데이터 세트에서 표본 외 예측 성과를 유지한다.

특성	통계적 추론	지도 머신러닝
목적	설명력을 가진 인과 모델	때때로 제한된 설명력을 가진 예측 성과
데이터	데이터는 모델에 의해 생성	데이터 생성 과정은 알려져 있지 않다.
프레임워크	확률적	알고리듬적과 확률적
표현력	전형적으로 선형	비선형
모델 선택	정보 기준을 기반	수치적 최적화
확장성	저차원 데이터에 제한	고차원 입력 데이터로 확장 가능
강건성	과적합에 취약	표본 외 성과를 위해 설계
진단 도구	존재	제한

3.1 모델링 패러다임

머신러닝과 통계 방법은 모수적인지 비모수적인지 여부에 따라 추가로 특징지을 수 있다. 모수 모델은 파라미터의 유한 집합을 가정하고 입력 변수와 파라미터의 함수로 반응을 모델링한다. 파라미터 공간의 유한성 때문에 유연성이 제한되고 빅데이터에서 복잡한 패턴을 포착할 수 없다. 일반적으로 모수 모델의 예로는 보통 최소 제곱 선형회귀, 다항식 회귀, 혼합 모델, 신경망, 은닉 마르코프 모델이 포함된다.

비모수 모델은 파라미터 공간을 무한 차원으로 처리하며, 이는 은닉이나 잠재 함수를 도입하는 것과 같다. 모델 구조는 대부분 우선순위가 지정되지 않으며 더 많은 데이터에 따라 복잡해질 수 있다. 비모수 모델의 예로는 서포트 벡터 머신과 가우시안 프로세스와 같은 커널 방법이 있으며, 가우시안 프로세스는 3장의 초점이 될 것이다.

신경망은 모수인지 비모수인지 여부에 회색 영역이 있으며 신경망은 정확히 어떻게 적합화되는지에 따라 달라진다. 예를 들어 신경망의 파라미터 공간을 무한 차원으로 처리할 수 있으므로 신경망은 비모수적 특성으로 특징화할 수 있다(Philipp과 Carbonell, 2017). 하지만 이것은 표준이라기보다는 예외다.

모델링 패러다임 주제에 대해서는 다음 두 장의 주제인 확률적 모델과 4, 5, 8장의 주제인 결정론적 모델을 구별하는 것이 더 유용하다. 확률적 모델은 파라미터를 랜덤으로 처리하고 결정론적 모델은 파라미터가 주어진 것으로 가정한다.

확률적 모델링에서 소위 상태 공간 모델state-space model이 생태적 지위를 차지한다. 이러한 모델에서 진화는 관측 가능한 특정 프로세스를 구동하는 관측되지 않은 잠재 프로세스의 존재를 가정한다. 잠재 프로세스의 진화와 잠재 프로세스에 대한 관측 가능한 프로세스의 의존성은 확률론적 용어로 제시될 수 있으며, 이는 상태 공간 모델을 확률적 모델링 영역 내에 놓이게 한다.

용어에 다소 반대되는 것은 결정론적 모델이 확률적 출력을 생성할 수 있다는 것이다. 예를 들어 로지스틱 회귀분석은 입력 변수에 대해 반응이 양성일 확률을 제공한다. 확률적 모델이나 결정론적 모델의 사용 여부에 대한 선택은 2장에서 자세히 다루며, 이는 좀 더 일반적이고 분열을 일으키는 '베이지안 대 빈도주의 모델링' 주제에 속한다.

3.2 금융 계량경제학과 머신러닝

머신러닝은 금융 계량경제학에서 모수적 방법을 일반화한다. 그림 1.5
에서 이 책의 처음 두 파트에서의 내용의 섹션 참조와 함께 계량경제학
에서의 머신러닝 분류법을 보여준다.

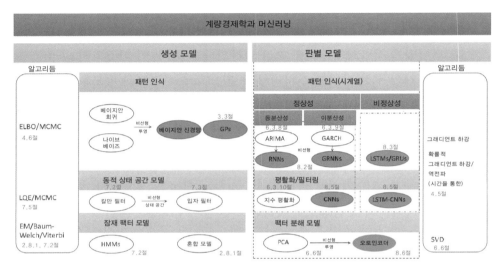

그림 1.5 머신러닝이 모수적인 계량경제학을 어떻게 일반화하는지의 개요. 여기서 각 절은 이 책의 처음
부분, 즉 1부와 2부의 자료를 참조한다.

데이터가 시계열일 때 신경망은 순환망으로 구성돼 모델에 메모리를 구
축할 수 있다. ARIMA(Box et al. 1994) 및 GARCH 모델(Bollerslev 1986)과
같은 계량경제학 기술에 필요한 모델링 가정을 완화함으로써 순환 신경
망은 고전적인 시계열 방법의 반모수나 비모수적 확장을 제공한다. 그
러나 그러한 사용은 매우 신중해야 한다. 금융 경제 통계학은 박스[Box]와
젠킨스[Jenkins](1976년)의 추정 프레임워크와 같은 엄격한 실험 설계 방법
에 기초하지만, 순환 신경망은 컴퓨터 공학 문헌에서 성장했고 많은 공
학 연구는 금융 시계열 모델링의 중요한 측면으로 시계열의 정상성을
검증하기 위한 딕키-풀러[Dickey-Fuller] 테스트와 같은 필수적 진단을 간과
하고 있다. 우리는 통합적인 접근 방식을 취해 순환 신경망을 박스-젠

킨스^{Box-Jenkins}와 같은 금융 계량경제학 프레임워크에 어떻게 접목할 수 있는지를 보여줄 것이다.

좀 더 공식적으로 입력-출력 쌍 $\mathcal{D} = \{X_t, Y_t\}_{t=1}^{N}$이 시간 $t = 1, \ldots, N$에서의 X와 Y의 자기상관 관측치인 경우 기본 예측 문제를 시퀀스 예측 문제로 나타낼 수 있다. 즉, 고차원 입력 행렬인 길이 T의 부분 시퀀스 X_t를 사용해 출력 Y의 비선형 시계열 예측 변수 $\hat{Y}(X_t)$를 구축한다.

$$\hat{Y}_t = F(X_t) \text{ where } X_t := seq_{T,0}(X_t) := (X_{t-T+1}, \ldots, X_t) \tag{1.11}$$

여기서 X_{t-j}는 $0 = 1, \ldots, T - 1$에 대한 X_t의 지연 관측치다. 즉, $X_{t-j} = L^j[X_j]$다. 시퀀스 학습은 단지 비선형 매핑과 지연된 입력 변수의 벡터화로 구성된 것이다. 데이터가 i.i.d.인 경우 시퀀스가 필요하지 않으며(즉, $T = 1$) 순전파 신경망 모델로 근사화할 수 있는 표준 횡단면 예측 문제로 표현할 수 있다.

그림 1.4(b)에 표시된 순환 신경망^{RNN}은 자연어 이해, 언어 생성, 비디오 처리, 다른 많은 작업과 같은 응용 분야에서 많은 성공을 거둔 시계열 방법, 즉 시퀀스 학습기다(Graves 2012). RNN에는 많은 유형이 있지만 여기서는 표기를 단순화하고자 간단한 RNN 모델을 집중적으로 살펴보자. 다변량 구조의 자기회귀 모델과 마찬가지로 RNN은 각 입력 시퀀스 X_t에 자기회귀 함수 $f_{W^{(1)}, b^{(1)}}^{(1)}(X_t)$를 적용한다. 여기서 T는 각 시간 단계에서 뒤돌아보는 룩백 기간(즉, 최대 래그 수)을 나타낸다. 그러나 RNN은 선형 자기 공분산 구조를 직접 부여하지 않고 예측 변수 $\hat{Y}$를 직접 모델링하는 '유연한 함수 형태'를 제공한다.

단순한 RNN은 단일 은닉층 신경망의 전개로 이해할 수 있다(시퀀스의 모든 시간 단계 $j = 0, \ldots, T$에 걸친 엘만 네트워크(Elman 1991)). 각 시간 단계 j에서 이 함수 $f_{W^{(1)}, b^{(1)}}^{(1)}(X_{t,j})$는 현재의 입력 X_{t-j}와 이전 은닉 상태 Z_{t-j-1}로부터 은닉 상태 Z_{t-j}를 생성하고 $X_{t,j} = seq_{T,j}(X_t) \subset X_t$이며, 이들은 다음과 같은 일반적인 형태로 표현할 수 있다.

$$\text{반응: } \hat{Y}_t = f^{(2)}_{W^{(2)}, b^{(2)}}(Z_t) := \sigma^{(2)}(W^{(2)} Z_t + b^{(2)})$$

$$\text{은닉 상태: } Z_{t-j} = f^{(1)}_{W^{(1)}, b^{(1)}}(X_{t,j})$$

$$:= \sigma^{(1)}(W_z^{(1)} Z_{t-j-1} + W_x^{(1)} X_{t-j} + b^{(1)}), \; j \in \{T, \ldots, 0\}$$

여기서 $\sigma^{(1)}$는 $\tanh(x)$와 같은 활성 함수이고, $\sigma^{(1)}$는 반응이 범주형, 이진, 실수형인가에 따라 각각 소프트맥스 함수, 시그모이드 함수, 항등 함수다. 말단의 입력 X_t와 은닉 유닛 H의 연결은 시간 불변 행렬 $W_x^{(1)} \in \mathbb{R}^{H \times P}$에 의해 가중된다. 은닉 유닛 H 간의 연결은 시간 불변 행렬 $W_z^{(1)} \in \mathbb{R}^{H \times H}$에 의해 가중된다. 이러한 행렬이 없으면 구조는 단순한 단일층의 메모리 없는 순전파 신경망이다. 동일한 은닉층을 사용해 각 독립적인 관측치 X_t가 출력 $\hat{Y}_t$에 매핑된다.

단순한 RNN은 실제로 심층 신경망이 아니라는 것을 주목하는 것이 중요하다. 순환 계층은 전개^{unfolded}될 때 심층 신경망인 것 같이 그릇되게 보인다. 즉, 각각의 새로운 입력 X_{t-j}에 반복 적용돼 $Z_{t-j} = \sigma^{(1)}(W_z^{(1)} Z_{t-j-1} + W_x^{(1)} X_{t-j})$인 것처럼 보인다. 그러나 동일한 순환 가중치가 모든 반복에서 고정된다. 즉, 단지 하나의 가중치 $W_z^{(1)}$의 순환층만이 존재하는 것이다.

모델 내의 메모리양은 시퀀스 길이 T와 동일하다. 이는 출력 $\hat{Y}_t$에 영향을 주는 최대의 래그^{lag}(지연시간)를 가진 입력은 X_{t-T}라는 것을 의미한다. 이후 8장에서 RNN은 단지 외생 변수를 가진 비선형 자기회귀 모델 NARX, Nonlinear Autoregressive models with exogenous variables이라는 것을 볼 것이다. $T = p$ 이전 관측치 $\{X_{t-i}\}_{i=1}^p$를 사용하고 순환층에 하나의 뉴런만이 존재하고 가중치는 ϕ이고 활성 함수는 존재하지 않는 특수한 경우의 일변량 시계열 예측 $\hat{X}_t = F(\mathcal{X}_{t-1})$에서 RNN은 추세가 0이고 기하급수적 가중치를 갖는 AR(p) 모델이다.

$$\hat{X}_t = (\phi_1 L + \phi_2 L^2 + \cdots + \phi_p L^p)[X_t], \; \phi_i := \phi^i$$

여기서 모델이 정상성을 갖도록 $|\phi| < 1$이다. 오차 $X_t - \hat{X}_t$가 가우시안

이라고 추가로 가정하면 차수 p는 잔차의 자기상관 검정을 통해 확인할 수 있다. 이러한 검정test의 예로 룽-박스Ljung-Box 및 라그랑지Lagrange 승수 테스트 등을 들 수 있다. 그러나 복잡한 시계열 데이터에서 테스트를 만족하는 조건이 충족되지 않을 수 있으므로 파라미터 진단 시험에 대한 과다한 의존성은 주의해서 사용해야 한다. 가중치는 시간에 독립적이므로 일반 RNN은 정적 시계열 모델이며, 공분산 비정상성 시계열 데이터에 적합하지 않다.

추가 계층을 추가해 RNN의 은닉 상태를 다음 계층에 대한 입력으로 사용해 서로 겹쳐져 심층 RNN을 생성할 수 있다. 그러나 RNN은 부분적으로 네트워크의 전개되는 많은 계층을 통해 그레이디언트를 아래로 전파함으로써 발생할 수 있는 그래디언트 소멸과 발산으로 인해 장기적인 동학을 학습하는 데 어려움이 있다. 또한 지도 머신러닝의 대부분 방법과 같이 RNN은 본질적으로 정상성 데이터를 위해 설계되지만 흔히 금융 시계열 데이터는 비정상성이다.

8장에서는 GRUGated Recurrent Units(게이트 순환 유닛)와 LSTMLong Short Term Memory(장단기 메모리) 네트워크를 소개하며, LSTM은 메모리 유닛을 통합해 앞에서 언급한 문제들에 대한 해결책을 제공하는 특정 형태의 순환 네트워크로 그림 1.4(c)에 나와 있다. 시계열 모델링 언어로, 비정상성 데이터에 적합한 동적 RNN을 구성할 것이다. 좀 더 정확하게 표현하면 이들 구조가 새로운 정보가 주어질 때 이전의 은닉 상태를 잊어버릴 때와 은닉 상태를 업데이트할 때를 학습하도록 만들 것이다.

은닉 상태를 모델링하는 이러한 능력은 트레이딩에서 금융 시계열 모델링과 응용 분야에서 가장 중요하다. 혼합 모델과 은닉 마르코프 모델은 역사적으로 국면을 모델링하고자 계량적 금융과 계량경제학에서 사용되는 1차적인 확률론적 방법이었으며, 각각 2장과 7장에서 다룬다. 7장을 읽기 전에 2장을 복습할 것을 권한다.

다음 중 올바른 문장을 모두 선택하시오.

1. 래그 p의 메모리를 가진 선형 순환 신경망은 비모수적 오차가 있는 자기회귀 모델 AR(p)다.
2. 순환 신경망은 시계열 모델로서 어떤 가중치 선택에도 정상성을 가짐을 보장한다.
3. 얕은 순환 신경망에서 메모리양은 단일 퍼셉트론층이 전개되는 횟수에 해당한다.
4. 심층 순환 신경망에서 메모리양은 퍼셉트론층의 수에 상응한다.

3.3 과적합

의심할 여지없이 머신러닝, 특히 딥러닝의 핵심 관심사는 모델의 파라미터 수로 인한 과적합 경향이다. 바로 이것이 심층 신경망을 적합화하기 위한 기술이 필요한 이유다.

빈도주의frequentist 통계학에서 과적합은 우도 함수에 페널티 항을 부과함으로써 해결한다. 일반적인 접근법은 모델 오차가 가우시안 분포라고 가정하는 아카이케Akaike의 정보 기준(Akaike 1973)을 기반으로 모델을 선택하는 것이다. 페널티 항은 사실 쿨백-라이블러 발산Kullback-Leibler divergence (상대 엔트로피)에 대한 샘플 편향sample bias의 수정 항correction term이며, 페널티 항이 없는 최대 손실 우도에 사후적으로 적용된다.

라쏘LASSO, Least Absolute Shrinkage and Selection Operator와 릿지ridge 회귀와 같은 머신러닝 방법은 페널티 항을 사용해 손실 함수를 좀 더 편리하게 직접 최적화한다. 또한 이 접근법은 오차 분포 가정을 모델링할 필요가 없다. 라쏘, 즉 L_1 규제화는 희소 파라미터화를 선호하는 반면 릿지 회귀, 즉 L_2

규제화는 파라미터의 크기를 감소시킨다. 규제화는 머신러닝 방법이 금융과 기타 산업에서 왜 그렇게 성공적인지를 보여주는 가장 중요한 측면일 것이다. 반대로, 신경망에서의 규제화 부재가 1990년대에 신경망이 금융 산업에서 인기가 없는 이유였다.

규제화regularization와 정보 기준은 밀접하게 연관돼 있으며, 모델 선택을 정보 엔트로피information entropy 측면에서 표현한다. 따라서 섀넌(Shannon 1948), 위너(Wiener 1964), 쿨백과 라이블러(Kullback and Leibler 1951)의 연구에서 우리 논의의 뿌리를 발견할 수 있다. 가중치를 선택하는 방법, 모델 선택을 위한 규제화 개념, 교차 검증은 4장에서 다룬다. 베이지안 모델링에서 사전분포의 선택은 라쏘와 릿지 회귀와 확률적으로 유사하다는 것이 밝혀졌다. L_2 규제화는 가우시안 사전분포와 동일하고 L_1은 라플라시안 사전분포와 동일하다. 베이지안 모델의 또 다른 중요한 특징은 과도한 과적합을 대처하는 자연스러운 메커니즘을 내장하고 있다는 것이다. 초급 베이지안 모델링은 2장에서 광범위하게 다룬다.

4. 강화학습

지도학습은 본질적으로 훈련 샘플에 대한 오류를 최소화함으로써 입력 데이터와 출력 사이에서 매핑의 파라미터를 추론하는 패러다임임을 상기하라. 성능 일반화는 교차 검증 데이터에 대한 규제화 파라미터를 추정해 달성된다. 신경망의 가중치가 학습되면 새로운 데이터에 대해서는 업데이트되지 않는다. 이러한 이유로 지도학습은 '오프라인' 형태의 학습으로 간주될 수 있다. 즉, 모델은 '오프라인'으로 적합화된다. 특정 유형의 구조에서 입력과 출력 사이의 매핑이 시간이 지남에 따라 변화하는 동적 모델을 생성하는 것이 가능하기 때문에 모델을 정적 모델이라고 지칭하는 것을 피한다는 점에 주목하라. 예를 들어 8장에서 볼 수 있듯이 LSTM은 시간에 따라 다른 형태의 매핑을 초래하는 일련의 은닉 상태 변수를 유지한다.

이러한 학습에서 '교사'는 훈련 세트의 각 데이터 포인트에 대해 정확한 올바른 출력을 제공한다. 이것은 교사로부터의 '피드백'으로 볼 수 있으며 지도학습의 경우 에이전트가 훈련 데이터 세트에서 새로운 데이터 포인트를 분류할 때마다 올바른 레이블을 에이전트에 알리는 것과 같다. 비지도학습은 교사가 없고 교사로부터의 피드백이 없는 설정이므로 정답을 제공하는 교사가 없는 비지도학습과는 지도학습은 반대라는 점을 유의한다.

상태 공간에 대한 일련의 결정을 모델링하는 '강화학습'이라고 불리는 대안적 학습 패러다임이 존재한다. 지도학습과 이 설정의 주요 차이점은 교사로부터의 피드백인데, 올바른 레이블의 제공함으로써 피드백을 제공하는 지도학습과 전혀 피드백이 없는 비지도학습의 두 극단 사이 어느 곳인가에 있다는 것이다. 대신 이러한 부분적인 피드백은 원하는 행동을 장려하는 '보상'에 의해 제공되는데, 지도학습에서처럼 에이전트에게 정확히 무엇을 해야 하는지를 명시적으로 지시하지는 않는다.

강화학습을 설명하는 가장 간단한 방법은 그림 1.6에서와 같이 머신러닝 작업을 환경과 상호작용하는 에이전트의 문제로 간주하는 것이다.

그림 1.6 이 그림은 t_0, ..., t_n의 시점에 행동을 수행하는 강화학습 에이전트를 보여준다. 에이전트는 상태 변수 S_t를 통해 환경을 인식한다. 작업을 더 잘 수행하고자 단계에서의 a_t 작업에 대한 피드백을 보상 R_t 형태로 에이전트에 제공한다.

에이전트는 최적 행동optimal action을 수행하는 문제로 공식화될 수 있는 작업을 더 잘 수행할 수 있도록 환경에 대해 학습한다. 에이전트에 의해 수행되는 작업이 항상 동일하고 환경에 영향을 미치지 않는 경우 환경에 대한 학습이 작업의 성능을 향상시키는 데 도움이 되기 때문에 이 경우는 단순한 인지perception 작업이다. 예를 들어 주어진 모기지의 디폴트 확률을 계산하는 모기지 디폴트 예측 모델이 있을 수 있다. 이 경우 에이전트는 숫자를 생성하는 예측 모델일 뿐이며 모델이 어떻게 환경에 영향을 미치는지는 단지 측정할 뿐이다. 예를 들어 대형 모기지 중개업자의 모델이 모든 차입자가 디폴트할 것으로 예측했다면 이는 모기지 시장에 영향을 미치고 결과적으로 미래 예측에 영향을 미칠 가능성이 매우 높다. 그러나 에이전트가 인지 작업만을 수행한다면 이러한 피드백은 무시되고 지도학습이 이상적으로 적합하다. 또 다른 예는 트레이딩에 존재한다. 일단 전략에 의해 행동이 취해지고 나면 시장에서 '시장 충격market impact'이라고 하는 피드백이 존재하다.

이러한 학습기는 환경에 대한 어떤 가정하에서 장기적인 효용 함수를 최대화하고자 구성된다. 한 가지 간단한 가정은 환경이 완전히 관측될 수 있고 1차 마르코프 프로세스에 따라 진화하는 것으로 간주하는 것이다. 이러한 가정하에 마르코프 의사결정 프로세스MDP, Markov Decision Process는 강화학습 문제를 공식화할 수 있는 가장 간단한 모델링 프레임워크다. MDP에 의해 해결되는 작업은 최적 제어optimal control 문제며, 이는 미래 상태와 취한 행동에 좌우되는 어떤 목적 함수를 극대화할 수 있도록 일정 기간에 걸쳐 행동 변수를 선택하는 문제다. 이산 시간 설정에서 학습기(일명 에이전트)는 각 시간 단계에서 취할 행동 $a_t \in A(S_t)$를 결정하고자 환경의 상태 $S_t \in S$를 사용한다. 이 결정은 S_t에서 조건화된 각 행동을 선택할 확률을 업데이트함으로써 동적으로 이뤄진다. 이러한 조건부 확률을 에이전트의 정책policy이라고 한다. 학습의 결과로 정책을 업데이트하는 메커니즘은 다음과 같다. 한 시간 스텝 이후 그리고 그 행동의 결과로 학습기는 보상 함수reward function에 의해 정의된 보상, 즉 현재 상태 S_t와 취한 행동 a_t가 주어졌을 때의 즉각적인 보상을 받는다.

동적 환경과 에이전트의 동작 결과로 새로운 상태 S_{t+1}로 전환한다. 강화학습 방법은 장기간에 걸쳐 받은 총 보상 금액을 최대화하고자 정책을 변경하는 방법을 지정한다. 강화학습을 위한 구조는 9장에서 공식화되지만 여기서 금융 강화학습의 몇 가지 과제에 대해 비공식적으로 다룰 것이다.

대부분 보도된 최근 비디오 게임, 보행 로봇, 자율주행 자동차와 같은 구글 딥마인드나 오픈AI^{OpenAI}와 같은 연구자와 기업에 의해 이뤄진 강화학습에 대한 인상적인 발전은 마르코프 동학을 사용하며, 완전한 관측 가능성을 가정한다. 훨씬 더 어렵지만 금융에 더 적합한 문제는 부분적으로만 관측 가능한 환경, 즉 하나 이상의 변수가 숨겨져 있는 환경에 대해 강화학습을 어떻게 공식화할 것인가 하는 것이다.

좀 덜 어려운 또 하나의 과제는 어떤 환경도 완전히 관측할 수 없는 상황에서 시간이 지남에 따라 상태가 어떻게 진화하는지에 대한 동적 프로세스를 알 수 없을 때 어떻게 최적의 정책을 선택하는가이다. 단순한 문제의 경우에는 상태가 어떻게 진화하는지 추론할 수 있으며, 어쩌면 상태-행동 공간에 제약을 추가할 수도 있다. 그러나 이 문제는 예를 들어 연속 상태 공간을 이산화함으로써 발생하는 고차원 이산 상태 공간에서 특히 심각하다. 여기서는 일반적으로 모든 상태와 행동의 조합을 열거하기 어렵기 때문에 최적 제어 문제를 정확하게 해결할 수 없다. 9장에서는 최적 제어 문제를 근사화하는 접근 방식을 제시한다. 특히 'Q 함수'로 알려진 행동 함수를 근사하고자 신경망으로 눈을 돌릴 것이다. 이와 같은 접근법은 'Q 러닝'으로 불리며, 최근에는 Q 함수를 근사화하는 딥러닝을 사용하기 때문에 '딥 Q 러닝'으로 불린다.

아이디어를 구체화하고자 강화학습을 적용함에 있어서의 문제 공식화와 어려움의 다양한 측면을 설명하는 많은 예를 고려하겠다. 확률적 최적 제어 이론을 연구할 때 사용되는 가장 유명한 토이 문제인 멀티암 밴딧 문제 multi-armed bandit problem로 시작해보자. 이 문제는 에이전트가 여러 행동의 탐험exploration과 알려진 결과의 활용exploitation이라는 경쟁적 목표의 균형을 어떻게 맞춰야 하는지 우리의 직관을 개발하는 데 특히 유용하다.

예제 1.3 멀티암 밴딧 문제

A로 표시된 고정되고 유한한 n개의 행동 집합(즉, 슬롯머신 레버)이 있다고 가정하자. 학습은 $t = 1, \ldots, T$에 의해 인덱싱된 라운드에서 진행된다. 라운드 수 T, 즉 기간은 고정되고 미리 알려져 있다. 각 라운드에서 에이전트는 레버를 선택하고 선택한 레버에 대해서만 보상 $R_t(a_t)$를 관찰한다. 의심의 여지없이 에이전트는 선택됐을 수 있는 다른 작업에 대한 보상을 관찰하지 않는다. 모든 라운드에서 총 보상을 최대화하는 것이 목표라면 에이전트는 어떻게 레버를 선택해야 하는가?

보상 R_t가 분포 $v \in [0, 1]^n$과 평균 μ를 갖는 독립적이고 동일한 확률 변수라고 가정하자. 최적의 행동은 최대 평균 μ^*를 갖는 분포다.

모든 파라미터를 알았더라면 플레이어가 얻을 수 있었던 최대 보상과 누적 보상의 차이(즉, 누적 후회cumulative regret)는 다음과 같다.

$$\bar{R}_T = T\mu^* - \mathbb{E} \sum_{t \in [T]} R_t$$

직관적으로 에이전트는 과거에 가장 성과가 좋았던 레버를 선택한다. 하지만 에이전트는 다른 더 좋은 옵션을 놓치지 않았다는 것을 보장할 필요가 있다.

강화학습의 이론적 기원은 확률적 동적 프로그래밍stochastic dynamic programming에 있다. 이 설정에서 에이전트는 보상에 대한 불확실성하에서 일련의 결정을 내려야 한다. 확률분포로 이 불확실성을 특성화할 수 있다면 문제는 일반적으로 훨씬 더 쉽게 해결할 수 있다. 독자가 동적 프로그래밍

에 어느 정도 친숙하다고 가정한다. 확률적 동적 프로그래밍으로의 확장은 비교적 작은 개념적 발전이다. 9장에서는 벨만 최적성^{Bellman optimality}을 포함한 동적 프로그래밍의 관련 측면을 검토한다는 점을 주목하라. 다음과 같은 최적 수익의 예는 문제에 불확실성이 도입됐지만 동적 프로그래밍에 대한 단순한 검토 연습의 역할만을 할 것이다. 문제를 푸는 흐름을 따라갈 때 이 예는 본질적으로 불확실성의 분포에 대한 가정을 완화시켜야 하는 어려움을 보여준다.

예제 1.4 불확실한 보상

전략은 3개 시장에 걸쳐 600달러를 배분하는 것이며, 일단 그 포지션이 취해지면 수익률은 동일해 짧은 트레이딩 기간 $[t, t + 1]$에 걸쳐 포지션 크기의 1%를 돌려준다. 그러나 시장에 따라 유동성은 다르며, 더 큰 주문이 기간에 걸쳐 체결될 가능성은 낮다. 각 시장에 할당된 금액은 $K = \{100, 200, 300\}$이다.

전략	배분	체결 확률	전략	배분	수익률
M_1	100	0.8	M_1	100	0.8
	200	0.7		200	1.4
	300	0.6		300	1.8
M_2	100	0.75	M_2	100	0.75
	200	0.7		200	1.4
	300	0.65		300	1.95
M_3	100	0.75	M_3	100	0.75
	200	0.75		200	1.5
	300	0.6		300	1.8

불확실성하에서 최적 배분은 확률적 동적 프로그래밍 문제다. 시

장에 따라 각 문제의 단계에 대해 총 배분 금액 x에 대한 가치 함수 value function $v_i(x)$를 정의할 수 있다. 그러고 나서 역진귀납법을 사용해 최적의 배분을 찾는다.

$$v_3(x) = R_3(x), \forall x \in K$$
$$v_2(x) = \max_{k \in K}\{R_2(k) + v_3(x-k)\}, \forall x \in K + 200$$
$$v_1(x) = \max_{k \in K}\{R_1(k) + v_2(x-k)\}, x = 600$$

다음 표의 왼쪽은 각 (M_2, M_1)의 쌍에 대한 역진귀납법 backward induction의 두 번째 단계에 해당하는 $R_2 + v_3$의 가치를 표로 만든 것이다.

$R_2 + v_3$	M_2							
M_3	100	200	300	M_1	(M_2^*, M_3^*)	v_2	R_1	$R_1 + v_2$
100	1.5	2.15	2.7	100	(300, 200)	3.45	0.8	4.25
200	2.25	2.9	3.45	200	(200, 200)	2.9	1.4	4.3
300	2.55	3.2	3.75	300	(100, 200)	2.25	1.8	4.05

표에서 오른쪽은 각 (M^1, M_2^*, M_3^*)의 튜플에 대한 역진귀납법의 마지막 단계에 해당하는 $R_1 + v_2$의 가치를 표로 만든 것이다.

위의 예에서는 {200, 200, 200} 배분이 보상을 최대화해 $v_1(600) = 4.3$을 제공하는 것을 알 수 있다. 이 연습은 벨만 최적성 순환 관계의 간단한 적용이지만 강화학습으로 해결할 수 있는 확률적 동적 프로그래밍 문제의 유형을 엿볼 수 있다. 특히 체결 확률을 알 수 없어서 각 기간 $[t_i, t_{i+1})$에 걸쳐 결과를 관측함으로써 시간이 지남에 따라 학습돼야만 하는 경우 위의 문제는 역진귀납법만을 사용해 해결할 수 없다. 대신 우리는 강화학습의 프레임워크로 이동해 데이터가 주어졌을 때 최선의 행동을 학습

하려고 할 것이다. 분명 실제로 이 예는 금융에서의 실제 문제를 대표하기에는 너무 단순하다. 즉, 이익은 알려지지 않을 것이고 상태 공간이 상당히 넓어 강화학습의 필요성을 가중시킬 것이다. 그러나 폐쇄형 해를 가진 단순한 확률적 동적 프로그래밍 문제에 대한 강화학습을 벤치마킹하는 것은 종종 매우 유용하다. 앞의 예에서는 문제가 정적이라고 가정했다. 문제의 변수는 시간이 지남에 따라 변화하지 않았다. 이는 소위 정적 배분 문제며 이상적인 설정이다. 다음 예는 확률 변수가 동적인 최적의 포트폴리오 투자에서 일반적으로 발생하는 문제의 유형을 보여줄 것이다. 또한 그 예는 투자자가 위험 조정된 장기 수익률을 최대화하고 부의 과정이 자기 조달을 실현하는 '마코위츠 포트폴리오^{Markowitz portfolio}'라는 좀 더 고전적인 금융 이론에 뿌리를 둔다.[8]

예제 1.5 인덱스 포트폴리오의 최적 투자

S_t를 섹터 상장 지수 펀드^{ETF, Exchange Traded Fund}와 같은 위험 자산의 시간-t 가격이라고 하자. 우리의 설정이 이산 시간이라고 가정하고 이산 시간 그리드에는 $T + 1$ 값이 있도록 상이한 시간 단계를 정수 값 $t = 0, \ldots, T$로 표기한다. 그러면 위험 자산 S_t의 이산 시간 랜덤 진화는 다음과 같다.

$$S_{t+1} = S_t \left(1 + \phi_t\right) \tag{1.12}$$

여기서 ϕ_t는 현재 자산 가치 S_t에 따라 확률분포가 달라질 수 있는 확률 변수다. 여기서는 ϕ_t가 아래로 유계, 즉, $\phi t \geq -1$로 가정한다.

$t = 0$에서의 초기 자산 $W_0 = 1$로 시작해 각 기간 $t = 0, \ldots, T-1$에서 총 포트폴리오 가치의 일부인 $u_t = u_t(S_t)$를 위험 자산에 배분하고

---

8. 부의 프로세스는 각 단계에서 위험 자산의 추가 매수가 은행 계좌에서 자금 조달되는 경우 자기 자금 조달(self-financing)되는 것이다. 반대로 자산에서 일부 수량의 매도 수익은 은행 계좌로 간다.

나머지 부분 $1 - u_t$는 무위험 이자율 $r_f = 0$을 지불하는 무위험 은행 계좌에 투자한다. 모든 시간 단계에 대한 일련의 결정 변수는 정책 $\pi := \{u_t\}_{t=0}^{T-1}$으로 참조한다. 부의 프로세스는 자기 자금 조달되므로 $t + 1$의 부는 다음에 의해 제공된다.

$$W_{t+1} = (1 - u_t) W_t + u_t W_t (1 + \phi_t) \tag{1.13}$$

이는 1 스텝 수익률을 산출한다.

$$r_t = \frac{W_{t+1} - W_t}{W_t} = u_t \phi_t. \tag{1.14}$$

이는 자산 가격 S_t의 랜덤 함수라는 것을 주목하라. $t = 0, \ldots, T{-}1$에 대한 1 스텝 보상 R_t를 다음의 위험 조정 수익률로 정의한다.

$$R_t = r_t - \lambda \mathrm{Var}\,[r_t | S_t] = u_t \phi_t - \lambda u_t^2 \mathrm{Var}\,[\phi_t | S_t] \tag{1.15}$$

여기서 λ는 위험 회피 파라미터다.[a] 이제 제어 변수 u_t의 다음 오목 함수에 대한 최대화 문제를 고려하자.

$$V^\pi(s) = \max_{u_t} \mathbb{E}\left[\sum_{t=0}^{T} R_t \,\middle|\, S_t = s\right] = \max_{u_t} \mathbb{E}\left[\sum_{t=0}^{T} u_t \phi_t - \lambda u_t^2 \mathrm{Var}\,[\phi_t | S_t] \,\middle|\, S_t = s\right] \tag{1.16}$$

식 1.16은 각 기간에 대해 위험 조정 수익률을 최적화하는 목적을 가진 투자자가 당면한 $T - 1$개의 스텝에 대한 최적 투자 문제를 정의한다. 이 최적화 문제는 기간 $[0, T]$에 걸친 장기 수익률을 최대화하는 것과 동일하다. 각 $t = T{-}1, T{-}2, \ldots, 0$에 대해 행동 u_t의

---

a. 금융 문헌과의 일관성을 유지해서 혼돈을 피하려면 위험 회피 파라미터에 1/2을 곱해 크기를 조정해야 한다는 것을 주의하라. 즉, 문헌에서 흔히 보는 1/2* 람다가 아니라 그냥 람다만 사용한다.

최적성 조건은 이제 $V^{\pi}(s)$의 u_t에 대한 최대화를 통해 얻어진다.

$$u_t^* = \frac{\mathbb{E}\left[\phi_t | S_t\right]}{2\lambda \mathrm{Var}\left[\phi_t | S_t\right]} \tag{1.17}$$

여기서 ETF에 대한 숏셀링$^{short\,selling}$(즉 $u_t < 0$)과 현금 차입 $u_t > 1$을 허용한다.

이는 현금과 위험 자산 간의 균형을 반복적으로 조정함으로써 누적 위험 조정 수익을 극대화하는 포트폴리오에 대한 확률적 최적 제어 문제의 예다. 이러한 문제는 동적 프로그래밍이나 강화학습을 사용해 해결할 수 있다. 우리의 문제에서 동적 프로그래밍 솔루션은 분석 표현식 1.17에 의해 제공된다. 9장에서는 최적의 제어 문제에 대한 강화학습 접근법을 포함한 좀 더 복잡한 설정을 제시하고, 식 1.17의 최적 행동과 같은 표현을 실제로 계산할 수 있는 방법을 시연한다.

? 다지선다형 문제 4

다음 중 올바른 문장을 모두 선택하시오.

1. '마르코프 프로세스$^{Markov\,process}$'라는 이름은 과거에 특정 유형의 비디오 게임에서 학습을 설명하는 임의의 프로세스에 사용됐던 '마크-오프 프로세스$^{Mark\text{-}Off\,process}$'라는 오타의 결과로, 역사적으로 처음 등장했지만 그 이후 표준 용어가 됐다.

2. (위험 중립적) 강화학습의 목표는 최적의 정책을 선택해 예상되는 총 보상을 극대화하는 것이다.

3. (위험 중립적) 강화학습의 목표는 위험을 중립화하는 것, 즉 총 보상의 분산을 0으로 만드는 것이다.

4. 위험 민감 강화학습의 목표는 RL 에이전트가 실패의 위험이 가장 높은 행동 정책을 선택하도록 가르치는 것이다. 위험에 민감한 RL은

예를 들어 벤처 투자가와 RL 연구의 다른 후원자들이 새로운 RL 프로젝트의 실현 가능성을 평가하는 도구로 사용된다.

5. 지도 머신러닝 실제 사례

금융에서의 머신러닝 관행은 머신러닝의 이론적 발달과 계산적 발달에 어느 정도 비례해 성장했다. 얼리어답터는 머신러닝이 퀀트 트레이딩의 만병통치에 대한 건전한 회의론이 존재하지만 새로운 머신러닝 기법을 채택했던 브리지워터 어소시에이트Bridgewater Associates, 르네상스 테크놀로지Renaissance Technologies, 월드 퀀트WorldQuant, D.E. 쇼Shaw, 투 시그마Two Sigma를 포함한 퀀트 헷지 펀드들이다. 2015년, 브리지워터 어소시에이트는 딥러닝에 대한 전문 지식을 가진 IBM 왓슨 출신의 사람들을 고용해 새로운 인공지능 유닛을 발표했다. MAN AHL의 수석 과학자 앤소니 레드포드Anthony Ledford는 다음과 같이 언급하고 있다. "이것은 초기 단계에 있다. 우리는 테스트 트레이딩을 위해 엄청난 돈을 확보했다. 딥러닝과 함께 모든 것이 잘 진행된다면 다른 머신러닝 접근 방식처럼 테스트 트레이딩에 들어갈 것이다." 윈턴 캐피탈 매니지먼트Winton Capital Management의 CEO 데이빗 하딩David Harding은 다음과 같이 언급하고 있다. "사람들은 '이전에 사라진 모든 것을 날려버릴 놀라운 새로운 컴퓨팅 기술이 있다'라고 말하기 시작했다. 유전 알고리듬에 대한 유행도 있었다. 그러나 이들 기업 어느 것도 현재 존재하지 않는다고 말할 수 있다."

채택 범위를 좀 더 정확하게 평가하려면 어떤 자격 요건이 필요하다. 예를 들어 베이지안 방법뿐만 아니라 일반 최소 제곱법 및 로지스틱 회귀가 머신러닝 기술이라는 잘못된 추론 라인이 있다. 데이터 생성 프로세스를 가정하지 않으면서 모델링 방법이 알고리듬을 사용하면 이러한 방법은 머신러닝으로 올바르게 분류될 수 있다. 따라서 오차 분포에 대한 모수

가정을 사용하지 않고 규제화된 회귀분석은 머신러닝의 한 예다. 가우시안 오류를 가진 규제화되지 않은 회귀는 머신러닝 기법이 아니다. 입출력 매핑 함수 형태는 두 경우 모두 동일하므로 매핑 함수 형태가 ML과 통계적 방법을 구별하기 위한 충분한 조건이 아니라는 점을 강조한다.

그러한 주의 사항을 염두에 두고 알고리듬 트레이딩, 고빈도 시장 조성, 모기지 모델링에서 머신러닝 예측의 중요한 실제 응용 중 일부를 살펴보고 이후 장에서 더 자세히 다룰 응용의 간략한 소개도 제공하겠다.

5.1 알고리듬 트레이딩

알고리듬 트레이딩은 머신러닝을 위한 자연스러운 놀이터다. 알고리듬 트레이딩 이면의 아이디어는 트레이딩 결정이 직관이 아니라 데이터에 근거해야 한다는 것이다. 따라서 설정이 주어지거나 학습된 알고리듬을 사용해 이 의사결정 프로세스를 자동화하는 것이 실행 가능해야 한다. 알고리듬 트레이딩의 장점으로는 복잡한 시장 패턴 인식, 인간이 만든 오차 감소, 과거 데이터에 대한 테스트 능력 등이 있다. 최근 들어 디지털화되는 정보가 늘어나면서 알고리듬 트레이딩의 실현 가능성과 용량이 급격히 확대되고 있다. 예를 들어 머신러닝을 알고리듬 트레이딩에 적용하는 헷지펀드 수는 꾸준히 증가하고 있다. 여기서는 머신러닝 기술을 사용해 기존의 알고리듬 거래 방법을 개선하는 방법의 간단한 예를 제공하지만 새로운 트레이딩 전략 제안도 제공한다. 여기서의 예는 '최고의' 접근법이 아니라 고차원 데이터 세트의 효율적인 압축을 통한 패턴 매칭을 통해 표본 외 오차를 최소화하는 것을 강조하면서 머신러닝을 통해 좀 더 용이하고 즉각적으로 사용할 수 있는 전략을 보여주기 위한 것이다.

모멘텀 전략은 가장 잘 알려진 알고리듬 트레이딩 전략 중 하나다. 일반적으로 과거 가격 데이터로 가격을 예측하는 전략은 모멘텀 전략으로 분류된다. 전통적으로 모멘텀 전략은 ARIMA나 VAR과 같은 특정 회귀 기반 계량 모델을 기반으로 한다(6장 참고). 이러한 모델의 단점은 가격 시계열에 대해 일관되게 그럴듯하지 않은 강한 선형성을 부과한다는 것이다. 또 다른 주의 사항은 이러한 모델들이 모수적이므로 종종 과소적합을 야기하는 강한 편향을 갖고 있다는 것이다. 많은 머신러닝 알고리듬은 비선형 및 준/비모수적이어서 기존의 계량적 모델과 보완적인 것으로 입증된다.

이 예에서는 순전파 신경망으로 간단한 모멘텀 포트폴리오 전략을 구축한다. S&P 500 주식 시장에 초점을 맞추고 있으며, 10년 동안 모든 주식의 일일 종가가 있다고 가정한다.[9]

문제 공식화

머신러닝의 가장 복잡한 실제적인 측면은 입력('특성')과 출력을 선택하는 방법이다. 원하는 출력의 유형은 회귀분석기나 분류기가 필요한지 여부를 결정하지만 일반적인 규칙은 그것이 실행 가능해야 한다는 것이다(즉, 트레이딩 가능). 여기서의 목표는 우리의 포트폴리오가 S&P 500 지수 벤치마크(포트폴리오 매니저에게 합리적인 목표)를 능가하는 경우에만 균등 비중, 롱온리 주식 포트폴리오에 투자하는 것이라고 가정하자. 따라서 포트폴리오의 평균 초과 수익률의 방향에 기반을 두고 모든 관측 시점 t에서 포트폴리오에 다음과 같이 레이블을 매길 수 있다.

$$G_t = \begin{cases} 1 & \frac{1}{N} \sum_i r^i_{t+h,t} - \tilde{r}_{t+h,t} \geq \epsilon, \\ 0 & \frac{1}{N} \sum_i r^i_{t+h,t} - \tilde{r}_{t+h,t} < 0, \end{cases} \tag{1.18}$$

여기서 $r^i_{t+h,t}$는 t와 $t+h$ 사이의 주식stock i의 수익률이고, $\tilde{r}_{t+h,t}$는 같은 기간의 S&P 500 지수의 수익률이며, ϵ는 다음 기간의 초과 포트폴리오 목표

---

9. 신경망을 훈련시킬 때 얼마나 많은 데이터가 필요한가에 대한 질문이 중심인데, 즉각적으로 우려되는 사항은 과적합을 피하기에는 불충분한 데이터라는 것이다. 필요한 데이터의 양은 평가하기 복잡하지만 부분적으로 네트워크의 에지 수에 달려있으며, 4장에서 설명하는 것처럼 편향–분산 분석을 통해 평가할 수 있다.

수익률이다. 일반성을 유지하면서 유니버스(N=500)에 투자할 수 있지만, 이러한 투자는 현실에 있어서는 과도한 거래 비용과 같은 부정적인 영향을 가질 수 있다. 지난 기간의 상위 10분위수 종목과 같이 종목 수를 부분집합으로 쉽게 제한할 수 있었다. 이러한 틀을 통해 머신러닝은 우리의 주식 선택 전략이 언제 시장을 능가할 것인지를 알려준다. 절차가 체계적이고 분류기에 제공된 과거 데이터에만 기초한다면 주식이 선택되는 방법에 크게 구애받지 않는다. 맞춤형 포트폴리오를 보유하기로 한 결정과 유니버스의 과거 수익률 사이의 매핑이 비선형적 관계를 갖고 있다는 점에 더 주목할 필요가 있다.

문제를 좀 더 구체화하고자 h = 5일로 정해보자. 따라서 이곳의 알고리듬 전략은 모든 주식이 5일 동안 실현된 수익률을 바탕으로 매주 맞춤형 포트폴리오나 S&P 500 지수에 투자하기로 한 결정을 자동화하는 것이다. 이 결정에 머신러닝을 적용할 때 문제는 과거 수익률과 균등 비중 포트폴리오에 투자하기로 한 결정 사이의 신경망 가중치를 찾는 것으로 해석된다. 최적의 가중치에 대한 해석이 주어진 위험 허용 오차에 대해 기대 수익을 최적화하기 위한 포트폴리오 비중을 단순히 찾는 마코위츠의 평균-분산 포트폴리오와는 크게 다르다. 여기서는 포트폴리오의 모든 주식에 동일한 금액을 투자하거나 S&P 500 지수에 동일한 금액을 투자하며 신경망의 가중치는 시장을 능가하는 예상되는 초과 포트폴리오 수익률과 과거 주식 수익률과의 관련성을 나타낸다.

데이터

특성 공학feature engineering은 모델을 구축하는 데 항상 중요하며 세심한 고려가 필요하다. 원 가격 데이터는 정상성과 i.i.d. 분포 특성과 같은 몇 가지 머신러닝이 요구하는 사항을 충족하지 않기 때문에 잠재적인 '쓰레기 입력 쓰레기 출력Garbage In Garbage Out' 현상을 방지할 수 있도록 입력 특성을 엔지니어링해야 한다. 이 예에서는 모든 S&P 500 주식의 5일 실현된 수익률만을 사용하는 간단한 접근법을 취한다.[10] 수익률은 규모 독립적이며 더 이상의 표준화는 필요하지 않다. 따라서 각 시간 t에 대해 입력 특성은 다음과 같다.

$$\mathbf{X}_t = \left[r_{t,t-5}^1, \dots, r_{t,t-5}^{500} \right] \tag{1.19}$$

이제 특성과 레이블을 날짜별로 인덱싱된 패널로 통합할 수 있다. 각 열은 포트폴리오의 실현된 초과 주가 수익률을 기반으로 하는 식 1.19의 원소들이며, 식 1.18에 의해 계산된 레이블인 마지막 열은 제외한다. 표 1.3에 레이블이 부착된 입력 데이터(X, G)의 예가 보인다.

표 1.3 분류 문제에 대한 훈련 샘플

Date	X1	X2	. . .	X500	G
2007-01-03	0.051	−0.035		0.072	0
2017-01-04	−0.092	0.125		−0.032	0
2017-01-05	0.021	0.063		−0.058	1
. . .					
2017-12-29	0.093	−0.023		0.045	1
2017-12-30	0.020	0.019		0.022	1
2017-12-31	−0.109	0.025		−0.092	1

분류기를 훈련시키고 성능을 평가하는 과정은 4장에서 설명할 것이지만 이 예는 지도 머신러닝을 중심으로 알고리듬 트레이딩 전략이 어떻게 만들어질 수 있는지를 보여준다. 우리의 모델 문제는 예를 들어 샤프 비율이나 정보 비율이 임계값을 충족하거나 초과하는 것과 같은 특정 위험 보상과 성과 보고 척도에 맞게 조정될 수 있다.

---

10. 시간에 따라 S&P 500의 구성이 변한다는 것을 주목해야 한다. 따라서 우리는 하나의 특성을 하나의 (시간에 따라 변하는 실제 심볼인 종목과는 상관없는) 고정된 심볼로 해석할 것이다.

일반적으로 ϵ은 레이블이 너무 불균형하지 않도록 작은 값으로 선택된다. ϵ 값이 증가하면 이 문제는 '이상치 예측 문제'가 되는데, 이는 바로 사용할 수 있는 분류기를 넘어서는 더 진보된 샘플링과 보간 기법이 필요한 고도의 불균형 분류 문제가 된다.

다음 예에서는 알고리듬 트레이딩에서 머신러닝의 다른 중요한 측면, 즉 집행execution으로 눈을 돌려야 한다. 트레이딩이 이뤄지는 방법은 시장 투자 전략의 가격 영향을 최소화하는 것뿐만 아니라 시장 조성에 있어서도 알고리듬 트레이딩 전략 성능의 중요한 측면이다. 여기서는 틱별 거래소 거래의 시장 피드를 처리하기 위한 엔지니어링 과제인 실행을 완벽하게 수행하기 위한 거래 데이터를 살펴본다. 이 예는 시장 조성에의 응용에 초점을 맞추지만 강화학습 프레임워크로 이동함으로써 알고리듬 트레이딩에서의 가격 영향price impact 및 기타 실행 시 고려 사항에 맞춰 각색할 수 있다.

일반적인 실수는 예측 모델을 구축하면 수익성이 높은 트레이딩 전략이 생성된다고 가정하는 것이다. 트레이딩 전략 성과 맥락에서 머신러닝을 신뢰성 있게 평가하고자 주어지는 고려 사항은 평가의 중요한 구성 요소다.

5.2 고빈도 트레이드 실행

현대의 금융거래소는 순간적인 이중 경매double auction를 통해 금융 상품의 전자거래를 용이하게 한다. 각각의 시점에서 시장 수요와 공급은 표 1.4 에서 보여주는 것처럼 시장 가격을 포함한 다양한 가격 수준에서 실행할 수 있는 주문의 횡단면인 전자 지정가 호가창으로 대표될 수 있다.

표 1.4 이 표는 S&P 500 e-mini 선물(ES)의 지정가 주문 호가창의 스냅샷을 보여준다. 상반부('매도측')는 매도 주문의 거래량과 가격을 나타내고, 하반부('매수측')는 매수 주문의 거래량과 가격을 나타낸다. 호가 수준은 중앙('시장 내부')의 가장 경쟁력 있는 가격, 지정가 주문 호가창의 상단과 하단에 경쟁력 없는 가격이 배치되는 식으로 순위가 매겨진다. 이 예에는 5개의 매수 호가 또는 매도 호가 수준만 나와 있지만 실제 호가창은 훨씬 더 깊다는 점에 유의하라.

매수 호가	가격	매도 호가
	2170.25	1284
	2170.00	1642
	2169.75	1401
	2169.50	1266
	2169.25	290
477	2169.00	
1038	2168.75	
950	2168.50	
1349	2168.25	
1559	2168.00	

전자 시장 조성자들은 매수-매도 호가 스프레드를 포착하기 위한 시도로 시장의 양쪽 사이드에 대해서 모두 호가를 제시할 것이다. 때로는 대규모 시장 주문이나 일련의 소규모 시장 주문이 한 가격 수준의 전체 주문을 소진할 수 있다. 이것이 바로 시장 가격이 유동적인 시장에서 변동하는 이유다. 이는 실무자들이 흔히 가격 전환price-filp이라고 부르는 효과다. 불리한 가격 움직임의 결과로 주문의 한쪽만 체결된다면 시장 조성자는 손해를 볼 수 있다.

그림 1.7(왼쪽)은 불리한 가격 움직임을 야기하는 일반적인 메커니즘을 보여준다. 시장가 주문 도착 전 시간 t와 이후의 시간 $t + 1$의 지정가 주문 호가창의 스냅샷이 왼쪽 및 오른쪽 패널에 각각 표시돼 있다. 시장 조성자에 의해 보내진 대기 주문은 '+' 기호로 표시된다. 빨간색은 매수 호가를 나타내고, 파란색은 매도 호가를 나타낸다. 매수 시장가 주문은 이후에 도착해 최고의 매도 호가에서의 나머지 전체 수량과 매치된다. 그런 다음 이벤트 시간 $t + 1$에 시장가 주문 호가창이 업데이트된다. 즉, 시장 조성자의 매도 호가가 체결됐으며(파란색 음의 기호), 매수 호가는 이제 시장 내부

로부터 떨어져 있다. (오른쪽의 실제 시장 매수 호가보다 더 낮은 매수 호가를 계속 제시할 수 없으므로) 시장 조성자는 체계적으로 매수 호가를 취소하고 더 높은 가격에 재매수하게 해야만 해서 손해를 볼 수도 있다.

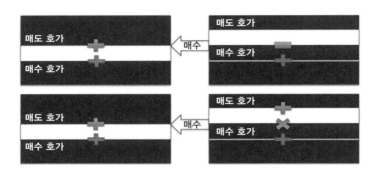

그림 1.7 (상단) 지정가 주문 호가창의 스냅샷은 시점t에 취해진다. 시장 조성자에 의해 배치된 지정가 주문은 '+' 기호로 표시되며, 빨간색은 매수 호가를 나타내고 파란색은 매도 호가를 나타낸다. 매수 시장가 주문이 그 이후에 도착해 가장 좋은 매도 호가의 전체 잔여 수량과 매칭된다. 그런 다음 이벤트 시점 $t + 1$에 지정가 주문 호가창이 업데이트된다. 시장 조성자의 매도 호가는 체결됐고(파란색 마이너스 기호), 매수호가는 시장 내부(왼쪽의 빨간 +)에서 경계(왼쪽 발간 +)로 이동해 대기하게 된다. (하단) 가격 역선택을 피하기 위한 선제적 전략을 보여준다. 매도 호가를 더 높은 매도 호가로 변경한다. 이 경우 매수 호가는업데이트할 필요가 없으며, 두 주문(여기서 왼쪽의 빨간 +와 파란 +)이 모두 체결되면 시장 조성자가 스프레드 이상의 틱을 포착할 수 있다.

머신러닝은 이러한 가격 움직임을 예측하는 데 사용될 수 있으며(Kearns 및 Nevmyvaka 2013, Kercheval 및 Zhang 2015, Sirignano 2016, Dixon et al. 2018, Dixon 2018b,a), 따라서 역선택을 피할 수 있다. Cont와 de Larrad(2013)를 따라 각 가격 수준에서의 대기 주문의 크기를 입력 변수로 취할 수 있다. 우리의 머신이 가격 움직임의 방향 예측에 가장 관련 있다고 생각하는 방식으로, 즉 다른 말로 특성 공학을 통해 시장가 주문의 속성을 추가적으로 포함할 수 있다. 확률적 모델링과 대조적으로 독립 변수(예, 특성)에 조건부 분포 가정을 부과하거나 가격 움직임이 마르코프적이라고 가정하지 않는다. 8장에서는 딕슨(Dixon 2018b)의 좀 더 심층적인 연구의 출발점인 지정가 주문 호가창 히스토리로 중간 가격(매수 호가와 매도 호가의 중간 가격) 예측을 위한 RNN을 제시하는데, 이는 시장가 주문을 포함하며, 칼만 필터와 같은 다른 시계열 방법에 비해 RNN의 우수성을 입증한다.

정확하게 예측하는 능력이 전략의 실행 가능성을 의미하는 것은 아니라는 것을 거듭 강조한다. 대기 주문의 포지션, 거래소의 매칭 규칙, 지연시간, 포지션 제약, 가격 영향과 관련된 복잡한 문제는 실무자의 핵심 고려 사항이다. 수익성 있는 전략의 설계는 이 책의 범위를 넘어서지만 독자는 트레이딩을 위한 백테스트와 알고리듬 설계의 함정에 대해 데 프라도(de Prado 2018)를 참고하라. 딕슨(Dixon 2018a)은 지연 시간, 포지션 제약, 대기 주문 포지션을 설명하는 지도 머신러닝 알고리듬의 성능을 평가하기 위한 프레임워크를 제시한다. 그러나 지도학습은 시장 영향의 효과를 포착할 수 없고 더 복잡한 전략을 통합하기에는 너무 불가능하기 때문에 궁극적으로 최고의 머신러닝 접근법이 아니다. 9장에서 시장 영향을 포착하는 방법과 시장 조성 전략을 유연하게 공식화하는 방법을 보여주는 강화학습의 예를 제시한다.

5.3 모기지 모델링

데이터가 풍부한 환경의 알고리듬 트레이딩을 넘어 금융에 머신러닝의 자리가 있는가? 한 가지 관점은 일부 '저빈도' 응용 영역에는 충분한 데이터가 없으며, 특히 이 영역에서 기존 모델이 치명적으로 실패했다. 이 절의 목적은 장기 예측이 단순히 최고의 머신러닝 알고리듬을 선택하는 것을 훨씬 넘어서는 것이며, 강력한 도메인 지식과 제한된 데이터에 대한 이해를 왜 대체할 수 있는 것이 없는지를 상기시키는 역할을 하는 것이다.

모기지는 부동산에 의해 담보된 대출이다. 모기지는 모기지 담보 증권[MBS, Mortgage Backed Securities] 및 모기지 담보 부채[CMO, Collateralized Mortage Obligation]와 같은 금융 상품으로의 증권화에 사용된다. 이러한 증권의 분석은 복잡하며 2007-2008년의 금융 위기(Stein 2012)에 대응해 지난 10년 동안 크게 변화했다.

달리 명시되지 않는 한 모기지는 '주거용 모기지'를 의미하며, 이는 한 가구 주택에 의해 담보되는 월말 상환이 있는 대출이다. 오피스 건물, 임대 아파트, 산업 시설을 커버하는 상업용 모기지가 존재하지만 이는 별도의 클래스의 금융 상품으로 간주될 만큼 크게 다르다. 주택을 사고자 돈을 빌리는 것은 개인 차입자들이 취하는 가장 일반적인 대출이며, 잔고가 가장 큰 대출 중 하나다. 미국 내에서만 모기지가 15조 달러의 엄청난 부채를 차지하고 있다. 이는 현재 총 연방 부채와 거의 같은 잔고다(그림 1.8).

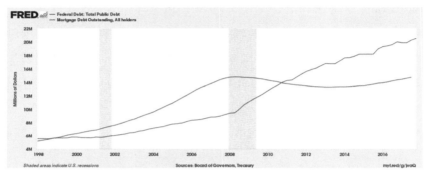

그림 1.8 총 연방 부채에 비교한 미국의 총 모기지 부채(단위: 100만 달러, 물가 상승률 비조정)
(출처: https://fred.stlouisfed.org/series/MDOAH, https://fred.stlouisfed.org/series/GFDEBTN)

미국 내에서 모기지는 (일반적으로 위약금 없이) 대출자가 마음대로 상환할 수 있다. 보통 대출자들은 이 특성을 이용해 유리한 금리 국면에서 대출을 상환하거나 기초 자산인 주택을 팔 때 대출을 청산한다. 이는 개인 차입자들의 엄청난 경제적 위험을 덜어내서, 이를 금융 시스템으로 옮겨가는 효과를 갖고 있다. 또한 이는 이러한 대출 행태의 모델링을 중심으로 활발하고 잘 발전된 산업을 구축했다.

여기서의 모기지 모델 설명은 약간의 사소한 차이를 제외하고는 일반적으로 Sigigano et al.(2016)의 종합적인 연구를 따를 것이다.

미국식 주거용 모기지는 매월 표 1.5에 열거된 여러 가능한 상태 중 하나에 있을 수 있다.

표 1.5 언제나 어떤 미국 주거용 모기지의 상태는 여러 가능한 상태 중 하나에 놓여있다.

기호	상태 이름	정의
P	지급	모든 잔고가 지급되고 대출이 소멸되다.
C	경상	모든 지급이 예정대로 지급된다.
3	30일 연체	모기지가 1번 연체된 상태
6	60일 연체	모기지가 2번 연체된 상태
8	90일 이상 연체	모기지가 3번 이상 연체된 상태
F	저당물 강제 집행(Foreclosure)	저당물(주택) 강제 집행(매각)은 대출자(lender)에 의해 발동된다.
R	은행 소유 주택 (REO, Real-Estate-Owned)	경매에 낙찰이 안 돼 은행(lender)이 주택을 다시 소유하는 상태
D	채무 불이행 청산	대출이 지급 불능으로 비자발적으로 청산된다.

사용 가능한 K 상태 집합을 $\mathbb{K} = \{P, C, 3, 6, 9, F, R, D\}$라고 하자. Sirignano et al.(2016)에서의 문제 공식화에 따라 시간 t의 대출 상태를 $U_t^n \in \mathbb{K}$로 나타낼 것이며, 이는 표준 원핫 인코딩$^{\text{one-hot encoding}}$을 사용해 확률 벡터로 표현될 것이다.

$X = (X_1, \ldots, X_P)$가 P개의 설명 변수의 입력 행렬이라면 확률 전이 밀도함수$^{\text{probability transition density function}}$ $g: \mathbb{R}^P \to [0, 1]^{K \times K}$을 θ로 파라미터화해 다음과 같이 되도록 정의한다.

$$\mathbb{P}(U_{t+1}^n = i \mid U_t^n = j, X_t^n) = g_{i,j}(X_t^n \mid \theta), \forall i, j \in \mathbb{K}. \tag{1.20}$$

$g(X_t^n \mid \theta)$는 시간 동질적 $K \times K$ 마르코프 전이 행렬$^{\text{Markov transition matrix}}$이라는 점에 유의한다. 또한 모든 전이가 개념적으로 가능한 것은 아니다. 비교환적$^{\text{non-commutative}}$(교환 법칙이 성립하지 않는) 상태도 있다. 예를 들어 차입자는 한 달에 두 번의 지급을 불이행할 수 없기 때문에 C에서 6으로 전이될 수 없다. 여기서는 표기의 용이성을 위해 $p_{(i,j)} := g_{i,j}(X_t^n \mid \theta)$를 쓸 것

이며, $p_{(i,j)} = 0$인 비교환 상태 전이로 인해 마르코프 행렬은 다음과 같은
형태를 취한다.

$$g(X_t^n \mid \theta) = \begin{bmatrix} 1 & p_{(c,p)} & p_{(3,p)} & 0 & 0 & 0 & 0 & 0 \\ 0 & p_{(c,c)} & p_{(3,c)} & p_{(6,c)} & p_{(9,c)} & p_{(f,c)} & 0 & 0 \\ 0 & p_{(c,3)} & p_{(3,3)} & p_{(6,3)} & p_{(9,3)} & p_{(f,3)} & 0 & 0 \\ 0 & 0 & p_{(3,6)} & p_{(6,6)} & p_{(9,6)} & p_{(f,6)} & 0 & 0 \\ 0 & 0 & 0 & p_{(6,9)} & p_{(9,9)} & p_{(f,9)} & 0 & 0 \\ 0 & 0 & 0 & p_{(6,f)} & p_{(9,f)} & p_{(f,f)} & 0 & 0 \\ 0 & 0 & 0 & p_{(6,r)} & p_{(9,r)} & p_{(f,r)} & p_{(r,r)} & 0 \\ 0 & 0 & 0 & p_{(6,d)} & p_{(9,d)} & p_{(f,d)} & p_{(r,d)} & 1 \end{bmatrix}$$

따라서 분류기 $g_{i,j}(X_t^n \mid \theta)$는 교환 상태 간의 전이 확률만 출력으로 구성
될 수 있으며, 출력의 부분집합에 소프트맥스 함수를 적용해 $\sum_{j \in \mathbb{K}} g_{i,j}$
$(X_t^n \mid \theta) = 1$이 되게 하고, 따라서 각 행 합계에서 전이 확률의 합이 1이 되
도록 보장할 수 있다.

금융 모델링의 목적상 P와 D 상태 모두 대출 청산 마지막 상태임을 인지하는
것이 중요하다. 그러나 상태 P는 자발적 대출 청산(예, 재융자에 따른 중도 상
환)으로 간주되는 반면 상태 D는 비자발적 청산(예, 압류와 경매를 통한 청산)으
로 간주된다. 이러한 상태는 모기지 데이터 자체에서 구별될 수 있는 것이 아
니라 오히려 청산 배후의 동인이 청산에 이르는 사건에서 추론돼야 한다.

2008년 금융 위기를 앞두고 모기지 모델의 잘못된 예측에 공헌한 한 요인
은 일부(전부는 아니지만) 모델링 그룹이 심각한 연체에서 청산되는 대출
(예, 상태 9)을 손실이 발생하지 않을 경우 전이 $9 \to P$로 간주했다는 점이
다. 그러나 이들은 일반적으로 재무적 어려움으로 인한 전형적인 디폴트
였고, 더 어려운 주택 가격 국면에서 손실을 입었을 것이었다. 실제로 이
들은 $9 \to D$ 전이를 겪었는데, 모기지 기간 동안 집값이 크게 올랐기 때문
에 손실이 없었다. 이들을 자발적 조기 상환(상태 P)으로 간주해 대규모
주택 가격 하락의 여파로 조기 상환을 체계적으로 과대 예측하는 결과를
초래했다. 따라서 위의 행렬은 이러한 가능성을 명시적으로 배제하고 연

체 대출 청산을 항상 비자발적인 것으로 간주하도록 하고 있다.

이 문제의 반대는 일반적으로 존재하지 않는다. 대부분의 상태에서는 적어도 두 번의 지급이 누락될 때까지 차입자에게 청산을 강요하는 것은 불법이다. 따라서 C 또는 3으로부터의 청산은 항상 자발적인 것이며, 따라서 $C \to P$와 $3 \to P$다. 사기나 심각한 부정행위의 경우를 제외하고는 대출자가 상태 6에서 청산을 강제하는 것이 경제적으로 결코 유리하지 않지만 불법은 아니다. 따라서 전이 $3 \to D$는 일반적으로 데이터 오류지만 $6 \to D$는 매우 일어나기 힘든 경우일 뿐이다.

예제 1.6 파라미터화된 전이 확률

대출이 시간 구간 t에서 경상^{current}이라면 다음과 같다.

$$\mathbb{P}(U_t^n) = (0, 1, 0, 0, 0, 0, 0, 0)^T \tag{1.21}$$

$p_{(c, p)} = 0.05$, $p_{(c, c)} = 0.9$, $p_{(c, 3)} = 0.05$며 다음과 같이 된다.

$$\mathbb{P}(U_{t+1}^n \mid X_t^n) = g(X_t^n \mid \theta) \cdot \mathbb{P}(U_t^n) = (0.05, 0.9, 0.05, 0, 0, 0, 0, 0)^T \tag{1.22}$$

일반적인 모기지 모델은 종종 위에 열거한 상태와 (추가 정보가 없이는) 구별되지 않는 추가 상태를 사용한다. 표 1.6은 이들 중 몇 가지를 보여준다.

표 1.6 모기지 상태의 간략한 묘사

기호	상태 이름	중복되는 상태	정의
T	조기 상환(turnover)	P	비금융적 생애 이벤트로 대출금이 선지급
U	삭감(curtailment)	C	차입자가 대출 원금을 줄이고자 과지급

이것을 포함하는 이유는 REO와 같은 상태, 즉 상태 R이 발생하는 이유와 같다. 이론적으로 X_t^n의 일부 모델 회귀 변수는 R과 관련이 없어야 한

다는 것이 알려져 있다. 예를 들어 그 부동산은 현재 대출자가 소유하고 있고 대출 자체는 더 이상 존재하지 않기 때문에 최초 대출의 이자율(및 이자율 인센티브)은 더 이상 결과에 영향을 미치지 않아야 한다. 매우 선형적인 변수로 인한 과적합을 피하고자 이러한 쓸모없다고 알려진 변수는 상태 R에서 시작하는 전이 모델에서 제외된다.

이는 특히 로지스틱 회귀분석에 대해 상태 T가 가끔 발생하는 것과 동일한 이유다. 이런 식으로 리스트된 추가적인 상태가 없다면 강력한 금리 역인센티브는 (즉, 금리가 크게 상승하면) 모델의 조기 상환을 (거의) 0으로 몰고 갈 수 있지만 모든 금리 국면에서 사람들이 죽고 이혼한다는 것을 알고 있기 때문에 적어도 일부의 조기 대출 청산은 여전히 금융 요인이 아닌 인구학적 요인에 기초해 발생해야 한다.

5.3.1 모델 안정성

다른 많은 모델과 달리 모기지 모델은 향후 10년이나 그 이상의 사건을 정확하게 예측하도록 설계됐다. 일반적으로 이는 정확하게 예측하거나 최소한 헷지할 수 있는 회귀 설명 변수를 기반으로 구축할 것을 요구한다. 따라서 대출을 승인할 때 FICO, 대출 경과 기간(월), 금리 인센티브, LTV^Loan- To-Value 비율과 같은 회귀 변수를 보는 것이 일반적이다. 흔히 LTV가 평가되거나 실현된 주택 가격 변동에 대비해 시가 평가되는 경우 MTMLTV라고 불린다. 이 회귀 변수들 중에서 원래 FICO는 대출의 수명 동안 정적이고 경과 기간은 결정돼 있고, 금리는 헷지 가능하고, MTMLTV는 대출 상각과 물가 상승에 의해 빠르게 감쇠하므로 매우 먼 미래에까지 정확하게 예측할 필요를 줄인다.

2014년까지 시작된 30년 고정 금리 모기지 프레디 맥 대출 수준 데이터 세트^Freddie Mac loan level dataset를 고려하자. 여기에는 데이터 세트에 존재하는 각 대출의 각 월별 관측치가 포함된다. 표 1.7은 이 데이터 세트에 대한 연도별 대출 건수를 보여준다.

표 1.7 년도별 신규 대출(프레디 맥, FRM30)

년	신규 대출
1999	976,159
2000	733,567
2001	1,542,025
2002	1,403,515
2003	2,063,488
2004	1,133,015
2005	1,618,748
2006	1,300,559
2007	1,238,814
2008	1,237,823
2009	1,879,477
2010	1,250,484
2011	1,008,731
2012	1,249,486
2013	1,375,423
2014	942,208

2001년에 시작돼 2006년 말까지 관측된 100만 건의 관측치에 대해 모델을 적합화시킬 경우 경과 기간^{age} 대비 $C \rightarrow P$ 확률은 그림 1.9와 같다.

그림 1.9에서 관측된 곡선은 테스트 데이터 세트에 주어진 경과 기간 관측치에 대한 실제 조기 상환 확률이며, '모델'은 모델 예측이며, '이론'은 X_n^t의 다른 모든 회귀 변수가 일정할 때 경과 기간에 대한 이론적 대출 조기 상환 확률이다. 다음 두 가지 관찰에 주목할 필요가 있다.

1. 경과 기간에 대한 한계 반응은 모델 예측과 거의 일치한다.
2. 모델 예측은 실제 행태와 거의 완벽하게 일치한다.

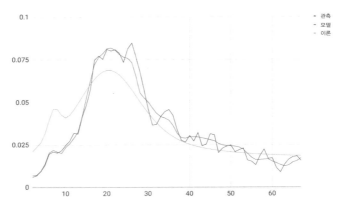

그림 1.9 C → 3을 예측하는 샘플 모기지 모델로 2001년에서 신규로 발행되고 2006년까지 관측된 대출에 적합화한다. 조기 상환 확률이 y축에 표시된다.

이것은 조기 상환 행태가 주로 경과 기간에 의존하는 국면이다. 2006년 (위기 이전 주택 가격이 최고조에 달했던)에 신규로 발행되고, 2015년까지 관측된 대출에 대해 동일한 모델을 실행하면 그림 1.10이 나온다. 이 그림에서 세 가지 관찰이 확인할 필요가 있다.

1. 관측된 분포는 그림 1.9와 매우 다르다.
2. 모델은 25%의 감소를 예상했지만 실제 감소율은 약 56%였다.
3. 조기 상환 확률은 경과 기간과 대략 무관하다.

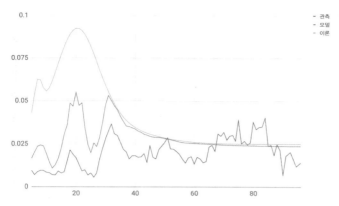

그림 1.10 C → 3을 예측하는 샘플 모기지 모델로 2006년에 신규로 발행되고 2015년까지 관측된 대출에 대해 적합화된다. 조기 상환 확률이 y축에 표시된다.

여기에 나타난 국면은 분명히 경과 기간에 의존하지 않는다. 심지어 이 정도 수준의 정확도를 제공하기 위해서도 모델은 사용 가능한 데이터에서 멀리까지 외삽해야 했고 대출 경과 기간이 조기 상환과 거의 무관한 국면을 '상상'해야 했다. 이 모델은 엇갈린 성공을 거둔다. 이 특정 모델은 8개의 회귀 변수에만 적용됐고 더 복잡한 모델이 더 잘했을 수도 있지만 이러한 부정확성의 실제 요인은 대출 기준$^{lending\ standard}$의 일반적인 강화였다. 게다가 금융 위기 이전에는 대출 기준을 대표하는 좋은 데이터 계열이 없었다.

이 모델은 예측 기간 말에서 적합화 데이터의 시작을 15년 가까이 분리하고 그 기간 동안에 많은 일이 일어났음에도 불구하고 상당히 정확했다. 특히 모기지 모델은 기저의 변수들 분포가 적합화 데이터를 생성한 분포와 크게 달라졌을 수도 있음에 불구하고, 가능한 한 큰 정확도를 제고할 수 있는 모델의 안정성과 능력에 높은 가치를 둔다. 또한 우리가 관심 있는 분포는 미래에서 나오기 때문에 이 분포에서 테스트 데이터를 가져올 수 없기 때문에 머신러닝에서 만능으로 여기는 교차 검증^{cross} ^{validation}은 여기서 도움이 되지 않는다는 것을 유의하라.

모델이 보여주는 무엇보다도 중요한 것은 (적당히) 고차원 문제를 저차원으로 투영하는 것이 매우 오도하기 쉬운 결과를 초래한다는 것이다.

어떤 모델 작성자도 그림 1.9의 모델 예측과 같은 모양을 경과 기간의 함수로 선택하지 않았을 것이다. 이러한 예측은 여러 변수의 상호작용, 이와 같은 1차원 그림에서는 해석할 수 없는 상호작용으로 인해 발생한다. 뒤의 장들에서 볼 수 있듯이 데이터의 이러한 복잡성은 머신러닝에 매우 적합하지만 비용이 없는 것은 아니다. 그 비용은 '편향-분산 트레이드오프'를 이해하고 머신러닝의 결정을 방어할 수 있을 정도로 충분히 엄격하게 머신러닝을 이해하는 것이다.

6. 요약

1장에서는 지도 머신러닝의 몇 가지 핵심 요소를 식별했다. 지도 머신러닝은 다음과 같다.

1. 결정적으로 데이터 생성 프로세스에 의존하지 않는 통계 추론에 대한 알고리듬 접근법이다.
2. 신경망이나 랜덤 포레스트와 같은 방법론에 의해 정의된 함수 형태로 입력과 출력 사이의 파라미터화된 매핑을 추정한다.
3. 규제화 및 앙상블 평균화 기술을 사용해 가능한 모델들을 반복 실행하고 이를 통해 최고의 표본 외 성능을 가진 모델을 구함으로써 모델 선택을 자동화한다.
4. 대규모 표본의 고차원 비선형 공변량에 크기에 적합한 경우가 많다.

표본 외 성능, 자동화된 모델 선택, 사전 결정된 파라미터의 데이터 생성 프로세스의 부재를 강조하는 것은 오늘날 사용되는 많은 모수적[11], 금융

---

11. 모수적(parametric)이란 파라미터를 사용한다는 뜻이다. 이 책에서 모수와 파라미터는 같은 뜻으로 모수와 파라미터를 혼용하는데, 문맥에 따라 어감상 편한 용어를 사용했다. 예를 들어 non-parametric은 '비모수적'으로 번역하지만 parameterized는 '파라미터화된'으로 번역하니 참고하길 바란다. - 옮긴이

계량경제학 기법보다 더 강력한 접근법이 되는 머신러닝의 핵심이다. 금융에서 머신러닝을 채택할 때 가장 중요하게 고려해야 할 것은 머신러닝 모델을 상응하는 모수적 모델과 같이 실행해 표본 내 적합도를 기초로 하는 모수적 모델링과의 차이와 한계를 시간의 경과에 따라 관찰하는 능력이다. 데이터의 특성을 파악하고 알고리듬을 선택하고자 통계적 테스트가 사용돼야 한다. 이러한 예로 정상성 테스트를 들 수 있다. 금융 산업에서 머신러닝을 채택할 때의 몇 가지 과제에 대한 체크리스트와 간략하지만 원론적인 설명은 딕슨과 핼퍼린(Dixon and Halperin 2019)을 참고하라.

광범위한 형태의 데이터를 쉽게 이용할 수 있는 능력은 또 다른 장점이지만 이것은 데이터가 충분히 고품질이고 새로운 원천의 정보를 더하는 경우에만 가능하다. 2008년의 금융 위기 동안 예측 모델의 실패를 상기시키는 것으로 1장을 끝내고 고립된 데이터 추출을 피하는 것의 중요성을 강조한다. 머신러닝의 응용은 강력한 과학적 추론 기술을 요구하며 일반화되고 자동화된 의사결정을 위한 만병통치약은 아니다.

7. 연습문제

연습문제 1.1**: 시장 게임

두 명의 플레이어가 시장 게임에 들어간다고 가정한다. 게임의 규칙은 다음과 같다. 1번 플레이어는 시장 조성자(market maker)이고 2번 플레이어는 유동성 공급자(market taker)다. 각 라운드에서 플레이어 1은 정보 x가 제공되며 라운드에서 이진 이벤트 G가 발생할 경우 얼마를 지불할지 결정하는 값 $\alpha \in (0, 1)$을 선택하고 선언해야 한다. $G \sim$ 베르누이(p), 여기서 어떤 미지의 파라미터 θ에 대해 $p = g(x \mid \theta)$다. 그런 다음 플레이어 2는 \$1을 지불하고 게임에 들어가 다음 수익 구조 중 하나를 선택한다.

$$V_1(G, p) = \begin{cases} \frac{1}{\alpha} & \text{확률} \quad p\text{로} \\ 0 & \text{확률} \quad (1-p)\text{로} \end{cases}$$

또는

$$V_2(G, p) = \begin{cases} 0 & \text{확률} \quad p\text{로} \\ \frac{1}{(1-\alpha)} & \text{확률} \quad (1-p)\text{로} \end{cases}$$

1. 플레이어 2에 α가 알려진 경우 p를 모르는 상황에서 여러 게임을 실행할 때 플레이어 2가 1달러의 기대수익을 얻을 수 있는 전략은 무엇인가?

2. 이제 이 p가 두 플레이어 모두에게 알려졌다고 가정하자. 주어진 라운드에서 플레이어 1을 위한 최적의 α 선택은 무엇인가?

3. 플레이어 2가 특정 라운드에서 G가 1이 된다는 것을 완전히 확실하게 알고 있다고 가정하면 플레이어 2에 대한 수익은 얼마인가?

4. 플레이어 2가 $\{1, \ldots, i\}$ 라운드에 대한 완전한 지식을 갖추고 있으며 이전 라운드의 수익을 이후 라운드에 재투자할 수 있다고 가정하자. 또한 일반성을 잃지 않고 각 라운드에 대해 $G = 1$이라고 가정하자. i 라운드 후 플레이어 2의 수익은 얼마인가? 예를 들어 플레이어 2가 플레이어 1에 \$1.5를 지불하고 게임에 참여할 경우 각 게임은 \$1.5V_1로 될 것이라고 가정할 수 있다.

연습문제 1.2**: 모델 비교

예제 1.2를 상기하자. 더 이상 100% 확률로 결과를 예측할 수 없도록 추가 정보가 추가됐다고 가정한다. 표 1.8은 어떤 실험의 결과로 생각하자.

표 1.8 샘플 모델 데이터

G	x
A	(0, 1)
B	(1, 1)
B	(1, 0)
C	(1, 0)
C	(0, 0)

$$f((1, 0)) = (0, 1, 0), \ B를 \ 100\%의 \ 확실성으로 \ 예측 \qquad (1.23)$$

$$g((1, 0)) = (0, 0, 1), \ C를 \ 100\%의 \ 확실성으로 \ 예측 \qquad (1.24)$$

$$h((1, 0)) = (0, 0.5), 0.5), \ B나 \ C를 \ 50\%의 \ 확실성으로 \ 예측 \qquad (1.25)$$

이제 $x = (1, 0)$일 때 결과는 B나 C가 될 수 있다. A, B, C 값을 인코딩하는 x 값에 적용되는 세 가지 다른 모델을 고려해보자.

1. 각 모델이 $x = (1, 0)$인 샘플에 대해 동일한 총 절대오차를 갖고 있음을 보여주라.
2. 세 모델 모두 $x = (1, 0)$일 때 표 1.8의 값에 동일한 평균 확률을 할당한다는 것을 보여주라.
3. 연습문제 1의 시장 게임이 이제 모델(예, B 또는 C)과 함께 진행된다고 가정하자. 각각 V_1과 V_2의 두 가지 개별 보상이 발생한다. $x = (1, 0)$과 $\alpha = 1 - p$일 때 플레이어 1에 대한 손실은 제한되지 않음을 증명하라.
4. 연습문제 1.1의 시장 게임이 현재의 모델 h로 수행된다면 플레이어 1에 대한 손실은 제한된다는 것을 증명하라.

연습문제 1.3**: 모델 비교

예제 1.1과 관련된 논의는 어떤 유형의 모델이 다른 모델보다 더 일반적이라는 개념을 암시했다. 이 연습문제는 그 개념을 간략하게 탐구할 것이다.

예제 1.1의 표 1.1을 상기하라.

G	x
A	(0, 1)
B	(1, 1)
C	(1, 0)
C	(0, 0)

이 연습에서는 두 모델이 표 1.1의 값에 적용될 때 0.95보다 엄격하게 더 큰 확률로 G에 대해 동일한 예측을 생성한다면 두 모델은 '유사한similar' 것으로 간주한다.

다음에서의 목표는 모두 주어진 우도로 표 1.1을 생성하는 상이한mutually dissimilar 모델의 집합을 생성하는 것이다.

1. 우도 1.0으로 표1.1을 생성하는 유사한 모델은 몇 개인가?
2. 우도 0.9로 표 1.1을 생성하는 최소 4개의 상이한 모델을 생성하라.
3. 정확히 우도 0.95로 표 1.1을 생성할 수 있는 상이한 모델이 몇 개인가?

연습문제 1.4**: 우도 추정

데이터가 i.i.d.일 때 이진 분류기에 대한 음의 로그 우도 함수('오차 함수')는 다음의 교차 엔트로피다.

$$E(\boldsymbol{\theta}) = -\sum_{i=1}^{n} G_i ln\ (g_1(\mathbf{x}_i \mid \boldsymbol{\theta})) + (1 - G_i) ln\ (g_0(\mathbf{x}_i \mid \boldsymbol{\theta}))$$

이제 훈련 데이터 포인트 $\mathbf{x}_i$의 클래스 레이블이 올바르게 설정됐을 확률을 π_i라고 가정하자. 음의 로그 우도에 해당하는 오차 함수를 표현하라. 위 방정식의 오차 함수가 $\pi_i = 1$일 때 얻어지는지 확인하라. 이 오차 함수는 모델을 잘못 레이블링된 데이터에 대해 강건하게 만들기 때문에 일반적인 최소 제곱오차 함수와 대조된다는 것을 주목하라.

연습문제 1.5**: 최적 행동

t 시점 행동 u_t에 대한 식 1.16의 미분을 0으로 설정해 식 1.17을 도출하라. 식 1.17은 두 가지 조건부 기대값의 비율로 최적 행동에 대한 비모수 식을 제공한다. 실무적으로 유용하게 사용하고자 이 접근법은 다음 연습문제에서 사용할 것처럼 좀 더 많은 수정이 필요할 수 있다.

연습문제 1.6***: 기저 함수

식 1.17의 최적 행동에 대한 비모수 설정 대신 최적 행동의 모수 모델을 개발할 수 있다. 이를 위해 $k = 1, ..., K$인 기저 함수 집합 $\psi_k(S)$가 있다고 가정한다. 여기서 K는 총 기저 함수의 수다. 즉, 모델 공간의 차원과 동일하다.

이제 최적 행동 $u_t = u_t(S_t)$를 기저 함수 Ψ_k에 대한 전개^{expansion}의 계수 θ_k 측면에서 정의한다(예를 들어 스플라인 기저 함수$^{spline\ basis\ function}$, 풀리에 기저$^{Fourier\ base}$를 사용할 수 있다).

$$u_t = u_t(S_t) = \sum_{k=1}^{K} \theta_k(t)\Psi_k(S_t)$$

u_t에 대한 위의 식을 식 1.16에 대입하고 t번째 시간 스텝에 대한 가중치 $\theta_k(t)$에 대해 이를 최대화해 최적 계수 $\theta_k(t)$를 계산한다.

부록

다지선다형 문제에 대한 답

문제 1

정답: 1, 2

답 3은 올바르지 않다. 비지도학습이 모델 훈련을 위해 인간 교사를 필요로 하지 않는 것은 사실이지만 접근법이 우월하다고 가정하는 것은 잘못된 것이다.

답 4도 올바르지 않다. 강화학습은 마르코프 의사결정 프로세스에 대한 지도학습의 일반화로 볼 수 없다. 강화학습이 올바른 결정을 정의하기 위해 레이블 대신 보상을 사용해 의사결정을 강화하기 때문이다. 이러한 이유로 강화학습은 약한 형태의 지도를 사용한다고 할 수 있다.

문제 2

정답: 1, 2, 3

답 4는 올바르지 않다.

2개의 다른 이진 모델 $\{g_i^{(1)}(X|\theta)\}_{i=0}^1$와 $\{g_i^{(2)}(X|\theta)\}_{i=0}^1$는 일반적으로 하나의 다중 클래스 모델과 동일한 출력을 산출하지 않는다. 이의 반증으로 로지스틱 모델 $g_0^{(1)} = g_0(X|\theta_1) = \frac{\exp\{-X^T\theta_1\}}{1+\exp\{-X^T\theta_1\}}$와 $g_0^{(2)} = g_0(X|\theta_2) = \frac{\exp\{-X^T\theta_2\}}{1+\exp\{-X^T\theta_2\}}$를 다음의 다중 클래스 모델과 비교하라.

$$g_i(X|\boldsymbol{\theta}') = \text{softmax}(\exp\{X^T\boldsymbol{\theta}'\}) = \frac{\exp\{(X^T\boldsymbol{\theta}')_i\}}{\sum_{k=0}^{K}\exp\{(X^T\boldsymbol{\theta}')_k\}} \tag{1.26}$$

$\theta_1 = \boldsymbol{\theta}'_0 - \boldsymbol{\theta}'_1$과 $\boldsymbol{\theta}'_2 - \boldsymbol{\theta}'_3 = 0$으로 놓으면 다중 클래스는 모델 1과 같아진다. 유사하게 $\theta_2 = \boldsymbol{\theta}'_2 - \boldsymbol{\theta}'_3$과 $\boldsymbol{\theta}'_0 - \boldsymbol{\theta}'_1 = 0$으로 놓으면 다중 클래스는 모델 2와

같아진다. 그러나 모델 1과 모델 2의 출력을 다중 클래스 모델과 동시에 매치시킬 수 없다.

문제 3

정답: 1, 2, 3

답 4는 올바르지 않다. 심층 순환 신경망의 계층은 지연된 각 입력과 은닉 상태 변수 사이의 더 큰 표현력을 제공한다. 그러나 신경망의 메모리 양과 관련이 없다. 다층 퍼셉트론의 은닉층은 시계열 모델의 은닉 상태 변수가 아니다. 모든 순환 신경망에서 메모리양을 결정하는 것은 전개의 정도$^{degree\ of\ unfolding}$, 즉 은닉 상태 벡터의 수다.

문제 4

정답: 2

참고 문헌

Akaike, H. (1973). *Information theory and an extension of the maximum likelihood principle* (pp. 267–281).

Akcora, C. G., Dixon, M. F., Gel, Y. R., & Kantarcioglu, M. (2018). Bitcoin risk modeling with blockchain graphs. *Economics Letters*, 173(C), 138–142.

Arnold, V. I. (1957). *On functions of three variables* (Vol. 114, pp. 679–681).

Bollerslev, T. (1986). Generalized autoregressive conditional heteroskedasticity. *Journal of Econometrics*, 31, 307–327.

Box, G. E. P., & Jenkins, G. M. (1976). *Time series analysis, forecasting, and control*. San Francisco: Holden–Day.

Box, G. E. P., Jenkins, G. M., & Reinsel, G. C. (1994). *Time series analysis, forecasting, and control* (third ed.). Englewood Cliffs, NJ: Prentice–Hall.

Breiman, L. (2001). Statistical modeling: the two cultures (with comments and a rejoinder by the author). *Statistical Science*, 16(3), 199–231.

Cont, R., & de Larrard, A. (2013). Price dynamics in a Markovian limit order market. *SIAM Journal on Financial Mathematics*, 4(1), 1–25.

de Prado, M. (2018). *Advances in financial machine learning*. Wiley.

de Prado, M. L. (2019). Beyond econometrics: A roadmap towards financial machine learning. *SSRN*. Available at SSRN: https://ssrn.com/abstract= 3365282 or http://dx.doi.org/10.2139/ssrn.3365282.

DeepMind (2016). DeepMind AI reduces Google data centre cooling bill by 40%. https://deepmind.com/blog/deepmind-ai-reduces-google-data-centr e-cooling-bill-40/.

DeepMind (2017). The story of AlphaGo so far. https://deepmind.com/research/alphago/.

Dhar, V. (2013, December). Data science and prediction. *Commun.* ACM, 56(12), 64–73.

Dixon, M. (2018a). A high frequency trade execution model for supervised learning. *High Frequency*, 1(1), 32–52.

Dixon, M. (2018b). Sequence classification of the limit order book using recurrent neural networks. *Journal of Computational Science*, 24, 277–286.

Dixon, M., & Halperin, I. (2019). *The four horsemen of machine learning in finance*.

Dixon, M., Polson, N., & Sokolov, V. (2018). Deep learning for spatio-temporal modeling: Dynamic traffic flows and high frequency trading. *ASMB*.

Dixon, M. F., & Polson, N. G. (2019, Mar). Deep fundamental factor models. *arXiv eprints*, arXiv:1903.07677.

Dyhrberg, A. (2016). Bitcoin, gold and the dollar – a GARCH volatility analysis. *Finance Research Letters*.

Elman, J. L. (1991, Sep). Distributed representations, simple recurrent networks, and grammatical structure. *Machine Learning*, 7(2), 195–225.

Esteva, A., Kuprel, B., Novoa, R. A., Ko, J., Swetter, S. M., Blau, H. M., et al.

(2017). Dermatologist-level classification of skin cancer with deep neural networks. *Nature*, 542(7639), 115–118.

Flood, M., Jagadish, H. V., & Raschid, L. (2016). Big data challenges and opportunities in financial stability monitoring. *Financial Stability Review*, (20), 129–142.

Gomber, P., Koch, J.-A., & Siering, M. (2017). Digital finance and fintech: current research and future research directions. *Journal of Business Economics*, 7(5), 537–580.

Gottlieb, O., Salisbury, C., Shek, H., & Vaidyanathan, V. (2006). Detecting corporate fraud: An application of machine learning. http://citeseerx.ist.psu.edu/viewdoc/summary?doi=10.1.1.142.7470.

Graves, A. (2012). *Supervised sequence labelling with recurrent neural networks*. Studies in Computational intelligence. Heidelberg, New York: Springer.

Gu, S., Kelly, B. T., & Xiu, D. (2018). *Empirical asset pricing via machine learning*. Chicago Booth Research Paper 18–04.

Harvey, C. R., Liu, Y., & Zhu, H. (2016). … and the cross-section of expected returns. *The Review of Financial Studies*, 29(1), 5–68.

Hornik, K., Stinchcombe, M., & White, H. (1989, July). Multilayer feedforward networks are universal approximators. *Neural Netw.*, 2(5), 359–366.

Kearns, M., & Nevmyvaka, Y. (2013). Machine learning for market microstructure and high frequency trading. *High Frequency Trading – New Realities for Traders*.

Kercheval, A., & Zhang, Y. (2015). Modeling high-frequency limit order book dynamics with support vector machines. *Journal of Quantitative Finance*, 15(8), 1315–1329.

Kolmogorov, A. N. (1957). On the representation of continuous functions of many variables by superposition of continuous functions of one variable and addition. *Dokl. Akad. Nauk SSSR*, 114, 953–956.

Kubota, T. (2017, January). Artificial intelligence used to identify skin cancer.

Kullback, S., & Leibler, R. A. (1951, 03). On information and sufficiency. *Ann. Math. Statist.*, 22(1), 79–86.

McCarthy, J., Minsky, M. L., Rochester, N., & Shannon, C. E. (1955, August). A proposal for the Dartmouth summer research project on artificial intelligence. http://wwwformal.stanford.edu/jmc/history/dartmouth/dartmouth.html.

Philipp, G., & Carbonell, J. G. (2017, Dec). Nonparametric neural networks. *arXiv eprints*, arXiv:1712.05440.

Philippon, T. (2016). *The fintech opportunity.* CEPR Discussion Papers 11409, C.E.P.R. Discussion Papers.

Pinar Saygin, A., Cicekli, I., & Akman, V. (2000, November). Turing test: 50 years later. *Minds Mach.*, 10(4), 463–518.

Poggio, T. (2016). Deep learning: mathematics and neuroscience. *A Sponsored Supplement to Science Brain-Inspired intelligent robotics: The intersection of robotics and neuroscience*, 9–12.

Shannon, C. (1948). A mathematical theory of communication. *Bell System Technical Journal, 27.*

Simonyan, K., & Zisserman, A. (2014). Very deep convolutional networks for large-scale image recognition.

Sirignano, J., Sadhwani, A., & Giesecke, K. (2016, July). Deep learning for mortgage risk. *ArXiv e-prints.*

Sirignano, J. A. (2016). Deep learning for limit order books. arXiv preprint *arXiv:1601.01987.*

Sovbetov, Y. (2018). Factors influencing cryptocurrency prices: Evidence from Bitcoin, Ethereum, Dash, Litcoin, and Monero. *Journal of Economics and Financial Analysis*, 2(2), 1–27.

Stein, H. (2012). Counterparty risk, CVA, and Basel III.

Turing, A. M. (1995). *Computers & thought.* Chapter Computing Machinery and Intelligence (pp. 11–35). Cambridge, MA, USA: MIT Press.

Wiener, N. (1964). *Extrapolation, interpolation, and smoothing of stationary time series.* The MIT Press.

02
확률 모델링

2장에서는 확률적 모델링을 소개하고 베이지안 추론, 모델 선택, 온라인 학습, 베이지안 모델 평균화와 같은 베이지안 계량학의 기본 개념을 검토한다. 그런 다음 혼합 모델과 같은 확률적 그래픽 모델을 사용해 복잡한 데이터의 좀 더 다양한 표현을 개발한다.

1. 서론

데이터로부터의 통계적 추론은 본질적으로 불확실할 뿐만 아니라 모델링하고자 하는 데이터의 유형과 관계가 점점 더 복잡해지고 있다. 2장에서는 불확실성의 성격을 규정하고 변수 간 인과관계의 표현을 허용하도록 광범위하게 설계된 통계 모델의 한 클래스인 확률적 모델링에 초점을 돌린다. 확률적 모델링은 생성 모델링을 포함한 모델의 메타클래스다. 즉, 결합분포 $p(X, Y)$를 최대화하는 통계적 추정 모델과 최대 우도 추정이나 '완전 베이지안' 추론을 활용하는 베이지안 모델링을 포함한다. 확률적 그래프 모델은 데이터에서 파라미터의 통계적 추론을 단순화하기 위한 인과 모델링을 강조한다. 2장에서는 금융 모델링에서 비지도 및 지도머신러닝의 적용과 관련된 확률적 모델링 구조에 초점을 맞춘다.

앞 장들의 내용을 확률적 신경망에 상응하는 것으로 직접 확장하는 것은 당연해 보이지만 이것이 금융에 필요한 복잡한 데이터에 대한 어떤 직관적인 설명을 개발하지는 않는다. 또한 신경망은 확률적 모델링에 아주 적합하지는 않은 것으로 밝혀졌다. 즉, 신경망은 점 추정에 적합하지만 확률적 설정에서는 많은 문제가 나타난다. 특히 신경망은 매우 데이터 집약적이므로 베이지안 모델링의 주요 장점 중 하나를 상쇄한다.

우리는 확률적 그래프 모델의 도입을 통해 확률적 모델링을 탐구할 것이다. 이 모델은 차별적이고 생성적인 다양한 종류의 모델 간 관계를 이해하는 데 편리한 데이터 구조다. 이 표현^{representation}은 3장의 주제인 베이지안 커널 학습으로 깔끔하게 인도할 것이다. 예를 들어 트레이딩 및 리스크 모델링과 같이 불확실성의 성격을 표현하고자 잘 확립된 접근법인 베이지안 모델링의 기초적 주제를 소개하는 것으로 시작한다. 데이터의 단순한 확률적 모델부터 시작해 베이지안 방법을 실제로 적용하는 데 필요한 몇 가지 주요 구조를 검토한다.

데이터를 동적으로 나타내고자 필터링 및 은닉 변수를 사용해 확률적 모델을 시계열 모델링에 적용하는 것은 7장에 제시된다.

2장의 목표

2장의 주요 학습 요점은 다음과 같다.

- 단순한 확률적 모델을 사용해 데이터에 베이지안 추론을 적용한다.
- 확률적 가중치를 사용한 선형회귀를 단순한 확률적 그래프 모델로 볼 수 있는 방법을 이해한다.
- 혼합 모델 및 은닉 마르코프 모델과 같은 확률적 그래프모델을 사용해 복잡한 데이터의 좀 더 다양한 표현을 개발한다.

*로 끝나는 절 제목은 수학적으로 더 고급이며, 종종 해석학과 확률론의 어느 정도 배경을 필요로 하므로 수학적 성향이 낮은 독자는 건너뛸 수 있다.

2. 베이지안 대 빈도주의 추정

베이지안 데이터 분석은 확률의 처리와 모델 파라미터의 처리에서 고전적(또는 '빈도주의자') 분석과는 확연히 다르다.[1] 베이지안 분석가는 추가 증거(즉, '데이터')를 수집하기 전에 불확실한 사건에 대한 확률적 명제를 공식화한다. 이러한 사전적ex-ante 확률(또는 좀 더 일반적으로 확률분포와 기저의 파라미터)을 사전분포prior라 부른다.

주관적 확률subjective probability에 대한 이러한 개념은 고전적인 추정에는 없다. 고전 세계에서는 모든 추정과 추론은 관찰된 데이터에만 기초한다.

베이지안 및 고전 경제학자들은 모두 일련의 파라미터, 즉 θ에 대해 더 많이 배우는 것을 목표로 한다. 고전적인 사고방식에서 θ는 고정적이지만 알려지지 않은 요소들을 포함하고 있으며, 일반적으로 기초가 되는 관심 대상인 모집단(예, 미국 대학생들의 신용카드 부채에 대한 평균과 분산)과 관련이 있다. 베이지안들은 θ에 대한 관심과 기본 대상인 모집단의 정의를 고전학파와 공유한다.

그러나 베이지안들은 θ에 사전분포를 할당하고 이를 $p(\theta)$라 하는데, 이 사전분포는 일반적으로 '알려진' 모멘트를 갖는 확률분포의 형태를 취한다. 베이지안들은 앞에서 언급한 부채 금액이 평균 \$3,000의 정규분포와 \$1,500의 표준편차를 갖는다고 말할 것이다. 이러한 사전분포는 이전의 연구, 출판된 문헌의 관련된 발견에 기초하거나 완전히 자의적일 수

---

1. 이 장의 첫 번째 부분에서는 주로 파라미터(모수) 분석의 영역 내에 있을 것이다. 그러나 나중에 비모수 및 준모수 모델링에 대한 베이지안 방법의 예를 살펴볼 것이다.

있다. 어떤 경우에든 본질적으로 주관적인 구조다.

그런 다음 두 학파 모두 θ와 관측된 데이터, '종속 변수' y, 그리고 설명 변수 X 행렬을 연관시키는 이론적 프레임워크를 개발한다. 이 관계는 우도 함수를 통해 공식화된다. 예를 들어 $p(y|\theta, \mathbf{X})$는 베이지안 표기법을 준수한다. 이 우도 함수는 두 학파가 모두 정확히 동일한 분석 형태를 취한다는 것을 강조할 필요가 있다.

고전학파 분석가는 기초가 되는 관심 모집단으로부터 관측 샘플을 수집하고, 이러한 데이터를 공식화된 통계 모델과 결합해 θ의 추정치를 산출한다. 이 추정치의 정확성을 둘러싼 모든 불확실성은 결과가 전체 모집단에 대한 데이터가 아닌 샘플에 기초한다는 개념과 전적으로 관련이 있다. (크기가 동일한) 상이한 샘플은 약간 다른 추정치를 생성할 수 있다. 고전학파에서는 $\hat{\theta}$의 각 원소에 할당된 표준 오차standard errors를 통해 이러한 불확실성을 표현한다. 또한 샘플 크기가 커짐에 따른 $\hat{\theta}$의 행태에 초점을 맞춘다. 증가하는 샘플 크기의 행태는 점근 이론asymptotic theory 이라는 분야에 속한다.

고전학파 세계에서 대부분 추정기의 특성은 '점근적으로만' 평가될 수 있다. 즉, 무한히 큰 샘플의 가상 사례에 대해서만 이해된다. 또한 빈도주의자에 의해 사용되는 사실상 모든 모델 설정 테스트는 점근 이론에 의존한다. 이는 데이터 크기가 유한한 경우 주요 제한 사항이다.

반면 베이지안들은 베이즈 법칙을 통해 사전분포와 우도를 결합해 θ의 사후분포를 다음과 같이 도출한다.

$$p(\theta \mid \mathbf{y}, \mathbf{X}) = \frac{p(\theta, \mathbf{y} \mid \mathbf{X})}{p(\mathbf{y} \mid \mathbf{X})} = \frac{p(\theta)\,p(\mathbf{y} \mid \theta, \mathbf{X})}{p(\mathbf{y} \mid \mathbf{X})} \propto p(\theta)\,p(\mathbf{y} \mid \theta, \mathbf{X}). \quad (2.1)$$

베이지안 모델링은 파라미터 값 θ의 점 추정에 관한 것이 아니라 샘플 데이터에서 θ에 대한 우리의 주관적 신념(우리의 '사전분포')을 업데이트하고 정확하게 하는 것이다. 따라서 샘플 데이터는 θ에 대한 '학습'에 기여할 것이다.

베이지안 학습

간단히 말해 사후분포는 사전분포의 업데이트 버전일 뿐이다. 좀 더 구체적으로 사후분포는 사전분포에 우도를 곱한 값에 비례한다. 우도는 파라미터와 데이터에 대한 모든 현재 정보를 포함한다. 데이터에 높은 수준의 정보 내용이 있는 경우(즉, θ에 대해 상당한 학습을 할 수 있다) 사후분포는 일반적으로 사전분포와 매우 다르게 보일 것이다. 대부분의 경우 사전분포보다 훨씬 '좁은'(즉, 분산이 훨씬 작다) 분포를 갖는다. 베이지안 분석에서 '샘플링 불확실성'이라는 고전적인 개념을 위한 여지가 없으며, 추정기의 '점근적 행태'에 덜 초점을 맞춘다.[2]

베이지안 패러다임을 논리 극단으로 끌고가는 Duembgen과 Rogers(2014)는 "아무것도 추정하지 말라."고 제안한다. 이들은 업계 표준인 추정 기반 보정^{calibration} 패러다임을 베이지안 기법에 기초한 접근법으로 대체할 것을 제안한다. 여기서 사후분포는 사전분포에, 예를 들어 확률적 필터링과 MCMC를 반복 적용해서 얻어진다. 보정은 추정을 시도하고, 이때 얻어진 추정치를 추정 오차는 무시하고 실제 값처럼 사용한다. 예상과 달리 이러한 베이지안 원리의 체계적인 적용에 기초한 접근법은 일관성이 있다. "파생상품 포트폴리오를 헷징하거나 시가를 평가하고자 우리

---

2. 그러나 때대로 베이지안 분석은 점근적 결과에 의존하기도 한다. 자연스럽게 더 큰 크기의 샘플(즉, 더 많은 실증적 정보)이 작은 크기의 샘플보다 좋다는 개념은 베이지안 분석에 대해서도 성립한다.

가 무엇을 해야 하는지에 대해서는 의심의 여지가 없다. 그리고 오늘 무엇을 하든 우리가 이전에 했던 것과 미래에 무엇을 할 것인지와 일관성을 가질 것이다." 또한 베이지안 모델 비교 방법을 사용하면 매우 다른 유형의 모델을 쉽게 비교할 수 있다.

한계 우도

식 2.1의 분모에 있는 항은 '한계 우도^{marginal likelihood}'라고 불리며, 이는 θ의 함수가 아니므로, 일반적으로 베이지안 분석의 대부분 구성 요소에서 무시될 수 있다. 따라서 우리는 일반적으로 θ에 대한 추론을 위해 분자 (즉, 사전분포 곱하기 우도)로만 작업한다. 2.1절에서 이 표현이 실제 사후분포에 비례한다는 것을 안다. 그러나 한계 우도는 모델 비교에 중요하므로 실제 사후분포 분석의 부산물로서 또는 실제 사후분포 분석을 따르는 것으로써 한계 우도를 도출하는 몇 가지 방법을 학습할 것이다. 사전분포와 우도의 선택에 따라 한계우도에 대한 분석적 해가 존재하는 경우도 있다.

요약하자면 빈도주의자는 θ에 대해 '아무것도 모르는 상태'에서 시작한다. 그들은 데이터를 수집해 추정치 $\hat{\theta}$를 산출한다. 이들은 유한 표본의 맥락(가능하다면)과 가상의 대규모 샘플(점근적) 경우에 대해 $\hat{\theta}$의 특성과 불확실성을 공식화한다.

베이지안들은 데이터를 수집해 θ에 관한 사전분포, 즉 미리 인지했던 θ의 확률분포에 대한 생각을 업데이트한다.

3. 데이터로부터 빈도주의 추정

빈도주의 추론을 설명하는 간단한 예제로 이 절을 시작하자.

예제 2.1 베르누이 시행 예제

하나의 동전 뒤집기로 구성된 실험을 생각해보자. 확률 변수 Y를 뒷면이 위로 나타나면 0으로, 앞면이 위로 나타나면 1로 설정한다. 그러면 Y의 확률 밀도는 다음과 같다.

$$p(y \mid \theta) = \theta^y (1 - \theta)^{1-y}$$

여기서 $\theta \in [0, 1]$은 앞면이 나타날 확률이다.

Y를 베르누이 확률 변수로 인식한다. 우리는 p를 y의 함수로 보지만 주어진 파라미터 θ에 의해 파라미터화되므로 $p(y \mid \theta)$로 표기된다.

좀 더 일반적으로, 우리가 같은 동전에 대해 그러한 독립적인 실험(던지기)을 수행한다고 가정하자. 이러한 Y의 실현을 다음과 같이 나타내자.

$$\mathbf{y} = \begin{pmatrix} y_1 \\ y_2 \\ \vdots \\ y_n \end{pmatrix} \in \{0, 1\}^n$$

여기서 $1 \le i \le n$에 대해 y_i는 i번째 던지기의 결과다. y의 확률 밀도는 얼마인가?

동전 던지기가 독립적이기 때문에 y의 확률 밀도, 즉 $y_1, y_2, \ldots, y_n$의 결합 확률 밀도는 곱 법칙에 의해 다음과 같이 주어진다.

$$p(\mathbf{y} \mid \theta) = p(y_1, y_2, \ldots, y_n \mid \theta) = \prod_{i=1}^{n} \theta^{y_i} (1-\theta)^{1-y_i} = \theta^{\sum y_i} (1-\theta)^{n-\sum y_i}$$

동전을 50번 던지고(n = 50 수행) 시행 결과를 다음과 같이 기록했다고 가정하자.

0 0 1 0 0 1 0 0 0 0 0 1 0 1 1 1 0 0 0 0 1 0 1 0 0

0 0 0 0 0 0 0 0 0 0 0 0 0 0 0 1 1 0 0 0 0 1 0 1 0 0

이러한 데이터를 통해 θ를 어떻게 추정할 수 있는가?

빈도주의자와 베이지안 모두 밀도 $p(\mathbf{y}|\theta)$를 우도로 간주한다. 베이지안들은 이 표기법을 유지하는 반면 빈도주의자는 (파라미터 θ가 주어졌을 때의) $\mathbf{y}$의 함수인 $p(\mathbf{y}|\theta)$를 (샘플 $\mathbf{y}$가 주어졌을 때의) θ의 함수로 다음과 같이 재해석한다(우리의 경우에는 파라미터가 하나이므로 θ가 단변량이지만 꼭 그럴 필요는 없다. 즉 다변량의 경우에도 성립한다).

$$\mathcal{L}(\theta) := \mathcal{L}(\theta|\mathbf{y}) := p(\mathbf{y}|\theta)$$

우리는 이 확률 밀도를 재해석한 것이며, 함수 형태는 동일하다. 즉, 다음과 같다.

$$\mathcal{L}(\theta) = \theta^{\sum y_i}(1-\theta)^{n-\sum y_i}$$

> 우도

우도^{likelihood}는 빈도주의 학파의 중심 아이디어 중 하나다. 창시자 중 한 명인 로날드 아일머 피셔경$^{\text{Sir Ronald Aylmer Fisher}}$에 의해 주창됐다.

"지금 보이는 것은 확률의 수학적 개념이 추론을 하는 데 있어 정신적 신뢰(또는 신뢰의 부족)를 표현하는 데 부적합하며, 여러 가능한 모집단에 대한 선호 순서를 측정하는 데 일반적으로 적합하다고 보이는 수학적 양은 실제로 확률 법칙을 따르지 않는다. 따라서 나는 이를 확률과 구별하고자 '우도'라는 용어로 이 양을 표기했다.

　　　　　　　　　　　　　　　　　- R. A. 피셔, 연구자들을 위한 통계 방법론

일반적으로 우도의 로그, 즉 로그 우도$^{\text{log-likelihood}}$로 작업하는 것이 더 편리하다. ln은 단조 증가 함수이므로 로그 우도를 최대화하는 θ의 동일한 값이 결국 우도를 최대화한다.

$$\ln \mathcal{L}(\theta) = \ln \left\{ \theta^{\sum y_i} (1-\theta)^{n-\sum y_i} \right\} = \left(\sum y_i \right) \ln \theta + \left(n - \sum y_i \right) \ln(1-\theta)$$

이 표현을 극대화하는 θ의 값을 찾고자 θ에 대해 미분하고 (편)미분을 0으로 만드는 θ 값에 대해 푼다.

$$\frac{\partial}{\partial \theta} \ln \mathcal{L}(\theta) = \frac{\sum y_i}{\theta} + \frac{n - \sum y_i}{\theta - 1}$$

이것을 0으로 놓고 θ에 대해 풀면 다음과 같이 θ에 대해 최대 우도 추정치를 얻는다.

$$\hat{\theta}_{\text{ML}} = \frac{\sum y_i}{n}$$

이 값이 실제로 로그 우로를 최대화한다는 것을 확인하고자 θ에 대해 2계 미분을 취한다.

$$\frac{\partial^2}{\partial \theta^2} \ln \mathcal{L}(\theta) = -\frac{\sum y_i}{\theta^2} - \frac{n - \sum y_i}{(\theta - 1)^2} < 0$$

이 값은 $0 < \theta < 1$에 대해 엄격하게 음수이므로, $\hat{\theta}_{\text{ML}}$에서도 음수이고, 우리는 실제로 최대값을 가진다.

예제 2.2 베르누이 시행 예제(계속)

$\hat{\theta}_{\text{ML}}$은 y_is의 합계에만 의존하므로 우리의 질문에 답할 수 있다. 50개의 동전 던지기에서 정확히 12개의 앞면이 나온다면 다음과 같다.

$$\hat{\theta}_{\text{ML}} = \frac{\sum y_i}{n} = \frac{12}{50} = 0.24$$

빈도주의적 접근법은 추정치인 0.24와 같은 단일 값(단일 '점')을 제공한다. 이러한 의미에서는 점 추정을 수행하고 있다. 동일한 문제에 베이지안 접근법을 적용할 때 우리는 베이지안 추정치가 단일 점이 아니라 확률분포임을 확인할 것이다.

약간의 수학적 형식주의에도 불구하고 답은 직관적으로 명백하다. 동전을 50번 던졌는데, 12번 동전들이 앞면으로 나온다면 앞면이 나올 확률을 $\frac{12}{50}$로 추정하는 것은 당연하다. 계산한 50번의 결과가 직관과 상식에 부합한다는 것은 고무적인 일이다.

4. 추정량의 품질 평가: 편향과 분산

최대 우도 추정치를 얻었을 때 우리는 Σy_i에 대한 특정 숫자 12를 대입했다. 이러한 의미에서 추정기는 일반적인 함수다. 하지만 랜덤 샘플의 함수로 볼 수도 있다.

$$\hat{\theta}_{\text{ML}} = \frac{\sum Y_i}{n}$$

각 Y_i는 확률 변수다. 확률 변수의 함수는 자체가 확률 변수이므로 기대값과 분산을 계산할 수 있다.

특히 오차를 다음처럼 정의할 때

$$\mathbf{e} = \hat{\boldsymbol{\theta}} - \boldsymbol{\theta}$$

이의 기대값은 편향[bias]으로 알려져 있다.

$$\mathrm{bias}(\hat{\boldsymbol{\theta}}, \boldsymbol{\theta}) = \mathbb{E}(\mathbf{e}) = \mathbb{E}\left[\hat{\boldsymbol{\theta}} - \boldsymbol{\theta}\right] = \mathbb{E}\left[\hat{\boldsymbol{\theta}}\right] - \mathbb{E}\left[\boldsymbol{\theta}\right]$$

빈도주의자로서 참 값 θ를 단일, 결정적, 고정 포인트$^{\text{fixed point}}$로 간주하므로 이를 기대값에서 빼낸다.

$$\mathrm{bias}(\hat{\boldsymbol{\theta}}, \boldsymbol{\theta}) = \mathbb{E}\left[\hat{\boldsymbol{\theta}}\right] - \boldsymbol{\theta}$$

우리의 경우 이는 다음과 같이 된다.

$$\mathbb{E}[\hat{\theta}_{\mathrm{ML}} - \theta] = \mathbb{E}[\hat{\theta}_{\mathrm{ML}}] - \theta = \mathbb{E}\left[\frac{\sum Y_i}{n}\right] - \theta = \frac{1}{n}\sum \mathbb{E}[Y_i] - \theta$$
$$= \frac{1}{n} \cdot n(\theta \cdot 1 + (1-\theta) \cdot 0) - \theta = 0$$

편향이 0이므로 이 특정 최대 우도 추정량은 불편추정량이다(아니면 편향을 가졌을 것이다).

추정량의 분산은 어떤가?

$$\mathrm{Var}[\hat{\theta}_{\mathrm{ML}}] = \mathrm{Var}\left[\frac{\sum Y_i}{n}\right] \overset{\text{independence}}{=} \frac{1}{n^2}\sum \mathrm{Var}[Y_i] = \frac{1}{n^2} \cdot n \cdot \theta(1-\theta) = \frac{1}{n}\theta(1-\theta)$$

추정량의 분산이 참 값 θ에 의존하는 것을 알 수 있다.

다변량 $\boldsymbol{\theta}$에 대해 다음에 의해 주어지는 오차 공분산 행렬을 검사하는 것이 유용하다.

$$\mathbf{P} = \mathbb{E}[\mathbf{e}\mathbf{e}^{\mathsf{T}}] = \mathbb{E}\left[(\hat{\boldsymbol{\theta}} - \boldsymbol{\theta})(\hat{\boldsymbol{\theta}} - \boldsymbol{\theta})^{\mathsf{T}}\right]$$

$\boldsymbol{\theta}$를 추정할 때 우리의 목적은 추정 오차를 최소화하는 것이다. 오차는 손실 함수를 사용해 표현할 수 있다. 파라미터 벡터 $\boldsymbol{\theta}$가 어떤 공간 Θ에서 값을 취한다고 가정하면 손실 함수 $L(\hat{\boldsymbol{\theta}})$는 $\Theta \times \Theta$에서 $\mathbb{R}$로의 매핑이며, $\hat{\boldsymbol{\theta}}$로 $\boldsymbol{\theta}$를 추정함으로써 일어나는 '손실'을 계량화한다.

앞 장에서 이미 손실 함수를 봤으나 완결성을 위해 여기서 재조명한다. 빈도주의자는 손실 함수를 다음과 같은 절대오차^{absolute error}로 사용한다.

$$L_1(\hat{\boldsymbol{\theta}}, \boldsymbol{\theta}) := \|\hat{\boldsymbol{\theta}} - \boldsymbol{\theta}\|_2 = \sqrt{(\hat{\boldsymbol{\theta}} - \boldsymbol{\theta})^\top (\hat{\boldsymbol{\theta}} - \boldsymbol{\theta})}$$

여기서 $\|\cdot\|_2$는 유클리안 노름^{Euclidean norm}이다(이는 $\Theta \subset \mathbb{R}$일 때 절대값과 같다). 절대오차의 이점은 θ와 같은 단위를 갖는다는 것이다.

절대오차보다 다음의 제곱오차^{squared error}가 훨씬 자주 사용된다.

$$L_2(\hat{\boldsymbol{\theta}}, \boldsymbol{\theta}) := \|\hat{\boldsymbol{\theta}} - \boldsymbol{\theta}\|_2^2 = (\hat{\boldsymbol{\theta}} - \boldsymbol{\theta})^\top (\hat{\boldsymbol{\theta}} - \boldsymbol{\theta})$$

제곱오차는 $\boldsymbol{\theta}$의 단위라기보다는 $\boldsymbol{\theta}$의 제곱 단위로 표현하므로 절대오차에 비해 단점이 있지만 이는 성가스러운 $\sqrt{\cdot}$을 포함하지 않으므로 수학적으로 취급하기 더 편하다.

손실 함수의 기대값은 추정량의 통계적 위험으로 알려져 있다.

통계적 위험은 평균 절대오차^{MAE, Mean Absolute Error}와 가장 많이 사용되는 평균 제곱오차^{MSE, Mean Squared Error}로 각각 다음과 같다.

$$\mathrm{MAE}(\hat{\boldsymbol{\theta}}, \boldsymbol{\theta}) := R_1(\hat{\boldsymbol{\theta}}, \boldsymbol{\theta}) := \mathbb{E}\left[L_1(\hat{\boldsymbol{\theta}}, \boldsymbol{\theta})\right] := \mathbb{E}\left[\|\hat{\boldsymbol{\theta}} - \boldsymbol{\theta}\|_2\right] = \mathbb{E}\left[\sqrt{(\hat{\boldsymbol{\theta}} - \boldsymbol{\theta})^\top (\hat{\boldsymbol{\theta}} - \boldsymbol{\theta})}\right]$$

$$\mathrm{MSE}(\hat{\boldsymbol{\theta}}, \boldsymbol{\theta}) := R_2(\hat{\boldsymbol{\theta}}, \boldsymbol{\theta}) := \mathbb{E}\left[L_2(\hat{\boldsymbol{\theta}}, \boldsymbol{\theta})\right] := \mathbb{E}\left[\|\hat{\boldsymbol{\theta}} - \boldsymbol{\theta}\|_2^2\right] = \mathbb{E}\left[(\hat{\boldsymbol{\theta}} - \boldsymbol{\theta})^\top (\hat{\boldsymbol{\theta}} - \boldsymbol{\theta})\right]$$

평균 제곱오차의 제곱근은 평균 제곱근 오차^{RMSE, Root Mean Squared Error}로 부른다. 최소 평균 제곱오차^{MMSE, Minium Mean Squared Error} 추정량은 평균 제곱오차를 최소화하는 추정량이다.

5. 추정량에 대한 편향-분산 트레이드오프(딜레마)

이제 평균 제곱오차가 분산과 편향으로 분리되는 것을 쉽게 보일 수 있다.

$$\text{MSE}(\hat{\boldsymbol{\theta}}, \boldsymbol{\theta}) = \text{trVar}\left[\hat{\boldsymbol{\theta}}\right] + \|\text{bias}(\hat{\boldsymbol{\theta}}, \boldsymbol{\theta})\|_2^2$$

여기서 $tr(\cdot)$은 대각합^{trace} 연산자다. 스칼라 θ의 경우 표현은 다음과 같이 단순화된다.

$$\text{MSE}(\hat{\theta}, \theta) = \text{Var}\left[\hat{\theta}\right] + \text{bias}(\hat{\theta}, \theta)^2$$

다른 말로 MSE는 추정량의 분산과 편향의 제곱과 같다.

편향-분산 트레이드오프 또는 편향-분산 딜레마는 MSE를 최소화하고자 두 소스의 오차, 즉 추정량의 분산과 편향을 최소화해야 하기 때문에 발생한다. 즉, 종종 가능한 최소 MSE를 달성하고자 편향의 최소화와 분산의 최소화 간의 트레이드오프가 존재한다. 머신러닝에서의 편향-분산 트레이드오프의 개념은 4장의 통계적 학습 이론의 맥락에서 다시 살펴볼 것이다.

6. 데이터로부터 베이지안 추론

이전과 같이 θ를 어떤 통계 모델의 파라미터로 하고 $\mathbf{y} = y_1, \ldots, y_n$을 어떤 확률 변수 Y의 n개의 i.i.d. 관측치라고 하자. 데이터를 관측하기 전에 모델 파라미터 θ에 대한 주관적인 가정을 사전확률분포 $p(\boldsymbol{\theta})$의 형태로 포착한다. 베이즈 규칙은 관찰된 데이터에 의해 제공된 증거를 통합해 사전확률분포를 사후확률분포로 변환한다.

$$p(\boldsymbol{\theta} \mid \mathbf{y}) = \frac{p(\mathbf{y} \mid \boldsymbol{\theta})}{p(\mathbf{y})} p(\boldsymbol{\theta})$$

$\mathbf{y}$를 관찰한 후 θ의 불확실성을 평가할 수 있다. 이 불확실성은 사후분포 $p(\theta|\mathbf{y})$로 특징지어진다. 관측된 데이터의 효과는 우도 함수라 불리는 θ의 함수인 $p(\mathbf{y}|\theta)$를 통해 표현된다. 이는 관측된 데이터 세트가 파라미터 θ를 가진 모델에 의해 생성됐을 가능성의 정도를 나타낸다.

중요한 표기법 중 몇 가지를 요약해보면 다음과 같다.

- 사전확률분포는 $p(\theta)$다.
- 우도는 데이터가 i.i.d. 이므로 $p(y|\theta) = \prod_{i=1}^{n} p(y_i|\theta)$다.
- 한계 우도 $p(\mathbf{y}) = \int p(\mathbf{y}|\theta)p(\theta)d\theta$는 θ의 의존성을 한계화^{marginalized}한 우도다.
- 사후확률분포는 $p(\theta|\mathbf{y})$다.

❯ 베이지안 추론

비공식적으로 베이지안 추론은 다음 단계를 밟는다.

1. 통계 모델을 학습하고자 하는 파라미터 θ의 여러 값에 대한 조건부 확률분포들의 집합으로 공식화한다.
2. θ에 대한 믿음을 (사전) 확률분포로 구성한다.
3. 데이터를 수집하고 이를 단계 1에서 주어진 분포군에 삽입한다.
4. 베이즈 규칙을 사용해 θ에 대한 새로운 믿음을 계산한다.
5. 모델을 평가하고 모델링 가정을 수정한다.

다음 예제는 베르누이 파라미터 θ에 대한 베이지안 추론을 보여준다.

예제 2.3 베르누이 시행 예제(계속)

θ는 확률이므로 유계이고 구간 [0, 1]에 속해야만 한다. θ의 모든 값이 동일하게 가능하다고 가정할 수 있다. 따라서 사전확률분포는 θ가 [0, 1]에 균등분포하는 것으로 할 수 있다. 즉 $\theta \sim \mathcal{U}(a = 0, b = 1)$이다.

이 가정은 **불충분 논리의 원리**^{principle of insufficient reason}라고도 알려져 있는 **라플라스의 무차별 원리**^{Laplace's principle of indifference}의 응용과 관련 있다. 확률을 모르는 많은 가능성에 직면할 때 모든 가능성의 확률이 동일하다고 가정한다.

베이지안 추정의 맥락에서 라플라스의 무차별 원리를 적용하는 것은 **무정보 사전확률**^{uninformative prior}과 연관된다. 어쨌든 우리의 목적은 사전확률분포에 너무 의존하지 않고 새로운 정보를 기반으로 사후확률분포를 구하고자 우도를 사용하는 것이다.

균등분포의 pdf인 $\mathcal{U}(a, b)$는 다음과 같이 주어진다.

$$p(\theta) = \frac{1}{b - a}$$

$\theta \in [a, b]$이고 다른 곳에서는 0이다. 우리의 경우 $a = 0, b = 1$이므로 무정보 사전확률분포는 다음과 같이 주어진다.

$$p(\theta) = 1, \ \forall \theta \in [0, 1]$$

이 사전확률분포 가정을 기반으로 사후확률분포를 도출하자. 베이즈 정리에 의하면 다음과 같다.

$$\text{사후확률분포} \propto \text{우도} \cdot \text{사전확률분포}$$

여기서 $\propto$는 "비례한다^{proportional to}"이므로 좌변과 우변은 θ가 아닌

데이터에 의존하는 어떤 정규화 상수^{normalizing constant}를 조정하면 같아진다.

 사후확률분포는 다음과 같다.

$$p(\theta \,|\, x_{1:n}) \propto p(x_{1:n} \,|\, \theta)p(\theta) = \theta^{\sum x_i}(1-\theta)^{n-\sum x_i} \cdot 1$$

사전확률분포가 균등이면, 즉 $p(\theta) = 1$이면 $n = 5$ 시행 이후 데이터로부터 다음을 알 수 있다.

$$p(\theta \,|\, x_{1:n}) \propto \theta(1-\theta)^4 \tag{2.2}$$

10 시행 이후 다음을 얻는다.

$$p(\theta \,|\, x_{1:n}) \propto \theta(1-\theta)^4 \times \theta(1-\theta)^4 = \theta^2(1-\theta)^8 \tag{2.3}$$

결과 pdf의 모양으로부터 이것이 베타분포[a]의 pdf임을 알 수 있다.

$$\mathrm{Beta}\left(\theta \,\Big|\, \sum x_i, n - \sum x_i\right)$$

그리고 바로 위에서 표시하지 않았던 정규화 상수 계수^{normalizing constant factor}는 다음과 같음을 알 수 있다.

$$\frac{1}{B\left(\sum x_i, n - \sum x_i\right)} = \frac{\Gamma\left(\sum x_i\right)\Gamma\left(n - \sum x_i\right)}{\Gamma(n)}$$

동전을 50번 던졌다고 가정하고 50번 중 12번 앞면이 나왔다고 가정한다. 그러면 사후분포는 다음과 같이 된다.

$$\theta \,|\, x_{1:n} \sim \mathrm{Beta}(\theta \,|\, 12, 38)$$

---

a. 함수의 인수는 이제 x_i가 아니라 θ이므로 베르누이 분포의 pdf가 아니다.

그러면 베타분포의 특성으로부터 다음을 얻는다.

$$\mathbb{E}[\theta \mid x_{1:n}] = \frac{\sum x_i}{\sum x_i + (n - \sum x_i)} = \frac{\sum x_i}{n} = \frac{12}{12 + 38} = \frac{12}{50} = 0.24,$$

$$\mathrm{Var}[\theta \mid x_{1:n}] = \frac{\left(\sum x_i\right)\left(n - \sum x_i\right)}{\left(\sum x_i + n - \sum x_i\right)^2 \left(\sum x_i + n - \sum x_i + 1\right)} \tag{2.4}$$

$$= \frac{n\sum x_i - \left(\sum x_i\right)^2}{n^2(n+1)} = \frac{12 \cdot 38}{(12+38)^2(12+38+1)} = \frac{456}{127500} = 0.00357647058 \tag{2.5}$$

확률 단위로 표준편차는 $\sqrt{\frac{456}{127500}} = 0.05980360012$가 된다.

사후분포의 평균 0.24가 θ의 빈도주의 최대 우도 추정치 $\hat{\theta}_{\mathrm{ML}}$ 및 우리의 직관과 일치한다. 50번 동전 던지기에서 12번 앞면을 관측한다면 앞면을 얻을 확률을 0.24로 가정하는 것은 불합리하지 않다.

위의 예제에서는 한계 우도를 평가할 필요가 없으며, 그래프의 목적에 맞춰 θ에 의존하는 항만 평가했다. 따라서 그림 2.1의 각 그래프는 스케일이 조정된 사후분포를 나타낸다.

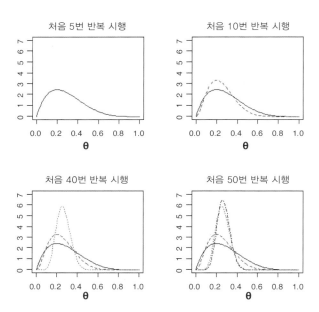

그림 2.1 연속적인 반복 시행 수에 대한 θ의 사후분포. x축은 θ의 값을 보인다. 분포의 모양은 베이지안 모델이 학습됨에 따라 더 좁아진다.

! 무차별의 원리

실제로 무차별의 원리는 우리가 알고 있는 것보다 더 큰 데이터의 속성을 가정하고 있기 때문에 매우 신중하게 사용해야 한다. "결과의 확률은 동등하다."고 말하는 것은 "결과의 확률이 어떻게 되는지 모르겠다."보다 더 많은 정보를 엄격하게 포함하고 있다.

누군가가 동전을 던지고 나서 손으로 가리고 "앞면이냐 뒷면이냐?"라고 물으면 두 가능성이 동등하므로 가정은 비교적 합리적일 것이며, 이는 사실상 동전이 편향적이지 않다고 가정하는 것이다.

투자자가 "XYZ 주가가 오를까요?"라고 묻는다면 라플라스의 무차별 원리를 적용하고 "글쎄요, XYZ가 오를 확률은 50%예요. 롱하거나 숏할 수 있어요."라고 대답하기 전에 신중하게 생각해야 한다. 분명히 주가 상승과 하락의 상대적 양, 시장 위험 요인에 대한 포트폴리오 노출 제한,

이익 발표와 같은 다른 시장 이벤트에 대한 기대 같은 다른 중요한 고려 사항이 있다. 즉, 롱 또는 숏포지션을 취하는 확률적 의미가 반드시 같지는 않을 것이다.

6.1 더 정보성이 큰 사전분포: 베타분포

위의 예제를 계속해서 우리의 사전분포에 대해 질문해보자. 너무 무정보적인가? 결국 세상의 대부분 동전은 편향적이지 않을 것이다. 우리는 균등분포 대신 $\text{Beta}(\alpha, \beta)$를 사전분포로 사용할 수 있다. 예를 들어 $\alpha = \beta = 2$를 선택하면 동전이 편향이 아니라는 사전 가정을 통합해 1/2을 중심으로 하는 $[0, 1]$에 대한 분포를 얻을 수 있다.

이 사전분포의 pdf는 다음과 같이 주어진다.

$$p(\theta) = \frac{1}{B(\alpha, \beta)} \theta^{\alpha-1}(1-\theta)^{\beta-1}, \forall \theta \in [0, 1]$$

따라서 사후분포는 다음과 같이 된다.

$$p(\theta \mid x_{1:n}) \propto p(x_{1:n} \mid \theta)p(\theta)$$
$$= \theta^{\sum x_i}(1-\theta)^{n-\sum x_i} \cdot \frac{1}{B(\alpha, \beta)} \theta^{\alpha-1}(1-\theta)^{\beta-1} \propto \theta^{(\alpha+\sum x_i)-1}(1-\theta)^{(\beta+n-\sum x_i)-1}$$

이는 다음 베타분포의 pdf다.

$$\text{Beta}\left(\theta \mid \alpha + \sum x_i, \beta + n - \sum x_i\right)$$

이 사전분포를 왜 선택했는가? 한 가지 이유는 이것의 pdf가 콤팩트^{compact} 구간 $[0, 1]$에 정의되기 때문이다. 이는 $-\infty$에서 $+\infty$로 꼬리를 확장하는 정규분포와 다르다. 다른 이유는 동전이 공정하다는 사전 가정을 통합해 $\theta = \frac{1}{2}$을 pdf의 중심으로 하는 파라미터를 선택할 수 있기 때문이다.

최초에 Beta($\theta \mid \alpha = 2, \beta = 2$) 사전분포로 가정하면 사후 평균은 다음과 같다.

$$\mathbb{E}\left[\theta \mid x_{1:n}\right] = \frac{\alpha + \sum x_i}{\alpha + \sum x_i + \beta + n - \sum x_i} = \frac{\alpha + \sum x_i}{\alpha + \beta + n}$$

$$= \frac{2 + 12}{2 + 2 + 50} = \frac{7}{27} \approx 0.259$$

사전분포와 사후분포가 모두 동일한 확률분포군에 속한다. 베이지안 추정 이론에서 (이 특정 우도 함수와 관련해) 이러한 사전분포와 사후분포를 켤레 분포$^{\text{conjugate distribution}}$라고 한다.

놀랍지 않게 지금까지 우리의 사전 가정은 동전이 편향적이지 않다는 것이므로, $\frac{12}{50} < \mathbb{E}\left[\theta \mid x_{1:n}\right] < \frac{1}{2}$이다.

놀랍지 않게 이 경우 균등 사전분포를 가정했을 때보다 사후분포에 대해 좀 더 큰 확실성을 갖는다(즉, 분산이 더 작아진다).

각 특정 사례에서 정도의 차이는 있지만 베이지안 추정의 결과는 사전분포 선택에 민감하다는 점에 유의한다.

$$p(\theta \mid \alpha, \beta) = \frac{(\alpha + \beta - 1)!}{(\alpha - 1)!(\beta - 1)!}\theta^{\alpha - 1}(1 - \theta)^{\beta - 1} = \Gamma(\alpha, \beta)\theta^{\alpha - 1}(1 - \theta)^{\beta - 1}$$

$$(2.6)$$

따라서 위의 예에서는 관측된 1이 12개이고 관측된 0이 38개이므로 한계 우도는 $\alpha = 13$과 $\beta = 39$로 평가된다.

6.2 순차적 베이지안 업데이트

앞 절에서 Beta($\theta \mid \alpha, \beta$) 사전분포로 시작해 다음과 같은 베타분포 사후분포에 도달했다.

$$\text{Beta}\left(\theta \mid \alpha + \sum x_i, \beta + n - \sum x_i\right)$$

모든 12개의 동전 던지기를 동시에 관측하는 것이 아니고 (i) 각 동전 던지기를 하나씩 관측해 (ii) 사후분포를 얻고 (iii) 이 사후분포를 다음 동전 던지기에서 얻는 정보를 기반으로 하는 업데이트를 위한 사전분포로 사용한다면 어떻게 될까?

앞의 두 공식은 이 문제에 대한 답을 준다. 다음의 최초 사전분포로 시작한다.

$$\text{Beta}(\theta \mid \alpha, \beta)$$

그런 다음 $n = 1$을 두 번째 공식에 대입하면 다음을 얻는다.

$$\text{Beta}(\theta \mid \alpha + x_1, \beta + 1 - x_1)$$

두 번째 동전을 던지기 전에 이 사후분포를 사전분포로 사용해 다음과 같은 사후분포를 얻는다.

$$\text{Beta}(\theta \mid \alpha + x_1 + x_2, \beta + 2 - x_1 - x_2)$$

이런 식으로 진행해서 10개의 모든 동전을 던지면 다음을 얻게 된다.

$$\text{Beta}\left(\theta \mid \alpha + \sum x_i, \beta + n - \sum x_i\right)$$

이는 앞 절에서 했던 것과 같이 모든 10개의 동전을 하나의 배치로 던졌다면 얻었을 것과 동일한 결과다.

이 논리는 베이즈 정리의 **순차형**sequential이나 **반복**iterative 응용(순차적 베이지안 업데이트)에 대한 기초, 즉 실시간 **베이지안 필터링**Bayesian filtering의 토대를 형성한다. 머신러닝에서 새로운 데이터에 반응해 우리의 믿음을 업데이트하는 이 메커니즘을 '온라인 학습online learning'이라 부른다.

6.2.1 온라인 학습

베이지안 학습의 중요한 측면은 새로운 데이터 $\mathbf{y}'$의 도착에 반응해 사전분포를 업데이트하는 능력이다. $\mathbf{y}$에 대한 사후분포는 사전분포가 되고, 새로운 사후분포는 다음으로 업데이트된다.

$$p(\theta \mid \mathbf{y}', \mathbf{y}) = \frac{p(\mathbf{y}' \mid \theta)p(\theta \mid \mathbf{y})}{\int_{\theta \in \Theta} p(\mathbf{y}' \mid \theta)p(\theta \mid \mathbf{y})d\theta}. \tag{2.7}$$

6.2.2 예측

금융 계량경제학에서 흔히 볼 수 있는 자기상관 데이터에서는 예측을 위해 베이지안 모델을 사용하는 것이 일반적이다. 이전 데이터 y가 주어졌을 때 새로운 기대값 y'의 밀도는 다음과 같이 사후 밀도 $p(\theta|y)$하에서 새로운 데이터의 우도의 기대값으로 표현할 수 있다.

$$p(y' \mid y) = \mathbb{E}_{\theta \mid y}[p(y' \mid y, \theta)] = \int_{\theta \in \Theta} p(y' \mid y, \theta)p(\theta \mid y)d\theta. \tag{2.8}$$

> **?** **다지선다형 문제 1**

다음 중 올바른 설명은 무엇인가?

1. 빈도주의는 가장 적합화가 잘되는 파라미터를 발견함으로써 통계적 추론을 수행한다. 베이지안에서는 사전분포를 가정해 파라미터의 분포를 찾는다.
2. 빈도주의 추론은 사전분포가 디랙 델타$^{\text{Dirac delta}}$ 함수일 때 베이지안 추론의 특별한 경우로 간주될 수 있다.
3. 베이지안 추론은 새로운 데이터가 도착할 때 모델이 지속적으로 업데이트되는 실험 설계인 온라인 학습에 매우 적합하다.

4. 베이지안 추론에서 예측은 파라미터의 사후분포하에서 예측 변수의 조건부 기대값이다.

6.3 고전적 또는 베이지안 추정 프레임워크 선택의 실무적 의미

샘플 크기가 크고 우도 함수가 '잘 작동'하는 경우(일반적으로 최대값이 명확하고 작은 차원의 θ를 가진 단순 함수) 고전적인 분석과 베이지안 분석은 기본적으로 동일한 토대 위에 있으며 거의 동일한 결과를 산출한다. 우도 함수와 경험적 데이터가 베이지안 접근법의 모든 사전분포 가정을 지배할 것이기 때문이다.

샘플 크기가 크지만 θ의 치수가 높고 우도 함수가 다루기 쉽지 않은 경우(일반적으로 우도 함수가 국지적 최대, 평평한 지점과 함께 매우 비선형적이라는 의미다) 베이지안 접근법이 순수한 계산적 관점에서는 선호될 수 있다. 최대 우도 추정^{MLE} 기법을 통해 신뢰할 수 있는 추정치를 얻는 것은 매우 어려울 수 있지만 일반적으로 알려진 분포의 순차적 추출(샘플링)을 통해 작동하는 베이지안 추정 접근법을 사용해 관심 대상의 파라미터에 대한 사후분포를 도출하는 것은 간단하다.

표본 크기가 작으면 베이지안 분석은 기존 접근법에 비해 상당한 이점을 가질 수 있다. 첫째, 베이지안 결과는 해석 가능성을 유지하고자 점근 이론에 의존하지 않는다. 둘째, 베이지안 접근 방식은 희소 데이터와 주관적인 사전분포를 결합한다. 사전분포에 대한 정보가 풍부하면 모델의 정확성과 효율성을 높일 수 있다. 물론 반대로 사전분포를 잘못 선택하면[3] 이 경우 오해의 소지가 있는 사후분포 추론이 발생할 수 있다. 따라서 작은 샘플 조건에서는 베이지안 추정과 고전적 추정 사이의 선택

---

3. 예를 들어 실질적으로 실현 불가능한 θ의 범위에 상당한 확률 질량을 두는 사전분포(파라미터 변환이 분석에 포함될 때 종종 의도치 않게 발생한다)

은 종종 추정기의 접근적 특성을 신뢰하는 것과 사전분포를 신뢰하는 것 사이의 선택으로 귀착된다.

7. 모델 선택

앞에서 설명한 추론의 어려움을 넘어 모델 선택에 대한 고전적인 접근 방식에는 많은 문제가 있지만 베이지안 통계는 이를 해결한다. 예를 들어 Breiman(2001)은 다음 세 가지 선형회귀 모델이 모두 1% 이내의 잔차 제곱합$^{RSS, Residual Sum of Squares}$을 갖는다는 것을 보여줬다.

Model 1 $\quad \hat{Y} = 2.1 + 3.8X_3 - 0.6X_8 + 83.2X_{13} - 2.1X_{17} + 3.2X_{27}$ $\quad$ (2.9)

Model 2 $\quad \hat{Y} = -8.9 + 4.6X_5 + 0.01X_6 + 12.0X_{15} + 17.5X_{21} + 0.2X_{22}$
$$(2.10)$$

Model 3 $\quad \hat{Y} = -76.7 + 9.3X_2 + 22.0X_7 - 13.2X_8 + 3.4X_{11} + 7.2X_{28}$
$$(2.11)$$

예를 들어 각 모델이 자산 Y의 공정 가격을 확인하는 데 사용된다고 생각할 수 있다. 여기서 각 X_i는 동시의(즉, 동시에 측정되는) 기업 특성이다.

- 어떤 모델이 더 좋은가?
- 어떤 변수가 모델 간의 가장 중요한 변화인지 어떻게 해석할 수 있는가?
- 예를 들어 모델 1과 모델 2를 선택한 경우 시장 시그널에 대해 다른 결론을 내릴 수 있는가?
- 이러한 통계적 추론 결과에 따른 애매모호함을 어떻게 제거할 것인가?

물론 한 방향은 단순히 각 독립 변수의 F-점수를 분석하고 가장 통계적으로 유의하게 적합화된 계수를 가진 모델을 선택하는 것이다. 그러나 이는 적합화된 계수가 통계적 유의도에 있어 유사할 때 모델을 신뢰성 있게 식별하지 못한다.

RSS 및 F-점수와 같은 적합도$^{goodness-of-fit}$ 척도는 여러 독립 변수가 있는 더 복잡한 데이터 세트로 잘 확장되지 않는다는 것이 잘 알려져 있다. 이로 인해 모델 작성자들은 동일한 데이터에 대해 서로 다른 결론을 도출하게 되며, 이는 '라시몬 효과$^{Rashomon\ effect}$'로 잘 알려져 있다. 그러나 금융에 대한 많은 연구와 모델은 여전히 이러한 방식으로 구축되고 있으며, 아카이케 정보 기준$^{AIC,\ Akaike's\ Information\ Criteria}$과 같은 정보 기준과 규제화 기법을 사용한다.

더 강건한 빈도주의 모델 간 비교의 한계는 비교 대상 모델이 "포함 관계^{nested}를 가져야 한다."는 요건이다. 즉, 한 모델이 비교되는 다른 모델의 부분집합이어야 한다. 예를 들어 다음과 같다.

$$모델\ 1 \quad \hat{Y} = \beta_0 + \beta_1 X_1 + \beta_2 X_2 \tag{2.12}$$

$$모델\ 2 \quad \hat{Y} = \beta_0 + \beta_1 X_1 + \beta_2 X_2 + \beta_{11} X_1^2 \tag{2.13}$$

모델 1은 모델 2에 내포돼 있으며 모델 선택을 '내포 모델 선택'이라고 한다. 고전적인 모델 선택과 달리 베이지안 모델 선택은 포함 관계를 갖는 모델로 제한할 필요가 없다.

7.1 베이지안 추론

이제 데이터 세트 y에 대응한 여러 후보 모델의 선택과 업데이트라는 좀 더 일반적인 설정을 고려한다. '모델'은 단순한 회귀가 아니라 모든 데이터 모델일 수 있으며 여기서 사용되는 표기법은 이를 반영한다. 베이지안 추론에서 모델은 이들 각각이 관측된 데이터를 설명할 수 있는 확률 분포의 집합이다. 좀 더 정확하게 모델 $\mathcal{M}$은 가능한 모든 파라미터 값 Θ에 대한 우도 $p(x_n \mid \theta)$의 집합이다.

예를 들어 미지의 편향 $\theta \in \Theta \equiv [0, 1]$을 가진 동전을 n번 던지는 경우를 고려하자. 데이터 $\boldsymbol{x}_n = \{x_i\}_{n=1}^{i}$은 이제 i.i.d. 베르누이이고, 앞면의 수 $X = x$를 관측하면 모델은 이항 분포군이 된다.

$$\mathcal{M} := \{\mathbb{P}[X = x \mid n, \theta] = \binom{n}{x} \theta^x (1 - \theta)^{n-x}\}_{\theta \in \Theta} \tag{2.14}$$

이들 분포 각각은 관측된 앞면의 수 x의 잠재적인 설명이다. 베이지안 방법에서는 $p(\boldsymbol{\theta}|\boldsymbol{x}_n)$에 대해 추론함으로써 그럴듯하다고 고려되는 모델의 원소에 대한 믿음을 유지한다.

우선 모델 인덱스를 명시적으로 포함함으로써 베이지안 추론 공식을 다시 쓴다. 설명 데이터의 정확한 구성이 모델 인덱스 $\mathcal{M}_i$에 의해 암시적으로 커버되기 때문에 $\mathbf{X}$를 삭제했다는 것을 알 수 있을 것이다.

$$p(\boldsymbol{\theta}_i \mid \boldsymbol{x}_n, \mathcal{M}_i) = \frac{p(\boldsymbol{\theta}_i \mid \mathcal{M}_i) \, p(\boldsymbol{x}_n \mid \boldsymbol{\theta}_i, \mathcal{M}_i)}{p(\boldsymbol{x}_n \mid \mathcal{M}_i)} \quad i = 1, 2 \tag{2.15}$$

이 식은 $\boldsymbol{\theta}$에 대한 사전분포나 우도 함수의 차이로 인해 모델 간의 차이가 발생할 수 있음을 보여준다. 분모의 한계 우도는 일반적으로 모델에 따라 다르다.

7.2 모델 선택

지금까지는 모델이 이미 선택됐을 때 파라미터 추론을 고려했다. 베이지안 설정은 경쟁 모델의 비교를 위해 매우 유연한 프레임워크를 제공하며, 이를 공식적으로 '모델 선택model selection'이라고 한다. 모델은 포함 관계를 가질 필요가 없으며, 경쟁적 설정이 동일한 $\boldsymbol{x}_n$을 공유하기만 하면 된다.

$\mathcal{M}_1$과 $\mathcal{M}_2$로 표시된 두 개의 모델이 각각의 파라미터 $\boldsymbol{\theta}_1$과 $\boldsymbol{\theta}_2$에 연관돼 있다고 가정하자. 우리는 관측된 데이터 $\boldsymbol{x}_n$이 주어졌을 때 가장 '확률적

인' 모델을 찾는다. 먼저 다음과 같이 베이즈 법칙을 적용해 사후 모델 확률에 대한 표현을 도출한다.

$$p\left(\mathcal{M}_i \mid \boldsymbol{x}_n\right) = \frac{p\left(\mathcal{M}_i\right) p\left(\boldsymbol{x}_n \mid \mathcal{M}_i\right)}{\sum_j p\left(\boldsymbol{x}_n \mid \mathcal{M}_j\right) p\left(\mathcal{M}_j\right)} \quad i = 1, 2 \tag{2.16}$$

여기서 $p(\mathcal{M}_i)$는 우리가 선택한 모델에 대한 사전분포다. 일반적인 관행은 모델에 대해 균등분포로 설정하는 것이다. 값 $p(\boldsymbol{x}_n \mid \mathcal{M}_i)$는 한계 우도 함수로, 파라미터가 한계화된 모델의 공간에 대한 우도 함수다.

$$p(\boldsymbol{x}_n \mid \mathcal{M}_i) = \int_{\boldsymbol{\theta}_i \in \Theta_i} p(\boldsymbol{x}_n \mid \boldsymbol{\theta}_i, \mathcal{M}_i) p(\boldsymbol{\theta}_i \mid \mathcal{M}_i) d\boldsymbol{\theta}_i \tag{2.17}$$

샘플 추출 관점에서 이 한계 우도는 파라미터에 대해 선택된 사전 믿음 하에서 모델이 관측 데이터를 생성할 수 있는 확률로 해석될 수 있다. 좀 더 정확하게 한계 우도$^{\text{marginal likelihood}}$는 사전분포 $p(\boldsymbol{\theta}_i \mid \mathcal{M}_i)$에서 랜덤하게 샘플링된 파라미터 $\boldsymbol{\theta}_i \in \Theta_i$를 갖는 모델 $\mathcal{M}_i$로부터 $\boldsymbol{x}_n$을 생성하는 확률로 볼 수 있다. 이러한 이유로 이것은 종종 **모델 증거**$^{\text{model evidence}}$로 언급되며 나중에 보게 될 모델 선택에서 중요한 역할을 한다.

이제 두 모델에 대한 **사후 승산비**$^{\text{posterior odds ratio}}$를 다음과 같이 구할 수 있다.

$$\frac{p\left(\mathcal{M}_1 \mid \boldsymbol{x}_n\right)}{p\left(\mathcal{M}_2 \mid \boldsymbol{x}_n\right)} = \frac{p\left(\mathcal{M}_1\right) p\left(\boldsymbol{x}_n \mid \mathcal{M}_1\right)}{p\left(\mathcal{M}_2\right) p\left(\boldsymbol{x}_n \mid \mathcal{M}_2\right)} \tag{2.18}$$

이는 사전 승산비$^{\text{prior odds}}$에 각 모델에 대한 증거의 비율을 곱한 것뿐이다.

동일한 모델 사전분포(즉, $p(\mathcal{M}_1) = p(\mathcal{M}_2)$)하에서 이는 다음과 같은 모델 1과 모델 2의 베이즈 팩터$^{\text{Bayes' factor}}$로 축약된다.

$$B_{1,2} = \frac{p\left(\boldsymbol{x}_n \mid \mathcal{M}_1\right)}{p\left(\boldsymbol{x}_n \mid \mathcal{M}_2\right)} \tag{2.19}$$

이는 두 모델에 대한 한계 우도 비율일 뿐이다. 베이즈 팩터는 매우 커질 수 있으므로 보통 로그를 취한 버전으로 작업한다.

$$logB_{1,2} = logp\left(\boldsymbol{x}_n \mid \mathcal{M}_1\right) - logp\left(\boldsymbol{x}_n \mid \mathcal{M}_2\right) \qquad (2.20)$$

한계 우도에 대한 표현이 분석적으로 알려져 있거나 쉽게 도출될 수 있으면 BF의 도출과 이를 기반으로 하는 모델 비교는 간단하다. 그러나 종종 까다로우므로 이 책에서 한계 우도를 계산하는 몇 가지 기법을 알아본다.

7.3 많은 모델이 있을 때 모델 선택

모델 집합 {$\mathcal{M}_i$}가 데이터 $\boldsymbol{x}_n$을 설명하고자 사용된다고 가정하자. θ_i가 모델 $\mathcal{M}_i$의 파라미터를 나타낸다. 어떤 모델이 가장 좋은가?

이 문제에 답하고자 모델에 대한 사후분포를 추정한다.

$$p(\mathcal{M}_i \mid \boldsymbol{x}_n) = \frac{\int_{\boldsymbol{\theta}_i \in \boldsymbol{\Theta}_i} p(\boldsymbol{x}_n \mid \boldsymbol{\theta}_i, \mathcal{M}_i)p(\boldsymbol{\theta}_i \mid \mathcal{M}_i)d\boldsymbol{\theta}_i p(\mathcal{M}_i)}{\sum_j p(\boldsymbol{x}_n \mid \mathcal{M}_j)p(\mathcal{M}_j)} \qquad (2.21)$$

이전과 같이 사후 승산비를 통하거나 동일 사전분포를 가정한다면 BF에 의해 어떤 두 모델도 비교할 수 있다. 모델 선택은 항상 절대적이라기보다는 상대적이다. 항상 기준 모델 $\mathcal{M}_2$를 선택해서 모델 $\mathcal{M}_1$이 더 큰 강도를 갖는지 결정해야만 한다. 제프리의 스케일^{Jeffrey's scale}을 사용해 표 2.1에서 보여주는 것처럼 증거의 강도를 평가한다.

표 2.1 제프리의 스케일을 사용해 한 모델이 다른 모델에 선호되는 증거의 상대적 강도를 평가한다.

|lnB|	상대 승산비	선호되는 모델의 확률	해석
⟨1.0	⟨3:1	⟨0.750	언급가치 없음
⟨2.5	⟨12:1	0.923	약함
⟨5.0	⟨150:1	0.993	중간
⟩5.0	⟩150:1	⟩0.993	강함

예제 2.4 모델 선택

동전의 행태를 설명하고자 두 모델을 비교한다. 첫 번째 모델인 $\mathcal{M}_1$은 앞면의 확률이 0.5로 고정된다고 가정한다. 이 모델에는 파라미터가 없다. 두 번째 모델인 $\mathcal{M}_2$는 앞면이 나올 확률이 $\theta \in \Theta = (0, 1)$로 설정되는데, 여기서 θ는 균등 사전분포를 갖는다고 가정한다. 즉, $p(\theta \mid \mathcal{M}_2) = 1$로 가정한다. 단순성을 위해 추가적으로 균등 모델 사전분포, 즉 $p(\mathcal{M}_1) = p(\mathcal{M}_2)$를 선택한다.

동전을 $n = 200$번 던지고 $X = 115$번의 앞면을 관찰한다고 가정하자. 이 데이터에 비춰볼 때 어떤 모델을 선호해야 할 것인가? 우리는 각 모델에 대한 모델 증거를 계산한다. $\mathcal{M}_1$에 대한 모델 증거는 다음과 같다.

$$p(x \mid \mathcal{M}_1) = \binom{n}{x} \frac{1}{2^{200}} \approx 0.005956 \qquad (2.22)$$

$\mathcal{M}_2$의 모델 증거는 θ에 대한 적분이 필요하다.

$$p(x \mid \mathcal{M}_2) = \int_0^1 p(x \mid \theta, \mathcal{M}_2) p(\theta \mid \mathcal{M}_2) d\theta \qquad (2.23)$$

$$= \int_0^1 \binom{n}{x} \theta^{115} (1 - \theta)^{200-115} d\theta \qquad (2.24)$$

$$= \frac{1}{201} \approx 0.004975. \qquad (2.25)$$

위의 한계 밀도함수의 적분을 평가하고자 다음과 같은 베이즈 밀도함수의 정의를 사용했다는 점을 주의하자.

$$p(\theta \mid \alpha, \beta) = \frac{(\alpha + \beta - 1)!}{(\alpha - 1)!(\beta - 1)!} \theta^{\alpha-1} (1 - \theta)^{\beta-1} \qquad (2.26)$$

$\mathcal{M}_1$에 유리한 베이즈 팩터는 1.2이므로 |lnB| = 0.182이며, $\mathcal{M}_1$에 유리한 증거는 없다.

! 빈도주의 접근

여기서 흥미로운 점은 빈도주의 가설 검정이 $\alpha = 0.05$ 수준에서 귀무가설 $\theta = 0.5$를 기각한다는 것이다. $\mathcal{M}_1$ 모델에서 최소 115개의 앞면을 생성할 확률은 약 0.02이다. 최소 115개의 뒷면을 생성할 확률도 0.02이다. 따라서 양측 검정은 약 4%의 p-값을 산출할 것이다.

! 하이퍼파라미터

그런데 앞의 예에서 사전분포는 어떠한 파라미터화parametrization도 포함하지 않는다는 것을 주목한다. 전자가 파라미터화된 분포인 경우 전자의 파라미터를 하이퍼파라미터hyperparameters라고 한다. 하이퍼파라미터의 분포는 하이퍼사전분포hyperpriors로 알려져 있다. 베이지안 계층적 모델링 hierarchical modeling은 베이지안 방법을 사용해 사후분포의 파라미터를 추정하는 다중 수준(계층적 형태)으로 작성된 통계 모델이다.

7.4 오캠의 면도날

모델 증거는 모델 과적합을 방지하는 데 중요한 역할을 수행한다. 너무 단순한 모델은 데이터 세트를 생성할 가능성이 낮다. 반면 너무 복잡한 모델은 가능한 많은 데이터 세트를 생성할 수 있지만 어떤 특정 데이터 세트를 랜덤하게 생성할 가능성은 낮다. 하지만 베이지안 추론은 훈련 데이터 x_n만을 사용해 모델 복잡도 결정을 자동화하며, 과적합 방지를 위해 특별한 '처방책'(즉, 규제화와 정보 기준)이 필요하지 않다. 선택권이 주어지면 가장 단순한 모델을 선택하는 철학적 원리는 '오캠의 면도날 Occam's razor'(그림 2.2)로 알려져 있다.

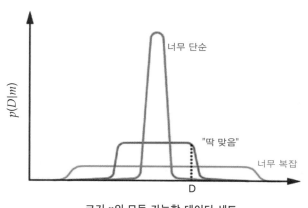

크기 n의 모든 가능한 데이터 세트

그림 2.2 모델 증거 $p(D|m)$은 모델 과적합 방지에 중요한 역할을 수행한다. 너무 단순한 모델은 데이터 세트를 생성할 가능성이 낮다. 모델이 너무 복잡하면 가능한 데이터 세트가 많이 생성될 수 있지만 특정 데이터 세트를 랜덤하게 생성하지는 않는다(출처: Rasmussen and Ghahramani(2001)).

다음의 사후분포로 추론해 모델의 어떤 파라미터가 그럴듯하다고 생각하는지에 대한 믿음을 유지한다.

$$p(\boldsymbol{\theta}_i \mid \boldsymbol{x}_n, \mathcal{M}_i) = \frac{p(\boldsymbol{x}_n \mid \boldsymbol{\theta}_i, \mathcal{M}_i)p(\boldsymbol{\theta}_i \mid \mathcal{M}_i)}{p(\boldsymbol{x}_n \mid \mathcal{M}_i)} \qquad (2.27)$$

그리고 사후분포를 최대화MAP, Maximum A Posteriori하는 파라미터 값을 선택한다.

7.5 모델 평균화

한계 우도는 베이지안 모델 평균BMA, Bayesian Model Averaging의 모델 가중치를 도출하는 데 사용할 수도 있다. 비공식적으로 BMA 배후의 직관은 단일 모델이 당면한 분석에 대해 올바른 모델이라는 것을 완전히 확신하지 못한다는 것이다. 일반적으로 경쟁 설정이 몇 개(수백만 개) 있다. 이러한 '모델 불확실성' 개념을 명시적으로 통합하고자 모든 모델을 별도로 추정하고 각 모델에 대한 상대적 확률 가중치를 계산한 다음, 관심 대상 파라미터(와 예측)에 대한 모델 평균 사후분포를 생성할 수 있다. 특정 모델에 대한 충분한 증거가 없을 때는 종종 BMA를 선택한다. BMA하에서 새로운 포인트 y_*의 예측은 m 모델에 걸친 가중 평균으로 주어진다.

$$p(y_*|y) = \sum_{i=1}^{m} p(y_*|y, \mathcal{M}_i)p(\mathcal{M}_i|y) \tag{2.28}$$

모델 평균 예측은 고전적인 프레임워크에서 달성하기 번거로울 수 있다. 따라서 이는 베이지안 추정 접근 방식을 채택하는 또 다른 이점이 된다.

? 다지선다형 문제 2

다음 중 올바른 설명은 무엇인가?

1. 베이지안 추론은 과대하게 파라미터화된 모델에 모델 증거가 효과적으로 페널티를 주기 때문에 모델 선택에 이상적이다.
2. 오캠의 면도날 원리는 단순히 편향이 가장 적은 모델을 선택하는 것이다.
3. 베이지안 모델 평균은 모델의 불확실성을 사용해 각 모델의 출력에 가중치를 부여한다.
4. 베이지안 모델 평균은 모델 간의 컨센서스consensus, 합의 투표 방법이며, 각각의 새로운 관측에 대해 최적의 후보 모델이 선택된다.
5. 계층적 베이지안 모델링은 사전분포와 그 분포의 파라미터화를 통해 베이지안 모델을 내포nest하는 것과 관련된다.

8. 확률적 그래프 모델

그래프 모델(즉, 베이지안 네트워크)는 확률적 모델에서 확률 변수 간의 관계를 나타내는 방법이다. 복잡한 데이터 세트를 그래프로 표현해 빅 데이터에 유용한 도구를 제공한다.

그래프 모델이 어떻게 표현되는지 확인하고자 확률적 프레임워크에서 1장의 익숙한 퍼셉트론 모델을 다시 살펴본다. 즉, 이제 네트워크 가중치가 확률적인 것으로 가정한다. 우선 확률적 출력을 가진 로지스틱 회귀 분류기를 고려한다.

$$\mathbb{P}[G \mid X] = \sigma(U) = \frac{1}{1 + e^{-U}}, \ U = wX + b, \ G \in \{0, 1\}, \ X \in \mathbb{R}^p \quad (2.29)$$

베이즈 법칙에 의해 다음과 같이 사후확률이 우도, 사전분포와 증거에 의해 주어지는 것을 알고 있다.

$$\mathbb{P}[G \mid X] = \frac{\mathbb{P}[X \mid G]\,\mathbb{P}[G]}{\mathbb{P}[X]} = \frac{1}{1 + e^{-\left(\log\left(\frac{\mathbb{P}[X \mid G]}{\mathbb{P}[X \mid G^c]}\right) + \log\left(\frac{\mathbb{P}[G]}{\mathbb{P}[G^c]}\right)\right)}} \quad (2.30)$$

여기서 G^c는 G의 여집합이다. 따라서 출력은 가중치와 편향이 각각 우도와 로그 승산비일 때의 사후확률이다.

$$w_j = \frac{\mathbb{P}[X_j \mid G]}{\mathbb{P}[X_j \mid G^c]}, \ \forall j \in \{1, \ldots, p\}, \qquad b = \log\left(\frac{\mathbb{P}[G]}{\mathbb{P}[G^c]}\right) \quad (2.31)$$

특히 X_j는 G에 대해 조건부로 독립적이어야 한다. 그렇지 않으면 로지스틱 회귀분석의 출력이 실제 사후확률이 아니다. 달리 말하면 클래스가 주어졌을 때 입력의 사후분포는 클래스 G가 주어졌을 때 입력이 상호 독립적일 때만 찾을 수 있다. 이 경우 로지스틱 회귀는 나이브 베이지안 분류기로, 이는 결합분포를 한계 분포의 곱인 $\mathbb{P}[X, G] = \mathbb{P}[G]\prod_{j=1}^{p} \mathbb{P}[X_j \mid G]$로 모델링하는 생성 모델의 한 유형이다. 따라서 이 데이터 가정하에서 로지스틱 회귀는 나이브 베이즈의 판별 분류기 버전이다. 그림 2.3b는 입

력이 바이너리일 때의 사례에 대해 로지스틱 모델과 나이브 베이즈의
이진 분류기가 동등한 예를 보여준다.

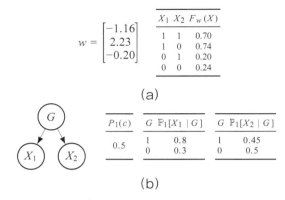

(a)

(b)

그림 2.3 로지스틱 회귀 $f_w(X) = \sigma(w^T X)$와 동일한 나이브 베이즈 분류기. (a) 로지스틱 회귀 가중치와
결과 예측, (b) 동일한 확률 출력을 가진 나이브 베이즈 분류기

또한 입력의 조건부 밀도함수인 $\mathbb{P}[X_j | G]$가 가우시안인 경우(꼭 동일하지
는 않지만) 로지스틱 회귀분석과 가우시안 나이브 베이즈 분류기 간에 동
등성을 밝힐 수 있다. 입력이 이진일 때 동등성을 증명하는 방법은 연습
문제 2.7을 참고하라.

그래프 모델은 관측된 데이터가 생성되는 인과 프로세스^{causal process}를 포
착한다(Pearl, 1988). 이러한 이유로 이 모델들은 종종 **생성 모델**^{generative}
^{model}이라고 불린다.

나이브 베이즈 분류는 방향성 그래프 $\boldsymbol{G} = (\boldsymbol{X}, E)$를 가진 확률적 그래프
모델^{PGM}의 가장 단순한 형태며, 여기서 에지^{edge}를 나타내는 E는 확률 변
수 $\boldsymbol{X} = (X, Y)$ 사이의 조건부 의존성을 나타낸다. 예를 들어 그림 2.3b는
나이브 베이즈 분류기에서 반응 G의 X에 대한 의존성을 보여준다. 이러
한 그래프는 방향성이 있는 경우 '베이지안 네트워크'라고 불린다. 이러
한 그래프 모델은 관측된 데이터가 생성되는 인과 프로세스를 포착한
다. 그래프가 방향성을 갖지 않은 경우(제한된 볼츠만 머신^{RBM, Restricted}
^{Boltzmann Machine}에서처럼 비방향성 그래프 모델^{UGM, Undirected Graphical Model}) 네트워

136

크를 '마르코프 네트워크^{Markov network}' 또는 '마르코프 랜덤 필드^{Markov random}
^{field}'라고 부른다.

RBM은 관측 노드 간의 연결과 은닉 노드 간의 연결이 없다는 특정한 제
한이 있다. RBM은 연속 잠재 변수 Z에 대한 한계화를 통해 관측 변수의
확률을 찾는 연속 잠재 변수 모델의 한 예다.

$$p(x) = \int p(x \mid z)p(z)dz \qquad (2.32)$$

이 유형의 그래프 모델은 팩터 분석 모델과 일치한다. 다른 관련 유형의
그래프 모델에는 혼합 모델^{mixture model}이 포함된다.

8.1 혼합 모델

값이 x로 표시되는 연속적이고 독립적으로(동일하게는 아님) 분포된 확
률 변수 X의 표준 혼합 확률 밀도는 다음과 같이 정의된다.

$$p(x; v) = \sum_{k=1}^{K} \pi_k p(x; \theta_k) \qquad (2.33)$$

혼합 밀도는 K개의 구성 성분(또는 상태)을 가지면 파라미터 집합 $v = \{\theta,$
$\pi\}$에 의해 정의된다. 여기서 $\pi = \{\pi_1, ..., \pi_K\}$는 각 구성 성분에 주어진 가중
치 집합이고, $\theta = \{\theta_1, ..., \theta_K\}$는 각 구성 성분의 분포를 묘사하는 파라미터
집합이다. 잘 알려진 혼합 모델은 다음의 가우시안 혼합 모델^{GMM, Gaussian}
^{Mixture Model}이다.

$$p(x) = \sum_{k=1}^{K} \pi_k \mathcal{N}\left(x; \mu_k, \sigma_k^2\right) \qquad (2.34)$$

여기서 각 성분 파라미터 벡터 θ_k는 평균과 분산 파라미터, μ_k와 σ_k^2이다.

X가 이산형일 경우 그래프 모델을 '이산 혼합 모델'이라고 한다. GMM의 예는 금융에서 흔히 볼 수 있다. 예를 들어 리스크 관리자는 '상관관계 붕괴', '시장 전염', '변동성 충격' 등의 측면에서 말한다. Finger(1997)는 투자 은행 부문에서 강조된 위험 가치$^{\text{Value-at-Risk}}$ 및 경제적 자본^{Economic} ^{Capital} 모델링을 위한 표준 방법론이 된 '정상과 침체 시장$^{\text{normal and stressed}}$ ^{market}' 시나리오에서 리스크를 모델링하기 위한 2가지 성분 GMM을 제시한다. 또한 혼합 모델을 사용해 데이터를 군집화할 수 있는데, 비확률적 버전으로 금융 및 기타 분야에서 사용되는 잘 알려진 비지도학습 방법인 K-평균 알고리듬이 흔히 사용된다.

이러한 모델을 적합화시키기 전에 데이터의 현재 상태, 즉 혼합 성분 분포 중 어느 것으로부터 관측치가 추출된 것인지를 나타내는 추가 변수를 도입해야 한다.

8.1.1 혼합 모델의 은닉 지표 변수 표현

먼저 독립적 확률 변수 X가 N개의 데이터 포인트 $x_N = \{x_1, \ldots, x_N\}$에서 관측됐다고 가정하자. 이 집합은 K-성분 혼합 모델에 의해 생성된 것으로 가정한다.

샘플이 추출된 혼합 성분을 나타내고자 독립적인 은닉(잠재) 이산 확률 변수 $S \in \{1, \ldots, K\}$를 도입한다. 각 관측치 x_i에 대해 S 값은 s_i로 표기되고 길이 K의 이진 벡터로 인코딩된다. 다른 모든 상태가 0으로 설정되는 반면 k번째 혼합 성분이 선택됐음을 나타내고자 벡터의 k번째 성분 $(s_i)_k$ = 1을 설정한다. 결과적으로 다음과 같다.

$$1 = \sum_{k=1}^{K} (s_i)_k \tag{2.35}$$

이제 X와 S의 결합 확률분포를 한계 밀도 $p(s_i; \pi)$와 조건부 밀도 $p(x_i \mid s_i, \theta)$의 항으로 표현할 수 있다.

$$p(\mathbf{x}_n, \mathbf{s}_n; \upsilon) = \prod_i^N p(x_i|s_i; \theta)p(s_i; \boldsymbol{\pi}), \tag{2.36}$$

여기서 한계 밀도 $p(s_i; \boldsymbol{\pi})$는 혼합 가중치 $\boldsymbol{\pi} = \{\pi_1, \ldots, \pi_k\}$에 의해 파라미터화된 다항 분포에서 추출된다.

$$p(s_i; \boldsymbol{\pi}) = \prod_{k=1}^K \pi_k^{(s_i)_k} \tag{2.37}$$

또는 간단히 다음과 같다.

$$\mathbb{P}\left[(s_i)_k = 1\right] = \pi_k \tag{2.38}$$

당연히 혼합 가중치는 다음을 만족해야 한다.

$$1 = \sum_{k=1}^K \pi_k \tag{2.39}$$

8.1.2 최대 우도 추정

혼합 모델을 추정하는 최대 우도 방법은 기대값-최대화EM, Expectation-Maximization 알고리듬으로 알려져 있다. EM의 목적 함수는 주어진 모델의 데이터 우도를 최대화하는 것이다. 즉, 다음을 최대화한다.

$$\mathcal{L}(\upsilon) = \log\left\{\sum_s p(\mathbf{x}_n, \mathbf{s}_n; \upsilon)\right\} = \sum_{i=1}^N \sum_{k=1}^K (s_i)_k \log\left\{\pi_k p(x_i; \theta_k)\right\} \tag{2.40}$$

상태의 시퀀스 $\mathbf{s}_n$을 알면 모델 파라미터 π, θ 의 추정은 간단할 것이다. 즉, 상태 변수와 관측치에 따라 조건화되며, 식 2.40은 모델 파라미터에 대해 최대화될 수 있다. 그러나 상태 변수의 값을 알 수 없다. 이를 해결하고자 대안적인 2단계 반복 최적화 알고리듬을 제안한다. 우리가 S의 기대값을 알면 첫 번째 단계에서 이 기대값을 사용해 모델 파라미터에 대해 식 2.40의 가중 최대 우도 추정을 수행할 수 있다. 기대값 S가 부정확하기 때문에 이러한 추정치는 정확하지 않을 것이다. 따라서 두 번째 단계에서는 모델 파라미터 $v := (\pi, \theta)$가 알려져 있으며, 이전 반복 시행에서의 값으로 고정돼 있는 것으로 가정하고 모든 S의 기대값을 업데이트할 수 있다. 이는 정확히 기대값-최대화^{EM} 알고리듬 전략이며, 최대 우도 추정을 위한 통계적으로 자기 일관성을 가진 반복 알고리듬이다. 혼합 모델의 맥락에서 EM 알고리듬은 다음과 같이 요약된다.

- **E-스텝**

  이 단계에서 파라미터 v는 이전 반복 시행(또는 알고리듬 초기화 중 초기 설정)에서 얻은 이전 값인 v^{old}로 고정된다. 그리고 나서 관측치에 조건부로 E-스텝은 현재 모델 파라미터와 관측 데이터가 주어졌을 때 상태 변수 S_i, $\forall i$의 확률 밀도를 다음과 같이 계산한다.

$$p(s_i \mid x_i, v^{old}) \propto p(x_i \mid s_i; \theta) p(s_i; \pi^{old}) \tag{2.41}$$

  특히 우리는 다음을 계산한다.

$$\mathbb{P}((s_i)_k = 1 \mid x_i, v^{old}) = \frac{p(x_i \mid (s_i)_k = 1; \theta_k) \pi_k}{\sum_\ell p(x_i \mid (s_i)_\ell = 1; \theta_\ell) \pi_\ell} \tag{2.42}$$

  우도 항 $p(x_i \mid (s_i)_k = 1; \theta_k)$는 각 상태에 대해 정의된 관측 밀도를 사용해 평가한다.

- **M-스텝**

  이 스텝에서 은닉 상태 확률이 주어졌다고 가정하고 파라미터에 대해 최대화^{maximization}를 수행한다.

$$v^{new} = \arg\max_v \mathcal{L}(v) \tag{2.43}$$

  이는 확률분포 안의 파라미터에 대한 다음 업데이트 식을 산출한다.

$$\mu_k = \frac{1}{N} \frac{\sum_{i=1}^{N} (\gamma_i)_k x_i}{\sum_{i=1}^{N} (\gamma_i)_k} \tag{2.44}$$

$$\sigma_k^2 = \frac{1}{N} \frac{\sum_{i=1}^{N} (\gamma_i)_k (x_i - \mu_k)^2}{\sum_{i=1}^{N} (\gamma_i)_k}, \ \forall k \in \{1, \ldots, K\}, \tag{2.45}$$

여기서 $(\gamma_i)_k := \mathbb{E}[(s_i)_k | x_i]$는 책임 값^{responsibilities}으로, 데이터 포인트 x_i가 얼마나 강하게 혼합 모델의 각 성분 k에 '속하는가'를 측정하는 조건부 기대값이다.

데이터를 모델링하는 데 필요한 구성 성분의 수는 데이터에 따라 달라지며 콜모고로프-스미르노프 테스트$^{\text{Kolmogorov-Smirnoff test}}$나 엔트로피 기준에 따라 결정할 수 있다. 굵은 꼬리$^{\text{fat tail}}$의 데이터를 보정하려면 적어도 두 개의 얇은 꼬리 성분이 필요하다. 구성 성분이 더 많을수록 적절한 적합도를 보장하고자 더 큰 샘플 크기를 필요로 한다. 극단적인 경우에는 주어진 혼합 모델을 어떤 특정 정도의 정확도로 보정하는 데 충분한 데이터가 없을 수 있다. 요약하자면 GMM은 유연한 모델이지만 경우에 따라서는 가장 적절한 모델이 아닐 수 있다. 꼬리의 행태와 같은 데이터 분포에 대해 더 많이 알려진 경우 이 지식을 통합하면 모델을 개선하는 데 도움이 될 수 있다.

? 다지선다형 문제 3

다음 중 올바른 설명은 무엇인가?

1. 혼합 모델은 데이터가 다중 모드며 단일 모드 분포의 선형 조합에서 추출된다고 가정한다.
2. 기대값-최대화^{EM} 알고리듬은 모델 파라미터를 기반으로 상태 변수의 확률 밀도를 업데이트하는 것(E-스텝)과 최대 우도 추정을 통해 파라미터를 업데이트하는 것(M-스텝)을 반복해서 사용하는 반복 비지도학습 알고리듬의 한 유형이다.

3. EM 알고리듬은 자동으로 분포의 모드 수와 구성 성분 수를 결정한다.
4. 모델 작성자가 각 관측치에 대해 가장 관련성이 높은 구성 성분을 지정하는 경우에만 혼합 모델을 금융에 사용할 수 있다.

---

9. 요약

확률적 모델링은 종종 잡음이 많고 불완전한 금융 데이터에서 중요한 클래스의 모델이다. 또한 금융의 많은 부분이 불확실성하에서 금융 결정을 내릴 수 있는 능력에 의존한다. 이는 확률적 모델링에 완벽하게 적합한 작업이다. 2장에서는 확률 모델링이 금융 모델링에 어떻게 사용되는지 파악하고 입증했다. 특히 다음을 수행했다.

- 단순한 확률적 모델을 사용해 데이터에 베이지안 추론을 적용했다.
- 확률적 가중치를 갖는 선형회귀를 단순한 확률적 그래프 모델로 볼 수 있는 방법을 보여줬다.
- 혼합 모델 및 은닉 마르코프 모델과 같은 확률적 그래프 모델을 사용해 복잡한 데이터에 대한 다용도적 표현을 개발했다.

10. 연습문제

연습문제 2.1: 베이즈 정리의 적용

회계사는 사기 회계가 실제로 존재할 때 이를 탐지하는 데 있어 95% 유효하다. 그러나 감사는 또한 감사를 수행한 정상적인 기업의 1%에 대해 '거짓 양성' 결과를 낳는다. 0.1%의 회사가 실제로 사기 기업이라면 감사가 사기 회계라는 결과를 보일 때 회사가 실제로 사기일 확률은 얼마인가?

연습문제 2.2*: FX와 주식

한 통화 전략가는 S&P 500이 계속 상승할 경우 JPY가 60% 확률로 USD 대비 강세를 보일 것으로 추정했다. S&P 500이 하락하거나 그대로 유지될 경우 JPY는 95% 확률로 USD 대비 강세를 보일 것이다. 현재는 상승 추세 시장에 있으며 S&P 500이 상승할 확률은 70%라고 본다. 또한 이때 JPY가 실제로 USD에 비해 강세를 보였다는 것을 알게 된다. 이 새로운 정보를 고려할 때 S&P 500이 상승할 확률은 얼마나 되는가? 힌트: 베이즈 법칙 $P(A|B) = \frac{P(B \mid A)}{P(B)}P(A)$

연습문제 2.3**: 트레이딩에서의 베이지안 추론

매핑 $P(G_i = 1 | X = x_i) = g_1(x_i | \theta)$에서 생성된 n개의 조건부 독립적이지만 동일하지는 않은 베르누이 시행 $G_1, \ldots, G_n$이 있다고 가정하자. 여기서 $\theta \in [0, 1]$이다. $G|X$의 우도가 다음과 같이 주어진다는 것을 보여라.

$$p(G \mid X, \theta) = \prod_{i=1}^{n}(g_1(x_i \mid \theta))^{G_i} \cdot (g_0(x_i \mid \theta))^{1-G_i} \qquad (2.46)$$

그리고 $G|X$의 로그 우도가 다음에 의해 주어지는 것을 보여라.

$$ln\, p(G \mid X, \theta) = \sum_{i=1}^{n} G_i ln(g_1(x_i \mid \theta)) + (1 - G_i)ln(g_0(x_i \mid \theta)) \qquad (2.47)$$

베이즈 법칙을 사용해 데이터 (X, G)가 주어졌을 때 θ의 조건부 확률 밀도함수(사후분포)를 위의 우도 함수로 표현하라.

앞의 예에서 $G = 1$은 JPY가 달러에 대해 강세인 것에 상응하고 X는 S&P 500 수익률이며, 그러면 다음과 같이 표현할 수 있다.

$$g_1(x \mid \theta) = \theta \mathbb{1}_{x>0} + (\theta + 35)\mathbb{1}_{x \le 0} \qquad (2.48)$$

파라미터 θ(즉, $\theta \in [0, 1)$)에 대한 중립적 견해로 시작해 JPY가 달러에 대해 강세가 되고 S&P 500이 3일 연속 상승하는 것을 관찰할 때 파라미터 θ의 분포를 계산하라. 힌트: 한계 밀도함수 안의 적분을 수행하고자 스케일링 상수가 $\Gamma(\alpha, \beta)$인 베타 밀도함수를 사용할 수 있다.

$$p(\theta|\alpha, \beta) = \frac{(\alpha + \beta - 1)!}{(\alpha - 1)!(\beta - 1)!}\theta^{\alpha-1}(1 - \theta)^{\beta-1} = \Gamma(\alpha, \beta)\theta^{\alpha-1}(1 - \theta)^{\beta-1}$$

$$(2.49)$$

θ가 통화 분석가의 JPY 달러에 대한 강세 견해를 나타낸다면 모델이 분석가의 추정치를 과다 추정할 확률은 얼마인가?

연습문제 2.4*: 트레이딩에서의 베이지안 추론

JPY/USD 환율(U(상승), D(하락 또는 보합))의 다음과 같은 일일 방향 변화 시퀀스를 관찰한다고 가정하자.

```
U, D, U, U, D
```

그리고 이에 상응하는 S&P 500 수익률 시퀀스는 다음과 같다.

```
-0.05, 0.01, -0.01, -0.02, 0.03
```

당신은 S&P 500 수익률의 방향 변화가 주어질 때 JPY의 USD에 대한 행태를 설명하는 다음과 같은 확률적 모델을 제안한다. 즉, G를 베르누이 R.V.를 표기하고 $G = 1$은 JPY의 달러에 대한 강세에 상응하고, r은 S&P 500 일일 수익률이다. G의 모든 관측은 조건부 독립(그러나 동일하지는 않은)이므로 우도는 다음과 같다.

$$p(G \mid r, \theta) = \prod_{i=1}^{n} p(G = G_i \mid r = r_i, \theta)$$

여기서 각 항목은 다음과 같다.

$$p(G_i = 1 \mid r = r_i, \theta) = \begin{cases} \theta_u, & r_i > 0 \\ \theta_d, & r_i \leq 0 \end{cases}$$

데이터가 이 모델에 의해 생성되는 우도에 대한 완전한 표현을 계산하라.

연습문제 2.5: 모델 비교

JPY/USD 환율(U(상승), D(하락 또는 보합))의 다음과 같은 일일 방향 변화 시퀀스를 관찰한다고 가정하자.

U, D, U, U, D, D, D, D, U, U, U, U, U, U, U, D, U, D, U, D,
U, D, D, D, D, U, U, D, U, D, U, U, U, D, U, D, D, D, U, U,
D, D, D, U, D, U, D, U, D, D

이 행태를 설명하는 두 모델을 비교한다. 첫 번째 모델인 $\mathcal{M}_1$은 상향 움직임의 확률이 0.5로 고정되고 데이터는 i.i.d.라고 가정한다.

두 번째 모델인 $\mathcal{M}_2$도 데이터가 i.i.d.라고 가정하지만 상승할 확률은 미지의 $\theta \in \Theta = (0, 1)$로 설정되는데, θ는 균등 사전분포다. 즉, $p(\theta \mid \mathcal{M}_2)$ = 1이다. 단순성을 위해서는 추가적으로 균등 모델 사전분포 $p(\mathcal{M}_1)$ = $p(\mathcal{M}_2)$를 선택한다.

각 모델에 대해 모델 증거를 계산하라.

베이즈 팩터를 계산하고 이 데이터에 비춰 어떤 모델을 선호해야 하는가?

연습문제 2.6: 베이지안 예측과 업데이트

베이지안 예측을 사용해 연습문제 2.5에서 최상의 모델과 데이터가 주어졌을 때 상승 움직임 확률을 예측하라.

이제 주식 시장에서 다음과 같은 새로운 일일 방향 변화 시퀀스를 관찰한다고 가정하자(U(상승), D(하락)).

D, U, D, D, D, D, U, D, U, D, U, D, D, D, U, U, D, U, D, D, D, U, U, D,

D, D, U, D, U, D, U, D, D, D, U, D, U, D, U, D, D, D, D, U, U, D, U, D, U, U

연습문제 2.5의 최상의 모델을 사용해 새로운 데이터와 이전 질문의 데이터를 기반으로 새로운 사후분포 함수를 계산하고 모든 데이터가 주어졌을 때 가격 상승의 확률을 예측하라. 모든 모델링 가정을 명확하게 설명하라.

연습문제 2.7: 로지스틱 회귀는 나이브 베이즈다.

G와 $X \in \{0, 1\}^p$가 베르누이 확률 변수이고 G가 주어졌을 때 X_i들이 상호 독립, 즉 $\mathbb{P}[X \mid G] = \Pi_{i=1}^{p}\mathbb{P}[X_i \mid G]$라고 가정하자. 나이브 베이즈 분류기 $\mathbb{P}[G \mid X]$가 주어졌을 때 로지스틱 회귀 모델이 가중치를 다음과 같이 가진다면 나이브 베이즈 분류기와 동일한 결과를 산출함을 보여라.

$$w_0 = \log \frac{\mathbb{P}[G]}{\mathbb{P}[G^c]} + \sum_{i=1}^{p} \log \frac{\mathbb{P}[X_i = 0 \in G]}{\mathbb{P}[X_i = 0 \in G^c]}$$

$$w_i = \log \frac{\mathbb{P}[X_i = 1 \in G]}{\mathbb{P}[X_i = 1 \in G^c]} \cdot \frac{\mathbb{P}[X_i = 0 \in G^c]}{\mathbb{P}[X_i = 0 \in G]}, \quad i = 1, \ldots, p$$

연습문제 2.8**: 제한된 볼츠만 머신(RBM)

두 종류의 이진 변수를 가진 확률적 모델을 고려하자. 관찰 가능한 이진 확률 유닛 $\mathbf{v} \in \{0, 1\}^D$와 은닉 이진 확률 유닛 $\mathbf{h} \in \{0, 1\}^F$다. 여기서 D와 F는 각각 관찰 가능한 유닛과 은닉 유닛의 개수다. 이들의 값을 관찰하는 결합 확률 밀도는 지수분포로 주어진다.

$$p(\mathbf{v}, \mathbf{h}) = \frac{1}{Z} \exp(-E(\mathbf{v}, \mathbf{h})), \quad Z = \sum_{\mathbf{v}, \mathbf{h}} \exp(-E(\mathbf{v}, \mathbf{h}))$$

그리고 여기서 상태 $\{\mathbf{v}, \mathbf{h}\}$의 에너지 $E(\mathbf{v}, \mathbf{h})$는 다음과 같다.

$$E(\mathbf{v}, \mathbf{h}) = -\mathbf{v}^T W \mathbf{h} - \mathbf{b}^T \mathbf{v} - \mathbf{a}^T \mathbf{h} = -\sum_{i=1}^{D} \sum_{j=1}^{F} W_{ij} v_i h_j - \sum_{i=1}^{D} b_i v_i - \sum_{j=1}^{F} a_j h_j$$

여기서 모델 파라미터는 a, b, W다. 이 확률적 모델은 제한된 볼츠만 머신[RBM, Restricted Boltzmann Machine]이라 불린다. 관찰 가능노드와 은닉 노드에 대한 조건부 확률이 시그모이드 함수 $\sigma(x) = 1/(1 + e^{-x})$에 의해 주어지는 것을 보여라.

$$\mathbb{P}[v_i = 1 \mid \mathbf{h}] = \sigma\left(\sum_j W_{ij}h_j + b_i\right), \quad \mathbb{P}[h_i = 1 \mid \mathbf{v}] = \sigma\left(\sum_j W_{ij}v_j + a_i\right)$$

부록

다지선다형 문제에 대한 해답

문제 1

정답: 1, 3, 4

문제 2

정답: 1, 3, 5

문제 3

정답: 1, 2

혼합 모델은 데이터가 다중 모드라고 가정한다. 데이터는 단일 모드 분포의 선형 조합에서 추출된다. 기대값-최대화[EM] 알고리듬은 모델 파라미터를 기반으로 상태 변수의 확률 밀도를 업데이트하는 것(E-스텝)과 최대 우도 추정을 통한 파라미터를 업데이트하는 것(M-스텝)을 번갈아 하는 반복적이고 자기 일관적인 비지도학습 알고리듬의 일종이다. 이를 확인하기 위한 통계 테스트가 있기는 하지만 EM 알고리듬은 데이터 분포의 모드 수를 자동으로 결정하지는 않는다. 혼합 모델은 각 관측치가 속할 수 있는 모든 성분에 확률적 가중치를 할당한다. 가중치가 가장 높은 구성 성분이 선택된다.

참고 문헌

Breiman, L. (2001). Statistical modeling: The two cultures (with comments and a rejoinder by the author). *Statistical Science 16*(3), 199–231.

Duembgen, M., & Rogers, L. C. G. (2014). Estimate nothing. https://arxiv.org/abs/1401.5666.

Finger, C. (1997). *A methodology to stress correlations*, fourth Quarter. RiskMetrics Monitor.

Rasmussen, C. E., & Ghahramani, Z. (2001). Occam's razor. In *In Advances in Neural Information Processing Systems 13*, (pp. 294–300). MIT Press.

03

베이지안 회귀와
가우시안 프로세스

3장에서는 베이지안 회귀를 소개하고 2장의 많은 개념을 어떻게 확장하는지 보여준다. 우리는 커널 기반 머신러닝 방법(특히 베이지안 머신러닝 방법의 중요한 클래스인 가우시안 프로세스 회귀)을 개발하고 파생 가격의 모델을 '대리'하기 위한 이들의 적용을 입증한다. 또한 3장은 이후 장들의 주제인 빈도주의 환경에서의 규제화 역할과 함수 형태에 대한 직관을 개발하는 자연스러운 출발점을 제공한다.

1. 서론

일반적으로 모수 회귀 모델에서 가중치 분포가 데이터를 어떻게 나타내는지에 대한 직관을 개발하는 것은 어렵다. 2장에서 살펴본 것처럼 변수에 대한 분포를 유도하기보다는 함수에 대한 분포를 유도할 수 있다. 특히 '공분산 커널'을 사용해 그러한 직관을 표현할 수 있다.

좀 더 일반적인 설정에서 베이지안 회귀분석을 시작하는 것으로 시작하는데, 이는 토이 회귀 모델에서 가우시안 프로세스 회귀Gaussian process regression와 같은 좀 더 복잡한 비모수 베이지안 회귀 모델non-parametric Bayesian regression model로 쉽게 이동할 수 있게 할 것이다. 베이지안 회귀분석을 더 심층적으로 소개함으로써 이것이 2장의 많은 개념을 어떻게 확장하는지 보여준다. 커널 기반 머신러닝kernel based machine learning 방법(특히 가우시안 프로세스 회귀분석)을 개발하고 파생 가격의 '대리' 모델에 대한 이들의 적용을 보여준다.[1]

3장의 목표

3장의 주요 학습 요점은 다음과 같다.

- 베이지안 선형회귀 모델을 공식화한다.
- 사후분포와 예측 분포를 도출한다.
- 사전분포의 역할을 최대 우도 추정에서의 규제화와 동일한 형태로 설명한다.
- 파생 모델링을 포함하는 프로그래밍 예제를 사용해 커널 기반 확률적 모델링을 위한 가우시안 프로세스를 공식화하고 구현한다.

2. 선형회귀를 활용한 베이지안 추론

$x \in \mathbb{R}$에 어파인affine인 다음의 선형회귀 모델을 고려하자.

$$y = f(x) = \theta_0 + \theta_1 x, \ \theta_0, \theta_1 \sim \mathcal{N}(0, 1), \ x \in \mathbb{R}, \tag{3.1}$$

입력 $\mathbf{x} := [x_1, \ldots, x_n]$에 대한 함수 값을 관측한다고 가정하자. 랜덤 파라미터 벡터 $\boldsymbol{\theta} := [\theta_0, \theta_1]$은 알려져 있지 않다. 이 설정은 y가 잡음 없이 엄격하게 함수 $f(x)$에 의해 주어지므로 무잡음noise-free으로 불린다.

이 모델의 그래프 모델 표현은 그림 3.1에 의해 주어지고 명백히 i번째

---

1. 대리 모델은 입력 데이터의 함수로서 잘 알려진 기존의 수학적 모델이나 통계적 모델의 출력을 학습한다.

모델 출력이 x_i에만 의존한다는 것을 나타낸다. 또한 그래프 모델은 잡음이 있는 경우에도 성립한다는 것을 주목하라.

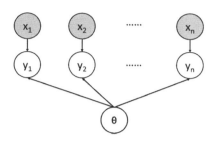

그림 3.1 이 그래프 모델은 베이지안 선형회귀를 표현한다. 특성 $\mathbf{x} := \{x_i\}_{i=1}^{n}$과 반응 $\mathbf{y} := \{y_i\}_{i=1}^{n}$은 알려져 있고, 랜덤 파라미터 벡터 $\boldsymbol{\theta}$는 알려져 있지 않다. i번째 모델 출력은 x_i에만 의존한다.

무잡음 설정에서 알려진 데이터하에서 함수의 기대값은 다음과 같다.

$$\mathbb{E}_{\boldsymbol{\theta}}[f(x_i)|x_i] = \mathbb{E}_{\boldsymbol{\theta}}[\theta_0] + \mathbb{E}_{\boldsymbol{\theta}}[\theta_1]x_i = 0, \forall i \tag{3.2}$$

여기서 기대값 연산자는 θ의 사전 밀도에 대한 것이다.

$$\mathbb{E}_{\boldsymbol{\theta}}[\cdot] = \int (\cdot)p(\boldsymbol{\theta})d\boldsymbol{\theta} \tag{3.3}$$

이때 두 포인트 x_i와 x_j 사이 함수 값의 공분산은 다음과 같다.

$$\mathbb{E}_{\boldsymbol{\theta}}[f(x_i)f(x_j)|x_i, x_j] = \mathbb{E}_{\boldsymbol{\theta}}[\theta_0^2 + \theta_0\theta_1(x_i + x_j) + \theta_1^2 x_i x_j] \tag{3.4}$$
$$= \mathbb{E}_{\boldsymbol{\theta}}[\theta_0^2] + \mathbb{E}_{\boldsymbol{\theta}}[\theta_0^2]x_i x_j + \mathbb{E}_{\boldsymbol{\theta}}[\theta_0\theta_1](x_i + x_j) \tag{3.5}$$
$$= 1 + x_i x_j \tag{3.6}$$

여기서 마지막 항은 θ_0와 θ_1이 독립이므로 0이다. 이때 주어진 데이터에 대한 함수 값 집합 $[f(x_1), \ldots, f(x_n)]$은 공분산 행렬 $K_{ij} := \mathbb{E}_{\boldsymbol{\theta}}[f(x_i)f(x_j)|x_i, x_j]$ $= 1 + x_i x_j$를 가진 결합 가우시안 분포를 갖는다. 이와 같은 확률 모델은 가우시안 프로세스 회귀Gaussian Process Regression 또는 간단히 가우시안 프로세스GP, Gaussian Process로 알려져 있고, 3장 후반부의 주제가 될 더 일반적인

비선형 베이지안 커널 학습 방법의 가장 간단한 예다.

잡음 데이터

앞의 예는 함수 값 [$f(x_1)$], ..., $f(x_n)$]이 관찰되는 무잡음 설정이다. 실제로 이러한 함수 값을 관측하지 않고 어떤 목표 값 $\mathbf{y} = [y_1, ..., y_n]$을 관측하는데, 이는 함수를 통해 $\mathbf{x}$에, 그리고 알려진 분산 α_n^2를 가진 제로 평균의 가우시안 i.i.d.의 가산적 잡음에 의존한다.

$$y_i = f(x_i) + \epsilon_i, \ \epsilon_i \sim \mathcal{N}(0, \sigma_n^2) \tag{3.7}$$

따라서 관측된 i.i.d. 데이터는 $\mathcal{D} := (x, y)$다. Rasmussen과 Williams (2006)를 따라 이 잡음 가정과 선형 모델하에서 데이터의 우도 함수를 다음과 같이 표현할 수 있다.

$$p(\mathbf{y}|\mathbf{x}, \boldsymbol{\theta}) = \prod_{i=1}^{n} p(y_i|x_i, \boldsymbol{\theta})$$
$$= \frac{1}{\sqrt{2\pi}\sigma_n} \exp\{-(y_i - x_i\theta_1 - \theta_0)^2/(2\sigma_n^2)\}$$

따라서 $\mathbf{y}|\mathbf{x}, \theta \sim \mathcal{N}(\theta_0 + \theta_1\mathbf{x}, \sigma_n^2 I)$다.

이 선형회귀 모델에서 파라미터의 베이지안 추론은 다음의 가중치에 대한 사후분포에 기반을 둔다.

$$p(\theta_i|\mathbf{y}, \mathbf{x}) = \frac{p(\mathbf{y}|\mathbf{x}, \theta_i)p(\theta_i)}{p(\mathbf{y}|\mathbf{x})}, i \in \{0, 1\} \tag{3.8}$$

여기서 분모의 한계 우도는 다음과 같이 파라미터에 대해 적분을 함으로써 얻어진다.

$$p(\mathbf{y}|\mathbf{x}) = \int p(\mathbf{y}|\mathbf{x}, \boldsymbol{\theta})p(\boldsymbol{\theta})d\boldsymbol{\theta} \tag{3.9}$$

$[X]_i := [1, x_i]$인 행렬 X를 정의하면 더 일반적인 켤레 사전분포^{conjugate prior} 하에서 다음을 얻을 수 있다.

$$\boldsymbol{\theta} \sim \mathcal{N}(\mu, \Sigma),$$
$$\mathbf{y}|X, \boldsymbol{\theta} \sim \mathcal{N}(\boldsymbol{\theta}^T X, \sigma_n^2 I)$$

가우시안 밀도의 곱은 역시 가우시안이므로 단순히 어파인 변환 모멘트의 표준 결과를 사용하면 다음을 얻는다.

$$\mathbb{E}[\mathbf{y}|X] = \mathbb{E}[\boldsymbol{\theta}^T X + \epsilon] = \mathbb{E}[\boldsymbol{\theta}^T] X = \mu^T X \tag{3.10}$$

조건부 공분산은 다음과 같다.

$$Cov(\mathbf{y}|X) = Cov(\boldsymbol{\theta}^T X) + \sigma_n^2 I = X Cov(\boldsymbol{\theta}) X^T + \sigma_n^2 I = X \Sigma X^T + \sigma_n^2 I \tag{3.11}$$

$\boldsymbol{\theta}$의 사후분포를 도출하고자 제곱을 완성함으로써 사전 밀도 함수를 모멘트 파라미터화^{moment parametrization}에서 자연 파라미터화^{natural parametrization2}로 변환하는 것이 편리하다. 이는 정규화된 우도 및 켤레 사전분포와 같은 정규 밀도함수를 곱하는 데 유용하다. 사전분포에 대한 2차 형식은 다음과 같이 변환한다.

$$p(\boldsymbol{\theta}) \propto \exp\{-\frac{1}{2}(\boldsymbol{\theta} - \mu)^T \Sigma^{-1}(\boldsymbol{\theta} - \mu)\} \tag{3.12}$$

$$\propto \exp\{\mu^T \Sigma^{-1} \boldsymbol{\theta} - \frac{1}{2}\boldsymbol{\theta}^T \Sigma^{-1} \boldsymbol{\theta}\} \tag{3.13}$$

여기서 $\frac{1}{2}\mu^T \Sigma^{-1}\mu$ 항은 $\boldsymbol{\theta}$에 독립이므로 정규화 항에 흡수된다. 이 변환을 사용하면 사후분포 $p(\boldsymbol{\theta}|\mathcal{D})$는 다음에 비례한다.

---

2. canonical parameterization이라고도 하며 자연 지수 함수군(natural exponential family)의 형태로 함수를 표현하기 위한 파라미터화이고, 일변량 정규분포의 경우 모멘트 파라미터화가 (μ, σ^2)을 통해 일어나면 자연 파라미터화에서는 $(\mu * \sigma^{-2}, 1/2 * \sigma^{-2})$이 파라미터로 작동한다. 식 (3.13)에서 이의 다변량 버전을 발견할 수 있을 것이다. – 옮긴이

$$p(\mathbf{y}|X,\boldsymbol{\theta})p(\boldsymbol{\theta}) \propto \exp\{-\frac{1}{2\sigma_n^2}(\mathbf{y}-\boldsymbol{\theta}^T X)^T(\mathbf{y}-\boldsymbol{\theta}^T X)\}\exp\{\mu^T\Sigma^{-1}-\frac{1}{2}\boldsymbol{\theta}^T\Sigma^{-1}\boldsymbol{\theta}\} \tag{3.14}$$

$$\propto \exp\{-\frac{1}{2\sigma_n^2}(-2\mathbf{y}\boldsymbol{\theta}^T X + \boldsymbol{\theta}^T X X^T \boldsymbol{\theta})\}\exp\{\mu^T\Sigma^{-1}-\frac{1}{2}\boldsymbol{\theta}^T\Sigma^{-1}\boldsymbol{\theta}\} \tag{3.15}$$

$$= \exp\{(\Sigma^{-1}\mu+\frac{1}{\sigma_n^2}\mathbf{y}^T X)^T\boldsymbol{\theta}^T-\frac{1}{2}\boldsymbol{\theta}^T(\Sigma^{-1}+\frac{1}{\sigma_n^2}XX^T)\boldsymbol{\theta}\} \tag{3.16}$$

$$= \exp\{a^T\boldsymbol{\theta}-\frac{1}{2}\boldsymbol{\theta}^T A\boldsymbol{\theta}\} \tag{3.17}$$

사후분포는 다음 분포를 따른다.

$$\boldsymbol{\theta} \mid \mathcal{D} \sim \mathcal{N}(\mu',\Sigma') \tag{3.18}$$

여기서 사전분포의 모멘트는 다음과 같다.

$$\mu' = \Sigma'a = (\Sigma^{-1}+\frac{1}{\sigma_n^2}XX^T)^{-1}(\Sigma^{-1}\mu+\frac{1}{\sigma_n^2}\mathbf{y}^T X) \tag{3.19}$$

$$\Sigma' = A^{-1} = (\Sigma^{-1}+\frac{1}{\sigma_n^2}XX^T)^{-1} \tag{3.20}$$

위의 자연 파라미터화에서 모멘트 파라미터화로의 역변환을 이용해 다시 다음과 같이 모멘트 파라미터화로 표현할 수 있다.

$$p(\boldsymbol{\theta}|\mathcal{D}) \propto \exp\{-\frac{1}{2}(\boldsymbol{\theta}-\mu')^T(\Sigma')^{-1}(\boldsymbol{\theta}-\mu')\}. \tag{3.21}$$

공분산 행렬의 역행렬인 Σ^{-1}은 정밀도 행렬precision matrix로 불린다. 이 분포의 평균이 가중치의 최대 사후분포MAP 추정치다. 즉, 이는 사후분포의 모드다. 이것이 로그 사전분포에 의해 주어진 L_2(릿지) 페널티 항을 더한 형태로 페널티를 부여한 최대 우도 추정치에 해당한다는 것을 곧 보여주겠다.

그림 3.2는 가중치의 사후분포에 대한 베이지안 학습을 보여준다. 이변량 가우시안 사전분포가 초기 사전분포를 위해 선택되며, 데이터 공간

[-1, 1] × [-1, 1]에서 무한한 수의 선이 추출될 수 있다. 데이터는 적은 양의 가산적 i.i.d. 가우시안 잡음을 가진 모델 $f(x) = 0.3 + 0.5x$로 생성된다. 우도 함수가 평가되는 포인트의 수가 증가하면 사후분포는 날카로워지고 결국 한 포인트로 축소된다. 구현에 대한 자세한 내용은 베이지안 선형회귀 파이썬 노트북을 참고하라.

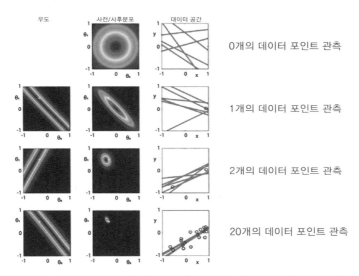

그림 3.2 이 그림은 선형 모델에 대한 베이지안 추론을 보여준다. 데이터가 작은 양의 가법적 백색 잡음을 가진 함수 $f(x) = 0.3 + 0.5x$에서 생성됐다(출처: Bishop(2006)).

? 다지선다형 문제 1

다음 중 올바른 설명은 무엇인가?

1. 베이지안 회귀분석에서는 회귀 가중치를 확률 변수로 처리한다.
2. 베이지안 회귀분석에서 데이터 함수 $f(x)$는 항상 관측되는 것으로 가정한다.
3. 사전분포가 가우시안인 경우 파라미터의 사후분포는 항상 가우스다.
4. 회귀 가중치의 사후분포는 일반적으로 데이터의 증가와 따라 수축된다.

5. 사후분포의 평균은 가우시안인 경우 사전분포의 평균과 공분산 모두에 따라 달라진다.

2.1 최대 우도 추정

베이지안 추론에 대한 이해를 확고히 하고자 빈도주의 설정에서의 파라미터 추정을 간략하게 다시 살펴보자. σ_n^2가 알려진 파라미터라고 가정하면 파라미터 벡터의 최대 우도 추정치인 $\hat{\theta}$를 쉽게 도출할 수 있다. θ에 대한 음의 로그 우도 함수의 그래디언트는 다음과 같다.

$$
\begin{aligned}
\frac{d}{d\boldsymbol{\theta}}\mathcal{L}(\boldsymbol{\theta}) &:= -\frac{d}{d\boldsymbol{\theta}}\left(\sum_{i=1}^{n} log\ p(y_i|x_i,\boldsymbol{\theta})\right) \\
&= \frac{1}{2\sigma_n^2}\frac{d}{d\boldsymbol{\theta}}\left(\|\mathbf{y}-\boldsymbol{\theta}^T X\|_2^2 + c\right) \\
&= \frac{1}{\sigma_n^2}(-\mathbf{y}^T X + \boldsymbol{\theta}^T X^T X)
\end{aligned}
$$

여기서 상수는 $c := -\frac{n}{2}(log(2\pi) + log(\sigma_n^2))$이다. 이 그래디언트를 0으로 설정하면 X에 의해 생성span되는 부분공간으로의 $\mathbf{y}$의 직교 투영을 얻을 수 있다.

$$
\hat{\boldsymbol{\theta}} = (X^T X)^{-1} X^T \mathbf{y}, \tag{3.22}
$$

여기서 $\hat{\boldsymbol{\theta}}$는 $\mathbf{y}$에 가장 가까운 X에 의해 생성된 부분공간의 벡터다. 이 결과는 페널티를 부여하지 않은 손실 함수(즉, 사전분포를 포함하지 않는)의 최대 우도 추정치는 잡음의 분산이 알려진 경우의 OLS 추정치라는 것을 말한다. 잡음 분산이 알려져 있지 않으면 손실 함수는 다음과 같다.

$$
\mathcal{L}(\boldsymbol{\theta},\sigma_n^2) = \frac{n}{2}log(\sigma_n^2) + \frac{1}{2\sigma_n^2}\|\mathbf{y}-\boldsymbol{\theta}^T X\|_2^2 + c \tag{3.23}
$$

여기서 $c = \frac{n}{2}log(2\pi)$다. 편미분을 취하면 다음과 같다.

$$\frac{\partial \mathcal{L}(\boldsymbol{\theta}, \sigma_n^2)}{\partial \sigma_n^2} = \frac{n}{2\sigma_n^2} - \frac{1}{2\sigma_n^4}||\mathbf{y} - \boldsymbol{\theta}^T X||_2^2 \tag{3.24}$$

이를 0으로[3] 놓으면 $\hat{\sigma}_n^2 = \frac{1}{n}||\mathbf{y} - \boldsymbol{\theta}^T X||_2^2$을 얻는다.

최대 우도 추정은 과적합되는 경향이 있으므로 피해야 한다. 대신 사후분포를 최대화해 MAP 추정치 $\hat{\boldsymbol{\theta}}_{MAP}$을 얻는다. 알려진 잡음하에 앞의 계산을 하면 다음과 같다.

$$\begin{aligned}\frac{d}{d\boldsymbol{\theta}}\mathcal{L}(\boldsymbol{\theta}) &:= -\frac{d}{d\boldsymbol{\theta}}\left(\sum_{i=1}^{n} log\ p(y_i|x_i, \boldsymbol{\theta}) + log\ p(\boldsymbol{\theta})\right)\\ &= \frac{d}{d\boldsymbol{\theta}}\left(\frac{1}{2\sigma_n^2}||\mathbf{y} - \boldsymbol{\theta}^T X||_2^2 + \frac{1}{2}(\boldsymbol{\theta} - \mu)^T \Sigma^{-1}(\boldsymbol{\theta} - \mu) + c\right)\\ &= \frac{1}{\sigma_n^2}(-\mathbf{y}^T X + \boldsymbol{\theta}^T X X^T) + (\boldsymbol{\theta} - \mu)^T \Sigma^{-1}\end{aligned}$$

이의 미분을 0으로 놓으면 다음을 얻는다.

$$\frac{1}{\sigma_n^2}(\mathbf{y}^T X - \boldsymbol{\theta}^T X X^T) = (\boldsymbol{\theta} - \mu)^T \Sigma^{-1} \tag{3.25}$$

항을 조금 다시 조정하면 다음을 얻는다.

$$\hat{\boldsymbol{\theta}}_{MAP} = (XX^T + \sigma_n^2 \Sigma^{-1})^{-1}(\sigma_n^2 \Sigma^{-1}\mu + X^T \mathbf{y}) = A^{-1}(\Sigma^{-1}\mu + \sigma_n^{-2}X^T \mathbf{y}) \tag{3.26}$$

이는 식 3.19에서 도출된 사후분포의 평균과 동일하다. 물론 가우시안 분포의 평균이 역시 최빈값mode이므로 예상된 결과다. $\hat{\boldsymbol{\theta}}_{MAP}$와 $\hat{\boldsymbol{\theta}}$의 차이는 $\sigma_n^2 \Sigma^{-1}$이다. 이 항은 $X^T X$의 조건수condition number를 줄이는 효과를 가진다. 사전분포의 평균 μ를 0으로 놓으면 선형 시스템 $(X^T X)\theta = X^T y$가 규제화된 선형 시스템 $A\theta = \sigma^{-2}X^T y$가 된다.

---

3. 미분이 σ^2에 대한 것이지 σ에 대한 것이 아니므로 두 번째 상의 분모의 계수 2는 상쇄되지 않는다.

등방성^{isotropic4} 가우시안 사전분포 $p(\boldsymbol{\theta}) = \mathcal{N}(0, \frac{1}{2\lambda}I)$를 선택하면 손실 함수에 릿지 페널티 항 $\lambda\|\boldsymbol{\theta}\|_2^2$이 주어진다. 즉, 음의 로그 가우시안 사전분포는 최대 상수 배수의 릿지 페널티 항과 일치한다. 극한에서 $\lambda \to 0$은 최대 우도 추정치를 복원한다. 이는 무정보적인 사전분포 조건을 사용하는 것과 같다.

물론 베이지안 추론에서는 파라미터의 점 추정을 수행하지 않지만 식 (3.19)의 사후 평균이 실제로 MAP 추정과 일치했음을 확인하는 것은 유용한 연습이었다. 또한 릿지 회귀에 사용되는 규제화 항으로 사전분포를 명시적으로 해석했다.

2.2 베이지안 예측

2장에서 베이지안 예측은 새 데이터 포인트 x_*와 훈련 데이터 $\mathcal{D}$에 대한 $f_* := f(x_*)$의 밀도 평가를 요구한다는 점을 상기하라.

일반적으로는 사후분포에 의해 주어진 가중치 밀도함수로, 가능한 모든 가중치에 대해 모델 출력을 평균함으로써 새로운 포인트에서의 모델 출력 f_*를 예측한다. 즉, $\boldsymbol{\theta}$에 대한 의존성이 적분되는 한계 밀도 $p(f_* | x_*, \mathcal{D})$ $= \mathbb{E}_{\theta | \mathcal{D}}[p(f_* | x_*, \boldsymbol{\theta})]$를 찾는 것이다. 이 조건부 밀도는 가우시안이다.

$$f_* | x_*, \mathcal{D} \sim \mathcal{N}(\mu_*, \Sigma_*) \tag{3.27}$$

이는 다음의 모멘트를 갖는다.

$$\mu_* = \mathbb{E}_{\boldsymbol{\theta} | \mathcal{D}}[f_* | x_*, \mathcal{D}] = x_*^T \mathbb{E}_{\boldsymbol{\theta} | \mathcal{D}}[\boldsymbol{\theta} | x_*, \mathcal{D}] = x_*^T \mathbb{E}_{\boldsymbol{\theta} | \mathcal{D}}[\boldsymbol{\theta} | \mathcal{D}] = x_*^T \mu'$$

$$\Sigma_* = \mathbb{E}_{\boldsymbol{\theta} | \mathcal{D}}[(f_* - \mu_*)(f_* - \mu_*)^T | x_*, \mathcal{D}]$$

$$= x_*^T \mathbb{E}_{\boldsymbol{\theta} | \mathcal{D}}[(\boldsymbol{\theta} - \mu')(\boldsymbol{\theta} - \mu') | x_*, \mathcal{D}] x_*$$

$$= x_*^T \mathbb{E}_{\boldsymbol{\theta} | \mathcal{D}}[(\boldsymbol{\theta} - \mu')(\boldsymbol{\theta} - \mu') | \mathcal{D}] x_* = x_*^T \Sigma' x_*$$

---

4. isotropic은 모양이 같다는 의미며, 여기서 등분산(homoscedastic)이란 의미, 즉 공분산 행렬의 대각원소들의 값이 동일하다는 뜻으로 사용된다.

여기서는 f_*가 가우시안이라는 것을 알기 때문에 전체 밀도함수의 기대값 $p(f_* | x_*, \theta)$를 취하는 것을 피하고 모멘트만 취했다.

> **?** **다지선다형 문제 2**

다음 중 올바른 설명은 무엇인가?

1. 베이지안 선형 모델에 따른 예측은 먼저 파라미터의 사후분포를 추정해야 한다.
2. 예측 분포는 사후분포와 우도 분포가 가우시안 분포인 경우에만 가우시안 분포다.
3. 예측 분포는 모델의 가중치에 따라 달라진다.
4. 예측 분포의 분산은 훈련 데이터의 증가에 따라 전형적으로 축소한다.

2.3 슈어 항등식

역행렬의 속성에 의존하는 모델 출력의 조건부 분포에서 예측 분포를 도출하는 또 다른 접근법이 있다. 분할된 공분산 행렬partitioned covariance matrix의 관점에서 가우시안 확률 변수 X와 Y 사이의 결합 밀도를 다음과 같이 쓸 수 있다.

$$\begin{bmatrix} X \\ Y \end{bmatrix} = \mathcal{N} \left(\begin{bmatrix} \mu_x \\ \mu_y \end{bmatrix}, \begin{bmatrix} \Sigma_{xx} & \Sigma_{xy} \\ \Sigma_{yx} & \Sigma_{yy} \end{bmatrix} \right)$$

여기서 $\Sigma_{xx} = \mathbb{V}(X)$, $\Sigma_{xy} = Cov(XY)$, $\Sigma_{yy} = \mathbb{V}(Y)$다. 조건부 확률 $p(y|x)$를 어떻게 발견할 수 있을까?

모멘트를 분할된 공분산 행렬로 표현하고자 다음의 슈어 항등식Schure Identity을 사용한다.

$$\begin{bmatrix} A & B \\ C & D \end{bmatrix}^{-1} = \begin{bmatrix} M & -MBD^{-1} \\ -D^{-1}CM & D^{-1} + D^{-1}CMBD^{-1} \end{bmatrix}$$

여기서 부분행렬 D에 대한 슈어 보수 행렬^{Schur complement matrix}은 $M := (A - BD^{-1}C)^{-1}$이다. 분할된 정밀도 행렬 A에 대해 슈어 항등식을 적용하면 다음을 얻는다.

$$\begin{bmatrix} \Sigma_{yy} & \Sigma_{yx} \\ \Sigma_{xy} & \Sigma_{xx} \end{bmatrix}^{-1} = \begin{bmatrix} A_{yy} & A_{yx} \\ A_{xy} & A_{xx} \end{bmatrix} \tag{3.28}$$

여기서 각 항은 다음과 같다.

$$A_{yy} = (\Sigma_{yy} - \Sigma_{yx}\Sigma_{xx}^{-1}\Sigma_{xy})^{-1} \tag{3.29}$$

$$A_{yx} = -(\Sigma_{yy} - \Sigma_{yx}\Sigma_{xx}^{-1}\Sigma_{xy})^{-1}\Sigma_{yx}\Sigma_{xx}^{-1} \tag{3.30}$$

따라서 가우시안 분포 $p(y|x)$의 모멘트는 다음과 같다.

$$\mu_{y|x} = \mu_y + \Sigma_{yx}\Sigma_{xx}^{-1}(x - \mu_x) \tag{3.31}$$

$$\Sigma_{y|x} = \Sigma_{yy} - \Sigma_{yx}\Sigma_{xx}^{-1}\Sigma_{xy} \tag{3.32}$$

그러므로 조건 분포 $Y|X$의 밀도는 슈어 항등식을 사용해 도출할 수 있다. 결합 밀도 $p(x, y)$가 이변량 가우시안인 특별한 경우 모멘트에 대한 표현은 다음과 같이 단순해진다.

$$\mu_{y|x} = \mu_y + \frac{\sigma_{yx}}{\sigma_x^2}(x - \mu_x) \tag{3.33}$$

$$\Sigma_{y|x} = \sigma_y - \frac{\sigma_{yx}^2}{\sigma_x^2} \tag{3.34}$$

여기서 σ_{xy}는 X와 Y 간의 공분산이다.

이제 예측 분포를 돌아가면 $\mathbf{y}$와 f_* 간의 결합분포는 다음과 같다.

$$\begin{bmatrix} \mathbf{y} \\ f_* \end{bmatrix} = \mathcal{N} \left(\begin{bmatrix} \mu_y \\ \mu_{f_*} \end{bmatrix}, \begin{bmatrix} \Sigma_{yy} & \Sigma_{yf_*} \\ \Sigma_{f_*y} & \Sigma_{f_*f_*} \end{bmatrix} \right) \tag{3.35}$$

이제 조건부 분포의 모멘트를 다음과 같이 쓸 수 있다.

$$\mu_{f_*|X,y,x_*} = \mu_{f_*} + \Sigma_{f_*y}\Sigma_{yy}^{-1}(y - \mu_y) \tag{3.36}$$

$$\Sigma_{f_*|X,y,x_*} = \Sigma_{f_*f_*} - \Sigma_{f_*y}\Sigma_{yy}^{-1}\Sigma_{yf_*} \tag{3.37}$$

함수 $f(x)$의 형태를 알기 때문에 다음과 같이 표현할 수 있다.

$$\Sigma_{yy} = K_{X,X} + \sigma_n^2 I \tag{3.38}$$

여기서 $K_{X,X}$는 $f(X)$의 공분산인데, 선형회귀에 대해 다음과 같은 형태를 취한다.

$$K_{X,X} = \mathbb{E}[\theta_1^2(X - \mu_x)^2]$$

여기서 $\Sigma_{ff} = K_{x_*,x_*}$, $\Sigma_{yf_*} = K_{X,X_*}$다. 이제 예측 함수의 모멘트를 다음과 같이 쓸 수 있다.

$$\mu_{f_*|X,y,x_*} = \mu_{f_*} + K_{x_*,X}K_{X,X}^{-1}(y - \mu_y), \tag{3.39}$$

$$K_{f_*|X,y,x_*} = K_{x_*,x_*} - K_{x_*,X}K_{X,X}^{-1}K_{X,x_*}. \tag{3.40}$$

논의

매핑 함수 형태인 $f(x)$가 알려져 있고 파라미터화된다고 가정했다는 것을 주의하자. 여기서는 매핑이 파라미터에 선형이고 특성에 어파인이라고 가정했다. 따라서 매핑의 근사는 데이터 공간에 있으며, 예측을 위해 이후에 매핑에 대해 잊어버리고 모멘트로 작업하면 된다. 가중치에 대한 사전분포의 모멘트도 더 이상 설정할 필요가 없다.

매핑의 형태를 모르지만 매핑의 공분산(즉, 커널)에 구조를 설정하려면 데이터 공간이 아니라 커널 공간에서 근사해야 한다. 커널이

X의 연속함수에 의해 주어진다면 그러한 근사는 유한 차원 벡터 공간이 아니라 무한 치원 함수 공간에 대한 사후분포를 학습하는 것에 상응한다. 달리 말하면 파라미터 회귀가 아니라 비모수 회귀분석을 수행한다. 이는 이 장의 나머지 주제며 가우시안 프로세스 회귀분석이 데이터를 모델링하는 정확한 방법이다.

3. 가우시안 프로세스 회귀

반면 통계 추론에는 훈련 데이터 $(X, Y) := \{(\mathbf{x}_i, \mathbf{y}_i) \mid i = 1, \ldots, n\}$의 잠재 함수 $Y = f(X)$의 학습이 수반되지만 GP의 아이디어는 $f(X)$를 파라미터화하지 않고[5] 함수 공간에 확률적 사전분포를 직접 배치하는 것이다(MacKay 1998). 다시 말하면 GP는 따라서 유한 차원 벡터 공간에서 무한 차원 함수 공간으로 가우시안 분포를 일반화하는 베이지안 비모수 모델이다. GP는 파라미터화된 매핑인 $\hat{Y} = f_\theta(X)$를 제공하지 않으며 훈련 데이터가 주어지면 잠재 함수의 사후분포를 제공한다.

GP에 대한 기본적인 예측 이론은 적어도 1940년대에 콜모고로프나 위너의 시계열 연구까지 거슬러 올라간다(Whittle과 Sargent 1983). GP는 '커널 학습'이라고 불리는 좀 더 일반적인 수준의 지도 머신러닝 기법의 한 예로, 입력에 걸쳐 파라미터화된 커널 집합에서 공분산 행렬을 모델링한다. GP는 베이지안 프레임워크 스플라인이나 커널 보간kernel interpolators, 티호노프 규제화Tikhonov regularization를 확장해 사용한다(Rasmussen, Williams 2006과 Alvarez et al. 2012 참고). 반면 Neal(1996)은 하나의 은닉층을 가진 특정 신경망이 무한대의 은닉 유닛 수의 극한에서 가우시안 프로세스로 수렴한다는 것을 관찰했다.

GP에 대한 훌륭한 입문을 위해 참고 문헌(Rasmussen과 Williams 2006)을 참고

---

5. 이는 가중치 집합으로 비선형 함수를 파라미터화하려고 시도하는 금융에 일반적으로 사용되는 비선형 회귀와는 대조적이다.

하라. 보편성(Micchelli et al. 2006)과 같은 많은 우월한 통계와 수학적 특성 외에도 구현을 위한 지원 인프라가 풍부하다. 예를 들어 GpyTorch, scikit-learn, Edward, STAN, 기타 오픈소스 머신러닝 패키지에 의해 제공된다.

이 절에서는 f를 실수 값인 단일 출력 GP의 더 단순한 경우로 한정한다. 다중 출력 GP는 다음 절에서 고려한다.

3.1 금융에서 가우시안 프로세스

금융 파생 모델에서의 GP 채택은 좀 더 최근이며 때로는 '크리깅^{kriging}' (Cousin et al. 2016 또는 Ludkovski 2018을 참고하라)이라는 이름으로도 채택된다. 금융 시계열 예측에 GP를 적용하는 예는 Roberts et al.(2013)에 제시돼 있다. 이들 저자는 AR(p) 프로세스가 마테른^{Matérn} 공분산 함수로 알려진 특정 클래스의 공분산 함수를 가진 GP 모델의 이산 시간 등가물이라는 점에 주목한다. 따라서 GP는 잘 알려진 계량경제학 기법의 베이지안 비모수 일반화로 볼 수 있다. da Barrosa et al.(2016)은 금융 자산 포트폴리오를 최적화하기 위한 GP 방법을 제시한다. GP의 다른 예로는 기대 숏폴$^{expected shortfall}$ 계산에 대한 메타모델(Liu와 Staum 2010)이 있는데, 여기서 GP가 주변 시나리오의 내부 수준$^{inner-level}$ 시뮬레이션을 기반으로 하는 어떤 시나리오에서 포트폴리오 가치를 유추하는 데 GP가 사용된다. Crépey와 Dixon(2020)에서는 시장과 신용 위험 모델링을 위해 다중 GP가 포트폴리오 내의 파생상품 가격을 유추한다. Liu와 Staum(2010)의 접근법은 모든 시나리오에서 내부 수준 시뮬레이션을 피함으로써 필요한 계산 노력을 크게 줄이고 내부 수준 시뮬레이션에서 발생하는 분산을 자연스럽게 감안한다. 단, 결함은 포트폴리오가 고정된다는 것이다. 반면 Crépey와 Dixon(2020)의 접근법은 포트폴리오의 구성을 변경할 수 있게 해주며 이는 포트폴리오 민감도 분석, 위험 귀속$^{risk attribution}$, 스트레스 테스트$^{stress test}$에 특히 유용하다.

파생상품 가격 결정, 그릭스, 헷징

파생상품 가격의 일반적인 맥락에서 Spiegleer et al.(2018)은 광범위한 복잡한 금융 상품의 가격 책정에 필요한 많은 계산은 종종 비슷하다는 점에 주목했다. OTC 파생상품에 영향을 미치는 시장 조건은 관측치 간에 금리와 같은 몇 가지 변수만 약간 다른 경우가 많다. 따라서 빠른 파생 가격 책정, 그리킹과 헷징의 경우 Spiegleer et al.(2018)은 가우시안 프로세스 회귀분석을 통해 가격 함수를 학습할 것을 제안한다. 특히 저자들은 그리드에 걸친 훈련 세트를 구성한 다음 GP를 사용해 테스트 포인트에서 보간한다. 우리는 이러한 GP 추정치가 단순히 시장 데이터만 이용하는 것이 아니라 옵션 가격 모델에 의존하므로 머신러닝을 채택한 동기에는 다소 어긋난다는 점을 강조한다. 하지만 Hernandez(2017), Weinan et al.(2017), Hans Bühler et al.(2018)과 같은 다른 계량 금융 응용의 경우에도 마찬가지가 사실이다.

Spiegleer et al.(2018)은 내재 변동성 표면을 근사화하는 것 외에도 몬테카를로 방법에 상대적인 GP의 속도 개선과 헤스턴 모델을 이용한 가격 결정과 그릭스 추정에 대해 허용 가능한 정확도 손실을 보여준다. 빠른 포인트 추정에 유용한 인기 있는 수치 근사 기법인 입방 스플라인 보간 cubic spline interpolation에 비해 GP의 표현성이 향상됐다는 점도 입증한다. 그러나 Spiegleer et al.(2018)에서 보여준 응용은 단일 상품 가격 결정에만 제한되며 리스크 모델링 측면은 고려하지 않는다. 특히 이들의 연구는 다중 출력 GP(이후 간결성을 위해 각각 단일 대 다중 GP라고 함)를 고려하지 않고 단일 출력 GP로 제한한다.

대조적으로 다중 GP는 커널 함수에 의해 지정된 공간 공분산 행렬로 파생 가격 벡터(응답) 예측의 불확실성을 직접 모델링한다. 따라서 포트폴리오 가치 예측의 오차 양은 공간과 시간의 어느 포인트에서든 다중 GP를 사용해 적절하게 모델링될 수 있다(그러나 이는 단일 GP에 대한 평균 추정에 대한 방법론적인 개선은 제공하지 않는다). 시장 및 신용 위험을 추정하고자 다중 GP를 적용하는 방법의 자세한 내용은 Crépey와 Dixon (2020)을 참고하라.

예측에서 불확실성 계량화의 필요성은 점 추정치만 제공하는 신경망 등과 같은 빈도주의적 머신러닝 기법과는 다른 GP 사용의 확실한 실질적인 동기다. 예측에서 불확실성이 높으면 GP 모델 추정치가 기각되고 모델을 재훈련하거나 심지어 완전한 파생상품 모델 가격 조정의 사용이 선호될 수 있다. 앞으로 보겠지만 GP를 사용하는 또 다른 동기는 대규모의 모델 하이퍼파라미터를 위한 훈련이 가능하다는 점이다.

3.2 가우시안 프로세스 회귀와 예측

우리는 랜덤 함수 $f: \mathbb{R}^p \mapsto \mathbb{R}$이 평균 함수 μ와 커널이라 불리는 공분산 함수 k를 가진 GP, 즉 $f \sim \mathcal{GP}(\mu, k)$에서 추출된다고 가정한다. $\mathbb{R}^p$의 입력 포인트 $x_1, x_2, \ldots, x_n$에 대해 해당하는 함수 값 벡터가 다음과 같은 가우시안이라면

$$[f(\mathbf{x}_1), f(\mathbf{x}_2), \ldots, f(\mathbf{x}_n)] \sim \mathcal{N}(\boldsymbol{\mu}, K_{X,X})$$

여기서 평균 벡터 $\boldsymbol{\mu}$는 $\boldsymbol{\mu}_i = \mu(\mathbf{x}_i)$이고 공분산 행렬 $K_{X,X}$는 $(K_{X,X})_{ij} = k(\mathbf{x}_i, \mathbf{x}_j)$를 만족한다. 우리는 문헌의 관행에 따라 $\boldsymbol{\mu} = 0$으로 가정한다.[6]

커널 k는 어떠한 대칭 양의 준정부호 함수도 될 수 있으며, 이는 양의 준정부호 대칭 행렬(즉, 공분산)의 개념을 무한 차원으로 확장한 것과 유사하고 다음과 같이 표현된다.

$$\sum_{i,j=1}^{n} k(\mathbf{x}_i, \mathbf{x}_j)\xi_i\xi_j \geq 0, \text{ 어떤 포인트 } \mathbf{x}_k \in \mathbb{R}^p \text{ 와 실수 } \xi_k \text{에 대해서}$$

---

6. 이 선택은 실제로 실질적인 제약이 아니고(이는 사전분포에 대한 것이기 때문에) 예측의 평균이 영이 아닌 것을 허용한다.

방사형 기저 함수^{RBF, Radial Basis Function}는 $\|\mathbf{x} \to \mathbf{x}\|$에 의존하는 커널이며, 예를 들어 다음과 같은 제곱지수^{SE, Squared Exponential} 커널이다.

$$k(\mathbf{x}, \mathbf{x}') = \exp\{-\frac{1}{2\ell^2}\|\mathbf{x} - \mathbf{x}'\|^2\} \tag{3.41}$$

여기서 길이-스케일 파라미터 l은 "함수 값이 상관관계를 갖지 않고자 입력 공간에서 얼마나 이동해야 하는가"로 해석될 수 있다. 또는 다음과 같은 마테른^{MA, Matern} 커널일 수 있다.

$$k(\mathbf{x}, \mathbf{x}') = \sigma^2 \frac{2^{1-\nu}}{\Gamma(\nu)} \left(\sqrt{2\nu} \frac{\|\mathbf{x} - \mathbf{x}'\|}{\ell} \right)^\nu K_\nu \left(\sqrt{2\nu} \frac{\|\mathbf{x} - \mathbf{x}'\|}{\ell} \right) \tag{3.42}$$

(이는 v가 무한대로 갈 때 극한에서 식 (3.41)에 수렴한다) 여기서 Γ는 감마 함수고 K_v는 제 2종 수정 베셀 함수^{modified Bessel function of the second kind}며 l과 v는 음수가 아닌 파라미터다.

GP는 커널 함수 k에 의해 유일하게 정의되는 재생 커널 힐버트 함수 공간^{RKHS, Reproducing Kernel Hilbert Space}에 대한 분포로 간주할 수 있다(Scholkopf와 Smola 2001). RBF 커널을 가진 GP는 사전분포의 서포트[7]로, 어떠한 연속 함수도 임의의 작은 입실론 범위 내에서 보편적 근사^{universal approximator}가 가능한 것으로 알려져 있다.

훈련 입력 $\mathbf{x} \in X$와 훈련 타깃 $\mathbf{y} \in Y$가 주어졌을 때 가산적 가우시안 잡음 $y|\mathbf{x} \sim \mathcal{N}(f(\mathbf{x}), \sigma_n^2)$과 $f(\mathbf{x})$에 대한 GP 사전분포를 가정하면 임의의 테스트 포인트 $\mathbf{x}_* \in X_*$에서 평가된 GP 분포는 다음과 같다.

$$\mathbf{f}_* \mid X, Y, \mathbf{x}_* \sim \mathcal{N}(\mathbb{E}[\mathbf{f}_*|X, Y, \mathbf{x}_*], \mathrm{var}[\mathbf{f}_*|X, Y, \mathbf{x}_*]) \tag{3.43}$$

여기서 X_*에 대한 사후분포의 모멘트는 다음과 같다.

---

7. 사전분포가 0이 아닌 정의역 – 옮긴이

$$\mathbb{E}[\mathbf{f}_*|X,Y,X_*] = \boldsymbol{\mu}_{X_*} + K_{X_*,X}[K_{X,X} + \sigma_n^2 I]^{-1}Y$$
$$\text{var}[\mathbf{f}_*|X,Y,X_*] = K_{X_*,X_*} - K_{X_*,X}[K_{X,X} + \sigma_n^2 I]^{-1}K_{X,X_*}$$

$$(3.44)$$

여기서 $K_{X_*,X}$, $K_{X,X}$, $K_{X,X}$, K_{X,X_*}는 해당 포인트 X와 X_*에서 평가된 커널 $k:\mathbb{R}^p \times \mathbb{R}^p \mapsto \mathbb{R}$로 구성된 척도이고, μ_{X_*}는 테스트 입력 X_*에서 평가된 평균 함수다.

보간법$^{interpolation\ method}$을 능가하는 GP의 한 가지 핵심 이점은 표현력이다. 특히 합성곱^{convolution}을 이용해 커널을 병합할 수 있어 기저 커널을 일반화할 수 있다('다중 커널$^{multi\text{-}kernel}$' GP(Melkumyan과 Ramos 2011) 참고).

3.3 하이퍼파라미터 튜닝

GP는 학습된 커널 하이퍼파라미터에 대해 모델이 주어졌을 때 데이터의 한계 확률인 증거를 최적화함으로써 데이터에 적합화한다.

증거에는 다음과 같은 형태가 있다(예, Murphy 2012, 15.2.4절, 523페이지 참고).

$$\log p(Y \mid X, \lambda) = - \left[Y^\top (K_{X,X} + \sigma_n^2 I)^{-1}Y + \log\det(K_{X,X} + \sigma_n^2 I) \right] - \frac{n}{2}\log 2\pi$$

$$(3.45)$$

여기서 $K_{X,X}$는 커널 하이퍼파라미터 λ(예, 식 (3.41)의 경우, 또는 식 (3.42)의 어떤 외생 고정 값 λ에 대한 MA 커널을 가정할 때 [l, σl)에 의존한다.

식 (3.45)의 [⋯]의 첫째 항과 둘째 항은 모델 적합도와 복잡성 페널티 항으로 해석될 수 있다(Rasmussen과 Williams 2006, 5.4.1절 참고). 커널 하이퍼파라미터에 대한 증거를 최대화하면, 즉 $\lambda^* = \text{argmax}_\lambda \log p(\mathbf{y}|\mathbf{x}, \lambda)$를 계산하면 입력과 타깃 간 함수 관계의 공간 구조를 효과적으로 학습하게 하는 오캠의 면도날(Alvarez et al. 2012, 2.3절 및 Rasmussen과 Ghramani 2001)이 생성된다. 실제로 음의 증거가 확률적 그래디언트 하강^{SGD}에 의해 최

소화된다. 증거의 그래디언트는 다음과 같이 분석적으로 제시된다.

$$\partial_\lambda \log p(\mathbf{y} \mid \mathbf{x}, \lambda) = tr\left((\boldsymbol{\alpha}\boldsymbol{\alpha}^T - (K + \sigma_n^2 I)^{-1})\partial_\lambda(K + \sigma_n^2 I)^{-1}\right), \qquad (3.46)$$

여기서 $\boldsymbol{\alpha} := (K + \sigma_n^2 I)^{-1}\mathbf{y}$이고 나머지 항은 다음과 같다.

$$\partial_\ell(K + \sigma_n^2 I)^{-1} = -(K + \sigma_n^2 I)^{-2}\partial_\ell K \qquad (3.47)$$

$$\partial_\sigma(K + \sigma_n^2 I)^{-1} = -2\sigma(K + \sigma_n^2 I)^{-2} \qquad (3.48)$$

$$\partial_\ell k(\mathbf{x}, \mathbf{x}') = \ell^{-3}\|\mathbf{x} - \mathbf{x}'\|^2 k(\mathbf{x}, \mathbf{x}') \qquad (3.49)$$

? 다지선다형 문제 3

다음 중 올바른 설명은 무엇인가?

1. 가우시안 프로세스는 데이터가 가우시안 분포라고 가정하는 베이지안 모델링 접근법이다.
2. 가우시안 프로세스는 함수 공간에 직접 확률적 사전분포를 부여한다.
3. 가우시안 프로세스는 공분산 행렬의 파라마터화된 커널 표현을 사용해 예측 변수의 사후분포를 모델링한다.
4. 커널 파라미터에 대한 증거를 최대화함으로써 가우시안 프로세스를 데이터에 적합화할 수 있다.
5. 증거 최대화 중에 상이한 커널들을 평가해 최적의 커널을 선택한다.

3.4 계산 특성

균등한 그리드를 사용하는 경우(5.2절에서 설명한 것처럼 메시가 없는 GP와는 반대로) $n = \prod_{k=1}^{p} n_k$며, 여기서 n_k는 변수당 그리드 포인트 수다.

그러나 각 커널 행렬 $K_{X,X}$가 $n \times n$이지만 식 (3.46)의 n-벡터 α만 저장하

므로 메모리 요구 사항이 감소한다.

수치적으로 최대화하는 데 필요한 훈련 시간은 관측치의 수 n에 비례적으로 잘 확장되지 않는다. 이 증가된 복잡도는 $n \times n$ 대칭 양정부호 공분산 행렬 K와 관련된 선형 연립방정식을 풀고 로그 행렬식을 계산해야 하는 필요에서 기인한다. 이 작업은 일반적으로 $O(n^3)$ 복잡도를 발생시키는 K의 콜레스키 분해를 계산해 수행된다. 그러나 예측은 더 빠르며 각 테스트 포인트에 대한 행렬-벡터 곱셈을 통해 $O(n^2)$으로 수행될 수 있으므로 GP를 사용하는 주된 동기는 실시간 위험 추정 성능이다.

온라인 학습

옵션 가격 모델이 일중$^{intra-day}$에 재보정^{recalibration}되는 경우 해당 GP 모델을 다시 훈련해야 한다. 온라인 학습 기법은 이를 점진적으로 수행할 수 있다(Pillonetto et al. 2010). 온라인 학습을 수행하려면 상수 모델 파라미터로 훈련 데이터를 증강해야 한다. 파라미터가 업데이트될 때마다 새롭게 파라미터화된 옵션 모델 가격으로부터 새로운 관측치 $(\mathbf{x}', \mathbf{y}')$가 생성된다. 그다음 테스트 포인트 $\mathbf{x}_*$의 사후분포는 다음과 같이 새로운 훈련 포인트로 업데이트한다.

$$p(\mathbf{f}_*|X, Y, \mathbf{x}', \mathbf{y}', \mathbf{x}_*) = \frac{p(\mathbf{x}', \mathbf{y}'|\mathbf{f}_*)p(\mathbf{f}_*|X, Y, \mathbf{x}_*)}{\int_{\mathbf{f}_*} p(\mathbf{x}', \mathbf{y}'|\mathbf{z})p(\mathbf{z}|X, Y, \mathbf{x}_*)d\mathbf{z}} \tag{3.50}$$

여기서 이전 사후분포 $p(\mathbf{f}_*|X, Y, \mathbf{x}_*)$는 업데이트의 사전분포가 된다. 따라서 GP는 (GP의 입력인) 모델 파라미터가 가격 결정 모델 보정을 통해 업데이트되면서 시간 흐름에 따라 학습한다.

4. 대규모 확장 가능 가우시안 프로세스

대규모 확장 가능 가우시안 프로세스^{MSGP, Massively Scalable Gaussian Processes}는 앞에서 설명한 기본 커널 보간 프레임워크의 중요한 확장이다. Gardner et al.(2018)에 자세히 설명돼 있는 프레임워크의 핵심 아이디어는 GP를 '유도 포인트 방법^{inducing point methods}'과 결합해 확장성을 향상시키는 것이다. 기본 설정은 다음과 같다. 구조화된 커널 보간^{SKI, Structured Kernel Interpolation}을 사용해 원래의 훈련 포인트에서 작은 m개의 유도 포인트 집합을 신중하게 선택한다. 공분산 행렬에는 고속 푸리에 변환^{FFT, Fast Fourier Transform}에 의해 이용되는 크로네커^{Kronecker}와 토플리츠^{Toeplitz} 구조가 있다. 마지막으로 원 입력 포인트에 대한 출력은 유도 포인트의 출력으로부터 보간된다. 커널 보간을 ID 커널의 곱으로 표현함으로써 보간 복잡도는 입력 데이터의 차원 p에 선형적으로 증가한다. 전반적으로는 SKI로 $O(pn + pm\log m)$의 훈련 복잡도와 테스트 포인트당 $O(1)$의 예측 시간을 얻는다.

4.1 구조 커널 보간(SKI)

m개의 유도 포인트 집합이 주어졌을 때 $n \times m$의 보간 가중치 행렬 W_X(희소할 수 있다)를 사용해 훈련 입력 X와 유도 포인트 U 간의 $n \times m$ 교차-공분산행렬 $K_{X,U}$를 $\tilde{K}_{X,U} = W_X K_{U,U}$로 근사할 수 있다. 이를 이용해 임의의 입력 집합 Z에 대한 $K_{x,z}$를 $K_{\mathbf{x},\mathbf{z}} \approx \tilde{K}_{X,U} W_z^\top$로 근사할 수 있다. 어떤 주어진 커널 함수 K와 유도 포인트 집합 U에 대해 구조화된 커널 보간 절차(Gardner et al. 2018)는 다음의 근사 커널을 산출한다.

$$K_{\text{SKI}}(\mathbf{x}, \mathbf{z}) = W_X K_{U,U} W_z^\top \tag{3.51}$$

이을 이용해 $K_{X,X} \approx W_X K_{U,U} W_X^\top$를 근사할 수 있다. 가드너 et al.(2018)은 회귀의 부분집합^{SoR, Subset of Regression}이나 완전히 독립적인 훈련 조건부

FITC, Fully Independent Training Conditional 와 같은 표준 유도 포인트 접근법이 SKI 관점에서 재해석될 수 있다는 점에 주목한다. 중요한 것은 SKI 기반 MSGP 방법의 효율성은 첫째 $K_{U,U}$의 대수적 구조를 활용한 유도 포인트 집합의 현명한 선택, 둘째 매우 희소한 국지적 보간 행렬들을 사용하는 것에서 비롯된다는 점이다. 실제로 국지적 입방 보간법 local cubic interpolation 이 사용된다.

4.2 커널 근사

유도 포인트 U가 정규적인 간격을 가진 P차원 그리드를 형성하고 정상성 stationary 곱 커널(즉, RBF 커널)을 사용하면 $K_{U,U}$는 다음과 같이 토플리츠 행렬의 크로네커 곱으로 분해할 수 있다.

$$K_{U,U} = \mathbf{T}_1 \otimes \mathbf{T}_2 \otimes \cdots \otimes \mathbf{T}_P \tag{3.52}$$

크로네커 구조는 $K_{U,U}$의 고유 분해 eigendecomposition 를 각각이 좀 더 훨씬 작은 $\mathbf{T}_1, \ldots, \mathbf{T}_P$를 분리해 분해함으로써 계산할 수 있게 한다. 더욱이 토플리츠 행렬은 그 첫 번째 열에 이산 푸리에 변환 DFT, Discrete Fourier Transform 을 적용함으로써 고유 분해되는 순환 행렬 circulant matrix [8] 로 근사할 수 있다. [9]

4.2.1 추론을 활용한 구조

추론을 수행하고자 $(K_{\text{SKI}} + \sigma_n^2 I)^{-1}\mathbf{y}$를 풀어야 하며, 커널 학습을 위해 $\log \det(K_{\text{SKI}} + \sigma_n^2 I)$를 평가해야 한다. 첫째 작업(추론)은 반복 방법, 즉 선형 켤레 그래디언트 linear conjugate gradient 를 사용해 달성하는데, 이는 $(K_{\text{SKI}} + \sigma$

---

8. 토플리츠 행렬의 특별한 종류며 각 행벡터는 선행 행벡터에 비례해 오른쪽으로 한 원소만큼 회전한다.

예. $\begin{pmatrix} 1 & 4 & 9 & 16 \\ 16 & 1 & 4 & 9 \\ 9 & 16 & 1 & 4 \\ 4 & 9 & 16 & 1 \end{pmatrix}$ – 옮긴이

9. Gardner et al.(2018)은 수치 해석 문헌에 알려진 5개의 상이한 근사 방법을 탐구했다.

^2_nI)와의 행렬 벡터 곱에 의존한다. 둘째 작업(커널 학습)은 위에서 설명한 고유 분해의 근사를 계산하고자 $K_{U,U}$의 크로네커와 토플리츠를 활용해 수행한다.

3장에서 단순성을 위해 주로 기초 보간 방법을 사용한다. 그러나 완결성을 위해 5.3절은 MSGP로 훈련하고 예측할 때 걸리는 시간 스케일을 보여준다.

5. 예제: 단일 GP를 활용한 가격 결정과 그릭 계산

다음 예제에서 포트폴리오는 $K = 100$이고 동일한 기초 자산에 대한 유럽형 옵션과 풋 옵션 포트폴리오를 보유한다. 기초 자산이 다음과 같은 헤스턴 동적 프로세스를 따른다고 가정한다.

$$\frac{dS_t}{S_t} = \mu dt + \sqrt{V_t} dW_t^1 \tag{3.53}$$

$$dV_t = \kappa(\theta - V_t)dt + \sigma\sqrt{V_t}dW_t^2 \tag{3.54}$$

$$d\langle W^1, W^2 \rangle_t = \rho dt \tag{3.55}$$

여기서 실험을 위한 표기법과 고정 파라미터 값은 $\mu = r_0$하에 표 3.1에 주어진다. 푸리에 코사인^{Fourier cosine} 방법(Fang과 Oosterlee 2008)을 사용해 GP를 위한 유럽형 헤스턴 옵션 가격 훈련과 테스트 데이터를 생성한다. 또한 이 방법을 사용해 커널 함수를 미분해서 얻은 GP 그릭스^{Greeks}를 비교한다.

표 3.1은 헤스턴 동적 프로세스에 대한 파라미터 값과 수치 실험에 사용된 유럽형 콜과 풋 옵션 계약의 조건을 나열한다. 표 3.2는 헤스턴 동적 프로세스와 신용 리스크 모델에 대한 오일러 타임스텝 생성기^{Euler time stepper}에 대한 값을 보여준다.

표 3.1 헤스턴 동적 프로세스와 유럽 통화 조건의 파라미터 값을 보여준다.

파라미터 묘사	기호	값
평균회귀율	k	0.1
평균회귀 수준	θ	0.15
변동성의 변동성	σ	0.1
무위험 이자율	r0	0.002
행사 가격	K	100
만기	T	2.0
상관계수	ρ	-0.9

표 3.2 이 표는 시장 리스크 팩터 시뮬레이션을 위해 사용된 오일러 타임스텝 생성기에 대한 값을 보여준다.

파라미터 묘사	기호	값
시뮬레이션 수	M	1000
타임스텝 수	ns	100
최초 주가	S0	100
최초 분산	V0	0.1

각 가격 결정 시점 t_i에 대해 만기까지의 시간을 고정시키고 주가 S와 변동성 $\sqrt{V}$에 대해 콜과 풋 가격 그리드 모두 동시에 다중 GP를 적합화한다. 그림 3.3은 GP 추정치와 함께 다양한 만기까지의 잔존 기간에서 콜 그리드(상단)와 풋 그리드(하단) 가격 표면을 보여준다. 그림의 각 열 내에 잔존 만기를 고정시키고 동일한 GP 모델이 가격과 변동성의 30×30 그리드 $\Omega_h \subset \Omega := [0, 1] \times [0, 1]$에 걸쳐 콜과 풋 가격 표면 모두에 대해 적합화됐다.[10] 단위 도메인으로 크기 조정하는 것은 중요하지 않다. 그러나 단위 도메인(즉 $[0, 1] \times [0, 1]$)으로 크기를 조정할 때 우수한 수치 안정

---

10. 그래프는 원 좌표를 사용하며 크기 조정된 좌표를 사용하지 않는다.

성을 관측했다.

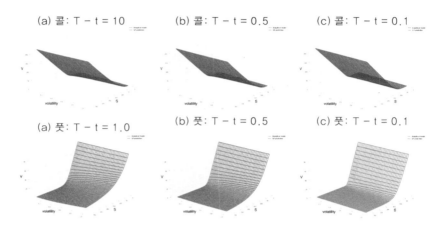

(a) 콜: T − t = 10   (b) 콜: T − t = 0.5   (c) 콜: T − t = 0.1

(a) 풋: T − t = 1.0   (b) 풋: T − t = 0.5   (c) 풋: T − t = 0.1

그림 3.3 이 그림은 다양한 만기 시점의 그리드 헤스턴 모델 콜(상단)과 풋(하단) 가격 표면을 GP 추정치와 비교한다. GP 추정치는 실질적으로 동일한 것으로 관찰된다(최초 5개 패널에서는 약간 아래, 마지막 5개 패널에서는 약간 위). 그림의 각 열 내에서 동일한 GP 모델이 만기까지의 시간을 고정시키고 가격과 변동성의 30×30 그리드에 걸친 헤스턴 모델 콜과 풋 가격 표면에 동시 적합화됐다. 각기 다른 만기까지의 시간에 해당하는 각 열마다 GP 모델이 적합화됐다. 그다음 GP는 40×40 그리드에 대해 표본 외 평가를 수행하므로 많은 테스트 샘플이 모델에 새로 추가된다. 이 과정은 다양한 만기까지의 시간에 대해 반복된다.

각 열에 걸쳐 상이한 잔존 만기에 상응하는 상이한 G 모델이 적합화됐다. 그다음 GP가 40×40 그리드 $\Omega_{h'} \subset \Omega$에 대해 표본 외 평가된다. 따라서 많은 테스트 샘플이 모델에 새로운 것이다. 이것이 다양한 잔존 만기에 대해 반복된다.[11]

외삽

커널 조합이 파생상품 모델링에서 유용한 한 가지 예는 외삽^{interpolation}을 위한 것이다. 즉, 적절한 커널의 혼합이나 조합을 선택해 GP가 훈련 세트의 도메인 밖에서 예측할 수 있게 할 수 있다. 콜 옵션이나 풋 옵션이

---

11. 이와 같은 만기는 Crépey와 Dixon(2020)에서의 CVA 시뮬레이션에서의 노출 평가 시간에 해당될 수 있다. 옵션 모델과 GP 모델은 매우 유사한 값을 산출하는 것으로 관찰된다.

각각 깊이 외가격일 때 수익은 선형이라는 점을 고려해 GP를 선형 커널과 예를 들어 SE 커널의 조합으로 구성할 수 있다. 선형 커널은 도메인 외부의 예측이 선형 속성을 보존하는 반면 SE 커널은 비선형성을 포착하고자 포함된다. 그림 3.4는 이 커널 조합을 사용해 110에 행사된 콜 가격과 90에 행사된 풋 가격을 외삽한 결과를 보여준다. 수익 함수의 선형 속성은 GP 예측에 의해 보존되고 테스트 포인트가 훈련 세트에서 멀어질수록 불확실성이 증가한다.

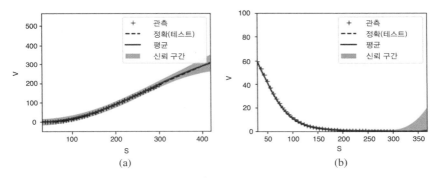

그림 3.4 이 수치는 블랙-숄즈(Black-Scholes) 모델의 설정에서 GP 옵션 가격 예측을 평가한다. 선형 커널과 SE 커널이 혼합된 GP는 $n = 50$ X, Y 쌍에 대해 훈련되며, 여기서 $X \in \Omega^h \subset (0, 300]$은 옵션 가격의 기초가 되는 그리드고 Y는 콜 또는 풋 가격의 벡터다. 이러한 훈련 포인트는 검은색 '+' 기호로 표시된다. 블랙-숄즈 가격 공식을 사용한 정확한 결과는 검은색 선에 의해 제시된다. 사후분포의 예측 평균(파란색 실선)과 분산이 (왼쪽) 110에서 행사된 콜 옵션 (중앙) 90에서 행사된 풋 옵션에 대해 m = 100 그리드 테스트 포인트에 걸쳐 식 (3.44)로부터 추정한다. 음영으로 표시된 엔벨로프는 사후분포의 평균에 대한 95% 신뢰 구간을 나타낸다. 이 신뢰 구간은 테스트 포인트가 훈련 세트에서 더 멀리 올라갈수록 증가하는 것으로 관찰된다. 옵션의 만기 기간은 2년으로 고정된다. (a) 콜 가격. (b) 풋 가격

5.1 그림 계산

GP는 다음과 같이 입력 변수에 대한 분석적 미분 값을 제공한다.

$$\partial_{X_*} \mathbb{E}[\mathbf{f}_* | X, Y, X_*] = \partial_{X_*} \boldsymbol{\mu}_{X_*} + \partial_{X_*} K_{X_*, X} \alpha \tag{3.56}$$

여기서 $\partial_{X_*} K_{X_*, X} = \frac{1}{\ell^2}(X - X_*) K_{X_*, X}$이고, 식 (3.46)에서 $\alpha = [K_{X, X} + \sigma$

$_n^2\Pi^{-1}\mathbf{y}$임(수치 실험에서 $\mu = 0$을 설정한다)을 상기한다. 2차 민감도^{Second-order} sensitivities는 X_*에 대해 한 번 더 미분함으로써 얻어진다.

α는 $O(n^3)$ 복잡도를 가진 $[K_{X,X} + \sigma_n^2 I]$의 콜레스키 행렬 인수분해로 훈련 기간(가격에 대해)에 이미 계산됐으므로 그릭^{Greek}들을 구하기 위한 유의한 계산 오버헤드는 없다. GP가 파생 가격을 학습한 후 식 3.56을 사용해 테스트 세트에서 입력 변수에 대한 1차 MtM 그릭들을 평가한다. 이 계산의 구현을 보여주는 예제 소스코드는 노트북 Example-2-GP-BS-Derivatives.ipynb에 제시돼 있다.

그림 3.5는 BS 옵션 모델 가격과 기초 자산의 내재 변동성에 대해 각각 훈련된 (왼쪽) 콜 옵션의 델타 GP 추정치 $\Delta := \frac{\partial C}{\partial S}$ (오른쪽) 베가 $\nu := \frac{\partial C}{\partial \sigma}$ 를 보여준다. 확실하게 하고자 모델은 BS 그릭에 대해서는 훈련되지 않았다. 그림에서의 비교를 위해 BS 델타와 베가도 표시된다. 각 경우 한 그래프가 다른 그래프 위에 겹친 것을 보여주는데, 두 그래프는 실질적으로 구분할 수 없다.

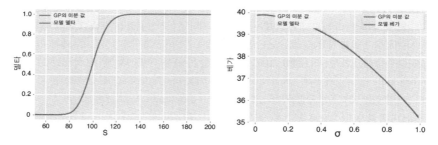

그림 3.5 이 그림은 (왼쪽) 콜 옵션 델타 $\Delta := \frac{\partial C}{\partial S}$와 (오른쪽) 베가 $\nu := \frac{\partial C}{\partial \sigma}$의 GP 추정치를 보인다. 각각 기저의 내재 변동성과 BS 옵션 모델 가격에 대해 훈련시킨다.

5.2 메시 프리 GP

위의 수치 예제에서는 균일한 그리드에서 GP를 훈련하고 테스트했다. 이 접근법은 데이터의 차원성에 따라 훈련 포인트의 수가 기하급수적으로 증가하기 때문에 차원성의 저주로 인해 어려움을 겪는다. 이것이 바로 MtM 입방을 추정하고자 우리는 분할과 정복divide-and-conquer을 옹호하는 이유다. 즉, 수많은 낮은 입력 차원 p의 공간을 사용해 특정 자산 클래스에 대해 GP를 병렬로 실행한다. 그러나 고정 그리드의 사용은 결코 필요하지 않다. 여기서 GP가 상대적으로 적은 수의 시뮬레이션 기준 포인트로 어떻게 유리한 근사 속성을 보여줄 수 있는지 보여준다(또한 Gramacy 및 Apley 2015 참고).

그림 3.6은 균등 랜덤 분포로부터 도출된 '+'로 표시된 (왼쪽) 50 및 (오른쪽) 100 시뮬레이션 훈련 포인트를 사용해 예측된 헤스턴 콜 가격을 보여준다. 헤스턴 콜 옵션은 만기 $T = 2$년이고 $K = 100$에 행사된다.

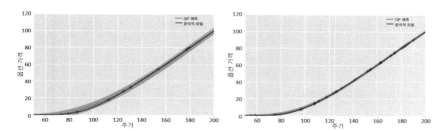

그림 3.6 균등 랜덤 분포로부터 추출된 '+'로 표시된 (왼쪽) 50과 (오른쪽) 100 시뮬레이션된 훈련 포인트를 사용한 예측 헤스턴 콜 가격

그림 3.7(왼쪽)은 헤스턴 시뮬레이션 훈련 포인트의 수를 기반으로 한 예측 GP MSE의 수렴을 보여준다. 시뮬레이션된 포인트의 수를 100으로 고정하되 각 관측 포인트의 입력 공간 차원수 p를 증가시킨다(다양한 헤스턴 파라미터를 포함하고자 그림 3.7(오른쪽)은 SKI Structured Kernel Interpolation를 사용한 GP를 훈련하기 위한 수행 시간wall-clock time을 보여준다(3.4절 참고)). SGD 반복 횟수가 1000으로 고정됐다는 점에 유의한다.

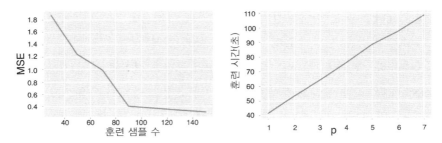

그림 3.7 (왼쪽) 예측의 GP MSE의 수렴이 시뮬레이션된 헤스턴 훈련 포인트의 수를 기반으로 보인다. (오른쪽) 시뮬레이션 포인트의 수를 100으로 고정하지만 각 관측 포인트의 차원 p를 증가할 때 그림은 SKI를 사용한 GP를 훈련시키는 수행 시간을 보여준다.

5.3 대규모 확장 가능 GP

그림 3.8은 블랙 숄즈 모델의 훈련 포인트 수에 대한 MSGP 훈련 시간과 예측 시간의 증가를 보여준다. 유도 포인트의 수를 $m = 30$으로 고정(3.4절 참고)하고 $p = 1$차원 훈련 세트에서 관측치 수 n을 증가시킨다.

SGD 반복 횟수를 1000으로 설정하면 훈련 샘플 10배 증가에 대해 훈련 시간이 약 1.4배 증가하는 것을 관찰할 수 있다. 훈련 샘플 10배 증가에 대한 예측 시간은 약 2배 증가하는 것을 관찰했다. 예측 시간이 n에 대해서 동일하게 증가하지 않는 이유는 구현의 메모리 지연 시간memory latency 때문이다. 각 포인트 예측에는 새로운 테스트 포인트를 메모리에 로드하는 것이 포함된다. 빠른 캐싱 접근법을 사용해 이 메모리 지연 시간을 줄일 수 있지만 이는 이절의 범위를 벗어난다.

GPU의 CUDA를 사용하면 훈련 및 테스트 시간이 개선될 수 있지만 여기서는 다루지 않는다.

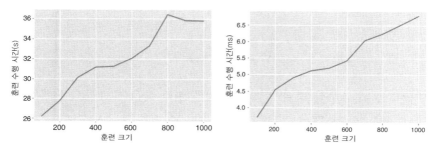

그림 3.8 (왼쪽) 블랙숄즈 모델에서 생성된 훈련 포인트 수 대비 훈련을 위해 경과된 수행 시간을 보여 주며, (오른쪽) 단일 포인트 예측에 대한 경과 수행 시간은 훈련 포인트 수 대비를 보여준다. 예측 시간 이 증가하는 이유는 (3.4절에서 검토된 이론이 이것이 일정해야 한다고 말하는 반면) 구현에서의 메모 리 지연 시간 때문이다. 즉, 각각의 포인트 예측은 새로운 테스트 포인트를 메모리에 로딩하는 것을 포함한다.

6. 다중 반응 가우시안 프로세스

다중 출력 가우시안 프로세스^{multi-output Gaussian process}는 행렬 변이 가우시안 분포^{matrix-variation Gaussian distribution}를 갖는 임의의 벡터 집합이다. 우리는 Chen et al. (2107)로부터(Alvarez et al. 2012, 식 (9))에 따르는 분리 가능한 다중 출력 커널 설정의 다음 공식을 빌린다.

정의(MGP) 어떤 유한 벡터 집합 $f(x_1), \ldots, f(\mathbf{x}_n)$의 벡터화가 다음과 같이 결합 다변량 가우시안 분포를 가진다면 f는 벡터 값의 평균 함수 $\mu : \mathbb{R}^p \mapsto \mathbb{R}^d$, 커널 $k : \mathbb{R}^p \times \mathbb{R}^p \mapsto \mathbb{R}$, 양의 준정부호 파라미터 공분산 행렬 $\Omega \in \mathbb{R}^{d \times d}$을 가진 $\mathbb{R}^p$에 대한 d 변량 가우시안 프로세스다.

$$\text{vec}([\mathbf{f}(\mathbf{x}_1), \ldots, \mathbf{f}(\mathbf{x}_n)]) \sim \mathcal{N}(\text{vec}(M), \Sigma \otimes \Omega)$$

여기서 $\mathbf{f}(\mathbf{x}_i) \in \mathbb{R}^d$는 구성 요소가 함수 $\mathbf{f}_l(\mathbf{x}_i)\}_{l=1}^d$인 열벡터고, M은 $M_{li} = \mu_l(\mathbf{x}_i)$인 $\mathbb{R}^{d \times n}$ 내의 행렬이고, Σ는 $\Sigma_{ij} = k(\mathbf{x}_i, \mathbf{x}_j)$인 $\mathbb{R}^{n \times n}$ 내의 행렬이고, $\Sigma \otimes \Omega$는 다음과 같은 크로네커 곱이다.

$$\begin{pmatrix} \Sigma_{11}\Omega & \cdots & \Sigma_{1n}\Omega \\ \vdots & \ddots & \vdots \\ \Sigma_{m1}\Omega & \cdots & \Sigma_{mn}\Omega \end{pmatrix}$$

종종 Σ는 열 공분산 행렬$^{\text{column covariance matrix}}$이라 불리는 반면 Ω은 행(또는 작업) 공분산 행렬$^{\text{row covariance matrix}}$로 불린다. 여기서 $f \sim \mathcal{MGP}(m\mu, k, \Omega)$으로 표기한다. Alvarez et al. (2012)의 식 (10)에서 설명되는 바와 같이 행렬 Σ와 Ω은 입력, 출력 간의 의존성을 각각 인코딩한다.

6.1 다중 출력 가우시안 프로세스 회귀와 예측

n 쌍의 관측치 $\{(\mathbf{x}_i, \mathbf{y}_i)\}_{i=1}^{n}$, $\mathbf{x}_i \in \mathbb{R}^p$, $\mathbf{y}_i \in \mathbb{R}^d$이 주어졌을 때 $\mathbf{y}_i = \mathbf{f}(\mathbf{x}_i)$, $i \in \{1, \ldots, n\}$인 모델을 가정한다. $k' = k(\mathbf{x}_i, \mathbf{x}_j) + \delta_{ij}\sigma_n^2$이며, 여기서 σ_n^2은 가산적 잡음의 분산이다. 즉, 함수의 집합 $[\mathbf{f}(\mathbf{x}_1), \ldots, \mathbf{f}(\mathbf{x}_n)]$의 벡터화는 가우시안 분포를 따른다.

$$\text{vec}([\mathbf{f}(\mathbf{x}_1), \ldots, \mathbf{f}(\mathbf{x}_n)]) \sim \mathcal{N}(\mathbf{0}, K' \otimes \Omega)$$

여기서 K'는 (i, j) 원소가 $[K']_{ij} = k'(\mathbf{x}_i, \mathbf{x}_j)$인 $n \times n$ 공분산 행렬이다.

테스트 위치 $X_* = [\mathbf{x}_{n+1}, \ldots, \mathbf{x}_{n+m}]$에서 새로운 변수 $\mathbf{f}_* = [\mathbf{f}_{*1}, \ldots, \mathbf{f}_{*m}]$을 예측하고자 훈련 관측치 $Y = [\mathbf{y}_1, \ldots, \mathbf{y}_n]$과 예측 타깃 $\mathbf{f}_*$는 다음에 의해 주어진다.

$$\begin{bmatrix} Y \\ \mathbf{f}_* \end{bmatrix} \sim \mathcal{MN} \left(\mathbf{0}, \begin{bmatrix} K'(X, X) & K'(X_*, X)^T \\ K'(X_*, X) & K'(X_*, X_*) \end{bmatrix}, \Omega \right) \tag{3.57}$$

여기서 $K'(X, X)$는 (i, j) 원소가 $[K'(X, X)]_{ij} = k'(\mathbf{x}_i, \mathbf{x}_j)$인 $n \times n$ 행렬이고, $K'(X_*, X)$는 (i, j) 원소가 $[K'(X_*, X)]_{ij} = k'(\mathbf{x}_{n+i}, \mathbf{x}_j)$인 $m \times n$ 행렬이고, $K'(X_*, X_*)$는 $[K'(X_*, X_*)]_{ij} = k'(\mathbf{x}_{n+i}, \mathbf{x}_{n+j})$인 $m \times m$ 행렬이다. 따라서 다변량 가우시안 프로세스의 조건부 분포를 이용하면 예측 분포는 다음과 같다.

$$p(\text{vec}(\mathbf{f}_*) | X, Y, X_*) = \mathcal{N}(\text{vec}(\hat{M}), \hat{\Sigma} \otimes \hat{\Omega}) \tag{3.58}$$

여기서 각 항은 다음과 같다.

$$\hat{M} = K'(X_*, X)^T K'(X, X)^{-1} Y \tag{3.59}$$
$$\hat{\Sigma} = K'(X_*, X_*) - K'(X_*, X)^T K'(X, X)^{-1} K'(X_*, X) \tag{3.60}$$
$$\hat{\Omega} = \Omega \tag{3.61}$$

하이퍼파라미터와 공분산 행렬 Ω의 원소는 다음의 음의 로그 한계 우도를 최소화함으로써 찾는다.

$$\mathcal{L}(Y|X, \lambda, \Omega) = \frac{nd}{2}\ln(2\pi) + \frac{d}{2}\ln|K'| + \frac{n}{2}\ln|\Omega| + \frac{1}{2}tr((K')^{-1}Y\Omega^{-1}Y^T) \tag{3.62}$$

다중 GP$^{\text{multi-GP}}$에 대한 추가 세부 사항은 참고 문헌(Bonilla et al. 2007, Alvarez et al. 2012, Chen et al. 2017)을 참고한다. 3.4절의 계산에 대한 참고 사항은 여기서도 적용된다. 단 훈련과 예측 시간 역시 차원의 수 d에 선형적으로(비례적으로) 증가한다는 논의를 추가한다. 작업 공분산 행렬 Ω은 $\Omega = \mathbf{b}\mathbf{b}^T + \sigma_\Omega^2 I$에 의해 d-벡터 요인 $\mathbf{b}$를 통해 추정된다(여기서 구성 요소 σ_Ω^2는 표준 백색 잡음 항에 해당한다). 또 다른 계산 접근법은 Alvarez et al.(2012)의 6.1절에 설명된 것으로 커널의 분리 가능성을 활용하며, 이 경우 복잡도는 $O(d^3 + n^3)$이다.

7. 요약

3장에서는 베이지안 회귀분석을 소개하고 2장의 많은 개념을 어떻게 확장하는지 보여줬다. 가우시안 프로세스로 알려진 커널 기반 머신러닝 방법을 개발하고 파생상품 가격의 대리 모델에 대한 이들의 적용을 입증했다. 3장의 주요 학습 요점은 다음과 같다.

- 베이지안 선형회귀분석 도입

- 사후분포와 예측 분포 도출
- 사전분포와 동등한 형태의 최대 우도 추정에서의 규제화 역할 설명
- 파생상품 모델링의 프로그래밍 예와 함께 커널 기반 확률적 모델링을 위한 가우시안 프로세스 개발

8. 연습문제

연습문제 3.1: 베이지안 선형회귀의 사후분포

베이지안 선형회귀 모델을 고려하자.

$$y_i = \boldsymbol{\theta}^T X + \epsilon, \ \epsilon \sim \mathcal{N}(0, \sigma_n^2), \boldsymbol{\theta} \sim \mathcal{N}(\mu, \Sigma)$$

데이터 $\mathcal{D}$에 대한 사후분포가 다음의 분포에 의해 주어지는 것을 증명하라.

$$\boldsymbol{\theta} | \mathcal{D} \sim \mathcal{N}(\mu', \Sigma')$$

여기서 모멘트는 다음과 같다.

$$\mu' = \Sigma' a = (\Sigma^{-1} + \frac{1}{\sigma_n^2} X X^T)^{-1} (\Sigma^{-1} \mu + \frac{1}{\sigma_n^2} \mathbf{y}^T X)$$

$$\Sigma' = A^{-1} = (\Sigma^{-1} + \frac{1}{\sigma_n^2} X X^T)^{-1}$$

연습문제 3.2: 정규 켤레 분포

사전분포가 $p(\theta) = \phi(\theta; \mu_0, \sigma_0^2)$이고 우도가 다음과 같이 주어진다고 가정하자.

$$p(x_{1:n} | \theta) = \prod_{i=1}^{n} \phi(x_i; \ \theta, \sigma^2)$$

여기서 σ^2은 알려져 있다고 가정한다. 사후분포 역시 정규분포이고, $p(\theta \mid x_{1:n}) = \phi(\theta; \mu_{\text{post}}, \sigma^2_{\text{post}})$임을 증명하라. 여기서 각 항은 다음과 같다.

$$\mu_{\text{post}} = \frac{\sigma_0^2}{\frac{\sigma^2}{n} + \sigma_0^2} \bar{x} + \frac{\sigma^2}{\frac{\sigma^2}{n} + \sigma_0^2} \mu_0$$

$$\sigma^2_{\text{post}} = \frac{1}{\frac{1}{\sigma_0^2} + \frac{n}{\sigma^2}}$$

또한 $\bar{x} := \frac{1}{n} \sum_{i=1}^{n} x_i$다.

연습문제 3.3: GP를 활용한 예측

테스트 포인트에 대한 모델 출력 $\mathbf{f}_*$와 분산 σ_n^2로 가정된 가우시안 잡음의 가우시안 프로세스에 대한 예측 분포가 다음과 같이 주어지는 것을 보여라.

$$\mathbf{f}_* \mid \mathcal{D}, \mathbf{x}_* \sim \mathcal{N}(\mathbb{E}[\mathbf{f}_* \mid \mathcal{D}, \mathbf{x}_*], \text{var}[\mathbf{f}_* \mid \mathcal{D}, \mathbf{x}_*])$$

여기서 X_*에 대한 사후분포의 모멘트는 다음과 같다.

$$\mathbb{E}[\mathbf{f}_* \mid \mathcal{D}, X_*] = \boldsymbol{\mu}_{X_*} + K_{X_*,X}[K_{X,X} + \sigma_n^2 I]^{-1} Y$$
$$\text{var}[\mathbf{f}_* \mid \mathcal{D}, X_*] = K_{X_*,X_*} - K_{X_*,X}[K_{X,X} + \sigma_n^2 I]^{-1} K_{X,X_*}$$

8.1 프로그래밍 연관 문제

연습문제 3.4: GP를 활용한 파생상품 가격 모델링

노트북 Example-1-GP-BS-Pricing.ipynb를 사용해 유럽형 파생상품 (콜) 가격 결정 함수 $V_t = f_t(S_t)$의 모양을 학습하는 RBF 커널의 가우시안 프로세스의 유효성을 검사하라. 여기서 S_t는 기초 주식의 현물 가격이다. 무위험 이자율이 $r = 0.001$, 콜의 행사 가격이 $K_C = 130$, 기초 주식의 변동성은 $\sigma = 0.1$이고 잔존 만기 $\tau = 1.0$이다.

답변은 $n \in \{10, 50, 100, 200\}$의 그리드를 가진 주식 가격 그리드 $s \in \Omega^h$:= $\{i\Delta s \mid i \in \{0, \ldots, n - 1\}, \Delta_s = 200/(n - 1)\} \subseteq [0, 200]$과 이에 상응하는 파생상품 가격 $V(s)$로 구성된 데이터 세트에 대해 분산의 그래프와 주식 가격 $S_t = s$에 대한 예측 분포를 포함해야 한다. 각 데이터 세트의 관측 $(s_i, v_i = f_t(s_i))$는 시점 t의 그리드 쌍(주가, 콜 가격)이다.

부록

다지선다형 문제에 대한 답

문제 1

정답: 1, 4, 5

모수 베이지안 회귀분석에서는 회귀 가중치를 항상 확률 변수로 처리한다.

베이지안 회귀분석에서 데이터 함수 $f(x)$는 데이터가 잡음이 없는 것으로 가정된 경우에만 관측된다. 그렇지 않으면 함수가 직접 관측되지 않는다.

파라미터의 사후분포는 사전분포 함수와 우도 함수가 모두 가우시안인 경우에만 가우시안 분포가 된다. 우도 함수의 분포는 가정된 오차 분포에 따라 달라진다.

회귀 가중치의 사후분포는 일반적으로 데이터의 증가에 따라 축소한다. 정밀도 행렬은 분산이 감소하면 증가하므로 데이터가 증가함에 따라 사후분포의 분산이 축소된다. 예를 들어 데이터에 이상치가 있으면 예외가 존재한다.

사후분포의 평균은 가우시안인 경우 사전분포의 평균과 공분산 모두에 의존한다. 이것을 식 3.19에서 볼 수 있다.

문제 2

정답: 1, 2, 4

베이지안 선형 모델에서 예측하려면 먼저 파라미터의 사후분포 모멘트를 추정해야 한다. 이는 예측이 사후분포에서 새로운 데이터의 기대 우도이기 때문이다. 예측 분포는 사후분포와 우도 분포가 가우시안 분포인 경우에만 가우시안 분포다. 가우시안 밀도함수의 곱도 가우시안이다.

예측 분포는 모델의 가중치에 의존하지 않으며 사후분포에 대한 기대치 하에서 한계화된다. 일반적으로 훈련 데이터가 증가함에 따라 사후 및 우도의 분산이 감소하기 때문에 예측 분포의 분산은 일반적으로 훈련 데이터가 증가함에 따라 감소한다.

문제 3

정답: 2, 3, 4

가우시안 프로세스 회귀분석은 베이지안 모델링 접근법이지만 데이터가 가우시안 분포라고 가정하지 않으며 오차에 대한 가정도 하지 않는다.

가우시안 프로세스는 함수 공간에 직접 확률적 사전분포를 부여하고 공분산 행렬의 파라미터화된 커널 표현을 사용해 예측 변수의 사후분포를 모델링한다. 가우시안 프로세스는 커널 파라미터에 대한 증거를 최대화함으로써 데이터에 적합화된다. 그러나 반드시 커널의 선택이 효과적으로 최적화될 수 있는 하이퍼파라미터이지는 않다. 이것이 특정 방식으로 달성될 수 있지만 평활성과 외삽 능력과 같은 커널의 선택에 영향을 주는 다른 사항들도 고려해야 한다.

파이썬 노트북

소스코드 저장소에는 3장에서 설명한 두 개의 노트북 외에 다수의 노트북이 함께 제공된다. 이들 노트북은 다중 GP의 사용과 CVA 모델링에 대한 애플리케이션을 시연한다(이러한 모델에 대한 자세한 내용은 Crépey 및 Dixon(2020)을 참고하라). 노트북에 대한 자세한 내용은 README.md 파일에 포함돼 있다.

참고 문헌

Alvarez, M., Rosasco, L., & Lawrence, N. (2012). Kernels for vector-valued functions: A review. *Foundations and Trends in Machine Learning, 4*(3), 195-266.

Bishop, C. M. (2006). *Pattern recognition and machine learning (information science and statistics).* Berlin, Heidelberg: Springer-Verlag.

Bonilla, E. V., Chai, K. M. A., & Williams, C. K. I. (2007). Multi-task Gaussian process prediction. In *Proceedings of the 20th International Conference on Neural Information Processing Systems*, NIPS'07, USA (pp. 153-160). Curran Associates Inc.

Chen, Z., Wang, B., & Gorban, A. N. (2017, March). Multivariate Gaussian and student-*t* process regression for multi-output prediction. *ArXiv e-prints.*

Cousin, A., Maatouk, H., & Rulli`ere, D. (2016). Kriging of financial term structures. *European Journal of Operational Research, 255*, 631-648.

Crépey, S., & M. Dixon (2020). Gaussian process regression for derivative portfolio modeling and application to CVA computations. *Computational Finance.*

da Barrosa, M. R., Salles, A. V., & de Oliveira Ribeiro, C. (2016). Portfolio optimization through kriging methods. *Applied Economics, 48*(50), 4894-4905.

Fang, F., & Oosterlee, C. W. (2008). A novel pricing method for European options based on Fourier–cosine series expansions. *SIAM J. SCI. COMPUT.*

Gardner, J., Pleiss, G., Wu, R., Weinberger, K., & Wilson, A. (2018). Product kernel interpolation for scalable Gaussian processes. In *International Conference on Artificial Intelligence and Statistics* (pp. 1407–1416).

Gramacy, R., & D. Apley (2015). Local Gaussian process approximation for large computer experiments. *Journal of Computational and Graphical Statistics, 24*(2), 561–578.

Hans B¨uhler, H., Gonon, L., Teichmann, J., &Wood, B. (2018). Deep hedging. *Quantitative Finance.* Forthcoming (preprint version available as arXiv:1802.03042).

Hernandez, A. (2017). Model calibration with neural networks. *Risk Magazine* (June 1–5). Preprint version available at SSRN.2812140, code available at https://github.com/Andres-Hernandez/CalibrationNN.

Liu, M., & Staum, J. (2010). Stochastic kriging for efficient nested simulation of expected shortfall. *Journal of Risk*, 12(3), 3–27.

Ludkovski, M. (2018). Kriging metamodels and experimental design for Bermudan option pricing. *Journal of Computational Finance, 22*(1), 37–77.

MacKay, D. J. (1998). Introduction to Gaussian processes. In C. M. Bishop (Ed.), *Neural networks and machine learning.* Springer-Verlag.

Melkumyan, A., & Ramos, F. (2011). Multi-kernel Gaussian processes. In *Proceedings of the Twenty-Second International Joint Conference on Artificial Intelligence – Volume Two*, IJCAI'11 (pp. 1408–1413). AAAI Press.

Micchelli, C. A., Xu, Y., & Zhang, H. (2006, December). Universal kernels. *J. Mach. Learn. Res.*, 7, 2651–2667.

Murphy, K. (2012). *Machine learning: a probabilistic perspective.* The MIT Press.

Neal, R. M. (1996). *Bayesian learning for neural networks*, Volume 118 of *Lecture Notes in Statistics*. Springer.

Pillonetto, G., Dinuzzo, F., & Nicolao, G. D. (2010, Feb). Bayesian online multitask learning of Gaussian processes. *IEEE Transactions on Pattern Analysis and Machine Intelligence, 32*(2), 193–205.

Rasmussen, C. E., & Ghahramani, Z. (2001). Occam's razor. In *In Advances in Neural Information Processing Systems 13* (pp. 294–300). MIT Press.

Rasmussen, C. E., & Williams, C. K. I. (2006). *Gaussian processes for machine learning*. MIT Press.

Roberts, S., Osborne, M., Ebden, M., Reece, S., Gibson, N., & Aigrain, S. (2013). Gaussian processes for time–series modelling. *Philosophical Transactions of the Royal Society of London A: Mathematical, Physical and Engineering Sciences, 371*(1984).

Scholkopf, B., & Smola, A. J. (2001). *Learning with kernels: support vector machines, regularization, optimization, and beyond*. Cambridge, MA, USA: MIT Press.

Spiegeleer, J. D., Madan, D. B., Reyners, S., & Schoutens, W. (2018). Machine learning for quantitative finance: fast derivative pricing, hedging and fitting. *Quantitative Finance, 0*(0), 1–9.

Weinan, E, Han, J., & Jentzen, A. (2017). Deep learning–based numerical methods for highdimensional parabolic partial differential equations and backward stochastic differential equations. arXiv:1706.04702.

Whittle, P., & Sargent, T. J. (1983). *Prediction and regulation by linear least–square methods* (NED – New edition ed.). University of Minnesota Press.

순전파 신경망

4장에서는 지도학습, 딥러닝, 신경망에 대한 좀 더 심층적인 설명을 제공하며 기본적인 수학과 통계 학습 개념을 제시하고 그것들이 트레이딩, 리스크 관리, 투자 관리에서의 실제 사례와 어떻게 관련되는지 설명한다. 이러한 응용은 예측 및 모델 설계에 대한 과제를 제시하며 책 전반에 걸쳐 반복되는 테마로 제시된다. 4장에서는 이전 장들의 개념을 적용해 다양한 모델 설계 선택을 설명하는 공학적 스타일 신경망 설명으로 이동한다.

1. 서론

인공 신경망은 금융 및 경제 통계에서 긴 역사를 갖고 있다. 여러 연구자(Gallant and White 1988; Andrews 1989; Hornik et al. 1989; Swanson and White 1995; Kuan and White 1994; Lo 1994; Hutchinson, Lo and Poggio Hutchinson et al.; Baillie and Kapetanios 2007; Racine 2001)의 초창기 연구를 발판으로 금융, 경제, 비즈니스 문학에서 다양한 연구가 발전됐다. 가장 최근에는 심층 신경망(Sirignano et al. 2016; Dixon et al. 2016; Feng et al. 2018; Heiton et al. 2017)으로 문헌이 확장됐다.

4장에서는 관측 포인트가 독립적이고 일반적으로 동일한 분포를 보일 때 신경망을 사용한 함수 근사와 표본 외 추정 이론의 일부를 소개한다. 이러한 경우는 시계열 데이터에 적합하지 않으며 이는 이후 장의 주제가 될 것이다. 우리는 구조 설계와 근사 오차에 대해 과학적으로 추론하는 데 도움이 되는 몇 가지 이론적 주장을 탐구하고자 순전파[feedforward] 신경망에 대해 초점을 맞춘다. 통계, 수학, 정보 이론적 관점에서 이러한 네트워크를 이해하는 것은 실제로 이러한 네트워크를 성공적으로 적용할 수 있는 핵심이다. 4장에서는 문제가 있는 개념적 문제를 강조하고자 몇 가지 간단한 금융 사례를 제시하지만 현실적인 금융 응용은 이후 장으로 연기한다. 또한 4장의 강조점은 금융 모델링에 적합한 통계 모델을 구축하는 방법이며, 따라서 우리의 강조점은 공학적 고려 사항보다는 이론이 유용한 머신러닝 방법의 설계를 어떻게 안내할 수 있는지에 더 중점을 둔다.

4장의 목표

4장이 끝날 때 다음 목표를 달성해야 한다.

- 신경망 설계를 안내하는 수학적 추론 기술을 개발한다.
- 신경망에 대한 통계적 추론을 지원하는 주 이론에 익숙해진다.
- 다른 유형의 머신러닝 방법과 순전파 신경망을 관련시킨다.
- 릿지 및 라쏘 신경망 회귀분석을 사용해 모델 선택을 수행한다.
- 신경망을 훈련하고 테스트하는 방법을 알아본다.
- 베이지안 신경망에 익숙해진다.

---

*로 끝나는 절은 수학적으로 더 고급 수준이므로 종종 분석과 확률 이론의 배경을 약간 필요로 하며, 수학적으로 덜 발달된 독자에 의해 건너뛸 수 있다는 점에 유의한다.

2. 순전파 구조

2.1 예비지식

순전파 신경망은 추상화된 계층적 계층을 사용해 고차원 비선형 예측 변수를 나타내는 지도 머신러닝의 한 형태다. 딥러닝이 데이터 분석을 위해 제공하는 패러다임은 기존의 통계 모델링 및 테스트 프레임워크와는 매우 다르다. R^2, t-값, p-값 및 통계적 유의성 개념과 같은 기존의 적합화 척도는 머신러닝 문헌에서 표본 외 예측과 편향-분산 트레이드오프로 대체됐다. 즉, 좀 더 복잡한 모델과 과적합 간의 트레이드오프다. 딥러닝은 데이터 중심이며 대규모 데이터 세트에서 구조를 찾는 데 초점을 맞춘다. 변수나 예측 변수를 선택하는 주요 도구는 규제화와 드롭아웃이다.

모든 구조 설계에는 여러 가지 이슈가 있다. 몇 개의 계층인가? 각 은닉층에 몇 개의 뉴런 N_l이 있는가? '변수 선택'을 수행하는 방법은 무엇인가? 이러한 많은 이슈는 드롭아웃(Srivastava et al. 2014)이라는 확률적 탐색 기법으로 해결할 수 있으며, 이는 5.2.2절에서 다룬다. 1장에서 순전파 신경망 모델이 파라미터화된 매핑의 일반적인 형태를 취한다는 것을 상기하라.

$$Y = F_{W,b}(X) + \epsilon \tag{4.1}$$

여기서 $F_{W,b}$는 L 계층(그림 4.1)을 가진 심층 신경망이며 i.i.d. 오차다. 심층 신경망은 다음과 같은 단순한 함수의 구성 형태를 취한다.

$$\hat{Y}(X) := F_{W,b}(X) = f_{W^{(L)},b^{(L)}}^{(L)} \circ \cdots \circ f_{W^{(1)},b^{(1)}}^{(1)}(X) \tag{4.2}$$

여기서 $W = (W^{(1)}, \ldots, W^{(L)})$과 $b = (b^{(1)}, \ldots, b^{(L)})$은 가중치 행렬^{weight matrix}과 편향 벡터^{bias vector}다. 어떤 가중치 행렬 $W^{(l)} \in \mathbb{R}^{m \times n}$은 n 열의 m 벡터

$W^{(l)} = [\mathbf{w},_1^{(l)}, \ldots, \mathbf{w},_n^{(l)}]$로 표현할 수 있다. 각 가중치를 $w_{ij}^{(l)} = [W^{(l)}]_{ij}$로 표기한다.

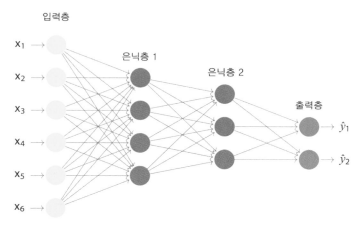

그림 4.1 두 개의 은닉층, 여섯 개 특성과 두 개의 출력을 가진 순전파 신경망의 예다. 딥러닝 네트워크 분류기는 일반적으로 훨씬 더 많은 계층을 포함하며, 다수의 특성과 여러 출력이나 클래스를 사용한다. 학습의 목표는 표본 외 오차를 최소화하는 모든 뉴런의 모든 에지와 편향에 대한 가중치를 찾는 것이다.

더욱 정식으로 추가적 제약하에 준어파인 함수^{semi-affine function} 구조의 클래스로 파라미터화한 매핑을 구축할 수 있다.

> ### 준어파인 함수

$\sigma : \mathbb{R} \to B \subset \mathbb{R}$이 연속 단조 증가 함수를 표기한다고 하자. 이의 공역 codomain(정의역에 대응하는 영역으로 값이 존재하는 영역이다)은 실수 선의 유계 부분집합이다. $f(v) = W^{(\ell)}\sigma^{(\ell-1)}(v) + b^{(\ell)}$, $W^{(\ell)} \in \mathbb{R}^{m \times n}$, $b^{(\ell)} \in \mathbb{R}^m$에 의해 주어진 함수 $f_{W^{(\ell)},b^{(\ell)}}^{(\ell)} : \mathbb{R}^n \to \mathbb{R}^m$은 v의 준어파인 함수다. 즉, $f(v) = wtanh(v) + b$다. $\sigma(\cdot)$은 이전 층으로부터 출력의 활성 함수다.

모든 활성 함수가 선형이라면 계층 수 L과 상관없이 $F_{W,b}$는 단지 선형회귀이고, 은닉층은 중복된다고 할 수 있다. 이러한 네트워크에 대해서 항상 은닉 유닛 없는 동일한 네트워크를 발견할 수 있다. 이는 연속적인 선형 변환의 구성은 그 자체가 선형이라는 사실에 기인한다.[1] 예를 들어 하나의 은닉층이 있고, $\sigma^{(1)}$이 항등 함수라면 다음과 같이 된다.

$$\hat{Y}(X) = W^{(2)}(W^{(1)}X + b^{(1)}) + b^{(2)} = W^{(2)}W^{(1)}X + W^{(2)}b^{(1)} + b^{(2)} = \tilde{W}X + \tilde{b} \tag{4.3}$$

비공식적으로 활성화의 주요 효과는 모델에 비선형성과 특히 입력 간의 상호작용 항을 도입하는 것이다. 활성 유닛의 기하학적 해석은 다음 절에서 다룰 것이다. 네트워크가 하나의 은닉층을 갖는 특수한 경우에 활성 함수는 상호작용 항 $X_i X_j$를 도입하는 것을 알 수 있다. 다음 편미분을 고려하자.

$$\partial_{X_j} \hat{Y} = \sum_i \mathbf{w}_{,i}^{(2)} \sigma'(I_i^{(1)}) w_{ij}^{(1)} \tag{4.4}$$

여기서 $\mathbf{w}_{,i}^{(2)}$은 $W^{(2)}$의 i번째 열벡터이고, $I^{(l)}(X) := W^{(l)}X + b^{(l)}$이며 $X_k, k \neq i$에 대해 다시 미분하면 다음을 얻는다.

$$\partial_{X_j, X_k}^2 \hat{Y} = -2 \sum_i \mathbf{w}_{,i}^{(2)} \sigma(I_i^{(1)}) \sigma'(I_i^{(1)}) w_{ij}^{(1)} w_{ik}^{(1)} \tag{4.5}$$

이는 σ가 항등 매핑이 아니면 일반적으로 0이 아니다.

2.2 순전파 네트워크의 기하학적 해석

그림 4.2에서 보여준 것처럼 두 가지 특성만 가진 간단한 순전파 이진 분류기를 고려하는 것으로 시작한다. 고려할 설정 중 가장 간단한 설정으로 두 개의 입력과 하나의 출력 단위만 있다. 이는 다변량 회귀 모델이다. 좀 더 정확하게는 이진 반응에 모델을 맞춰야 하기 때문에 이 네트워

---

1. 이 경우 잠재적으로 축퇴(degenerate)될 수 있다. '평평한 방향', 즉 정확히 동일한 손실함수를 갖는 파라미터 공간에서의 초곡면이 존재할 수 있다.

크는 로지스틱 회귀분석이다. 양의 레이블 확률 $\mathbb{P}(G = 1 \mid X)$를 나타내고자 하나의 출력 단위만 필요하다는 점을 기억하라. 다음에 고려할 설정은 하나의 은닉층을 갖고 있다. 은닉 유닛 개수는 입력 뉴런의 수와 같아야 한다. 이 선택은 충분한 표현력을 위해 많은 은닉 단위가 종종 필요하기 때문에 유용한 기준점으로 작용한다. 최종 설정에는 훨씬 더 많은 은닉 유닛을 가진다. 두 번째 층은 순수하게 은닉층의 출력을 시각화하고자 도입됐다는 점에 유의하라. 이 간단한 설정 집합(즉, 구조)은 신경망 방법이 작동하는 방법을 충분히 설명할 수 있다.

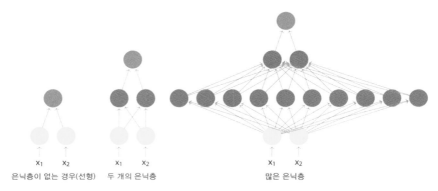

은닉층이 없는 경우(선형)　두 개의 은닉층　　　　　　　　많은 은닉층

그림 4.2 은닉층이 있거나 없는 단순한 2 변수 순전파 네트워크. 노란색 노드는 입력 변수를 나타내고 녹색 노드는 은닉 유닛을 나타내며, 빨간색 노드는 출력이다. 은닉층이 없는 순전파 네트워크는 선형회귀 네트워크다. 하나의 은닉층이 있는 순전파 네트워크는 얕은 러너(shallow learner)이고 두 개 이상의 은닉층이 있는 순전파 네트워크는 딥 러너(deep learner)다.

그림 4.3에서 데이터는 어떠한 분리 선형 평면$^{separating\ linear\ plane}$도 [-1, 1] × [-1, 1]의 포인트들을 완벽하게 분리할 수 없게 설정됐다. 활성 함수는 $ReLU(x)$로 선택됐다. 네트워크의 가중치와 편향은 이 데이터에 훈련됐다. 그림의 상단 행을 보면 각 네트워크에 대해 입력 공간이 계층에 의해 변환되는 것을 볼 수 있다. 그림의 하단 행에서 원 입력 공간에서의 선형 회귀를 볼 수 있다. 첫째 은닉층의 유닛 개수는 분류기 성과에 상당히 영향을 미치고 있는 것이 관찰된다.

얼마나 많은 은닉 유닛이 성과 일반화에 필요한지와 함께 가중치와 편향 행렬을 결정하는 것이 파라미터 추정과 모델 선택의 목적이다. 그러나 신경망의 어느 정도 개념적 이해가 5장의 주제인 해석성을 도출하고자 필요하다.

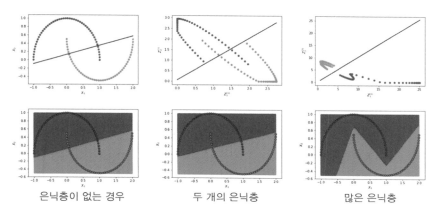

은닉층이 없는 경우   두 개의 은닉층   많은 은닉층

그림 4.3 이 그림은 비선형 분리 가능한 2진 분류 토이 데이터 세트에 적용된 다양한 순전파 신경 네트워크 분류기를 비교한다. 이것의 목적은 첫 번째 은닉층에서 은닉 유닛 수를 증가시키는 것이 입력 변수의 수가 적은 경우에도 상당한 표현성을 제공한다는 것이다. (상단) 각 신경망 분류기는 마지막 은닉층 $Z^{(L-1)}$으로부터 출력 공간에 있는 초평면(hyperplane)으로 레이블을 분리하려고 한다. 네트워크에 은닉층이 없으면 $Z^{(L-1)} = Z^{(0)} = X$다. 특성은 $Z^{(L-1)}$의 공간에서 보이고 있다. (하단) $Z^{(L-1)}$ 공간에 있는 분리 초공간이 입력 공간에 투영돼 어떻게 계층이 입력 공간을 분할하는지를 시각화한다. (왼쪽) 은닉층이 없는 순전파 분류기는 로지스틱 회귀 모델이며, 입력 공간을 평면으로 분할한다. (중앙) 한 은닉층은 회전, 확대, 절단에 의해 특성을 변환한다. (오른쪽) 은닉 유닛이 많은 두 개의 은닉층이 포인트를 더 분리하기 쉬운 고차원 공간으로 어파인(affine) 투영을 수행한다. 분류기와 추가 진단 테스트의 구현에 대한 자세한 내용은 Deep Classifiers 노트북을 참고하라(여기에 보이지 않음).

분할

입력 공간의 분할partitioning은 다른 머신러닝 방법과 차별되는 신경망의 특성이다. 이는 입력 공간을 볼록 영역convex region으로 나눈다. 다른 말로 은닉층의 각 유닛은 반공간 예측 변수half-space predictor다. ReLU 활성 함수 $f(x) = max(x,0)$의 경우 각 매니폴드는 단순히 초평면hyperplane이고 관측 포인트가 초평면의 '최적best' 측면에 놓일 때 뉴런이 활성화되고, 활성화양은 주어진 포인트가 경계로부터 얼마나 떨어져 있는가와 같다. 초평면

집합은 **초평면 배열**hyperplane arrangement(Montufar et al., 2014)을 정의한다. 일반적으로 $\mathbb{R}^p$내의 $n \geq p$개의 초평면 배열은 많아야 $\sum_{j=0}^{p} \binom{n}{j}$개의 볼록 영역을 가진다.

예를 들어 그림 4.4에서 보이는 바와 같이 2차원 입력 공간에서 ReLU 활성 함수를 가진 3개의 뉴런은 공간을 $\sum_{j=0}^{2} \binom{3}{j} = 7$ 이상으로는 분할하지 못한다.

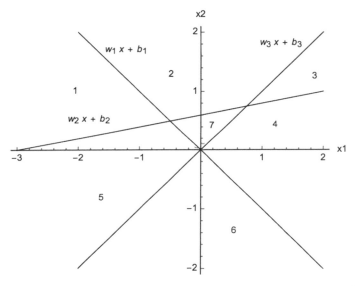

그림 4.4 은닉층에 3개의 뉴런에 의해 정의된 초공간은 초공간 배열을 형성한다. 여기서 각 유닛은 ReLU 활성 함수를 가진다. 3개의 초공간 배열은 적어도 볼록 영역을 가진다.

다중 은닉층

기하학적 해석을 3개층($L = 3$) 퍼셉트론으로 쉽게 확장할 수 있다. 명백히 첫 번째 (은닉)층의 뉴런은 상응하는 초평면에 의해 네트워크 입력 공간을 다양한 반공간으로 분할한다. 따라서 이들 반공간의 수는 첫 번째 계층의 뉴런수와 같다. 그런 다음 두 번째 계층의 뉴런은 이들 반공간의 교집합을 분류할 수 있다. 즉, 이들은 입력 공간의 볼록 영역을 나타낸다.

이는 네트워크 입력이 모든 반공간에 동시에 위치하는 입력 공간의 한 포인트에 해당하는 경우 그리고 그러한 경우에만 두 번째 계층의 뉴런은 활성화되며, 이는 첫 번째 계층으로부터 선택된 뉴런에 의해 분류된다.

l번째 층에서 동일한 너비 $n^{(l)} = n \geq p$의 ReLU를 가진 p개의 입력 유닛과 $L-1$개의 은닉층을 가진 신경망에 의해 계산된 최대수의 함수의 선형 영역은 $\Omega\left(\left[\frac{n}{p}\right]^{(L-2)p} n^p\right)$개의 선형 영역을 가진 함수를 계산할 수 있다 (Montufar et al. 2014). 딥 모델의 선형 영역 개수는 L에 지수적으로 증가하고 n에 다차식에 따라 증가한다. 추가적인 층이 어떻게 입력 공간을 분할하는가에 대한 자세한 설명은 Montufar et al.(2014)을 참고하라.

이런 형태의 논리는 신경망 구조를 설계하는 직관을 키우기 위한 것인 반면 고차원 공간에 투영하는 것이 어떻게 네트워크가 입력 공간을 분할하는가를 보완하는지 잘 설명하지는 못한다. 이를 다루고자 이해를 도울 비공식적 확률 추론으로 초점을 돌린다.

2.3 확률적 추론

데이터 차원

우선 2개의 독립 표준 가우시안 랜덤 p차원 벡터 $X, Y \sim N(0, I)$를 고려하고, 2차원 노름²⁻ⁿᵒʳᵐ으로 유클리디안 공간에서 이들의 거리를 정의하자.

$$d(X, Y)^2 := \|X - Y\|_2^2 = \sum_{i=1}^{p} (X_i - Y_i)^2 \tag{4.6}$$

기대값을 취하면 다음과 같다.

$$\mathbb{E}[d(X, Y)^2] = \sum_{i=1}^{p} \mathbb{E}[X_i^2] + \mathbb{E}[Y_i^2] = 2p \tag{4.7}$$

i.i.d. 가정하에 $\mathbb{R}^p$의 어떤 랜덤 포인트 쌍 간의 거리제곱 평균은 공간의 차원수에 선형적으로 증가한다. $\sqrt{x}$와 같은 오목 함수에 대한 젠센의 부등식Jensen's Inequality에 의하면 다음과 같다.

$$\mathbb{E}[d(X,Y)] = \mathbb{E}[\sqrt{d(X,Y)^2}] \le \sqrt{\mathbb{E}[d(X,Y)^2]} = \sqrt{2p}, \qquad (4.8)$$

따라서 기대 거리는 $p^{1/2}$의 지수로 증가하는 함수에 의해 상한(위로 유계)을 갖는다. 이러한 간단한 관찰에 의해 입력 공간의 차원이 증가할수록 랜덤 포인트가 덜 집중되는 것을 알 수 있다. 더 중요하게 입력 공간의 차원 증가에 따른 집중도의 손실 개념은 입력 공간이 분할되는 방식과 일치한다. 모델은 데이터의 국지성을 엄격하게 요구하지 않으면서 근사적 정확도로 볼록 다포체polytope2를 정의한다.

은닉층의 크기

유사한 확률적 논리가 1계층 신경망의 출력에 적용돼 어떻게 집중도가 은닉층의 유닛 개수에 따라 변화하는지를 이해할 수 있다. 이전과 같이 $\mathbb{R}^p$ 내에서 2개의 i.i.d. 랜덤 벡터 X와 Y를 고려하자. 이제 이들 벡터가 유계의 준어파인 함수bounded semi-affine function $g : \mathbb{R}^p \to \mathbb{R}^q$에 의해 투영된다고 가정한다. 그리고 출력 벡터 는 i.i.d.로 평균 0, 분산 $\sigma^2 I$라 가정하자. 출력 간의 거리를 2차원 노름으로 정의한다.

$$d_g^2 := \|g(X) - g(Y)\|_2^2 = \sum_{i=1}^{q}(g_i(X) - g_i(Y))^2 \qquad (4.9)$$

기대값을 취하면 다음과 같다.

$$\mathbb{E}[d_g^2] = \sum_{i=1}^{p}\mathbb{E}[g(X)_i^2] + \mathbb{E}[g(Y)_i^2] = 2q\sigma^2 \le q(\bar{g} - \text{g}) \qquad (4.10)$$

---

2. 다포체는 다각형이나 다면체 등의 도형을 임의의 차원으로 확장한 것으로, 예를 들어 다각형은 2차원 다포체, 다면체는 3차원 다포체다(출처: 위키피디아). – 옮긴이

그리고 다시 젠센 부등식에 의해 다음과 같다.

$$\mathbb{E}[d] \leq \sqrt{2}\sqrt{q}\sigma \leq \sqrt{q(\bar{g} - \underline{g})} \tag{4.11}$$

상이한 입력 X와 Y하에 은닉층의 출력 g에 상응하는 2개의 출력 벡터 간의 거리가 출력 공간의 차원수가 증가함에 따라 덜 집중된다는 것을 관찰할 수 있다. 즉, q가 증가함에 따라 g의 공동 정의역에 있는 포인트들이 평균적으로 더 분리된다.

2.4 딥러닝을 활용한 함수 근사*

위의 비공식적인 기하학적 및 확률적 논리는 2계층 MLP의 은닉층에서 다중 유닛에 대한 필요성에 대해 어느 정도 직관을 제공하지만 심층 네트워크가 필요한 이유는 다루지 않는다. 신경망에서 가장 근본적인 수학적 개념은 **보편적 표현 정리**$^{universal\ representation\ theorem}$다. 간단히 말해 이것은 단순하고 알려진 함수 표현을 사용해 입력과 출력 쌍 사이의 연속적이고 알려지지 않은 함수를 근사화하는 신경망의 능력에 대한 진술이다. Hornik et al.(1989)은 단일 은닉층을 가진 순전파 네트워크$^{feedforward\ network}$가 활성 함수나 데이터의 선택과 관계없이 모든 연속함수를 근사할 수 있음을 보여준다.

공식적으로 $C^p := \{F : \mathbb{R}^p \to \mathbb{R} \mid F(x) \in C(\mathbb{R})\}$이 $\mathbb{R}^p$에서 $\mathbb{R}$로의 연속함수 집합이라 하자. $\Sigma^p(g)$를 함수 $\{F : \mathbb{R}^p \to \mathbb{R} : F(x) = W^{(2)}\sigma(W^{(1)}x + b^{(1)}) + b^{(2)}\}$의 클래스로 표기하자. $\Omega = (0, 1]$을 고려하고, C_0을 $(0, 1]$에서 모든 개구간$^{open\ interval}$의 모임^{collection}이라 하자. 그러면 C_0에 의해 생성된 시그마 대수$^{\sigma\text{-algebra}}$ $\sigma(C_0)$을 보렐 시그마 대수$^{Borel\ \sigma\text{-algebra}}$라 불린다. 이는 $\mathcal{B}((0, 1])$로 표기한다. $\mathcal{B}((0, 1])$의 원소는 보렐 집합$^{Borel\ set}$이라 불린다. $f^{-1}(A)$가 어떠한 개집합 A에 대해서도 보렐 집합이면 2개의 위상 공간 X, Y 간의 매핑 $f : X \to Y$는 보렐 측정 가능$^{Borel\text{-}measurable}$하다고 한다.

$M^p := \{F : \mathbb{R}^p \to \mathbb{R} \mid F(x) \in \mathcal{B}(\mathbb{R})\}$이 $\mathbb{R}$에서 $\mathbb{R}^p$로의 모든 보렐 측정 가능한 집합이라고 하자. $\mathbb{R}^p$의 보렐 시그마 대수를 $\mathcal{B}^p$로 표기한다.

(Hornik et al.(1989)) 모든 단조 증가 활성 함수 σ, 입력 차원 p, 그리고 $(\mathbb{R}^p, \mathcal{B}^p)$에 대한 모든 확률 척도 μ에 대해 $\Sigma^p(g)$는 C^p 내의 콤팩트 공간에 대해 균등 조밀^{dense}이고, M^p에 p_μ 조밀이다.

이 정리는 1개의 은닉층을 가진 표준 순전파 네트워크가 활성 함수(가측 함수인 경우)에 상관없이 입력 공간의 차원 p에 상관없이, 그리고 입력 공간에 상관없이 콤팩트 집합의 어떠한 연속함수도 균등 근사하고 어떠한 가측 함수도 β 척도로 임의로 잘 근사할 수 있다는 것을 보여준다. 다시 말하면 입력 공간의 충분히 큰 은닉 유닛 수 k를 취함으로써 $\mathbb{R}^p$에 대한 모든 연속함수를 하나의 은닉층을 가진 신경망에 의해 실현된 함수에 의해 어떠한 유계 집합에 대해 임의의 근접도로 균등 근사할 수 있다.

보편 근사 정리는 단일 은닉층을 가진 순전파 네트워크를 어떤 종류의 근사해로 특징짓기 때문에 중요하다. 그러나 그 정리는 건설적이지 않다. 그것은 필요한 근사화 능력을 가진 다층 퍼셉트론을 어떻게 구성하는지를 명시하지 않는다.

보편 근사 정리는 몇 가지 중요한 한계를 갖고 있다. 계층이 중복적이라는 것을 제시하는 것 외에 계층 추가의 효과에 대해서는 아무런 언급도 하지 않는다. 그것은 최적의 네트워크 가중치 벡터가 초기 가중치 값에서 그래디언트 하강으로 도달할 수 있다고 가정하지만 이는 유한수의 계산으로는 가능하지 않을 수 있다. 따라서 학습 알고리듬에 의해 도입되는 추가적인 제한이 있는데, 이는 함수 근사 관점에서 명백하지 않다. 보편 근사 정리는 어떤 식으로든 예측 오차의 특성을 나타낼 수 없으며 결과는 순전히 근사 이론에 기초한다. 중요한 관심사는 과적합과 표본 외 데이터 세트에 대한 성과의 일반화인데, 보편 근사 정리는 이 모두를 언급하지 않는다. 또한 MLP가 어떻게 다른 근사 기법, 예를 들어 다항식 스플라인 보간과 같은 근사 기법을 복제할 수 있는지를 알려 주지 않는다. 따라서 우리는 이 절에서 퍼셉트론 이진 분류기로 시작해 신경망의 학습 능력을 평가하고 이를 더욱 이해하기 위한 다른 대안적인 이론을 살펴볼 것이다. 여러 개의 은닉층이 필요한 이유는 아직 미해결 문제지만 다음 절과 2.7절에서 다양한 단서가 제공된다.

2.5 VC 차원

모델의 근사 오차를 결정하는 표현력 외에도 추정 오차 수준을 결정하는 학습 가능성 개념이 있다. 전자는 근사 함수에 의해 도입된 오차를 측정하고 후자의 오차는 유한 훈련 샘플을 사용한 결과로 손실된 성과를 측정한다.

신경망 분류기의 학습 가능성에서 한 가지 고전적 척도는 VC 차원 Vapnik-Chervonenkis dimension이다. 이진 모델 $g = F_{W,b}(X)$의 VC 차원은 $F_{W,b}(X)$가 포인트들을 부술 수 있도록shatter 조정할 수 있는 최대 포인트 수다. 즉, 이들 포인트들에 대한 모든 가능한 레이블의 할당에 대해 $F_{W,b}$가 데이터 세트를 분류할 때 오차가 없게 하는 W, b가 존재한다. 가장 간단한 경우로 n 입력 유닛과 선형 임계 활성 함수 $\sigma(x) := sgn(x)$를 가진 신경망은 $n + 1$의 VC 차원을 갖는다. 예를 들어 $n = 1$이면 모든 가능한 이진 레이블 할당에 대해 단지 2개의 상이한 포인트가 항상 정확하게 분류된다.

그림 4.5에서 보여주는 것처럼 포인트 {-0.5, 0.5}에 대해 양쪽을 모두 활성화하는 가중치와 편향($W = 1, b = 0.75$), 단지 한쪽만 활성화하는 ($W = 1, b = 0$ 또는 $W = -1, b = 0$)와 어느 쪽도 활성화시키는 않는 ($W = 1, b = -0.75$)가 존재한다. 모든 상이한 포인트 쌍은 선형 임계 퍼셉트론으로 분리할 수 있다. 그러나 선형 임계 퍼셉트론은 세 개 짜리 쌍triplet, 예를

들어 $X \in \{-0.5, 0, 0.5\}$와 $Y \in \{0, 1, 0\}$은 분리할 수 없다. 일반적으로 $\mathbb{R}^k$의 반공간$^{half\text{-}space}$ 클래스의 VC 차원은 $k + 1$이다. 예를 들어 2d 평면은 어떠한 3개 포인트를 부술 수 있지만 4개 포인트는 부술 수 없다.

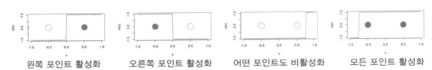

| 왼쪽 포인트 활성화 | 오른쪽 포인트 활성화 | 어떤 포인트도 비활성화 | 모든 포인트 활성화 |

그림 4.5 포인트 $\{-0.5, 0.5\}$에 대해 하나만(W=1, b=0 또는 W=−1, b=0), 아무것도 활성화하지 않고 (W=1, b=−0.75), 모두(W=1, b=0.75) 활성화하는 가중치와 편향이 존재한다.

VC 차원은 학습 프로세스의 일관성과 수렴률에 대한 필요조건과 충분조건 모두 결정한다(즉, 주어진 함수 집합으로부터 적절한 함수를 선택하는 프로세스). 함수 클래스가 유한 VC 차원을 가진다면 이는 학습할 수 있다. 이 용량의 척도는 파라미터 수와 같은 임의의 척도보다 더욱 강건하다. 예를 들어 무한 VC 차원을 갖는 하나의 파라미터에만 의존하는 간단한 함수 집합을 발견할 수 있다.

> ### 지표 함수의 VC 차원

$\Omega = [0, 1]$에 대한 다음과 같은 지표 함수$^{indicator\ function}$의 VC 차원을 결정하라.

$$\mathcal{F}(x) = \{f : \Omega \to \{0,1\},\ f(x) = \mathbb{1}_{x \in [t_1, t_2)},\ \text{또는} f(x) = 1 - \mathbb{1}_{x \in [t_1, t_2)},\ t_1 < t_2 \in \Omega\} \tag{4.12}$$

3개의 포인트 x_1, x_2, x_3가 있고 일반성 손실 없이 $x_1 < x_2 < x_3$라 가정하자. 포인트의 모든 가능한 레이블링이 달성될 수 있다. 따라서 우리는 $VC(\mathcal{F}) \geq 3$이라 주장한다. 4개의 포인트 x_1, x_2, x_3, x_4(항상 증가하는 것으로 가정)에 대해 예를 들어 x_1과 x_3에 값 1, x_2와 x_4에 값 0으로 레이블링할 수 없다. 따라서 $VC(\mathcal{F}) = 3$이다.

최근 Bartlett et al.(2017a)은 ReLU 활성 함수와 같은 구간별 선형 활성 함수를 가진 심층 순전파 신경망 분류기의 VC 차원에 대한 상계와 하계를 증명했다. 이러한 경계는 거의 전체 범위의 파라미터에 대해 엄격하다. $|W|$를 가중치의 개수로 하고 L은 계층 수로 할 때 VC 차원이 $O(|W|L\log(|W|))$임을 증명했다. 또한 여러 가지 비선형성의 경우에 대해 네트워크 깊이의 VC 차원에 대한 영향을 보여줬다. 즉, 구간별 상수의 경우 의존성이 없으며, 구간별 선형 함수의 경우는 선형 의존성이 없고, 구간별 일반적 다항식에 대해 2차 함수를 초과하는 함수적 의존성은 없다.

뱁닉(Vapnik, 1998)은 귀납적 추론을 기반으로 VC 차원 방법을 공식화했다. 구조적 경험적 위험 최소화structural empirical risk minimization로 알려진 이 접근법은 훈련 오차를 사용해 VC 치원이 가장 작은 머신(즉, 함수 집합)을 선택함으로써 테스트 오차에 대한 최소 한계를 달성했다. 최소화 문제는 편향-분산 트레이드오프를 표현한다. 한편 편향을 최소화하고자 광범위한 함수 집합에서 함수를 선택할 필요가 있으며, 반드시 낮은 VC 차원을 가질 필요는 없다. 반면 훈련 오차와 테스트 오차의 차이(즉, 분산)는 VC 차원(즉, 표현력)에 따라 증가한다.

기대 위험은 학습된 모델의 성과에 대한 표본 외 척도며 다음과 같은 결합 확률 밀도함수pdf $p(x, y)$를 기반으로 한다.

$$R[\hat{F}] = \mathbb{E}[\mathcal{L}(\hat{F}(X), Y)] = \int \mathcal{L}(\hat{F}(\mathbf{x}), y) dp(x, y) \tag{4.13}$$

기대 위험을 최소화하는 $\hat{F}$를 선택할 수 있다면 최적 학습에 대한 명확한 척도를 가질 수 있다. 불행히도 이 기반이 되는 pdf를 알 수 없으므로 기대 위험을 직접 측정할 수 없다. 대신 일반적으로 경험적 위험 척도ERM, Empirical Risk Measure로 알려져 있는 다음과 같은 N 관측치의 훈련 세트에 대한 위험을 사용한다.

$$R_{emp}(\hat{F}) := \frac{1}{N} \sum_{i=1}^{N} \mathcal{L}(\hat{F}(\mathbf{x}_i), \mathbf{y}_i). \tag{4.14}$$

i.i.d. 데이터 가정하에서 대수의 법칙은 경험적 위험이 점근적으로 기대 위험으로 수렴되도록 보장한다. 그러나 작은 샘플의 경우에서도 ERM이 기대 위험을 최소화한다고 보장할 수는 없다. 통계 학습 이론의 유명한 결과(Vapnik 1998)는 VC 차원이 ERM 및 기대 위험과 훈련 관측치 수 N의 함수로서 기대 위험에 대한 한계를 제공하는데, 이는 확률 $(1 - \eta)$로 성립한다.

$$R[\hat{F}] \le R_{emp}(\hat{F}) + \sqrt{\frac{h\left(ln\left(\frac{2N}{h}\right)+1\right) - ln\left(\frac{\eta}{4}\right)}{N}} \tag{4.15}$$

여기서 h는 $\hat{F}(X)$의 VC 차원으로 $N > h$다. 그림 4.6은 VC 차원과 한계 간의 트레이드오프를 보여준다. 비율 N/h가 커질수록(즉, 고정된 N에 대해 h를 감소시킬수록) VC 신뢰도는 작아지고 실제 위험은 경험적 위험에 더 가까워진다. 반면에 VC 차원이 더 높은 모델을 선택하면 VC 신뢰도를 높이는 비용으로 ERM이 감소한다.

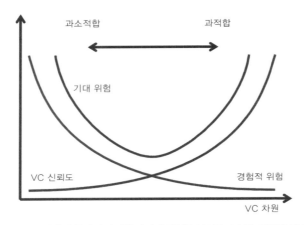

그림 4.6 이 그림은 VC 차원과 한계의 엄격함 사이의 균형을 보여준다. N/h 비율이 커질수록, 즉 고정 N의 경우 h를 감소시키면 VC 신뢰도는 경험적 위험에 가까워진다. 반면에 VC 차원이 높은 모델을 선택하면 VC 신뢰도를 높이는 대신 ERM이 감소한다.

VC 차원은 제한된 i.i.d. 훈련 데이터를 갖고 최적화기에 의해 발생하는 오차인 최적화 오차는 무시할 수 있는 소규모 학습 문제에서 더 지배적인 역할을 한다. 특정 샘플 크기를 넘으며 컴퓨팅 파워와 최적화 알고리듬이 더 지배적이 되므로 VC 차원은 학습 능력의 척도로 제한된다. 몇 가지 연구는 VC 차원 기반 오차 한계가 너무 약해서 모델 복잡성에 대한 직관적인 개념을 제공하지만 다른 이론을 사용하는 것이 더 낫다는 것을 보여준다. 아마도 금융에 있어 가장 중요한 것으로 식 4.15의 한계가 i.i.d. 데이터에 대해서만 성립하며, 데이터가 자기상관관계를 갖는 금융에서 중요한 경우에도 성립하는지에 대해서는 거의 알려져 있지 않다.

? 다지선다형 문제 1

다음 문장 중 옳은 것은?

1. n개의 은닉 유닛을 가진 얕은 순전파 네트워크 분할의 은닉 유닛은 $\mathbb{R}^p$의 입력 공간을 $\sum_{j=0}^{p} \binom{n}{j}$개 이상의 볼록 영역으로는 분할하지 못한다.

2. 하나의 은닉 유닛과 p개의 특성을 가진 헤비사이드^{Heaviside} 활성 함수를 가진 얕은 순전파 네트워크의 VC 차원은 $p + 1$이다.

3. 편향-분산 트레이드오프는 VC 신뢰도와 경험적 위험 척도를 통해 동일하게 표현된다.

4. 순전파 네트워크의 표본 외 오차에 대한 상계는 VC 차원과 훈련 샘플 수에 의존한다.

5. VC 차원은 항상 심층 네트워크의 계층 수에 따라 선형적으로 증가한다.

2.6 신경망이 스플라인인 경우

활성 함수의 특정 선택하에 스플라인^{spline}이라고 불리는 특정 유형의 구간별 다항식 보간 함수로 MLP를 구축할 수 있다. $f(x)$를 그 정의역이 Ω인 임의의 함수라 하고, 함수 값 $f_k := f(x_k)$는 h 간격의 그리드 포인트 $\Omega^h := \{x_k \,|\, x_k = kh, k \in \{1, \ldots, K\}\} \subset \Omega \subset \mathbb{R}$에서만 알려져 있다고 하자. 데이터가 그리드화되는 조건은 설명의 용이성을 위한 것으로 필요조건은 아니다. Ω에 걸쳐 직교 기저$^{\text{orthogonal basis}}$를 구축해서 다음의 보간 함수를 구할 수 있다.

$$\hat{f}(x) = \sum_{i=1}^{K} \phi_k(x) f_k, \ x \in \Omega \tag{4.16}$$

여기서 $\{\phi_k\}_{k=1}^{K}$은 직교 기저 함수다. f의 함수 공간에 대한 추가적인 제약하에 h의 함수인 오차 한계$^{\text{error bound}}$를 도출할 수 있다.

헤비사이드 함수(단위 스텝 함수)에 의해 활성화되는 유닛을 가진 MLP가 구간별 상수 함수 근사라는 것을 쉽게 증명할 수 있다. $f(x)$를 정의역이 $\Omega = [0, 1]$인 임의의 함수라 하고, 이 함수가 립시츠 연속$^{\text{Lipschitz continuous}}$이라 가정하자. 즉, 어떤 상수 $L \geq 0$에 대해 다음과 같다고 가정하자.

$$\forall x, x' \in [0, 1), \ |f(x') - f(x)| \leq L|x' - x|$$

헤비사이드 함수를 사용해 은닉 유닛을 다음과 같이 활성화하면

$$H(x) = \begin{cases} 1, & x \geq 0 \\ 0, & x < 0 \end{cases} \tag{4.17}$$

$\epsilon > 0$ 내로 $f(x)$를 근사하는 단일 은닉층에 $K = \lfloor \frac{L}{2\epsilon} + 1 \rfloor$개의 유닛을 가진 신경망을 구축할 수 있다. 즉, $\forall x \in [0, 1), \ |f(x) - \hat{f}(x)| \leq \epsilon$다. 여기서 $\hat{f}(x)$는 입력 x가 주어질 때 신경망 출력이다. $\epsilon' = \frac{\epsilon}{L}$이라 하자. 신경망이 $[x_k - \epsilon', x_k + \epsilon')$상의 콤팩트 지지$^{\text{compact support}}$ 집합을 갖고, x_k 중심 주변의

지표 함수 ϕ_k의 선형 조합이라는 것을 보일 것이다.

$$\phi_k(x) = \begin{cases} 1 & [x_k - \epsilon', x_k + \epsilon') \\ 0 & \text{기타 경우} \end{cases} \tag{4.18}$$

$\{\phi_k\}_{k=1}^{K}$은 구간별 상수 기저 함수 $\phi_i(x_j) = \delta_{ij}$이며 처음 몇 개를 그림 4.7에서 보여준다. 기저 함수^basis function^는 단위 속성의 분할 $\sum_{k=1}^{K} \phi_k(x) = 1$, $\forall$ $x \in \Omega$을 만족한다.

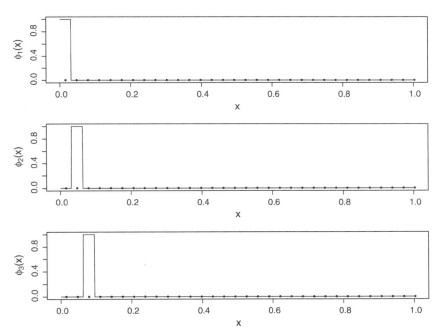

그림 4.7 인접한 스텝 함수 활성 유닛의 차이 $\phi_k(x) = H(x - (x_k - \epsilon')) - H(x - (x_k + \epsilon'))$에 의해 생성된 처음 3개 구간별 상수 기저 함수

이는 편향 $b_k^{(1)} = -2(k-1)\epsilon'$와 $W^{(1)} = 1$을 선택함으로써 헤비사이드 함수의 차이 $\phi_k(x) = H(x - (x_k - \epsilon')) - H(x - (x_k + \epsilon'))$, $x_k = (2k-1)\epsilon'$로 구축할 것이다. 이에 따라 신경망 $\hat{f}(X) = W^{(2)}H(W^{(1)}X + b^{(1)})$은 식 (4.19)를 기반으로 하는 값을 갖는다.

$$H(W^{(1)}x + b^{(1)}) = \begin{bmatrix} H(x) \\ H(x - 2\epsilon') \\ \cdots \\ H(x - 2(k-1)\epsilon') \\ \cdots \\ H(x - (2K-1)\epsilon') \end{bmatrix} \qquad (4.19)$$

그러고 나서 $W^{(2)}$은 정확한 함수 값과 이들의 차이와 같도록 설정한다.

$$W^{(2)} = [f(x_1), f(x_2) - f(x_1), \ldots, f(x_K) - f(x_{K-1})], \qquad (4.20)$$

$$\hat{f} = \begin{cases} f(x_1), & x \le 2\epsilon' \\ f(x_2), & 2\epsilon' < x \le 4\epsilon' \\ \cdots & \cdots \\ f(x_k), & 2(k)\epsilon' < x \le 2(k+1)\epsilon' \\ \cdots & \cdots \\ f(x_{K-1}), & 2(K-1)\epsilon' < x \le 2K\epsilon' \end{cases} \qquad (4.21)$$

그림 4.8은 $f(x) = \cos(2\pi x)$인 경우에 대한 함수 근사를 보여준다.

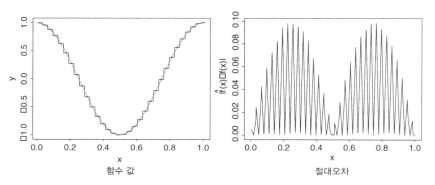

그림 4.8 그리드 입력 데이터와 헤비사이드 활성 함수를 사용한 $\cos(2\pi x)$의 근사. 근사 오차는 $K = \lfloor \frac{L}{2\epsilon} + 1 \rfloor$개의 은닉 유닛에 대해 최대 ϵ이다.

$x_k = (2k - 1)\epsilon'$이므로 $\phi k(x)$의 지지 집합인 구간 $[x_k - \epsilon', x_k + \epsilon']$에 대해 $\hat{Y} = f(x_k)$를 가진다. $f(x)$의 립시츠 연속성에 의해 최악의 경우 오차는 구간 $[x_k, x_{k+1})$의 중간 포인트에서 발생한다. 즉, 다음과 같다.

$$|f(x_k + \epsilon') - f(x + \epsilon')| = |f(x + \epsilon') - f(x_k)| \leq |f(x_k)| + L\epsilon' - |f(x_k)| = \epsilon$$
$$(4.22)$$

이 예는 MLP에 의해 허용된 좀 더 일반적인 표현의 특별한 경우다. 포인트 그리드화 가정을 완화하고, 대신 $\mathbb{R}^p$에 K개의 데이터 포인트들이 있다고 가정하자. 그러면 K개의 은닉 단위에 의해 생성된 영역 경계는 보로노이 다이어그램^{Voronoi diagram}을 정의한다. 비공식적으로 보로노이 다이어그램은 어떤 평면을 평면의 특정 부분집합 내의 포인트 간의 거리를 기반으로 하는 영역으로 분할하는 것이다. 이때 포인트 집합을 '시드^{seed}'라고 한다. 각 시드에 대해 다른 시드보다 해당 시드에 더 가까운 모든 포인트로 구성된 상응하는 영역이 있다. 보로노이 다이어그램에 대한 논의는 이 장의 범위를 벗어나지만 MLP를 스플라인으로 표현하는 것은 더 높은 차원의 입력 공간과 더 높은 차수의 스플라인으로 확장될 수 있다고 말하는 것으로 충분할 것이다.

따라서 각 관측에 대해 보로노이 셀을 정의하는 은닉 단위를 사용해 가중치와 편중의 특별한 설정하에 신경망은 일변량 스플라인임을 보여줄 수 있다. 이 결과는 고차원 및 고차 스플라인으로 일반화된다.

이러한 결과를 기반으로 스플라인을 신경망의 특별한 경우로 볼 수 있으며, 이는 신경망을 일반화된 근사화 및 회귀 기법으로 간주하는 우리의 추론과 일치한다. 신경망을 스플라인으로 공식화하면 근사 이론을 기반으로 네트워크를 설계할 수 있다. 그러나 불행히도 신경망을 스플라인과 동일시하는 것은 다중 계층이 왜 그리고 언제 필요한지에 대해 아무런 설명을 제공하지 않는다.

2.7 왜 심층 네트워크를 사용하는가?

심층 신경망으로의 확장은 사실 통계 및 정보 이론적 근거(Tishby and Zaslavsky 2015; Poggio 2016; Maskar et al. 2016; Martin와 Mahoney 2018; Bartlett et al. 2017a)에 의해 동기가 부여됐다. Poggio(2016)는 심층 네트워크가 차원의 저주를 피하면서 선형회귀와 같은 선형 가법 모델에 비해 우수한 성능을 달성할 수 있음을 보여준다. 또한 근사 행태를 네트워크의 깊이, 너비, 희소성 수준의 함수로 특징짓는 많은 최신 이론이 개발됐다(Polson과 Rockova 2018). 최근 Bartlett et al.(2017b)은 ReLU 활성 함수와 같은 구간별 선형 활성 함수로 심층 순전파 신경망 분류기의 표현력에 대한 상계와 하계를 증명한다. 이러한 한계는 파라미터의 거의 전체 범위에 적용된다. n이 총 가중치의 수라 하면 VC 차원이 $O(nL log(n))$임을 증명한다.

› VB 차원 정리

정리(Bartlett et al. (2017b)) 다음의 성립하는 보편적 상수 C가 존재한다. $W > CL > C^2$인 임의의 W, L이 주어질 때 VC 차원이 $W L log(W/L)/C$ 이상인 L개 이하의 계층과 W개 이하의 파라미터를 가진 ReLU 네트워크가 존재한다.

또한 이들은 서로 다른 비선형성을 가진 VC 차원에 대한 네트워크 깊이의 영향을 보여줬다. 구간별 상수에 대한 의존성, 구간별 선형에 대한 선형 의존성은 존재하지 않았고 일반적 구간별 다항식에 대한 의존성은 2차 이하다. 따라서 표현성과 깊이 사이의 관계는 활성 함수의 차수에 따라 결정된다. 얕은 네트워크가 블로우업^{blow-up} 없이 심층 ReLU 네트워크로 대표되는 비선형 함수의 클래스를 근사화할 수 없다는 것을 암시하는 추가적인 이론적 증거가 많다. Telgarsky(2016)는 L 계층의 ReLU 네트워크를 단지 $O(L^{1/3})$ 계층만으로 근사하려면 반드시 $\Omega(2^{L^{1/5}})$ 유닛이 있어야 한다는 것을 보여줬다. Mhaskar et al.(2016)은 모델의 너비(구성)와 깊이(계층의 추가) 간의 차이를 논의하고, 하나의 은닉층보다 여러 개의 은닉층으로 더 고차의 다항식을 더 효율적으로 근사하는 것이 가능하다는 것을 보여주고 있다.

Martin과 Mahoney(2018)는 심층 네트워크가 티호노프 규제화[Tikhonov regularization]처럼 암묵적으로 자기 규제화[self-regularizing]를 하고 있음을 보여준다. Tishby와 Zaslavsky(2015)는 계층이 입력 변수를 '통계적으로 분리[statistically decoupling]'하는 역할을 한다고 설명한다.

2.7.1 함수의 구성으로 근사

함수 구성이 각 계층에서 연속적으로 더 정확한 함수 표현을 이끌어낼 수 있는 이유의 직관을 얻고자 다음의 소수[decimal] x의 이진 전개를 예로 들어본다.

예제 4.1 소수의 이진 전개

정수 $n \geq 1$과 $x \in [0, 1]$ 각각에 대해 $f_n(x) = x_n$을 정의하자. 여기서 x_n은 x의 n번째 이진 숫자다. x_n이 1 또는 0인 경우 이진 전개 $x = \sum_{n=1}^{\infty} \frac{x_n}{2^n}$은 $X_{n-1} \geq \frac{1}{2^n}$인지 아닌지에 달려있으며, $X_n := x - \sum_{i=1}^{n} \frac{x_i}{2^i}$다. 예를 들어 $x_0 = x \geq \frac{1}{2}$인지 아닌지에 따라 첫 번째 숫자 x_1이 1 또는 0임을 알 수 있다. 그리고 나서 $X_1 = x - x_1/2$라 하고, $X_1 \geq \frac{1}{2^2}$이면 $x_2 = 1$이나 $x_2 = 0$으로 설정한다.

예제 4.2 소수의 이진 전개를 위한 신경망

위와 같은 소수의 이진 전개에 대한 심층 순전파 네트워크는 상이한 활성 함수, 즉 헤비사이드와 항등 함수를 가진 각 계층에서 2개의 뉴런을 사용한다. 입력 가중치 행렬 $W^{(1)}$은 항등행렬[identity matrix]이고 다른 가중치 행렬 $\{W^{(l)}\}_{l>1}$은 다음과 같다.

$$W^{(\ell)} = \begin{bmatrix} -\frac{1}{2^{\ell-1}} & 1 \\ -\frac{1}{2^{\ell-1}} & 1 \end{bmatrix}$$

그리고 $\sigma_1^{(\ell)}(x) = H(x, \frac{1}{2^\ell})$이고 $\sigma_2^{(\ell)}(x) = id(x) = x$이다. 편향 항은

없다. l개의 은닉층 이후 출력은 오차 $X_\ell \leq \frac{1}{2^\ell}$이다.

이진 전개를 이용해 소수를 이진 형식으로 변환하는 예는 간단하지만 다항식의 이진 전개로 쉽게 일반화할 수 있다.

정리 4.2(Lian과 Srikant(2016)) p차 다항식

$f(x) = \sum_{i=0}^{p} a_i x^i$, x $\in$ [0, 1], $\sum_{i=1}^{p} |a_i| \leq 1$에 대해 $|f(x) - \hat{f}(x)| \leq \varepsilon$, $\forall x$ $\in$ [0, 1]이 성립하는 $O\left(p \log \frac{p}{\varepsilon}\right)$개의 계층, $O\left(\log \frac{p}{\varepsilon}\right)$개의 헤비사이드 유닛, $O\left(p + \log \frac{p}{\varepsilon}\right)$개의 ReLU 유닛을 가진 다층 신경망 $\hat{f}(x)$이 존재한다.

증명. 증명의 개요는 다음과 같다. Liang과 Srikant(2016)는 그림 4.9에서 보여주는 딥 구조를 이용해 x의 n 스텝 이진 전개 $\sum_{i=0}^{n} a_i x^i$를 발견한다. 그러고 나서 이들은 다항식 $g_i(x) = x_i$, $i = 1, \ldots, p$를 근사하는 다층 네트워크를 구축한다. 마지막으로 다음과 같은 근사 오차를 분석한다.

$$|f(x) - \hat{f}(x)| \leq \frac{p}{2^{n-1}}$$

증명은 부록의 '정리 4.2의 증명'을 참고하라. □

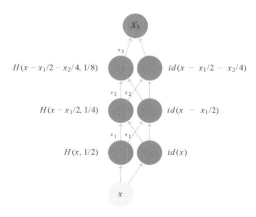

그림 4.9 소수의 이진 전개를 위한 심층 순전파 신경망의 예. 각 계층은 상이한 활성 함수(헤비사이드와 항등 함수)를 가진 두 개의 뉴런을 가진다.

2.7.2 ReLu 활성 함수를 활용한 합성

다중 네트워크 계층의 중요성을 이해하기 위한 직관적인 방법은 함수를 추가하는 대신 구간별 어파인 함수들을 조합하는 효과를 고려하는 것이다. ReLU 활성화된 뉴런의 조합이 구간별 근사를 제공한다는 것을 쉽게 알 수 있다. 예를 들어 그림 4.10에서 2개의 퍼셉트론과 4개의 퍼셉트론을 갖는 얕은 ReLU 네트워크를 고려하자.

$$F_{W,b} = W^{(2)}\sigma(W^{(1)}x + b^{(1)}), \ \sigma := \max(x, 0)$$

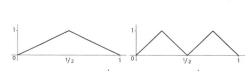

$$2\sigma(x) - 4\sigma(x - \tfrac{1}{2}) \quad 4\sigma(x) - 8\sigma(x - \tfrac{1}{4}) +$$
$$4\sigma(x - \tfrac{1}{2}) - 8\sigma(x - \tfrac{3}{4}).$$

2 유닛	4 유닛
$W^{(2)} = [2, -4]$	$W^{(2)} = [4, -8, 4, -8]$
$b^{(1)} = [0, -\tfrac{1}{2}]^T$	$b^{(1)} = [0, -\tfrac{1}{4}, -\tfrac{1}{2}, -\tfrac{3}{4}]^T$

그림 4.10 (왼쪽) 두 개의 퍼셉트론과 (오른쪽) 네 개의 퍼셉트론을 가진 얕은 ReLU 네트워크

먼저 $\sigma : \mathbb{R} \to \mathbb{R}$이 t개 조각의 구간별 어파인인 t-톱니가 되도록 정의하는 것으로 시작하자. 즉, $\mathbb{R}$이 t개의 연속 구간으로 분할되고, σ가 각 구간 내에서 어파인이라는 것을 의미한다. 따라서 $ReLU(x)$는 2-톱니지만 이 클래스에는 다른 많은 함수도 포함되는데, 예를 들어 부스팅에 사용되는 결정 스텀프[stump3]는 2-톱니며, $t - 1$ 노드를 가진 결정 트리는 t-톱니에 해당한다. 다음 보조 정리는 그림 4.11에서 보여준 톱니 함수들을 추가하는 효과 대 조합하는 효과에 대한 직관을 구축하는 데 도움이 된다.

보조 정리 4.1 $f : \mathbb{R} \to \mathbb{R}$과 $g : \mathbb{R} \to \mathbb{R}$이 각각 k-와 g-톱니라 하자. 그러면 $f + g$는 $(k + l)$-톱니고, $f \circ g$는 kl-톱니다.

---

3. 하나의 뿌리 노드와 이로부터 분리된 2개의 리프 노드만으로 구성된 트리 – 옮긴이

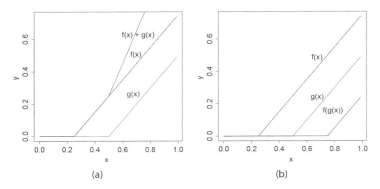

그림 4.11 2–톱니 함수를 추가하는 것과 조합하는 효과의 비교. (a) 2–톱니의 추가 (b) 2–톱니의 조합

이제 이 결과를 이용하고 그림 4.12에서 보여주고 다음과 같이 정의되는 미러 매핑mirror mapping $f_m : \mathbb{R} \to \mathbb{R}$을 고려하자.

$$f_\mathrm{m}(x) := \begin{cases} 2x & 0 \le x \le 1/2 \\ 2(1-x) & 1/2 < x \le 1 \\ 0 & \text{기타 경우} \end{cases}$$

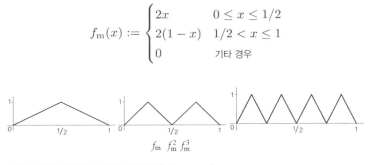

그림 4.12 그 자체로 구성된 미러 맵(mirror map)

f_m이 2개의 뉴런을 가진 2층 ReLU 활성 네트워크에 의해 표현될 수 있다는 점을 주목하자. 예를 들어 $f_m(x) = (2\sigma(x) - 4\sigma(x - 1/2))$이다. 따라서 f_m^k는 k개의 (동일한) ReLU 하위 네트워크로 구성된다. 주요 관찰은 네트워크가 얕지 않고 깊을 때 포인트 집합을 부수는 데 더 적은 은닉 유닛이 필요하다는 것이다.

예를 들어 번갈아가며 바뀌는 레이블을 가진 $n = 2^k$개의 포인트로 이뤄진 시퀀스를 고려하자. 이는 n-ap로 불리며 $k = 3$인 경우를 그림 4.13에서 보여준다. x 값이 왼쪽에서 오른쪽으로 이동함에 따라 레이블은 가능한 한 빈번하게 바뀌며 n개의 포인트를 부수기 가장 어려운 배열을 제공한다.

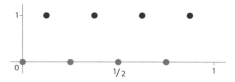

그림 4.13 n-ap는 구간 $[0, 1 - 2^{-n}]$에 걸쳐 교대하는 레이블을 가진 n개의 균등 간격 포인트로 구성된다. 즉, $x_i = i2^{-n}$인 포인트 $((x_i, y_i))_{i=1}^n$, n으로 i가 짝수일 때 $y_i = 0$이며 아니면 $y_i = 1$이다.

네트워크의 표현력을 측정하는 많은 방법이 있지만 여기서는 분류 오차를 고려할 것이다. l 계층과 각 계층마다 m 유닛을 가진 σ 활성화 네트워크를 가진다고 가정하자. 주어진 함수 $f : \mathbb{R}^p \to \mathbb{R}$하에 $\tilde{f} : \mathbb{R}^p \to \{0, 1\}$이 상응하는 분류기 $\tilde{f}(x) := \mathbb{1}_{f(x) \geq 1/2}$을 표기하고, 추가적으로 주어진 $((x_i, y_i))_{i=1}^n$, $x_i \in \mathbb{R}^p$, $y_i \in \{0, 1\}$에 대해 분류 오차를 $\mathcal{E}(f) := \frac{1}{n} \sum_i \mathbb{1}_{\tilde{f}(x_i) \neq y_i}$로 정의하자.

주어진 톱니 함수에 대해 n-ap의 분류 오차는 다음과 같이 아래쪽으로 유계다.

보조 정리 4.2 $((x_i, y_i))_{i=1}^n$가 n-ap에 따라 주어졌다고 가정하자. 그러면 모든 t-톱니 함수 $f : \mathbb{R} \to \mathbb{R}$은 $\mathcal{E}(f) \geq (n - 4t)/(3n)$을 만족한다. □

부록의 증명은 $1/2$을 교차하는 수를 단순히 세는 것에 의존한다. m개의 t-톱니 함수가 있다면 보조 정리 4.1에 의해 결과는 mt 구간에 걸친 구간별 어파인 함수다. 이제 주요 정리는 보조 정리 4.2에서 직접 도출된다.

정리 4.3 양의 정수 k, 계층 수 l과 계층별 노드 수 m이 주어졌다고 가정하자. 주어진 t-톱니 함수 $\sigma : \mathbb{R} \to \mathbb{R}$과 n-ap에서 설정된 $n := 2^k$ 포인트에 대해 다음이 성립한다.

$$\min_{W, b} \mathcal{E}(f) \geq \frac{n - 4(tm)^l}{3n}$$

결과로부터 예를 들어 n-ap에 대해 ReLU 활성화된 얕은 네트워크로 분류하는 경우 $m = 2^{k-3}$개의 유닛이 필요하지만 $l \geq 2$의 심층 네트워크에서는 $m = 2^{(1/l(k-2)-1)}$개의 유닛만이 필요하다.

딥러닝에 대한 연구는 매우 활발하며 딥러닝이 완전히 이해되기 전에 해결해야 할 많은 질문이 여전히 있다. 그러나 이러한 예제의 목적은 각 은닉층에서 뉴런의 수를 증가시키는 효과와 더불어 많은 은닉층에 대한 필요성에 대한 직관을 구축하고 동기를 부여하는 것이다.

이 장의 나머지 부분에서는 신경망의 실제 적용으로 초점을 돌리고 금융 모델링의 맥락에서 몇 가지 주요 과제를 고려한다. 어떻게 근사화되는 함수의 모양을 보존할 것인지, 그리고 실제로 어떻게 네트워크를 훈련하고 평가하는지를 고려하는 것으로 시작할 것이다.

3. 볼록성과 부등식 제약식

$\hat{f}(x)$의 범위를 제약하거나 근사하고자 하는 함수 $f(x)$의 모양에 대해 알려진 특정 속성의 부여가 필요할 수 있다. 예를 들어 $V = f(S)$는 옵션 가격이고 S는 기초 자산의 가치이며, $\hat{f}(S)$의 볼록성과 비음성이 필요할 수 있다. 다음의 순전파 구조 $F_{W,b}(X) : \mathbb{R}^p \rightarrow \mathbb{R}^d$를 고려하자.

$$\hat{Y} = F_{W,b}(X) = f^{(L)}_{W^{(L)},b^{(L)}} \circ \cdots \circ f^{(1)}_{W^{(1)},b^{(1)}}(X) \tag{4.23}$$

여기서 다음과 같다.

$$f^{(\ell)}_{W^{(\ell)},b^{(\ell)}}(x) = \sigma(W^{(\ell)}x + b^{(\ell)}), \ \forall \ell \in \{1, \dots, L\} \tag{4.24}$$

볼록성

x에 대한 $\hat{Y}$의 볼록성convexity을 위해 활성 함수 $\sigma(x)$는 x의 볼록 함수여야만 한다. 이 볼록 제약은 예를 들어 Bengio et al.(2006)에 있는 가중치에

대한 손실 함수의 볼록성과 혼동해서는 안 된다.

예는 $ReLU(x) := \max(x, 0)$과 $softplus(x; t) := \frac{1}{t}ln(1 + \exp\{tx\})$를 포함한다.[4] x의 선형 결합의 볼록 함수는 역시 x에 대해 볼록이므로 이 클래스의 활성 함수에 대해 준어파인$^{\text{semi-afffine}}$ 함수 $f^{(\ell)}_{W^{(\ell)}, b^{(\ell)}}(x) = \sigma(W^{(\ell)}x + b^{(\ell)})$은 반드시 x에 대해 볼록이어야 한다. $f^{(\ell+1)}_{W^{(\ell+1)}, b^{(\ell+1)}}(x)$가 비감소 볼록이고, $f^{(\ell)}_{W^{(\ell)}, b^{(\ell)}}(x)$가 볼록이라면 그리고 그런 경우에만(if and only if) 이 구성 $f^{(\ell+1)}_{W^{(\ell+1)}, b^{(\ell+1)}} \circ f^{(\ell)}_{W^{(\ell)}, b^{(\ell)}}(x)$은 볼록이다. 증명은 단순한 연습으로 남긴다. 따라서 x에 대한 $\hat{f}(x) = F_{W,b}(x)$의 볼록성을 위해 첫 번째 계층을 제외한 모든 계층의 가중치가 양임을 요구한다.

$$w^{(\ell)}_{ij} \geq 0, \forall i, j, \forall \ell \in \{2, \dots, L\} \tag{4.25}$$

$b^{(L)}_i \geq 0, \forall i \in \{1, \dots, d\}$이고 $\sigma(x) \geq 0, \forall x$이면 볼록성을 부여하기 위한 가중치에 대한 제약은 출력의 비음성$^{\text{non-negativity}}$을 보장한다. $w^{(L)}_{ij} \geq 0, \forall i, j$이므로 다음이 성립한다.

$$w^{(L)}_{ij}\sigma(I^{(L-1)}_i) \geq 0 \tag{4.26}$$

그리고 비음 편향 항으로 $\hat{f}_i(x)$는 비음이다.

이제 x에 대한 $\hat{f}_i(x)$의 볼록성을 부여하는 것과 독립적으로 네트워크의 출력에 한계를 부여하는 것을 별도로 고려한다. 한계를 가진 활성 함수 $\sigma \in [\underline{\sigma}, \bar{\sigma}]$를 선택하면 $\hat{f}_i \in [c_i, d_i]$이 되도록 보장하는 선형 부등식 제약식을 쉽게 부여할 수 있다.

---

4. 모델 파라미터 t≫1인 파라미터화된 소프트플러스 함수 $\sigma(x; t) := \frac{1}{t}ln(1 + \exp\{tx\})$는 $t \to \infty$ 극한에서 ReLU 함수에 수렴한다.

$$c_i \leq \hat{f}_i(x) \leq d_i, d_i > c_i, \ i \in \{1, \ldots, d\} \tag{4.27}$$

위 식은 다음과 같이 설정함으로써 얻는다.

$$b_i^{(L)} = c_i - \sum_{j=1}^{n^{(L-1)}} \min(s_{ij}|\underline{\sigma}|, s_{ij}|\bar{\sigma}|)|w_{ij}^{(L)}|, \ s_{ij} := \text{sign}(w_{ij}^{(L)}). \tag{4.28}$$

위의 함수 안의 표현이 $\min(s_{ij}|\underline{\sigma}|, s_{ij}|\bar{\sigma}|)|w_{ij}| = \min(w_{ij}|\underline{\sigma}|, w_{ij}|\bar{\sigma}|)$으로 더욱 단순화될 수 있음을 주목하라. 가중치와 편향의 훈련은 다음과 같은 선형 제약을 가진 제약하의 최적화 문제다.

$$\sum_{j=1}^{n^{(L-1)}} \max(s_{ij}|\underline{\sigma}|, s_{ij}|\bar{\sigma}|)|w_{ij}^{(L)}| \leq d_i - b_i^{(L)} \tag{4.29}$$

이는 라그랑지 승수법이나 다른 방법으로 풀 수 있다. $\hat{f}_i$가 볼록이어야 하고 구간 $[c_i, d_i]$로 제한돼야 한다면 물론 추가적인 제약식 $w_{ij}^{(L)} \geq 0, \forall i$, j가 필요하고, 위의 식은 다음과 같이 단순화된다.

$$b_i^{(L)} = c_i - \underline{\sigma} \sum_{j=1}^{n^{(L-1)}} w_{ij}^{(L)} \tag{4.30}$$

$w_{ij}^{(L)}, \forall j$에 대한 과소 결정된^{underdetermined} 시스템을 풀면 다음을 얻는다.

$$\sum_{j=1}^{n^{(L-1)}} \bar{\sigma} w_{ij}^{(L)} \leq d_i - b_i^{(L)} \tag{4.31}$$

$$\sum_{j=1}^{n^{(L-1)}} w_{ij}^{(L)} \leq \frac{d_i - c_i}{(\bar{\sigma} - \underline{\sigma})} \tag{4.32}$$

다음의 토이 예는 파생상품 모델과 보정에서 발생하는 제약하의 학습 문제를 단순화된 버전으로 제공한다. 이 예는 여기에 소개된 방법론을 설명하기 위한 것이다. 첫 번째 예는 기초 자산 가격의 함수로, 무차익

거래 옵션 가격을 학습할 필요성에 의해 제시한다. 특히 신경망, 더 넓게는 지도학습 머신러닝이 가격 결정에 유용한 세 가지 시나리오가 있다. 첫째, 기저의 동학에 대해 데이터 생성 프로세스를 가정하지 않는 모델 없는^{model-free} 프레임워크를 제공한다. 둘째, 머신러닝은 분석해가 알려지지 않은 복잡한 파생상품의 가격을 결정할 수 있다. 마지막으로 머신러닝은 입력 공간에 대한 차원의 저주로 인해 어려움을 겪지 않으므로 여러 기초 자산에 대한 옵션인 바스켓 옵션^{basket option}으로 확장할 수 있다. 이러한 각 측면은 더 자세히 탐구할 가치가 있으며 우리의 예는 가격 결정 함수를 학습하는 데 있어 몇 가지 어려움을 설명한다.

그러나 전통적 파생상품 가격 모델의 가장 큰 단점은 데이터에 대한 보정^{calibration}일 수 있다. 또한 머신러닝은 여기에도 답을 제공한다. 즉, 시장 및 (선물 및 옵션) 계약 변수와 모델 파라미터 사이의 관계를 학습하는 방법을 제공한다.

예제 4.3 옵션 가격 근사

만기 시점 T의 유럽형 콜 옵션의 수익은 $V_T = \max(S_T - K, 0)$이고 S에 대해 볼록^{convex}이다. 위험 중립 척도^{risk neutral measure}하에서 t 시점의 옵션 가격은 $V_t = \mathbb{E}_t[\exp(-r(T - t))V_T]$의 조건부 기대값이다. 조건부 기대는 선형 연산자이므로 수익 함수의 볼록성을 보존하고 이에 따라 옵션 가격은 항상 기초 자산 가격에 대해 볼록이다. 따라서 이차 미분 γ는 항상 비음이다. 게다가 옵션 가격은 항상 비음이어야 한다.

모든 기초 자산 값 $St \in (0, \bar{S})$에 대해 행사 가격 K의 유럽형 콜 옵션의 곡면을 근사해보자. 입력 변수 $X \in \mathbb{R}^+$는 기초 자산 가격이고 출력은 콜 가격이므로 데이터는 $\{S_i, V_i\}$다. 여기서는 신경망을 이용해 $V = f(S)$의 관계를 학습하고, f가 비음이고 S에 대해 볼록이라는 속성을 부여한다.

다음 예제에서 100개의 균등 그리드 훈련 포인트 $S_i \in \Omega_t \subset [0.001, 300]$에 대해 MLP를 훈련하고, $V_i = f(S_i)$는 블랙-숄즈^{BS} 가격 공식에 의해 생성된다. 무위험 이자율 $r = 0.01$, 행사 가격은 130, 변동성은 σ이고 만기까지 잔존 기간 $T = 2.0$이다. 100개의 관측치로 구성된 테스트 데이터는 더 넓은 정의역 $[0.001, 600]$ 위의 상이한 균등 그리드에 놓여있다. 네트워크는 100개의 유닛을 가진 하나의 은닉층($L = 2$), 소프트플러스 활성 함수와 $w_{ij}^{(L)}, b_i^{(L)} \geq 0, \forall i, j$를 사용한다. 그림 4.14는 예측과 BS 모델을 테스트 세트에 대해 비교한다. $w_{ij}^{(2)}$가 비음이므로 $\hat{Y}$가 S에 대해 볼록임이 관찰된다. 추가로 $b_i^{(2)} \geq 0$이고 $\sigma = 0$이므로 $\hat{Y} \geq 0$이다.

또한 그림은 콜 옵션의 델타, 즉 S에 대한 가격의 미분 $\Delta(X)$에 대한 블랙-숄즈 공식과 $\hat{Y}$의 그래디언트를 비교한다.

$$\hat{\Delta}(X) = \partial_X \hat{Y} = (W^{(2)})^T D W^{(1)}, \quad D_{ii} = \frac{1}{1 + \exp\{-\mathbf{w}_{i,}^{(1)} X - b_i^{(1)}\}} \tag{4.33}$$

BS 모델하에서 콜 옵션 델타는 구간 $[0, 1]$에 있다. 여기서 양으로 관찰되더라도 $W^{(1)}$에 제약이 없으므로 델타는 음이 될 수 있다. 유사하게 델타 근사는 1을 넘는 것으로 관찰된다. 따라서 델타를 제한하기 위한 추가 제약이 필요하다. 이러한 구조를 위해 $w_{ij}^{(1)} \geq 0$를 부여함으로써 델타의 비음성을 보전하고 $\sum_j^{n^{(1)}} w_{ij}^{(2)} \mathbf{w}_{j,}^{(1)} \leq 1$, $\forall i$는 델타를 1에서 제한되게 한다.

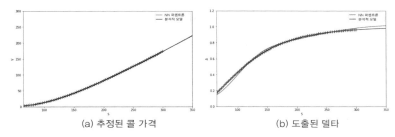

|(a) 추정된 콜 가격|(b) 도출된 델타|

그림 4.14 (a) 표본 외 콜 가격은 기초 가격 S에 대한 가격 근사의 비음성과 볼록성을 보장하는 제약식을 가진 단일 계층 신경망을 사용해 추정한다. (b) $\hat{Y}$의 수치 해석적 미분이 델타의 근사로 취해지고 테스트 세트상에서 블랙-숄즈 델타와 비교한다. 가중치에 대한 추가 제약이 $\partial_X \hat{Y} \in [0, 1]$을 보장하고자 필요하다는 것을 관찰한다.

예제 4.4 옵션 가격의 보정

목적은 머니니스^{moneyness} $M = S/K$의 함수로, 블랙-숄즈 공식의 역함수를 학습하는 것이다. 단순성을 위해 고정된 만기까지의 잔여시간을 가진 유럽형 내가격 풋이나 내가격 주식 콜 옵션 집합의 보정^{calibration}을 고려한다. 입력은 집합 내의 각 옵션에 대한 머니니스다. 신경망의 출력은 BS 내재 변동성이다. 이는 각 머니니스에 해당하는 옵션 가격 데이터에 BS 모델을 보정하고자 필요한 내재 변동성이다.

신경망은 양의 변동성을 보존하고 이 예에서 머니니스에 대한 곡면 위에 볼록성 제약을 부여한다. 후자는 유동성이 풍부한 옵션 시장에 일관성을 보장하고, 내재 변동성은 풋과 콜 모두에 대해 행사가격이 현재 주식 가격에서 멀어질수록 전형적으로 증가한다. 이는 내재 변동성 스마일$^{implied\ volatility\ smile}$이라 불린다. 주식 시장과 같은 시장에서 내재 변동성 스큐$^{implied\ volatility\ skew}$는 머니 매니저가 보통 풋보다는 콜에 대해 매도^{write}하는 것을 선호하므로 발생한다.

입력 변수 $X \in \mathbb{R}^+$는 머니니스고 출력은 변동성이므로 훈련 데이터는 $\{M_i, \sigma_i\}$다. 신경망을 사용해 관계 $\sigma = f(M)$을 학습하고 f가 비음이고 S에 대해 볼록이라는 속성을 부여한다. 이 예제에서 옵션 가격과 내재 변동성 간의 관계를 직접 학습하지 않는다. 대신 어떻게 BS 근 찾기^{root finder}가 머니니스의 함수로서 내재 변동성을 근사하는가를 학습한다.

다음 예제에서 $n = 100$개의 균등 그리드 훈련 포인트 $M_i \in \Omega_h \subset [0.5, 1 \times 10^4]$에 대해 MLP를 훈련하고 $\sigma_i = f(M_i)$는 행사 가격 K_i와 만기까지 잔존 기간 τ를 사용해 $V(\sigma; S, K_i, \tau, r) - \hat{V}_i = 0$, $\forall i = 1, \ldots, n$이고 $\tau = 0.2$에 대한 근 찾기를 사용함으로써 생성된다. 무위험 이자율 $r = 0.01$이다. 100개 관측의 테스트 데이터는 더 큰 정의역 $[0.4166, 1 \times 10^4]$상의 상이한 균등 그리드에 놓여 있다. 신경망은 100개의 유닛을 가진 하나의 은닉층($L = 2$), 소프트플러스 활성 함수, $w_{ij}^{(L)}, b_i^{(L)} \leq 0$, $\forall i, j$를 사용한다. 그림 4.15는 테스트 세트상에서 표본 외 모델 출력과 BS 모델에 대한 근 찾기를 비교한다. $\hat{Y}$는 $w_{ij}^{(2)}$이 비음이므로, M에 대해 볼록으로 관측된다. 추가적으로 $b_i^{(2)} \geq 0$이고, $\underline{\sigma} = 0$이므로 $\hat{Y} > 0$이다.

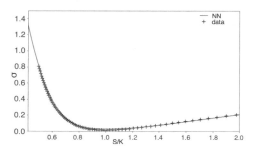

그림 4.15 머니니스의 함수가 참 값과 비교될 때 내재 변동성의 표본 외 MLP 추정

무차익거래 가격 결정

이전의 예는 신경망의 제약 조건 적용을 보여주기에 충분히 간단하다. 그러나 일반적으로 무차익거래 가격과 보정을 위해 더 복잡한 제약을 부여할 필요가 있을 것이다. 가격 근사는 만기에 대해 단조 증가하고 행사 가격에 대해 볼록해야만 한다. 이러한 제약 조건을 만족하려면 신경망이 더 많은 입력 변수 K와 T로 적합화돼야 한다.

가속 보정

신경망 파생상품 가격 결정을 필요로 하지 않는 한 가지 유망한 방향은 헤스턴 모델Heston model과 같은 확률적 변동성 기반 가격 모델stochastic volatility based pricing model을 기초 자산 가격, 행사 가격, 만기의 함수로 단순하게 학습한 다음 신경망 가격 결정 함수를 사용해 가격 모델을 보정하는 것이다. 이러한 보정은 관측된 옵션 가격이나 내재 변동성 집합에 몇 개의 변수를 적합화하는 것을 피하도록 한다. FFT나 몬테카를로 방법이 필요로 하는 값비싼 가격 결정 함수를 훈련된 신경망으로 교체하면 보정 시간이 상당히 단축된다. 자세한 내용은 Horvath et al.(2019)을 참고하라.

듀피어 국지적 변동성

또 다른 과제는 어떻게 이색 옵션exotic option들의 가격을 유럽형 옵션의 시장 가격과 일관되게 결정하는가 하는 것이다. 전자는 일반적으로 장외에서 거래되는 반면 후자는 종종 거래소에서 거래되므로 '완전히' 관찰할 수 있다. 아이디어를 고정하고자 $C(K, T)$가 어떤 고정된 행사 가격 K, 만기 T와 기초 자산 가격 S_t에 대해 관측된 콜 가격을 나타낸다고 하자. 단기 금리와 배당금 항을 제외할 때 유일한 유효effective 변동성, σ_0^2은 듀피어 공식Dupire formula에 의해 다음과 같이 주어진다.

$$\sigma_0^2 = \frac{2\partial_T C(K,T)}{K^2 \partial_K^2 C(K,T)} \qquad (4.34)$$

문제는 국지적 변동성 모델^{local volatility model}을 보정할 때 발생하는데, 시장 옵션 가격에서 유효 변동성을 추출하는 것은 잘못된 역문제다. 이러한 문제는 최근 Chataigne et al.(2020)이 심층 국지적 변동성^{deep local volatility}에 대한 논문에서 다뤘다.

> **? 다지선다형 문제 2**

다음 중 옳은 문장은 무엇인가?

1. 모든 활성 함수가 볼록이고 가중치가 모두 양이나 모두 음으로 제한되는 경우 순전파 구조는 항상 각 입력 변수에 대해 볼록이다.
2. 양의 가중치를 갖는 순전파 구조는 단조 증가 활성 함수의 어떠한 선택에 대해서도 입력의 단조 증가 함수다.
3. 순전파 구조의 가중치는 순전파 네트워크의 출력을 제한하고자 제약돼야 한다.
4. 네트워크의 편향 항은 단순히 출력을 이동시키고 입력에 대한 출력의 미분 값에 대해 아무런 영향을 미치지 않는다.

3.1 MLP와 다른 지도학습기와의 유사성

특수한 상황에서 MLP는 함수적으로 다른 많은 머신러닝 기법과 동일하다. 앞서 언급했듯이 네트워크에 은닉층이 없는 경우 이는 회귀 또는 로지스틱 회귀다. 은닉층이 하나 있는 신경망은 본질적으로 투영 추구 회귀^{projection pursuit regression}이며 둘 다 입력 벡터를 초평면에 투영하고 비선형 변환을 특성 공간에 적용한 다음 어파인 변환을 따른다. 은닉층에 의한 입력 벡터의 특성 공간에의 매핑은 개념적으로 커널 공간에 매핑하고 이후에 분류와 회귀가 수행되는 서포트 벡터 머신[SVM]과 같은 커널 방법과 유사하다. 부스트 결정 스텀프, 한 수준 부스트 결정 트리도 단일 계층 MLP로 표현될 수 있다. 이러한 개념적 유사성을 과도하게 확장하는 것에는 주의를 기울여야 한다. 데이터 생성 가정을 별도로 하더라도 사용되는 비선형 함수와 학습 알고리듬의 클래스에는 차이가 있다. 예를 들어 PPR에 삽입되는 비선형 함수는 입력 변수의 각 조합에 대해 다를 수 있으며 가중치를 업데이트하기 전에 순차적으로 추정된다. 대조적으로 신경망은 이러한 함수들을 고정하고 단일 계층에 속하는 모든 가중치를 동시에 추정한다. 다른 머신러닝 접근법의 요약은 표 4.1에 제시돼 있으며 독자에게 이러한 방법들을 포함하는 수많은 우수한 교과서 (Bishop 2006; Hasie et al. 2009)를 소개한다.

표 4.1 이 표는 지도 머신러닝 알고리듬을 비교한다(2017년 Mullainathan과 Spiess(2017)에서 인용한 것이다).

함수 클래스 F(와 그의 파라미터화)	규제화 R(f)
전역적/파라미터 예측 모델	
선형 $\beta'x$(와 일반화)	부분집합 선택 $\|\beta\|_0 = \sum_{j=1}^{k} \mathbf{1}_{\beta_j \neq 0}$
	라쏘(LASSO) $\|\beta\|_1 = \sum_{j=1}^{k} |\beta_j|$
	릿지(Ridge) $\|\beta\|_2^2 = \sum_{j=1}^{k} \beta_j^2$
	일래스틱넷 $\alpha\|\beta\|_1 + (1-\alpha)\|\beta\|_2^2$
국지적/비모수적 예측 모델	
결정/회귀 트리	깊이, 노드/리프 수, 최소 리프 크기, 분할에서의 정보 이득
랜덤 포레스트(트리의 선형 결합)	트리의 수, 각 트리에 사용된 변수의 수, 부트스트랩 샘플의 크기, 트리의 복잡도(위를 참고)
최근접 이웃	이웃의 수
커널 회귀	커널 밴드너비

(이어짐)

함수 클래스 F(와 그의 파라미터화)	규제화 R(f)
혼합 예측 모델	
딥러닝, 신경망, CNN	수준의 수, 수준별 뉴런 수, 뉴런 간의 연결
스플라인	노트의 수, 차수
결합 예측 모델	
배깅: 부트스트랩 추출을 기반으로 하는 예측 모델의 비가중 평균	추출의 수, 부트스트랩 샘플의 크기(와 개별 규제화 파라미터)
부스팅: 잔차의 예측 모델의 선형 결합	학습률, 반복 시행 수(와 개별 규제화 파라미터)
앙상블: 상이한 예측 모델의 가중 결합	앙상블 가중치(와 개별 규제화 파라미터)

4. 훈련, 검증, 테스트

딥러닝은 대규모 데이터 세트 안의 구조를 발견하는 데 초점을 맞추는 데이터 기반 접근법이다. 변수 또는 예측 변수 선택을 위한 주요 도구는 규제화regularization와 드롭아웃dropout이다. 표본 외out-of-sample 예측 성과는 최적 규제화 정도를 평가하는 데 도움을 준다. 즉, 최적 하이퍼파라미터 선택을 구하는 문제에 도움을 준다. 모델링 절차는 여전히 매우 베이지안적이며 모델러들은 다음의 두 가지 단계를 따른다.

1. **훈련 단계:** 충분히 근접한 매치를 발견할 때까지 기대 출력과 입력의 쌍을 짓는다. 가우스Gauss가 개발한 최소 제곱 절차가 일반적으로 사용된다.
2. **검증 및 테스트 단계:** 딥러너가 표본 외 예측에 대해 얼마나 잘 훈련됐는지 평가한다. 이는 데이터의 크기, 예측하고자 하는 값, 입력 및 수치적 예측 변수에 대한 평균 오차와 분류기에 대한 분류 오차를 포함하는 다양한 모델 특성에 의존한다.

종종 검증 단계는 다음의 두 부분으로 분할된다.

2.a 우선 모든 접근법의 표본 외 정확도를 추정한다(즉, 검증^{validation}).

2.b 다음 검증 데이터를 기반으로 모델들을 비교하고 최고의 성과를 내는 접근법을 선택한다(즉, 확인^{verification}).

여러 경쟁하는 접근법에서 적절한 모델을 선택할 필요가 없으면 **2.b** 단계는 생략할 수 있다. 이 경우 연구자는 데이터 세트를 훈련과 테스트 세트로만 나누면 된다.

학습 머신을 구축하고 평가하고자 입력–출력 쌍 $D = \{Y^{(i)}, X^{(i)}\}_{i=1}^{N}$로 시작한다. 목적은 $Y = F(X)$의 머신 학습기를 발견하는 것이다. 여기서 출력 시그널 Y의 예측기 $\hat{Y}$에 대한 손실 함수는 $\mathcal{L}(Y, \hat{Y})$이다. 많은 경우 기저의 확률 모델 $p(Y|\hat{Y})$가 존재하며, 이때 손실 함수는 음의 로그 확률 $\mathcal{L}(Y, \hat{Y})$ $= -\log p(Y, \hat{Y})$이다. 예를 들어 가우시안 모델하에서 $\mathcal{L}(Y, \hat{Y}) = \|Y - \hat{Y}\|$는 L^2-노름이며 이진 분류에 대해 $\mathcal{L}(Y, \hat{Y}) = -Y \log \hat{Y}$는 음의 교차 엔트로피^{negative cross entropy}다. 가장 간단한 형태로 다음의 최적화 문제를 푼다.

$$\underset{W,b}{\text{minimize}} f(W, b) + \lambda\phi(W, b)$$

$$f(W, b) = \frac{1}{N} \sum_{i=1}^{N} \mathcal{L}(Y^{(i)}, \hat{Y}(X^{(i)}))$$

여기서 $\phi(W, b)$는 규제화 페널티다. 손실 함수는 비볼록이고 많은 국지적 극소점을 가지므로 전역적 극소점을 찾는 것은 일반적으로 어렵다. 흔히 명시적으로 언급되지는 않지만 중요한 가정은 오차가 '동질적^{homoscedastic}'이라는 것이다. 동질성은 오차가 각 관측에 걸쳐 동일한 분포를 가진다는 것이다. 이 가정은 관측에 상이한 가중치를 부여함으로써 완화될 수 있다. 어쨌든 이러한 확장은 매우 간단하고 비가중 최적화 문제를 풀기 위한 알고리듬과 양립한다고 간주한다. 여기서 λ는 모델의 표본 외 예측 평균 제곱오차^{MSE, Mean Squared Error}를 사용해 조정하는 전역적 규제화 파라미터이. $\nabla \mathcal{L}$이 체인 법칙에 의해 닫힌 해로 주어지고 역전파 back-propagation를 통해 각 계층의 가중치 $\hat{W}^{(\ell)}$가 확률적 그래디언트 하강법 stochastic gradient descent 으로 적합화된다.

1장에서 K 중 1-of-K 인코딩이 범주형 반응에 사용돼 G가 K진 벡터 $G \in [0, 1]^K$이고 값 k가 $G_k = 1$과 $G_j = 0$, $\forall j \neq k$로 표현된다. 여기서 $\|G_k\|_1 = 1$이다. 예측기는 $\hat{G}_k := g_k(X|(W, b))$, $\|\hat{G}_k\|_1 = 1$로 주어지며, 손실 함수는 다음과 같은 이산 확률 변수에 대한 음의 교차 엔트로피다.

$$\mathcal{L}(G, \hat{G}(X)) = -G^T ln\hat{G} \tag{4.35}$$

예를 들어 $K = 3$ 클래스가 있다면 $G = [0, 0, 1]$, $G = [0, 1, 0]$ 또는 $G = [1, 0, 0]$는 세 클래스를 표현한다. $K > 2$일 때 출력층은 K 뉴런을 갖고 있고 손실 함수는 다음과 같은 음의 교차 엔트로피다.

$$\mathcal{L}(G, \hat{G}(X)) = -\sum_{k=1}^{K} G_k ln\hat{G}_k \tag{4.36}$$

$K = 2$, 즉 이진 분류의 경우 출력에 하나의 뉴런만 있고 손실 함수는 다음과 같다.

$$\mathcal{L}(G, \hat{G}(X)) = -Gln\hat{G} - (1 - G)ln(1 - \hat{G}) \tag{4.37}$$

여기서 $\hat{G} = g_1(X|(W, b)) = \sigma(I^{(L-1)})$이며 σ는 시그모이드 sigmoid 함수다.

은닉층이 없을 때 $I^{(1)} = W^{(1)}X + b^{(1)}$이고 $g_1(X|(W, b))$는 로지스틱 회귀 logistic regression 임을 알 수 있다. 소프트맥스 softmax 함수 σ_s는 이진 분류기를 다진 분류기 $\sigma_s : \mathbb{R}^K \to [0, 1]^K$으로 일반화하고, 이는 다음과 같이 주어지는 K-벡터 연속함수다.

$$\sigma_s(\mathbf{x})_k = \frac{\exp(x_k)}{\|\exp(\mathbf{x})\|_1}, \ k \in \{1, \dots, K\} \tag{4.38}$$

여기서 $\|\sigma_s(x)\|_1 = 1$이다. 소프트맥스 함수는 K 가능한 상태에 걸친 확률 분포를 표현하고자 사용된다.

$$\hat{G}_k = P(G = k \mid X) = \sigma_s(WX + b) = \frac{\exp((WX + b)_k)}{\|\exp(WX + b)\|_1} \tag{4.39}$$

› 소프트맥스 함수의 미분

나눗셈 미분 법칙$^{\text{quotient rule}}$ $f'(x) = \frac{g'(x)h(x) - h'(x)g(x)}{[h(x)]^2}$을 사용해 미분 $\sigma :=$ $\sigma_s(\mathbf{x})$의 미분은 다음과 같이 표현된다.

$$\frac{\partial \sigma_i}{\partial x_i} = \frac{\exp(x_i)\|\exp(\mathbf{x})\|_1 - \exp(x_i)\exp(x_i)}{\|\exp(\mathbf{x})\|_1^2} \tag{4.40}$$

$$= \frac{\exp(x_i)}{\|\exp(\mathbf{x})\|_1} \cdot \frac{\|\exp(\mathbf{x})\|_1 - \exp(x_i)}{\|\exp(\mathbf{x})\|_1} \tag{4.41}$$

$$= \sigma_i(1 - \sigma_i) \tag{4.42}$$

$i \neq j$의 경우 미분은 다음과 같다.

$$\frac{\partial \sigma_i}{\partial x_j} = \frac{0 - \exp(x_i)\exp(x_j)}{\|\exp(\mathbf{x})\|_1^2} \tag{4.43}$$

$$= -\frac{\exp(x_j)}{\|\exp(\mathbf{x})\|_1} \cdot \frac{\exp(x_i)}{\|\exp(\mathbf{x})\|_1} \tag{4.44}$$

$$= -\sigma_j\sigma_i \tag{4.45}$$

이는 간결하게 $\frac{\partial \sigma_i}{\partial x_j} = \sigma_i(\delta_{ij} - \sigma_j)$로 표기될 수 있다. 여기서 δ_{ij}는 크로네 커 델타$^{\text{Kronecker delta}}$ 함수다.

5. 확률적 그래디언트 하강법(SGD)

확률적 그래디언트 하강법 또는 그 변형은 전형적으로 페널티가 부여된 손실 함수 $f(W, b)$를 최소화함으로써 딥러닝 모델의 가중치를 발견하는 데 사용된다. 이 방법은 반복 시행 k에서 그래디언트 $\nabla f(W^k, b^k)$의 추정치를 따라 음의 스텝을 취함으로써 함수를 최소화한다. 근사적 그래디언트는 다음에 의해 계산된다.

$$g^k = \frac{1}{b_k} \sum_{i \in E_k} \nabla \mathcal{L}_{W,b}(Y^{(i)}, \hat{Y}^k(X^{(i)}))$$

여기서 $E_k \subset \{1, \ldots, N\}$이고 $b_k = |E_k|$는 E_k(즉, 배치 크기)의 원소 개수다. $b_k > 1$일 때 알고리듬은 배치 SGD$^{\text{batch SGD}}$로 불리며, 그 밖의 경우에는 단순히 SGD로 불린다. 부분집합 E를 선택하는 일반적인 전략은 주기적으로 수행하는 것인데, $\{1, \ldots, N\}$의 연속적 원소를 선택하는 것으로 $E_{k+1} = [E_k \bmod N] + 1$이며 여기서 mod는 집합에 적용된 나머지 연산이다. 근사된 방향 g^k는 딥러닝에서 체인 법칙(즉, 역전파)을 사용해 계산된다. 이는 다음과 같이 $\nabla f(W^k, b^k)$의 불편추정량이다.

$$\mathrm{E}(g^k) = \frac{1}{N} \sum_{i=1}^{N} \nabla \mathcal{L}_{W,b} \left(Y^{(i)}, \hat{Y}^k(X^{(i)}) \right) = \nabla f(W^k, b^k)$$

각 반복 시행에서 해 $(W, b)^{k+1} = (W, b)^k - t_k g^k$를 이용해 업데이트한다.

딥러닝 응용에서는 스텝 크기 t_k(즉, 학습률)를 상수 또는 $t_k = a \exp\{-kt\}$의 형태의 감쇠 전략으로 사용한다. 적절한 학습률이나 감쇠 스케줄의 하이퍼파라미터는 보통 수치적 실험과 손실 함수 진행의 관찰에서 경험적으로 발견된다. 계층에 걸쳐 가중치를 업데이트할 때 역전파$^{\text{back-propagation}}$가 필요하고 다음 절에서 설명할 것이다.

다음 중 옳은 문장은 무엇인가?

1. 신경망의 훈련은 훈련 데이터에 걸쳐 가중치와 편향에 대해 손실 함수를 최소화하는 것을 포함한다.
2. L_1 규제화는 너무 많은 파라미터를 가진 모델에 페널티를 부여하므로 모델 선택에 사용된다.
3. 딥러닝에서 규제화는 네트워크의 각 계층에 적용될 수 있다.
4. 역전파는 네트워크 가중치를 업데이트하고자 체인 법칙을 사용하지만 유일한 최소값으로 수렴하는 것은 보장하지 않는다.
5. 확률적 그래디언트 하강과 역전파는 손실 함수를 최소화하기 위한 두 가지 다른 최적화 알고리듬이며 사용자는 가장 적합한 알고리듬을 선택해야 한다.

5.1 역전파

다중 분류기를 계속 다루면서 우선 가중치와 편향을 업데이트하는 데 있어 재귀적 접근법의 필요성을 비공식적으로 설명한다. $\hat{Y} \in [0, 1]^K$를 최종 가중치 행렬 $W \in \mathbb{R}^{K \times M}$과 출력 편향 $\mathbb{R}^K$의 함수로 다음과 같이 표현하자.

$$\hat{Y}(W, b) = \sigma \circ I(W, b) \tag{4.46}$$

여기서 입력함수 $I : \mathbb{R}^{K \times M} \times \mathbb{R}^K \to \mathbb{R}^K$는 $I(W, b) := WX + b$의 형태를 갖고, $\sigma : \mathbb{R}^K \to \mathbb{R}^K$는 소프트맥스 함수다. 다변수 체인 법칙을 적용하면 $\hat{Y}(W, b)$의 자코비안^{Jacobian}을 다음과 같이 얻는다.

$$\nabla \hat{Y}(W, b) = \nabla(\sigma \circ I)(W, b) \tag{4.47}$$

$$= \nabla\sigma(I(W,b)) \cdot \nabla I(W,b) \tag{4.48}$$

5.1.1 가중치 행렬 업데이트

다변수 분류기에 대한 손실 함수가 다음의 교차 엔트로피임을 상기하라.

$$\mathcal{L}(Y,\hat{Y}(X)) = -\sum_{k=1}^{K} Y_k ln\hat{Y}_k \tag{4.49}$$

Y가 상수 벡터이므로 교차 엔트로피를 다음과 같이 (W, b)의 함수로 표현할 수 있다.

$$\mathcal{L}(W,b) = \mathcal{L} \circ \sigma(I(W,b)) \tag{4.50}$$

다변수 체인 법칙을 적용해 다음을 얻는다.

$$\nabla\mathcal{L}(W,b) = \nabla(\mathcal{L} \circ \sigma)(I(W,b)) \tag{4.51}$$
$$= \nabla\mathcal{L}(\sigma(I(W,b))) \cdot \nabla\sigma(I(W,b)) \cdot \nabla I(W,b) \tag{4.52}$$

확률적 그래디언트 하강법을 사용해 다음과 같이 최소점을 얻는다.

$$(\hat{W},\hat{b}) = \arg\min_{W,b} \frac{1}{N}\sum_{i=1}^{N} \mathcal{L}(y_i, \hat{Y}^{W,b}(\mathbf{x}_i)) \tag{4.53}$$

모델이 구성적 형태를 갖고 있으므로 그래디언트가 미분을 위한 체인 법칙을 사용해 도출될 수 있다. 이는 네트워크에 걸쳐 순방향으로 진행되고 나서 역방향 스텝(역전파)으로 계산되며, 각 뉴런에 대해 국지적인 양만을 추적한다.

순전파

$Z^{(0)} = X$로 설정하고 $l \in \{1, \dots, L\}$에 대해 다음을 설정한다.

$$Z^{(\ell)} = f^{(\ell)}_{W^{(\ell)}, b^{(\ell)}}(Z^{(\ell-1)}) = \sigma^{(\ell)}(W^{(\ell)} Z^{(\ell-1)} + b^{(\ell)}) \tag{4.54}$$

순전파를 마치면 $\hat{Y} := Z(L)$을 이용해 $\hat{Y} - Y$를 평가한다.

역전파

역전파 오차 $\delta^{(l)} := \nabla_{b^{(l)}} \mathcal{L}$을 정의하자. 여기서 주어진 $\delta^{(L)} = \hat{Y} - Y$와 $l = L-1, \ldots, 1$에 대해 다음의 재귀적 관계는 계층 l에 대한 업데이트된 역전파 오차와 가중치 업데이트를 제공한다.

$$\delta^{(\ell)} = (\nabla_{I^{(\ell)}} \sigma^{(\ell)}) W^{(\ell+1)T} \delta^{(\ell+1)} \tag{4.55}$$

$$\nabla_{W^{(\ell)}} \mathcal{L} = \delta^{(\ell)} \otimes Z^{(\ell-1)} \tag{4.56}$$

여기서 $\otimes$는 두 벡터의 외적$^{outer\ product}$이다. 식 4.55와 4.56의 도출을 위해서는 부록 '역전파'를 참고하라.

다음 표현에 따라 가중치와 편향은 모든 $l \in \{1, \ldots, L\}$에 대해 업데이트된다.

$$\Delta W^{(\ell)} = -\gamma \nabla_{W^{(\ell)}} \mathcal{L} = -\gamma \delta^{(\ell)} \otimes Z^{(\ell-1)}$$

$$\Delta b^{(\ell)} = -\gamma \delta^{(\ell)}$$

여기서 γ은 사용자 정의 학습률 파라미터다. 음의 부호를 주목하라. 즉, 이는 가중치 변화가 오차 감소의 방향에 있음을 가리킨다. 미니배치 또는 오프라인 업데이트는 동시에 여러 관측치를 사용한다. 배치 크기는 각 전파에 사용된 X의 관측수를 일컫는다. 에폭^{epoch}은 모든 훈련 샘플에 걸친 양방향 전파(순방향 + 역방향 전파)를 일컫는다.

예제 4.5 3층 네트워크에 대한 역전파

순전파 네트워크 분류기는 2개의 시그모이드 활성 은닉층과 하나의 소프트맥스 활성 출력층을 가진다고 가정하자. 순방향 전파 이후 $\{Z^{(l)}\}_{l=1}^{3}$의 값이 저장되고, 오차 $\hat{Y} - Y$는 X의 관측 한 개에 대해 계산된다. 여기서 $\hat{Y} = Z^{(3)}$이다. 마지막 계층의 역전파와 가중치 업데이트는 다음과 같이 평가된다.

$$\delta^{(3)} = \hat{Y} - Y$$
$$\nabla_{W^{(3)}} \mathcal{L} = \delta^{(3)} \otimes Z^{(2)}$$

이제 식 4.55와 4.56을 이용해 은닉층 2의 역전파 오차와 가중치 업데이트를 업데이트한다.

$$\delta^{(2)} = Z^{(2)}(1 - Z^{(2)})(W^{(3)})^{T}\delta^{(3)}$$
$$\nabla_{W^{(2)}} \mathcal{L} = \delta^{(2)} \otimes Z^{(1)}$$

은닉층 1에 대해 반복해서 다음을 얻는다.

$$\delta^{(1)} = Z^{(1)}(1 - Z^{(1)})(W^{(2)})^{T}\delta^{(2)}$$
$$\nabla_{W^{(1)}} \mathcal{L} = \delta^{(1)} \otimes X.$$

식 4.55와 4.56을 이용해 가중치와 편향을 업데이트하면 $b^{(3)} \rightarrow b^{(3)} - \gamma\delta^{(3)}$, $W^{(3)} \rightarrow W^{(3)} - \gamma\delta^{(3)} \otimes Z^{(2)}$이 되고, 다른 가중치-편향 쌍 $\{(W^{(l)}, b^{(l)})\}_{l=1}^{2}$에 대해 이를 반복한다. 추가적인 파이썬 작업 예제의 세부 사항은 역전파 노트북을 참고하고, 연습문제 4.12를 완성하라.

5.2 모멘텀

SGD의 단점은 f의 하강이 보장되지 않거나 또는 각 반복 시행에 매우 느릴 수 있다는 것이다. 더 나아가 그래디언트 추정치 g^{k}의 분산은 반복 시행이 해에 수렴함에 따라 0에 가까워진다. 이들 문제를 다루고자 좌표

하강$^{CD, Coordinate Descent}$과 모멘텀 기반의 수정된 SGD를 사용한다. 각 CD 스텝은 현재 포인트에서의 그래디언트 ∇f의 단일 구성 요소 E_k를 평가하고 나서 변수 벡터의 E_k번째 구성 요소를 음의 그래디언트 방향으로 업데이트한다. SGD의 모멘텀 기반 버전 또는 소위 가속 알고리듬$^{accelerated algorithm}$은 네스트로프^{Nestrov}(2013)에 의해 최초로 제안됐다.

탐색 방향에 있어 스텝 선택에서의 모멘텀 사용은 이전 탐색 방향과 새로운 그래디언트 정보를 결합한다. 또한 이들 방법은 헤비볼 방법$^{heavy-ball method}$과 켤레 그래디언트 방법$^{conjugate gradient method}$ 같은 다른 고전적 기법과 연관된다. 경험적으로 모멘텀 기반 방법들은 딥러닝 네트워크에 대해 훨씬 좋은 수렴을 보인다. 핵심 아이디어는 그래디언트가 다음 업데이트의 '속도' 변화에만 영향을 준다.

$$v^{k+1} = \mu v^k - t_k g^k$$
$$(W, b)^{k+1} = (W, b)^k + v^k$$

파라미터 μ는 변수 업데이트율에 대한 덤핑 효과$^{dumping effect}$를 통제한다. 물리적 비유는 최소점에서 움직임의 감속$^{slow down}$을 허용하는 운동 에너지의 감소다. 또한 이 파라미터는 교차 검증$^{cross validation}$을 사용해 경험적으로 선택된다.

네스트로프의 모멘텀 방법(즉, 네스트로프 가속)은 대신 모멘텀에 의해 예측된 포인트에서의 그래디언트를 계산한다. 이를 선견 전략$^{look-ahead strategy}$으로 생각할 수 있다. 결과 업데이트 식은 다음과 같다.

$$v^{k+1} = \mu v^k - t_k g((W, b)^k + v^k)$$
$$(W, b)^{k+1} = (W, b)^k + v^k$$

또 하나의 인기 있는 SGD 방법의 변형은 에이다그래드^{AdaGrad} 방법으로, 각 반복 시행에서 각 학습 파라미터의 크기를 적응적으로 조정한다.

$$c^{k+1} = c^k + g((W,b)^k)^2$$
$$(W,b)^{k+1} = (W,b)^k - t_k g(W,b)^k)/(\sqrt{c^{k+1}} - a)$$

여기서 a는 작은 숫자, 즉 $a = 10^{-6}$으로 0에 의해 나눠지는 것을 방지한다. RMSProp은 AdaGrad 아이디어를 더욱 발전시켜 그래디언트 제곱의 최근 값에 더 큰 가중치를 부여해 업데이트 방향의 크기를 조정한다. 즉, 다음과 같다.

$$c^{k+1} = dc^k + (1-d)g((W,b)^k)^2$$

아담^{Adam} 방법은 RMSProp과 모멘텀 방법을 모두 결합하고 다음 업데이트 식을 산출한다.

$$v^{k+1} = \mu v^k - (1-\mu)t_k g((W,b)^k + v^k)$$
$$c^{k+1} = dc^k + (1-d)g((W,b)^k)^2$$

2계 방법$^{second\ order\ method}$은 다음과 같이 뉴턴 방법$^{Newton\ method}$으로 비선형 방정식 체계 $\nabla f(W, b) = 0$을 풂으로써 최적화 문제를 푼다.

SGD는 단순히 $1/t$로 $\nabla^2 f(W, b)$를 근사한다. 2계 방법의 장점은 훨씬 더 빠른 수렴률과 문제의 조건에 덜 민감하다는 것이다. 실무에 있어 2계 방법은 딥러닝 응용에 거의 사용되지 않는다(Dean et al. 2012). 주요 단점은 SGD가 하듯이 배치 데이터를 사용해 모델을 훈련할 수 없다는 것이다. 전형적인 딥러닝 모델이 대규모 데이터 세트에 의존하기 때문에 2계 방법은 중간 크기의 훈련 세트에서도 메모리 측면과 계산적으로 과다하다.

5.2.1 계산적 고려

현대의 고성능 컴퓨터에서도 SGD 방법을 대규모 문제로 확장하기에 배치만으로 충분하지 않다. 체인 법칙을 통한 역전파는 가중치 업데이트에서 순차적 종속성을 상속해 딥러닝 모델의 데이터 세트 차원을 제한한다. Polson et al.(2015)은 딥러닝 모델의 추정 및 최적화와 규제화 경로 계산을 위한 효율적인 해를 제공하는 베이지안 최적화 기술인 프록시멀 뉴턴 방법^proximal Newton method을 고려한다. 저자들은 모든 계층에서 파라미터의 동시 블록 업데이트를 제공함으로써 역전파의 고유한 병목 현상을 극복하는 분할 접근법, 즉 교대 방향 승수법^ADMM, Alternating Direction Method of Multiplier을 제시한다. ADMM은 대규모 컴퓨팅 사용을 용이하게 한다.

딥러닝의 광범위한 채택에서 중요한 요인은 머신러닝 알고리듬을 쉽게 표현하고 컴퓨팅 집약적 연산을 다양한 하드웨어 플랫폼과 특정 GPU 카드에 매핑하기 위한 인터페이스인 텐서플로^TensorFlow(Abadi et al. 2016)의 탄생이다. 최근 텐서플로는 에드워드^Edward(Tran et al. 2017)[5]에 의해 증강돼 베이지안 통계와 확률적 프로그래밍의 개념을 딥러닝과 결합하고 있다.

5.2.2 드롭아웃을 통한 모델 평균화

신경망의 과적합을 방지하는 데 필수적이라고 판명된 하나의 최종 기술을 간략히 언급함으로써 이 절을 마무리하고자 한다. 드롭아웃은 많은 모델 구성을 고려한 다음 예측을 평균해 모델 분산을 줄이는 계산 효율적인 기술이다. n이 매우 클 때 계층 입력의 공간 $Z = (Z_1, \ldots, Z_n)$은 훈련 과정에서 과적합을 방지하도록 설계된 차원 감소 기법이 필요하다. 드롭아웃은 주어진 확률 θ로 계층 입력을 무작위로 제거함으로써 작동한다. 확률 θ는 교차 검증을 통해 튜닝될 수 있는 추가 하이퍼파라미터(λ와 같은)로 볼 수 있다. 경험적으로 1,000개의 변수가 있는 경우 $\theta = 0.1$을 선택하면 100개의 변수가 있는 모델을 탐색한다. 예측기에 대한 확률적 탐색이 있는 드롭아웃 구조를 다음과 같이 사용할 수 있다.

$$d_i^{(\ell)} \sim \text{Ber}(\theta)$$
$$\tilde{Z}^{(\ell)} = d^{(\ell)} \circ Z^{(\ell)}, \ 1 \leq \ell < L$$

---

5. Edward는 확률적 모델링, 추론과 평가를 위한 파이썬 라이브러리다. – 옮긴이

$$Z^{(\ell)} = \sigma^{(\ell)}(W^{(\ell)}\tilde{Z}^{(\ell-1)} + b^{(\ell)})$$

이는 효과적으로 계층 입력 Z를 $d \circ Z$로 대체하며, 여기서 $\circ$는 원소별 곱을 표기하고 d는 독립적 베르누이 Ber(θ) 분포의 확률 변수 벡터다. 전체적인 목적 함수는 g-prior(Heaton et al. 2017)[6]를 가진 릿지 회귀^{ridge regression}와 밀접한 관계를 갖는다.

6. 베이지안 신경망*

베이지안 딥러닝(Neal 1990; Saul et al. 1996, Frey and Hinton 1999, Lawrence 2005, Adams et al. 2010, Mnih and Gregor 2014, Kingma and Welling 2013, Rezende et al. 2014)은 통계 모델링을 위한 강력하고 일반적인 프레임워크를 제공한다. 베이지안 프레임워크는 데이터 모델링에 대한 완전히 새로운 접근법을 허용하고 기존 모델이 해결할 수 없는 많은 문제를 해결한다. (i) 베이지안 딥러닝은 코풀라^{copulas}를 사용해 모델링하는 것이 불가능 하지는 않지만 매우 어려운 변수 사이의 복잡한 종속성을 명시적으로 나타낼 수 있게 허용한다. (ii) 베이지안 딥러닝은 고차원 데이터 세트의 변수 사이의 상관관계를 포착한다. (iii) 베이지안 딥러닝은 불확실성의 계량화를 위해 관련된 대규모 데이터 세트로부터의 규모 효과를 예측할 때의 불확실성 정도를 정의한다.

불확실성은 사건 공간이 알려졌지만 확률은 알려지지 않은 나이트의 불확실성^{Knightian uncertainty7}의 통계적으로 측정할 수 없는 상황을 가리킨다 (Chen et al. 2017). 종종 예측은 잘못된 모델링 가정이나 파라미터 오차를

---

6. g-prio(g-사전분포)는 다중 회귀 계수에 대해 설정하는 객관적인 사전분포다. - 옮긴이

7. 시카고 대학 교수(Frank Knight)는 리스크 또는 위험(Risk)을 측정 가능한 불확실성으로 확률 범위 내에서 발생하는 사건으로 정의하고 불확실성(Uncertainty)은 측정 불가능한 사건으로, 발생과 영향의 확률에 대해 알지 못하는 사건으로 정의하면서 위험과 불확실성을 구별하고 있다. - 옮긴이

통해 잡음 데이터 또는 모델 불확실성에서 발생하는 불확실성에 가려질 수 있다. 이 불확실성을 예측에서 표현하는 것이 바람직하다. 기존의 베이지안 모델링에서 불확실성은 사전분포에 대한 파라미터 가정하에서 적은 양의 저차원 데이터로부터 학습하는 데 사용된다. 사전분포의 선택은 일반적으로 논쟁 포인트며 모델링 충실도보다는 솔루션 추적성을 위해 선택된다. 최근 결정론적 딥러닝은 대규모 고차원 데이터 세트로 잘 확장되는 것으로 나타났다. 그러나 네트워크에서 얻은 확률 벡터는 종종 모델 신뢰도(Gal 2016)로 잘못 해석된다.

신경망 모델의 모델 불확실성에 대한 일반적인 접근법은 모델 파라미터 (가중치 및 편향)가 확률 변수라고 가정하는 것이다(그림 4.16 참고). 그런 다음 ANN 모델은 가중치 수가 무한으로 커질 때 가우시안 프로세스에 접근한다(Neal 2012, Williams 1997). 유한수의 가중치 경우 랜덤 파라미터를 가진 네트워크를 베이지안 신경망(MacKay 1992b)이라고 한다. 변분 추론 variational inference 기법과 수학 모델을 계산 그래프(Blundell et al. 2015a)로 나타내는 소프트웨어의 최근 발전은 테스트(순전파) 또는 추론(역전파 및 자동 미분과 함께 그래디언트 기반 최적화)을 수행하는 방법에 대해 걱정할 필요 없이 확률적 딥러닝 모델을 구축할 수 있게 한다. 변분 추론은 표준 확률적 그래디언트 하강 알고리듬으로 다중 모드 우도 함수를 극단화할 수 있는 근사 기법이다. 변분과 MCMC 알고리듬의 대안이 최근 Gal(2016)에 의해 제안됐으며 효율적인 드롭아웃 규제화 기법을 기반으로 구축된다.

현재의 모든 기법은 계산적으로 추적 가능한 방법으로 평가할 수 있는 또 다른 분포 $q_\theta(w)$를 사용해 모델 파라미터 $p(w \mid X, Y)$에 대한 참 사후분포를 근사하는 데 의존한다. 이러한 분포는 참 사후분포에 가능한 한 가깝게 선택되며 쿨백-라이블러 발산 KL divergence, Kullback-Leibler divergence을 최소화함으로써 발견된다.

$$\theta^* \in \arg \min_\theta \int q_\theta(w) \log \frac{q_\theta(w)}{p(w \mid X, Y)} dw$$

MCMC^{Markov Chain Monte Carlo} 방법을 비롯해 불확실성 계량화에 대한 베이지안 딥러닝에는 수많은 접근법이 있다. 이들은 관측치 수에 따라 잘 확장되지 않는 것으로 알려져 있으며, 최근 연구에서는 계산 부담을 완화하고자 SG-MCMC^{Stochastic Gradient MCMC}와 PX-MMC^{Parameter eXpansion MMC} 같은 관련 방법을 개발했다. 순전파 네트워크 구조의 베이지안 확장은 여러 연구자에 의해 검토됐다(Neal 1990; Saul et al. 1996; Frey and Hinton 1999; Lawrence 2005; Adams et al. 2010; Mnih and Gregor 2014; Kingma and Welling 2013; Rezende et al. 2014). 최근 결과는 드롭아웃 규제화가 딥러닝 모델의 불확실성을 나타내는 데 어떻게 사용될 수 있는지 보여준다. 특히 Gal(2015)은 드롭아웃이 예측값에 대한 불확실성 추정치를 제공한다는 것을 보여준다. 드롭아웃이 있는 딥러닝 모델에 의해 생성된 예측은 단지 예측 사후분포로부터의 샘플링된 값에 불과하다.

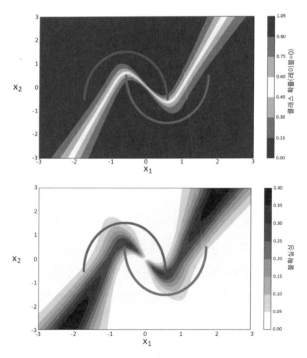

그림 4.16 신경망을 활용한 하프-문(half-moon) 문제에 대한 베이지안 분류. (상단) 사후분포의 평균과 (하단) 사후분포의 표준편차

신경망을 사용해 이진 변수의 벡터를 모델링하는 고전적인 예는 두 개의 층을 가진 볼츠만 머신^{BM, Boltzmann Machine}이다. 첫 번째 층은 잠재 변수를 인코딩하고 두 번째 층은 관측된 변수를 인코딩한다. 조건부 분포 p(데이터|잠재 변수)와 p(잠재 변수|데이터)는 모두 가중치와 오프셋 벡터로 파라미터화된 로지스틱 함수를 사용해 설정된다. 결합분포 테이블의 크기는 변수의 수에 따라 기하급수적으로 커지며 Hinton과 Sejnowski(1983)는 깁스 샘플러^{Gibbs sampler}를 사용해 각 반복 시행마다 모델 가중치에 대한 업데이트를 계산할 것을 제안했다. 사후분포의 다중 모달^{multi-modal} 특성은 실제 크기의 모델을 학습하는 데 필요한 엄청난 계산 시간을 초래한다. Tieleman(2008)은 사후확률 p(잠재 변수|데이터)를 대체하고 이를 계산하기 쉬운 또 다른 분포로 근사화하는 변분 접근법^{variational approach}을 제안했으며 Salakhutdinov(2008)에서 고려됐다. BM에 대한 몇 가지 확장이 제안됐다(Smolensky 1986; Salakhutdinov 2008; Salakhutdinov and Hinton 2009; Welling et al. 2005). 이들에 의해 지수분포 함수군^{exponential family}으로의 확장이 고려됐다.

딥러닝 모델을 위한 추론 알고리듬 구축에도 여러 가지 접근법이 있었다(MacKay 1992a; Hinton and Van Camp 1993; Neal 1992; Barber and Bishop 1998). 신경망에서 베이지안 추론은 관측치가 주어졌을 때 가중치에 대한 사후분포를 계산한다. 일반적으로, 그러한 사후분포는 분석적으로 계산되거나 효율적으로 샘플링될 수 없다. 그러나 최근에 제안된 몇 가지 접근법은 일부 특정 딥러닝 모델에 대한 이러한 계산 문제를 다루고 있다(Graves 2011; Kingma and Welling 2013; Rezende et al. 2014; Blundell et al. 2015b; Hernández-Lobato and Adams 2015; Gal and Gahramani 2016).

딥러닝 네트워크에 대한 효율적 베이지안 추론 알고리듬을 개발하는 최근의 성공적 접근법은 변분 추론을 수행하면서 몬테카를로 그래디언트를 계산하기 위한 재파라미터화^{reparamterization} 기법을 기반으로 한다. 이와 같은 접근법은 확률적 변분 추론의 응용에 폭발적 개발을 초래했다.

데이터 $\mathcal{D} = (X, Y)$가 주어질 때 변분 추론은 사후분포 $p(\theta|\mathcal{D})$를 변분분 포 $q(\theta|\mathcal{D}, \phi)$로 근사하는 것에 의존한다. 여기서 $\theta = (W, b)$다. 그러면 q는 다음의 근사분포와 사후분포 간의 쿨백-라이블러 발산을 최소화함으로써 발견된다.

$$\mathrm{KL}(q \parallel p) = \int q(\theta \mid \mathcal{D}, \phi) \log \frac{q(\theta \mid \mathcal{D}, \phi)}{p(\theta \mid \mathcal{D})} d\theta$$

$p(\theta|\mathcal{D})$가 반드시 추적 가능하지는 않으므로 $\mathrm{KL}(q \parallel p)$의 최소화를 ELBO[Evidence Lower BOund](증거 하한)의 최소화로 대체한다.

$$\mathrm{ELBO}(\phi) = \int q(\theta \mid \mathcal{D}, \phi) \log \frac{p(Y \mid X, \theta)p(\theta)}{q(\theta \mid \mathcal{D}, \phi)} d\theta$$

전체 확률(증거)의 로그는 다음과 같다.

$$\log p(D) = \mathrm{ELBO}(\phi) + \mathrm{KL}(q \parallel p)$$

합은 ϕ에 의존하지 않으므로 $\mathrm{KL}(q \parallel p)$를 최소화하는 것은 ELBO($q$)를 최소화하는 것과 같다. 또한 젠센 부등식으로부터 $\mathrm{KL}(q \parallel p) \geq 0$이므로 $\log q(\mathcal{D}) \geq \mathrm{ELBO}(\phi)$를 얻는다. 결과로 얻는 최소화 문제 $\mathrm{ELBO}(\phi) \rightarrow \max_\phi$는 확률 그래디언트 하강을 사용해 푼다.

그래디언트를 계산할 때 ELBO를 다음과 같이 표기하는 것이 편리하다.

$$\mathrm{ELBO}(\phi) = \int q(\theta \mid \mathcal{D}, \phi) \log p(Y \mid X, \theta)d\theta - \int q(\theta \mid \mathcal{D}, \phi) \log \frac{q(\theta \mid \mathcal{D}, \phi)}{p(\theta)} d\theta$$

첫째 항의 그래디언트 $\nabla_\phi \int q(\theta|\mathcal{D}, \phi) \log p(Y|X, \theta)d\theta = \nabla_\phi E_q \log p(Y|X, \theta)$ 는 기대값이 아니다. 따라서 몬테카를로를 사용해 계산할 수 없다. 아이디어는 몬테카를로 기법을 사용해 계산할 수 있게 그래디언트 $\nabla_\phi E_q \log p(Y|X, \theta)$를 어떤 확률 변수의 기대값으로 표현하는 것이다. 이를 수행하는 2가지 표준 방법이 있다. 첫째, 로그 미분 트릭은 다음 항등식

$\nabla_x f(x) = f(x) \nabla_x \log f(x)$을 사용해 $\nabla_\phi E_q \log p(Y \mid \theta)$를 얻는 것이다. 따라서 $q(\theta \mid \phi)$를 선택해 미분을 계산하고 이로부터 샘플을 생성하면 그래디언트는 몬테카를로 기법을 사용해 효율적으로 계산할 수 있다. 둘째, θ를 결정적 함수 $\theta = g(\varepsilon, x, \phi)$의 값으로 표현하는 재파라미터화 트릭을 사용할 수 있다. 여기서 $\varepsilon \sim r(\varepsilon)$은 ϕ에 의존하지 않는다. 미분은 다음에 의해 주어진다.

$$\nabla_\phi E_q \log p(Y \mid X, \theta) = \int r(\epsilon) \nabla_\phi \log p(Y \mid X, g(\epsilon, x, \phi)) d\epsilon$$
$$= E_\epsilon [\nabla_g \log p(Y \mid X, g(\epsilon, x, \phi)) \nabla_\phi g(\epsilon, x, \phi)]$$

$q(\theta \mid \mathcal{D}, \phi) = \mathcal{N}(\theta \mid \mu(\mathcal{D}, \phi), \Sigma(D, \phi))$이고 $\theta = \mu(\mathcal{D}, \phi) + \epsilon \Sigma(\mathcal{D}, \phi)$, $\epsilon \sim \mathcal{N}(0, I)$일 때 재파라미터화는 자명하다. Kingma와 Welling(2013)은 $\Sigma(\mathcal{D}, \phi)$를 사용해 $\mu(\mathcal{D}, \phi)$와 ε를 신경망(다층 퍼셉트론)의 출력으로 표현하는 것을 제안하며 결과로 도출된 접근법은 변분형 오토인코더[variational autoencoder]라고 불린다. 일반화된 재파라미터화는 Ruiz et al.(2016)에 의해 제안됐으며, ε가 ϕ에 의존할 수 있다고 가정함으로써 로그 미분[log derivative]과 재파라미터화[reparametrization] 기법 모두를 결합한다.

7. 요약

4장에서는 관측 포인트가 i.i.d.일 때 신경망 이론과 함께 함수 근사와 표본 외 추정 이론의 일부를 소개했다. i.i.d.가 아닌 경우는 시계열 데이터에 적합하지 않으며 이후 장의 주제다. 구조 설계에 대해 과학적으로 추론하는 데 도움이 되는 몇 가지 이론적 주장을 탐구하고자 순전파[feedforward] 신경망에 초점을 맞췄다. 순전파 신경망이 은닉 유닛, 즉 퍼셉트론으로 입력 공간을 매니폴드를 사용해 유계의 영역[bounded region]으로 분할하는 것을 봤다. ReLU 활성 유닛의 경우 각 매니폴드는 초평면[hyperplane]

이고, 은닉 유닛은 초평면 배열을 형성한다. 우리는 은닉층의 효과에 대한 추론과 더불어 각 계층의 유닛수의 효과에 대한 다양한 접근법을 소개했다. 또한 신경망을 이해하고 i.i.d. 데이터에 대해 신경망을 적용하는 데 필요한 다양한 개념과 방법을 소개했다. 이는 다음을 포함한다.

- MLP 클래스의 학습력을 표현하기 위한 기반으로서 팻 부수기[fat-shattering], VC 차원과 경험적 위험 척도[ERM]
- 스플라인으로서의 신경망 구성과 이들의 포인트별 근사 오차 한계 approximation error bound
- 딥러닝에서 계층을 구성하는 이유
- 신경망 훈련을 위한 기법으로서의 확률적 그래디언트 하강과 역전파
- 금융에서 금융 파생상품과 기타 제약하의 최적화 문제를 근사하는 데 필요한, 네트워크에 부여하는 제약 조건

8. 연습문제

연습문제 4.1

$$\nabla_{ij} I_k = \begin{cases} X_j, & i = k \\ 0, & i \neq k \end{cases}$$

위의 식을 식 4.47에 대입해 다음이 성립하는 것을 보여라.

$$\nabla_{ij}\sigma_k \equiv \frac{\partial \sigma_k}{\partial w_{ij}} = \nabla_i \sigma_k X_j = \sigma_k(\delta_{ki} - \sigma_i)X_j$$

연습문제 4.2

w_{ij}에 대한 소프트맥스 함수의 미분을 식 4.52에 대입하면 출력이 $Y_k = 1$, $k = i$, $Y_k = 0$, $\forall k \neq i$인 특수한 경우에 다음이 성립하는 것을 보여라.

$$\nabla_{ij}\mathcal{L}(W,b) := [\nabla_W \mathcal{L}(W,b)]_{ij} = \begin{cases} (\sigma_i - 1)X_j, & Y_i = 1 \\ 0, & Y_k = 0, \ \forall k \neq i \end{cases}$$

연습문제 4.3

다음 2가지 유형의 활성 함수를 사용하는 순전파 신경망을 고려하자.

- 항등 함수identity

$$Id(x) := x$$

- 스텝 함수(즉, 헤비사이드 함수)

$$H(x) := \begin{cases} 1 & \text{if } x \geq 0 \\ 0 & \text{otherwise} \end{cases}$$

1. 하나의 입력 $x \in \mathbb{R}$, 스텝 함수 활성 $H(x)$의 K 유닛을 가진 하나의 은닉층과 항등(즉, 선형) 활성을 가진 단일 출력을 가진 순전파 신경망을 고려하자. 출력은 다음과 같이 표현된다.

$$\hat{f}(x) = Id\left(b^{(2)} + \sum_{k=1}^{K} w_k^{(2)} H(b_k^{(1)} + w_k^{(1)} x)\right)$$

이들 활성 함수를 이용해 신경망을 구축하라.

a. 다음의 스텝 함수를 고려하자.

$$u(x;a) := yH(x-a) = \begin{cases} y, & \text{if } x \geq a \\ 0, & \text{otherwise} \end{cases}$$

반응이 $u(x; a)$인 하나의 입력 x와 하나의 은닉층으로 신경망을 구축하라. 신경망 구조를 그린 후 각 유닛에 대한 활성 함수를 (Id 또는 H로) 표현하고 (a와 y의 항으로) 모든 가중치 값을 구하라.

b. 이제 다음 지표 함수를 고려하자.

$$\mathbf{1}_{[a,b)}(x) = \begin{cases} 1, \text{ if } x \in [a,b) \\ 0, \text{ otherwise} \end{cases}$$

y, a, b에 대해 반응이 $y\mathbf{1}_{[a,b)}(x)$인 하나의 입력과 하나의 은닉층을 가진 신경망을 구축하라. 신경망 구조를 그린 후 각 유닛에 대한 활성 함수를 (Id 또는 H로) 표현하고 (a와 y의 항으로) 모든 가중치 값을 구하라.

연습문제 4.4

하나의 은닉층을 가진 신경망은 어떤 제한된 1차원 평활 함수$^{\text{smooth function}}$에 대해 임의로 근접하는 근사를 제공할 수 있다. 이 문제는 증명을 보여준다. $f(x)$를 실수 $C < D$에 대해 정의역이 $[C, D)$인 임의의 함수라 하고 함수가 립시츠 연속이라 가정하자. 즉, 어떤 상수 $L \geq 0$에 대해 다음과 같다.

$$\forall x, x' \in [C, D), \ |f(x') - f(x)| \leq L|x' - x|$$

이전 파트에서 구축된 빌딩블록을 사용해 하나의 은닉층을 가진 신경망을 구축해 위의 함수를 $\epsilon > 0$ 내로 근사하자. 즉, $\forall x \in [C, D), |f(x) - \hat{f}(x)| \leq \epsilon$이고, 여기서 $\hat{f}(x)$는 주어진 입력 x에 대한 신경망의 출력이다. 신경망은 단지 항등 또는 헤비사이드 활성 함수를 사용해야만 한다. 은닉 유닛의 수 K, 각 유닛에 대한 활성 함수와 각 $k \in \{1, ..., K\}$에 대한 각각의 가중치 $w_0, w_k, w_0^{(k)}, w_1^{(k)}$를 계산하는 공식을 명시해야 한다. 이들 가중치들은 C, D, L, ϵ과 당신이 선택한 유한 수의 x값에서 평가된 $f(x)$의 값으로 표현돼야 한다(어떤 x값을 사용할 것인가를 명시할 필요가 있다). $\hat{f}(x)$ 함수를 명시적으로 표현할 필요는 없다. 당신의 네트워크가 주어진 정확도 ϵ를 달성하는 이유는 무엇인가?

연습문제 4.5

은닉층에 n개의 tanh 활동 유닛과 d개의 출력을 가진 얕은 신경망 회귀 모델을 고려하자. 은닉-출력 가중치 행렬 $W_{ij}^{(2)} = \frac{1}{n}$이고, 입력-은닉 가중치 행렬 $W^{(1)} = 1$이다. 편향은 0이다. 특성 $X_1, \ldots, X_p$가 $\mu = 0$이고 분산이 σ^2인 i.i.d. 가우시안 확률 변수이면 다음이 성립함을 보여라.

a. $\hat{Y} \in [-1, 1]$

b. $\hat{Y}$는 은닉 유닛 수 $n \geq 1$에 독립이다.

c. 기대값은 $\mathbb{E}[\hat{Y}] = 0$이고 분산은 $\mathbb{V}[\hat{Y}] \leq 1$이다.

연습문제 4.6

$\Omega = [0, 1]$일 때 다음의 지표 함수$^{\text{indicator function}}$ 합의 VC 차원을 결정하라.

$$F_k(x) = \{f : \Omega \to \{0, 1\}, f(x) = \sum_{i=0}^{k} \mathbf{1}_{x \in [t_{2i}, t_{2i+1}]}, 0 \leq t_0 < \cdots < t_{2k+1} \leq 1, k \geq 1\}$$

연습문제 4.7

2개의 헤비사이드 활성 유닛을 가진 순전파 이진 분류기가 데이터 $\{0.25, 0.5, 0.75\}$를 부수는^{shatter} 것을 보여라.

연습문제 4.8

레이블링된 관측$(x = 1, y = 1)$에 대한 단위 가중치, 0 편향(즉, $W^{(1)} = 1$, $b^{(1)} = 0$) 및 ReLU 활성의 두 개 은닉 유닛을 가진(하나의 은닉층을 가진) 얕은 이진 분류기가 주어질 때 $W^{(2)}$와 $b^{(2)}$의 가중치와 편향 업데이트를 계산하라.

8.1 프로그래밍 연관 문제*

연습문제 4.9

다음 데이터 세트를 고려하자(앤스컴 콰르텟$^{Anscombe's\ quartet8}$에서 추출).

$$(x_1, y_1) = (10.0, 9.14), (x_2, y_2) = (8.0, 8.14), (x_3, y_3) = (13.0, 8.74)$$
$$(x_4, y_4) = (9.0, 8.77), (x_5, y_5) = (11.0, 9.26), (x_6, y_6) = (14.0, 8.10)$$
$$(x_7, y_7) = (6.0, 6.13), (x_8, y_8) = (4.0, 3.10), (x_9, y_9) = (12.0, 9.13)$$
$$(x_{10}, y_{10}) = (7.0, 7.26), (x_{11}, y_{11}) = (5.0, 4.74)$$

a. 당신이 선택한 신경망 라이브러리를 사용해 한 개의 유닛으로 구성된 한 개의 은닉층을 가진 순전파 네트워크와 은닉층이 없는 순전파 네트워크가 보통 최소 제곱법^{OLS}를 기반으로 하는 선형회귀의 성과를 능가하지 못함을 보여라. 각 신경망은 선형 활성 함수만을 사용한다.

b. tanh 활성 함수를 사용하는 3개 뉴런의 은닉층과 선형 활성 함수를 사용하는 출력층의 신경망이 비선형성을 포착하고 선형회귀의 성과를 능가함을 보여라.

연습문제 4.10

파이썬 노트북 deep_classifers.ipynb를 검토하라. 이 노트북은 케라스 ^{Keras}를 사용해 하프문$^{half-moon}$ 문제에 적용되는 세 가지 간단한 순전파 네트워크, 즉 로지스틱 회귀(은닉층 없음), 하나의 은닉층이 있는 순전파 네트워크, 두 개의 은닉층이 있는 순전파 구조를 구축한다. 하프문 문제는 원래 좌표에서는 선형적으로 분리할 수 없다. 그러나 적합화된 가중치와 편향의 그래프를 그린 후 많은 은닉 뉴런을 가진 네트워크가 최종 은닉층으로부터의 출력 좌표로 분류 문제의 선형적으로 분리 가능한 표현을 제공한다는 것을 관측하게 될 것이다.

---

8. 통계적 특성은 매우 유사하지만 그래프는 매우 다른 4개의 데이터 세트를 의미한다. — 옮긴이

다음 질문을 자신의 말로 완성하라.

a. 하프문 데이터 세트를 완벽하게 분류하고자 2개 이상의 은닉층이 필요했는가? 아니라면 다중 은닉층이 다른 데이터 세트에 유용할 수 있는 이유는 무엇인가?

b. 자유도가 증가함에 따라 분류 정확도가 향상되는 것이 분명하므로 매우 많은 수의 뉴런을 사용하는 것은 어떤가?

c. ReLU 함수를 사용하지 않고(즉, activation="linear") 노트북의 Part 1b에 있는 초평면의 그래프를 반복해서 그려라. 뉴런의 증가에 따라 결정 표면이 어떻게 변화하는지 정성적^{qualitatively}으로 기술하라. (비선형) 활성 함수가 필요한 이유는 무엇인가? 그림을 사용해 당신의 대답을 뒷받침할 것을 기대한다.

연습문제 4.11

케라스의 EarlyStopping 콜백을 이용해 노트북 Deep_Classifers.ipynb를 수정해 다음 종료 기준하에서 훈련을 종료하라. $|L^{(k+1)} - L(k)| \leq \delta$. 여기서 $\delta = 0.1$이다.

연습문제 4.12

세 개의 입력, 첫 번째 은닉층의 두 개 유닛, 두 번째 은닉층의 두 개 유닛, 그리고 출력층의 세 개 유닛을 가진 순전파 신경망을 고려해보자. 은닉층 1에 대한 활성 함수는 ReLU이고 은닉층 2에 대한 활성 함수는 시그모이드이며 출력층에 대한 활성 함수는 소프트맥스다.

초기 가중치는 다음 행렬에 의해 주어진다.

$$W^{(1)} = \begin{pmatrix} 0.1 & 0.3 & 0.7 \\ 0.9 & 0.4 & 0.4 \end{pmatrix}, W^{(2)} = \begin{pmatrix} 0.4 & 0.3 \\ 0.7 & 0.2 \end{pmatrix}, W^{(3)} = \begin{pmatrix} 0.5 & 0.6 \\ 0.6 & 0.7 \\ 0.3 & 0.2 \end{pmatrix}$$

그리고 모든 편향은 단위벡터다.

입력 0.1, 0.7, 0.3이 출력 (1 0 0)에 해당한다고 가정하면 단일 에폭 이후 업데이트된 가중치와 편향을 수동으로 계산하고(순방향 + 역방향 전파) 사용한 모든 미분을 명시하라. 학습률은 1을 사용해야 한다.

실제적 연습으로 역전파 파이썬 노트북에서 확률적 그래디언트 하강 루틴의 구현을 수정해야 한다.

노트북의 예는 시그모이드 활성 은닉층만을 사용하는 5장의 예와 일치한다는 점에 유의한다. 200 에폭 이후에 텐서플로(또는 ANN 라이브러리)에서 얻은 가중치와 편향을 자신의 절차에 의해 얻은 것과 비교하라.

부록

다지선다형 문제 해답

문제 1

정답: 1, 2, 3, 4

모든 해답은 본문에서 찾을 수 있다.

문제 2

정변: 1, 2

모든 활성 함수가 볼록이고 가중치가 모두 양 또는 모두 음으로 제한되는 경우 순전파 구조는 항상 각 입력 변수에 대해 볼록이다. 볼록 함수의 구성과 볼록 함수의 어파인 변환이 볼록성을 보존하지 못하기 때문에 단순히 볼록 활성 함수를 사용하는 것은 충분하지 않다. 예를 들어 $\sigma(x) = x^2$, $w = -1$, $b = 1$이면 $\sigma(w\sigma(x) + b) = (-x^2 + 1)^2$은 x에 볼록이 아니다.

양의 가중치를 갖는 순전파 구조는 어떠한 단조 증가 활성 함수의 선택에 대해서도 입력의 단조 증가 함수다.

순전파 구조의 가중치는 제한될 순전파 네트워크의 출력이 제한되도록 제한하지 않아도 된다. 예를 들어 소프트맥스 함수로 출력을 활성화하면 출력이 제한된다. 출력이 활성화되지 않은 경우에만 최종 계층의 가중치와 편향이 제한된 출력이 되도록 제한해야 한다.

네트워크의 편향bias 항은 출력을 이동시키기도 하지만 계층이 활성화될 때 입력에 대한 출력의 미분에 영향을 미친다.

문제 3

정답: 1, 2, 3, 4

신경망의 훈련은 훈련 데이터에 대한 가중치와 편향인 손실 함수를 최소화하는 것을 포함한다. L_1 규제화는 파라미터가 너무 많은 모델에 페널티를 주고자 모델 선택에 사용된다. 손실 함수는 가중치 개수에 대한 라그랑지 페널티로 증강된다. 딥러닝에서 규제화는 네트워크의 각 계층에 적용될 수 있다. 따라서 각 계층에는 관련된 규제화 파라미터가 있다. 역전파는 네트워크 가중치를 업데이트하고자 체인 법칙을 사용하지만 유일한 최소값으로 수렴하는 것은 보장하지 않는다. 이는 손실 함수가 가중치에 대해 볼록이 아니기 때문이다. 확률적 그래디언트 하강은 역전파로 구현되는 최적화 방법의 한 유형이다. 그러나 SGD에는 네스트로프의 모멘텀 항의 추가, ADAM 또는 RMSProp와 같은 변형들이 있다.

역전파

하나의 입력층, $L-1$개의 은닉층, 하나의 출력층, K개의 범주 분류를 위한 출력층의 K 유닛을 가진 순전파 네트워크를 고려하자. 결과로 $l = 1$, ..., L에 대한 입력 $Z^{(l-1)}$과 $Z^{(l)}$에 해당하는 $l = 1, ..., L$에 대해 L개 집합의 가중치와 편향 $(W^{(l)}, b^{(l)})$을 가진다. 각 층이 준어파인 변환 $l^{(l)}(Z^{(l-1)}) :=$

$W^{(L)}Z^{(l-1)} + b^{(L)}$의 활성임을 상기하라. 해당 활성 함수는 $\sigma^{(l)}$로 표기된다. 출력층에 대한 활성 함수는 소프트맥스 함수 $\sigma_s^{(x)}$이다.

여기서 손실 함수로 다음과 같이 정의된 교차 엔트로피를 사용한다.

$$\mathcal{L} := -\sum_{k=1}^{K} Y_k \log \hat{Y}_k$$

층간의 관계는 $l \in \{1, \ldots, L\}$에 대해 다음과 같다.

$$\hat{Y}(X) = Z^{(L)} = \sigma_s(I^{(L)}) \in [0,1]^K$$
$$Z^{(\ell)} = \sigma^{(\ell)}\left(I^{(\ell)}\right), \ \ell = 1, \ldots, L-1$$
$$Z^{(0)} = X$$

가중치와 편향에 대한 업데이트 법칙은 다음과 같다.

$$\Delta W^{(\ell)} = -\gamma \nabla_{W^{(\ell)}} \mathcal{L}$$
$$\Delta \mathbf{b}^{(\ell)} = -\gamma \nabla_{\mathbf{b}^{(\ell)}} \mathcal{L}$$

이제 아인슈타인 합 표기법[9]을 사용해 중간 계산을 조심스럽게 추적하는 역전파를 시작하자.

$W^{(L)}$에 대한 $\mathcal{L}$의 그래디언트로 다음을 얻는다.

$$\frac{\partial \mathcal{L}}{\partial w_{ij}^{(L)}} = \sum_{k=1}^{K} \frac{\partial \mathcal{L}}{\partial Z_k^{(L)}} \frac{\partial Z_k^{(L)}}{\partial w_{ij}^{(L)}}$$
$$= \sum_{k=1}^{K} \frac{\partial \mathcal{L}}{\partial Z_k^{(L)}} \sum_{m=1}^{K} \frac{\partial Z_k^{(L)}}{\partial I_m^{(L)}} \frac{\partial I_m^{(L)}}{\partial w_{ij}^{(L)}}$$

그러나 다음과 같다.

---

9. 이 표기법에서 한 항에 동일한 첨자가 위첨자와 아래첨자로 한 번씩 짝을 지어 나타날 경우 해당 첨자가 가질 수 있는 모든 값에 대해 항의 값을 전부 더하는 것으로 이해한다(https://ko.wikipedia.org/wiki/아인슈타인_표기법 참고). – 옮긴이

$$\frac{\partial \mathcal{L}}{\partial Z_k^{(L)}} = -\frac{Y_k}{Z_k^{(L)}}$$

$$\frac{\partial Z_k^{(L)}}{\partial I_m^{(L)}} = \frac{\partial}{\partial I_m^{(L)}}[\sigma(I^{(L)})]_k$$

$$= \frac{\partial}{\partial I_m^{(L)}} \frac{\exp[I_k^{(L)}]}{\sum_{n=1}^{K} \exp[I_n^{(L)}]}$$

$$= \begin{cases} -\dfrac{\exp[I_k^{(L)}]}{\sum_{n=1}^{K} \exp[I_n^{(L)}]} \dfrac{\exp[I_m^{(L)}]}{\sum_{n=1}^{K} \exp[I_n^{(L)}]} & k \neq m \text{이면} \\ \dfrac{\exp[I_k^{(L)}]}{\sum_{n=1}^{K} \exp[I_n^{(L)}]} - \dfrac{\exp[I_k^{(L)}]}{\sum_{n=1}^{K} \exp[I_n^{(L)}]} \dfrac{\exp[I_m^{(L)}]}{\sum_{n=1}^{K} \exp[I_n^{(L)}]} & \text{아니면} \end{cases}$$

$$= \begin{cases} -\sigma_k \sigma_m & k \neq m \text{이면} \\ \sigma_k(1 - \sigma_m) & \text{아니면} \end{cases}$$

$$= \sigma_k(\delta_{km} - \sigma_m) \quad \text{여기서 } \delta_{km} \text{은 크로네커 델타다.}$$

$$\frac{\partial I_m^{(L)}}{\partial w_{ij}^{(L)}} = \delta_{mi} Z_j^{(L-1)}$$

$$\implies \frac{\partial \mathcal{L}}{\partial w_{ij}^{(L)}} = -\sum_{k=1}^{K} \frac{Y_k}{Z_k^{(L)}} \sum_{m=1}^{K} Z_m^{(L)}(\delta_{km} - Z_m^{(L)}) \delta_{mi} Z_j^{(L-1)}$$

$$= -Z_j^{(L-1)} \sum_{k=1}^{K} Y_k(\delta_{ki} - Z_i^{(L)})$$

$$= Z_j^{(L-1)}(Z_i^{(L)} - Y_i),$$

여기서 마지막 등식에서 $\Sigma_{k=1}^{K} Y_k = 1$임을 사용했다. 유사하게 $\mathbf{b}^{(L)}$에 대해 다음을 얻는다.

$$\frac{\partial \mathcal{L}}{\partial b_i^{(L)}} = \sum_{k=1}^{K} \frac{\partial \mathcal{L}}{\partial Z_k^{(L)}} \sum_{m=1}^{K} \frac{\partial Z_k^{(L)}}{\partial I_m^{(L)}} \frac{\partial I_m^{(L)}}{\partial b_i^{(L)}}$$

$$= Z_i^{(L)} - Y_i$$

따라서 다음이 성립한다.

$$\nabla_{\mathbf{b}^{(L)}} \mathcal{L} = Z^{(L)} - Y$$

$$\nabla_{W^{(L)}} \mathcal{L} = \nabla_{\mathbf{b}^{(L)}} \mathcal{L} \otimes Z^{(L-1)}$$

여기서 $\otimes$는 외적이다.

이제 $W^{(L-1)}$에 대한 $\mathcal{L}$의 그래디언트에 대해 다음을 얻는다.

$$\frac{\partial \mathcal{L}}{\partial w_{ij}^{(L-1)}} = \sum_{k=1}^{K} \frac{\partial L}{\partial Z_k^{(L)}} \frac{\partial Z_k^{(L)}}{\partial w_{ij}^{(L-1)}}$$

$$= \sum_{k=1}^{K} \frac{\partial \mathcal{L}}{\partial Z_k^{(L)}} \sum_{m=1}^{K} \frac{\partial Z_k^{(L)}}{\partial I_m^{(L)}} \sum_{n=1}^{n^{(L-1)}} \frac{\partial I_m^{(L)}}{\partial Z_n^{(L-1)}} \sum_{p=1}^{n^{(L-1)}} \frac{\partial Z_n^{(L-1)}}{\partial I_p^{(L-1)}} \frac{\partial I_p^{(L-1)}}{\partial w_{ij}^{(L-1)}}$$

$\sigma^{(l)}(x) = \text{sigmoid}(x)$, $l \in \{1, \ldots, L-1)$을 가정하면 다음을 얻는다.

$$\frac{\partial I_m^{(L)}}{\partial Z_n^{(L-1)}} = w_{mn}^{(L)}$$

$$\frac{\partial Z_n^{(L-1)}}{\partial I_p^{(L-1)}} = \frac{\partial}{\partial I_p^{(L-1)}} \left(\frac{1}{1 + \exp(-I_n^{(L-1)})} \right)$$

$$= \frac{1}{1 + \exp(-I_n^{(L-1)})} \frac{\exp(-I_n^{(L-1)})}{1 + \exp(-I_n^{(L-1)})} \delta_{np}$$

$$= Z_n^{(L-1)}(1 - Z_n^{(L-1)}) \delta_{np} = \sigma_n^{(L-1)}(1 - \sigma_n^{(L-1)}) \delta_{np}$$

$$\frac{\partial I_p^{(L-1)}}{\partial w_{ij}^{(L-1)}} = \delta_{pi} Z_j^{(L-2)}$$

$$\implies \frac{\partial L}{\partial w_{ij}^{(L)}} = -\sum_{k=1}^{K} \frac{Y_k}{Z_k^{(L)}} \sum_{m=1}^{K} Z_k^{(L)}(\delta_{km} - Z_m^{(L)})$$

$$\sum_{n=1}^{n^{(L-1)}} w_{mn}^{(L)} \sum_{p=1}^{n^{(L-1)}} Z_n^{(L-1)}(1 - Z_n^{(L-1)}) \delta_{np} \delta_{pi} Z_j^{(L-2)}$$

$$= -\sum_{k=1}^{K} Y_k \sum_{m=1}^{K} (\delta_{km} - Z_m^{(L)}) \sum_{n=1}^{n^{(L-1)}} w_{mn}^{(L)} Z_n^{(L-1)}(1 - Z_n^{(L-1)}) \delta_{ni} Z_j^{(L-2)}$$

$$= -\sum_{k=1}^{K} Y_k \sum_{m=1}^{K} (\delta_{km} - Z_m^{(L)}) w_{mi}^{(L)} Z_i^{(L-2)}(1 - Z_i^{(L-1)}) Z_j^{(L-2)}$$

$$= -Z_j^{(L-2)} Z_i^{(L-1)}(1 - Z_i^{(L-1)}) \sum_{m=1}^{K} w_{mi}^{(L)} \sum_{k=1}^{K} (\delta_{km} Y_k - Z_m^{(L)} Y_k)$$

$$= Z_j^{(L-2)} Z_i^{(L-1)} (1 - Z_i^{(L-1)}) \sum_{m=1}^{K} w_{mi}^{(L)} (Z_m^{(L)} - Y_m)$$

$$= Z_j^{(L-2)} Z_i^{(L-1)} (1 - Z_i^{(L-1)}) (Z^{(L)} - Y)^T \mathbf{w}_{,i}^{(L)}$$

유사하게 다음을 얻는다.

$$\frac{\partial \mathcal{L}}{\partial b_i^{(L-1)}} = Z_i^{(L-1)} (1 - Z_i^{(L-1)}) (Z^{(L)} - Y)^T \mathbf{w}_{,i}^{(L)}$$

이제 손실 그래디언트에 대해 다음의 재귀 관계를 정의할 수 있다.

$$\nabla_{b^{(L-1)}} \mathcal{L} = Z^{(L-1)} \circ (\mathbf{1} - Z^{(L-1)}) \circ (W^{(L)^T} \nabla_{b^{(L)}} \mathcal{L})$$

$$\nabla_{W^{(L-1)}} \mathcal{L} = \nabla_{b^{(L-1)}} \mathcal{L} \otimes Z^{(L-2)}$$

$$= Z^{(L-1)} \circ (\mathbf{1} - Z^{(L-1)}) \circ (W^{(L)^T} \nabla_{W^{(L)}} \mathcal{L})$$

여기서 $\circ$ 는 아다마르 곱^{Hadamard product}(원소별 곱)을 표기한다. 이 재귀 관계는 모든 층과 활성 함수의 선택에 대해 일반화될 수 있다. 이를 보기 위해 역전파 오차를 $\delta^{(l)} := \nabla_{b^{(l)}} \mathcal{L}$이라 하자. 그리고 다음이 성립하므로

$$\left[\frac{\partial \sigma^{(\ell)}}{\partial I^{(\ell)}} \right]_{ij} = \frac{\partial \sigma_i^{(\ell)}}{\partial I_j^{(\ell)}}$$
$$\text{f} \qquad \quad = \sigma_i^{(\ell)} (1 - \sigma_i^{(\ell)}) \delta_{ij}$$

또는 동일하게 행렬-벡터 형태로 다음과 같으므로

$$\nabla_{I^{(\ell)}} \sigma^{(\ell)} = \text{diag}(\sigma^{(\ell)} \circ (\mathbf{1} - \sigma^{(\ell)}))$$

은닉층의 임의의 활성 함수에 대해 일반적으로 다음과 같이 표현할 수 있다.

$$\delta^{(\ell)} = \nabla_{I^{(\ell)}} \sigma^{(\ell)} (W^{(\ell+1)})^T \delta^{(\ell+1)}$$

그리고 다음과 같다.

$$\nabla_{W^{(\ell)}} \mathcal{L} = \delta^{(\ell)} \otimes Z^{(\ell-1)}$$

정리 4.2의 증명

그림 4.9에서 보여준 동일한 심층 구조를 사용해 Liang과 Srikant(2016)는 이진 전개 수열 $\{x_0, \ldots, x_n\}$을 발견했다. 이 스텝에서 이들은 총 n 이진 스텝 유닛을 사용했다. 그러고 나서 $g_{m+1}(\sum_{i=0}^{n} \frac{x_i}{2^n})$을 다음과 같이 다시 표현했다.

$$
\begin{aligned}
g_{m+1}\left(\sum_{i=0}^{n} \frac{x_i}{2^i}\right) &= \sum_{j=0}^{n} \left[x_j \cdot \frac{1}{2^j} g_m \left(\sum_{i=0}^{n} \frac{x_i}{2^i} \right) \right] \\
&= \sum_{j=0}^{n} \max \left[2(x_j - 1) + \frac{1}{2^j} g_m \left(\sum_{i=0}^{n} \frac{x_i}{2^i} \right), 0 \right] \quad (4.57)
\end{aligned}
$$

명백하게 식 4.57은 인접하는 층의 출력 간 반복 시행을 정의한다. 다층 신경망의 출력을 $\hat{f}(x) = \sum_{i=0}^{p} a_i g_i \left(\sum_{j=0}^{n} \frac{x_j}{2^j} \right)$으로 정의한다.

이 다층 신경망에 대해 근사 오차는 다음과 같다.

$$
\begin{aligned}
|f(x) - \hat{f}(x)| &= \left| \sum_{i=0}^{p} a_i g_i \left(\sum_{j=0}^{n} \frac{x_j}{2^j} \right) - \sum_{i=0}^{p} a_i x^i \right| \\
&\leq \sum_{i=0}^{p} \left[|a_i| \cdot \left| g_i \left(\sum_{j=0}^{n} \frac{x_j}{2^j} \right) - x^i \right| \right] \leq \frac{p}{2^{n-1}}
\end{aligned}
$$

이는 ε-근사 오차를 달성하고자 n = $\lceil \log \frac{p}{\varepsilon} \rceil$ + 1을 선택해야 한다는 것을 가리킨다. 이외에도 $O(n)$ 이진 스텝 유닛과 $O(pn)$ ReLU 유닛을 가진 $O(n + p)$ 층이 모두 사용되기 때문에 이 다층 신경망은 $O(p + \log \frac{p}{\varepsilon})$ 층, $O(\log \frac{p}{\varepsilon})$ 이진 스텝 유닛과 ReLU 유닛을 가진다.

표 4.2 함수 $f(x)$와 $g(x)$의 정의

$f(x) := \max(x - \frac{1}{4}, 0),$	$g(x) := \max(x - \frac{1}{2}, 0)$
$\mathrm{cI}_f = \{[0, \frac{1}{4}], (\frac{1}{4}, 1]\},$	$\mathrm{cI}_g = \{[0, \frac{1}{2}], (\frac{1}{2}, 1]\}.$

텔가스키(Telgarsky)(2016) 보조 정리 증명

증명(4.1의 증명) cI_f가 f에 상응하는 $\mathbb{R}$의 분할을 표기하고 cI_g는 g에 상응하는 $\mathbb{R}$의 분할을 표기한다고 하자.

우선 $f + g$와 더 나아가 $U_f \in \mathrm{cI}_f$와 $U_g \in \mathrm{cI}_g$를 고려하자. 반드시 $f + g$는 $U_f \cap U_g$를 따라 단일 기울기를 갖는다. 따라서 $f + g$는 $|\mathrm{cI}|$-톱니다. 여기서 $\mathrm{cI} := \{U_f \cap U_g : U_f \in \mathrm{cI}_f, U_g \in \mathrm{cI}_g\}$다. cI_f와 cI_g의 원소 왼쪽 끝점을 정렬하면 $|\mathrm{cI}| <= k + l$을 얻는다(다른 교집합은 공집합이다).

예를 들어 표 4.2에 주어진 분할로 그림 4.11의 예제를 고려하자. cI_f와 cI_g로부터 구간의 모든 교집합은 다음 3개의 원소를 포함한다.

$$\mathrm{cI} = \{[0, \frac{1}{4}] \cap [0, \frac{1}{2}], (\frac{1}{4}, 1] \cap [0, \frac{1}{2}], (\frac{1}{4}, 1] \cap (\frac{1}{2}, 1]\} \tag{4.58}$$

이제 $f \circ g$를 고려하는데, 특히 어떤 구간 $U_g \in \mathrm{cI}_g$에 대한 이미지 $f(g(U_g))$를 고려하자. g는 f를 따라 단일 기울기에 대해 어파인이다. 따라서 f는 깨지지 않은 단일 구간 $g(U_g)$를 따라 고려된다. 어쨌든 $g(U_g)$가 cI_f의 모든 원소를 히트하는 것을 막을 수는 없다. U_g가 임의이므로 $f \circ g$는 톱니라는 것이 성립한다. $\qquad\square$

증명: $\tilde{f}(x) := [f(x) \geq 1/2]$ 표기를 상기하라. 이에 의해 $\mathcal{E}(f) := \frac{1}{n} \sum_i [y_i \neq \tilde{f}(x_i)]$다. f가 최대 t개의 구간을 가진 상응하는 분할 $\mathbb{R}$에 대해 구간별로 단조 함수이므로 f는 최대 $1/2$의 $2t - 1$개의 교차점을 갖는다. 즉, 분할의 각 구간에서 최대 하나씩, 마지막 구간을 제외한 모든 구간의 오른쪽 끝점에서 최대 1개를 갖는다. 따라서 $\tilde{f}$는 구간별로 상수다. 여기서 상응하는

$\mathbb{R}$의 분할은 최대 $2t$개의 구간이다. 이는 교대하는 레이블을 가진 n개의 포인트는 반드시 $2t$개의 버킷에 놓여야 한다는 것이다. 따라서 적어도 3개 포인트를 가진 버킷에 안착하는 총 포인트 개수는 적어도 $n - 4t$다. □

파이썬 노트북

동반하는 소스코드 저장소에 제공된 노트북은 토이 분류 데이터 세트에 대한 통찰력을 얻도록 설계한 것이다. 이는 심층 순전파 분류, 역전파와 베이지안 네트워크 분류기의 예제를 제공한다. 노트북의 더 자세한 내용은 README.md 파일에 포함돼 있다.

참고 문헌

Abadi, M., Barham, P., Chen, J., Chen, Z., Davis, A., Dean, J., et al. (2016). Tensor flow: A system for large-scale machine learning. In *Proceedings of the 12th USENIX Conference on Operating Systems Design and Implementation*, OSDI'16 (pp. 265-283).

Adams, R., Wallach, H., & Ghahramani, Z. (2010). Learning the structure of deep sparse graphical models. In *Proceedings of the Thirteenth International Conference on Artificial Intelligence and Statistics* (pp. 1-8).

Andrews, D. (1989). A unified theory of estimation and inference for nonlinear dynamic models a.r. gallant and h. white. *Econometric Theory, 5*(01), 166-171.

Baillie, R. T., & Kapetanios, G. (2007). Testing for neglected nonlinearity in long-memory models. *Journal of Business & Economic Statistics, 25*(4), 447-461.

Barber, D., & Bishop, C. M. (1998). Ensemble learning in Bayesian neural networks. *Neural Networks and Machine Learning*, 168, 215-238.

Bartlett, P., Harvey, N., Liaw, C., & Mehrabian, A. (2017a). Nearly-tight VC-dimension bounds for piecewise linear neural networks. CoRR, *abs/1703.02930*.

Bartlett, P., Harvey, N., Liaw, C., & Mehrabian, A. (2017b). Nearly-tight VC-dimension bounds for piecewise linear neural networks. *CoRR, abs/1703.02930*.

Bengio, Y., Roux, N. L., Vincent, P., Delalleau, O., & Marcotte, P. (2006). Convex neural networks. In Y. Weiss, Schölkopf, B., & Platt, J. C. (Eds.), *Advances in neural information processing systems 18* (pp. 123–130). MIT Press.

Bishop, C. M. (2006). *Pattern recognition and machine learning (information science and statistics)*. Berlin, Heidelberg: Springer-Verlag.

Blundell, C., Cornebise, J., Kavukcuoglu, K., & Wierstra, D. (2015a, May). Weight uncertainty in neural networks. *arXiv:1505.05424 [cs, stat]*.

Blundell, C., Cornebise, J., Kavukcuoglu, K., & Wierstra, D. (2015b). Weight uncertainty in neural networks. arXiv preprint arXiv:1505.05424 .

Chataigner, Crepe, & Dixon. (2020). *Deep local volatility*.

Chen, J., Flood, M. D., & Sowers, R. B. (2017). Measuring the unmeasurable: an application of uncertainty quantification to treasury bond portfolios. *Quantitative Finance, 17*(10), 1491–1507.

Dean, J., Corrado, G., Monga, R., Chen, K., Devin, M., Mao, M., et al. (2012). Large scale distributed deep networks. In *Advances in neural information processing systems* (pp. 1223–1231).

Dixon, M., Klabjan, D., & Bang, J. H. (2016). Classification-based financial markets prediction using deep neural networks. *CoRR, abs/1603.08604*.

Feng, G., He, J., & Polson, N. G. (2018, Apr). Deep learning for predicting asset returns. *arXiv e-prints*, arXiv:1804.09314.

Frey, B. J., & Hinton, G. E. (1999). Variational learning in nonlinear Gaussian belief networks. *Neural Computation, 11*(1), 193–213.

Gal, Y. (2015). A theoretically grounded application of dropout in recurrent neural networks. *arXiv:1512.05287*.

Gal, Y. (2016). *Uncertainty in deep learning*. Ph.D. thesis, University of Cambridge.

Gal, Y., & Ghahramani, Z. (2016). Dropout as a Bayesian approximation: Representing model uncertainty in deep learning. In *international Conference on Machine Learning* (pp. 1050–1059).

Gallant, A., & White, H. (1988, July). There exists a neural network that does not make avoidable mistakes. In *IEEE 1988 International Conference on Neural Networks* (vol.1 ,pp. 657–664).

Graves, A. (2011). Practical variational inference for neural networks. In *Advances in Neural Information Processing Systems* (pp. 2348–2356).

Hastie, T., Tibshirani, R., & Friedman, J. (2009). *The elements of statistical learning: data mining, inference and prediction*. Springer.

Heaton, J. B., Polson, N. G., & Witte, J. H. (2017). Deep learning for finance: deep portfolios. *Applied Stochastic Models in Business and Industry, 33*(1), 3–12.

Hern´andez-Lobato, J. M., & Adams, R. (2015). Probabilistic backpropagation for scalable learning of Bayesian neural networks. In *International Conference on Machine Learning* (pp. 1861–1869).

Hinton, G. E., & Sejnowski, T. J. (1983). Optimal perceptual inference. In *Proceedings of the IEEE Conference on Computer Vision and Pattern Recognition* (pp. 448–453). IEEE New York.

Hinton, G. E., & Van Camp, D. (1993). Keeping the neural networks simple by minimizing the description length of the weights. In *Proceedings of the Sixth Annual Conference on Computational Learning Theory* (pp. 5–13). ACM.

Hornik, K., Stinchcombe, M., & White, H. (1989, July). Multilayer feedforward networks are universal approximators. *Neural Netw., 2*(5), 359–366.

Horvath, B., Muguruza, A., & Tomas, M. (2019, Jan). *Deep learning volatility. arXiv e-prints*, arXiv:1901.09647.

Hutchinson, J. M., Lo, A. W., & Poggio, T. (1994). A nonparametric approach to pricing and hedging derivative securities via learning networks. The *Journal of Finance, 49*(3), 851–889.

Kingma, D. P., & Welling, M. (2013). Auto-encoding variational Bayes. *arXiv preprint arXiv:1312.6114.*

Kuan, C.-M., & White, H. (1994). Artificial neural networks: an econometric perspective. *Econometric Reviews*, 13(1), 1-91.

Lawrence, N. (2005). Probabilistic non-linear principal component analysis with Gaussian process latent variable models. *Journal of Machine Learning Research, 6*(Nov), 1783–1816.

Liang, S., & Srikant, R. (2016). Why deep neural networks? *CoRR abs/1610.04161.*

Lo, A. (1994). Neural networks and other nonparametric techniques in economics and finance. In *AIMR Conference Proceedings*, Number 9.

MacKay, D. J. (1992a). A practical Bayesian framework for backpropagation networks. *Neural Computation, 4*(3), 448–472.

MacKay, D. J. C. (1992b, May). A practical Bayesian framework for backpropagation networks. *Neural Computation, 4*(3), 448–472.

Martin, C. H., & Mahoney, M. W. (2018). Implicit self-regularization in deep neural networks: Evidence from random matrix theory and implications for learning. *CoRR abs/1810.01075.*

Mhaskar, H., Liao, Q., & Poggio, T. A. (2016). Learning real and Boolean functions: When is deep better than shallow. *CoRR abs/1603.00988.*

Mnih, A., & Gregor, K. (2014). Neural variational inference and learning in belief networks. *arXiv preprint arXiv:1402.0030.*

Montúfar, G., Pascanu, R., Cho, K., & Bengio, Y. (2014, Feb). On the number of linear regions of deep neural networks. *arXiv e-prints*, arXiv:1402.1869.

Mullainathan, S., & Spiess, J. (2017). Machine learning: An applied econometric approach. *Journal of Economic Perspectives*, 31(2), 87-106.

Neal, R. M. (1990). *Learning stochastic feedforward networks*, Vol. 64. Technical report, Department of Computer Science, University of Toronto.

Neal, R. M. (1992). *Bayesian training of backpropagation networks by the hybrid Monte Carlo method*. Technical report, CRG-TR-92-1, Dept. of Computer Science, University of Toronto.

Neal, R. M. (2012). *Bayesian learning for neural networks*, Vol. 118. Springer Science & Business Media. bibtex: aneal2012bayesian.

Nesterov, Y. (2013). *Introductory lectures on convex optimization: A basic course*, Volume 87. Springer Science & Business Media.

Poggio, T. (2016). Deep learning: mathematics and neuroscience. *A sponsored supplement to science brain-inspired intelligent robotics: The intersection of robotics and neuroscience*, pp. 9-12.

Polson, N., & Rockova, V. (2018, Mar). Posterior concentration for sparse deep learning. *arXiv e-prints*, arXiv:1803.09138.

Polson, N. G., Willard, B. T., & Heidari, M. (2015). A statistical theory of deep learning via proximal splitting. *arXiv:1509.06061*.

Racine, J. (2001). On the nonlinear predictability of stock returns using financial and economic variables. *Journal of Business & Economic Statistics*, 19(3), 380-382.

Rezende, D. J., Mohamed, S., & Wierstra, D. (2014). Stochastic backpropagation and approximate inference in deep generative models. *arXiv preprint arXiv:1401.4082*.

Ruiz, F. R., Aueb, M. T. R., & Blei, D. (2016). The generalized reparameterization gradient. In *Advances in Neural Information Processing Systems* (pp. 460-468).

Salakhutdinov, R. (2008). *Learning and evaluating Boltzmann machines*. Tech. Rep., Technical Report UTML TR 2008-002, Department of Computer Science, University of Toronto.

Salakhutdinov, R., & Hinton, G. (2009). Deep Boltzmann machines. In *Artificial*

Intelligence and Statistics (pp. 448-455).

Saul, L. K., Jaakkola, T., & Jordan, M. I. (1996). Mean field theory for sigmoid belief networks. *Journal of Artificial Intelligence Research, 4,* 61-76.

Sirignano, J., Sadhwani, A., & Giesecke, K. (2016, July). Deep learning for mortgage risk. *ArXiv e-prints.*

Smolensky, P. (1986). *Parallel distributed processing: explorations in the microstructure of cognition* (Vol. 1, pp. 194-281). Cambridge, MA, USA: MIT Press.

Srivastava, N., Hinton, G. E., Krizhevsky, A., Sutskever, I., & Salakhutdinov, R. (2014). Dropout: a simple way to prevent neural networks from overfitting. *Journal of Machine Learning Research, 15*(1), 1929-1958.

Swanson, N. R., & White, H. (1995). A model-selection approach to assessing the information in the term structure using linear models and artificial neural networks. *Journal of Business & Economic Statistics*, 13(3), 265-275.

Telgarsky, M. (2016). Benefits of depth in neural networks. *CoRR abs/1602. 04485.*

Tieleman, T. (2008). Training restricted Boltzmann machines using approximations to the likelihood gradient. In *Proceedings of the 25th International Conference on Machine Learning* (pp. 1064-1071). ACM.

Tishby, N., & Zaslavsky, N. (2015). Deep learning and the information bottleneck principle. *CoRR abs/1503.02406.*

Tran, D., Hoffman, M. D., Saurous, R. A., Brevdo, E., Murphy, K., & Blei, D. M. (2017, January). Deep probabilistic programming. *arXiv:1701.03757 [cs, stat].*

Vapnik, V. N. (1998). *Statistical learning theory.* Wiley-Interscience.

Welling, M., Rosen-Zvi, M., & Hinton, G. E. (2005). Exponential family harmoniums with an application to information retrieval. In *Advances in Neural Information Processing Systems* (pp. 1481-1488).

Williams, C. K. (1997). Computing with infinite networks. In *Advances in Neural Information Processing systems* (pp. 295-301).

05

해석 가능성

5장에서는 신경망 설계에 최소 제약을 부여하는 신경망을 해석하는 방법을 알아본다. 특성 중요도의 순위를 매기는 방법을 포함한 순전파 신경망을 해석하는 기법을 보여준다. 해석 가능성 분석을 팩터 모델링용 딥러닝 모델에 적용하는 방법을 보여주는 예도 제공한다.

1. 서론

일단 신경망이 훈련되면 모델 파라미터를 어떻게 해석할 것인가를 둘러싼 많은 중요한 이슈가 부상된다. 이러한 측면은 실무자들이 팩터 실현값을 추정하는 데 있어 다른 머신러닝과 통계 방법의 예측 정확도가 신경망에 비해 떨어지더라도 이들을 신경망보다 선호하게 되는 중요한 이유다.

이번 절에서는 다층 퍼셉트론을 해석하는 신경망 설계에 대해 최소한의 제약을 부여하는 방법을 소개한다.

5장의 목표

5장을 끝낼 때 다음을 숙지하게 될 것을 기대한다.

- 특성 중요도의 순위를 매기는 방법을 포함한 순전파 신경망을 해석하기 위한 기법의 적용
- 팩터 모델링을 위한 딥러닝 모델에 해석성 분석을 적용하는 방법의 학습

---

2. 해석 가능성에 대한 배경

블랙박스로 모델을 취급하는 머신러닝 방법을 해석하는 수많은 기법이 있다. 좋은 예는 Greenwell et al.(2018)에 의해 묘사된 부분 의존도 그래프^{PDP, Partial Dependence Plots}다. 또한 다른 접근법들도 문헌에서 볼 수 있다. Garson(1991)은 연결 가중치의 절대값을 사용해 은닉-출력 연결 가중치를 각각의 입력 뉴런과 연관된 구성 성분으로 분할한다. Olden과 Jackson(2002)는 모델의 j번째 예측 변수에 대한 i번째 출력의 상대적 중요도 $[R]_{ij}$를 단순 선형회귀 표현에 따른 가중치의 함수로 결정한다.

활성 함수의 선택에 대한 제약을 이해하고 확률적 해석 가능성에 대한 계층과 뉴런수의 증가 영향을 이해하고자 한다. 예를 들어 표준 가우시안 i.i.d. 데이터하에 각 입력 변수의 중요도에 대한 모델 추정치는 뉴런수의 변화에 따라 얼마나 강건한가에 대한 이해다.

2.1 민감도

이에 따라 입력 변수의 중요도를 결정하는 '화이트박스^{white box}' 기법에 초점을 돌린다. 이 접근법은 Dimopoulos et al.(1995)의 연구를 상호작용 항을 가진 심층 신경망에 일반화한다. 게다가 이 방법은 계수들이 선형회귀에서 해석되는 방법과 직접적으로 일관성이 있다. 즉, 이들은 모델 민감도^{model sensitivity}다. 모델 민감도는 입력에 대한 적합화된 모델 출력의 변화다.

제어 실험으로 이 특성을 사용해 신경망 심지어 심층 네트워크도 선형 모델에서 얼마나 신뢰도 있게 데이터를 학습하는가를 경험적으로 평가할 것이다.

이러한 접근법은 신경망에 대한 선형회귀의 상대적 성과를 평가해야 하고 신경망 모델이 적어도 선형 데이터 세트에 대한 계수를 재현하고 일치시킬 수 있어야 한다는 보장이 필요한 실무자들에게 매력적이다.

또한 우리는 신경망 모델이 선형 출력을 생성하고자 활성 함수를 비활성화해야 한다는 일반적인 오해를 상쇄한다. 선형 데이터에서 비선형 통계 모델은 어떤 파라미터 값 선택하에서 통계적 선형 모델을 재현할 수 있어야 한다. 실제 데이터가 선형인지 비선형인지 여부에 관계없이 신경망 추정기와 OLS 추정기를 비교하기 위한 최상의 제어 실험은 선형 회귀 모델에서 데이터를 시뮬레이션하는 것이다. 이 시나리오에서 올바른 모델 계수를 알 수 있고, 따라서 계수 추정량의 오차를 연구할 수 있다.

적합화된 모델 민감도를 분석적으로 평가하고자 함수 $\hat{Y} = f(X)$가 모든 곳에서 연속이고 미분 가능할 것을 요구한다. 게다가 해석의 안정성을 위해 $f(x)$가 립시츠 연속[1]일 것을 요구한다. 즉, $\forall x_1, x_2 \in \mathbb{R}^p, |F(x_1) - F(x_2)| \leq K|x_1 - x_2|$와 같은 양의 실수 상수 K가 존재한다. 이와 같은 제약식은 1차 미분이 한계를 갖게 함으로써 입력에 대한 미분을 다루기 좋게 하기 위해 필요하며, 이는 해석 가능성을 제공한다.

다행히 가중치와 편향이 유한하다고 가정할 때 각각의 준어파인 함수는 모든 곳에서 립시츠 연속이다. 예를 들어 함수 $\tanh(x)$가 연속적으로 미분 가능하고 이것의 미분 $1 - \tanh^2(x)$는 전역적으로 유계globally bounded다. 유한 가중치로, 어파인 함수와 $\tanh(x)$의 조합 역시 립시츠다. 분명

---

1. 립시츠 연속성이 부여되지 않으면 입력값 중 하나가 조금 변할 때 바람직하지 않게 미분의 큰 변화를 초래할 수 있다.

ReLU(x) := max($\cdot$, 0)는 연속적으로 미분 가능하지 않으므로, 여기서 묘사된 접근법을 사용할 수 없다. 다음 예제에 있어 모델 민감도는 오차에 독립이므로 등분산이나 이분산 오차의 선택에 무차별하다.

3. 신경망의 설명력

다음 선형회귀 모델이 있을 때

$$\hat{Y} = F_{\boldsymbol{\beta}}(X) := \beta_0 + \beta_1 X_1 + \cdots + \beta_K X_K \tag{5.1}$$

모델 민감도는 다음과 같다.

$$\partial_{X_i}\hat{Y} = \beta_i \tag{5.2}$$

순전파 신경망에서 체인 법칙을 사용해 다음과 같이 모델 민감도를 얻을 수 있다.

$$\partial_{X_i}\hat{Y} = \partial_{X_i}F_{W,b}(X) = \partial_{X_i}\sigma^{(L)}_{W^{(L)},b^{(L)}} \circ \cdots \circ \sigma^{(1)}_{W^{(1)},b^{(1)}}(X) \tag{5.3}$$

예를 들어 하나의 은닉층 $\sigma(x) := \tanh(x)$와 $\sigma^{(1)}_{W^{(1)},b^{(1)}}(X) := \sigma(I^{(1)}) := \sigma(\mathrm{W}^{(1)}X + \mathrm{b}^{(1)})$으로 다음을 얻는다.

$$\partial_{X_j}\hat{Y} = \sum_i \mathbf{w}^{(2)}_{,i}(1 - \sigma^2(I_i^{(1)}))w_{ij}^{(1)} \quad \text{where } \partial_x\sigma(x) = (1 - \sigma^2(x)) \tag{5.4}$$

행렬 형태로 일반적 σ에 대해 σ의 자코비안[2]은 $J = D(I^{(1)})W^{(1)}$이고, 다음과 같다.

$$\partial_X\hat{Y} = W^{(2)}J(I^{(1)}) = W^{(2)}D(J^{(1)})W^{(1)} \tag{5.5}$$

---

2. σ가 항등 함수일 때 자코비안 $J(I^{(1)}) = W^{(1)}$이다.

여기서 $D_{ii}(I) = \sigma'(I_i)$, $D_{ij} = 0$, $i \neq j$는 대각 행렬이다. 민감도에 대한 한계는 가중치 행렬의 곱에 의해 주어진다.

$$\min(W^{(2)}W^{(1)}, 0) \leq \partial_X \hat{Y} \leq \max(W^{(2)}W^{(1)}, 0) \tag{5.6}$$

3.1 다중 은닉층

모델 민감도는 다음 자코비안 행렬을 평가함으로써 쉽게 L층 심층 신경망에 일반화될 수 있다.

$$\partial_X \hat{Y} = W^{(L)} J(I^{(L-1)}) = W^{(L)} D(I^{(L-1)}) W^{(L-1)} \ldots D(I^{(1)}) W^{(1)} \tag{5.7}$$

3.2 예제: 스텝 테스트

해석성 접근법을 보여주기 위해 간단한 예제를 고려하자. 모델은 다음 데이터 생성 프로세스에 대해 훈련된다. 여기서 특성 계수를 스텝 함수로 하고 오차는 i.i.d. 균등분포다.

$$\hat{Y} = \sum_{i=1}^{10} iX_i, \ X_i \sim \mathcal{U}(0, 1) \tag{5.8}$$

그림 5.1은 1개 은닉층 신경망에서 입력 변수의 순위를 매긴 중요도를 보여준다. 우리의 해석 가능성 방법은 잘 알려진 Garson의 알고리듬(Garson 1991) 및 Olden의 알고리듬(Olden과 Jackson 2002)와 비교된다. 우리의 방법은 선형회귀 모델이 입력 변수를 어떻게 해석하는가와 일치하는 적합화된 신경망을 해석할 수 있는 유일한 기법이다.

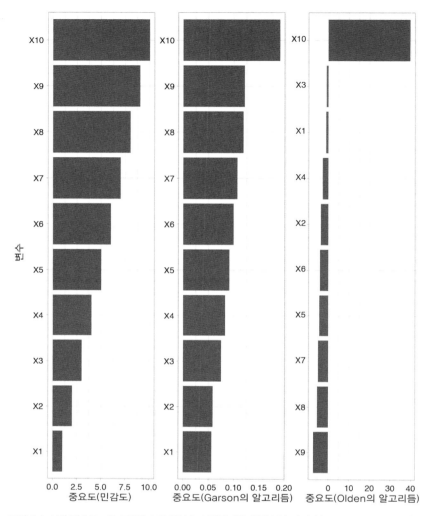

그림 5.1 스텝 테스트: 이 그림은 1개 은닉층 신경망에서 입력 변수의 순위 중요도를 보여준다. (좌) 입력 해석 가능성에 대한 우리의 민감도 기반 접근법, (중앙) Garson의 알고리듬, (우) Olden의 알고리듬. 우리의 접근법은 선형회귀 모델이 입력 변수를 어떻게 해석하는가와 일치하는 적합화된 신경망을 해석할 수 있는 유일한 기법이다.

4. 상호작용 효과

이전의 예제는 너무 단순해서 우리의 해석 가능성 방법에서 또 하나의 중요한 특성인 쌍별 상호작용pairwise interaction 항을 포착하는 능력을 보여줄 수 없다. 쌍별 상호작용은 헤시안 행렬Hessian matrix의 원소를 평가함으로써 쉽게 얻을 수 있다.

$$\partial^2_{X_i X_j} \hat{Y} = W^{(2)} diag(W_i^{(1)}) D'(I^{(1)}) W_j^{(1)} \tag{5.9}$$

여기서 활성 함수는 모든 곳에서 적어도 2차 미분 가능하다는 것을 가정한다. tanh(x)를 그 예로 들 수 있다.

4.1 예제: 프리드만 데이터

우리의 입력 변수와 상호작용 순위 접근법을 보여주고자 고전적인 비선형 벤치마크 회귀 문제를 사용할 것이다. 입력 공간은 10개의 i.i.d. 균등 분포 $\mathcal{U}(0, 1)$ 확률 변수로 구성된다. 그러나 이들 10개 중 5개만 참 모델에 실제로 나타난다. 반응은 다음 공식에 따라 입력과 관련된다.

$$Y = 10 \sin(\pi X_1 X_2) + 20 (X_3 - 0.5)^2 + 10 X_4 + 5 X_5 + \epsilon$$

여기서 백색 잡음 오차 $\epsilon \sim \mathcal{N}(0, \sigma^2)$의 분포를 가진다. 8개의 유닛을 보유한 1개 은닉층과 가중치 감쇠 0.01(이들 파라미터는 5겹 교차 검증을 통해 얻어졌다)의 NN을 위의 모델에서 $\sigma = 1$로 설정하고 시뮬레이트한 500개의 관측치에 대해 적합화한다. 교차 검증된 R^2는 0.94다.

그림 5.2와 5.3은 각각 적합화된 신경망의 순위가 매겨진 모델 민감도와 순위가 매겨진 상호작용 항을 Garson과 Olden의 알고리듬과 비교한다.

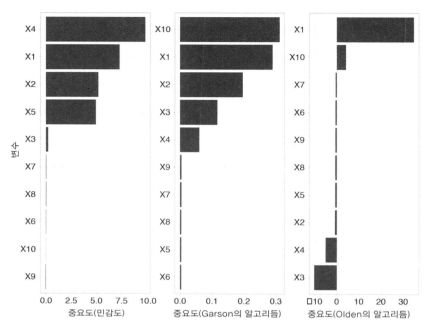

그림 5.2 프리드먼 테스트(Friedman test): 입력에 적합화된 신경망의 순위 매겨진 모델 민감도. (좌) 입력 해석 가능성에 대한 우리의 민감도 기반 접근법, (중앙) Garson의 알고리듬, (우) Olden의 알고리듬

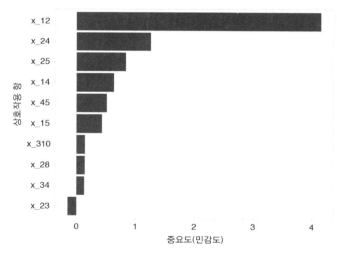

그림 5.3 프리드먼 테스트(Friedman test): 입력에 적합화된 신경망의 순위 매겨진 쌍별 상화작용 항. (좌) 입력 해석 가능성에 대한 우리의 민감도 기반 접근법, (중앙) Garson의 알고리듬, (우) Olden의 알고리듬

5. 자코비안 분산에 대한 상한

임의의 활성 함수에 대한 자코비안의 분산의 상한에 대해 일반적인 결과를 도출하는 것은 어렵다. 그러나 ReLU 활성 1층 순전파 신경망에 대해 다음의 결과를 도출한다. 행렬 형태로 $\sigma(x) = \max(x, 0)$이라 할 때 자코비안 J는 헤비사이드 함수의 선형 결합으로 표현할 수 있다.

$$J := J(X) = \partial_X \hat{Y}(X) = W^{(2)} J(I^{(1)}) = W^{(2)} H(W^{(1)} X + b^{(1)}) W^{(1)} \tag{5.10}$$

여기서 $H_{ii}(Z) = H(I_i^{(1)}) = \mathbb{1}_{\{I_i^{(1)} > 0\}}, H_{ij} = 0, j \geq i$다. 자코비안의 평균은 은닉 유닛 개수와 독립이라고 가정한다. 즉 $\mu_{ij} := \mathbb{E}[J_{ij}]$. 그러면 입력이 1차원인 특별한 경우에 대해 신경망의 자코비안에 대해 다음의 한계를 명시할 수 있다.

정리(Dixon과 Polson 2019) $X \in \mathbb{R}^p$이 i.i.d.이고 ReLU 활성의 n개의 은닉 유닛이 존재하면 K개 출력에서 1층 순전파의 분산은 상한 μ_{ij}에 의해 제한된다. 즉 다음과 같다.

$$\mathbb{V}[J_{ij}] = \mu_{ij} \frac{n-1}{n} < \mu_{ij}, \ \forall i \in \{1, \ldots, K\} \ and \ \forall j \in \{1, \ldots, p\}. \tag{5.11}$$

증명은 부록의 '자코비안에 대한 분산 상계 증명'을 참고하라.

참고 5.1 위의 정리는 ReLU 활성의 얕은 신경망에 대해 부정적인 결과를 보여준다. 은닉 유닛 개수가 증가하면 자코비안 분산의 상한도 증가하고, 따라서 민감도의 해석성이 감소한다. n의 변화에 따라 자코비안의 평균이 일정하지 않다고 가정하는 경우의 더 일반적인 상한은 다음과 같다.

$$\mathbb{V}[J_{ij}] \leq \mu_{ij} \tag{5.12}$$

따라서 신경망 구조의 자코비안 분산 상한에 대한 영향은 분명하지 않다. 정리가 (i) i.i.d. 데이터라는 것 이외에는 X에 대한 분포 가정을 하지

않고, (ii) 데이터 포인트의 수를 특정하지 않고도 성립한다는 것을 주목하라. □

참고 5.2 또한 이 결과는 입력의 크기를 재조정해서 각 μ_{ij}, 즉 자코비안의 기대값이 작은 양수 값이 돼야 한다는 것을 제안한다. 물론 모든 (i, j) 쌍에 대해 이러한 스케일링을 발견하는 것이 가능하지 않을 수 있다. □

5.1 체르노프 상한

임의로 선택한 활성 함수에 대한 자코비안에 대해 확률적 상한을 도출할 수 있다. $\delta > 0$이라 하고 $a_1, ..., a_{n-1}$은 $(0,1]$ 상의 실수다. $X_1, ..., X_{n-1}$이 $\mathbb{E}[X_k] = p_k$인 독립 베르누이 시행이라 하면 다음을 얻는다.

$$\mathbb{E}[J] = \sum_{k=1}^{n-1} a_k p_k = \mu \qquad (5.13)$$

체르노프 유형의 상한$^{\text{Chernoff-type bounds}}$은 J의 평균을 넘는 편차에 대해 존재한다.

$$\Pr(J > (1+\delta)\mu) = \left[\frac{e^{\delta}}{(1+\delta)^{1+\delta}}\right]^{\mu} \qquad (5.14)$$

유사한 하한이 J의 평균 아래로의 편차에 대해 존재한다. 즉, $\gamma \in (0,1]$에 대해 다음과 같다.

$$\Pr(J - \mu < -\gamma\mu) < \left[\frac{e^{\gamma}}{(1+\gamma)^{1+\gamma}}\right]^{\mu} \qquad (5.15)$$

이들 한계는 일반적으로 약하며 큰 편차에 대해 적합하다. 즉, 꼬리 영역에 적합하다. 이들 한계는 상이한 μ값에 대해 그림 5.4에서 보여준다. 여기서 μ는 그래프의 상단 우측 구석을 향해 증가한다.

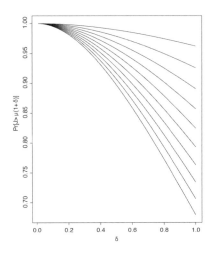

그림 5.4 평균 μ의 위로의 편차에 대한 체르노프 유형의 상한. 그래프의 상단 우측 구석을 향해 증가하는 다양한 μ를 그림에서 보여준다.

5.2 시뮬레이션 예제

이번 절에서는 선형 모델에서 시뮬레이트된 데이터에 적용된 신경망 민감도의 추정 특성을 보여준다. 신경망의 민감도는 신경망이 비선형이더라도 선형 모델과 일치하는 것을 보여준다. 또한 샘플링에 의해 추정된 신뢰 구간은 은닉 유닛 수의 증가에 따라 수렴한다.

i.i.d.의 가우시안 오차의 다음 선형 모델에서 400개의 시뮬레이트된 훈련 샘플을 생성한다.

$$Y = \beta_1 X_1 + \beta_2 X_2 + \epsilon, \quad X_1, X_2, \epsilon \sim N(0,1), \quad \beta_1 = 1, \beta_2 = 1 \qquad (5.16)$$

표 5.1은 OLS 추정량과 0개의 은닉층 순전파 신경망(NN_0)과 10개 은닉 뉴런과 tanh 활성 함수의 1개 은닉층 순전파 신경망(NN_1)을 비교한다. OLS 추정량이 행렬 해 찾기를 사용해 계산되고 0개 은닉층 신경망 파라미터는 확률적 그래디언트 하강법으로 적합화됐지만 이 처음 두 회귀 모델의 함수 형태는 동일하다.

표 5.1 이 표는 OLS 추정량과 변수 민감도와 값의 함수 형태를 비교한다. NN_0는 0층 은닉층 순전파 신경망이고, NN_1은 10개의 은닉 뉴런과 tanh 활성 함수의 1개 은닉층 순전파 신경망이다.

모델	절편		X_1의 민감도		X_2의 민감도	
OLS	$\hat{\beta}_0$	0.011	$\hat{\beta}_1$	1.015	$\hat{\beta}_2$	1.018
NN_0	$\hat{b}^{(1)}$	0.020	$\hat{W}_1^{(1)}$	1.018	$\hat{W}_2^{(1)}$	1.021
NN_1	$\hat{W}^{(2)}\sigma(\hat{b}^{(1)}) + \hat{b}^{(2)}$	0.021	$\mathbb{E}[\hat{W}^{(2)}D(I^{(1)})\hat{W}_1^{(1)}]$	1.014	$\mathbb{E}[\hat{W}^{(2)}D(I^{(1)})\hat{W}_2^{(1)}]$	1.022

적합화된 파라미터 값은 확률적 그래디언트 하강법이 랜덤화되므로 각 최적화에 대해 조금 다르다. 그러나 민감도 항이 닫힌 형태로 주어지고 선형 모델에 쉽게 매핑된다. 금융 산업의 맥락에서 이와 같은 일대일 매핑은 모델 검정의 목적으로 극한에서 선형 모델과의 일관성이 복원돼야만 하는 심층 팩터 모델$^{deep\ factor\ model}$로의 이행에 유용하다. 분명히 데이터가 선형 모델에서 생성되지 않는다면 파라미터 값은 모델에 따라 다를 것이다.

그림 5.5 및 표 5.2와 5.3은 1개 은닉층 모델을 사용해 적합화된 민감도의 은닉 유닛 증가에 따른 경험적 분포를 보여준다. 은닉 유닛 개수의 증가에 따른 날카로운 분포로 단조적으로 수렴하는 것이 관찰된다. 신뢰구간은 비모수적 분포로 추정된다.

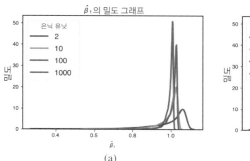
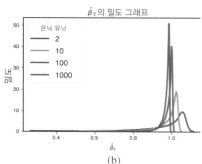

그림 5.5 이 그림은 민감도 $\hat{\beta}_1$과 $\hat{\beta}_2$의 경험적 분포를 보여준다. 은닉 유닛 개수의 증가에 따라 날카로운 분포로 수렴하는 것이 관찰된다. (a) $\hat{\beta}_1$의 밀도, (b) $\hat{\beta}_2$의 밀도

표 5.2 이 표는 민감도 $\hat{\beta}_1$의 경험적 분포의 모멘트와 99% 신뢰 구간을 보여준다. 은닉 유닛 개수의 증가에 따라 날카로운 분포로 단조적으로 수렴하는 것이 관찰된다.

은닉 유닛 개수	평균값	중앙값	표준편차	1% 신뢰 구간	99% 신뢰 구간
2	0.980875	1.0232913	0.10898393	0.58121675	1.0729908
10	0.9866159	1.0083131	0.056483902	0.76814914	1.0322522
50	0.99183553	1.0029879	0.03123002	0.8698967	1.0182846
100	1.0071343	1.0175397	0.028034585	0.89689034	1.0296803
200	1.0152218	1.0249312	0.026156902	0.9119074	1.0363332

표 5.3 이 표는 민감도 $\hat{\beta}_2$의 경험적 분포의 모멘트와 99% 신뢰 구간을 보여준다. 은닉 유닛 개수의 증가에 따라 날카로운 분포로 단조적으로 수렴하는 것이 관찰된다.

은닉 유닛 개수	평균값	중앙값	표준편차	1% 신뢰 구간	99% 신뢰 구간
2	0.98129386	1.0233982	0.10931312	0.5787732	1.073728
10	0.9876832	1.0091512	0.057096474	0.76264584	1.0339714
50	0.9903236	1.0020974	0.031827927	0.86471796	1.0152498
100	0.9842479	0.9946766	0.028286876	0.87199813	1.0065105
200	0.9976638	1.0074166	0.026751818	0.8920307	1.0189484

일반적으로 신경망의 가중치와 편향이 유한하다고 가정할 때 민감도의 분산은 임의의 입력과 활성 함수의 선택에 대해 상한을 갖는다.

우리는 ReLU 활성을 사용하는 것을 추천하지 않는다. 이는 상호작용 항의 식별을 허용하지 않고 은닉 유닛 수의 함수로서 민감도의 분산이 수렴하지 않는다는 것이 증명 가능하기 때문이다(부록 '자코비안에 대한 분산 상한의 증명' 참고).

6. 팩터 모델링

Rosenberg와 Marather(1976)는 개별 주식에 대한 거시경제 이벤트의 효과를 포착하고자 횡단면 기본적 팩터 모델을 도입했다. 팩터의 선택은 거시경제적 특성들, 즉 산업 구성 여부, 재무 구조 또는 성장성과 같은 본질적으로 공통 팩터^{common factor}였다.

BARRA 기본적 팩터 모델은 K 기본적 팩터와 N 자산 수익률과의 선형 관계를 표현한다.

$$\mathbf{r_t} = B_t \mathbf{f}_t + \boldsymbol{\epsilon}_t, \ t = 1, \ldots, T \tag{5.17}$$

여기서 $B_t = [1 \,|\, \beta_1(t) \,|\, \cdots \,|\, \beta_K(t)]$는 $N \times K + 1$ 행렬의 알려진 팩터 로딩(베타)이다. 즉, $\beta_{i,k}(t) := (\beta_k)_i(t)$는 시점 t의 팩터 k에 대한 자산 i의 노출도다.

팩터는 시가 총액, 산업 분류, 스타일 분류와 같은 자산 고유의 특성이다. $\mathbf{f}_t = \alpha_t, f_{1,t}, \ldots, f_{K,t}]$는 시점 t의 관측되지 않는 $K + 1$ 벡터의 팩터 실현 값이다. 이는 α_t를 포함한다.

$\mathbf{r}_t$는 시점 t의 N-벡터 자산 수익률이다. 오차는 팩터 실현 값과 독립이라고 가정한다. 즉, $\rho(f_{i,t}, \epsilon_{j,t}) = 0, \ \forall i, j, t$다. 여기서 오차는 가우시안이고 $\mathbb{E}[\epsilon_{j,t}^2] = \sigma^2$이다.

6.1 비선형 팩터 모델

선형 모델을 다음 형태의 비선형 횡단면 기본적 팩터 모델로 확장한다.

$$\mathbf{r}_t = F_t(B_t) + \boldsymbol{\epsilon}_t \tag{5.18}$$

여기서 $\mathbf{r}_t$는 자산 수익률이고 $F_t : \mathbb{R}^K \rightarrow \mathbb{R}$은 미분 가능한 비선형 함수로, 시점 t에서 B의 i번째 행을 i번째 자산 수익률에 매핑한다. 이 매핑은 편향 항을 포함하는 것으로 가정하므로 $F_t(0) = \alpha t$가 된다. $F_t(B_t)$가 선형인 특수한 경우 이 매핑은 $F_t(B_t) = B_t \mathbf{f}_t$가 된다.

주요 특성은 ϵ_t가 가우시안 분포와 같은 모수적 분포^{parametric distribution}에 의

해 묘사되지 않는다고 가정하는 것이다. 우리의 예제에서 ϵ_t를 i.i.d.로 취급하지만 방법론을 Dixon과 Polson(2019)에 있는 것처럼 비i.i.d. 아이디어로 확장시킬 수 있다. 우리의 설정에서 모델은 다음 기간의 수익률을 예측하는 데에만 사용될 것이며 팩터 실현의 정상성은 요구되지 않는다.

비선형 매핑 $F_t(B_t)$를 다음의 순전파 신경망 횡단면 팩터 모델로 근사한다.

$$\mathbf{r}_t = F_{W_t, b_t}(B_t) + \boldsymbol{\epsilon}_t \tag{5.19}$$

여기서 F_{W_t, b_t}는 L층의 심층 신경망이다.

6.2 펀더멘털 팩터 모델링

이 절에서는 기본적 팩터 토이 모델에 대한 딥러닝 적용을 제시한다. 실제 팩터 모델에는 여기에 사용된 훨씬 더 많은 기본적 팩터가 포함된다. 그러나 여기서의 목적은 해석 가능한 딥러닝을 금융 데이터에 적용하는 것을 설명하기 위한 것이다.

우리는 S&P 500 지수에서 시가 총액을 기준으로 순위를 매길 때 최상위 250개 종목을 유니버스로 정의한다. 팩터는 블룸버그에 의해 주어지고 2008년 2월부터 시작해 100개월에 걸쳐 매월 보고된다. 결측 팩터 값이 너무 많은 종목을 제거해 최종적으로 218 종목을 대상으로 한다.

과거 팩터는 모델에 대한 입력이며 모델 해석 가능성을 사용하도록 표준화된다. 이들 팩터는 (i) 현재 기업가치[EV, Enterprise Value3], (ii) 시가 대 장부가 비율[Price-to-Book ratio4], (iii) 현재 기업 가치 대 최근 12개월 EBITDA, (iv)

---

3. 기업가치 EV는 기업의 시가 총액 + 부채 총액 − 현금성 자산이다. − 옮긴이

4. 보통주 자본금을 보통주의 시가 총액으로 나눈 비율이라고 생각할 수 있다. 보통주 자본금은 자본 총계에서 우선주 자본금을 차감해서 구해진다. − 옮긴이

주가 대 매출 비율[Price-to-Sales ratio], (v) 주가 대 이익 비율[Price-to-Earnings ratio], (vi) 로그 시장 가치다. 반응은 일일 조정 종가 기준으로 유니버스의 각 주식별 월별 자산 수익률이다.

우리는 텐서플로[Tensorflow](Abadi et al. 2016)를 사용해 두 개의 은닉층 순전파 신경망을 구현하고 최소 제곱오차와 변수 민감도에 대한 사용자 정의 구현을 개발하며, 이는 딥 팩터 모델 노트북에 있다. OLS 회귀는 파이썬 StatsModels 모듈에 의해 구현된다.

모든 딥러닝 결과는 규제화와 tanh 활성 함수를 사용해 표시된다. 은닉 유닛 개수와 규제화 파라미터는 3겹 교차 검증을 통해 확인되고 결과와 함께 보고된다.

그림 5.6은 OLS 추정량의 성과를 첫 번째 은닉층에 10개의 은닉 유닛과 두 번째 층에 10개의 은닉 유닛을 갖고 규제화 계수 $\lambda = 0.001$인 순전파 신경망과 비교한다.

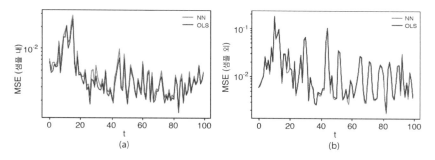

그림 5.6 이 그림은 평균 제곱오차(MSE)로 측정한 OLS 추정기(OLS)의 표본 내 및 표본 외 성과를 순전파 신경망(NN)과 비교한다. 데이터 세트가 너무 단순하기 때문에 이 문제에 대한 심층 네트워크의 영향은 미미하지만 신경망은 항상 약간 낮은 표본 외 MSE를 보이는 것으로 관측된다. (a) 표본 내 오차, (b) 표본 외 오차

그림 5.7은 은닉층의 은닉 유닛 개수의 함수로 표본 내 MSE를 보여준다. 신경망은 여기서 L_1 규제화 없이 훈련돼 첫 번째 계층에서의 은닉 유닛 개수 증가 효과만을 보여준다. 은닉 유닛 개수를 늘리면 모델의 편향이 감소한다.

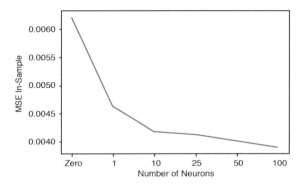

그림 5.7 표본 내 MSE를 은닉층의 은닉 유닛 개수의 함수로 보여준다. 은닉 유닛 개수를 증가시키면 모델의 편향이 감소한다.

그림 5.8은 두 개의 은닉층 각각에 10개의 유닛을 가진 네트워크의 MSE 오차에 대한 L_1 규제화의 영향을 보여준다. L_1 규제화 수준을 높이면 표본 내 편향은 증가하지만 표본 외 편향이 감소하므로 추정 오차의 분산이 감소한다.

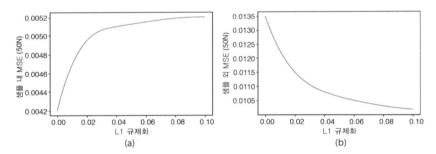

그림 5.8 각 그림은 두 개의 은닉층 각각에 10개 뉴런을 가진 네트워크에 대해 MSE 오차에 대한 L_1 규제화의 효과를 보여준다. (a) 표본 내, (b) 표본 외

그림 5.9는 신경망(위)과 OLS 회귀(아래)를 사용해 전체 100개월 동안 각 팩터에 대한 민감도 분포를 비교한다. 민감도는 중앙값에 따라 왼쪽에서 오른쪽으로 오름차순 정렬된다. OLS 회귀가 NN보다 팩터에 훨씬 더 민감하다는 것을 관찰하자. 또한 NN에서의 상위 민감도 순위가 OLS와 다르다는 점에 주목하자.

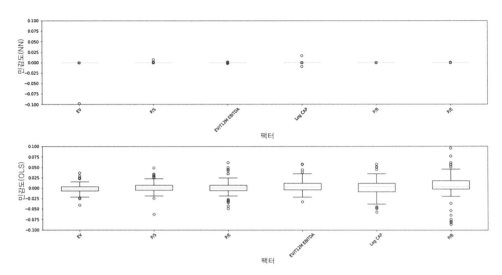

그림 5.9 신경망을 사용해 전체 100개월 동안 각 팩터에 대한 민감도의 분포(상단). 민감도는 중앙값으로 왼쪽에서 오른쪽으로 오름차순으로 정렬된다. OLS 선형회귀를 사용한 동일한 민감도 (하단)

분명히 위의 결과는 순수하게 해석 가능성 방법론을 설명하기 위한 것이며 실제로 사용되는 팩터 모델을 대표할 의도는 없다. 상기의 팩터 선택은 단순한 주식 선택 전략으로 정보 비율에 거의 혜택을 주지 않는 것으로 관찰된다.

더 큰 데이터 세트

완전성을 위해 우리의 신경망 팩터 모델이 50개의 팩터(팩터의 설명은 표 5.4 참고)까지 사용해 더 큰 유니버스에서 포트폴리오를 정렬할 때 OLS 보다 양의 더 높은 정보 비율information ratio을 생성하는 증거를 제시한다. 데이터 라이선싱 문제 때문에 데이터 세트는 제공하지 않는다.

우리는 러셀 3000 지수에서 3,290 종목의 주식을 유니버스로 정의한다. 팩터는 블룸버그에서 주어지며 2008년 11월부터 2018년 11월까지의 기간에 걸쳐 매월 보고된다. ReLU 활성 함수를 사용하는 50개의 유닛을 가진 2개 은닉층 심층 신경망을 훈련한다.

표 5.4 5장의 마지막에 예시된 러셀 3000 딥러닝 팩터 모델에 사용된 팩터에 대한 간략한 설명

	가치 팩터
B/P	장부 대 가격
CF/P	현금 흐름 대 가격
E/P	이익 대 가격
S/EV	매출 대 기업가치(EV). EV는 다음에 의해 주어진다. EV = 시가 총액 + 장기 부채 + Max(단기 부채−현금, 0) 여기서 시가 총액은 Market Cap, 장기 부채는 LT Debt, 단기 부채는 ST Debt
EB/EV	EBITDA 대 EV
FE/P	예측 E/P. 예측된 이익은 블룸버그 컨센서스 추정 데이터에서 계산된다. 커버리지 이유로 블룸버그는 1년과 2년 미래 이익을 사용한다.
DIV	배당 이익률. 이 팩터에 대한 노출도는 가장 최근 발표된 연간 순 배당일 뿐이다. 높은 배당 이익률을 가진 주식이 이 팩터에 높은 노출도를 가진다.
	크기 팩터
MC	Log(시가 총액)
S	Log(매출)
TA	Log(총자산)

(이어짐)

	트레이딩 활동 팩터
TrA	트레이딩 활동은 회전율 기반 척도다. 블룸버그는 발행주수에 의해 정규화된 트레이딩 거래량인 회전율에 초점을 맞춘다. 이는 간접적으로 크기 효과를 제어한다. 발행주수 대비 거래되는 주수 비율의 지수가중평균(EWMA, Exponential Weighted Moving Average) 추가로 트레이딩 거래량의 급격한 짧은 스파이크의 영향을 완화하기 위해 블룸버그 윈저화된 데이터 처음 일간 트레이딩 거래량 데이터는 장기 EWMA 거래량(180일 반감기)과 비교한다. 그리고 데이터는 EWMA 평균으로부터 3 표준편차에서 벗어나면 한도를 가한다.
	이익 변수 팩터
EaV/TA	이익 변동성 대 총자산 이익 변동성은 과거 5년에 대해 과거 5년/중앙값 총자산으로 측정된다.
CFV/TA	현금 흐름 변동성 대 총자산 현금 흐름 변동성은 과거 5년에 대한 과거 5년/중앙값 총자산으로 측정된다.
SV/TA	매출 변동성 대 총자산 매출 변동성은 과거 5년에 대해 과거 5년/중앙값 총자산으로 측정된다.
	변동성 팩터
RV	최근 252 거래일에 대한 수익률 변동성인 롤링 변동성
CB	로컬 지수 수익률에 대한 주식 수익률의 롤링 윈도우 회귀에서 구한 회귀 계수인 롤링 CAPM 베타
	성장 팩터
TAG	총자산 성장률은 총자산의 5년 평균 성장을 과거 5년간 평균 총자산으로 나눈 값이다.
EG	이익 성장률은 이익의 5년 평균 성장을 과거 5년간 평균 총자산으로 나눈 값이다.

(이어짐)

	GSIC 섹터 코드[5]
산업(I)	{10, 20, 30, 40, 50, 60, 70}
하위산업(SI)	{10, 15, 20, 25, 30, 35, 40, 45, 50, 60, 70, 80}
섹터(S)	{10, 15, 20, 25, 30, 35, 40, 45, 50, 55, 60}
산업그룹(IG)	{10, 20, 30, 40, 50}

그림 5.10은 MSE로 신경망과 OLS 회귀의 표본 외 성과를 비교한다(좌측). 가장 높은 예측 월별 수익률을 가진 n개의 주식을 선택하는 포트폴리오 선택 전략의 정보 비율에 의해 신경망과 OLS를 비교한다(우측). 정보 비율은 러셀 3000 지수를 벤치마크로 다양한 크기의 포트폴리오에 대해 평가된다. 또한 통제를 위해 랜덤 선택 포트폴리오도 보여준다.

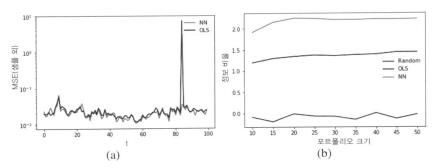

(a)   (b)

그림 5.10 (a) 2008년 11월에서 2018년 11월까지의 기간에 걸쳐 러셀 3000 지수로부터의 3290 종목 주식 유니버스에 적용된 OLS와 2개 은닉층 심층 신경망 사이의 표본 외 MSE가 비교된다. (b) 유니버스로부터 가장 월수익률이 높게 예측된 n개의 종목을 선택하는 포트폴리오 선택 전략의 정보 비율. 정보 비율은 OLS 회귀, 신경망과 예측 모델이 없는 랜덤 선택을 사용해 표본 외 예측 자산 수익률에 기반을 둔다.

마지막으로 그림 5.11은 전체 100개월에 걸친 각 팩터에 대한 민감도 분포를 신경망(상단)과 OLS 회귀(하단)에 대해 비교한다. 민감도는 왼쪽에서 오른쪽으로 중앙값에 의해 오름차순 정렬돼 있다. NN의 팩터 순위가

5. MSCI의 GSIC 코드의 세부 사항은 다음을 참고하라. – 옮긴이
https://www.msci.com/our-solutions/indexes/gics

OLS 회귀와 매우 다르다는 것을 관찰한다.

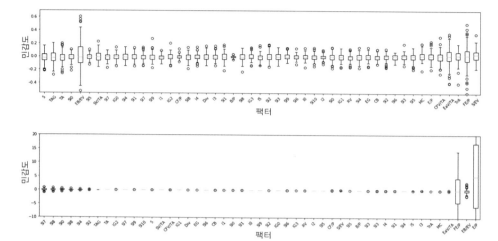

그림 5.11 러셀 3000 자산 팩터 로딩에 적용된 신경망을 사용한 전체 10년 기간에 걸친 각 팩터에 대한 팩터 모델 민감도의 분포(상단). 민감도는 왼쪽에서 오른쪽으로 중앙값에 의해 오름차순으로 정렬된다. OLS 선형회귀를 사용한 동일한 민감도(하단). 기본적 팩터의 간략한 설명은 표 5.4를 참고하라.

7. 요약

팩터 모델링에서 신경망 채택의 중요한 측면은 선형 최소 제곱 추정의 투명성과 통계적 해석성을 제공하는 통계 프레임워크의 존재다. 또한 선형 데이터에 적용된 그런 프레임워크를 사용해 선형회귀와 유사한 결과를 얻고, 이를 기반으로 비선형성의 영향과 상이한 최적화 알고리듬과 모델 구현 환경의 사용 효과를 분리할 수 있을 것이다.

5장에서는 해석 가능한 횡단면 모델링을 위한 딥러닝 프레임워크를 소개하고 간단한 기본적 팩터 모델에 대한 적용을 보여줬다. 딥러닝은 금융 계량경제에서 비선형성, 상호작용 효과, 비모수적 충격을 포착해 선형 기본적 팩터 모델을 일반화한다. 이 프레임워크는 신뢰 구간과 팩터 중요도 및 상호작용 효과의 순위를 비롯한 해석 가능성을 제공한다. 네트워크에 은닉층이 없는 경우 우리의 접근법은 선형 기본적 팩터 모델을 복구한다. 이 프레임워크는 비선형성과 시간 경과에 따른 팩터에 대한 오차의 비모수적 처리를 허용하고 기본적 팩터의 일반화된 해석성의 기초를 형성한다.

8. 연습문제

연습문제 5.1*

다음 데이터 생성 프로세스를 고려하라.

$$Y = X_1 + X_2 + \epsilon, \ X_1, X_2, \epsilon \sim N(0, 1)$$

즉, $\beta_0 = 0$이고 $\beta_1 = \beta_2 = 1$이다.

a. 이 데이터에 대해 신경망이 다음의 구조를 가질 때 적합화된 신경망의 민감도에 대한 수학적 표현을 보여라.
   - 0개의 은닉층
   - 1개의 은닉층과 n개의 비활성화된 은닉 유닛
   - 1개의 은닉층과 n개의 tanh 활성화된 은닉 유닛
   - 1개의 은닉층과 n개의 ReLU 활성화된 은닉 유닛
   - 2개의 은닉층과 각층은 n개의 tanh 활성화된 은닉 유닛을 가진다.

연습문제 5.2**

다음의 데이터 생성 프로세스를 고려하자.

$$Y = X_1 + X_2 + X_1 X_2 + \epsilon, \ X_1, X_2 \sim N(0, 1), \ \epsilon \sim N(0, \sigma_n^2)$$

즉, $\beta_0 = 0$이고 $\beta_1 = \beta_2 = \beta_{12} = 1$이다. 여기서 β_{12}는 상호작용 항이고, σ_n^2는

잡음의 분산이고, $\sigma_n = 0.01$이다.

a. 이 데이터에 대해 신경망이 다음의 구조를 가질 때 적합화된 신경망의 상호작용 항(즉, 헤시안 행렬의 비대각 원소)의 수학적 표현을 보여라.
   - 0개의 은닉층
   - 1개의 은닉층과 n개의 비활성화된 은닉 유닛
   - 1개의 은닉층과 n개의 tanh 활성화된 은닉 유닛
   - 1개의 은닉층과 n개의 ReLU 활성화된 은닉 유닛
   - 2개의 은닉층과 각층은 n개의 tanh 활성화된 은닉 유닛을 가진다.

왜 ReLU 활성화된 신경망은 상호작용 항을 추정하는 데 문제가 있는가?

8.1 프로그래밍 연관 문제

연습문제 5.3*

이전과 동일한 문제에 대해 1개의 은닉층 신경망에 대해 5,000개의 시뮬레이션을 사용해서 회귀 훈련 세트 데이터 세트를 생성하라. 은닉 유닛 개수가 증가함에 따라 민감도 β_i의 평균과 표준편차가 어떻게 변하는지 보여주는 표를 작성하라. 그 결과를 tanh 및 ReLU 활성과 비교하라. 해석성을 위해 어떤 활성 함수를 사용할 것인가에 대한 결론은 무엇인가? 실험 분석의 출발점으로 노트북 Deep-Learning-Interpretability.ipynb를 사용하라.

연습문제 5.4*

연습문제 5.3의 senstivities 함수를 tanh 또는 ReLU 활성 은닉층의 L 계층에 일반화하라. 연습문제 5.1에서 주어진 데이터 생성 프로세스에 대해 당신의 함수를 테스트하라.

연습문제 5.5**

은닉 유닛의 총수를 고정할 때 계층 수가 증가함에 따라 민감도 βi의 평균과 표준편차가 어떻게 변하는가? 계층에 따라 활성 함수의 유형을 바꾸지 말 것을 주의하라. 유닛의 총수를 고정할 때 계층 수의 민감도 해석성에 대한 효과에 따른 당신의 결론은 무엇인가?

연습문제 5.6*

이전의 연습문제와 동일한 데이터 생성 프로세스로 고정하고, 5,000개의 시뮬레이션을 사용해 1개 은닉층을 가진 신경망을 위한 회귀 훈련 세트를 생성하라. 은닉 유닛 개수가 증가함에 따라 상호작용 항의 평균과 표준편차가 어떻게 변하는지 보여주는 표를 작성하라. 은닉 유닛 개수의 상호작용 해석성에 대한 효과에 따른 당신의 결론은 무엇인가 실험분석의 출발점으로 노트북 Deep-Learning-Interaction.ipynb를 사용하라.

부록

다른 해석성 방법

부분 의존도 그래프PDP, Partial Dependence Plots는 각 입력 변수의 한계밀도함수에 대한 출력의 기대값을 평가하고 예측 변수의 중요도 순서를 매겨준다. 더 정확히 데이터 X를 관심 집합interest set X_s와 이의 여집합 $X_c = X \setminus X_s$로 분할하고, X_s에 대한 반응의 부분 의존도partial dependence를 다음과 같이 정의한다.

$$f_s\left(\boldsymbol{X}_s\right) = E_{\boldsymbol{X}_c}\left[\widehat{f}\left(\boldsymbol{X}_s, \boldsymbol{X}_c\right)\right] = \int \widehat{f}\left(\boldsymbol{X}_s, \boldsymbol{X}_c\right) p_c\left(\boldsymbol{X}_c\right) d\boldsymbol{X}_c \tag{5.20}$$

여기서 $p_c(\boldsymbol{X}_c)$는 $\boldsymbol{X}_c$의 한계확률 밀도다. 즉, $p_c(\boldsymbol{X}_c) = \int p(\boldsymbol{x}) d\boldsymbol{x}_s$다. 식 (5.20)

은 다음에 의해 훈련 데이터 세트에서 추정할 수 있다.

$$\bar{f}_s\left(\boldsymbol{X}_s\right) = \frac{1}{n}\sum_{i=1}^{n}\widehat{f}\left(\boldsymbol{X}_s, \boldsymbol{X}_{i,c}\right) \tag{5.21}$$

여기서 $\boldsymbol{X}_{i,c}$ (i = 1, 2, ..., n)는 훈련 세트에서 $\boldsymbol{X}_c$의 관측치다. 즉, 모델의 모든 다른 예측 변수의 효과를 평균한다. 모델 해석성을 위해 PDP를 사용하는 데는 많은 문제가 있다. 첫째, 간단한 버전의 이 접근법은 상호작용 효과를 무시한다. Greenwall et al.(2018)은 상호작용 효과의 모델링을 다룰 수 있는 방법론적 확장을 제시한다. PDP는 선형회귀의 계수들과 일대일 상응 관계를 제공하지 않는다. 대신 엄격한 통제 조건하에서 MLP의 적합화된 가중치와 편향이 선형회귀의 적합화된 계수에 어떻게 상응하는가를 알고자 한다. 게다가 신경망 맥락에서 모델을 블랙박스로 취급함으로써 신경망 구조 선택이 확률적 관점에서 해석성에 어떻게 영향을 미쳤는지에 대한 이론적 통찰력을 얻기가 힘들다.

Garson(1991)은 연결 가중치의 절대값을 사용해 은닉-출력 연결 가중치를 각 입력 뉴런에 연관된 성분으로 분할한다. Garson의 알고리듬은 변수 기여도를 계산할 때 연결 가중치의 절대값을 사용하므로 입력과 출력 변수 간 관계의 방향을 제공하지 않는다.

Olden과 Jackson(2002)은 i번째 출력 모델의 j번째 예측 변수에 대한 상대적 중요도 r_{ij} = $[R]_{ij}$를 다음 표현식에 따라 가중치의 함수로 결정한다.

$$r_{ij} = W_{jk}^{(2)}W_{ki}^{(1)} \tag{5.22}$$

이 접근법은 모델의 가장 중요한 측면인 활성 함수에 도입된 비선형성을 고려하지 않는다. 더 나아가 제시된 접근법은 단일 은닉층으로 제한된다.

자코비안 분산 상한의 증명

증명: 자코비안은 다음과 같이 행렬의 원소 형태로 표현할 수 있다.

$$J_{ij} = [\partial_X \hat{Y}]_{ij} = \sum_{k=1}^{n} w_{ik}^{(2)} w_{kj}^{(1)} H(I_k^{(1)}) = \sum_{k=1}^{n} c_k H_k(I) \tag{5.23}$$

여기서 $c_k := c_{ijk} := w_{ik}^{(2)} w_{kj}^{(1)}$ 이고, $H_k(I) := H(I_k^{(1)})$ 은 헤비사이드 함수이다. 지표 함수의 선형 결합으로 다음을 얻는다.

$$J_{ij} = \sum_{k=1}^{n-1} a_k \mathbb{1}_{\{I_k^{(1)}>0, I_{k+1}^{(1)} \le 0\}} + a_n \mathbb{1}_{\{I_n^{(1)}>0\}}, \; a_k := \sum_{i=1}^{k} c_i \tag{5.24}$$

또 다른 방식으로 자코비안은 X에 관련된 독립 베르누이 시행의 가중 합으로 표시될 수 있다.

$$J_{ij} = \sum_{k=1}^{n-1} a_k \mathbb{1}_{\{\mathbf{w}_k^{(1)}, X > -b_k^{(1)}, \mathbf{w}_{k+1}^{(1)}, X \le -b_{k+1}^{(1)}\}} + a_n \mathbb{1}_{\{\mathbf{w}_n^{(1)} X > -b_n^{(1)}\}} \tag{5.25}$$

일반성을 잃지 않고 $p = 1$인 경우를 고려하면 입력 공간의 차원은 1이다. 그러면 식 (5.25)는 다음과 같이 단순화된다.

$$J_{ij} = \sum_{k=1}^{n-1} a_k \mathbb{1}_{x_k < X \le x_{k+1}} + a_n \mathbb{1}_{x_n < X}, \; j = 1 \tag{5.26}$$

여기서 $x_k := -\frac{b_k^{(1)}}{w_k^{(1)}}$ 이다. 자코비안의 기대값은 다음에 의해 주어진다.

$$\mu_{ij} := \mathbb{E}[J_{ij}] = \sum_{k=1}^{n} a_k p_k, \tag{5.27}$$

여기서 $p_k := \Pr(x_k < X \le x_{k+1}) \; \forall k = 1, \dots, n-1, \; p_n := \Pr(x_n < X)$ 다. 유한 가중치에 대해 기대값은 $\sum_{k=1}^{n} a_k$에 의해 위로 유계다. 자코비

안 분산을 다음과 같이 표현할 수 있다.

$$\mathbb{V}[J_{ij}] = \sum_{k=1}^{n-1} a_k \mathbb{V}[\mathbb{1}_{\{Z_k^{(1)}>0, Z_{k+1}^{(1)} \leq 0\}}] + a_n \mathbb{V}[\mathbb{1}_{\{Z_n^{(1)}>0\}}] = \sum_{k=1}^{n} a_k p_k (1-p_k)$$

$$(5.28)$$

자코비안의 평균이 은닉 유닛 개수에 변하지 않는다는 가정하에 또는 가중치가 제약돼 평균이 상수라면 가중치는 $a_k = \frac{\mu_{ij}}{np_k}$ 이다. 그러면 분산은 평균에 의해 제한된다(유계를 갖는다).

$$\mathbb{V}[J_{ij}] = \mu_{ij} \frac{n-1}{n} < \mu_{ij} \qquad (5.29)$$

μ_{ij} 가 n 에 독립이라는 가정을 완화하면 원 가중치 $a_k := \sum_{i=1}^{k} c_i$ 의 정의 하에 다음을 얻는다.

$$\begin{aligned}
\mathbb{V}[J_{ij}] &= \sum_{k=1}^{n} a_k p_k (1-p_k) \\
&\leq \sum_{k=1}^{n} a_k p_k \\
&= \mu_{ij} \\
&\leq \sum_{k=1}^{n} a_k.
\end{aligned}$$

□

러셀 3000 팩터 모델 묘사

파이썬 노트북

동반하는 소스코드 저장소에 제공된 노트북은 해석 가능한 심층 네트워크의 구현법에 익숙해지도록 설계한 것이다. 예제는 토이 시뮬레이션 데이터와 단순한 팩터 모델을 포함한다. 노트북의 더 자세한 내용은

README.md 파일에 포함돼 있다.

참고 문헌

Abadi, M., Barham, P., Chen, J., Chen, Z., Davis, A., Dean, J., et al. (2016). Tensor flow: A system for large-scale machine learning. In *Proceedings of the 12th USENIX Conference on Operating Systems Design and Implementation*, OSDI'16 (pp. 265-283).

Dimopoulos, Y., Bourret, P., & Lek, S. (1995, Dec). Use of some sensitivity criteria for choosing networks with good generalization ability. *Neural Processing Letters, 2*(6), 1-4.

Dixon, M. F., & Polson, N. G. (2019). Deep fundamental factor models.

Garson, G. D. (1991, April). Interpreting neural-network connection weights. *AI Expert, 6*(4), 46-51.

Greenwell, B. M., Boehmke, B. C., & McCarthy, A. J. (2018, May). A simple and effective model-based variable importance measure. *arXiv e-prints*, arXiv:1805.04755.

Nielsen, F., & Bender, J. (2010). The fundamentals of fundamental factor models. Technical Report 24, MSCI Barra Research Paper.

Olden, J. D., & Jackson, D. A. (2002). Illuminating the "black box": a randomization approach for understanding variable contributions in artificial neural networks. *Ecological Modelling, 154*(1), 135-150.

Rosenberg, B., & Marathe, V. (1976). Common factors in security returns: Microeconomic determinants and macroeconomic correlates. Research Program in Finance Working Papers 44, University of California at Berkeley.

2부

순차적 학습

06

시퀀스 모델링

6장에서는 금융 계량경제학에서 가장 중요한 모델링 개념의 개요를 알아본다. 이러한 방법은 7장에 제시된 좀 더 고급 신경망 구조에 대한 개념적 기반과 성과 베이스라인을 형성한다. 사실 7장에서 나오는 각 유형의 구조는 여기에 제시된 많은 모델의 일반화다. 6장은 특히 계량경제학과 시계열 분석에의 경험이 없는 공학이나 과학 분야의 학생에게 유용할 것이다.

1. 서론

금융에서 데이터는 시간이 지남에 따라 주가, 채권 수익률 등과 같은 변수에 대한 관측으로 구성된다. 이러한 경우 관측치는 시간이 지남에 따라 독립적이지 않으며 오히려 관측치가 최근 히스토리와 강하게 관련되는 경우가 많다. 따라서 횡단면 데이터와 달리 데이터의 순서가 중요하다. 이것은 데이터가 i.i.d.라고 가정하는 대부분의 머신러닝 방법과는 대조적이다. 또한 신경망을 위한 역전파와 하이퍼파라미터 튜닝을 위한 교차 검증 같은 머신러닝 모델을 적합화하기 위한 알고리듬과 기술은 시계열 데이터에 사용할 수 있게 수정돼야 한다.

데이터의 정상성^{stationarity}은 시계열 데이터에 모델을 성공적으로 적용하는 데 필요한 중요한 묘사다. 관측 윈도우에 따라 데이터의 추정된 모멘트가 변경되면 모델링 문제가 훨씬 더 어려워진다. 이러한 문제를 해결하기 위한 신경망 접근법은 7장에서 다룬다.

추가적인 고려 사항은 데이터 빈도다. 즉, 타임스탬프가 균일하다고 가정할 때 데이터가 관찰되는 빈도다. 일반적으로 데이터의 빈도는 시계열 모델의 빈도를 결정한다. 예를 들어 영업일에 매일 조정 종가로부터 일주일 후의 주가를 예측하고자 한다고 가정하자. 이러한 경우 주간 데이터 간격만 사용해 모델을 구축하는 것이 아니라 일별 가격에서 모델을 구축한 다음 전방 5일 스텝을 예측한다.

6장에서는 균등한 시계열 데이터에 대한 모수, 선형 및 빈도수 모델의 적용을 주로 고려한다. 이러한 방법은 7장에 제시된 좀 더 고급 신경망 구조에 대한 개념적 기반과 성과 베이스라인을 형성한다. 사실 7장에서 나오는 각 유형의 구조는 여기에 제시된 많은 모델의 일반화다. 6장에 제시된 자료는 계량경제학의 좀 더 포괄적이고 엄격한 취급을 대체하기 위한 것이 아니라 8장의 배경을 제공하기 위한 것이라는 점에 유의하자.

6장의 목표

6장이 끝날 때 다음을 달성할 것을 기대한다.

- 선형 자기회귀 모델 설명과 분석
- 자기회귀 모델을 식별, 적합화, 진단하는 고전적 접근법 이해
- 단순한 이분산성 회귀 기법을 시계열 데이터에 적용
- 지수 평활화를 사용한 시계열 예측과 필터링 방법의 이해
- 주성분 분석을 통한 다변량 시계열 데이터의 저차원 공간 투영

이미 계량경제학에 익숙한 경우에는 6장을 건너뛸 수 있다. 6장은 특히 계량경제학 및 시계열 분석의 경향이 거의 없는 공학 또는 물리과학 분

야의 학생에게 유용할 것이다.

2. 자기회귀 모델링

우선 t로 인덱스된 단일 변수 Y_t를 고려해 시간 경과에 따른 변수 변화를
나타낸다. 이 변수는 다른 변수 X_t에 의존할 수 있다. 하지만 Y_t가 과거
관측치에 의존하는 경우를 일변량 시계열 분석^{univariate time series analysis}이라고
한다.

2.1 예비지식

Y_t를 예측하는 모델을 구축하기 전에 몇 가지 기본 정의와 용어를 살펴
보고, 연속 시간 설정으로 시작한 후 이산 시간 설정을 다룬다.

> **확률적 프로세스**

확률적 프로세스^{stochastic process}는 연속 시간에 의해 인덱스된 확률 변수의
시퀀스다. 즉, $\{Y_t\}_{t=-\infty}^{\infty}$이다.

> **시계열**

시계열^{time series}은 특정 구간 내의 이산 시점에서의 확률적 프로세스의 관
측 시퀀스다. 즉, $\{y_t\}_{t=1}^{n}$이다.

시계열의 j번째 자기공분산은 $\gamma_{jt} := \mathbb{E}[(y_t - \mu_t)(y_{t-j} - \mu_{t-j})]$이며, 여기서 $\mu_t := \mathbb{E}[y_t]$이다.

> 공분산 (약)정상성

시계열은 모든 차수에 있어 시간 불변의 평균과 자기공분산을 가지면 약(즉, 광의의) 공분산 정상성을 갖는다$^{\text{weak covariance stationary}}$. 즉, 다음과 같다.

$$\mu_t = \mu, \qquad \forall t$$
$$\gamma_{jt} = \gamma_j, \qquad \forall t$$

보는 바와 같이 이는 $\gamma_j = \gamma - j$를 의미한다. 자기공분산은 관측 간의 구간(길이)에만 의존하며, 관측 시점에는 의존하지 않는다.

> 자기상관계수

j번째 자기상관계수^{autocorrelation} τ_j는 단지 j번째 자기상관공분산을 분산으로 나눈 것이다. 즉, 다음과 같다.

$$\tau_j = \frac{\gamma_j}{\gamma_0} \tag{6.1}$$

> 백색 잡음

백색 잡음$^{\text{white noise}}$ ϵ_t는 다음 3가지 조건을 만족하는 i.i.d. 오차다.

a. $\mathbb{E}[\epsilon_t] = 0, \ \forall t$

b. $\mathbb{V}[\epsilon_t] = \sigma^2, \ \forall t$

c. ϵ_t와 ϵ_s는 독립이다. 여기서 $t \neq s, \ \forall t, s$다.

가우시안 백색 잡음^{Gaussian white noise}은 오차에 정규분포 가정을 더한 것뿐이다. 백색 잡음 오차는 금융 계량경제 문헌에서 종종 교란^{disturbance}, 충격 ^{shock} 또는 혁신^{innovation}으로 언급된다.

이들 정의를 기반으로 이제 자기회귀 프로세스^{autoregressive process}를 정의할 수 있다. 이들 모델의 사용에 암묵적인 것은 시계열이 자기상관관계를 보인다는 것이다.[1] 이것이 사실이 아니면 1부에서 살펴본 횡단면 모델을 선택할 것이다.

2.2 자기회귀 프로세스

자기회귀 모델^{Autoregressive model}은 y_t를 p개의 과거 관측과 백색 잡음의 선형 결합으로 표현하는 모수적^{parametric} 시계열 모델이다. 이들은 하나 이상의 과거 값들에 의존하는 랜덤 프로세스를 표현하므로 '프로세스 ^{process}'라 불린다.

>) AR(p) 프로세스

변수 Y_t의 p차 자기회귀 프로세스^{pth order autoregressive process}는 단지 변수의 이전 값 더하기 백색 잡음 교란 항에 의존한다.

$$y_t = \mu + \sum_{i=1}^{p} \phi_i y_{t-i} + \epsilon_t \tag{6.2}$$

여기서 ϵt는 $\{y_{t-1}\}_{i=1}^{p}$에 독립이다. μ를 추세 항^{drift term}이라 한다. p는 모

---

1. 자기상관관계를 구축하는 통계적 테스트를 6장에서 살펴볼 것이다.

델의 차수^{order of the model}로 불린다.

---

y_{t-j}가 래그 연산자^{Lag operator} 또는 후방 이동 연산자^{Backshift operator}에 의해 주어지는 Y_t의 j번째 래그(시차) 관측일 때 다항식 함수 $\phi(L) := (1 - \phi_1 L - \phi_2 L^2 - \ldots - \phi_p L^p)$을 정의하면 $y_{t-j} = L_j[y_j]$다.

AR(p) 프로세스는 다음과 같이 더 간결한 형태로 표현할 수 있다.

$$\phi(L)[y_t] = \mu + \epsilon_t \tag{6.3}$$

간결한 형태는 AR(p) 프로세스의 특성을 묘사하는 분석으로 이어진다. 데이터에서 파라미터 p의 식별, 즉 모델의 래그 수는 약공분산 정상성인 데이터에 의존한다.[2]

2.3 안정성

AR(p) 프로세스의 중요한 속성은 과거 교란이 래그가 증가함에 따라 y의 현재 값에 증가 또는 감소하는 영향을 보인다는 것이다. 예를 들어 상장기업에 대한 뉴스 이벤트 다음 순간의 주가 움직임에 대한 영향과 동일한 뉴스 이벤트가 6개월 전에 발생했을 경우의 주가 움직임을 비교해보자.

이를 보고자 AR(1) 프로세스를 고려하고 y_t를 $\Phi(L)$의 역수로 표현하자.

$$y_t = \Phi^{-1}(L)[\mu + \epsilon_t] \tag{6.4}$$

그러면 AR(1) 프로세스에 대해 다음 표현을 얻는다.

$$y_t = \frac{1}{1 - \phi L}[\mu + \epsilon_t] = \sum_{j=0}^{\infty} \phi^j L^j [\mu + \epsilon_t], \tag{6.5}$$

---

2. 모델의 차수를 식별하기 위한 통계적 테스트는 이 장의 뒷부분에서 논의할 것이다.

그리고 무한 합은 안정적일 것이다. 즉, ϕ^j항은 $|\phi| < 1$을 가정하면 j에 따라 증가하지 않는다. 반대로 불안정한 AR(p) 프로세스는 래그가 증가할수록 오차 교란 항이 더욱 영향력이 커지게 되는 비직관적 행태를 보인다. 충격 반응 함수$^{\text{IRF, Impulse Response Function}}$ $\frac{\partial y_t}{\partial \epsilon_{t-j}}$ $\forall j$ 를 계산해서 과거 교란의 영향을 알 수 있다. AR(p) 모델에 대해 IRF가 ϕ^j으로 주어지고 모델이 안정일 때 기하급수적으로 감쇠한다.

2.4 정상성

AR(p) 모델의 바람직한 다른 속성은 래그가 증가함에 따라 자기상관계수 함수가 0으로 수렴한다는 것이다. 수렴의 충분조건은 정상성이다. 다음의 특성 방정식$^{\text{characteristic equation}}$으로부터 모든 근이 복소수 평면 $\mathbb{C}$ 내의 단위 구$^{\text{unit sphere}}$ 바깥에 있다면 AR(p) 모델은 강정상성$^{\text{strictly stationary}}$이고, 에르고딕^{ergodic}이다.

$$\Phi(z) = (1 - \frac{z}{\lambda_1}) \cdot (1 - \frac{z}{\lambda_2}) \cdot \ldots \cdot (1 - \frac{z}{\lambda_p}) = 0 \tag{6.6}$$

즉, $|\lambda_i| > 1$, $i \in \{1, \ldots, p\}$이고 $|\cdot|$는 복소수의 절대값^{modulus}이다. 특성 방정식에서 모든 다른 근이 단위 구 외부에 놓여 있고 적어도 하나의 단위 근$^{\text{unit root}}$을 가진다면 강정상성이 아닌 비정성상인 경우다.

> ### ⟩ 랜덤 워크의 정상성

다음 랜덤 워크(제로 평균 AR(1) 프로세스)는 강정상성이 아니다.

$$y_t = y_{t-1} + \epsilon_t \tag{6.7}$$

간결한 형태로 표현하면 다음과 같다.

$$\Phi(L)[y_t] = \epsilon_t, \ \Phi(L) = 1 - L \tag{6.8}$$

특성 다항식 $\Phi(z) = 1 - z = 0$은 실제 단위 근 $z = 1$임을 의미한다. 따라서 근은 단위 원에 놓여있고 모델은 비정상성의 특별한 경우다.

다항식의 근을 찾는 것은 고유값을 찾는 것과 동일하다. 케일리-해밀턴 Cayley-Hamilton 정리에 따르면 어떠한 다항식의 근도 다항식을 행렬로 변환해 고유값을 찾음으로써 구할 수 있다.

다음과 같은 p차 다항식이 주어졌을 때[3]

$$q(z) = c_0 + c_1 z + \ldots + c_{p-1} z^{p-1} + z^p \tag{6.9}$$

$p \times p$ 동반 행렬companion matrix을 정의한다.

$$C := \begin{pmatrix} 0 & 1 & 0 & \ldots & 0 \\ 0 & 0 & 1 & 0 & \vdots \\ \vdots & \ddots & \ddots & \ddots & \vdots \\ 0 & 0 & 0 & 0 & 1 \\ -c_0 & -c_1 & \ldots & -c_{p-2} & -c_{p-1} \end{pmatrix}, \tag{6.10}$$

그러면 특성 다항식은 $det(C - \lambda I) = q(\lambda)$이고, C의 고유값은 q의 근이 된다. 다항식이 단위 선도 계수unit leading coefficient를 갖지 않는다면 식 (6.9)의 형태에서 나타난 계수로 다항식을 나누면 되며, 이때 근은 변하지 않는다. 그다음 어떤 다항식의 근이든 동반 행렬의 고유값을 계산함으로써 찾을 수 있다.

AR(p)는 다음 형태의 특성 다항식을 가진다.

$$\Phi(z) = 1 - \phi_1 z - \cdots - \phi_p z^p \tag{6.11}$$

이를 ϕ_p로 나누면 다음을 얻는다.

---

3. z^p의 계수가 1임을 주의하라.

$$q(z) = -\frac{\Phi(z)}{\phi_p} = -\frac{1}{\phi_p} + \frac{\phi_1}{\phi_p}z + \cdots + z^p \tag{6.12}$$

따라서 동반 행렬은 다음 형태를 갖는다.

$$C := \begin{pmatrix} 0 & 1 & 0 & \ldots & 0 \\ 0 & 0 & 1 & 0 & \vdots \\ \vdots & \ddots & \ddots & \ddots & \vdots \\ 0 & 0 & 0 & 0 & 1 \\ \frac{1}{\phi_p} & -\frac{\phi_1}{\phi_p} & \ldots & -\frac{\phi_{p-1}}{\phi_p} & -\frac{\phi_{p-1}}{\phi_p} \end{pmatrix} \tag{6.13}$$

2.5 편자기상관관계

자기회귀 모델은 데이터가 정상성인 경우 시계열 데이터로부터 차수 p 를 결정할 수 있게 하는 시그니처^{signature} 특징을 가진다. 이 시그니처는 모델의 메모리를 인코딩하고 '편자기상관'에 의해 주어진다. 비공식적으로 각각의 편자기상관계수는 중간 래그를 제어하면서 확률 변수 y_t와 래그 y_{t-h}와의 상관계수를 측정한다. 이제 편자기상관계수에 대한 공식적인 정의를 제시한다.

> ⟩ 편자기상관계수

래그 $h \geq 2$에서의 편자기상관계수$^{partial\ autocorrelation}$는 중간의 래그 값 y_{t-1}, $\ldots$, y_{t-h+1}들이 통제된다는 가정하에 변수 y_t와 그 h번째 래그 y_{t-h} 간의 조건부 상관계수다.

$$\tilde{\tau}_h := \tilde{\tau}_{t,t-h} := \frac{\tilde{\gamma}_h}{\sqrt{\tilde{\gamma}_{t,h}}\sqrt{\tilde{\gamma}_{t-h,h}}}$$

여기서 $\tilde{\gamma}_h := \tilde{\gamma}_{t,t-h} := \mathbb{E}[y_t - P(y_t \mid y_{t-1}, \ldots, y_{t-h+1}), y_{t-h} - P(y_{t-h} \mid y_{t-1}, \ldots, y_{t-h+1})]$은 h 래그 편자기공분산이고, $P(W \mid Z)$는 W의 집합 Z 위로의

직교 투영^{orthogonal projection}이며, 다음과 같다.

$$\tilde{\gamma}_{t,h} := \mathbb{E}[(y_t - P(y_t \mid y_{t-1}, \ldots, y_{t-h+1}))^2].\tag{6.14}$$

편자기상관계수 함수 $\tilde{\tau}_h : \mathbb{N} \to [-1, 1]$는 매핑 $h :\mapsto \tilde{\tau}_h$다. $\tilde{\tau}_h$의 h에 대한 그래프는 편상관관계 도표^{partial correlogram}라 불린다.

AR(p) 프로세스

직교투영 $\hat{y}_t = P(y_t \mid y_{t-1}, \ldots, y_{t-h+1})$이 OLS 추정량 $\hat{y}_t = \phi_1 y_{t-1} + \ldots + \phi_{h-1} y_{t-h+1}$에 의해 주어지는 속성을 이용하면 AR(p) 프로세스에 대한 율-워커 방정식^{Yule-Walker equation}을 얻는데, 이는 편자기상관계수 $\tilde{\mathcal{T}}_p := [\tilde{\tau}_1, \ldots, \tilde{\tau}_p]$을 자기상관계수 $\mathcal{T}_p := [\mathcal{T}_1, \ldots, \mathcal{T}_p]$에 연관시킨다.

$$R_p \tilde{\mathcal{T}}_p = \mathcal{T}_p, \ R_p = \begin{bmatrix} 1 & \tau_1 & \ldots & \tau_{p-1} \\ \tau_1 & \ddots & \ddots & \vdots \\ \vdots & \ddots & \ddots & \vdots \\ \tau_{p-1} & \tau_{p-2} & \ldots & 1 \end{bmatrix}.\tag{6.15}$$

$h \le p$에 대해 h번째 래그 편자기상관계수에 대해 풀면 다음과 같이 표현할 수 있다.

$$\tilde{\tau}_h = \frac{|R_h^*|}{|R_h|}\tag{6.16}$$

여기서 $|\cdot|$는 행렬식이며 j번째 열은 $[R_h^*]_{,h} = [R_h]_{,j}, j \ne h$이고, h번째 열은 $[R_h^*]_{,h} = \mathcal{T}_h$다.

예를 들어 래그-1 편자기상관계수는 $\tilde{\tau}_1 = \tau_1$이며, 래그-2 편자기상관계수는 다음과 같다.

$$\tilde{\tau}_2 = \frac{\begin{vmatrix} 1 & \tau_1 \\ \tau_1 & \tau_2 \end{vmatrix}}{\begin{vmatrix} 1 & \tau_1 \\ \tau_1 & 1 \end{vmatrix}} = \frac{\tau_2 - \tau_1^2}{1 - \tau_1^2} \tag{6.17}$$

특히 자기상관계수 $\mathcal{T}_2 = [\tau_1, \tau_1^2]$의 AR(1) 프로세스의 래그-2 편자기상관계수는 다음과 같다.

$$\tilde{\tau}_2 = \frac{\tau_1^2 - \tau_1^2}{1 - \tau_1^2} = 0 \tag{6.18}$$

이는 AR 프로세스의 차수보다 큰 모든 래그 연산자에 대해 성립한다. 다른 관점에서, 즉 편자기공분산 관점에서 이 속성을 설명할 수 있다. AR(1)의 래그-2 편자기공분산은 다음과 같다.

$$\tilde{\gamma}_2 := \tilde{\gamma}_{t,t-2} := \mathbb{E}[y_t - \hat{y}_t, y_{t-2} - \hat{y}_{t-2}] \tag{6.19}$$

여기서 $\hat{y} = P(y_t \mid y_{t-1})$이고 $\hat{y}_{t-2} = P(y_{t-2} \mid y_{t-1})$이다. P가 선형 직교 투영일 때 직교 투영의 속성에서 다음을 얻는다.

$$P(W \mid Z) = \mu_W + \frac{Cov(W, Z)}{\mathbb{V}[Z]}(Z - \mu_Z) \tag{6.20}$$

그리고 $P(y_t \mid y_{t-1}) = \phi \frac{\mathbb{V}(y_{t-1})}{\mathbb{V}(y_{t-1})} = \phi$이므로 $\hat{y} = \phi y_{t-1}$, $\hat{y}_{t-2} = \phi y_{t-1}$이고, 따라서 $\epsilon_t = y_t - \hat{y}_t$며 래그-2 편자기공분산은 다음과 같다.

$$\tilde{\gamma}_2 = \mathbb{E}[\epsilon_t, y_{t-2} - \phi y_{t-1}] = 0 \tag{6.21}$$

명백히 AR(1) 프로세스의 래그-1 편자기공분산은 다음과 같다.

$$\tilde{\gamma}_1 = \mathbb{E}[y_t - \mu, y_{t-1} - \mu] = \gamma_1 = \phi \gamma_0 \tag{6.22}$$

2.6 최대 우도 추정

데이터의 밀도가 (ϕ, σ_n^2)에 독립일 때 정확한 우도는 다음과 같다.

$$\mathcal{L}(y, x; \phi, \sigma_n^2) = \prod_{t=1}^{T} f_{Y_t|X_t}(y_t|x_t; \phi, \sigma_n^2) f_{X_t}(x_t) \tag{6.23}$$

이 가정하에 정확한 우도는 조건부 우도 함수에 비례한다. 즉, 다음과 같다.

$$\begin{aligned}
\mathcal{L}(y, x; \phi, \sigma_n^2) &\propto L(y|x; \phi, \sigma_n^2) \\
&= \prod_{t=1}^{T} f_{Y_t|X_t}(y_t|x_t; \phi, \sigma_n^2) \\
&= (\sigma_n^2 2\pi)^{-T/2} \exp\{-\frac{1}{2\sigma_n^2} \sum_{t=1}^{T}(y_t - \phi^T \mathbf{x}_t)^2\}
\end{aligned}$$

많은 경우 데이터 밀도와 파라미터 간의 독립성에 대한 이와 같은 가정은 적절하지 않다. 예를 들어 잡음의 분산이 알려져 있지 않은 평균 0의 AR(1)을 고려해보자.

$$y_t = \phi y_{t-1} + \epsilon_t, \ \epsilon_t \sim \mathcal{N}(0, \sigma_n^2) \tag{6.24}$$

$$Y_t|Y_{t-1} \sim \mathcal{N}(\phi y_{t-1}, \sigma_n^2)$$

$$Y_1 \sim \mathcal{N}(0, \frac{\sigma_n^2}{1 - \phi^2})$$

정확한 우도는 다음과 같다.

$$\begin{aligned}
\mathcal{L}(x; \phi, \sigma_n^2) &= f_{Y_t|Y_{t-1}}(y_t|y_{t-1}; \phi, \sigma_n^2) f_{Y_1}(y_1; \phi, \sigma_n^2) \\
&= \left(\frac{\sigma_n^2}{1 - \phi^2} 2\pi\right)^{-1/2} \exp\{-\frac{1-\phi^2}{2\sigma_n^2} y_1^2\} (\sigma_n^2 2\pi)^{-\frac{T-1}{2}} \\
&\qquad\qquad\qquad\qquad \exp\{-\frac{1}{2\sigma_n^2} \sum_{t=2}^{T}(y_t - \phi y_{t-1})^2\}
\end{aligned}$$

여기서 2.8절에서 도출한 결과인 Y_t의 모멘트를 사용했다.

데이터 밀도의 파라미터에 대한 의존성에도 불구하고 조건부 우도 방법 (즉, $f_{Y_1}(y_1; \phi, \sigma_n^2)$을 삭제)에 비해 정확한 우도를 사용하는 이점이 실무적으로 거의 없다. 이는 선형 모델에 대해 사실임이 입증된다. 조건부 우도를 최대화하는 것은 보통 최소 제곱^{OLS} 추정과 동일하다.

2.7 이분산성

AR 모델은 잡음이 i.i.d.다. 이는 과다하게 낙관적 가정이며 잡음이 시간 의존적이라고 함으로써 완화될 수 있다. 잡음을 시간 의존적으로 취급 하는 것은 이분산적^{heteroschedastic} AR(p) 모델에 의해 보여줄 수 있다.

$$y_t = \mu + \sum_{i=1}^{p} \phi_i y_{t-i} + \epsilon_t,\ \epsilon_t \sim \mathcal{N}(0, \sigma_{n,t}^2). \tag{6.25}$$

시계열 모델에는 이분산성에 대한 많은 테스트가 있으며, 그중 하나인 ARCH 테스트는 표 6.3에 요약돼 있다. 이분산성 모델에 대한 추정 절차 는 더욱 복잡하며 두 단계를 거친다. (i) 오차를 독립으로 취급하는 최대 우도 함수로부터의 오차 추정, (ii) 오차를 시간 의존적으로 취급하는 더 일반적인 최대 우도 함수 추정하에서 모델 파라미터의 추정이다. 이와 같은 절차는 더 나아가 오차 내의 상관관계를 설명할 수 있도록 일반화 될 수 있다. 하지만 대규모 시계열에서는 계산적으로 다루기 힘든 공분 산 행렬의 역행렬이 필요하다.

조건부 우도는 다음과 같다.

$$\mathcal{L}(\mathbf{y}|X; \phi, \sigma_n^2) = \prod_{t=1}^{T} f_{Y_t|X_t}(y_t|x_t; \phi, \sigma_n^2)$$
$$= (2\pi)^{-T/2} det(D)^{-1/2} \exp\{-\frac{1}{2}(\mathbf{y} - \phi^T X)^T D^{-1}(\mathbf{y} - \phi^T X)\}$$

여기서 $D_{tt} = \sigma^2_{n,t}$는 대각 공분산 행렬이고, $X \in \mathbb{R}^{T \times p}$는 $[X]_t = \mathbf{x}_t$로 정의된 데이터 행렬이다.

이 접근법의 장점은 비교적 단순하다는 것이다. 금융에서 잡음 분산을 시간 의존적으로 처리하는 것은 정교한 계량경제 모델에 의해 오랫동안 다뤄졌으며, 여기에 제시된 접근법은 AR 모델을 좀 더 현실적인 모델의 설정과 일치하게 한다.

반면 잔차의 샘플 분산을 이용하는 것은 샘플 크기가 충분히 큰 경우에만 적합하다. 실제로 이것은 예측을 하기 전에 충분히 큰 역사적 기간을 요구하는 것으로 해석된다. 또 다른 단점은 이 접근법이 분산 간의 관계를 명시적으로 정의하지 않는다는 점이다. 2.9절에서 이분산성 모델을 간략히 재검토하고 조건부 분산을 이전의 조건부 분산에 대해 회귀하는 모델을 탐구할 것이다.

2.8 이동 평균 프로세스

월드 표현 정리^{Wold representation theorem}(또는 월드 분해^{Wold decomposition})에 따르면 모든 공분산 정상성 시계열은 두 개의 시계열, 즉 하나의 결정적 시계열과 하나의 확률적 시계열의 합으로 쓸 수 있다. 실제로 AR 프로세스를 선택할 때 결정적 성분은 이미 고려했다.[4] 확률적 성분은 y_t를 현재와 q 과거 교란의 선형 결합으로 표현하는 '이동 평균 프로세스' 또는 MA(q) 프로세스로 나타낼 수 있다. 그 정의는 다음과 같다.

> ⟩ **MA(q) 프로세스**

q차 이동 평균^{moving average} 프로세스는 백색 잡음 프로세스 $\{\epsilon_{t-i}\}^q_{t=0}$, $\forall t$의 선형 결합이다.

---

4. AR(1) 프로세스는 MA(∞)로 표현될 수 있으며, 반대의 경우도 성립하므로 이는 과다하게 단순화된 명제다.

$$y_t = \mu + \sum_{i=1}^{q} \theta_i \epsilon_{t-i} + \epsilon_t. \tag{6.26}$$

따라서 y_{t-1}은 $\{\epsilon_{t-1}, \epsilon_{t-2}, \dots\}$에 의존하지만, ϵ_t에는 의존하지 않는다. 따라서 $\gamma_{t,t-2}^2 = 0$이다(식 6.21 참고). 오차들이 독립(동일일 필요는 없다)이라는 가정하에 P가 비선형 투영인 경우에도 이 속성은 성립하는 것이 명백하다.

또 하나의 간단한 논점은 AR(1) 프로세스가 MA(∞)로 다시 표현될 수 있다는 것이다. AR(1) 프로세스가 평균 μ를 갖고, 잡음 분산이 σ_n^2이라고 가정하면 연산자 $(1 - \phi L)^{-1}$의 이항 전개에 의해 다음을 얻는다.

$$y_t = \frac{\mu}{1 - \phi} + \sum_{j=0}^{\infty} \phi^j \epsilon_{t-j}, \tag{6.27}$$

여기서 모멘트는 쉽게 발견할 수 있으면 다음과 같다.

$$\mathbb{E}[y_t] = \frac{\mu}{1 - \phi}$$

$$\mathbb{V}[y_t] = \sum_{j=0}^{\infty} \phi^{2j} \mathbb{E}[\epsilon_{t-j}^2]$$

$$= \sigma_n^2 \sum_{j=0}^{\infty} \phi^{2j} = \frac{\sigma_n^2}{1 - \phi^2}$$

AR과 MA 모델은 ARMA 또는 더 일반적으로 ARIMA 모델로 알려져 있는 더 복잡한 모델의 중요한 구성 요소다. 과거 관측과 과거 혁신의 선형 결합으로 패턴을 표현하는 것이 하나의 구성 요소로만 표현하는 것보다 시계열 모델링에서 더 유연한 것으로 밝혀졌다. 이들이 유용한 유일한 기법은 아니며, 우리는 곧 단기 변동을 평활화^{smooth}해 장기 예측에 있어 신호 대 잡음 비율을 강화하는 또 다른 기법에 초점을 돌릴 것이다.

2.9 GARCH

2.7절에서 이분산성 시계열 모델은 오차를 시간 의존적으로 다룬다는 것을 살펴봤다. 금융 계량경제에서 사용되는 유명한 모수적, 선형, 이분산성 방법은 일반화 자기회귀 조건부 이분산성^{GARCH, Generalized AutoRegressive} ^{Conditional Heteroscedastic} 모델(Bollerslev and Taylor)이다. GARCH(p,q) 모델은 조건부 분산(즉, 변동성)이 ARMA(p,q) 모델로 주어진다. 즉, p차의 래그 조건부 분산과 q차의 래그 잡음 항으로 구성된다.

$$\sigma_t^2 := \mathbb{E}[\epsilon_t^2 | \Omega_{t-1}] = \alpha_0 + \sum_{i=1}^{q} \alpha_i \epsilon_{t-i}^2 + \sum_{i=1}^{p} \beta_i \sigma_{t-i}^2$$

이 모델은 현재 변동성과 과거 변동성과의 관계를 명시한다. 이와 같은 관계는 모델의 변동성을 예측하는 데 유용하며, 트레이딩과 리스크 관리를 위한 변동성 모델에 명백히 도움이 된다. 곧 살펴보듯이 이 간단한 관계는 모델의 행태를 설명할 수 있게 한다.

모델 정상성에 대한 필요조건은 다음 제약식이다.

$$(\sum_{i=1}^{q} \alpha_i + \sum_{i=1}^{p} \beta_i) < 1$$

모델이 정상성을 가질 때 장기 변동성은 ϵ_t의 무조건부 분산에 수렴한다.

$$\sigma^2 := var(\epsilon_t) = \frac{\alpha_0}{1 - (\sum_{i=1}^{q} \alpha_i + \sum_{i=1}^{p} \beta_i)}$$

이를 보고자 GARCH(1,1) 모델을 사용해 1 스텝 전방 예측을 고려하자.

$$\sigma_t^2 = \alpha_0 + \alpha_1 \epsilon_{t-1}^2 + \beta_1 \sigma_{t-1}^2 \qquad (6.28)$$

$$\hat{\sigma}_{t+1}^2 = \alpha_0 + \alpha_1 \mathbb{E}[\epsilon_t^2 | \Omega_{t-1}] + \beta_1 \sigma_t^2 \qquad (6.29)$$

$$= \sigma^2 + (\alpha_1 + \beta_1)(\sigma_t^2 - \sigma^2) \qquad (6.30)$$

$$\hat{\sigma}_{t+2}^2 = \alpha_0 + \alpha_1\mathbb{E}[\epsilon_{t+1}^2|\Omega_{t-1}] + \beta_1\mathbb{E}[\sigma_{t+1}^2|\Omega_{t-1}] \tag{6.31}$$

$$= \sigma^2 + (\alpha_1 + \beta_1)^2(\sigma_t^2 - \sigma^2) \tag{6.32}$$

$$\hat{\sigma}_{t+l}^2 = \alpha_0 + \alpha_1\mathbb{E}[\epsilon_{t+l-1}^2|\Omega_{t-1}] + \beta_1\mathbb{E}[\sigma_{t+l-1}^2|\Omega_{t-1}] \tag{6.33}$$

$$= \sigma^2 + (\alpha_1 + \beta_1)^l(\sigma_t^2 - \sigma^2) \tag{6.34}$$

여기서 무조건부 변동성에 $\sigma^2 = \alpha_0/(1 - \alpha_1 - \beta_1)$를 대입했다. 위의 식으로 부터 $l \rightarrow \infty$임에 따라 $\hat{\sigma}_{t+1}^2 \rightarrow \sigma^2$임을 알 수 있으며, 따라서 예측 기간이 무한대로 감에 따라 분산 예측은 ϵ_t의 무조건부 분산으로 접근한다. 1 스텝 전방 분산 예측으로부터 $(\alpha_1 + \beta_1)$가 얼마나 빠르게 분산 예측이 무조건부 분산으로 수렴하는지를 결정한다는 것을 알 수 있다. 예를 들어 금융위기 동안 분산이 빠르게 상승하면 처음 예측과 무조건부 분산 사이의 중간이 될 때까지의 기간 수 K에 대해 $(\alpha_1 + \beta_1)^K = 0.5$가 성립하고, 따라서 반감기^{half-life5}는 $K = ln(0.5)/ln(\alpha_1 + \beta_1)$으로 주어진다.

예를 들어 $(\alpha_1 + \beta_1) = 0.97$이고, 스텝이 일(days)로 측정되면 반감기는 약 23일이다.

2.10 지수 평활화

지수 평활화^{exponential smoothing}는 과거와 현재 관측치의 가중치를 지수적으로 감소시켜 평활화된 예측 $\tilde{y}_{t+1}$를 제공하는 유형의 예측 또는 필터링 방법이다. 이는 하나의 파라미터 α를 요구하는데, 평활화 요인^{smoothing factor} 또는 평활화 계수^{smoothing coefficient}라 불린다. 이 파라미터는 이전 시간 스텝에서의 관측치 영향이 지수적으로 감쇠하는 속도를 제어한다. α는 많은 경우 0과 1 사이의 값으로 설정되는데, 더 작은 값은 예측할 때 더 많은 히스토리가 고려된다는 것을 의미한다. 지수 평활화는 이전 기간 $\tilde{y}_t$에 대한 예측을 취하고 예측 오차 $y_t - \tilde{y}_t$로 조정한다. 다음 기간에 대한

---

5. 반감기(half-life)는 계수가 1/2이 되는 래그 K 값이다.

예측은 다음과 같이 된다.

$$\tilde{y}_{t+1} = \tilde{y}_t + \alpha(y_t - \tilde{y}_t) \tag{6.35}$$

또는 다음과 동일하다.

$$\tilde{y}_{t+1} = \alpha y_t + (1 - \alpha)\tilde{y}_t \tag{6.36}$$

이를 첫째 관측까지 기하급수적으로 감쇠하는 자기회귀 계열로 표현하면 다음과 같다.

$$\tilde{y}_{t+1} = \alpha y_t + \alpha(1-\alpha)y_{t-1} + \alpha(1-\alpha)^2 y_{t-2} + \alpha(1-\alpha)^3 y_{t-3}$$
$$+ \cdots + \alpha(1-\alpha)^{t-1} y_1 + \alpha(1-\alpha)^t \tilde{y}_1$$

따라서 평활화가 예를 들어 AR 모델에서의 예측에 사용된 부분 시퀀스뿐 아니라 전체 관측된 데이터를 사용하는 장기 모델을 형성하는 것을 알 수 있다. 기하급수적으로 감쇠하는 모델을 반감기, 즉 계수가 반이 되는 래그 k로 묘사하는 것은 유용하다.

$$\alpha(1-\alpha)^k = \frac{1}{2} \tag{6.37}$$

또는 다음과 같다.

$$k = -\frac{ln(2\alpha)}{ln(1-\alpha)} \tag{6.38}$$

평활화의 최적량 $\hat{\alpha}$은 우도 함수를 최대함으로써 찾을 수 있다.

3. 시계열 모델 적합화: 박스-젠킨스 접근법

최대 우도 추정은 이번 장에서 설명한 ARMA 모델을 선택하기 위한 접근법이지만 모델 파라미터를 설정하는 것을 넘어서는 많은 고려 사항이 있다. 특히 5장에서 학습했듯이 페널티 항이 추가되지 않는다면 편향-분산 트레이드오프가 최대 우도 추정에서 다뤄지지 않는 중심 고려 사항이다.

머신러닝은 편향-분산 트레이드오프를 최적화해 일반화된 성능을 달성하며 많은 파라미터가 교차 검증을 통해 최적화된다. 이는 축복이자 저주다. 수치 최적화에 대한 큰 의존성은 상당한 유연성을 제공하지만 계산 비용과 종종 시계열에서 구조의 과소 활용을 대가로 치룬다. 또한 하이퍼파라미터의 작은 변화가 모델 성과에 상당한 차이로 이어지는 잠재적 불안정성도 있다.

모델에 의해 표현되는 함수들의 클래스를 제한할 수 있다면 변수들 사이의 관계와 의존성에 대한 지식을 이용해 원칙적으로 복잡성을 줄이고 적합화 절차의 안정성을 향상시킬 수 있다.

약 75년 동안 경제학자들과 통계학자들은 ARIMA를 이용한 시계열 모델링 문제를 간단하고 직관적인 방법으로 접근해왔다. 3단계 프로세스를 따라 AR(p)을 설정하고 평가한다. 이 프로세스를 박스-젠킨스**Box-Jenkins** 접근법 또는 프레임워크라고 한다. 박스-젠킨스 모델링 접근법의 세 가지 기본 단계는 다음과 같다.

a. (I) 식별: 모델의 차수 결정(즉 모델 선택)
b. (E) 추정: 모델 파라미터 추정
c. (D)진단 검사: 모델의 적합도 평가

이 모델링 접근법은 반복적이고 절약적이다. 즉, 파라미터가 적은 모델을 선호한다.

3.1 정상성

모델의 차수를 결정하려면 먼저 시계열의 정상성 여부를 테스트해야 한다. 공분산 정상성에 대한 표준 통계 테스트는 (c) 상수 추세$^{constant\ drift}$와 (t) 시간 추세$^{time\ trend}$를 설명하는 ADF$^{Advanced\ Dickey-Fuller}$ 테스트다. ADF 테스트는 단위 근 테스트$^{unit\ root\ test}$다. 귀무가설은 특성 다항식이 적어도 하나의 단위 근을 내면 데이터가 비정상적$^{non-stationary}$이라는 것이다. 신뢰수준 α에서 귀무가설을 기각할 수 있으면 데이터는 정상성을 가진다. 시계열 모델을 비정상적 데이터에 적합화하고자 하면 추정된 편자기상관계수 함수 해석이 의심스럽고 예측의 질이 낮으므로 피해야 한다.

3.2 정상성을 보장하는 변환

추세 시계열 프로세스는 정상성 프로세스가 아니다. AR(p) 모델을 적합화하기 전에 먼저 원래의 시계열을 정상성 형태로 변환할 필요가 있다. 경우에 따라서는 단순히 시계열의 추세를 제거하는 것이 가능할 수도 있다(제한된 수의 경우에만 작동하는 변환). 그러나 이는 거의 완전한 방어가 되지 못한다. 모델의 예측 정확도를 손상시킬 수도 있지만 정상성 시계열에 도달할 때까지 원래 시계열을 체계적으로 한 번 이상 차분을 취할 수 있다.

통찰력을 얻고자 간단한 예를 살펴보자. 다음 형태의 시간 추세를 가진 선형 모델이 주어졌다고 가정하자.

$$y_t = \alpha + \beta t + \epsilon_t, \ \epsilon_t \sim \mathcal{N}(0, 1) \tag{6.39}$$

우선 y_t의 평균이 시간 의존임을 관찰한다.

$$\mathbb{E}[y_t] = \alpha + \beta t \tag{6.40}$$

따라서 이는 비정상성 모델이다. 대신 프로세스를 차분해 다음을 얻는다.

$$y_t - y_{t-1} = (\alpha + \beta t + \epsilon_t) - (\alpha + \beta(t-1) + \epsilon_{t-1}) = \beta + \epsilon_t - \epsilon_{t-1} \qquad (6.41)$$

이 차분 프로세스의 평균과 분산은 상수이고 차분 프로세스는 정상성을 갖는다.

$$\mathbb{E}[y_t - y_{t-1}] = \beta \qquad (6.42)$$
$$\mathbb{E}[(y_t - y_{t-1} - \beta)^2] = 2\sigma^2 \qquad (6.43)$$

모든 차분 프로세스는 ARIMA(p,d,q) 프로세스로 표현될 수 있다. 여기서 $d = 1$은 정상성을 달성하기 위한 차분의 차수다. 일반적으로 1차 차분이 정상성 차분 프로세스를 산출한다는 보장은 없다. 더 높은 차수 $d > 1$을 적용할 수 있지만 원래의 신호 복구에 해가 되므로 많은 경우 책의 후반부에서 다루는 순차적 데이터를 위한 칼만 필터^{Kalman Filter}, 마르코프 스위칭 모델^{Markov-switching model}, 고급 신경망과 같은 비정상성 시계열 방법을 사용한다.

3.3 식별

정상성 시계열에서 AR(p)의 차수를 결정하는 일반적인 접근법은 편자기상관계수를 추정하고 유의한 최대 래그를 결정하는 것이다. 그림 6.1은 래그에 대한 추정된 편자기상관계수의 그림인 편자기상관 도표를 보여준다. 굵은 수평선은 다음 식을 사용해 각 계수에 대해 구축될 수 있는 95% 신뢰 구간을 정의한다.

$$\pm 1.96 \times \frac{1}{\sqrt{T}} \qquad (6.44)$$

여기서 T는 관측수다. T가 충분히 커서 자기상관계수가 평균 0와 표준편차 $\frac{1}{\sqrt{T}}$을 가진 정규분포를 가진다고 가정한다.[6]

---

6. 이 가정은 중심 극한 정리(Central Limit Theorem)에 의해 받아들여진다.

첫째 래그를 제외한 모든 래그가 대략 엔빌로프 내에 있으므로 AR(p) 모델의 차수를 $p = 1$로 결정할 것이다.

편자기상관계수와 자기상관계수 그래프의 속성은 AR과 MA 모델의 차수를 나타낸다. 그림 6.1에서 편자기상관계수(pacf) 그래프의 래그 1 이후의 즉각적인 절단$^{cut-off}$은 AR(1) 프로세스임을 나타낸다. 반대로 추정된 자기상관계수 함수의 뚜렷한 절단 값의 위치는 MA 프로세스의 차수 q를 결정한다. 흔히 데이터 생성 프로세스가 AR과 MA 모델의 조합이라고 가정되며 이를 ARMA(p,q) 모델이라 한다.

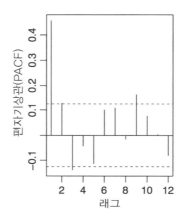

그림 6.1 이 그림은 래그에 대한 추정된 편자기상관계수의 그래프인 편자기상관도표를 보여준다. 굵은 수평선은 95% 신뢰 구간을 정의한다. 첫째 래그를 제외한 모든 래그가 대략 엔빌로프 안에 들어와 있음을 알 수 있다. 따라서 AR(p) 모델의 차수를 $p = 1$로 결정할 것이다.

정보 기준

편자기상관계수 함수가 AR(p) 모델 차수를 결정하는 데 유용하지만 많은 경우 선택의 주관성이라는 바람직하지 않은 속성을 갖는다.

흔히 아카이케 정보 기준$^{AIC, Akaike Information Criteria}$를 사용해 적합도의 품질을 측정하는 것이 선호된다. AIC는 다음에 의해 주어진다.

$$AIC = ln(\hat{\sigma}^2) + \frac{2k}{T} \tag{6.45}$$

여기서 $\hat{\sigma}^2$은 잔차 분산(잔차 제곱 합을 관측수 T로 나눈 값)이며, $k = p + q$ + 1은 추정된 파라미터의 총 개수다. 이 기준은 첫째 항(즉, 적합도의 품질)과 둘째 항(즉, 파라미터 수)에 비례하는 페널티 함수 간의 편향-분산 트레이드오프를 표현한다. 목적은 우선 최대 우도 추정을 사용하고 그 다음 페널티 항을 더하는 것에 의해 AIC를 최소화하는 모델을 선택하는 것이다. 모델에 더 많은 파라미터를 추가하면 잔차를 줄일 수 있으나 오른쪽 항을 증가시킨다. 따라서 AIC는 가장 작은 수의 파라미터로 달성한 최적의 적합도를 선호한다.

표면상으로 전체적인 접근법은 손실 함수가 라쏘^{LASSO} 페널티(파라미터의 L_1 노름) 또는 릿지^{ridge} 페널티(파라미터의 L_2 노름)에 의해 페널티를 부여하는 머신러닝의 규제화와 매우 유사하다. 그러나 일단 최대 우도 함수가 평가되면 AIC는 사후적으로 추정된다는 점을 강조한다. 반면 머신러닝 모델에서는 페널티가 부여된 손실 함수가 직접 최소화된다.

3.4 모델 진단

모델인 적합화되면 잔차가 모델이 과소적합된 것을 나타내는 자기상관관계를 보이는지 평가해야 한다. 적합화된 시계열 모델의 잔차는 백색 잡음이어야 한다. 잔차 내의 자기상관관계를 테스트하고자 박스와 피어스(Box와 Pierce)는 다음과 같은 포트맨토 통계량$^{Portmanteau\ statistic}$을 제안한다.

$$Q^*(m) = T \sum_{l=1}^{m} \hat{\rho}_l^2$$

이는 다음의 귀무가설에 대한 테스트 통계량이다.

$$H_0 : \hat{\rho}_1 = \cdots = \hat{\rho}_m = 0$$

이의 대립가설은 어떤 $i \in \{1, \dots, m\}$에 대해 다음과 같다.

$$H_a : \hat{\rho}_i \neq 0$$

여기서 $\hat{\rho}_i$는 잔차의 샘플 자기상관계수다.

박스-피어스 통계량은 m 자유도의 접근적 카이-제곱 분포를 따른다. 밀접하게 연관된 룽-박스[Ljung-Box] 테스트 통계량은 유한 샘플에서 증가된 검정력[power of test]을 걷고 있다.

$$Q(m) = T(T+2) \sum_{l=1}^{m} \frac{\hat{\rho}_l^2}{T-l} \tag{6.46}$$

또한 이 통계량은 자유도가 m인 카이-제곱 분포를 접근적으로 따른다. 결정 규칙은 $Q(m) > X_a^2$인 경우 H_0를 기각하는 것이다. 여기서 X_a^2는 자유도가 m인 카이-제곱 분포의 $100(1-\alpha)$번째 백분위수를 나타내며 H_0를 기각하기 위한 유의한 기각 수준이다.

AR(p) 모델의 경우 룽-박스 통계량은 $m - p$ 자유도를 갖는 카이-제곱 분포를 접근적으로 따른다. 그림 6.2는 AR(p) 모델의 잔차에 룽-박스 테스트를 적용한 결과를 보여준다. (상단) 표준화된 잔차는 시간에 대해 보여준다. (중앙) 잔차의 추정된 ACF는 래그 인덱스에 대해 보여준다. (하단) 룽-박스 테스트 통계량의 p-값은 래그 인덱스에 대해 보여준다. 그림은 모델의 최대 래그가 충분히 크면 p-값이 작고 귀무가설이 대립가설에 대해 기각된다는 것을 보여준다.

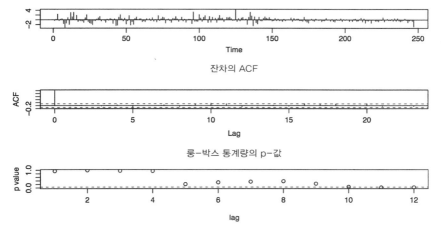

그림 6.2 이 그림은 AR(p) 모델의 잔차에 대해 룽–박스 테스트를 적용한 결과를 보여준다. (상단) 표준화된 잔차는 시간에 대해 보여준다. (중앙) 잔차의 추정된 ACF는 래그 인덱스에 대해 보여준다. (하단) 룽–박스 테스트 통계량의 p–값은 래그 인덱스에 대해 보여준다.

테스트에 실패하면 모델이 더 이상 과소적합되지 않을 때까지 박스–젠킨스 접근법을 반복해야 한다. 과적합에 대한 유일한 가벼운 안전장치는 모델 선택을 위해 AIC를 사용하는 것이지만, 일반적으로 이 프레임워크에서 모델의 성과가 표본 외에서 평가되지 않기 때문에 과적합화 방지를 강력하게 보장하지는 않는다. 교차 검증을 통한 편향–분산 트레이드오프를 평가하는 것이 모델 성과를 일반화하는 더 나은 접근법으로 나타났다. 따라서 박스–젠킨스 접근법에 따라 채택된 모든 모델은 다음 절의 주제인 시계열 교차 검증을 통해 표본 외로 평가할 필요가 있다.

여기서 다루지 않은 시계열 모델링을 위해 개발된 많은 진단 테스트가 있다. 작은 부분집합이 표 6.3에 나열돼 있다. 이러한 테스트에 대한 자세한 내용과 선형 모델의 적용에 대한 자세한 내용은 Tsay(2010)와 같은 표준 금융 계량경제학 교과서를 참고하라.

4. 예측

박스-젠킨스 접근법은 모델을 식별하고, 적합화하고, 평가하는 데 유용하지만 이와 같은 모델이 강력한 예측 속성을 보여야 한다는 보장은 없다. 우리는 주어진 정보 Ω_t로 y_{t+h} 값을 시간 t까지(시간 t 포함) 예측하고자 한다. 예측을 생성하는 것은 단순히 모델하에서 데이터에 대한 조건부 기대값을 취하는 문제다. AR(p) 모델의 h-스텝 전방 예측은 다음에 의해 주어진다.

$$\hat{y}_{t+h} = \mathbb{E}[y_{t+h} \mid \Omega_t] = \sum_{i=1}^{p} \phi_i \hat{y}_{t+h-i} \tag{6.47}$$

여기서 $\hat{y}_{t+h}$, $h \leq 0$이고, $\mathbb{E}[\epsilon_{t+h} | \Omega_t] = 0$, $h \geq 0$이다. 관측된 변수의 조건부 기대값은 무조건부 기대값과 같지 않다. 특히 $\mathbb{E}[\epsilon_{t+h} | \Omega_t] = \epsilon_t + h$, $h \leq 0$인 반면 $\mathbb{E}[\epsilon_{t+h}] = 0$이다. 예측의 품질은 MSE 또는 MAE로부터 예측 기간에 대해 측정된다.

4.1 예측 이벤트

출력이 연속이 아니라 범주형이면 ARMA 모델이 반응의 조건부 기대보다는 이진 이벤트의 로그 승산비^{log-odds ratio}를 예측하는 데 사용된다. 이는 로지스틱 회귀에서 로짓 함수를 연결^{link}로 사용하는 것과 유사하다.

혼동 행렬, F1 점수, ROC 곡선과 같은 다른 일반 척도도 모델 정확도를 평가하는 데 사용된다. 이들 척도는 시계열 데이터에 특수한 것이 아니며 횡단면 모델에 적용할 수 있다. 다음 예에서는 시계열 데이터를 사용하는 이진 이벤트 예측 문제를 보여준다.

예제 6.1 예측 이진 이벤트

조건부 i.i.d. 베르누이 확률 변수 X_t를 갖고 있다고 가정하자. $p_t :=$ $\mathbb{P}(X_t = 1 \mid \Omega t)$는 이진 이벤트와 다음의 조건부 모멘트를 표현한다.

- $\mathbb{E}[X_t \mid \Omega] = 0 \cdot (1 - p_t) + 1 \cdot p_t = p_t$
- $\mathbb{V}[X_t \mid \Omega] = p_t(1 - p_t)$

로그 승산비는 ARMA 모델을 따른다고 가정한다.

$$\ln\left(\frac{p_t}{1 - p_t}\right) = \phi^{-1}(L)(\mu + \theta(L)\epsilon_t). \tag{6.48}$$

그리고 모델 출력의 범주는 양의 이벤트에 상응하는 $p_t \geq 0.5$ 임계 값에 의해 결정된다. 표본 외 관측수가 24개라면 예측을 관측된 이벤트와 비교하고 표 6.1에서 보여주는 진리표(즉, 혼동 행렬)를 구축한다.

이 예에서 정확도는 $(12 + 2)/24$, 즉 집합 전체 크기에 대한 대각항 합의 비율이다. 비대각 원소에 의해 각각 8과 2로 보여준 1종 오류(거짓 양성)와 2종 오류(거짓 음성)에 특별한 관심을 갖는다. 실무에서 1종과 2종 오류에 대한 허용 기준이 동일한지 세심한 주의를 기울여야 한다.

표 6.1 예제 6.1에 대한 혼동 행렬

	예측		
실제	1	0	합
1	12	2	14
0	8	2	10
합	20	4	24

분류기의 유의성은 분류기가 백색 잡음이라는 귀무가설하에서 자유도가 1인 카이-제곱 통계량에서 추정할 수 있다. 일반적으로 카이-제곱 테스트는 두 변수의 상호 독립 여부를 확인하는 데 사용된다. 이 경우 카이-제곱 통계량이 유의 수준과 연관된 주어진 임계값보다 높은 경우 분류기가 백색 잡음이 아니라고 말한다.

표 6.2와 같이 혼동 행렬의 원소에 레이블을 붙이자. 혼동 행렬의 열 및 행 합계와 총 테스트 샘플 수 m도 보인다.

표 6.2 이진 분류의 혼동 행렬이 열 및 행 합과 테스트 샘플의 총 개수 m과 함께 보인다.

	예측		
실제	1	0	합
1	m11	m12	m1,
0	m21	m22	m1,
합	m,1	m,2	m

자유도 1의 카이-제곱 통계량은 기대되는 결과에 상대적인 기대되는 결과(즉, 예측이 관측과 독립인 백색 잡음 모델)와 모델 예측 $\hat{y}$의 차이의 제곱에 의해 주어진다. 관측수에 의해 정규화될 때 혼동 행렬의 각 원소는 결합 확률 $[\mathbb{P}(Y, \hat{Y})]_{ij}$다. 백색 잡음 모델하에 관측된 결과 Y와 예측된 결과 $\hat{y}$는 독립이다. 이에 따라 $[\mathbb{P}(Y, \hat{Y})]_{ij} = [\mathbb{P}(Y)]_i[\mathbb{P}(\hat{Y})]_j$이며, 이는 i번째 행의 합 $m_{,j}$와 j번째 열의 합 $m_{i,}$를 곱한 것을 m으로 나눈 것이다. $m_{i,j}$는 모델 예측에 기반을 두므로 카이-제곱 통계량은 다음과 같다.

$$\chi^2 = \sum_{i=1}^{2} \sum_{j=1}^{2} \frac{(m_{ij} - m_{i,}m_{,j}/m)^2}{m_{i,}m_{,j}/m} \tag{6.49}$$

앞의 예로 다시 돌아가서 카이-제곱 통계량은 다음과 같다.

$$\chi^2 = (12 - (14 \times 20)/24)^2/(14 \times 20)/24$$
$$+ (2 - (14 \times 4)/24)^2/(14 \times 4)/24$$
$$+ (8 - (10 \times 20)/24)^2/(10 \times 20)/24$$
$$+ (2 - (10 \times 4)/24)^2/(10 \times 4)/24$$
$$= 0.231$$

이 값은 유의성을 갖기에는 자유도 1의 카이-제곱 통계량에 대한 임계값인 6.635보다 훨씬 낮다. 따라서 귀무가설을 기각할 수 없다. 예측 모델은 충분히 백색 잡음과 구별할 수 없다.

위에 표시된 예제 분류 모델은 $p_t \geq 0.5$의 임계값을 사용해 이벤트를 양성으로 분류했다. 이러한 임계값 선택은 직관적이지만 임의적이다. 임계값 범위에 대해 분류기의 성능을 어떻게 측정할 수 있는가?

ROC 곡선에는 가능한 모든 임계값에 대한 정보가 포함돼 있다. ROC 곡선은 거짓 양성률$^{\text{false positive rate}}$에 대한 실제 양성률$^{\text{true positive rate}}$을 표시한다. 여기서 이들 항은 다음과 같이 정의된다.

- 실제 양성률$^{\text{TPR, True Positive Rate}}$은 $TP/TP + FN$)이다. 이는 분류기가 정확하게 식별한 양성 샘플의 비율로, 재현율^{Recall} 또는 민감도^{Sensitivity}로 알려져 있다. 표 6.1의 혼동 행렬을 이용하면 TPR = 12/(12 + 2) = 6/7이다.
- 거짓 양성률$^{\text{FPR, False Positive Rate}}$은 $FP/(FP + TN)$이다. 이는 분류기가 부정확하게 식별한 양성 샘플의 비율로, 예제의 혼동 행렬을 사용하면 FPR = 8/(8 + 2) = 4/5다.
- 정밀도^{Precision}는 $TP/(TP + FP)$다. 이는 분류기가 양성이라고 예측한 그룹에서 양성인 샘플의 비율로, 예제 혼동 행렬에서 12/(12 + 8) = 3/5이다.

ROC 곡선의 각 포인트는 분류기의 특정 임계값 선택에 대한 (TPR, FPR) 쌍이다. 그림 6.3의 검은 점선은 랜덤 모델을 나타낸다. 녹색선은 모델의 ROC 곡선을 보여준다. 중요하게 이 선은 항상 직선 위에 있다. 완벽한 모델은 모든 FPR에 대해 1의 TPR을 보일 것이며 곡선 위에 영역이 존재하지 않을 것이다.

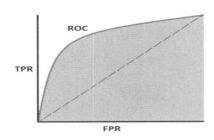

그림 6.3 녹색선에 의해 보여진 예제 모델에 대한 ROC 곡선

이 성과 평가의 장점은 클래스 불균형class imbalance, 즉 희소한 양성 이벤트rare positive event에 강건하다는 것이다. 분류 정확도classification accuracy는 이러한 특성을 갖지 않으며 데이터가 불균형일 때 적합도의 품질에 대한 잘못된 해석을 초래한다. 예를 들어 상수 모델 $\hat{Y} = f(X) = 1$은 데이터가 x% 양성 이벤트로 구성돼 있다면 x%의 정확도를 산출할 것이다. 추가적인 척도가 도출될 수 있다. 일반적으로 AUCArea Under Curve(곡선 아래 면적)이 많이 사용되며, 이는 그림 6.3의 녹색선 아래의 면적이다.

F1 점수F1 score는 정밀도와 재현율의 조화 평균harmonic mean이며 이것도 흔히 사용된다. F1 점수는 1이 가장 좋은 값이며 0이 가장 나쁜 값이고, $F1 = \frac{2 \cdot \text{precision} \cdot \text{recall}}{\text{precision} + \text{recall}}$으로 주어진다. 위의 예제로부터 F1 $= \frac{2 \times 3/5 \times 6/7}{3/5 + 6/7} = 0.706$이다.

4.2 시계열 교차 검증

교차 검증 즉 훈련-테스트 데이터의 K폴드fold(또는 부분집합)을 통한 회전에 의해 하이퍼파라미터를 조정하는 방법은 시계열 데이터에서 다르게 적용된다. 시계열 데이터에 대한 예측 모델에서는 훈련 세트에 향후 관측치를 사용할 수 없다. 대신 슬라이딩 윈도우를 사용해 그림 6.4에 설명된 대로 파라미터 튜닝이 가능하도록 여러 번의 반복에 걸쳐 표본 외에서 예측해야 한다. 한 가지 흔히 겪는 문제는 윈도우가 '전진walk forward' 함에 따라, 윈도우의 길이를 고정할지 또는 확장된 관측 히스토리를 포함함으로써 '확장telescope'을 허용할지 여부다. 일반적으로 후자는 훈련 세트에 더 많은 관측치를 포함한다는 장점이 있지만 표본 크기에 대한 제어력 상실로 인해 파라미터의 신뢰도를 해석하는 데 어려움을 초래할 수 있다.

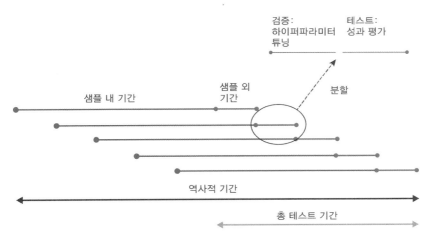

그림 6.4 횡단면 데이터에 대한 표준 교차 검증 대신 시계열 데이터의 관측 순서를 보전하고자 '전진 최적화(walk forward optimization)'라 불리는 시계열 교차 검증을 사용한다. 이 실험 설계는 훈련 세트의 하나 이상의 관측이 미래로부터 올 때 발생하는 적합화 모델의 선견 편향을 피한다.

5. 주성분 분석

6장의 마지막 절은 다변량 시계열 데이터의 차원을 축소시키는 것이 목적으로, 매우 다른 관점에서 데이터 모델링에 접근한다. 이 접근법은 금융에서, 특히 데이터의 차원이 계산 가용성이나 시장 리스크 팩터에 대한 노출도 헷징과 같은 리스크 관리와 트레이딩 문제에 장애를 일으킬 때 광범위하게 사용된다. 예를 들어 각 자산이 아니라 대규모 포트폴리오에서 몇 개의 리스크 팩터를 모니터하는 것이 더 유리할 수 있다. 게다가 이러한 팩터는 금융시장의 행태에 경제적 통찰력을 제공하고 투자 관리 관점에서 실행할 수 있어야 한다.

공식적으로 $\{\mathbf{y}_i\}_{i=1}^N$을 각각의 차원이 n인 N 관측 벡터 집합이라 하고, $n <= N$이라고 가정하자. $Y \in \mathbb{R}^{n \times N}$은 다음과 같이 열이 $\{\mathbf{y}_i\}_{i=1}^N$인 행렬이라 하자.

$$Y = \begin{bmatrix} | & & | \\ \mathbf{y}_1 & \cdots & \mathbf{y}_N \\ | & & | \end{bmatrix}$$

N 관측의 원소별 평균은 다음과 같이 표현되는 n차원 신호다.

$$\bar{\mathbf{y}} = \frac{1}{N} \sum_{i=1}^N \mathbf{y}_i = \frac{1}{N} Y \mathbb{1}_N$$

여기서 $\mathbb{1}_N \in \mathbb{R}^{N \times 1}$은 모두 1인 열벡터다. Y_0을 열이 평균을 차감한 관측인 행렬이라 하자(각 관측 $\mathbf{y}_i$에서 $\bar{\mathbf{y}}$를 차감함으로써 중앙화한다).

$$Y_0 = Y - \bar{\mathbf{y}} \mathbb{1}_N^T$$

투영

$\mathbb{R}^m$에서 $\mathbb{R}^n$까지의 선형 투영은 다음과 같이 행렬 곱에 의해 얻어진 유한 차원 벡터의 선형 변환이다.

$$\mathbf{x}_i = W^T \mathbf{y}_i$$

여기서 $\mathbf{y}_i \in \mathbb{R}^n$, $\mathbf{x}_i \in \mathbb{R}^m$, $W \in \mathbb{R}^{n \times m}$이다. 벡터 $\mathbf{x}_i$의 각 원소 j는 $\mathbf{y}_i$와 $\mathbf{w}_j$로 표기되는 W의 j번째 열과의 내적이다.

$X \in \mathbb{R}^{n \times N}$이 열이 변환된 관측의 N 벡터 집합인 행렬이라 하고, $\bar{\mathbf{x}} =$

$\frac{1}{N}\sum_{i=1}^{N}\mathbf{x}_i = \frac{1}{N}X\mathbb{1}_N$이 원소별 평균이라 하고, $X_0 = X - \bar{\mathbf{x}}\mathbb{1}_N^T$을 평균 조정 행렬이라 하자. 명백히 $X = W^T Y$이고 $X_0 = W^T Y_0$이다.

5.1 주성분 투영

행렬 W^T가 주성분 분석$^{\text{principal component analysis}}$을 적용하는 변환을 나타낼 때 $W = P$로 표기하고, $\{\mathbf{p}_j\}_{j=1}^n$로 표기되는 정규 직교 행렬$^{\text{orthonormal matrix7}}$의 열 P가 로딩 벡터$^{\text{loading vectors}}$로 불린다. 변환된 벡터 $\{\mathbf{x}_i\}_{i=1}^N$은 주성분 $^{\text{principal components}}$ 또는 점수^{scores}로 불린다.

처음 로딩 팩터는 관측의 내적이 가장 큰 분산을 갖는 단위벡터로 정의 된다.

$$\mathbf{p}_1 = \max_{\mathbf{w}_1}\; \mathbf{w}_1^T Y_0 Y_0^T \mathbf{w}_1 \quad s.t.\; \mathbf{w}_1^T \mathbf{w}_1 = 1. \tag{6.50}$$

식 (6.50)에 대한 해는 샘플 공분산 $Y_0 Y_0^T$의 고유벡터로 알려져 있다.[8]

다음 $\mathbf{p}_2$는 $\mathbf{p}_1$에 대한 관측의 직교 투영을 제거한 후 이것과 관측 간의 내 적에서 가장 큰 분산을 가진 단위벡터다. 이는 다음 식을 풀면 얻을 수 있다.

$$\mathbf{p}_2 = \max_{\mathbf{w}_2}\; \mathbf{w}_2^T \left(Y_0 - \mathbf{p}_1 \mathbf{p}_1^T Y_0\right)\left(Y_0 - \mathbf{p}_1 \mathbf{p}_1^T Y_0\right)^T \mathbf{w}_2 \;\; s.t.\; \mathbf{w}_2^T \mathbf{w}_2 = 1 \tag{6.51}$$

식 (6.51)에 대한 해는 이것이 $\mathbf{p}_1$과 공동 선형이 아니라는 제약식하에 가 장 큰 고유값에 해당하는 고유벡터로 알려져 있다.

준양정부호 행렬$^{\text{positive semi-definite matrix}}$인 $Y_0 Y_0^T$의 고유값은 음이 아니다. 이

---

7. 즉, $P^{-1} = P^T$이다.

8. 고유벡터를 정규화하고 부호를 버린다.

들이 반드시 다를 필요는 없지만 대칭 행렬이므로 모두 직교인 n개의 고유벡터를 가진다. 그리고 이는 항상 대각 행렬화할 수 있다. 따라서 행렬 P는 공분산을 대각 행렬화함으로써 계산된다.

$$Y_0 Y_0^T = P \Lambda P^{-1} = P \Lambda P^T$$

여기서 $\Lambda = X_0 X_0^T$은 대각 원소 $\{\lambda_i\}_{i=1}^{n}$가 내림차순으로 정렬된 대각 행렬이다.

관측으로의 역변환은 $Y = PX$다. X의 공분산이 대각이라는 사실은 PCA가 상관 관계 제거 변환이고, 데이터의 잡음을 제거하는 데 사용된다.

5.2 차원 축소

PCA는 흔히 차원의 저주를 피하고자 모델의 변수 개수를 줄이는 프로세스인 차원 축소를 위한 방법으로 사용된다. PCA는 다음의 절단된 변환을 적용함으로써 처음 m 주성분($m < n$)을 제공한다.

$$X_m = P_m^T Y$$

여기서 $X_m \in \mathbb{R}^{m \times N}$의 각 열은 원소가 처음 m개의 주성분인 벡터이고, P_m은 열이 처음 m개의 로딩 벡터인 행렬이다.

$$P_m = \begin{bmatrix} | & & | \\ \mathbf{p}_1 & \cdots & \mathbf{p}_m \\ | & & | \end{bmatrix} \in \mathbb{R}^{n \times m}$$

직관적으로 m개의 주성분만을 보유함으로써 정보를 잃지만, 분산을 최대화함으로써 정보 손실을 최소화한다.

손실된 정보량을 측정하는 데 있어 중요한 개념은 총 재구축 오차 $\| Y - \hat{Y} \|_F$이다. 여기서 F는 프로베니우스 행렬 노름$^{Probenius\ matrix\ norm}$을 표기한

다. 또한 P_m은 총 재구축 오차 제곱의 최소화 문제에 대한 해다.

$$\min_{W \in \mathbb{R}^{n \times m}} \left\| Y_0 - WW^T Y_0 \right\|_F^2 \ s.t. \ W^T W = I_{m \times m} \qquad (6.52)$$

m개의 선도 로딩 벡터$^{\text{leading loading vector}}$는 m차원 부분공간을 생성^{span}하는 정규직교 기저$^{\text{orthonormal basis}}$를 형성한다. 이 기저에 대한 평균 차감 관측의 투영은 원 평균 차감 관측으로부터 차이의 제곱에서 최소값을 갖는다.

다른 말로 P_m은 길이 n의 각 평균 차감 벡터를 재구축 오차 제곱의 합을 최소화하는 방식으로 길이 m의 벡터로 압축한다(여기서 $m \le n$).

식 (6.52)의 최소해는 유일하지 않다. 즉, $W = P_m Q$ 역시 해가 된다. 여기서 $Q \in \mathbb{R}^{m \times m}$은 $Q^T = Q^{-1}$인 어떤 직교행렬도 될 수 있다. Q를 P_m의 오른쪽에 곱하는 것은 처음 m개의 로딩 벡터를 동일한 부분공간에 대한 상이한 정규직교 기저로 변환한다.

6. 요약

6장에서는 시계열 분석과 계량경제학에서 토대가 되는 자료를 검토했다. 이들 자료는 방법론의 좀 더 포괄적이고 공식적인 처리를 대체하기 위한 것이 아니라 오히려 신경망 유사물을 개발해야 하는 8장의 배경을 제공한다. 즉, 다음과 같은 목적을 살펴봤다.

- 선형 자기회귀 모델 설명과 분석
- 자기회귀 모델을 식별, 설정, 진단하는 고전적 접근법 이해
- 단순한 이분산성 회귀 기법을 시계열 데이터에 적용
- 지수 평활화를 사용해 시계열 예측과 필터링하는 방법 이해
- 주성분 분석을 통해 다변량 시계열 데이터를 저차원 공간에 투영하는 방법

산업 응용 분야에서는 몇 단계 이상 앞서 예측해야 할 필요성이 종종 발생한다는 점에 주목할 필요가 있다. 예를 들어 알고리듬 트레이딩과 전자 시장 조성에서 수동적인 트레이딩(가격 스큐잉skewing prices9)을 통해 또는 공격적인 거래 주문의 집행을 통해 경제적으로 실현 가능한 예측을 할 수 있게 충분히 미래까지 예측할 필요가 있다. 이러한 트레이딩 신호의 경제적 실현은 시간이 걸리는데, 실제 걸리는 기간은 트레이딩 빈도에 의존한다.

또한 실제적으로 미래와 현재 가격의 차이를 예측하는 선형회귀는 다양한 이동 평균을 입력으로 취하며 종종 GARCH와 같은 파라미터 모델을 사용하는 것이 선호된다. 이러한 선형회귀는 종종 수백 또는 수천 개의 변수를 입력으로 취하므로 번거로울 수 있다.

7. 연습문제

연습문제 6.1

다음의 평균 0의 AR(1) 프로세스의 평균, 분산과 자기상관계수 함수(acf)를 계산하라.

$$y_t = \phi_1 y_{t-1} + \epsilon_t$$

여기서 $\phi_1 = 0.5$다. 특성 방정식 $\Phi(z) = 0$의 근을 계산해 프로세스가 정상성인지를 결정하라.

연습문제 6.2

어떤 시계열 데이터에 대해 다음의 ARMA(1,1) 모델을 추정했다.

$$y_t = 0.036 + 0.69 y_{t-1} + 0.42 u_{t-1} + u_t$$

---

9. 시장 조성자가 포지션의 위험을 덜거나 헷지하기 위해 호가를 조정하는 것을 말한다. - 옮긴이

여기서 시점 $t-1$에 데이터를 받으며, $y_{t-1} = 3.4$이고 $\hat{u}_{t-1}$이다. 추정된 ARMA 모델을 사용해 시점 t, $t+1$, $t+2$에 대한 시계열 y의 예측을 구하라.

시계열에 대한 실제 값이 시점 t, $t+1$, $t+2$에 대해 -0.032, 0.961, 0.203일 때 표본 외 평균 제곱오차^{MSE, Mean Squared Error}와 평균 절대오차^{MAE, Mean Absolute Error}를 계산하라.

연습문제 6.3

평균 0의 MA(1) 프로세스의 평균, 분산, 자기상관계수 함수(ACF)를 도출하라.

연습문제 6.4

평균 방정식에 상수를 가진 다음의 로그 GARCH(1,1) 모델을 고려하자.

$$y_t = \mu + u_t, \ u_t \sim N(0, \sigma_t^2)$$
$$ln(\sigma_t^2) = \alpha_0 + \alpha_1 u_{t-1}^2 + \beta_1 ln\sigma_{t-1}^2$$

- 표준 GARCH 모델에 비해 로그 GARCH 모델의 장점은 무엇인가?
- 값 $\alpha_0 = 0.01$, $\alpha_1 = 0.1$, $\beta_1 = 0.3$에 대한 y_t의 무조건 분산을 추정하라.
- 무조건부 분산과 조건부 분산을 연결하는 대수적 표현식을 도출하라.
- 모델의 반감기를 구하고 예측된 변동성을 스케치하라.

연습문제 6.5

단순 이동 평균^{SMA}은 다음과 같고

$$S_t = \frac{X_t + X_{t-1} + X_{t+2} + \ldots + X_{t-N+1}}{N}$$

$E_1 = X_1$과 $t >= 2$에 대해 다음 식으로 주어지는 지수 이동 평균^{EMA}을 고려하자.

$$E_t = \alpha X_t + (1 - \alpha)E_{t-1}$$

여기서 N은 SMA의 기간이고, 계수 α는 EMA의 가중치 감소 정도를 나타낸다. 이는 0과 1 사이의 상수 평활화 계수다. 높은 α는 과거의 관측을 더 빨리 할인한다.

a. EMA를 계산할 때 초기값까지 가지 않고 k 항 이후 종료한다. 총 가중치의 얼마만큼의 비율을 얻는가?
b. 가중치의 99%를 요구할 때 k는 얼마가 돼야 하는가?
c. $\alpha = 2/(N+1)$로 선택함으로써 기간이 N일 때 SMA에서와 동일한 질량 중심을 EMA에서 얻을 수 있음을 보여라.
d. $\alpha = 2/(N+1)$을 가졌다고 가정하자. EMA의 처음 N 포인트가 총 가중치의 87.48%를 나타낸다는 것을 보여라.

연습문제 6.6

확률 변수 $\{y_t\}_{t=0}^{\infty}$의 시퀀스에 대해 다음 모델이 성립한다고 가정하자.

$$y_t = \mu + \phi y_{t-1} + \epsilon_t, \quad |\phi| \le 1, \quad \epsilon_t \sim \text{i.i.d.}(0, \sigma^2)$$

조건부 기대 $\mathbb{E}[y_t \mid y_0]$과 조건분 분산 $\text{Var}[y_t \mid y_0]$을 도출하라.

부록

가설 테스트

표 6.3 금융 시계열 모델링의 가장 유용한 진단 테스트 개요

이름	설명	
카이-제곱 테스트	분류기의 혼동 행렬이 통계적으로 유의한지 또는 단순히 백색 잡음인지를 결정하는 데 사용된다.	

(이어짐)

이름	설명
t-테스트	두 개의 다른 회귀 모델의 출력이 i.i.d. 데이터에 대해 통계적으로 다른지를 결정하는 데 사용된다.
마리아노-다이볼드 (Mariano-Diebold) 테스트	두 개의 다른 시계열 모델의 출력이 통계적으로 다른지 결정하는 데 사용된다.
ARCH 테스트	ARCH 엥글 테스트는 잔차가 이분산성이라면 잔차 제곱이 자기상관을 갖는 속성을 기반으로 구축된다. 이후 룽-박스 테스트가 잔차 제곱에 대해 적용된다.
포트맨토 테스트	시계열 모델의 오차가 자기상관을 갖는지에 대한 일반적 테스트다.
	테스트 예로 룽-박스와 박스-피어스 테스트가 있다.

파이썬 노트북

예를 들어 시계열 예측에 적용되는 ARIMA 모델의 구현을 위해 6장의 코드 폴더를 참고하라. 예를 들어 PCA를 적용해 주식 가격을 분해하는 것도 해당 폴더에 있다. 이들 노트북의 더 자세한 내용은 README.md 파일에 포함돼 있다.

참고 문헌

Tsay, R. S. (2010). *Analysis of financial time series* (3rd ed.). Wiley.

07

확률적 시퀀스 모델

7장에서는 금융 데이터에 대한 강력한 확률적 모델 클래스를 제시한다. 그중 많은 모델이 6장에서 제시한 빈도주의 모델의 심각한 정상성 제약을 어느 정도 극복한다. 예시된 적합화 절차 또한 상이하다. 예를 들면 최대 우도 추정이나 베이지안 추론이 아니라 칼만 필터 알고리듬을 사용한다. 금융에 있어 은닉 마르코프 모델과 입자 필터의 간단한 예제와 더불어 다양한 알고리듬이 제시된다.

1. 서론

이제까지는 시퀀스를 자기회귀 프로세스, 이동 평균, GARCH, 이들과 유사한 모델을 이용해 모델링하는 방법을 살펴봤다. 한편 은닉 마르코프 모델, 바움-웰치, 비터비Viterbi 알고리듬, 칼만과 입자 필터를 산출한 다른 학파가 존재한다.

이 학파는 특정 잠재 프로세스(즉, X)의 존재를 가정한다. 이는 시간에 따라 진화한다(따라서 X_t라고 표기한다). 이 관측 불가능한 잠재 프로세스는 또 다른 관측 가능한 프로세스(즉, Y_t)를 주도하고, 모든 시점이나 일정 구간의 시점에서 Y_t를 관측한다.

잠재 프로세스 X_t의 진화는 관측 가능한 프로세스 Y_t의 X_t에 대한 의존성과 함께 랜덤 요인에 의해 결정된다. 따라서 우리는 확률적 모델probabilistic model, stochastic model을 다루고 있는 것이다. 또한 이와 같은 모델을 상태-공간 모델이라고 한다. 상태-공간 모델state-space model은 시간에 따른 잠재 상태의 진화에 대한 묘사와 관측 가능한 변수의 잠재 상태에 대한 의존성으로 구성된다.

이미 확률적 모델을 2장과 3장에서 제시했다. 이들 방법은 1차적으로 데이터가 i.i.d.라고 가정한다. 한편 6장에서 제시된 시계열 방법은 시계열 데이터에 대해 작성된다. 7장에서는 이전 장들을 기반으로 강력한 금융 데이터 모델의 한 클래스를 구축할 것이다. 그중 많은 모델이 이전 장들의 빈도주의 모델의 심각한 정상성 제약을 어느 정도 극복한다. 적합화 절차 또한 다르다. 최대 우도 추정이나 베이지안 추론 대신 상태-공간 모델을 위한 칼만 필터 알고리듬의 사용을 보여주겠다.

7장의 목표

7장이 끝날 때 다음을 달성하기를 기대한다.

- 은닉 상태에 대한 확률적 모델로 은닉 마르코프 모델HMM을 공식화할 수 있을 것
- 시계열 데이터에 HMM을 적합화하기 위한 바움-웰치알고리듬에 익숙해질 것
- 비터비 알고리듬을 사용해 가장 가능한 경로를 발견할 수 있을 것
- 상태-공간 모델과 이들의 적합화를 위해 칼만 필터를 적용하는 데 익숙해질 것
- 입자 필터를 금융 시계열에 적용할 수 있을 것

2. 은닉 마르코프 모델링

은닉 마르코프 모델[HMM, Hidden Markov Model]은 관측 시퀀스에 대한 분포를 표현하는 확률적 모델이다. HMM은 가장 단순한 동적 베이지안 네트워크[1]이고, 금융을 포함한 많은 응용 분야에서 강력한 모델임이 입증됐다. 이제까지 이 책에서는 주로 i.i.d. 관측만을 고려했다.[2] 물론 금융 모델링은 많은 경우 관측이 이전 관측에 그리고 이전 관측에만 의존하는 마르코프 설정에서 수행된다.

HMM은 확률적 모델링의 중요한 아이디어를 함축하고 있으므로 여기서 간단히 살펴본다. 특히 이들은 은닉 변수와 전환[switching]을 이해하는 데 통찰력을 제공한다. 8장에서 게이팅[gating]을 사용하는 GRU와 LSTM 같은 동적 순환 신경망에서의 전환 예제를 살펴볼 것이다. 그러나 이 게이팅은 암묵적인 모델링 단계이므로 금융의 국면 전환에 필요한 만큼 명시적으로 제어할 수 없다.

이제 시점 t에 이산 상태 s_t가 관측자에게 보이지 않는다고 가정하자. 더 나아가 은닉 상태는 마르코프 프로세스라고 가정한다. 이 설정은 은닉 변수가 i.i.d.라고 가정하는 혼합 모델[mixture model]과는 다르다. 시점 t 관측 y_t는 다른 모든 시점의 상태와 독립이라고 가정한다. 마르코프 특성에 의해 상태 시퀀스 $\mathbf{s} := \{s_t\}_{t=1}^{T}$와 관측 시퀀스 $\mathbf{y} = \{y_t\}_{t=1}^{T}$의 결합 확률은 전이 확률 밀도[transition probability densities] $p(s_t \mid s_{t-1})$과 출력 확률 밀도[emission probability densities] $p(y_t \mid s_t)$의 곱으로 구할 수 있다.

$$p(\mathbf{s}, \mathbf{y}) = p(s_1)p(y_1 \mid s_1) \prod_{t=2}^{T} p(s_t \mid s_{t-1})p(y_t \mid s_t). \tag{7.1}$$

---

1. 동적 베이지안 네트워크 모델은 은닉 상태 진화를 통해 동적 프로세스를 모델링하는 데 사용되는 그래프 모델이다.

2. 6장의 이분산성 모델을 제외하고

그림 7.1은 HMM에서 관측 변수와 은닉 변수 간의 조건부 의존 관계를 표현하는 베이지안 네트워크를 보여준다. 조건부 의존 관계는 부모 노드 Y_t와 자식 노드 S_t 간의 그래프의 에지를 정의한다.

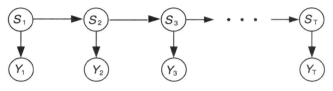

그림 7.1 HMM에서 관측된 변수와 잠재 변수 간의 의존 관계를 표현하는 확률적 그래프를 보여준다.

예제 7.1 강세장 또는 약세장

시장이 각각 $s = 0$ 또는 $s = 1$로 표현되는 약세장이나 강세장에 있다고 가정하자. 이와 같은 상태 또는 국면^{regime}이 관측되지 않는다고 가정한다. 매 기간 시장은 상승하거나 하락하는 것이 관측되고 이는 $y = -1$ 또는 $y = 1$에 의해 표현된다. 출력 확률 행렬(관측 변수와 은닉 변수 간의 조건부 의존 행렬)은 시간에 독립이고 다음과 같이 주어진다.

$$\mathbb{P}(y_t = y \mid s_t = s) = \begin{bmatrix} y/\ s & 0 & 1 \\ -1 & 0.8 & 0.2 \\ 1 & 0.2 & 0.8 \end{bmatrix} \tag{7.2}$$

그리고 마르코프 프로세스 $\{S_t\}$에 대한 전이 확률 밀도 행렬은 다음과 같이 주어진다.

$$A = \begin{bmatrix} 0.9 & 0.1 \\ 0.1 & 0.9 \end{bmatrix}, \ [A]_{ij} := \mathbb{P}(S_t = s_i \mid S_{t-1} = s_j) \tag{7.3}$$

관측 시퀀스가 {-1, 1, 1}(즉, $T = 3$)으로 주어질 때 은닉 상태 시퀀스 {1, 0, 0}의 실현 확률을 식 7.1을 사용해 계산할 수 있다.

$\mathbb{P}(s_1 = 0) = \mathbb{P}(s_1 = 1) = 1/2$이라 가정하면 다음과 같이 계산된다.

$$\mathbb{P}(\mathbf{s}, \mathbf{y}) = \mathbb{P}(s_1 = 1)\mathbb{P}(y_1 = -1 \mid s_1 = 1)\mathbb{P}(s_2 = 0 \mid s_1 = 1)\mathbb{P}(y_2 = 1 \mid s_2 = 0)$$
$$\mathbb{P}(s_3 = 0 \mid s_2 = 0)\mathbb{P}(y_3 = 1 \mid s_3 = 0)$$
$$= 0.5 \cdot 0.2 \cdot 0.1 \cdot 0.2 \cdot 0.9 \cdot 0.2 = 0.00036$$

우선 모든 상태 $s_t \in \{1, \dots, K\}$와 모든 시점에 대해 소위 전방forward과 후방 backward 확률을 각각 도입한다.

$$F_t(s) := \mathbb{P}(s_t = s, \mathbf{y}_{1:t}), \quad B_t(s) := p(\mathbf{y}_{t+1:T} \mid s_t = s) \tag{7.4}$$

여기서 관행에 따라 $B_T(s) = 1$이다. 모든 $t \in \{1, \dots, T\}$와 모든 $r, s \in \{1, \dots, K\}$에 대해 다음을 얻는다.

$$\mathbb{P}(s_t = s, \mathbf{y}) = F_t(s)B_t(s) \tag{7.5}$$

그리고 전방과 후방 확률을 결합하면 다음을 산출할 수 있다.

$$\mathbb{P}(s_{t-1} = r, s_t = s, \mathbf{y}) = F_{t-1}(r)\mathbb{P}(s_t = s \mid s_{t-1} = r)p(y_t \mid s_t = s)B_t(s) \tag{7.6}$$

바움–웰치 알고리듬Baum-Welch algorithm으로도 알려져 있는 이 전방–후방 알고리듬forward-backward algorithm은 EM 알고리듬 클래스에 속하는 HMM을 적합화하기 위한 비지도학습 알고리듬이다.

2.1 비터비 알고리듬

특정 은닉 상태의 실현 확률을 찾는 것에 더해 가장 가능한 시퀀스 실현을 찾을 수 있다. 이 시퀀스는 비터비 알고리듬Viterbi algorithm을 사용해 추정할 수 있다.

다시 T개의 관측 시퀀스를 관측한다고 가정하자.

$$\mathbf{y} = \{y_1, \dots, y_T\}$$

그러나 각 $1 \leq t \leq T$, $y_t \in O$에 대해 $O = \{o_1, o_2, \ldots, o_N\}$, $N \in \mathbb{N}$은 이제 어떤 관측 공간에 있다.

각 $1 \leq t \leq T$에 대해 y_t는 (은닉) 상태 $s_t \in \mathcal{S}$에 의해 주도되며, 여기서 $\mathcal{S} := \{\int_1, \ldots, \int_K\}$, $K \in \mathbb{N}$은 어떤 상태 공간이다. 예를 들어 y_t는 어떤 회사 채의 신용 등급이고 s_t는 관련 산업 섹터의 전체적인 건전성과 같은 어떤 잠재 변수를 가리킬 수 있다.

주어진 y에 대해 가장 가능한 은닉 상태의 시퀀스는 무엇일까?

$$\mathbf{x} = \{x_1, x_2, \ldots, x_T\}$$

이 문제에 답하고자 추가적인 변수들을 도입한다. 첫째, 반드시 다음과 같은 초기 확률 집합이 주어져야만 한다.

$$\boldsymbol{\pi} = \{\pi_1, \ldots, \pi_K\}$$

따라서 π_i는 $s_1 = \int_i$, $1 \leq i \leq K$일 확률이다.

또한 원소 A_{ij}, $1 \leq i, j \leq K$가 상태 $\int_i$에서 상태 $\int_j$로 전이하는 전이 확률인 전이 행렬transition matrix $A \in \mathbb{R}^{K \times K}$을 설정할 필요가 있다.

마지막으로 원소 B_{ij}, $1 \leq i \leq K$, $1 \leq j \leq N$가 상태 $\int_i$에서 o_j를 관측하는 확률인 출력 행렬emission matrix $B \in \mathbb{R}^{K \times N}$을 필요로 한다.

예제 7.2 사기 딜러

딜러는 2개의 동전을 갖고 있다. 하나는 $\mathbb{P}(\text{Heads}) = 1/2$인 공정한 동전이고, 다른 하나는 $\mathbb{P}(\text{Heads}) = 4/5$인 편향된 동전이다. 딜러는 확률 3/5로 공정한 동전으로 시작한다. 딜러는 동전을 몇 번 던진 다. 매번 던진 후에 다른 동전으로 바꿀 확률이 2/5다. 관측된 시퀀스는 Head, Tail, Head, Tail, Head, Head, Head, Tail, Head이다.

이 경우 상태 공간과 관측 공간은 각각 다음과 같다.

$$\mathcal{S} = \{f_1 = \text{Fair}, f_2 = \text{Loaded}\}, \quad O = \{o_1 = \text{Heads}, o_2 = \text{Tails}\}$$

초기 확률은 다음과 같다.

$$\boldsymbol{\pi} = \{\pi_1 = 0.6, \pi_2 = 0.4\}$$

전이 확률은 다음과 같다.

$$A = \begin{pmatrix} 0.6 & 0.4 \\ 0.4 & 0.6 \end{pmatrix}$$

출력 확률은 다음과 같다.

$$B = \begin{pmatrix} 0.5 & 0.5 \\ 0.8 & 0.2 \end{pmatrix}$$

주어진 관측 시퀀스는 다음과 같다.

$$\mathbf{y} = (\text{Heads}, \text{Tails}, \text{Heads}, \text{Tails}, \text{Heads}, \text{Heads}, \text{Heads}, \text{Tails}, \text{Heads})$$

이 관측 시퀀스에 대해 가장 가능한 은닉 상태 시퀀스 $\mathbf{s} = \{s1, \ldots, s_T\}$를 발견하고자 한다. 즉, 둘 중의 어떤 동전이 위의 동전 던지기 결과를 생성하는지 알고 싶다.

이 문제에 답하는 한 가지 방법은 비터비 알고리듬을 적용하는 것이다. 이는 노트북 Viterbi.ipynb에 상술돼 있다. 관측 시퀀스 $\mathbf{y} = \{y_1, \ldots, y_T\}$를 산출하는 가장 가능한 상태 시퀀스 $\mathbf{s}$는 다음의 재귀 관계를 만족한다.

$$V_{1,k} = \mathbb{P}(y_1 \mid s_1 = f_k) \cdot \pi_k$$

$$V_{t,k} = \max_{1 \le i \le K} \left(\mathbb{P}(y_t \mid s_t = f_k) \cdot A_{ik} \cdot V_{t-1,i} \right)$$

여기서 $V_{t,k}$는 st = $\int_k$일 때의 가장 가능한 상태 시퀀스 $\{s_1, \ldots, s_t\}$의 확률이다.

$$V_{t,k} = \mathbb{P}(s_1, \ldots, s_t, y_1, \ldots, y_t \mid s_t = \int_k)$$

실제 비터비 경로$^{\text{Viterbi path}}$는 각 단계에서 두 번째 식에 어떤 상태 인덱스 i가 사용됐는가를 추적함으로써 구할 수 있다. 이제 $\xi(k, t)$를 $t > 1$이면 $V_{t,k}$ 또는 $t = 1$이면 k를 계산하는 데 사용된 i의 값을 반환하는 함수라 하자. 그러면 다음과 같다.

$$s_T = \int_{\arg \max_{1 \leq i \leq K} (V_{T,k})}$$

$$s_{t-1} = \int_{\xi(s_t, t)}$$

예제에 대한 비터비 알고리듬의 적용은 연습문제에서 독자에게 맡긴다.

비터비 알고리듬은 관측 시퀀스와 알려진 전이와 출력 행렬을 포함한 모델 설정이 주어졌을 때 은닉 상태의 가장 가능한 시퀀스를 결정한다. 이들 행렬이 알려져 있으므로 바움-웰치 알고리듬을 사용할 필요는 없다. 알려져 있지 않다면 바움-웰치 알고리듬을 사용해야 한다.

2.1.1 HMM에서의 필터링과 평활화

금융 데이터는 전형적으로 잡음이 많으므로 잡음에서 시그널을 추출할 기법이 필요하다. 잡음을 줄이는 많은 기법이 있다. 필터링^{filtering}은 잡음이 섞인 시그널에서 정보를 추출하는 일반적 방식이다. 평활화^{smoothing}는 저빈도 요소는 통과하고 고빈도 요소는 약하게 되는 특별한 종류의 필터링이다. 필터링과 평활화는 각 시점에서 상태의 분포를 산출한다. 최대 우도 추정이 각 시점에서의 최적 추정 값에서의 최고 확률을 가진 상태를 선택하지만 이는 HMM에서 가장 좋은 경로를 구해주지 않는다. 바움-웰치 알고리듬이 최적 상태의 최적 시퀀스뿐만 아니라 최적 상태 궤적을 찾고자 활용될 수 있다는 것을 살펴봤다.

2.2 상태–공간 모델

HMM은 가우시안 상태–공간 모델과 같은 클래스에 속한다. 이들은 HMM의 연속 잠재 상태 버전인 '칼만 필터Kalman Filter'로 알려져 있다. 8장에서 RNN에 대해 설명할 때 연속 상태–공간 모델의 예제를 살펴보는데, 반드시 가우시안일 필요는 없다.

상태 전이 확률 $p(s_t|s_{t-1})$은 다음과 같이 어떤 결정적 함수에 대해 결정적 부분과 잡음으로 분해할 수 있다.

$$s_t = F_t(s_{t-1}) + \epsilon_t \tag{7.7}$$

여기서 ϵ_t는 0 평균의 i.i.d. 잡음이다. 유사하게 출력 확률 $p(y_t|s_t)$는 다음과 같이 분해될 수 있다.

$$y_t = G_t(s_t) + \xi_t, \tag{7.8}$$

여기서 관측 오차는 0 평균의 i.i.d. 잡음이다. F_t와 G_t가 선형이고 시간 독립적이라면 다음을 얻는다.

$$s_t = As_{t-1} + \epsilon_t \tag{7.9}$$
$$y_t = Cs_t + \xi_t \tag{7.10}$$

여기서 A는 상태 전이 행렬state transition matrix이고, C는 관측 행렬observation matrix이다. 완결성을 위해 칼만 필터와 8장에서 설명할 일변량 RNN를 비교한다. 관측이 예측 변수 x_t이고 은닉 변수가 s_t면 다음을 얻는다.

$$s_t = F(s_{t-1}, y_t) := \sigma(As_{t-1} + By_t), \tag{7.11}$$
$$y_t = Cs_t + \xi_t, \tag{7.12}$$

여기서 단순화를 위해 편향 항은 무시한다. 따라서 RNN 상태 방정식은 (i) 이전 상태와 관측 모두의 비선형 함수이고, (ii) 잡음이 없다는noise-free 점에서 칼만 필터와 다르다.

3. 입자 필터링

칼만 필터는 상태를 다변량 가우시안 분포 $\mathcal{N}(\mathbf{m}, \mathbf{P})$의 모멘트^{moments}(적률)로 표현한다. 이 방법은 상태가 가우시안 또는 진정한 분포가 가우시안에 매우 근사할 때 적절하다. 예를 들어 분포가 이중 모드^{bimodal}면 어떻게 될까?

아마도 가장 간단한 방법은 목표로 하는 분포에서 샘플링된 데이터 포인트로 이중 모드 분포를 포함한 대략 어떠한 분포를 근사하는 것이다. 이 데이터 포인트를 '입자^{particle}'라 한다.

입자를 더 많이 가질수록 목표 분포에 더욱 근접할 수 있다. 경험적인 근사 분포가 히스토그램으로 주어진다. 입자는 예제에서와 같이 일변량일 필요는 없다. 다변량 분포를 근사한다면 다변량일 것이다. 또한 우리의 예제에서는 모든 입자가 동일 가중치를 갖지만 더 일반적으로 가중치가 상이한 가중화된 입자를 다룰 수 있다.

이러한 설정은 입자 필터링 알고리듬(Gordon et al. 1993; Kitagawa, 1993)으로 알려진 알고리듬군을 탄생하게 했다. 그중 가장 일반적인 것이 SIR Sequential Importance Resampling(순차적 중요도 리샘플링) 알고리듬이다.

3.1 순차적 중요도 리샘플링(SIR)

a. **초기화 단계:** 시점 $t = 0$에서 초기 분포 τ_0으로부터 M개의 i.i.d. 샘플을 추출한다. 또한 M개의 (1로) 정규화된 가중치를 동일한 값 $\frac{1}{M}$로 초기화한다. $i = 1, \ldots, M$에 대해 샘플은 $\hat{\mathbf{x}}_{0|0}^{(i)}$로 표기하고 정규화된 가중치는 $\lambda_0^{(i)}$로 표기한다.

b. **재귀 단계:** 시점 $t = 1, \ldots, T$에서 $(\hat{\mathbf{x}}_{t-1|t-1}^{(i)})_{i=1,\ldots,M}$을 시점 $t - 1$에서 생성된 입자라 하자.

- **중요도 샘플링**: $i = 1, \ldots, M$에 대해 마르코프 커널 $\tau_t(\cdot \mid \hat{\mathbf{x}}_{t-1 \mid t-1}^{(i)})$에서 $\hat{\mathbf{x}}_{t \mid t-1}^{(i)}$을 샘플링한다. $i = 1, \ldots, M$에 대해 관측 밀도를 사용해 다음의 비정규화된 가중치를 계산한다.

$$\omega_t^{(i)} := \lambda_{t-1}^{(i)} \cdot p(\mathbf{y}_t \mid \hat{\mathbf{x}}_{t \mid t-1}^{(i)})$$

그리고 리샘플링하기 전('br')의 정규화된 가중치를 구한다.

$$^{\mathrm{br}}\lambda_t^{(i)} := \frac{\omega_t^{(i)}}{\sum_{k=1}^M \omega_t^{(k)}}$$

- **리샘플링(또는 선택)**: $i = 1, \ldots, M$에 대해 적절한 리샘플링 알고리듬(다항 리샘플링과 같은 알고리듬으로 아래를 참고하라)을 사용해 다음 혼합 분포로부터 $\mathbf{x}_{t \mid t}^{(i)}$를 샘플링한다.

$$\sum_{k=1}^M {}^{\mathrm{br}}\lambda_t^{(k)} \delta(\mathbf{x}_t - \mathbf{x}_{t \mid t-1}^{(k)})$$

여기서 $\delta(\cdot)$은 디랙 델타^{direc delta} 일반화 함수며 리샘플링 후의 정규화된 가중치 $\lambda_t^{(i)}$를 적절히 설정한다(가장 일반적인 리샘플링 알고리듬에 대해 이는 $\lambda_t^{(i)} := 1/M$을 의미한다).

비공식적으로 SIR은 유전 알고리듬 성격을 일부 갖는다. 우도 $p(\mathbf{y}_t \mid \hat{\mathbf{x}}_{t \mid t-1}^{(i)})$을 기반으로 가장 '성공적인' 입자의 가중치를 증가해 이들이 리샘플링 단계에서 '잘 추출되게' 한다.

리샘플링 단계는 모든 가중치가 하나의 포인트에 집중되는 입자들의 축퇴를 피하고자 도입된다. 가장 일반적인 리샘플링 방법은 곧 살펴볼 소위 다항 리샘플링^{multinomial resampling}이다.

3.2 다항 리샘플링

3.1절에서 리샘플링 이전에 계산된 정규화된 가중치 $^{br}\lambda_t^{(1)}, \ldots, {}^{br}\lambda_t^{(M)}$을 사용한다.

a. $i = 1, \ldots, M$에 대해 다음 누적을 계산한다.

$$^{br}\Lambda_t^{(i)} = \sum_{k=1}^{i} {}^{br}\lambda_t^{(k)}$$

그에 따라 계산해 $^{br}\Lambda_t^{(M)} = 1$을 얻는다.

b. $\mathcal{U}(0,1)$에서 M 랜덤 샘플 $u_1, u_2, \ldots, u_M$을 생성한다.

c. 각 $i = 1, \ldots, M$에 대해 $u_i \in \left[{}^{br}\Lambda_t^{(j)}, {}^{br}\Lambda_t^{(j+1)} \right]$가 되는 입자 $\hat{\mathbf{x}}_{t|t}^{(i)} = \hat{\mathbf{x}}_{t|t-1}^{(j)}$를 선택한다. 여기서 $j \in \{1, 2, \ldots, M-1\}$이다.

그러면 기존 집합 $\mathbf{x}_{t|t-1}^{(1)}, \ldots, \mathbf{x}_{t|t-1}^{(M)}$에서 샘플링된 M개의 새로운 입자 (자식) $\mathbf{x}_{t|t}^{(1)}, \ldots, \mathbf{x}_{t|t}^{(M)}$를 갖게 되며, 기존 입자 중 일부는 사라지는 반면 다른 입자들은 여러 번 나오게 된다. 각 $i = 1, \ldots, M$에 대해 $\mathbf{x}_{t|t-1}^{(i)}$가 입자의 리샘플 세트에 나타나는 횟수는 복제 배율$^{replication\ factor}$ $N_t^{(i)}$로 알려져 있다.

리샘플링 후 정규화 가중치를 $\lambda_t^{(i)} := \frac{1}{M}$로 설정한다. 이 알고리듬을 확률 $^{br}\lambda_t^{(1)}, \ldots, {}^{br}\lambda_t^{(M)}$을 가진 다항 분포로부터 복제 배율 $N_t^{(1)}, \ldots N_t^{(M)}$을 각각 샘플링하는 것으로 볼 수 있다. 따라서 이 방법의 이름도 나왔다. ∎

3.3 응용: 확률적 변동성 모델

확률적 변동성^{SV, Stochastic Volatility} 모델은 종종 입자 필터링^{particle filtering}과 마르코프 체인 몬테카를로^{MCMC, Markov Chain Monte Carlo}의 응용으로 문헌에서 집중적으로 연구된 분야다. 이들의 광범위한 인기는 '레버리지 효과', 즉 자산의 변동성이 자산 수익률과 음의 상관관계를 갖는 관측된 경향(Black, 1976)을 포착할 수 있는 능력에서 기인한다

특히 Pitt, Malik과 Doucet은 입자 필터를 레버리지와 점프를 가진 확률적 변동성^{SVLJ, Stochastic Volatility with Leverage and Jumps}에 적용한다(Malik and Pitt, 2009, 2011a,b; Pitt et al. 2014). 모델은 Tayor(1982)를 2가지 수정된 일반형을 갖는다. $t \in \mathbb{N} \cup \{0\}$에 대해 y_t를 자산의 로그 수익률이라 하고 x_t를 수익률의 로그 분산이라 한다. 그러면 다음과 같다.

$$y_t = \epsilon_t e^{x_t/2} + J_t \varpi_t, \tag{7.13}$$
$$x_{t+1} = \mu(1 - \phi) + \phi x_t + \sigma_v \eta_t, \tag{7.14}$$

여기서 μ는 평균 로그 분산, ϕ는 지속성^{persistence} 파라미터, σ_v는 변동성의 로그 분산이다.

테일러 모델의 첫 번째 수정은 ϵ_t와 η_t 간의 상관관계 도입이다.

$$\begin{pmatrix} \epsilon_t \\ \eta_t \end{pmatrix} \sim \mathcal{N}(0, \Sigma), \quad \Sigma = \begin{pmatrix} 1 & \rho \\ \rho & 1 \end{pmatrix}$$

상관관계 ρ는 레버리지^{leverage} 파라미터다. 일반적으로 레버리지 효과 때문에 $\rho < 0$이다.

두 번째 변화는 점프의 도입이다. $J_t \in \{0, 1\}$은 강도^{intensity} p의 베르누이 사건 발생 건수다(따라서 p는 점프 강도 파라미터다). $\varpi_t \sim \mathcal{N}(0, \sigma_J^2)$는 점프 크기를 결정한다(따라서 σ_J는 점프 변동성 파라미터다).

$J_t \varpi_t$ 항을 제거하거나 동등하게 $p = 0$으로 놓으면 점프가 없는 레버리지

를 가진 확률적 변동성$^{SVL, Stochastic Volatility with Leverage}$을 얻는다. 테일러의 원 모델은 $p = 0$이고, $\rho = 0$인 SVLJ의 특수한 경우다.

그다음 상관관계를 갖는 비가법적 잡음을 갖는 특수한 경우에 대해 Doucet, Malik와 Pitt에 의해 개발된 SIR를 다음과 같이 적용한다. x_0의 초기 분포는 $\mathcal{N}\left(0, \sigma_v^2/(1 - \phi^2)\right)$로 설정한다.

a. **초기화 단계:** 시점 $t = 0$에서 초기 분포 $\mathcal{N}\left(0, \sigma_v^2/(1 - \phi^2)\right)$에서 M개의 i.i.d. 입자를 추출한다. 또한 M개의 (1로) 정규화된 가중치를 동일한 값 $\frac{1}{M}$로 초기화한다. $i = 1, \ldots, M$에 대해 샘플은 $\hat{x}_{0 \mid 0}^{(i)}$로 표기하고, 정규화된 가중치는 $\lambda_0^{(i)}$로 표기한다.

b. **재귀 단계:** 시점 $t \in \mathbb{N}$에서 $(\hat{x}_{t-1 \mid t-1}^{(i)})_{i=1,\ldots,M}$을 시점 $t - 1$에서 생성된 입자라 하자.

    i. 중요도 샘플링$^{Importance sampling}$

        – 첫째

           – $i = 1, \ldots, M$에 대해 $p(\epsilon_{t-1} \mid x_{t-1} = \hat{x}_{t-1 \mid t-1}^{(i)}, y_{t-1})$에서 $\hat{\epsilon}_{t-1}^{(i)}$을 샘플링한다($t = 1$에서와 같이 y_{t-1}이 없다면 $p(\epsilon_{t-1} \mid x_{t-1} = \hat{x}_{t-1 \mid t-1}^{(i)})$에서 샘플링한다).

           – $i = 1, \ldots, M$에 대해 $p(x_t \mid x_{t-1} = \hat{x}_{t-1 \mid t-1}^{(i)}, y_{t-1}, \hat{\epsilon}_{t-1}^{(i)})$에서 $\hat{x}_{t \mid t-1}^{(i)}$을 샘플링한다.

        – $i = 1, \ldots, M$에 대해 비정규화 가중치를 계산한다.

$$\omega_t^{(i)} := \lambda_{t-1}^{(i)} \cdot p_{\gamma_t}(y_t \mid \hat{x}_{t \mid t-1}^{(i)}) \tag{7.15}$$

이때 관측 밀도는 다음과 같다.

$$p(y_t \mid \hat{x}_{t \mid t-1}^{(i)}, p, \sigma_J^2) = (1 - p)\left[\left(2\pi e^{\hat{x}_{t \mid t-1}^{(i)}}\right)^{-1/2} \exp\left(-y_t^2/(2e^{\hat{x}_{t \mid t-1}^{(i)}})\right)\right] +$$
$$p\left[\left(2\pi(e^{\hat{x}_{t \mid t-1}^{(i)}} + \sigma_J^2)\right)^{-1/2} \exp\left(-y_t^2/(2e^{\hat{x}_{t \mid t-1}^{(i)}} + 2\sigma_J^2)\right)\right]$$

그리고 리샘플링 이전('br')의 정규화 가중치 값은 다음을 사용한다.

$$^{\mathrm{br}}\lambda_t^{(i)} := \frac{\omega_t^{(i)}}{\sum_{k=1}^M \omega_t^{(k)}}$$

ii. **리샘플링(또는 선택):** $i = 1, \ldots, M$에 대해 적절한 리샘플링 알고리듬(예를 들어 다항 리샘플링)을 사용해 다음 혼합 분포에서 $\hat{x}_{t \mid t}^{(i)}$를 샘플링한다.

$$\sum_{k=1}^M {}^{\mathrm{br}}\lambda_t^{(k)}\delta(x_t - \hat{x}_{t \mid t-1}^{(k)})$$

여기서 $\delta(\cdot)$은 디렉 델타 일반화 함수며 리샘플링 알고리듬에 따라 리샘플링한 후의 정규화된 가중치 $\lambda_t^{(i)}$를 적절히 설정한다.

4. 확률적 필터의 포인트 보정

레버리지와 점프를 가진 확률적 변동성 모델의 예제에서 상태-공간 모델이 파라미터 벡터 $\boldsymbol{\theta} \in \mathbb{R}^{d_\theta}$, $d_\theta \in \mathbb{N}$에 의해 파라미터화될 수 있다는 것을 살펴봤다. 이 특별한 경우에 다음과 같다.

$$\boldsymbol{\theta} = \begin{pmatrix} \mu \\ \phi \\ \sigma_\eta^2 \\ \rho \\ \sigma_J^2 \\ p \end{pmatrix}$$

이 파라미터의 참 값은 알지 못한다. 어떻게 추정할 것인가? 다른 말로 역사적 또는 생성된 관측의 시계열 $\mathbf{y}_1, \ldots, \mathbf{y}_T$, $T \in \mathbb{N}$이 주어졌을 때 어떻게 모델을 보정^{calibrate}할 것인가?

빈도주의 접근법은 파라미터에 의존하는 관측의 (결합) 확률 밀도함수 $p(\mathbf{y}_1, \mathbf{y}_2, \ldots, \mathbf{y}_T \mid \boldsymbol{\theta})$에 의존하는 것이다. 이를 $\mathbf{y}_1, \ldots, \mathbf{y}_T$가 고정됐을 때 $\boldsymbol{\theta}$의 함수, 즉 우도 함수 $p(\mathbf{y}_1, \ldots, \mathbf{y}_T \mid \boldsymbol{\theta}) =: \mathcal{L}(\boldsymbol{\theta})$로 간주할 수 있다.

이 함수는 종종 한계 우도 함수로 불리는데, 이는 은닉 변수 $\mathbf{x}_1, \ldots, \mathbf{x}_T$가 한계화되기 때문이다. 우도 함수를 최대화하는 $\boldsymbol{\theta}$의 값, 즉 최대 우도 추정량(MLE) $\hat{\boldsymbol{\theta}}_{ML}$를 찾고자 한다.

각각의 목적 함수 $\mathcal{L}(\boldsymbol{\theta})$의 평가는 관측 $\mathbf{y}_1, \ldots, \mathbf{y}_T$에 대한 일련의 확률적 필터를 구성한다. 체인 법칙(i)에 의해 그리고 마르코프 체인(ii)을 사용하면 다음을 얻는다.

$$p(\mathbf{y}_1, \ldots, \mathbf{y}_T) \overset{\text{(i)}}{=} \prod_{t=1}^{T} p(\mathbf{y}_t \mid \mathbf{y}_0, \ldots, \mathbf{y}_{t-1}) \overset{\text{(ii)}}{=} \prod_{t=1}^{T} \int p(\mathbf{y}_t \mid \mathbf{x}_t) p(\mathbf{x}_t \mid \mathbf{y}_0, \ldots, \mathbf{y}_{t-1}) \, d\mathbf{x}_t$$

표기의 편의상 $p(\mathbf{y}_1, \ldots, \mathbf{y}_T; \boldsymbol{\theta})$라고 쓰는 대신 모든 확률 밀도의 $\boldsymbol{\theta}$에 대한 의존성을 생략한다.

입자 필터의 비정규화 가중치에서 다음과 같이 로그 우도 함수를 추정할 수 있다.

$$p(\mathbf{y}_1, \ldots, \mathbf{y}_T) = \prod_{t=1}^{T} \int p(\mathbf{y}_t \mid \mathbf{x}_t) p(\mathbf{x}_t \mid \mathbf{y}_0, \ldots, \mathbf{y}_{t-1}) \, d\mathbf{x}_t \approx \prod_{t=1}^{T} \left(\frac{1}{M} \sum_{k=1}^{M} \omega_t^{(k)} \right)$$

따라서 다음과 같다.

$$\ln(\mathcal{L}(\boldsymbol{\theta})) = \ln \left\{ \prod_{t=1}^{T} \left(\frac{1}{M} \sum_{k=1}^{M} \omega_t^{(k)} \right) \right\} = \sum_{t=1}^{T} \ln \left(\frac{1}{M} \sum_{k=1}^{M} \omega_t^{(k)} \right) \tag{7.16}$$

이는 $\hat{\boldsymbol{\theta}}_{ML}$의 근사를 위해 Kitagawa(1993, 1996)에 의해 최초로 제시됐다. 대부분의 실무적 응용에서는 $\hat{\boldsymbol{\theta}}_{ML}$을 발견하고자 Broyden-Fletcher-

Goldfarb-Shanno[BFGS](Gill et al. 1982) 등의 준뉴튼[quasi-Newton] 방법과 같은 수치적 방법의 도움을 받을 필요가 있다.

Pitt 등(2014)는 위와 같은 함수를 최적화의 목적 함수로 사용할 때 초래되는 실무적 어려움을 지적한다. 입자 필터의 리샘플링(또는 선택) 단계에서 비연속적 경험적 분포로부터 샘플링을 하게 된다. 따라서 $\ln(\mathcal{L}(\boldsymbol{\theta}))$는 $\boldsymbol{\theta}$의 함수로서 연속이 아닐 것이다. 이들은 이를 고치고자 다른 연속적 리샘플링 절차를 사용한다. 준뉴튼 방법을 사용해 SVLJ 모델의 파라미터 $\boldsymbol{\theta} = (\mu, \phi, \sigma_v^2, \rho, p, \sigma_J^2)^{\mathsf{T}}$에 대한 $\hat{\boldsymbol{\theta}}_{ML}$을 찾는다.

또한 칼만 필터도 유사한 최대 우도 접근법을 사용해 보정될 수 있다.

5. 확률적 필터의 베이지안 보정

필터링이 MCMC와 어떻게 연관되는지 간략히 알아보자. MCMC는 그 자체가 방대한 주제이므로 최대한 간결하게 알아보겠다. 이 기법은 그 기원을 Metropolis 등(1953)에서 찾을 수 있다.

Kim 등(1998), Meyer과 Yu(2000), Yu(2000)를 따라 MCMC 기법이 SVL 모델의 파라미터를 추정하는 데 어떻게 사용될 수 있는지 알아보자. 이들은 파라미터를 일간 평균 조정 로그 수익률 $y_1, \ldots, y_T$에 보정해 연속적 조건화[successive conditioning]를 통해 다음의 결합 사전 밀도를 얻었다.

$$p(\boldsymbol{\theta}, x_0, \ldots, x_T) = p(\boldsymbol{\theta})p(x_0 \mid \boldsymbol{\theta}) \prod_{t=1}^{T} p(x_t \mid x_{t-1}, \boldsymbol{\theta})$$

여기서 $\boldsymbol{\theta} := (\mu, \phi, \sigma_v^2, \rho)^{\mathsf{T}}$는 이전과 같이 모델 파라미터 벡터다. 파라미터의 사전분포 독립성을 가정하고 μ, ϕ, σ_n^2에 대한 (Kim et al.(1998)에서와 같이) 동일한 사전분포 그리고 ρ에 대해서는 균등 사전분포를 선택한다. 관측모델과 조건부 독립 가정으로 다음의 우도를 얻는다.

$$p(y_1, \ldots, y_T \mid \boldsymbol{\theta}, x_0, \ldots, x_T) = \prod_{t=1}^{T} p(y_t \mid x_t)$$

관측되지 않는 변수(파라미터 $\boldsymbol{\theta}$와 은닉 상태 $x_0, \ldots, x_T$; 베이지안 관점에서 이들은 동일하다고 취급되며, 유사한 방식으로 추정된다)의 결합 사후분포는 베이즈 정리를 따른다. SVL 모델에 대해 이 사후분포는 다음을 만족한다.

$$p(\boldsymbol{\theta}, x_0, \ldots, x_T \mid y_1, \ldots, y_T) \propto p(\mu)p(\phi)p(\sigma_v^2)p(\rho)$$
$$\prod_{t=1}^{T} p(x_{t+1} \mid x_t, \mu, \phi, \sigma_v^2) \prod_{t=1}^{T} p(y_t \mid x_{t+1}, x_t, \mu, \phi, \sigma_v^2, \rho)$$

여기서 $p(\mu)$, $p(\phi)$, $p(\sigma_v^2)$, $p(\rho)$는 적절히 선택한 사전분포다.

$$x_{t+1} \mid x_t, \mu, \phi, \sigma_v^2 \sim \mathcal{N}\left(\mu(1-\phi) + \phi x_t, \sigma_v^2\right)$$
$$y_t \mid x_{t+1}, x_t, \mu, \phi, \sigma_v^2, \rho \sim \mathcal{N}\left(\frac{\rho}{\sigma_v}e^{x_t/2}\left(x_{t+1} - \mu(1-\phi) - \phi x_t\right), e^{x_t}(1-\rho^2)\right)$$

Meyer와 Yu는 소프트웨어 패키지 BUGS[3](Spiegelhalter et al. 1996; Lunn et al. 2000)을 사용한다. BUGS는 결과물인 베이지안 모델을 방향 비순환 그래프DAG, Directed Acycle Graph로 표현한다. DAG은 노드가 상수(직사각형으로 표기)이거나 확률적 노드(분포로 주어진 변수로 타원으로 표기) 또는 결정적 노드(다른 노드의 논리 함수)이며, 화살표는 확률적 의존성(굵은 화살표) 또는 논리 함수(빈 화살표)를 표시한다. 이 그래프는 조건부 (비)독립성 가정을 시각화하는 데 도움이 되고 모든 관측 불가능 변수에 대한 완전 일변량 조건부 사후분포를 구축하고자 BUGS에 의해 사용된다. BUGS는 이들 분포로부터 샘플링하고자 MCMC 알고리듬을 사용한다.

원 논문(Metropolis et al. 1953)을 기반으로 한 알고리듬은 이제 메트로폴리스 알고리듬으로 알려져 있다. Hastings(1930~2016)에 의해 일반화돼 메트로폴리스-헤이스팅 알고리듬이란 이름을 얻었고(Hastings, 1970) 이후

---

3. Bayesian inference Using Gibbs Sampling의 약자다.

Green에 의해 더욱 확장돼 메트로폴리스-헤이스팅스-그린 알고리듬으로 알려졌다(Green 1995). 메트로폴리스-헤이스팅스 알고리듬을 기반으로 하는 유명한 알고리듬은 Geman 및 Geman(1984)과 독립적으로 Tanner 및 Wang(1987)에 의해 개발된 깁스 샘플러$^{Gibbs Sampler}$다.[4] 이는 Gelfand와 Smith(1990)에 의해 더욱 대중화된다. BUGS는 깁스 샘플링과 관련 알고리듬(Gilks and Wild, 1992; Ritter and Tanner, 1992)을 사용해 모든 관측 불가능 변수에 대한 일변량 조건부 사후분포에서 샘플링한다. 결과적으로 우도를 최대화하는 파라미터 벡터에 대한 단일 값 $\hat{\boldsymbol{\theta}}_{ML}$이 산출되는 빈도주의 추정이 아니라 베이지안 추정을 수행해 파라미터 $\mu, \phi, \sigma_n^2, \rho$의 분포의 추정치를 얻는다. 확률적 필터링은 종종 MCMC와 결합돼 빈도주의와 베이지안 파라미터 추정 모두에 사용된다(Chen 2003). 관측을 실시간으로 처리하면서 파라미터의 추정치를 온라인으로 업데이트하는 필터링 방법은 적응적 필터링$^{adaptive filtering}$(Sayed(2008), Vega and Rey(2013), Crisan and Miguez(2013), Naesseth et al.(2015) 및 이들의 참고 문헌 참고)이라고 불려진다.

깁스 샘플러(와 이들의 변형)은 매우 정교한 소프트웨어다. 이제는 고전이 된 BUGS/WinBUGS에 추가해 강력한 깁스 샘플러에 Stan, Edward와 PyMC3 같은 최신 라이브러리를 통해 접근할 수 있다.

6. 요약

7장에서는 시계열 데이터에 대한 확률적 모델을 제시함으로써 2장을 확장했다. 주요 모델 가정은 시간에 따라 진화하는 어떤 특정 잠재 프로세스 X_t의 존재다. 이 관측 불가능한 잠재 프로세스는 또 다른 관측 가능한 프로세스를 주도한다. 이와 같은 접근법은 6장의 방법들에 가해진 정상

---

4. 종종 깁스 샘플러는 이 논문을 따라 데이터 확장(data augmentation)이라고도 불린다.

성 제약을 극복한다. 독자는 다음과 같은 7장의 기본 학습 목표를 달성했는지 확인해야 한다.

- 은닉 상태에 대한 확률적 모델링을 위한 은닉 마르코프 모델[HMM]의 공식화
- 시계열 데이터에 대해 HMM을 적합화하고자 바움-웰치 알고리듬에 대한 이해도 증진
- 비버티 알고리듬을 사용한 가장 가능한 경로 찾기
- 상태-공간 모델과 이를 적합화하기 위한 칼만 필터의 적용에 대한 이해도 증진
- 입자 필터의 금융 시계열에 적용

7. 연습문제

연습문제 7.1: 자기회귀 이동 평균 ARMA(p, q) 모델에 대한 칼만 필터 적용

자기회귀 이동 평균 ARMA(p, q) 모델은 다음과 같이 표현할 수 있다.

$$y_t = \phi_1 y_{t-1} + \ldots + \phi_p y_{t-p} + \eta_t + \theta_1 \eta_{t-1} + \ldots + \theta_q \eta_{t-q}$$

여기서 $\eta_t \sim \mathcal{N}(0, \sigma^2)$이고 모든 AR($p$)와 MA($q$) 모델을 특수한 경우로 포함한다. 이와 같은 모델들은 금융 시계열에 흔히 적합화된다. 이 시계열을 칼만 필터를 이용해 적합화하고자 한다. 적절한 프로세스와 관측 모델을 만들어보라.

연습문제 7.2: 올스타인-울렌벡(Ornstein-Uhlenbeck) 프로세스

다음의 SDE에 의해 주어진 가우스-마르코프 프로세스[Gauss-Markov process]인 1차원 올스타인-울렌벡[OU] 프로세스를 고려하자.

$$dX_t = \theta(\mu - X_t)\,dt + \sigma\,dW_t$$

여기서 $X_t \in \mathbb{R}$, $X_0 = x_0$이고, $\theta > 0, \mu, \sigma > 0$는 상수다. 이 프로세스에 대한 칼만 프로세스를 공식화하라.

연습문제 7.3: 레버리지와 점프를 가진 확률적 변동성에 대한 입자 필터 도출

로그 분산 x_t를 은닉 상태, 로그 수익률 y_t를 관측으로 간주할 것이다. 어떻게 입자 필터를 사용해 관측 y_t를 기반으로 x_t를 추정할 수 있는가?

a. 점프가 없는 경우 어떤 $\xi_t \overset{i.i.d.}{\sim} \mathcal{N}(0,1)$에 대해 다음이 성립함을 보여라.

$$x_t = \mu(1 - \phi) + \phi x_{t-1} + \sigma_v \rho y_{t-1} e^{-x_{t-1}/2} + \sigma_v \sqrt{1 - \rho^2} \xi_{t-1}$$

b. 다음을 보여라.

$$p(\epsilon_t \mid x_t, y_t) = \delta(\epsilon_t - y_t e^{-x_t/2})\mathbb{P}[J_t = 0 \mid x_t, y_t]$$
$$+ \phi(\epsilon_t; \mu_{\epsilon_t \mid J_t = 1}, \sigma^2_{\epsilon_t \mid J_t = 1})\mathbb{P}[J_t = 1 \mid x_t, y_t]$$

여기서 각 항목은 다음과 같다.

$$\mu_{\epsilon_t \mid J_t = 1} = \frac{y_t \exp(x_t/2)}{\exp(x_t) + \sigma^2_J}$$

$$\sigma^2_{\epsilon_t \mid J_t = 1} = \frac{\sigma^2_J}{\exp(x_t) + \sigma^2_J}$$

c. 밀도 $p(\epsilon_t \mid x_t, y_t)$에 의해 주어진 확률분포에서 랜덤 샘플링을 어떻게 구현할 수 있는지 보여라.

d. 확률 밀도 $p(x_t \mid x_{t-1}, y_{t-1}, \epsilon_{t-1})$를 계산해서 보여라.

e. 이 분포에서 어떻게 샘플링할 수 있는지 보여라.

f. 관측 밀도가 다음에 의해 주어지는 것을 보여라.

$$p(y_t \mid \hat{x}_{t\mid t-1}^{(i)}, p, \sigma_J^2) = (1-p)\left[\left(2\pi e^{\hat{x}_{t\mid t-1}^{(i)}}\right)^{-1/2} \exp\left(-y_t^2/(2e^{\hat{x}_{t\mid t-1}^{(i)}})\right)\right] +$$

$$p\left[\left(2\pi(e^{\hat{x}_{t\mid t-1}^{(i)}} + \sigma_J^2)\right)^{-1/2} \exp\left(-y_t^2/(2e^{\hat{x}_{t\mid t-1}^{(i)}} + 2\sigma_J^2)\right)\right]$$

연습문제 7.4: 비터비 알고리듬과 종종 부정직한 카지노

딜러는 2개의 동전을 갖고 있다. 하나는 $\mathbb{P}(\text{Heads}) = \frac{1}{2}$인 공정한 동전이고, 다른 하나는 $\mathbb{P}(\text{Heads}) = \frac{4}{5}$인 편향된 동전이다. 딜러는 확률 $\frac{3}{5}$으로 공정한 동전으로 시작한다. 딜러는 동전을 몇 번 던진다. 매번 던진 후에 다른 동전으로 바꿀 확률이 $\frac{2}{5}$다. 관측된 시퀀스는 Head, Tail, Head, Tail, Head, Head, Head, Tail, Head이다. 비터비 알고리듬을 실행해 매번 동전을 던질 때 어떤 동전을 사용할지 결정하라.

부록

파이썬 노트북

동반하는 소스코드 저장소의 노트북은 확률적 변동성 모델 보정을 위해 비터비 알고리듬과 입자 필터링을 어떻게 구현하는지 이해를 증진하고자 설계했다. 노트북의 상세 내용은 README. md 파일에 포함돼 있다.

참고 문헌

Black, F. (1976). Studies of stock price volatility changes. In *Proceedings of the Business and Economic Statistics Section*.

Chen, Z. (2003). Bayesian filtering: From Kalman filters to particle filters, and beyond. *Statistics*, 182(1), 1–69.

Crisan, D., & Míguez, J. (2013). Nested particle filters for online parameter estimation in discrete-time state-space Markov models. *ArXiv:1308, 1883.*

Gelfand, A. E., & Smith, A. F. M. (1990, June). Sampling-based approaches to calculating marginal densities. *Journal of the American Statistical Association, 85*(410), 398-409.

Geman, S. J., & Geman, D. (1984). Stochastic relaxation, Gibbs distributions, and the Bayesian restoration of images. *IEEE Transactions on Pattern Analysis and Machine Intelligence, 6,* 721-741.

Gilks, W. R., & Wild, P. P. (1992). Adaptive rejection sampling for Gibbs sampling, Vol. 41, pp. 337-348.

Gill, P. E., Murray, W., & Wright, M. H. (1982). *Practical optimization.* Emerald Group Publishing Limited.

Gordon, N. J., Salmond, D. J., & Smith, A. F. M. (1993). Novel approach to nonlinear/non-Gaussian Bayesian state estimation. *In IEE Proceedings F (Radar and Signal Processing).*

Green, P. J. (1995). Reversible jump Markov chain Monte Carlo computation and Bayesian model determination. *Biometrika,* 82(4), 711-32.

Hastings, W. K. (1970). Monte Carlo sampling methods using Markov chains and their applications. *Biometrika,* 57(1), 97-109.

Kim, S., Shephard, N., & Chib, S. (1998, July). Stochastic volatility: Likelihood inference and comparison with ARCH models. *The Review of Economic Studies, 65*(3), 361-393.

Kitagawa, G. (1993). A Monte Carlo filtering and smoothing method for non-Gaussian nonlinear state space models. In *Proceedings of the 2nd U, S. -Japan Joint Seminar on Statistical Time Series Analysis* (pp. 110-131).

Kitagawa, G. (1996). Monte Carlo filter and smoother for non-Gaussian nonlinear state space models. *Journal of Computational and Graphical Statistics, 5*(1), 1-25.

Lunn, D. J., Thomas, A., Best, N. G., & Spiegelhalter, D. (2000). WinBUGS - a Bayesian modelling framework: Concepts, structure and extensibility. *Statistics and Computing, 10,* 325-337.

Malik, S., & Pitt, M. K. (2009, April). *Modelling stochastic volatility with leverage and jumps: A simulated maximum likelihood approach via particle filtering.* Warwick Economic Research Papers 897, The University of Warwick, Department of Economics, Coventry CV4 7AL.

Malik, S., & Pitt, M. K. (2011a, February). *Modelling stochastic volatility with leverage and jumps: A simulated maximum likelihood approach via particle filtering.* document de travail 318, Banque de France Eurosystème.

Malik, S., & Pitt, M. K. (2011b). Particle filters for continuous likelihood evaluation and maximisation. *Journal of Econometrics*, 165, 190–209.

Metropolis, N., Rosenbluth, A. W., Rosenbluth, M. N., Teller, A. H., & Teller, E. (1953). Equation of state calculations by fast computing machines. *Journal of Chemical Physics, 21.*

Meyer, R., & Yu, J. (2000). BUGS for a Bayesian analysis of stochastic volatility models. *Econometrics Journal, 3*, 198–215.

Naesseth, C. A., Lindsten, F., & Sch¨on, T. B. (2015). Nested sequential Monte Carlo methods. In *Proceedings of the 32nd International Conference on Machine Learning.*

Pitt, M. K., Malik, S., & Doucet, A. (2014). Simulated likelihood inference for stochastic volatility models using continuous particle filtering. *Annals of the Institute of Statistical Mathematics, 66*, 527–552.

Ritter, C., & Tanner, M. A. (1992). Facilitating the Gibbs sampler: The Gibbs stopper and the Griddy–Gibbs sampler. *Journal of the American Statistical Association, 87*(419), 861–868.

Sayed, A. H. (2008). *Adaptive filters.* Wiley–Interscience.

Spiegelhalter, D., Thomas, A., Best, N. G., & Gilks, W. R. (1996, August). *BUGS 0.5: Bayesian inference using Gibbs sampling manual (version ii).* Robinson Way, Cambridge CB2 2SR: MRC Biostatistics Unit, Institute of Public Health.

Tanner, M. A., & Wong, W. H. (1987, June). The calculation of posterior distributions by data augmentation. *Journal of the American Statistical Association, 82*(398), 528–540.

Taylor, S. J. (1982). *Time series analysis: theory and practice.* Chapter Financial returns modelled by the product of two stochastic processes, a study of daily sugar prices, pp. 203–226. North-Holland.

Vega, L. R., & H. Rey (2013). *A rapid introduction to adaptive filtering.* Springer Briefs in Electrical and Computer Engineering. Springer.

Yu, J. (2005). On leverage in a stochastic volatility model. *Journal of Econometrics, 127,* 165–178.

08
고급 신경망

8장에서는 금융 시계열 분석에 대한 다양한 신경망 모델을 제시하고 금융 계량경제학의 잘 알려진 기법과 어떻게 연관되는지 예제를 제공한다. 순환 신경망^{RNN, Recurrent Neural Network}은 비선형 시계열 모델로 제시되고, $AR(p)$와 같은 고전적 선형 시계열 모델을 일반화한다. 이들은 금융 시계열 예측을 위한 강력한 접근법을 제공하고 비정상성 데이터로 일반화한다. 또한 8장에서는 금융 시계열 데이터를 필터링하고 데이터의 상이한 스케일을 활용하는 합성곱 신경망^{CNN, Convolutional Neural Network}을 제시한다. 마지막으로 오토인코더가 어떻게 사용돼 정보를 압축하고 주성분 분석을 일반화하는지 보여준다.

1. 서론

보편적 근사 정리는 순전파 신경망은 어떤 함수도 근사할 수 있다고 말한다. 그러면 다른 종류의 신경망이 왜 존재하는가? 이에 대한 한 가지 답은 효율성이다. 8장에서는 여러 구조가 데이터 구조를 이용해 적은 수의 가중치를 초래하는 능력을 탐구할 것이다. 따라서 여러 구조에 대한 주요 동기는 많은 경우 파라미터의 절약과 이에 따른 과적합 경향의 감소와 학습 시간의 감소다. 다른 종류의 구조, 특히 네트워크를 재훈련할 필요 없이 시간에 따른 행태를 변화시키는 구조를 사용할 수 있다는 것을 알게 될 것이다. 그리고 신경망을 주성분 분석과 유사하게 사용해 데이터를 압축할 수 있다는 것도 알게 될 것이다.

금융 응용에 사용되는 다른 신경망 구조도 있지만 이 책에서 나열하기에는 너무 특화돼 있다. 그러나 금융 산업에 유용한 것으로 입증된 3가지의 상이한 신경망에 초점을 맞추겠다. 처음 2개는 지도학습 기법이고 마지막은 비지도학습 기법이다.

순환 신경망RNN, Recurrent Neural Network은 비선형 시계열 모델이며 AR(p)와 같은 고전적 선형 시계열 모델을 생성한다. 이들은 강력한 금융 시계열의 예측 방법을 제공하고 시간에 걸쳐 고유하는 파라미터를 가진다. 합성곱 신경망CNN, Convolutional Neural Network은 공간 및 시간 데이터의 스펙트럼 변환으로 유용하며 고정 기저 함수를 사용하는 웨이블릿wavelet과 같은 기법을 일반화한다. 이들은 공간에 걸쳐 공유하는 파라미터를 가진다. 마지막으로 오토인코더가 사용돼 정보를 압축하고 주성분 분석을 일반화한다.

8장의 목표

8장의 마지막에서 다음을 달성하리라 기대한다.

- RNN을 비선형 자기회귀 모델로 표현하고 안정성을 분석한다.
- 게이트 순환 유닛과 LSTM 구조가 가변 메모리로 동적 자기회귀 모델을 어떻게 제공하는지 이해한다.
- CNN을 회귀, 분류와 필터링된 데이터의 시계열 회귀로 표현한다.
- 차원 축소를 위한 주성분 분석을 이해한다.
- 선형 오토인코더를 공식화하고 주성분을 추출한다.
- 이 상이한 개념을 결합해 더욱 복잡한 신경망을 구축하는 방법을 이해한다.

수반된 소스코드 저장소의 노트북은 8장의 많은 방법을 보여준다. 더 자세한 내용은 '부록' 절의 '파이썬 노트북'을 참고하라.

2. 순환 신경망

데이터 $\mathcal{D} := \{x_t, y_t\}_{t=1}^{N}$이 시점 $t = 1, \ldots, N$에서 X와 Y의 자기상관관계 관측치인 경우 예측 문제를 시퀀스 예측 문제로 나타낼 수 있다. 즉, T 길이의 부분 시퀀스로 구성된 고차원 입력 행렬 X_t를 이용해 반응 y_{t+h}의 비선형 예측기^{predictor} $\hat{y}_{t+h}$를 구축하는 문제다.

$$\hat{y}_{t+h} = f(X_t) \quad \text{여기서} \quad X_t := seq_{T,t}(X) = (x_{t-T+1}, \ldots, x_t)$$

여기서 x_{t-j}는 $j = 0, \ldots, T-1$에 대한 x_t의 j번째 래그 관측치다. 즉, $x_{t-j} = L^j[x_t]$다. 따라서 시퀀스 학습은 비선형 함수와 래그 입력 변수 벡터로만 구성된다. 데이터가 i.i.d.인 경우 시퀀스가 필요하지 않으며(즉, $T = 1$) 순전파$^{feed\ forward}$ 신경망을 다시 사용할 수 있다.

순환 신경망^{RNN}은 자연어 이해, 언어 생성, 비디오 처리, 다른 많은 작업과 같은 응용 분야에서 많은 성공을 거둔 시계열 방법이나 시퀀스 학습기다(Grave 2012). 많은 유형의 RNN이 있으며, 우리는 간단한 표기법을 위해 기본 RNN 모델에 집중할 것이다. 다변량 구조 자기회귀 모델과 마찬가지로 RNN은 각 입력 시퀀스 X_t에 자기회귀 함수 $f_{W^{(1)},b^{(1)}}^{(1)}(X_t)$를 적용한다. 여기서 T는 각 시간 스텝의 룩백 기간(최대 래그 수)을 나타낸다. 그러나 RNN은 자기 공분산 구조를 직접 부과하지 않고 예측기 $\hat{Y}$을 직접 모델링하는 '유연한 함수 형태'를 제공한다.

그림 8.1에서 설명한 것처럼 이 간단한 RNN은 시퀀스의 모든 시간 단계 $j = 0, \ldots, T-1$에 대한 단일 은닉층 신경망의 전개다(소위 엘만 네트워크$^{Elman\ Network}$ Elman(1991)). 각 시간 단계에 대해 이 함수 $f_{W^{(1)},b^{(1)}}^{(1)}(X_{t,j})$

는 현재 입력 x_t와 이전 은닉 상태 z_{t-1}로부터 은닉 상태 z_{t-j}를 생성하며
$\mathcal{X}_{t,j} = seq_{T,t-j}(X) \subset \mathcal{X}_t$다.

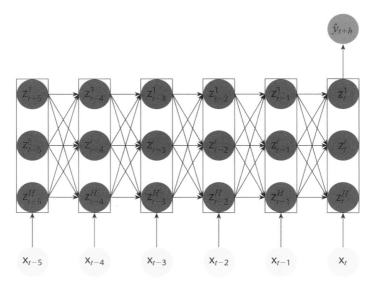

그림 8.1 6개의 타임스텝 시퀀스에 걸쳐 펼쳐진, 한 개의 은닉층을 가진 순환 신경망의 예. 각 입력 x_t는
시퀀스 $\mathcal{X}_t$에 속한다. 은닉층은 H 유닛을 포함하고 타임스텝 t에서의 i번째 출력은 z_t^i로 표기된다. 은닉
유닛 간의 연결은 순환적이고 행렬 $W_z^{(1)}$에 의해 가중된다. 마지막 타임스텝 t에서 은닉 유닛은 연속
$\hat{y}_{t+h}$의 단일 유닛 출력층과 연결된다.

$$\hat{y}_{t+h} = f_{W^{(2)},b^{(2)}}^{(2)}(z_t) := \sigma^{(2)}(W^{(2)}z_t + b^{(2)})$$
$$z_{t-j} = f_{W^{(1)},b^{(1)}}^{(1)}(\mathcal{X}_{t,j})$$
$$:= \sigma^{(1)}(W_z^{(1)}z_{t-j-1} + W_x^{(1)}x_{t-j} + b^{(1)}), j \in \{T-1,\dots,0\}$$

여기서 $\sigma^{(1)}$은 $tahn^{(x)}$과 같은 활성 함수이고, $\sigma^{(2)}$은 반응이 범주형 또는 연속형
인지에 따라 각각 소프트맥스 또는 항등 함수다. 말단의 입력 x_t와 H 은닉 유
닛은 시간 불변 행렬 $W_x^{(1)} \in \mathbb{R}^{H \times P}$에 의해 가중치를 갖는다. H 은닉 유닛
간의 순환 연결은 시간 불변 행렬 $W_z^{(1)} \in \mathbb{R}^{H \times H}$에 의해 가중된다. 이와 같
은 행렬이 없으면 구조는 단순한 메모리가 없는 단일 계층 순전파 신경망이
된다. 여기서 각 독립 관측치 x_t는 동일한 은닉층을 사용해 출력 $\hat{y}_t$로 매핑된다.

집합 $W^{(1)} = (W_x^{(1)}, W_z^{(1)})$은 입력과 은닉 가중치를 가리키며, $W^{(2)}$은 마지막 시간 단계에서 H 은닉 유닛의 출력 z_t와 출력층에 연결된 가중치를 표기한다. 반응이 연속 벡터 $Y \in \mathbb{R}^M$이라면 $W^{(2)} \in \mathbb{R}^{M \times H}$이다. 반응이 범주형이면 $W^{(2)} \in \mathbb{R}^{K \times H}$이다. 은닉 유닛의 수는 모델의 비선형성 정도를 결정하며, 반드시 입력 p의 차원보다 작아야 한다. 우리의 실험에서 은닉층은 일반적으로 100개 유닛 이하지만 고차원의 데이터 세트에서 수천 개로 증가할 수 있다.

RNN 설계에 많은 문제가 있다. 네트워크를 몇 단계로 전개할까? 은닉층의 은닉 뉴런 H는 몇 개로 할까? '변수 선택'은 어떻게 할까? 첫 번째 질문에 대한 답변은 데이터의 자기상관에 달려있다. 즉, RNN에서의 시퀀스 길이는 추정된 '편자기상관계수'의 가장 크고 유의한 시차에 의해 결정될 수 있다. 두 번째 질문에 대한 답변은 MLP의 은닉 뉴런의 수를 선택하는 문제와 다를 바 없다. 즉, 편향-분산 트레이드오프가 가장 큰 고려 사항이 될 것이다. 그리고 실제로 세 번째 질문 역시 MLP에서 특성 선택 문제와 밀접한 관계를 갖는다. 특성 선택에 대한 원칙적인 접근법을 취할 수 있다. 먼저 그레인저-인과성 테스트를 사용해 특성의 부분집합을 식별하거나, 또는 머신러닝의 현대적 실험 설계와 더 일치하는 방식으로 모든 잠재적으로 관련된 특성을 포함하고 자동 축소법^{auto-shrinkage}을 적용해 '머신이 자동적으로' 가장 중요한 가중치를 결정하도록 한다. RNN에서 특성 선택의 중요한 주의 사항은 각 특성이 시계열이어야 하고, 이에 따라 자기상관을 보여야만 한다는 것이다.

다음 예제에서 우선 간단한 일변량 예제로 활성 함수 없는 RNN이 어떻게 AR(p) 시계열 모델인지를 보여준다.

예제 8.1 비선형 AR(p) 모델로서의 RNN

1개 은닉 유닛, $H = 1$, 활성 함수는 없고 입력 벡터의 차원 $P =$

1인 간단한 경우의 RNN을 고려하자. 추가로 $W_z^{(1)} = \phi_z, |\phi_z| < 1,$ $W_x^{(1)} = \phi_x, W_y = 1, b_h = 0, b_y = \mu$를 가정하자. 그러면 $f_{W^{(1)}, b^{(1)}}^{(1)}$ (X_t)가 자기회귀 계수가 기하급수적으로 감쇠하는, 즉 $\phi_i = \phi_x \phi_z^{i-1}$ 인 p차의 자기회귀 AR(p) 모델임을 보일 수 있다.

$$z_{t-p} = \phi_x x_{t-p}$$
$$z_{t-T+2} = \phi_z z_{t-T+1} + \phi_x x_{t-T+2}$$
$$\ldots = \ldots$$
$$z_{t-1} = \phi_z z_{t-2} + \phi_x x_{t-1}$$
$$\hat{x}_t = z_{t-1} + \mu$$

위의 조건하에서 다음이 성립한다.

$$\hat{x}_t = \mu + \phi_x(L + \phi_z L^2 + \cdots + \phi_z^{p-1} L^p)[x_t]$$
$$= \mu + \sum_{i=1} \phi_i x_{t-i}$$

이 특수한 경우의 자기회귀 모델 $\hat{x}_t$는 '안정적'이고 차수는 더빈-왓슨 Durbin-Watson, 룽-박스 Ljung-Box, 박스-피어스 Box-Pierce 테스트와 같은 X에 대한 자기상관계수 테스트를 통해 식별할 수 있다. 구조를 바꿔 순환 가중치 $W_{z,i}^{(1)} = \phi_{z,i}$가 래그 의존적 lag dependent 이라면 비활성 은닉층은 다음과 같아진다.

$$z_{t-i} = \phi_{z,i} z_{t-i-1} + \phi_x x_{t-i} \tag{8.1}$$

이로부터 다음을 얻는다.

$$\hat{x}_t = \mu + \phi_x(L + \phi_{z,1} L^2 + \cdots + \prod_{i=1}^{p-1} \phi_{z,i} L^p)[x_t] \tag{8.2}$$

따라서 이 AR(p) 모델의 가중치는 $\phi_j = \phi_x \prod_{i=1}^{j-1} \phi_{z,i}$이며, 이는 기본 RNN, 즉 가중치가 기하급수적으로 감소하는 경우에 제한된 경우보다 더 유연한 자기상관 구조를 표현할 수 있다. 무한 수의 래그를 갖고 편향이 없는 선형 RNN은 지수 평활화에 상응한다. 즉, $W_z = 1 - \alpha$, $W_x = \alpha$, $W_y = 1$일 때의 $z_t = \alpha x_t + (1 - \alpha)z_{t-1}$에 상응한다.

선형 RNN을 AR(p)에서 VAR(p)로 일반화하는 것은 매우 쉬우며 다음과 같이 표현할 수 있다.

$$\hat{x}_t = \boldsymbol{\mu} + \sum_{j=1}^{p} \phi_j x_{t-j}, \phi_j := W^{(2)}(W_z^{(1)})^{j-1} W_x^{(1)}, \boldsymbol{\mu} := W^{(2)} \sum_{j=1}^{p} (W_z^{(1)})^{j-1} b^{(1)} + b^{(2)}$$

(8.3)

여기서 정방 행렬은 $\phi_j \in \mathbb{R}^{P \times P}$이고, 편향 벡터는 $\mu \in \mathbb{R}^{P}$이다.

2.1 RNN 메모리: 편자기공분산

일반적으로 비선형 활성 함수를 갖고 있는 RNN을 고전적 모델로 묘사하는 것은 더욱 힘들다. 그러나 편자기공분산 함수는 여기서 추가적인 통찰력을 제공한다. 우선 RNN(1) 프로세스를 고려해보자. 래그-1 편자기공분산은 다음과 같다.

$$\tilde{\gamma}_1 = \mathbb{E}[y_t - \mu, y_{t-1} - \mu] = \mathbb{E}[\hat{y}_t + \epsilon_t - \mu, y_{t-1} - \mu] \tag{8.4}$$

단순화를 위해 단일 순환 가중치 ϕ를 가진 RNN(1) 모델을 사용하면 다음과 같다.

$$\hat{y}_t = \sigma(\phi y_{t-1}) \tag{8.5}$$

위 식에서 다음을 구할 수 있다.

$$\tilde{\gamma}_1 = \mathbb{E}[\sigma(\phi y_{t-1}) + \epsilon_t - \mu, y_{t-1} - \mu] = \mathbb{E}[y_{t-1}\sigma(\phi y_{t-1})] \tag{8.6}$$

여기서 표현식의 두 번째 부분에서 $\mu = 0$으로 가정했다. $\sigma := Id$로 놓으면 다음과 같이 돼 AR(1) 공분산을 복구하는 것을 체크하라.

$$\tilde{\gamma}_1 = \phi\mathbb{E}[y_{t-1}^2] = \phi\mathbb{V}[y_{t-1}] \tag{8.7}$$

래그-2 자기공분산로 계속하면 다음을 얻는다.

$$\tilde{\gamma}_2 = \mathbb{E}[y_t - P(y_t \mid y_{t-1}), y_{t-2} - P(y_{t-2} \mid y_{t-1})] \tag{8.8}$$

그리고 $P(y_t \mid y_{t-1})$는 다음과 같이 RNN(1)에 의해 근사된다.

$$\hat{y}_t = \sigma(\phi y_{t-1}) \tag{8.9}$$

위 식에 $y_t = \hat{y}t + \epsilon_t$를 대입하면 다음을 얻는다.

$$\tilde{\gamma}_2 = \mathbb{E}[\epsilon_t, y_{t-2} - P(y_{t-2} \mid y_{t-1})] \tag{8.10}$$

$P(y_{t-2} \mid y_{t-1})$을 후방 RNN(1)로 근사하면 다음과 같다.

$$\hat{y}_{t-2} = \sigma(\phi(\hat{y}_{t-1} + \epsilon_{t-1})) \tag{8.11}$$

중요하게 여기서 $\hat{y}_{t-2}$가 ϵ_{t-1}에 의존하며 ϵ_t에는 의존하지 않는 것을 알 수 있다. 따라서 $y_{t-2} - P(y_{t-2} \mid y_{t-1})$은 $\{\epsilon_{t-1}, \epsilon_{t-2}, \ldots\}$에 의존한다. 따라서 $\tilde{\gamma}_2 = 0$을 얻는다.

반대예제로서 RNN(2) 프로세스의 래그-2 편자기공분산을 고려하자.

$$\hat{y}_{t-2} = \sigma\left(\phi\sigma(\phi(\hat{y}_t + \epsilon_t) + \epsilon_{t-1})\right) \tag{8.12}$$

이는 ϵ_t에 의존하며, 따라서 래그-2 편자기공분산은 0이 아니다.

편자기상관계수 $\tilde{\tau}_s = 0, s > p$이고, 따라서 AR($p$) 프로세스와 같이 RNN($p$)에 대한 편자기상관계수 함수는 래그 p에 절단 값$^{cut-off}$을 갖는다. 편자기상관계수 함수는 시간에 독립적이다. 이와 같은 속성은 추정된 PACF로부터 RNN 모델의 차수를 식별하는 데 사용될 수 있다.

2.2 안정성

2.3절에 제시되는 AR(p) 모델에 대한 안정성 제약을 다음 RNN(1) 모델을 고려함으로써 RNN으로 일반화한다.

$$y_t = \Phi^{-1}(L)[\epsilon_t] = (1 - \sigma(W_z L + b))^{-1}[\epsilon_t] \tag{8.13}$$

여기서 일반성을 잃지 않고 W_y = 1이고, b_y = 0으로 설정하고 표기상의 편의를 위해 위첨자 $()^{(1)}$를 제거한다. 이것을 무한차원 비선형 이동 평균 모델로 표현하면 다음을 얻는다.

$$y_t = \frac{1}{1 - \sigma(W_z L + b)}[\epsilon_t] = \sum_{j=0}^{\infty} \sigma^j(W_z L + b)[\epsilon_t] \tag{8.14}$$

그리고 $\sigma^j(\cdot)$이 j에 따라 증가하지 않을 때, 즉 모든 ϕ와 y_{t-1}에 대해 $|\sigma| \leq 1$일 때 무한 합은 안정될 것이다. 특히 tanh 선택은 σ에 대한 요구 조건을 만족한다. 더 높은 차수의 모델에 대해서는 귀납법을 사용해 우선 RNN(2) 모델에 대해 다음을 얻는다.

$$
\begin{aligned}
y_t &= \frac{1}{1 - \sigma(W_z\sigma(W_z L^2 + b) + W_x L + b)}[\epsilon_t] \\
&= \sum_{j=0}^{\infty} \sigma^j(W_z\sigma(W_z L^2 + b) + W_x L + b)[\epsilon_t]
\end{aligned}
$$

이는 다시 $|\sigma| \leq 1$이라면 안정적이고 어떠한 모델의 차수에 대해서도 안정성 조건이 성립한다.

데이터의 래그 단위 충격^{lag unit impulse}은 $|\sigma| \leq 1$일 때 래그의 차수에 따라 강하게 감쇠한다. 다시 귀납법을 사용하면 래그 1에서 은닉층에서의 출력을 다음과 같이 얻는다.

$$z_t = \sigma(W_z\mathbf{1} + W_x\mathbf{0} + b) = \sigma(W_z\mathbf{1} + b) \tag{8.15}$$

래그 1에서 단위벡터 충격하의 은닉 변수의 각 구성 원소의 절대값은 1
보다 강하게 적다.

$$|z_t|_j = |\sigma(W_z\mathbf{1} + b)|_j < 1 \tag{8.16}$$

이는 $|\sigma(x)| \leq 1$이고 $W_z\mathbf{1} + b$의 각 원소가 유한할 때 성립한다. 추가적
으로 σ가 강하게 단조 증가하면 래그 2 단위 혁신하에서 $|z_t|_j$는 래그 1
단위 혁신하에서의 $|z_t|_j$보다 강하게 작다. 즉, 다음과 같다.

$$|\sigma(W_z\mathbf{1}) + b)_j| > |\sigma(W_z\sigma(W_z\mathbf{1} + b) + b)|_j \tag{8.17}$$

이 안정성 결과의 의미는 모델의 과거 랜덤 교란 감쇠와 래그 데이터의
효과가 래그 증가에 따라 모델 출력과 연관을 덜 갖게 된다는 속성을 다
시 확인한다.

2.3 정상성

완전성을 위해 2.4절의 RNN으로의 확장을 간단히 언급한다. 위에서 고
려한 선형 일변량 $\text{RNN}(p)$는 다음의 동반 행렬을 가진다.

$$C := \begin{pmatrix} 0 & 1 & 0 & \dots & 0 \\ 0 & 0 & 1 & 0 & \vdots \\ \vdots & \ddots & \ddots & \ddots & \vdots \\ 0 & 0 & 0 & 0 & 1 \\ \phi^{-p} & -\phi^{-p+1} & \dots & -\phi^{-2} & -\phi^{-1} \end{pmatrix} \tag{8.18}$$

그리고 $\phi \neq 0$일 때 모델은 비정상성을 갖는다. 이는 선형 RNN의 경우이
므로 선형 활성 함수의 선택을 배제할 수 있다. 따라서 모델이 정상성을
갖으려면 어떤 비선형 활성 함수가 필요한 것으로 보인다. 그러나 케일
리-해밀턴^{Cayley-Hamilton}을 이용해 정상성을 증명할 수는 없다.

반감기

RNN의 출력이 $\mathbb{R}^d$에 있다고 가정하자. 래그의 반감기는 $\tilde{\sigma}(x) := \sigma(W_z x + b)$ 그 자체의 함수 구성 중 정규화된 j번째 출력에 대해 다음이 성립하는 가장 작은 수 k다.

$$r_j^{(k)} = \frac{(W_y \tilde{\sigma} \circ_1 \tilde{\sigma} \circ_2 \cdots \circ_{k-1} \tilde{\sigma}(1) + b_y)_j}{(W_y \tilde{\sigma}(1) + b_y)_j} \leq 0.5, k \geq 2, \forall j \in \{1, \ldots, d\}$$
(8.19)

출력이 정규화됐으므로 래그-1 단위 충격은 각 j에 대해 비율 $r_j^{(1)} = 1$임을 보장한다. 이 수정된 정의는 활성 함수와 AR(p) 모델에 존재하지 않는 준어파인 변환의 효과를 설명하고자 존재한다. 일반적으로 반감기가 유한하다는 보장은 없지만 반감기를 발견할 수 있는 파라미터 값들을 찾을 수 있다. 예를 들어 단순성을 위해 일변량 RNN이 $\hat{x}_t = z_{t-1}$에 의해 주어지고 다음과 같다고 가정하자.

$$z_t = \sigma(z_{t-1} + x_t)$$

그러면 래그-1 충격은 $\hat{x}_t = \tilde{\sigma}(1) = \sigma(0 + 1)$이고, 래그-2 충격은 $\hat{x}_t = \sigma(\sigma(1) + 0) = \tilde{\sigma} \circ \tilde{\sigma}(1)$이 되는 방식으로 계산된다. $\sigma(x) := \tanh(x)$이고, 래그-1 충격에서의 출력을 정규화하면 표 8.1을 얻는다.

표 8.1 반감기는 래그 단위 충격이 래그-1에서 적어도 반의 효과를 갖기 이전의 기간 수를 측정함으로써 구조의 메모리 감쇠를 표현한다. 반감기의 계산은 $r_j^{(k)}$이 반보다 작아질 때까지의 은닉층의 재귀 관계의 중첩적 구성과 관련 있다. 계산이 각 j에 대해 반복되므로 반감기는 출력의 구성 요소에 따라 변할 수 있다. 이 예제에서 일변량 RNN의 반감기는 9 기간이다.

래그 k	$r^{(k)}$
1	1.000
2	0.843
3	0.744

(이어짐)

래그 k	$r^{(k)}$
4	0.673
5	0.620
6	0.577
7	0.543
8	0.514
9	0.489

> **?** **다지선다형 문제 1**

다음 중 올바른 명제는 무엇인가?

a. 증강 딕키-풀러[Augmented Dickey-Fuller] 테스트는 시계열에 적용해 공분산 정상성 여부를 확인할 수 있다.

b. 공분산 정상성 시계열의 추정 편자기상관계수는 단순 순환 신경망에서 설계 시퀀스 길이를 식별하는 데 사용될 수 있다.

c. 단순 순환 신경망은 안정성이 보장된다. 즉, 래그 단위 충격[lagged unit impulse]은 시간이 지남에 따라 감쇠한다.

d. 룽-박스[Ljung-Box] 검정은 삽입된 모델 잔차 오차가 자기상관관계인지 여부를 검정하는 데 사용된다.

e. 래그-1 단위 충격의 반감기는 충격[impulse]이 모델 출력에 미치는 영향을 절반으로 줄이기 전의 래그 수다.

2.4 일반화 순환 신경망(GRNN)

앞에서 설명한 것과 같은 고전적인 RNN은 오차를 등분산성으로 취급한다. 즉, 오차는 i.i.d.다. 손실 함수를 잔차 벡터의 제곱 마할라노비스

Mahalanobis 길이로 수정해 RNN을 이분산성 모델로 일반화할 수 있다는 것을 간단히 언급한다. 이러한 접근법은 여기서 일반화 순환 신경망GRNN, Generalized Recurrent Neural Networks이라고 한다. 여기서 계량경제학에서 머신러닝 분야는 초기이므로 불완전하며, 이러한 방법론이 이론적인 관점에서 호소력이 있지만 실제로는 아직 입증되지 않았다는 주의 사항을 간략히 언급한다. 따라서 이 하위 절의 목적은 어떻게 모수적 계량경제학의 발전 중 일부를 반영하는 더 복잡한 순환신경망 모델이 개발될 수 있는지를 설명하는 것이다.

가장 간단한 형태로 우리는 데이터 $\mathcal{D}_t$를 사용해 가중 최소 제곱WLS, Weighted Least Square 최소화 문제를 해결한다.

$$\underset{W,b}{\text{minimize}} \quad f(W,b) + \lambda\phi(W,b), \tag{8.20}$$

$$\mathcal{L}_\Sigma(Y, \hat{Y}) := (Y - \hat{Y})^T \Sigma^{-1}(Y - \hat{Y}), \; \Sigma_{tt} = \sigma_t^2, \; \Sigma_{tt'} = \rho_{tt'}\sigma_t\sigma_t', \tag{8.21}$$

$$f(W, b) = \frac{1}{T}\sum_{t=1}^{T}\mathcal{L}_\Sigma(y_t, \hat{y}_t), \tag{8.22}$$

여기서 $\Sigma := \mathbb{E}[\epsilon\epsilon^T | \mathcal{X}_t]$는 잔여 오차의 조건부 공분산 행렬이고 $\phi(W, b)$는 규제화 페널티 항이다.

여기서 조건부 공분산 행렬은 추정돼야만 한다. 이는 벡터의 전치를 나타내는 $()^T$와 이분산성 오차하에서 적합화된 모델 파라미터를 나타내는 $()'$ 표기법을 사용해 다음과 같이 수행한다.

1) 각 $t = 1, \ldots, T$에 대해 표준 (비가중) 손실 함수를 사용해 가중치 $\hat{W}_t$와 편향 $\hat{b}_t$를 찾아 훈련 세트에 대한 잔여 오차 $\epsilon_t \in \mathbb{R}^N$를 추정한다. 여기서 오차는 다음과 같다.

$$\epsilon_t = \mathbf{y_t} - F_{\hat{W}_t, \hat{b}_t}(\mathcal{X}_t). \tag{8.23}$$

2) 샘플 조건부 공분산 행렬 $\hat{\Sigma}$은 다음과 같이 추정된다.

$$\hat{\Sigma} = \frac{1}{T-1} \sum_{i=1}^{T} \boldsymbol{\epsilon}_t \boldsymbol{\epsilon}_t^T \tag{8.24}$$

3) 식 (8.20)을 사용해 일반화 최소 제곱 최소화를 수행해 적합화된 이분산성 신경망 모델을 얻는다. 이때의 더 정교화된 오차는 다음과 같다.

$$\boldsymbol{\epsilon}_t' = \mathbf{y}_t - F_{\hat{W}_t', \hat{b}_t'}(X_t) \tag{8.25}$$

적합화된 GRNN $F_{\hat{W}_t', \hat{b}_t'}$는 다음에 더 이상의 수정 없이 예측에 사용될 수 있다. 샘플 공분산 행렬의 효과는 오차의 분산과 오차 상관관계를 기반으로 훈련 세트의 관찰 중요도를 조정하는 것이다. 이와 같은 접근법은 GARCH 모델이 AR 모델을 확장하는 방법과 유사하게 RNN에 적용된 것으로 생각할 수 있다. 물론 GARCH 모델은 오차 분포를 모수적으로 다루고 조건부 변동성을 예측하고자 순환 관계를 제공한다. 대조적으로 GRNN은 경험적 오차 분포에 의존하며 조건부 변동성을 예측하지 않는다. 그러나 시계열 교차 검증을 사용해 별도의 회귀식이 경험적 조건부 변동성 Σ의 대각에 걸쳐 수행된다.

3. GRU

RNN의 동적 시계열 모델에의 확장은 시계열 분석의 근본 개념을 확장하는 것에 의존한다. 우선 은닉 상태 $\hat{h}_t$를 가진 평활화된 RNN을 고려한다. 이와 같은 RNN은 기본 RNN과 거의 동일하다. 그러나 네트워크에 장기 메모리long memory를 제공하는 추가적인 스칼라 평활화 파라미터 α를 가진다.

3.1 α-RNNs

평활화 파라미터가 고정된 일변량 α-RNN(p) 모델을 고려하자.

$$\hat{y}_{t+1} = W_y \hat{h}_t + b_y \tag{8.26}$$

$$\hat{h}_t = \sigma(U_h \tilde{h}_{t-1} + W_h y_t + b_h) \tag{8.27}$$

$$\tilde{h}_t = \alpha \hat{h}_{t-1} + (1-\alpha)\tilde{h}_{t-1} \tag{8.28}$$

각 시퀀스의 초기 조건은 $\hat{h}_t$-p+1 = y_{t-p+1}이다. 이 모델은 은닉층의 $\hat{h}_{t-1}$을 지수 평활화된 은닉 상태 $\tilde{h}_{t-1}$로 대체함으로써 기본 RNN을 증강한다. 평활화의 효과는 $\alpha \neq 1$일 때 무한 메모리infinite memory를 제공하는 것이다. α = 1인 특수한 경우 길이 p의 단기 메모리를 가진 기본 RNN을 복원한다.

파라미터화를 단순화하고 비활성 경우를 고려함으로써 이 모델을 쉽게 연구할 수 있다. $b_y = b_h = 0$, $U_h = W_h = \phi$, $W_y = 1$로 설정하면 다음을 얻을 수 있다.

$$\hat{y}_{t+1} = \hat{h}_t \tag{8.29}$$

$$= \phi(\tilde{h}_{t-1} + y_t) \tag{8.30}$$

$$= \phi(\alpha \hat{h}_{t-1} + (1-\alpha)\tilde{h}_{t-2} + y_t) \tag{8.31}$$

일반성의 손실 없이 모델에서 p = 2 래그를 고려하면 $\hat{h}_{t-1}$ = ϕy_{t-1}이다. 그러면 다음을 얻는다.

$$\hat{h}_t = \phi(\alpha\phi y_{t-1} + (1-\alpha)\tilde{h}_{t-2} + y_t) \tag{8.32}$$

모델은 더 간단한 형태로 표현할 수 있다.

$$\hat{y}_{t+1} = \phi_1 y_t + \phi_2 y_{t-1} + \phi(1-\alpha)\tilde{h}_{t-2} \tag{8.33}$$

여기서 자귀회귀 가중치는 $\phi_1 := \phi$와 $\phi_2 := \alpha\phi^2$이다. 이제 AR(2) 모델과 비교하면 α = 1일 때 소멸하지만 $\tilde{h}_{t-2}$가 y_0에 의존하므로 모델에 무한 메모

리를 제공하는 추가적 항이 있다는 것을 알 수 있다. 여기서 y_0는 시퀀스의 첫째 관측치가 아니라 전체 시계열의 첫째 관측치다. α-RNN 모델은 α를 하이퍼파라미터로 취급해 훈련될 수 있다. α를 고정시키는 선택은 명백히 정상성 시계열에 제한된다. 동적 버전의 지수 평활화을 사용해 모델을 비정상성 시계열로 확대할 수 있다.

동적 α_t-RNN

동적 지수 평활화는 평활화된 출력 $\tilde{y}_t$와 관측치 y_t의 시간 의존적 볼록 결합이다.

$$\tilde{y}_{t+1} = \alpha_t y_t + (1 - \alpha_t)\tilde{y}_t \tag{8.34}$$

여기서 $\alpha_t \in [0, 1]$은 동적 평활화 계수를 표기하며, 이는 동일하게 1 스텝 전방 예측^{1-step-ahead forecast} 형태로 표현될 수 있다.

$$\tilde{y}_{t+1} = \tilde{y}_t + \alpha_t(y_t - \tilde{y}_t) \tag{8.35}$$

따라서 평활화는 동적 예측 오차 수정^{dynamic forecast error correction}의 형태로 볼 수 있다. $\alpha_t = 0$인 경우 예측 오차는 무시되고 평활화만 현재의 은닉 상태를 반복해 모델이 메모리를 잃는 효과를 갖는다. $\alpha_t = 1$인 경우에는 예측 오차가 현재의 은닉 상태 $\tilde{h}_t$를 덮어쓴다.

또한 평활화는 래그 $s \geq 1$의 과거 관측 y_{t-s}에서 더 낮거나 같은 가중치 $\alpha_{t-s} \prod_{r=1}^{s}(1 - \alpha_{t-r+1})$을 사용한 래그 관측치들의 가중 합으로 볼 수 있다. 즉, 다음과 같다.

$$\tilde{y}_{t+1} = \alpha_t y_t + \sum_{s=1}^{t-1} \alpha_{t-s} \prod_{r=1}^{s}(1 - \alpha_{t-r+1})y_{t-s} + \prod_{r=0}^{t-1}(1 - \alpha_{t-r})\tilde{y}_1 \tag{8.36}$$

여기서 마지막 항은 시간 의존적 상수이며 전형적으로 지수 평활화를 $\tilde{y}_1 = y_1$로 초기화한다. 임의의 $\alpha_{t-r+1} = 1$에 대해 예측 $\tilde{y}_{t+1}$은 모든 래그 $\{y_{t-s}\}_{s \geq r}$

에 대해 어떠한 의존성도 갖지 않을 것이다. 모델은 단순히 r번째 래그 또는 이를 넘어서는 관측을 망각한다.

평활화가 상수이고 $1 - \alpha$와 같은 특수한 경우 앞의 표현은 다음과 같이 단순화된다.

$$\tilde{y}_{t+1} = \alpha\Phi(L)^{-1}y_t \tag{8.37}$$

또는 동일하게 $\tilde{y}_{t+1}$의 AR(1) 프로세스로 다음과 같이 표현될 수 있다.

$$\Phi(L)\tilde{y}_{t+1} = \alpha y_t \tag{8.38}$$

여기서 선형 연산자 $\Phi(z) := 1 + (\alpha - 1)_z$이며, L은 래그 연산자다.

3.2 신경망 지수 평활화

이제 관측된 시계열 $\{y_s\}_{s\leq1}$을 평활화하는 대신 은닉 벡터 $\hat{h}_t$를 $\hat{\alpha}_t \in [0, 1]^H$로 평활화해 다음의 필터링된 시계열을 얻는다고 가정하자.

$$\tilde{h}_t = \hat{\alpha}_t \circ \hat{h}_t + (1 - \hat{\alpha}_t) \circ \tilde{h}_{t-1} \tag{8.39}$$

여기서 $\circ$는 벡터 간의 아다마르 곱^{Hadamard product}이다. 평활화는 위의 고전적 설정의 벡터화된 형태다. 단지 여기서 $(\alpha_t)_i = 1$일 때 은닉 변수의 i번째 구성 요소는 수정되지 않고 과거 필터링된 은닉 변수는 망각되는 것을 주의하라. 한편 $(\alpha_t)_i = 0$일 때 은닉 변수의 i번째 구성 요소는 없어지고 대신 현재의 필터링된 은닉 변수를 과거 값으로 설정한다. 그러면 식 (8.39)의 평활화는 장기 메모리를 업데이트하고 현재 은닉 변수와 과거 평활화된 은닉 변수의 볼록 결합을 통한 메모리로 평활화된 은닉 상태 변수를 유지하는 것으로 볼 수 있다.

은닉 변수는 준어파인 변환에 의해 다음과 같이 주어진다.

$$\hat{h}_t = \sigma(U_h \tilde{h}_{t-1} + W_h x_t + b_h) \tag{8.40}$$

이번에는 은닉 변수가 이전의 평활화된 은닉 변수에 의존한다. 식(8.40)을 식(8.39)에 대입하면 $\tilde{h}_{t-1}$과 x_t의 함수로 다음을 얻는다.

$$\tilde{h}_t = g(\tilde{h}_{t-1}, x_t; \alpha) := \hat{\alpha}_t \circ \sigma(U_h \tilde{h}_{t-1} + W_h x_t + b_h) + (1 - \hat{\alpha}_t) \circ \tilde{h}_{t-1} \tag{8.41}$$

$\alpha_t = 0$일 때 평활화된 은닉 변수 $\tilde{h}_t$는 입력 x_t에 의해 업데이트되지 않는다. 반대로 $\alpha_t = 1$일 때 은닉 변수는 국지적으로 비선형 자기회귀 시계열과 같은 행태를 보인다. 따라서 평활화 파라미터는 입력 x_t에 대한 평활화된 상태의 민감도로 볼 수 있다.

문제는 어떻게 얼마의 오차 수정이 필요한지 동적으로 결정하는가가 된다. GRU는 이 문제를 가중치와 편향 $(W_\alpha, U_\alpha, b_\alpha)$에 의해 파라미터화된 기본 RNN을 사용해 입력 변수로부터 $\hat{\alpha} = F_{(W_\alpha, U_\alpha, b_\alpha)}(X)$를 학습함으로써 해결한다. 평활화된 은닉 상태 $\tilde{h}_t$의 1 스텝 전방 예측은 가중치와 편향 $(W_\alpha, U_\alpha, b_\alpha)$를 가진 또 하나의 기본 RNN의 필터링된 출력이다. 모든 것을 종합하면 다음의 $\alpha - t$ 모델(단순 GRU)을 얻는다.

$$평활화: \tilde{h}_t = \hat{\alpha}_t \circ \hat{h}_t + (1 - \hat{\alpha}_t) \circ \tilde{h}_{t-1} \tag{8.42}$$
$$평활화 계수 업데이트: \hat{\alpha}_t = \sigma^{(1)}(U_\alpha \tilde{h}_{t-1} + W_\alpha x_t + b_\alpha) \tag{8.43}$$
$$은닉 상태 업데이트: \hat{h}_t = \sigma(U_h \tilde{h}_{t-1} + W_h x_t + b_h), \tag{8.44}$$

여기서 $\sigma^{(1)}$은 시그모이드 또는 헤비사이드 함수며 σ는 임의의 활성 함수다. 그림 8.2는 입력이 두 개의 단위 충격으로 구성될 때의 α_t-RNN의 반응을 보여준다. 단순성을 위해 시퀀스 길이는 3으로 가정한다(즉, RNN은 3 래그의 메모리를 가진다). 편향은 0으로 설정하고 모든 가중치는 1로 설정하며 $\sigma(x) := \tanh(x)$다. 여기서 가중치가 적합화되지 않았음을 주의하라. 여기서 우리는 간단한 파라미터 값의 선택에 대해서만 평활화의 은닉 상태에 대한 효과를 관찰하는 것이다. RNN은 3 래그 이후의 단위 충격의 메모리를 잃는 반면 평활화된 은닉 변수를 가진 RNN은 첫째 단위 충격의 메모리를 심지어 두 번째 단위 충격이 도달할 때에도 유지한다. 동적 평활화 RNN(α_t-RNN)과 고정된 평활화 파라미터를 가진 α-RNN의 차이는 매우 작다. 그러나 동적 평활화 모델은 평활화의 단위 충격에 대한 민감도를 조절하는 데 있어 훨씬 큰 유연성을 갖고 있다는 점을 숙지하라.

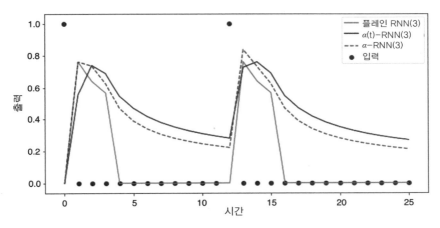

그림 8.2 α_t-RNN의 반응과 플레인 RNN과의 비교 및 상수 α하에서 지수 평활화된 은닉 상태를 가진 RNN(α-RNN)의 예. RNN(3) 모델은 단위 충격의 메모리를 3개 래그 이후 잊어버린다. 여기서 α-RNN(3) 모델은 심지어 두 번째 단위 충격이 도달할 때에도 첫 번째 충격의 메모리를 유지한다. α_t-RNN(토이 GRU)과 α-RNN과의 차이는 중요하지 않은 것으로 나타난다. 그러나 동적 평활화 모델이 평활화의 단위 충격에 대한 민감도를 제어하는 방식에 있어 훨씬 더 유연하다는 것을 염두에 두라.

위의 α_t-RNN에서 메모리를 때때로 직접 망각할 방법이 없다. 이는 $U_h = 0$이 아니면 변수 업데이트 방정식이 항상 이전 평활화된 상태에 의존하기 때문이다. 그러나 적합화된 순환 가중치 $\hat{U}_h$는 일반적으로 0이 아니며, 따라서 모델은 전적인 재설정 버튼$^{hard\ reset\ button}$을 갖지 못한다.

GRU는 또한 추가적인 재설정 변수를 추가함으로써 메모리를 전적으로 재설정하는 능력을 갖고 있다.

$$\text{평활화: } \tilde{h}_t = \hat{\alpha}_t \circ \hat{h}_t + (1 - \hat{\alpha}_t) \circ \tilde{h}_{t-1} \tag{8.45}$$

$$\text{평활화 업데이트: } \hat{\alpha}_t = \sigma^{(1)}(U_\alpha \tilde{h}_{t-1} + W_\alpha x_t + b_\alpha) \tag{8.46}$$

$$\text{은닉 상태 업데이트: } \hat{h}_t = \sigma(U_h \hat{r}_t \circ \tilde{h}_{t-1} + W_h x_t + b_h) \tag{8.47}$$

$$\text{재설정 업데이트: } \hat{r}_t = \sigma^{(1)}(U_r \tilde{h}_{t-1} + W_r x_t + b_r). \tag{8.48}$$

재설정 또는 스위치 $\hat{r}_t$를 도입하는 효과는 $\hat{h}_t$의 평활화된 은닉 상태에 대한 의존성을 망각하는 것이다. 효과적으로 기본 RNN으로부터의 $\hat{h}_t$에 대한 업데이트를 FFNN으로 변환해 순환을 전적으로 망각할 수 있다. 따라서 $\hat{h}_t$의 업데이트에 있어 순환은 동적이다. 재설정과 적응적 평활화^{adaptive} ^{smoothing}의 결합은 중복적인 것으로 보이지만 $\hat{r}_t$가 비평활화된 은닉 상태 $\hat{h}_t$의 순환 수준을 조정하는 반면 $\hat{\alpha}_t$는 평활화된 은닉 상태 $\tilde{h}_t$의 순환 수준에 영향을 미친다. 다르게 말하면 $\hat{\alpha}_t$ 그 자체는 평활화된 은닉 상태(내부 메모리)의 메모리를 제거할 수 없지만 $\hat{\alpha}_t$와 결합된 $\hat{r}_t$는 가능하다. 더 정확히 $\alpha_t = 1$이고 $\hat{r}_t = 0$일 때 $\tilde{h}_t = \hat{h}_t = \sigma(W_h x_t + b_h)$이며, 이는 마지막 입력 x_t로 재설정되고 GRU는 단지 FFNN이 된다. 또한 $\alpha_t = 1$이고 $\hat{r}_t > 0$일 때 GRU는 기본 RNN처럼 작동한다. 따라서 GRU는 단지 FFNN이나 특정 파라미터 값에서 기본 RNN이 될 수 있는 일반적 구조로 볼 수 있다.

이들 추가 계정(또는 셀)은 기본 RNN이 학습할 수 없는 극단적으로 복잡한 장기 시계열 동학을 GRU가 학습할 수 있게 한다. 이러한 유연성에 대해 지불해야 할 대가는 추가적 모델 복잡도다. 명백히 α_t-RNN과 같은 더 간단한 모델을 사용할 것인가 또는 GRU를 사용할 것인가를 선택해야만 한다. 마지막으로 RNN에서와 같이 GRU에서도 (평활화된) 은닉 상태를 반응으로 변환하는 마지막 순전파^{feedforward} 계층이 있다는 것을 간략히 언급한다.

$$\hat{y}_t = W_Y \tilde{h}_t + b_Y \tag{8.49}$$

3.3 LSTM

GRU는 평활활된 은닉 상태(장기 메모리)를 전파하기 위한 게이트 메커니즘을 제공하며, 이는 재정의될 수 있고 GRU를 (단기 메모리의) 기본 RNN이나 심지어 기억 없는 FFNN으로 만들 수도 있다. 메모리 단위 내에서 다양한 연결을 가진 은닉 유닛을 사용하는 좀 더 복잡한 모델이 공학 문헌에서 실증적 성공을 갖고 제안됐다(Hochreiter and Schmidhuber 1997; Gers et al. 2001; Zheng et al. 2017). LSTM은 GRU와 유사하지만 은닉 상태 외에 별도의 (셀) 메모리인 C_t를 갖고 있다. 또한 LSTM은 메모리 업데이트가 볼록 결합일 필요는 없다. 따라서 지수 평활화보다 일반적이다. LSTM의 수학적 설명은 직관적인 형태로 제공되는 경우는 드물지만 모델은 예를 들어 Hochreiter와 Schmidhuber(1997)에서 찾을 수 있다.

셀 메모리는 망각 게이트 $\hat{\alpha}_t$, 입력 게이트 $\hat{z}_t$와 셀 게이트 $\hat{c}_t$와 연관된 다음의 표현식에 의해 업데이트된다.

$$c_t = \hat{\alpha}_t \circ c_{t-1} + \hat{z}_t \circ \hat{c}_t \tag{8.50}$$

LSTM 언어로 트리플 $(\hat{\alpha}_t, \hat{r}_t, \hat{z}_t)$는 각각 망각 게이트[forget gate], 출력 게이트[output gate], 입력 게이트[input gate]라 불린다. 여기서의 용어 변경은 고의적인 것이며, 더 깊은 통찰력 및 GRU와 계량경제에의 연결성을 제공하기 위한 것이다. $\hat{z}_t = 1 - \hat{\alpha}_t$인 특수한 경우 GRU에서 사용된 것과 같은 유사한 지수 평활화 표현식을 얻는다. 이것을 넘어서 입력 게이트의 역할은 필요 없으며 시계열 분석으로 논리를 피는 것도 어려운 것 같다. 유사하게 이는 단지 공학 모델의 맥락에서 나온다. 그러나 어떻게 추가적인 변수가 LSTM에 복잡한 더 정교한 표현의 시간적 동학을 제공하는지 탐구할 만하다.

망각 게이트가 $\hat{\alpha}_t = 0$일 때 셀 메모리는 셀 메모리 게이트 업데이트 $\hat{c}_t$에만 의존한다. $\hat{\alpha}_t \circ c_{t-1}$ 항에 의해 셀 메모리는 $\hat{\alpha}_{t-s} = 0$이면 래그 s를 넘어설 때만 망각하는 장기 메모리다.

은닉 상태로 취급되고 셀 메모리와 분리된 추가 '메모리'는 아마다르 곱일 뿐이다.

$$h_t = \hat{r}_t \circ tanh(c)_t \tag{8.51}$$

여기서 $\hat{r}_t = 0$이면 재설정된다. $\hat{r}_t = 1$이면 셀 메모리는 직접 은닉 상태를 결정한다.

따라서 재설정 게이트[reset gate]는 전적으로 셀 메모리의 자기회귀 구조 효과를 지우지 않고 재설정한다. 대조적으로 GRU는 은닉 상태의 역할을 하는 하나의 메모리를 갖고 있으며, 이는 재설정 게이트에 직접 영향을 받는다.

재설정, 망각, 입력, 셀 메모리 게이트는 기본 RNN에 의해 업데이트되며 모두 은닉 상태 h_t에 의존한다.

$$\text{재설정 게이트: } \hat{r}_t = \sigma(U_r h_{t-1} + W_r x_t + b_r) \tag{8.52}$$
$$\text{망각 게이트: } \hat{\alpha}_t = \sigma(U_\alpha h_{t-1} + W_\alpha x_t + b_\alpha) \tag{8.53}$$
$$\text{입력 게이트: } \hat{z}_t = \sigma(U_z h_{t-1} + W_z x_t + b_z) \tag{8.54}$$
$$\text{셀 메모리 게이트: } \hat{c}_t = \tanh(U_c h_{t-1} + W_c x_t + b_c). \tag{8.55}$$

GRU와 마찬가지로 LSTM도 간단한 RNN으로 작동할 수 있다. 식 (8.50)에서 $\alpha_t = 0$으로 설정하기만 하면 된다. 그러나 LSTM은 FFN의 결합으로서도 작동할 수 있다. 단지 $\hat{r}_t$로 설정하면 $h_t = 0$이므로 게이트에 순환 구조가 존재하지 않는다. 명명법이 제안하지 않더라도 GRU와 LSTM 모두 장기 및 단기 자기회귀 메모리를 모델링할 수 있다. GRU는 이러한 값을 평활화된 은닉 상태 변수를 통해 결합한다. LSTM은 셀 메모리에 저장된 장기 메모리를 분리하지만 추가로 재설정될 수 있는 복사본을 사용한다. 엄밀히 말하면 셀 메모리는 단기-장기 자기회귀 메모리 구조를 갖고 있기 때문에 (명명이 암시하는 것처럼) 두 개의 메모리를 엄격히 구분하는 것은 시계열 분석의 맥락에서 오해의 소지가 있다. 후자는 전자의 절단된 버전으로 생각할 수 있다.

다음 중 옳은 문장은 무엇인가?

a. 게이트 순환 유닛은 동적 지수 평활화를 사용해 무한 메모리로 은닉 상태를 전파한다.

b. 게이트 순환 유닛을 사용하려면 데이터가 공분산 정상성이어야 한다.

c. 게이트 순환 유닛은 임의의 활성 함수와 가중치 선택에 대해 무조건 부로 안정적이다.

d. GRU는 하나의 메모리, 즉 은닉 상태를 갖고 있는 반면 LSTM은 추가적인 셀 메모리를 갖고 있다.

4. 파이썬 노트북 예제

다음 파이썬 예제는 금융 시계열 예측에 RNN과 GRU를 적용하는 것을 보여준다.

4.1 비트코인 예측

ML_in_Finance-RNNs-Bitcoin.ipynb는 시계열 예측을 위해 RNN을 훈련하고 테스트하고자 텐서플로를 어떻게 사용할 수 있는가에 관련된 예제를 제공한다. 예제 데이터 세트는 2018년 동안 코인베이스^{Coinbase}의 USD 값의 분 단위 스냅샷에서 1분 전방(1분 앞) 중간 가격$^{minute\ ahead\ mid-prices}$을 예측하기 위한 것이다.

데이터를 설명하고 RNN에 필요한 시퀀스 길이를 식별하며 모델 오차를 진단하고자 정상성 및 자기상관에 대한 통계적 방법을 사용해야 한다. 여기서 p-값이 절대값에서 0.01보다 크므로 99% 신뢰 수준에서 ADF 테스트를 기각할 수 없고, 따라서 귀무가설을 채택한다. 기본 RNN은 비정상성 시계열 모델링에 적합하지 않으므로 동적 자기상관 구조를 나타내는 GRU나 LSTM을 사용해 비정상 데이터를 모델링할 수 있다. 그림 8.3은 RNN과 GRU에서 생성된 표본 외 예측 오차를 비교한다. 구조와 실험에 대한 더 자세한 내용은 노트북을 참고한다.

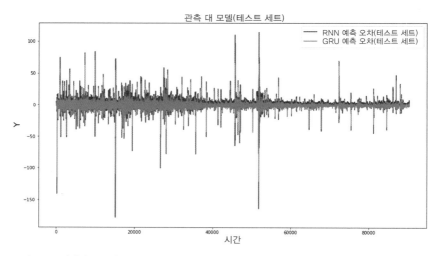

그림 8.3 코인베이스 중간 가격의 분 스냅샷에 훈련된 RNN과 GRU에 의해 생성된 표본 외 예측 오차의 비교

4.2 지정가 주문 호가창으로부터 예측

데이터 세트는 ZN 선물(미국 10년 국채 선물)에서 수집된 중간 가격과 거래량 가중 중간 가격^{WAP}과 같은 틱별 지정가 주문 호가창의 상단 데이터다. 이 데이터 세트는 시연 목적으로 크게 절단돼 1,033,492개의 관측으로 구성된다. 또한 가격이 다음 틱에 상승틱(1), 보합, 하락틱(-1)인지를 표시하고자 레이블이 지정됐다. 시연 목적으로 타임스탬프가 제거됐

다. 간단한 예측 실험에서 우리는 VWAP(소위 스마트 가격$^{\text{smart price}}$)를 예측한다. 과거의 스마트 가격에서 나온 '스마트 가격' 분류 실험도 가능하지만 여기에는 보이지 않는다.

ADF 테스트는 전체 데이터 세트에 적용하는 것이 계산 집약적이기 때문에 처음 200k 관측에 걸쳐 수행된다. ADF 테스트 통계량은 −3.9706이고 p-값은 0.01보다 작으므로 99% 신뢰 수준에서 ADF 테스트의 귀무가설을 기각한다(즉, 단위 근이 없다). 룽-박스$^{\text{Ljung-Box}}$ 테스트는 모델에 필요한 래그 수를 식별하는 데 사용된다. 일반 RNN과 GRU에 의해 생산된 표본 외 VWAP 가격의 비교는 그림 8.4에 나타나 있다. 데이터는 정상성을 가지므로 기본 RNN에 비해 GRU를 사용할 때의 이점이 거의 없다. 자세한 신경망 구조와 실험에 대한 내용은 ML_in_Finance-RNNs-HFT.ipynb를 참고한다.

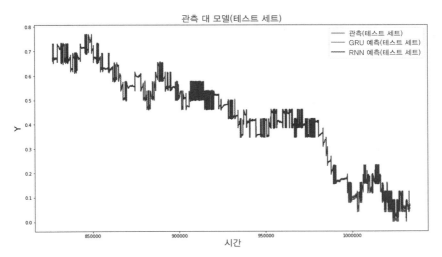

그림 8.4 ZN 선물의 틱별 스마트 가격에 훈련된 기본 RNN과 GRU에 의해 생성된 표본 외 예측 오차의 비교

5. 합성곱 신경망

합성곱 신경망[CNN, Convolutional Neural Network]은 입력 데이터의 국지적[local] 공간
구조를 이용할 수 있는 순전파 신경망이다. 지정가 주문 호가창 깊이의
히스토리와 같은 고차원 시계열의 평탄화를 위해 순전파 구조에서는 매
우 많은 수의 가중치가 필요하다. CNN은 데이터 국지성을 이용해 네트
워크 크기를 줄이려고 시도한다(그림 8.5).

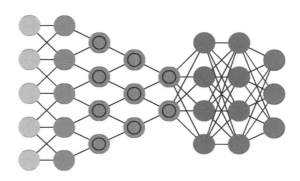

그림 8.5 CNN.(출처: Van Veen, F.와 Leijnen, S.(2019), '신경망 동물원(Neural Network Zoo)'
https://www.asimovinstitute.org/neural-network-zoo/에서 발췌)

비선형 함수에 이어 여러 연속 합성곱을 가진 심층 CNN은 이미지 처리
에서 큰 성공을 거뒀다(Krizhevsky et al. 2012). 합성곱[convolution]을 데이터의
특정 패턴(예, 이미지 안의 직선)을 선택하게 설계된 공간 필터로 볼 수 있
다. 따라서 이미지의 평활화[smoothing], 선명화[sharpening], 가장자리 감지[edge
detection]와 같은 이미지 처리에 합성곱이 자주 사용된다. 물론 금융 모델링
에서 우리는 일반적으로 지정가 주문 호가창 깊이 또는 파생상품의 내
재 변동성 표면과 같은 상이한 공간 구조를 갖고 있다. 그러나 CNN은 시
계열 분석에서도 입지를 굳혔다.

5.1 가중 이동 평균 평활기

시계열 분석 및 신호 처리에서 일반적인 기법은 시계열 필터링이다. 우

리는 이미 지수 평활화를 가중 이동 평균^{WMA}이라고 알려진 평활화 클래스의 특별한 사례로 봤다. WMA 평활화는 다음 형태를 취한다.

$$\tilde{x}_t = \frac{1}{\sum_{i \in I} w_i} \sum_{i \in I} w_i x_{t-i} \qquad (8.56)$$

여기서 $\hat{x}_t$는 시계열의 국지적 평균이다. 가중치는 스팬 $|I|$ 내의 특정 관측 x_{t-i}를 강조하거나 또는 강조하기 않고자 설정된다. 잘 알려진 평활법의 예는 다음과 같은 해닝 평활법$^{\text{Hanning smoother}}$ $h(3)$을 포함한다.

$$\tilde{x}_t = (x_{t-1} + 2x_t + x_{t+1})/4 \qquad (8.57)$$

이와 같은 평활법은 시계열의 잡음을 줄이는 효과를 갖는다. 이동 평균 필터는 일반적으로 샘플된 데이터 배열을 조절하는 데 사용되는 단순 로우 패스$^{\text{simple low pass}}$ 유한 충격 반응$^{\text{FIR, Finite Impulse Response}}$ 필터이다. 이는 한 번에 입력으로부터 $|I|$ 샘플을 취하고 이들의 가중 평균을 취해 단일 출력 포인트를 생성한다. 필터 길이가 증가할수록 출력의 평활성^{smoothness}은 증가하는 반면 데이터의 날카로운 변조는 부드러워진다.

이동 평균 필터는 실제로 단순한 필터 커널을 사용하는 합성곱이다. 더 일반적으로 우리는 일변량 시계열 예측 문제를 다음과 같이 필터를 가진 합성곱으로 표현할 수 있다. 첫째, 이산 합성곱으로 다음과 같은 x_i와 x_j의 관계를 얻는다.

$$x_{t-i} = \sum_{j=0}^{t-1} \delta_{ij} x_{t-j}, \ i \in \{0, \ldots, t-1\} \qquad (8.58)$$

여기서 δ는 크로네커 델타다. 커널 필터링된 시계열$^{\text{kernel filtered time series}}$은 다음과 같은 합성곱이다.

$$\tilde{x}_{t-i} = \sum_{j \in J} K_{j+k+1} x_{t-i-j}, i \in \{k+1, \ldots, p-k\} \qquad (8.59)$$

여기서 $J := \{-k, \ldots, k\}$이므로 필터의 스팬은 $|J| = 2k + 1$이다. k는 작은 정수이고, 커널은 K다. 단순성을 위해 시퀀스의 끝은 필터링되지 않으나 표기의 편의상 $i \in \{1, \ldots, k, p - k + 1, \ldots p\}$에 대해 $\tilde{x}_{t-i} = x_{t-i}$로 설정한다. 그러면 AR($p$) 모델은 다음과 같이 된다.

$$\hat{x}_t = \mu + \sum_{i=1}^{p} \phi_i \tilde{x}_{t-i} \tag{8.60}$$

$$= \mu + (\phi_1 L + \phi_2 L^2 + \cdots + \phi_p L^p)[\tilde{x}_t] \tag{8.61}$$

$$= \mu + [L, L^2, \ldots, L^p]\boldsymbol{\phi}[\tilde{x}_t] \tag{8.62}$$

여기서 계수는 $\boldsymbol{\phi} := [\phi_i, \ldots, \phi_p]$다. 관측 데이터 $\{x_s\}_{s=1}^{t}$의 마지막 k 값을 필터링하지 않으므로 선견편향이 없다는 것을 유의하자. 다음과 같이 순전파 출력층과 1개 유닛의 비활성 은닉층(즉, 커널)으로 구성된 최초의 토이 1D CNN을 표현한다.

$$\hat{x}_t = W_y z_t + b_y, z_t = [\tilde{x}_{t-1}, \ldots, \tilde{x}_{t-p}]^T, \ W_y = \boldsymbol{\phi}^T, \ b_y = \mu \tag{8.63}$$

여기서 $\tilde{x}_{t-i}$는 $2k + 1$개의 가중치로 구성된 하나의 커널을 가진 길이 p의 입력 시퀀스의 합성곱으로부터 i번째 출력이다. 이들 가중치는 시간에 고정이며, 따라서 CNN은 정상성 시계열로부터의 예측에만 맞는다. 또한 RNN에 비해 가중치 행렬 W_y의 크기가 모델의 래그 수에 따라 증가한다는 것을 유의하라.

래그 p와 H개의 활성 은익 유닛(커널)을 가진 일변량 CNN 예측 변수는 다음과 같다.

$$\hat{x}_t = W_y \text{vec}(z_t) + b_y \tag{8.64}$$

$$[z_t]_{i,m} = \sigma(\sum_{j \in J} K_{m,j+k+1} x_{t-i-j} + [b_h]_m) \tag{8.65}$$

$$= \sigma(K * x_t + b_h) \tag{8.66}$$

여기서 $m \in \{1, \ldots, H\}$는 커널의 인덱스를 표기하고 커널 행렬은 $K \in \mathbb{R}^{H \times 2k+1}$이고 편향 벡터는 $b_n \in \mathbb{R}^H$이며 출력 행렬은 $W_y \in \mathbb{R}^{1 \times pH}$이다.

차원 축소

W_y의 크기는 래그 수와 커널 수 모두에 따라 증가하므로 추가 계층으로 가중치의 차원을 줄여 과적합을 피하는 것이 바람직할 수 있다. 나중에 이 개념을 다시 살펴보겠지만 자동 축소^{auto-shrinkage} 또는 드롭아웃^{dropout}의 대안으로 볼 수 있다.

비순차적 모델

합성곱 신경망은 순차적 모델에 국한되지 않는다. 예를 들어 과거 래그를 비균등 샘플로 추출해 $I = \{2^i\}_{i=1}^p$이며 이때 모델의 최대 래그는 $2p$다. 이러한 비순차적 모델은 모든 중간 래그를 포착하지 않고 최대 래그를 허용한다. 또한 '팽창 합성곱' 절에서 비순차적 모델을 다시 살펴볼 것이다.

정상성

1개의 커널과 활성 함수가 없는 CNN 예측 변수는 표준 형태로 표현될 수 있다.

$$\hat{x}_t = \mu + (1 - \Phi(L))[K * x_t] = \mu + K * (1 - \Phi(L))[x_t] \tag{8.67}$$

$$= \mu + (\tilde{\phi}_1 L + \ldots \tilde{\phi}_p L^p)[x_t] \tag{8.68}$$

$$:= \mu + (1 - \tilde{\Phi}(L))[x_t] \tag{8.69}$$

여기서 x_t에서 $\Phi(L)$의 선형성에 의해 합성곱은 교환(순서 바꿈)할 수 있으므로 $\tilde{\phi} := K * \phi$로 표현할 수 있다. 다음의 특성 방정식의 근을 찾을 때를 가정해보자.

$$\tilde{\Phi}(z) = 0 \qquad\qquad (8.70)$$

모든 근이 복소수 평면 내의 단위 원 밖에 존재하면, 즉 $|\lambda_i| > 1$, $i \in \{1,$ $\dots, p\}$면 CNN이 강정상성^{strictly stationary}이고 에르고딕^{ergodic}이다. 이전과 같이 동반 행렬의 고유값을 계산해 근을 찾을 수 있다. $\Phi(L)^{-1}$이 잡음 프로세스 $\{\epsilon_s\}_{s=1}^{t}$의 발산 시퀀스를 형성하면 모델은 안정적이다.

5.2 2D 합성곱

2D 합성곱은 입력 행렬(이미지라 불리는) $X \in \mathbb{R}^{m \times K}$에 대해 작은 커널 행렬(즉, 필터) $K \in \mathbb{R}^{2k+1 \times 2k+1}$을 적용해 필터링된 이미지 $Y \in \mathbb{R}^{m-2k \times n-2k}$을 얻는 것과 관련 있다. 합성곱 신경망 맥락에서 필터링된 이미지의 원소는 특성 맵^{feature map} 값으로 불리며, 다음 공식에 따라 계산된다.

$$y_{i,j} = [K * X]_{i,j} = \sum_{p,q=-k}^{k} K_{k+1+p,\,k+1+q}\, x_{i+p+1,\,j+q+1},$$
$$i \in \{1, \dots, m\}, j \in \{1, \dots, n\} \qquad (8.71)$$

작은 커널 행렬을 가진 2D 합성곱을 보여주고자 다음 예제를 고려하면 학습에 도움이 될 것이다.

예제 8.2 2D 합성곱

다음의 4×4 입력, 3×3 커널, 2×2 출력 행렬을 고려하자.

$$X = \begin{bmatrix} 1 & 0 & 0 & 2 \\ 0 & 0 & 0 & 3 \\ 2 & 0 & 1 & 0 \\ 0 & 2 & 1 & 0 \end{bmatrix}, K = \begin{bmatrix} 0 & -1 & 1 \\ 0 & 1 & 0 \\ 1 & -1 & 0 \end{bmatrix}, Y = \begin{bmatrix} 2 & 1 \\ -2 & 5 \end{bmatrix}$$

$i = j = 1$인 경우 출력의 계산은 다음과 같다.

$$y_{i,j} = [K * X]_{i,j} = \sum_{p,q=-k}^{k} K_{k+1+p,k+1+q} x_{i+p+1,j+q+1},$$
$$i \in \{1, \ldots, m\}, j \in \{1, \ldots, n\}$$
$$= 0 \cdot 1 + -1 \cdot 0 + 1 \cdot 0 + 0 \cdot 0 + 1 \cdot 0 + 0 \cdot 0 + 1 \cdot 2 + -1 \cdot 0 + 0 \cdot 1$$
$$= 2$$

i와 j의 나머지 값에 대해 출력을 계산하는 것은 연습으로 남긴다.

위의 예제에서와 같이 3×3 커널을 가진 4×4 이미지에 대해 합성곱을 수행하면 2×2 특성 맵^{feature map}을 얻는다. 이는 필터를 이미지 내에 놓을 때 단지 4개의 유일한 포지션이 있기 때문이다.

합성곱 신경망이 이미지 처리를 위해 설계됐으므로 픽셀^{pixel}의 컬러 값을 c 컬러 채널로 표현하는 것이 일반적이다. 예를 들어 RGB 값은 3개의 채널로 표현된다. (스트라이드 1과 패딩을 가진) $m \times n \times c$ 입력 텐서와 출력 $m \times n \times H$에 대한 합성곱층의 일반적 형태는 다음과 같다.

$$\theta : \mathbb{R}^{m \times n \times c} \to \mathbb{R}^{m \times n \times H}$$

f가 다음과 같다고 해보자.

$$f = \begin{pmatrix} f_1 \\ \vdots \\ f_c \end{pmatrix} \tag{8.72}$$

계층(특성) 맵을 다음과 같이 표현할 수 있다.

$$\theta(f) = K * f + \mathbf{b} \tag{8.73}$$

여기서 $K \in \mathbb{R}^{[(2k+1) \times (2k+1)] \times H \times c}$이고 $\mathbf{b} := \mathbf{1}_{m \times n} \otimes b$로 정의될 때 $\mathbf{b} \in \mathbb{R}^{m \times n \times H}$이며, $\mathbf{1}_{m \times n}$은 모든 원소가 1인 $m \times n$ 행렬이다.

원소 형태로 연산 (8.73)은 다음과 같다.

$$[\theta(f)]_j = \sum_{i=1}^{c} [K]_{i,j} * [f]_i + \mathbf{b}_j, \quad j \in \{1, \ldots, H\} \tag{8.74}$$

여기서 $[\cdot]_{i,j}$는 텐서의 i번째 3번째 성분과 j번째 4번째 성분에 인덱스를 매김으로써 4차원 텐서를 2차원 텐서로 축소하고, 임의의 $g \in \mathbb{R}^{m \times n}$와 $H \in \mathbb{R}^{(2k+1) \times (2k+1)}$에 대해 다음이 성립한다.

$$[H * g]_{i,j} = \sum_{p,q=-k}^{k} H_{k+1+p,k+1+q} g_{i+p,j+q}, \ i \in \{1, \ldots, m\}, j \in \{1, \ldots, n\} \tag{8.75}$$

완전 결합 순전파 구조와 유사하게 계층의 가중치는 커널 텐서 K에 의해 주어지고 편향 b는 H-벡터다. 계층은 준어파인 변환 대신 활성화된 합성곱 $\sigma(\theta(\mathbf{f}))$에 의해 주어진다.

게다가 활성화된 합성곱 계층 안의 모든 뉴런이 서로 연결돼 있지 않다는 것을 주의하라. 실제로 $2k + 1 \times 2k + 1$ 정방 행렬 내의 입력에 해당하는 뉴런은 단지 동일한 출력 뉴런에 연결된다. 따라서 필터 크기는 각 출력의 수용 영역$^{\text{receptive field}}$을 조절한다. 따라서 어떤 뉴런은 동일한 가중치를 공유한다. 이들 속성은 완전 연결 순전파 구조보다 더 적은 수의 학습할 파라미터를 생성한다.

패딩^{padding}은 이미지 f의 크기를 확장해 필터링된 이미지가 원 이미지와 동일한 차원을 갖게 하는 데 필요하다. 구체적으로 패딩은 $(i + p, j + q)$가 $\{1, \ldots, m\}$ 또는 $\{1, \ldots, n\}$을 벗어날 때 $f_{i+p,j+q}$를 선택하는 방법을 의미한다. 다음과 같은 식이 있을 때

$$i + p \notin \{1, \ldots, m\} \text{ or } j + q \notin \{1, \ldots, n\} \tag{8.77}$$

다음 3가지 선택이 흔히 사용된다.

$$f_{i+p,j+q} = \begin{cases} 0, & \text{0 패딩} \\ f_{(i+p)\ (\mathrm{mod}\ m),(s+q)\ (\mathrm{mod}\ n)}, & \text{주기적 패딩} \\ f_{|i-1+p|,|j-1+q|}, & \text{반사된 패딩} \end{cases} \tag{8.76}$$

여기서 $d\ (\mathrm{mod}\ m) \in \{1, \cdots, m\}$은 d를 m으로 나눴을 때의 나머지를 의미한다.

식 (8.75) 안의 연산은 스트라이드^{stride} 1의 합성곱이라 불린다. 비공식적으로 말하면 이미지 영역을 1씩 증가해 미끄러져 나아감으로써 합성곱을 수행한다. CNN에서의 일반적 선택은 $s = 2$를 취하는 것이다. $s \geq 1$이 주어졌을 때 $f \in \mathbb{R}^{m \times n}$에 대한 스트라이드 s의 합성곱은 다음과 같이 정의된다.

$$[K *_s f]_{i,j} = \sum_{p,q=-k}^{k} K_{p,q} f_{s(i-1)+1+p,\,s(j-1)+1+q}, \ i \in \{1, \ldots, \lceil \tfrac{m}{s} \rceil\}$$
$$j \in \{1, \ldots, \lceil \tfrac{n}{s} \rceil\} \tag{8.78}$$

여기서 $\lceil \tfrac{m}{s} \rceil$는 $\tfrac{m}{s}$보다 큰 것 중 가장 작은 정수를 표기한다.

5.3 풀링

고차원의 공간 구조를 가진 데이터는 종종 이웃과 유사한 값을 가진 관측치를 초래한다. 이와 같은 특성은 데이터 표현의 중복을 가져오므로 풀링^{pooling}과 같은 데이터 축소 기법을 사용할 필요가 있다. 풀링층은 합성곱층에 추가되는 다음과 같은 매핑이다.

$$\bar{R}_\ell^{\ell+1} : \mathbb{R}^{m_\ell \times n_\ell} \to \mathbb{R}^{m_{\ell+1} \times n_{\ell+1}} \tag{8.79}$$

하나 인기 있는 풀링은 소위 평균 풀링^{mean pooling} R_{avr}이다. 이는 다음 형태의 커널 K를 사용하는 스트라이드 2 이상의 합성곱이 될 수 있다.

$$K = \frac{1}{9}\begin{pmatrix} 1\,1\,1 \\ 1\,1\,1 \\ 1\,1\,1 \end{pmatrix} \tag{8.80}$$

비선형 풀링 연산자 역시 사용된다. 예를 들어 스트라이드 s의 $(2k + 1) \times (2k + 1)$ 맥스 풀링^{max pooling} 연산자는 다음과 같다.

$$[R_{\max}(f)]_{i,j} = \max_{-k \leq p,q \leq k}\{f_{s(i-1)+1+p,\,s(j-1)+1+q}\} \tag{8.81}$$

5.4 팽창 합성곱

이미지 처리 이외에도 CNN은 시계열에 성공적으로 적용돼왔다. 예를 들어 WaveNet은 오디오 처리를 위해 개발된 CNN이다(van den Oord et al. 2016).

시계열은 흔히 장기 상관관계를 보인다. 게다가 종속 변수는 래그 예측 변수에 대해 비선형 의존성을 보인다. WaveNet 구조는 다음 형태의 비선형 p-자기회귀다.

$$y_t = \sum_{i=1}^{p} \phi_i(x_{t-i}) + \epsilon_t \tag{8.82}$$

여기서 계수 함수 $\phi_i, i \in \{1, \dots, p\}$는 데이터 의존적이고 합성곱 신경망을 통해 최적화된다.

신경망이 이들 장기 비선형 의존성을 학습할 수 있게 Borovykh 등 (2017)은 팽창 합성곱^{dilated convolution}의 적층 구조를 사용한다. 팽창 합성곱은 효과적으로 신경망이 보통 합성곱보다 더 희소한 스케일로 작동하게 한다. 이는 풀링 또는 스트라이드 합성곱과 유사하지만 여기서 출력은 입력과 동일한 크기를 갖는다(van den Oord et al. 2016).

팽창 합성곱에서 필터는 입력 벡터의 모든 d번째 원소에 적용돼 모델이 효율적으로 멀리 떨어진 데이터 포인트 간의 연결을 학습하게 한다. 팽창 합성곱의 L개 계층 $l \in \{1, ..., L\}$의 구조에 대해 팽창 합성곱은 다음과 같이 적층으로 쌓인 '특성 맵'을 출력한다.

$$[K^{(\ell)} *_{d^{(\ell)}} f^{(\ell-1)}]_i = \sum_{p=-k}^{k} K_p^{(\ell)} f_{d^{(\ell)}(i-1)+1+p}^{(\ell-1)}, \; i \in \{1, ..., \lceil \frac{m}{d^{(\ell)}} \rceil\} \qquad (8.83)$$

여기서 d는 팽창 배수$^{dilation\ factor}$이고, 2의 배수씩 증가하도록 팽창을 선택할 수 있다. 즉, $d^{(l)} = 2^{l-1}$이다. 각 층에 대한 필터 $K^{(l)}$은 크기 $1 \times (2k + 1)$ = 1×2로 선택된다.

3층 팽창 합성곱 신경망의 예제는 그림 8.6에서 보여준다. 정규 합성곱 대신 팽창 합성곱을 사용하면 출력 y가 입력의 더 많은 노드에 의해 영향을 받을 수 있다. 신경망의 입력은 시계열 X에 의해 주어진다. 각 후속 층에서 팽창 합성곱을 적용하면 비선형성과 출력 특성 맵 $f^{(l)}$, $l \in \{1, ..., L\}$을 얻는다.

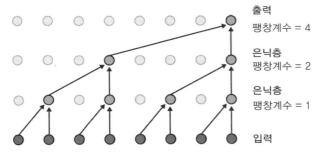

출력
팽창계수 = 4

은닉층
팽창계수 = 2

은닉층
팽창계수 = 1

입력

그림 8.6 3개 층을 가진 팽창 CNN. 수용 영역이 r = 8로 주어진다. 즉, 출력값이 8개의 입력 뉴런에 의해 영향을 받는다(출처: van den Oord et al.(2016)).

시계열의 다음 값을 예측하는 데 관심이 있으므로 모델을 훈련해서 출력이 예측된 시계열 $\hat{Y} = \{\hat{y}_t\}_{t=1}^{N}$이 되게 한다.

뉴런의 수용 영역은 그 뉴런의 출력값을 수정하는 입력의 원소 집합으로 정의됐었다. 이제 모델의 수용 영역 r이 마지막 계층의 출력(예측된 시계열)을 수정할 수 있는 첫째 계층의 입력(시계열) 뉴런 수가 되도록 정의하자. 그러면 이는 계층 수 L과 필터 크기 $2k + 1$에 의존하며 다음과 같이 주어진다.

$$r := 2^{L-1}(2k + 1) \qquad (8.84)$$

그림 8.6에서 수용 영역은 $r = 8$에 의해 주어지며 하나의 출력값이 8개의 입력 뉴런에 의해 영향을 받는다.

? 다지선다형 문제 3

다음 중 옳은 문장은 무엇인가?

a. CNN은 회귀 또는 분류를 위해 순전파 신경망을 사용하기 전에 데이터에 상이하지만 동일한 너비의 필터를 적용한다.

b. CNN은 가중치의 수를 줄이고자 데이터의 국지성을 활용하는 희소 네트워크다.

c. 팽창 CNN은 다중 스케일 시계열 분석에 적합하다. 다양한 해상도에서 계층적 패턴(예, 다른 주파수(예, 일, 주, 월 등)에서 과거 래그에 대한 의존성)을 포착한다.

d. CNN의 계층 수는 훈련 중에 자동으로 결정된다.

5.5 파이썬 노트북

ML_in_Finance-1D-CNNs.ipynb는 균등한 정수 시퀀스로 다음 원소를 예측하고자 1D CNN의 적용을 보여준다. CNN은 시퀀스 길이 50과 각각 너비 5를 가진 4개의 커널을 사용한다. RNN에 대한 앞 절에서 설명한

HFT 데이터 세트에 시계열적으로 이 1D CNN을 적용하는 것과 관련된 프로그래밍 과제는 연습문제 8.7을 참고한다.

완전성을 위해 ML_in_Finance-2D-CNNs.ipynb는 MNIST 데이터 세트의 이미지 데이터에 2D CNN을 적용하는 방법을 보여준다. 이러한 구조는 변동성 표면을 학습하는 데 적합할 수 있지만 여기서는 보여주지 않는다.

6. 오토인코더

오토인코더^{autoencoder}는 버틀넥^{bottleneck} 구조를 이용해 항등 함수 $Y = F(Y)$를 근사하도록 구조를 훈련시키는 자기지도$^{sefl-supervised}$ 딥러닝 모델이다. 이는 $\hat{Y} = F_{W,b}(Y)$ 모델을 적합화해서 Y를 재현할 때 필요한 정보를 매우 효율적으로 압축하고자 하는 것을 의미한다. 다르게 말하면 오토인코더는 훨씬 더 비용 효과적인 Y의 표현을 생성하는 한 형태의 압축이다.

오코인코더의 출력층은 입력층과 동일한 수의 노드를 갖고 비용 함수는 재구축 오차, 즉 $Y - \hat{Y}$의 어떤 척도다. 오토인코더는 종종 차원 축소와 잡음 축소의 목적으로 사용된다. 차원 축소를 구현하는 단순 오토인코더는 버틀넥으로 기능한 더 작은 수의 노드를 가진 적어도 하나의 은닉층을 가진 순전파 오토인코더다. 역전파를 사용해 신경망을 훈련한 후 2개의 부분으로 분리된다. 버틀넥까지의 층은 인코더^{encoder}로 사용되고 나머지 층은 디코더^{decoder}로 사용된다. 가장 간단한 경우 단 하나의 은닉층(버틀넥)이 있고 신경망의 계층들은 완전 결합된다. 오토인코더의 압축 능력은 엄청나게 많이 사용되는 주성분 분석^{PCA}의 비모수 비선형 대체 모델로서 금융에서의 응용을 고무시킨다. Baldi와 Hornik(1989)의 선구적 연구 이래 오토인코더가 PCA와 밀접하게 연관돼 있다는 것은 잘 알려졌다. 우리는 Plaut(2018)를 따라 PCA의 간략한 개요로 시작한 후 어떻게 정확하게 선형 오토인코더가 PCA를 가능하게 하는지를 보여준다.

예제 8.3 단순 오토인코더

예를 들어 L_2-손실 함수하에 가중치와 편향에 대한 규제화 페널티
하에 다음을 풀고자 한다.

$$\underset{W,B}{\text{minimize}}\,||F_{W,b}(X) - Y||_F^2$$

2개 은닉층을 가진 오토인코더는 순전파 신경망으로 다음과 같이
표현할 수 있다.

$$Z^{(1)} = f^{(1)}(W^{(1)}Y + b^1)$$
$$\hat{Y} = f^{(2)}(W^{(2)}Z^{(1)} + b^{(2)})$$

여기서 $Z^{(1)}$은 Y의 저차원 표현이다. $W^{(1)}$의 행수가 $W^{(2)}$의 열수와
같도록 가중치와 편향을 발견한다. 그리고 그림 8.7에서의 구조와
같이 행수가 열보다 훨씬 더 작다.

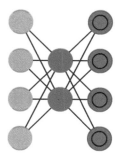

그림 8.7 오토인코더(출처: Van Veen, F.와 Leijnen, S(2019), '신경망 동물원(Neural Network Zoo)'
https://www.asimovinstitute.org/neural-network-zoo/에서 발췌)

6.1 선형 오토인코더

비선형 활성 함수가 사용되지 않는 경우 $\mathbf{x}_i = W^{(1)}\mathbf{y}_i + b^{(1)}$이고, $\hat{\mathbf{y}}_i = W^{(2)}\mathbf{x}_i + b^{(2)}$이다. 비용 함수가 출력과 입력 간의 차이의 총 제곱이면 입력 데이터 행렬 Y에 대해 오토인코더를 훈련해 다음 문제를 푼다.

$$\min_{W^{(1)}, \mathbf{b}^{(1)}, W^{(2)}, \mathbf{b}^{(2)}} \left\| Y - \left(W^{(2)} \left(W^{(1)}Y + \mathbf{b}^{(1)} \mathbb{1}_N^T \right) + \mathbf{b}^{(2)} \mathbb{1}_N^T \right) \right\|_F^2 \qquad (8.85)$$

$\mathbf{b}_2$에 대한 편미분을 0으로 놓고, 해를 식 (8.85)에 넣으면 문제는 다음과 같이 된다.

$$\min_{W^{(1)}, W^{(2)}} \left\| Y_0 - W^{(2)}W^{(1)}Y_0 \right\|_F^2$$

따라서 임의의 $\mathbf{b}_1$에 대해 최적 $\mathbf{b}_2$는 문제가 $\mathbf{b}_1$과 $\bar{\mathbf{y}}$에 대해 독립이 되게 하는 것이다. 따라서 가중치 $W^{(1)}$과 $W^{(2)}$에만 초점을 맞춘다.

선형 오토인코더는 가중치 행렬의 열이 직교가 아니더라도 직교 투영을 준다. 이를 보고자 그래디언트를 0으로 놓고 $W^{(1)}$은 $W^{(2)}$의 좌측 무어–펜로즈^{Moore-Penrose} 의사 역행렬^{pseudoinverse}이다. $W^{(2)}$은 $W^{(1)}$의 우측 의사 역행렬이다.

$$W^{(1)} = \left(W^{(2)} \right)^\dagger = \left(W^{(2)T}W^{(2)} \right)^{-1} \left(W^{(2)} \right)^T$$

단일 행렬^{single matrix}에 대한 최소화는 다음과 같다.

$$\min_{W^{(2)} \in \mathbb{R}^{n \times m}} \left\| Y_0 - W^{(2)}(W^{(2)})^\dagger Y_0 \right\|_F^2 \qquad (8.86)$$

행렬 $W^{(2)}(W^{(2)})^\dagger = W^{(2)} \left((W^{(2)})^T W^{(2)} \right)^{-1} (W^{(2)})^T$은 $W^{(2)}$의 열 공간에의 직교 투영 연산자며, 열들이 반드시 직교가 아닐 때도 성립한다. 문제는 식 (6.52)와 매우 유사하지만 직교성 제약식이 없다.

열 공간이 Y의 처음 m개의 로딩 벡터에 의해 생성된다면 또한 이 경우에만 $W^{(2)}$이 식 (8.86)을 최소화하는 것을 보일 수 있다.

출력이 데이터의 저차원 주성분 부분공간으로의 투영이란 의미에서 선형 인코더는 PCA를 입력 데이터에 적용한다고 얘기할 수 있다. 그러나 실제 PCA와 달리 버틀넥의 출력 좌표는 상관관계를 가지며 내림차순의 분산으로 정렬되지 않는다. 상이한 차원으로의 축소하는 해는 중첩되지 않는다. 즉, 차원 n에서 차원 m_1으로 데이터를 축소시킬 때 처음 m_2 벡터 $(m_2 < m_1)$은 차원 n에서 m_2로 축소할 때의 최적 해가 아니다. 따라서 전적으로 새로운 오토인코더를 훈련해야 한다.

6.2 선형 오토인코더와 PCA의 동등성

정리 처음 m개의 로딩 벡터는 식 (8.86)을 최소화하는 행렬 의 처음 m개의 좌특이 벡터^{left singular vector}다. $\qquad\square$

증명의 스케치는 다음과 같다. 원 데이터 세트 Y에 대해 선형 오토인코더를 훈련하고 나서 전형적으로 $m \ll N$인 $W^{(2)} \in \mathbb{R}^{n \times m}$의 처음 m개 좌특이 벡터를 계산한다. 로딩 벡터 역시 특이값 분해^{singular value decomposition}에 의해 은닉층의 가중치 $W^{(1)}$으로부터 복구될 수 있다. $\mathrm{W}(2) = \mathrm{U}\Sigma \mathrm{V}^T$이고 이것이 완전 랭크^{full rank}면 다음을 얻는다.

$$W^{(1)} = (W^{(2)})^{\dagger} = \mathrm{V}\Sigma^{\dagger}\mathrm{U}^T$$

$$\mathrm{W}_2 \mathrm{W}_2^{\dagger} = \mathrm{U}\Sigma \mathrm{V}^T \mathrm{V}\Sigma^{\dagger}\mathrm{U}^T = \mathrm{U}\Sigma\Sigma^{\dagger}\mathrm{U}^T = \mathrm{U}_m \mathrm{U}_m^T \qquad (8.87)$$

여기서 $(\mathrm{V}^T)^{\dagger} = \mathrm{V}$라는 사실을 사용하고 $\Sigma^{\dagger} \in \mathbb{R}^{m \times n}$은 대각 원소가 $\frac{1}{\sigma_j}$인 행렬이다($\sigma_j \neq 0$이고 아니면 0으로 가정한다).

행렬 $\Sigma\Sigma^{\dagger}$은 처음 m개의 대각 원소가 1이고 다른 $n - m$개의 원소는 0인 대각 행렬이다. 행렬 $\mathrm{U}_m \in \mathbb{R}^{n \times m}$은 열이 W_2에서 처음 m개의 좌특이 벡터

인 행렬이다. 따라서 $(W^{(1)})^T \in \mathbb{R}^{n \times m}$에서 처음 m개의 좌특이 행렬이 Y에서 처음 m개의 로딩 벡터와 같다.

PCA의 공통 응용은 고정 소득(채권) 모델링이다. 즉, 주성분은 수익률 곡선yield curve의 일간 움직임을 특성화하는 데 사용된다. 주성분이 곡선에서 대부분의 변동성을 설명하기 때문에 투자가들은 상이한 섹터(만기)로부터의 단지 몇 개의 채권 상품으로 노출도를 헷지할 수 있다(Litterman and Scheinkman, 1991). 그림 8.8은 25년 기간에 걸친 수익률 곡선을 보여주는데, 여기서 각 선은 채권에서 기간 구조의 각 만기에 해당한다.

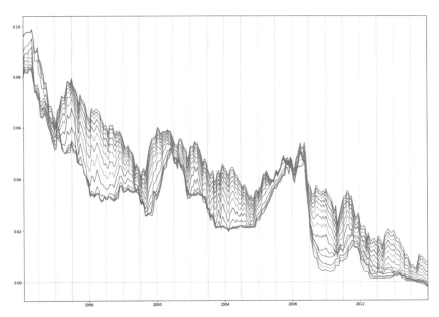

그림 8.8 이 그림은 시간에 따른 수익률 곡선을 보여준다. 각 선은 이자율 기간 구조의 상이한 만기에 상응한다.

그림 8.9(a)에서 보여준 수익률 곡선의 시계열에서 샘플 공분산 행렬의 주성분을 발견함으로써 비교를 보여줄 수 있다. 고유값은 변환된 행렬의 대각 원소들이고, 모두 양이고, 내림차순으로 정렬된다. 이 경우 $n > m$인 고차원 데이터 세트에서 처음 $m = 3$ 주성분을 그렸다. 이들 성분에

귀속되는 분산의 비율(%)은 각각 95.6%, 4.07%, 0.34%다. 그림 8.9(c)는 오토인코더 가중치의 좌특이 벡터를 사용한 샘플 공분산 행렬의 분해를 보여주며, 그림 8.9(b)와 유사하다는 것을 관측할 수 있다. 성분에 귀속되는 분산의 비율은 95.63%, 4.10%, 0.27%다. 완전성을 위해 그림 8.8(b)는 $W^{(2)}$을 이용한 변환을 보이며, 이는 상관관계를 가진 값을 산출한다.

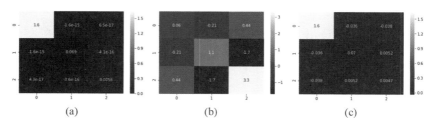

$$\text{(a)} \qquad\qquad\qquad\qquad \text{(b)} \qquad\qquad\qquad\qquad \text{(c)}$$

그림 8.9 변환된 좌표로 보여준 데이터의 공분산 행렬로 (a) 전체 데이터 세트에 대해 SVD를 적용해 계산한 로딩 벡터, (b) 선형 오토인코더의 가중치, (c) 오토인코더 가중치의 좌특이 벡터를 사용해 계산된 것이다. (a) $P_m^T Y_0 Y_0^T P_m$, (b) $(W^{(2)})^T Y_0 Y_0^T W^{(2)}$, (c) $U_m^T Y_0 Y_0^T U_m$

PCA를 수익률 곡선의 일간 변화에 수행하면 해석 가능한 성분을 구할 수 있다. 즉, 첫째 고유값은 곡선의 평행 이동parallel shift에 귀속되고, 둘째는 뒤틀림twist, 셋째는 곡률curvature(소위 버터플라이butterfly)에 귀속된다. 그림 8.10은 $m = 3$개의 로딩 벡터 P_m 또는 $m = 3$개의 특이 벡터 U_m을 이용해 $\triangle Y_0$의 첫째 두 주성분을 비교한다. 시간에 따른 수익률 곡선의 행태를 해석하는 목적에 대해 양자는 모두 유사한 결과를 제공한다. 수익률 곡선이 평행 이동에 의해 지배되는 기간은 첫째 주성분의 절대값이 둘째 주성분에 비해 크다는 것을 보여준다. 반대로 첫째에 비해 큰 둘째 성분을 보이는 기간은 곡선 움직임이 뒤틀림에 의해 지배됨을 보인다. 곡선이 상향 기울기를 가진 국면regime에서 하향 기울기를 가진 국면으로 이동할 때 후자의 현상이 나타난다. 양자의 경우 모두 금융 위기 이후의 기간인 2009년이 다른 년도에 비해 상대적으로 큰 양의 이동과 뒤틀림을 보이고 있다는 것을 주목한다.

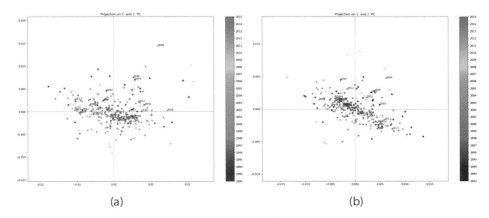

(a)   (b)

그림 8.10 P_m을 사용해 투영된 $\triangle Y_0$의 처음 두 주성분이 (a)에 보인다. U_m을 사용한 처음 두 개의 근사된 주성분(부호 변화까지). 첫째 주성분은 x축에 의해, 둘째 주성분은 y축에 의해 표현된다. (a) $P_m^T \triangle Y_0$, (b) $U_m^T \triangle Y_0$

6.3 딥 오토인코더

7장에서와 같이 선형 오토인코더에 단지 더 많은 층을 더하는 것은 오토인코더의 속성을 변화시키지 않는다. 여전히 선형 오코인코더며 인코더에 L개의 층이 있다면 $W^{(1)}W^{(2)} \dots W^{(L)}$의 처음 m 특이값은 로딩 벡터에 상응할 것이다. 비선형 활성으로 오토인코더는 더 이상 로딩 벡터를 구할 수 없다. 그러나 더욱 표현력이 큰 비선형 모델이 주어진 압축 차원 m에 대한 재구축 오차를 줄이도록 사용될 수 있다.

그림 8.11은 선형 오토인코더와 딥 오토인코더를 사용할 때 Y의 재구축 오차를 비교한다. 각 인코더와 디코더는 2개의 $tanh$ 활성층을 가진다.

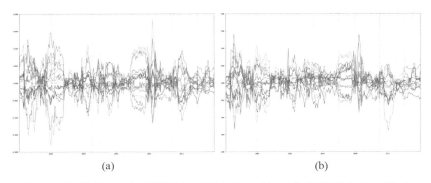

그림 8.11 Y의 재구축 오차가 (a) 선형 인코더와 (b) 딥 오토인코더에 대해 보인다. 인코더와 디코더 각각에 대해 2개의 $tanh$ 활성화된 층이 사용됐다.

최근에 딥 오토인코더를 통계적 주식 팩터 모델에 적용하는 것이 Heaton 등(2017)에 의해 예시됐다. 저자들은 포트폴리오의 자산 수익률을 압축해 포트폴리오 자산 수익률의 변동성을 PCA나 기본적 주식 팩터보다 더 신뢰 있게 설명하는 작은 집합의 딥 팩터를 제공한다. 이와 같은 표현은 자산 수익률 히스토리를 딥 팩터로 인코딩하고 나서 자산 수익률을 예측하고자 디코딩하는 일반적인 포트폴리오 선택 프로세스를 제공한다. 이 접근법과 사실상 모든 통계적 팩터 모델의 한 가지 실무적 문제는 투자 가능성investability과 헷지 가능성hedgeability이다. ReLU 활성 오토인코더에 대해 딥 팩터는 제시된 자산의 선형 결합에 대한 금융 풋과 콜 옵션으로 구성된 것으로 해석할 수 있다. 이와 같이 저자들은 딥 팩터가 투자 가능하고 따라서 헷지 가능하다고 추측한다.

이번 절에 제시된 방법과 결과의 구현은 ML_in_Finance-Autoencoders. ipynb 노트북을 참고하라.

7. 요약

8장에서는 데이터의 구조를 이용하는 데 서로 다른 신경망 구조를 어떻게 사용할 수 있는지 살펴봤고, 결과적으로 가중치가 줄어들고 회귀 및 분류보다 광범위한 모델 클래스로 이들의 적용 범위를 넓혔다.

- RNN을 기하급수적으로 감쇠하는 래그 계수를 가진 비선형 자기회귀 모델로 특성화한다. RNN은 활성 함수에 대한 특정 제약 조건하에서 무조건부 안정성을 보이는 것으로 나타날 수 있다. 특히 tanh 활성은 안정적인 구조로 생성한다.

- 고전적인 시계열 분석의 귀무가설 테스트를 결합해 실험 설계를 안내하고 RNN 출력을 진단한다. 특히 우리는 편자기상관계수를 계산해 데이터가 정상성인 경우 시퀀스 길이를 결정할 수 있으며, 모델 오차의 자기상관계수를 검사해 모델이 과소적합됐는지 결정할 수 있다.

- GRU와 LSTM 구조는 가변 메모리를 가진 동적 자기회귀 모델을 제공한다. 적응적 지수 평활화는 잠재적으로 무한 메모리를 가진 은닉 변수를 전파하는 데 사용된다. 이러한 구조는 기본 RNN이나 순전파 구조로도 동작할 수 있다. 즉, 이들은 특별한 경우로 정적^{static} 비선형 자기회귀 모델이나 선형회귀 모델로 동작한다.

- CNN은 데이터를 필터링한 다음 공간, 시간적 또는 시공간적 데이터 국지성을 활용해 입력 데이터를 효율적으로 표현한다. 시계열에 적용할 때 CNN은 팽창 합성곱을 사용해 데이터의 여러 스케일을 포착하도록 설계될 수 있는 비선형 자기회귀 모델이다.

- 주성분 분석은 차원 감소를 위한 가장 강력한 기법 중 하나며 직교 투영을 사용해 특성 간의 상관관계를 제거한다.

- 선형 오토인코더에서 가중치 행렬에서 처음 m개의 특이값은 투영을 위한 직교 기저로 사용되는 m개의 로딩 벡터다.

- 이들 상이한 구조를 결합해 강력한 회귀분석 및 압축 방법을 구축할 수 있다. 예를 들어 공간 데이터를 압축하고자 CNN 오토인코더를 사용할 수 있는 것처럼 GRU 오토인코더를 사용해 비정상 시계열을 압축할 수 있다.

8. 연습문제

연습문제 8.1*

다음 일변량 RNN의 반감기$^{\text{half-life}}$를 계산하라.

$$\hat{x}_t = W_y z_{t-1} + b_y,$$
$$z_{t-1} = \tanh(W_z z_{t-2} + W_x x_{t-1})$$

여기서 $W_y = 1$, $W_z = W_x = 0.5$, $b_h = 0.1$, $b_y = 0$이다.

연습문제 8.2: 순환 신경망

- 기본 RNN을 시계열 데이터에 적용할 때 필요한 가정들을 기술하라.
- 출력층과 은닉층 모두에 편향이 있는 선형 RNN(p) 모델이 다음 형태로 표현될 수 있음을 보여라.

$$\hat{y}_t = \mu + \sum_{i=1}^{p} \phi_i y_{t-i}$$

  그리고 계수 형태 $\{\phi i\}$를 기술하라.
- 모델이 안정적인 기본 RNN의 활성 함수와 가중치에 대한 조건을 기술하라(예, 래그가 증가하지 않는다).

연습문제 8.3*

젠센 부등식을 사용해 다음에서 평균 0의 RNN(1) 프로세스의 편자기공분산 함수에 대한 하한을 계산하라.

$$y_t = \sigma(\phi y_{t-1}) + u_t$$

여기서 $\sigma(x)$는 단조 증가, 양의 볼록 활성 함수이고, ϕ는 양의 상수다. 젠센 부등식은 확률 변수 X의 임의의 볼록 함수에 대해 $\mathbb{E}(g(X)) \geq g(\mathbb{E}[X])$임을 기술한다.

연습문제 8.4*

$Y = X * F$에 의해 주어질 때 입력 시퀀스 $X = \{3, 1, 2\}$와 필터 $F = \{3, 2, 1\}$의 이산 활성곱은 $Y = \{9, 9, 11, 5, 2\}$임을 보여라. 여기서 다음과 같다.

$$y_i = X * F_i = \sum_{j=-\infty}^{\infty} x_j F_{i-j}$$

연습문제 8.5*

p-너비 필터가 어떤 상수 파라미터 ϕ에 대해 $F_j := \phi^j$으로 정의되면 이산적 합성곱 $\hat{x}_t = F * x_t$는 일변량 AR(p)를 정의한다는 것을 보여라.

8.1 프로그래밍 관련 질문*

연습문제 8.6*

RNN 노트북을 수정해 데이터 coindesk.csv에 적용된 일변량 RNN을 사용해 Coindesk 가격을 예측하라. 그러고 나서 다음 작업을 완료하라.

a. 증강 딕키–풀러^{ADF, Augmented Dickey-Fuller} 테스트를 적용해 데이터의 정상성 여부를 확인하라.

b. 편자기상관계수를 추정하고 99% 신뢰 수준에서 최적의 래그를 결정하라. 데이터가 정상성이 아닌 경우에는 결론을 도출할 수 없다는 것을 주의하라. 이 최적 래그와 동일한 시퀀스 길이를 선택하라.

c. 은닉 뉴런 수를 변경할 때 표본 내와 표본 외의 MSE를 평가하라. 과적합 수준에 대해 어떤 결론을 내릴 수 있는가?

연습문제 8.7***

단일 은닉층 CNN으로 데이터 HFT.csv를 사용해 고빈도 중간 가격을 예측할 수 있도록 CNN 1D 시계열 노트북을 수정하라. 그리고 다음 작업을 완성하라.

a. 증강 딕키-풀러 테스트를 적용해 데이터가 정상성을 가짐을 확인하라.

b. 편자기 상관관계를 추정하고 99% 신뢰 수준으로 최적 래그를 결정하라.

c. 4개의 필터를 사용해 표본 내와 표본 외의 MSE를 평가하라. 필터 수의 변화에 따른 과적합 수준에 대해 어떤 결론을 내릴 수 있는가?

d. L1 규제화를 적용해 분산을 감소하라.

e. 룽-박스 테스트를 적용할 때 모델 오차가 백색 잡음인지 자기상관을 갖는지를 결정하라.

힌트: 이 연습을 시작하기 전에 HFT RNN 노트북을 검토해야 한다.

부록

다지선다형 문제에 대한 답변

문제 1

정답: 1, 2, 4, 5

증강 딕키-풀러 테스트를 시계열에 적용해 공분산 정상성 여부를 확인할 수 있다.

RNN이 고정된 편자기상관계수 행렬을 갖기 때문에 공분산 정상성 시계열의 추정 편자기상관계수는 기본 RNN에서 설계 시퀀스 길이를 식별하는 데 사용할 수 있다.

기본 RNN은 안정성이 보장되지 않는다. 안정성 제약은 은닉 상태 업데이트에서 활성 함수의 선택을 제한한다.

모델이 적합화되면 룽–박스 테스트를 사용해 잔여 오차가 자기상관인지 여부를 테스트한다. 잘 설정된 모델은 표본 내와 표본 외 모두에서 백색 잡음 오차를 나타내야 한다. 래그-1 단위 충격$^{unit\ impulse}$의 반감기$^{half-life}$는 충격이 모델 출력에 미치는 영향의 절반을 갖기 전의 래그 수다.

문제 2

정답: 1, 4

게이트 순환 유닛은 동적 지수 평활을 사용해 무한 메모리 내의 은닉 상태를 전파한다. 그러나 GRU나 LSTM을 적합화하고자 데이터의 공분산 정상성을 필요로 하지는 않는다. 이는 후자가 시간 의존적인 편자기상관 구조를 가진 동적 모델이기 때문이다.

게이트 순환 유닛은 조건부 안정적이다. 은닉 상태 업데이트에서 활성 함수의 선택을 하는 것이 특히 중요하다. 예를 들어 은닉 상태 업데이트에 대한 tanh 함수는 안정성 제약 조건을 충족한다. GRU는 하나의 메모리, 즉 은닉 상태만을 갖고 있는 반면 LSTM은 실제로 추가적인 셀 메모리를 갖고 있다.

문제 3

정답: 1, 2, 3

CNN은 상이하지만 동일한 너비의 필터를 데이터에 적용한다. 각 필터는 CNN 은닉층의 유닛이며 회귀나 분류를 위해 순전파 신경망을 사용하기 전에 활성화된다. CNN은 가중치의 수를 줄이고자 데이터의 국지성을 활용하는 희소 신경망이다. CNN은 특히 공간, 시간이나 시공간 데이터 세트(예, 내재 변동성 표면)와 관련이 있다. WaveNet 구조와 같은 확장 CNN은 다중 스케일 시계열 분석에 적합하다. 이는 다양한 해상도에서 패턴의 계층적 구조를 포착한다(예, 상이한 주파수에서의 과거 래그들에 대한 의존성(예, 일, 주, 월)). CNN의 계층 수는 훈련 중에 수동으로 결정해야 한다.

파이썬 노트북

함께 제공되는 소스코드 저장소에 제공된 노트북은 RNN, GRU, LSTM, CNN, 오토인코더를 포함해 8장에 제시된 많은 기법을 구현한다. 예제 데이터 세트는 Coinbase 가격의 1분 스냅샷과 HFT 데이터 세트를 포함한다. 노트북에 대한 자세한 내용은 README.md 파일에 포함돼 있다.

참고 문헌

Baldi, P., & Hornik, K. (1989, January). Neural networks and principal component analysis: Learning from examples without local minima. *Neural Netw.*, 2(1), 53-58.

Borovykh, A., Bohte, S., & Oosterlee, C. W. (2017, Mar). Conditional time series forecasting with convolutional neural networks. *arXiv e-prints*, arXiv:1703.04691.

Elman, J. L. (1991, Sep). Distributed representations, simple recurrent networks, and grammatical structure. *Machine Learning*, 7(2), 195-225.

Gers, F. A., Eck, D., & Schmidhuber, J. (2001). *Applying LSTM to time series predictable through time-window approaches* (pp. 669-676). Berlin, Heidelberg: Springer Berlin Heidelberg.

Graves, A. (2012). *Supervised sequence labelling with recurrent neural networks*. Studies in Computational intelligence. Heidelberg, New York: Springer.

Heaton, J. B., Polson, N. G., & Witte, J. H. (2017). Deep learning for finance: deep portfolios. *Applied Stochastic Models in Business and Industry*, 33(1), 3-12.

Hochreiter, S., & Schmidhuber, J. (1997, November). Long short-term memory. *Neural Comput.*, 9(8), 1735-1780.

Krizhevsky, A., Sutskever, I., & Hinton, G. E. (2012). ImageNet classification with deep convolutional neural networks. In *Advances in neural information processing systems* (pp. 1097–1105).

Litterman, R. B., & Scheinkman, J. (1991). Common factors affecting bond returns. *The Journal of Fixed Income*, 1 (1), 54–61.

Plaut, E. (2018, Apr). From principal subspaces to principal components with linear autoencoders. *arXiv e-prints*, arXiv:1804.10253.

van den Oord, A., Dieleman, S., Zen, H., Simonyan, K., Vinyals, O., Graves, A., et al. (2016). WaveNet: A generative model for raw audio. *CoRR, abs/1609.03499*.

Zheng, J., Xu, C., Zhang, Z., & Li, X. (2017, March). Electric load forecasting in smart grids using long-short-term-memory based recurrent neural network. In *2017 51st Annual Conference on Information Sciences and Systems (CISS)* (pp. 1–6).

3부

순차적 데이터와 의사결정

09

강화학습 소개

9장에서는 강화학습^{RL, Reinforcement Learning} 아이디어와 MDP를 해결하기 위한 다른 근사 방법으로 들어가기 전에 마르코프 의사결정 프로세스^{Markov Decision Proces}와 동적 프로그래밍^{dynamic programming}의 고전적인 방법을 소개한다. Q 러닝으로 이동하기 전에 벨만 최적성^{Bellman optimality} 및 반복적 가치^{value}와 정책 업데이트^{policy update}를 설명한 후 9장은 탐욕^{greediness}, 배치 러닝^{batch learning}, Q 러닝^{Q-learning}과 같은 주요 계산 개념을 다루면서 주제에 대한 좀 더 공학적인 스타일의 설명을 진행한다. 여러 미니 사례 연구를 통해 9장에서는 자산 운용과 트레이딩의 최적화 문제에 RL이 어떻게 적용되는지에 대한 통찰력을 제공한다.

1. 서론

앞에서는 지도 및 비지도학습을 다뤘다. 지도학습은 에이전트가 입력이 주어질 때 출력을 생성하도록 훈련하는 것과 관련되며, 여기서 지도를 하는 교사^{teacher}는 입력–출력 쌍의 몇 가지 훈련 예를 제공한다. 에이전트의 과제는 이러한 예로부터 일반화하는 것이다. 즉, 교사가 제공한 예와 일치하는, 입력이 주어질 때 출력을 산출하는 함수를 찾는 것이다. 비지도학습에서도 작업은 일반화하는 것이다. 즉, 입력이 주어질 때 어떤 출력을 제공하는 것이다. 그러나 여기서는 '실제 진실$^{ground\ truth}$'의 예를 제공하는 교사는 없다.

9장에서는 환경^{environment}의 상태^{state}가 주어질 때 순차적 의사결정 설정에서 특정 목표가 주어지면 에이전트^{agent}가 최적으로 행동하는 방법을 배우는 또 다른 유형의 학습을 다룬다. 환경의 상태는 입력의 역할을 하는 반면 에이전트의 행동은 출력이다. 목표가 주어지면 최적으로 행동하는 것은 특정 목적 함수의 최대화 문제로 수학적으로 공식화된다. 이러한 종류의 문제는 강화학습으로 알려진 머신러닝 영역에 속한다. 이러한 머신러닝 영역은 트레이딩 및 투자 관리에서 엄청나게 중요하다.

9장의 목표

9장이 끝날 때 다음 목표를 달성하는 것을 기대한다.

- 마르코프 의사결정 프로세스에 대한 친숙성 확보
- 벨만 방정식과 고전적인 동적 프로그래밍 방법 이해
- 강화학습의 아이디어와 기타 MDP 풀기 위한 근사 방법의 숙지
- 오프-폴리시와 온-폴리시 러닝 알고리듬 간의 차이 이해
- RL이 자산 운용과 트레이딩의 최적화 문제에 어떻게 적용되는지 파악

동반하는 소스코드 저장소에 제공된 노트북은 9장의 많은 예와 함께 제공된다. 자세한 내용은 부록 '파이썬 노트북'을 참고하라.

목적 함수가 주어질 때 입력에서 출력으로의 최적 매핑을 찾는 작업은 지도학습과 비지도학습의 모든 작업과 엄청나게 유사해 보인다. 실제로 이러한 모든 경우에서, 그리고 어떤 의미에서 머신러닝의 모든 문제에서 목적은 항상 그러한 매핑의 최적성에 대한 어떤 기준이 주어질 때

어떤 입력을 출력에 매핑하는 샘플 기반 문제로 공식화된다. 이는 일반적으로 최적화의 특수한 경우로 간주되거나 또는 함수 근사의 특수한 경우로 간주될 수 있다. 그러나 적어도 RL의 문제 설정과 지도학습과 비지도학습의 설정 사이에는 세 가지 뚜렷한 차이점이 있다.

첫 번째 차이점은 교사의 존재와 역할이다. RL에는 지도학습과 마찬가지로 비지도학습과는 달리 교사가 있다. 그러나 교사가 에이전트에게 제공하는 피드백은 지도학습에서 교사로부터의 피드백과 다르다. 후자의 경우 교사는 주어진 훈련 데이터 세트에 대해 올바른 출력을 제공한다. 지도학습 알고리즘의 역할은 그러한 명시적인 예로부터 일반화하는 것, 즉 훈련 세트에서 경험하지 않은 입력을 포함한 어떠한 입력을 출력에 매핑하는 함수를 제공하는 것이다.

강화학습에서 교사는 에이전트가 취한 행동에 대해 **부분적인** 피드백만 제공한다. 이러한 부분적인 피드백은 에이전트가 어떤 행동을 취했을 때 받는 보상의 관점에서 주어진다. 보상은 수치 값을 가지므로 특정 행동에 대한 보상이 더 높으면 일반적으로 에이전트가 취한 이 특정 행동이 일반적으로 더 낮은 보상을 산출한 다른 행동보다 더 낫다는 것을 의미한다. 그러나 어떤 행동이 최적인지, 즉 가능한 가장 높은 보상을 산출하는 것이 '맞는지'에 대해 교사로부터의 명시적인 정보는 없다. 따라서 이 경우에 교사는 훈련 중에 에이전트에게 부분적인 피드백만 제공한다고 할 수 있다. RL 에이전트의 목표는 일련의 단계에서 총 누적 보상을 최대화하는 것이다.

이는 지도학습과 비지도학습에서 강화학습의 두 번째 주요 차이를 가져오는데, 이는 에이전트의 행동에서 환경 상태로의 피드백 루프의 존재에서 비롯된다. 즉, 에이전트가 환경의 특정 상태에서 행동할 때 에이전트의 행동이 환경의 상태를 변경할 수 있다. 강화학습 작업은 일반적으로 자체적으로 확률적으로 진화하는 환경에서 순차적인 의사결정을 포함하며 피드백 루프를 통해 에이전트의 행동에 의해 영향을 받을 수 있기 때문에 강화학습은 보통 **플래닝**planning을 포함한다.

피드백 루프의 존재와 플래닝의 필요성은 강화학습에서 유일하다. 지도 또는 비지도학습에서는 피드백 루프가 나타나지 않는다. 실제로 예를 들어 1장에 도입되고 8장에 더 깊이 다룬 지도학습의 고전적인 문제인 이진 분류를 고려해보자. 이 설정에서 출력 레이블을 특정 입력 데이터에 할당하는 것은 에이전트의 '해동'으로 볼 수 있다. 고전적인 0-1 손실 함수는 음의 보상으로 볼 수 있다. 다음 데이터 포인트가 분류된 후 남은 데이터 포인트에서 실제 출력 레이블의 분포는 환경의 상태로 볼 수 있다. 분명히 테스트 샘플에 주어진 데이터 포인트에 대한 레이블의 어떤 특별히 선택이 나머지 데이터 포인트에 대한 실제 레이블을 변경하지 않는다. 즉, 이러한 설정에는 피드백 루프가 없다. 에이전트의 '행동'으로 인해 환경이 변경되지 않는다. 이는 거래가 호가창의 상태를 바꾸거나 펀드로부터의 소비가 펀드의 부를 변화시키는 것과 같이 행동이 환경을 변화시키는 것은 금융을 다른 분야와 차별하게 하는 중요한 요소다.

마지막으로 강화학습과 다른 유형의 학습 사이 세 번째 차이는 이전 두 가지와 관련이 있다. 최대 달성 가능한 보상은 에이전트에 알려져 있지 않기 때문에 주어진 상태에서 주어진 동작을 수행해 높은 보상을 얻을 경우에도 동일한 상태에서 어떤 다른 조치를 취하면 더 높은 보상이 발생할 가능성이 항상 있다. 따라서 에이전트는 총 누적 보상을 최대화하기 위한 탐험exploration 작업, 즉 다른 행동들을 무작위로 선택하는 작업에 직면한다. 반면 이전에 높은 보상을 생성하는 것으로 밝혀진 행동을 다시 선택하지 않음으로써 에이전트는 활용exploitation 기회를 놓칠 수 있다. 활용은 탐험의 결과로 더 작은 보상을 생성하는 위험을 취하는 대신 단순히 '좋은' 보상을 생성하는 행위를 반복하는 것과 같다.

따라서 에이전트는 학습 프로세스의 각 단계에서 탐험과 활용 중 하나를 선택하는 문제를 개념화한 이른바 탐험-활용 딜레마exploration-exploitation dilemma에 직면한다. 추가적인 복잡도가 피드백 루프의 존재에 의해 도입된다. 주어진 상태에서 취한 특정 행동은 높은 국지적 보상을 생성할 수 있지만 결과적으로 환경을 변화시키고 향후 보상을 변화시킬 수도 있다. 따라서 각 단계에서 탐험과 활용 사이에서 선택할 때 에이전트는 에이전트의 행동에 의해 영향을 받을 수 있는 미래 상태에 대한 예측도 수행해야 한다.

탐험-활용 딜레마는 강화학습에 특수한 것이며, 지도학습이나 비지도학습에서는 보상을 통한 부분 피드백이나 피드백 루프가 존재하지 않기 때문에 이러한 딜레마가 발생하지 않는다.

단, 탐험-활용 딜레마는 '실시간' 또는 온라인 강화학습의 체제에서만 적용할 수 있다는 점에 유의해야 한다. 이 설정에서 에이전트는 물리적 환경이나 시뮬레이션 환경에 접근할 수 있으므로 자유롭게 다양한 행동을 선택하고 이에 대한 결과를 탐구할 수 있다(즉, 탐험에의 참여).

배치 모드^{batch mode}, 즉 오프라인 강화학습에서 또 다른 상황이 발생한다. 이 경우 에이전트는 환경에 대해 주문형^{on-demand}(요구가 생길 때마다 접근이 가능한)으로 접근할 수 없다. 대신 이 환경과의 어떤 다른 에이전트(인간 또는 기계)의 상호작용 히스토리를 저장하는 데이터 세트에만 접근할 수 있다. 이러한 데이터에는 히스토리의 각 시간 단계에 대한 환경 상태, 취한 행동, 받은 보상에 대한 기록이 포함한다. 이러한 설정에서는 에이전트가 탐험할 수 없으므로 이 경우 탐험-활용 딜레마가 발생하지 않는다. 배치 모드 강화학습은 기본적으로 기록된 상태, 행동, 받은 보상 시퀀스의 배치 데이터가 주어질 때 최적의 행동을 추론하는 문제다.

배치 모드 강화학습은 금융에 있어 중요한데, 그 설정이 어떤 과거 데이터를 사용해 일반적으로 오프라인으로 훈련하는 금융 모델의 전통적인 설정과 유사하기 때문이다. 10장에서의 예는 대부분 온라인 버전보다는 배치 강화학습을 고려할 것이다. 한편 배치와 온라인 강화학습은 특정 경우에 결합될 수 있다. 예를 들어 에이전트는 배치 강화학습을 사용해 먼저 오프라인으로 훈련한 후 온라인 훈련을 계속할 수 있는 실시간 환경에 노출될 수 있다. 또는 온라인 학습은 소위 경험 재생experience replay 방법을 사용해 배치 학습 버전으로 구현될 수 있는데, 이는 이전에 기록된 그러한 조합의 데이터 세트에 상태, 행동, 보상의 새로운 조합을 추가하고 경험 재생 버퍼 크기가 동일하게 유지되도록 오래된 관찰을 점진적으로 제거하는 것에 해당한다.

〉 톰슨 샘플링

에이전트와 환경과의 상호작용이 환경의 진화에 대한 에이전트의 행동에서 피드백 루프 효과를 수반하지 않는 경우 예상되는 총 보상의 다단계 최적화는 일련의 독립적인 1 스텝 에피소드와 동일하며, 여기서 환경의 상태는 의사결정 정책 $\pi(a|s = s_t)$에 대한 '콘텍스트'를 제공한다. 가능한 행동 집합 $a \in A$가 크기 K이고 이산인 경우 문제는 콘텍스트 기반contextual 멀티암 밴딧MAB, Multi-Armed Bandit과 같다.

온라인 광고나 클라우드 설계와 같은 응용에서 밴딧의 손잡이는 온라인 사용자의 전환 비율과 같은 특정 점수를 최적화하고자 선택한 여러 특성features에 해당한다. 피드백 루프가 없는 1 스텝 강화학습으로 MAB를 설정하는 경우 상이한 손잡이는 콘텍스트 s_t가 주어질 때 상이한 가능한 행동에 해당하며, 특정 기간에 걸친 총 보상의 최대화를 목표로 한다. 금융 맥락에서 MAB 설정은 누적 위험 조정 보상을 최대화하고자 상이한 정상 상태stationary의 '전천후all weather' 전략[1] 가운데에서 하나를 선택하는 장기 투자자를 설명하는 데 적합할 수 있다.

사후분포 샘플링posterior sampling 또는 확률 매칭probability matching으로도 알려진 톰슨 샘플링Thompson sampling은 임상 시행에서 발생하는 두 개의 손잡이 밴딧 문제에 대해 톰슨(1993년, 1935년)에 의해 처음 제안됐다. 후에 톰슨

---

1. 이들은 변화하는 매크로 경제 조건에 적응적이지 않아 빈번하게 재조정(rebalancing)할 필요가 없는 포트폴리오 전략들이다.

정책은 어떤 의미에서 탐험과 활용을 결합하고 MAB 문제에 대한 이들의 트레이드오프를 관리하는 최적의 방법을 제공한다는 것이 확립됐다. 톰슨 샘플링^{TS}은 각 단계에서 최적 행동의 사후분포에서 손잡이 평균의 리스트를 샘플링하고 이 샘플에 따라 최선의 손잡이를 선택하는 간단한 베이지안 방법이다. 이후 에이전트는 손잡이를 선택한 결과로 관찰된 보상에 대한 베이지안 업데이트를 사용해 사후분포를 업데이트한다. 금융 환경에서 TS는 손잡이가 상이한 거래 전략이나 동일한 거래 전략의 다른 설정에 상응하는 일중$^{intra-day}$ 거래에서 활용과 탐험의 최적 균형을 제공하는 유용한 기법으로의 역할을 한다.

더 자세히 살펴보고자 $\mathbf{r}_t = (r_1, \ldots, r_t)$를 시점 t까지 얻는 보상 시퀀스라 하자. 여기서 모든 보상은 단순성을 위해 이진 $r_t = \{0, 1\}$로 가정한다. 성공 확률이 $f_\theta(y_t = 1 | s_t) = g(\theta^T s_t)$인 이진 밴딧을 고려한다. 여기서 $g(\cdot)$는 구간 $[0, 1]$에 한정된 연결 함수$^{link\ function}$다. 예를 들어 이는 시그모이드 함수$^{sigmoid\ function}$ $g(z) = \sigma(z) = 1/(1 + \exp(-z))$로 취해질 수 있으며, θ는 모델 파라미터 벡터다. $a_k \in \{1, \ldots, K\}$가 상태 s_t가 주어질 때의 정수값 손잡이 (행동)라고 표기하자.

$\mu_a(\theta) = \mathbb{E}[y_t | \theta, a_t]$를 분포 $f_a(y | \theta)$로부터의 기대 보상이라 하자. θ가 알려지면 최적 장기 전략은 가장 높은 값의 $\mu_a(\theta)$를 가진 손잡이를 항상 선택할 것이다. 톰슨 샘플링은 파라미터 벡터 $p(\theta)$에 대한 사전분포를 사용한다. 분포에서 θ를 샘플링한 후 여러 손잡이 중 $\mu_a(\theta)$의 값이 가장 높은 최선의 손잡이가 결정된다. 기대 보상이 가장 높은 손잡이를 실행하면 t 시점에서 θ의 사후분포는 다음과 같이 된다.

$$p(\theta | \mathbf{y}_t) \sim p(\theta) \prod_{\tau=1}^{t} f_{a_\tau}(y_\tau | \theta) \tag{9.1}$$

사후확률 $p(\theta | \mathbf{y}_t)$는 그다음 최고 기대 보상 기준에 따라 최선의 손잡이를 업데이트를 하는 데 사용되며, 실행은 다음 타임스텝으로 계속된다.

2. 강화학습의 요소

이제는 실험 설계의 중요한 개념으로 탐험-활용 딜레마를 살펴봤으므로 RL을 이용한 모델링의 좀 더 실질적인 과제로 눈을 돌린다. 강화학습의 네 가지 주요 요소는 (i)보상^{reward}, (ii) 가치 함수$^{value\ function}$, (iii) 정책^{policy}, (iv) 환경^{environmnet}이다. 이 절에서는 이러한 개념에 대한 개괄적인 개요를 제공한다.

2.1 보상

보상 함수$^{reward\ function}$는 강화학습 문제의 목적을 결정한다. 에이전트의 목적은 특정 기간 동안 받는 총 보상(또는 평균)을 최대화하는 것이다. 어떤 상태에서 어떤 행동을 했을 때 에이전트가 받는 보상은 이 행동을 취함으로써 얻는 '행복^{happiness}'의 척도로 생각할 수 있다. 동물이나 인간과 같은 생물학적 에이전트에게 보상은 즐거움이나 고통에 대한 경험의 수치적 표현으로 여겨질 수 있다. 후자의 경험은 특정 시간구간에 할당될 수 있는 순위 순서(그리고 연속적) 값의 집합으로 표현될 수 있다.

주어진 환경 상태에서 에이전트가 받는 국지적(한 스텝) 보상은 에이전트의 다음 행동을 결정한다. 수학적으로는 그것을 $r_t = r_t(S_t, a_t)$, 즉 일반적으로 환경의 현재 상태 S_t와 이 상태에서 취한 행동 a_t에 의존하는 함수로 쓸 수 있다. 또한 시간 의존적인 문제에 대해 r_t 표현의 인덱스 t에 의해 의미되는 것처럼 보상은 시점 t에 명시적으로 의존할 수 있다. 시간 독립적 문제의 경우 시간 인덱스를 생략할 수 있다. 또한 보상은 상태 S_t 또는 행동 a_t에 의존하지 않는 랜덤 요소를 가질 수 있다. 이 경우 우리는 랜덤 보상을 다룬다.

종종 그러나 항상은 아니지만 에이전트가 수행할 수 있는 최선의 행동은 단순히 국지적 보상을 극대화하는 작업을 선택하는 것이다. 이것은 더 복잡한 형태의 보상 함수에 대해 정확하게(예, 보상이 작용 중인 행동의

2차 다항식인 경우) 또는 수치적으로 해결할 수 있는 표준 최적화 문제다. 이것은 상당한 단순화를 초래한다. 더 많은 통찰력을 위해 에이전트의 목적이 T 타임스텝에 걸쳐 얻은 총 보상을 최대화하는 것이라고 가정하자. 상이한 단계에서 획득한 보상이 서로 독립적이라면 이 문제는 쉽게 해결할 수 있다. 모든 단계에서 그리고 어떤 상태에서든 에이전트는 단순히 국지적 보상을 최대화하는 조치를 선택할 것이다.

그러나 실제적으로 관심 대상이 되는 많은 경우에 이 방법이 적용되지 않는다. 앞에서 언급한 피드백 루프의 존재로 인해 복잡해진다. 에이전트의 행동은 환경을 변경할 수 있다. 금융의 한 가지 간단한 예는 시장 영향market impact 효과의 존재에 의해 제공된다. 당신이 상당한 양의 주식이나 다른 자산을 거래한다면 당신의 행동에 의해 시장 가격이 움직일 것이다.

이 경우 에이전트의 행동이 잠재적으로 환경의 진화를 변화시킬 수 있기 때문에 다른 타임스텝에서 에이전트에 의해 얻어진 보상은 더 이상 독립적이지 않다. 각각 T 스텝에 걸친 총(누적) 보상의 최대화 문제는 일련의 독립적인 T개의 최적화 문제로 분해되지 않는다. 이때 문제는 시간 차원을 획득하고 훨씬 더 복잡해지며 이에 특화된 최적화 방법을 요구한다. 다음에서 보게 될 것처럼 동적 프로그래밍과 강화학습은 이의 확장으로서 피드백 루프와 함께 '행동에 의한 학습'을 위한 계산 효율적인 방법을 제공한다. 환경을 바꾸는 행동에 대한 시간 의존적 최적화의 과제를 설명하고자 다음과 같은 최적의 주식 주문 집행 문제stock execution problem를 고려해보자.

예제 9.1 최적 주식 주문 집행

최적 주식 주문 집행 최적의 주식 집행은 대형 중개전문 증권회사broker-dealer나 대형 자금 매니저들의 트레이딩 데스크에 의해 하루에 수천 번 해결돼야 하는 일반적인 문제다. 포트폴리오 매니저가 다음 $T = 10$분 이내에 NASDAQ에서 AMZN 주식의 일정량(대량) V 를 매도하려고 하며, 목표는 총 수익을 극대화하는 것이다. 그러나 총 수익은 시장 변동과 이 주문 이후 수행되는 거래의 시장 주가에 대한 잠재적 영향 때문에 불확실하다. 주문을 집행하는 브로커가 $a_t \gg 1$ 주를 동시에 매도할 경우 이는 회사의 시장 가격을 하락시킬 수 있기 때문에 남은 주식의 집행은 더 낮은 가격으로 진행돼 매도자에게 손해를 줄 수 있다. 시장 영향으로 시장 주가 역학을 모델링하는 간단한 방법은 다음의 선형 영향 모델을 사용하는 것이다.

$$S_{t+1} = S_t(1 - \mu a_t) + \sigma Z_t \tag{9.2}$$

여기서 S_{t+1}과 S_t는 각각 t와 $t + \triangle t$ 시점에서의 주가이고 $a_t > 0$는 매도된 주식의 거래량이며, $Z_t \sim N(0, 1)$은 표준 가우시안 잡음이며, σ는 주식 변동성이다. 브로커가 직면한 문제는 예를 들어 $T = 10$분 간격에 걸쳐 순차적으로 집행할 작은 주식 수의 블록으로 매도 주문의 최적 분할을 찾는 것이다. 이는 또한 미체결 주식 수(이에 더해 지정가 주문 호가창 데이터와 같은 잠재적으로 관련 변수)에 의해 주어진 상태 변수 X_t로 마르코프 의사결정 프로세스^{MDP, Markov Decision Process} 문제로 공식화될 수 있다(자세한 내용은 3장 참고). 여기서 총 기대 보상 $\mu := a_t S_t$가 스텝 t에서의 주식 매도에 대한 1 스텝 보상 r_t에 대해 다음 스텝 $t + 1$의 남은 재고 가격의 분산에 의해 페널티를 받는 위험 조정 보상 $r_t = \mu - \lambda \text{Var}[S_{t+1} X_{t+1}]$을 고려한다. 관련 수학적 구조를 소개한 후 9장 후반부에 최적의 주식 집행 문제로 돌아갈 것이다.

2.2 가치와 정책 함수

에이전트가 선택한 행동 외에도 국지적 보상은 환경의 상태 S_t에 따라 달라진다. 환경의 상태에 따라 에이전트에 대한 매력이나 가치가 달라질 수 있다. 특정 상태에서는 높은 보상을 받을 수 있는 좋은 옵션이 없을 수도 있다. 또한 일반적으로 환경 상태는 에이전트가 취하는 멀티-스텝 multi-step 행동 시퀀스에 따라 변화하며, 그 미래는 부분적으로 현재 상태 (그리고 에이전트의 행동)에 의해 주도될 수 있다. 따라서 강화학습은 에이전트에 의해 직면하는 최적화 문제의 멀티-스텝 특성에 대한 관점을 갖고 에이전트에 대한 상태 S_t의 매력도 수치 값으로서의 가치 함수value function 개념을 사용한다.

일정 기간 동안의 누적 보상을 최대화하는 강화학습의 목표와 관련시키고자 가치 함수는 평균(기대) 누적 보상으로 설정될 수 있으며, 이는 전체 기간 동안 상태 S_t에서 시작해 얻을 수 있다(다음에서 볼 것처럼 다른 선택도 있다). 그러나 이러한 양은 상태 S_t에 대한 의존성 외에도 행동 a_t에 의존하기 때문에 현재 상태로는 과소 설정될 수 있다. T 스텝에서 얻은 누적 보상의 현재(t 시점) 기대값의 가치 함수를 정의하려면 에이전트가 환경의 어떤 주어진 상태에서 어떻게 행동해야 하는지를 미리 알아야 한다.

이 규칙은 환경의 상태 S_t가 주어진 시점에 에이전트가 어떻게 행동해야 하는지에 대한 정책 함수 $\pi_t(S_t)$에 의해 설정된다. 정책 함수는 상태 S_t의 결정적 함수일 수도 있고, 또는 가능한 행동의 범위에 걸친 확률분포일 수도 있다. 따라서 가치 함수 $V^\pi(S_t)$는 현재 상태 S_t와 정책 π의 범함수 functional의 함수다.

2.3 관측 가능 대 부분 관측 가능 환경

마지막으로 강화학습의 주요 개념 리스트를 완성하고자 우리는 상태 S_t의 개념과 그것의 진화 법칙을 정의해야 한다. 에이전트가 환경을 인식하고 행동을 취하는 이 프로세스는 일정 기간 동안 확장된다. 이 기간 동안 환경의 상태가 변화한다. 이러한 변화는 이전 환경의 히스토리에 의해 결정될 것이며, 또한 어떤 랜덤 요인과 함께 에이전트 자신의 행동에 의해 부분적으로 구동될 수 있다. 따라서 해결해야 할 즉각적인 문제는 환경의 진화를 어떻게 모델링하는가이다. 에이전트의 영향 없이 환경의 자율적 진화를 묘사하는 것으로 시작한 다음, 아래에서와 같이 에이전트의 영향, 즉 피드백 루프가 있는 경우로 일반화한다.

일반적 형태로 특정 경로 $(S_0 = s_0, \ldots, S_{T-1} = s_{T-1})$의 결합 확률 p0:T = $p(s_0, \ldots, s_{T-1})$은 다음과 같이 표현할 수 있다.

$$p(s_0, s_1, \ldots, s_{T-1}) = \prod_{i=1}^{T-1} p(s_i|s_{0:i-1}) \tag{9.3}$$

이 표현은 실제 데이터 생성 프로세스에 대한 어떠한 가정을 하지 않으며, 여기에는 결합 확률의 구성 법칙만 사용된다. 불행히도 이 표현은 너무 일반적이어서 실제로 쓸모가 없다. 대부분의 실제 관심 문제에 대해 당면하는 타임스텝의 수는 수십 또는 수백에 달하기 때문이다. 이 일반 표현식에만 의존해 상태 시퀀스의 경로 확률을 모델링하면 모델 파라미터의 수가 기하급수적으로 증가할 수 있다. 환경의 진화에 실질적으로 유용한 시퀀스 모델을 갖고자 몇 가지 추가 가정을 해야 한다.

가장 간단하고 실제적인 경우 합리적인 '1차 근사' 접근 방식은 조건부 확률 $p(x_i|x_{0:i-1})$이 전체 히스토리가 아닌 K 최근 값에만 의존한다고 가정하는 마르코프 동학^{Markovian dynamics}을 다음과 같이 추가로 가정하는 것이다.

$$p(s_t|s_{0:t-1}) = p(s_t|s_{t-K:i-1}) \tag{9.4}$$

가장 일반적인 경우는 $K = 1$이며 여기서 시점 t에서의 상태 확률은 이전에 관측된 상태의 값에만 의존한다. 특별히 언급되지 않는 한 문헌의 공통된 전통을 따라 우리는 $K = 1$ 마르코프 프로세스를 단순히 '마르코프 프로세스'라고 부른다. 이것은 $K > 1$을 사용하는 더 일반적인 마르코프 프로세스의 기본 설정이기도 하다. 이러한 경우도 여전히 $K = 1$을 사용하는 마르코프 프로세스로 볼 수 있지만 시점-t 상태가 $S_t \to \hat{S}_t = (S_t, S_{t-1}, \ldots, S_{t-K})$로 확장된 정의로서 간주한다.

환경의 진화를 위해 마르코프 동학을 가정한다면 이는 시퀀스 모델링을 위해 다루기 쉬운 공식화를 생성한다. 그러나 많은 실제적인 경우 시스템의 동학은 충분히 낮은 K 값, 예를 들어 $1 < K < 10$을 갖는 마르코프 프로세스처럼 간단할 수 없다. 예를 들어 금융시장은 종종 10단계보다 더 긴 메모리를 갖고 있다. 이러한 시스템의 경우 $K \sim 10$을 사용한 마르코프 동학에 의해 본질적으로 비마르코프 동학$^{\text{non-Markov dynamics}}$을 근사하는 것은 만족스럽지 않을 수 있다.

비마르코프 환경을 모델링하는 더 좋으면서 여전히 다루기 쉬운 방법은 은닉 변수 z_t를 사용하는 것이다. 동학은 경로 확률이 단일 스텝 확률의 곱으로 인수분해되도록 쌍 (s_t, z_t)에서 대해 공동으로 마르코프 프로세스를 갖는다고 가정한다.

$$p(s_{0:T-1}, z_{0:T-1}) = p(s_0, s_0) \prod_{t=1}^{T-1} p(z_t|z_{t-1}) p(s_t|z_t) \qquad (9.5)$$

상태의 관측과 비관측 요소의 쌍 (s_t, z_t)의 공동 마르코프 동학을 가진 이러한 프로세스를 은닉 마르코프 모델^{HMM}이라고 한다. HMM에서 한계 x_t만의 동학은 일반적으로 비마르코프 프로세스일 수 있다는 점에 유의한다.

놀랍게도 은닉 변수 z_t를 도입해 관측 가능 변수의 풍부한 동학을 생성하고 K차 마르코프 프로세스에서 필요한 것보다 훨씬 적은 수의 파라미터를 갖는 모델을 가질 수 있다. 이는 이러한 모델이 훈련을 위해 훨씬 적은 데이터를 필요로 할 수 있으며 마르코프 모델보다 표본 외에서 더 잘 작동할 수 있다는 것을 의미한다. 동시에 쌍 (s_t, z_t)가 마르코프인 모델은 계산적으로 효율적인 방식으로 구현될 수 있다. 음성 및 텍스트 인식, 로봇 공학, 금융에 대한 응용의 여러 예는 HMM이 고도로 복잡하고 충분히 현실적인 시퀀스와 시계열을 생성할 수 있음을 보여줬다.

모든 유형의 HMM 모델에서 중요한 질문은 은닉 상태 z_t를 모델링하는 방법이다. 이산형 분포 또는 연속형 분포를 가져야 하는가? 몇 개의 상태가 있는가? 은닉 상태의 동학 등을 어떻게 설정해야 하는가?

이 모든 것이 실무적으로 중요한 질문이지만 여기서는 모델링의 개념적 측면에 초점을 맞추고자 한다. 첫째, 은닉 변수 z_t의 도입은 직관적인 매력을 갖는다. 전통적으로 정치적 위험과 같은 많은 중요한 요소는 금융 모델 밖에 있기 때문에 그것들은 금융 모델에 알려지지 않는다. 그러한 숨겨진 위험 요인들에는 대개 강한 자기상관관계가 포함되기 때문에 각 타임스텝에서 그러한 알려지지 않은 위험을 상관관계가 없는 잡음으로 처리하는 것은 불충분할 수 있다. 이는 관측 가능한 양 x_t의 복잡한 시간 의존성을 설명하기 위한 전통적인 도구일 뿐만 아니라 모델의 관측 가능한 상태에 직접 포함되지 않은 위험 요인을 설명하기 위한 방법으로 금융 시장의 모델링에 은닉 프로세스를 통합하려는 두 번째 동기를 제공한다. (s_t, z_t) 쌍의 마르코프 동학을 가진 HMM은 관측 가능한 x_t에서 다소 유연한 비마르코프 동학 집합을 제공한다. 은닉 상태 확률이 단지 하나의 마지막 최근 은닉 상태가 아니라 이전 은닉 상태들의 긴 히스토리에 의존하는 (RNN 및 LSTM 신경망와 같은) 순환 확장으로 훨씬 더 풍부한 유형의 비마르코프 동학을 얻을 수 있다.

이것은 은닉 변수가 금융 머신러닝에 매우 유용할 수 있다는 것을 암시하지만 이러한 부분적으로 관측 가능한 환경에서 에이전트의 의사결정을 모델링하는 것은 환경을 완전히 관측할 수 있는 경우보다 더 어렵다. 따라서 9장의 나머지 부분에서는 동학이 마르코프로 가정되는 완전히 관측 가능한 시스템 내에서의 의사결정 모델을 다룰 것이다. 에이전트의 행동이 마르코프 모델링의 프레임워크에 추가돼 마르코프 의사결정 프로세스^{MDP} 기반 모델을 생성한다. 다음에 이 주제를 고려하자.

예제 9.2 포트폴리오 트레이딩과 강화학습

다기간 포트폴리오 운용 문제는 확률적 최적 제어$^{stochastic\ optimal\ control}$ 문제로 묘사할 수 있다. 주식과 단일 재무성 채권으로 구성된 포트폴리오를 고려해보자. 여기서 주식은 랜덤 수익률을 가진 위험한 투자로 간주하는 반면 재무성 채권은 무위험 할인율에 의해 결정되는 고정 수익률을 갖는 무위험 투자다. $p_n(t)$, $n = 1, ..., N$을 상이한 N 주식의 시점 t에서의 투자라 하고, b_t는 채권에 대한 투자라 하자. X_t가 시점 t의 투자 결정에 영향을 미칠 수 있는 모든 관련 포트폴리오 특정 및 시장 전반의 동적 변수 벡터라 하자. 벡터 X_t는 예를 들어 포트폴리오에 포함된 모든 주식의 시장 가격 및 SPY500과 같은 시장 지수와 다양한 섹터 지수, 물가상승률과 같은 거시경제적 요인 등을 포함할 수 있다. 그러면 이러한 시스템의 총 상태 벡터는 $s_t = (\mathbf{p}_t, b_t, \mathbf{X}_t)$다. 행동 a_t는 시점 t의 모든 주식과 채권에 대한 자본 배분의 $(N + 1)$차원 벡터가 될 것이다.

벡터 X_t의 모든 구성 요소를 관찰할 수 있는 경우 그 동학을 마르코프 프로세스로서 모델링할 수 있다. 그렇지 않고 벡터 X_t의 일부 구성 요소를 관찰할 수 없는 경우 동학에 HMM 공식을 사용할 수 있다. X_t에서 일부 구성 요소의 동학은 트레이더 에이전트의 행동에 의해 부분적으로 영향을 받을 수 있다. 예를 들어 주식의 시장 가격은 시장 영향 메커니즘을 통해 대규모 거래에 의해 움직일 수 있다. 따라서 트레이더 에이전트와 트레이더의 환경('시장')과의 상호작용 모델은 피드백 루프 효과를 포함할 수 있다.

멀티-스텝 포트폴리오 최적화의 목적은 예상되는 누적 보상을 최대화하는 것이다. 예를 들어 수익률의 1 스텝 분산에 의해 페널티가 부여되는 타임스텝 t에서 1 스텝 포트폴리오 수익률 $r_\Pi(s_t, a_t)$에 의해 주어지는 1 스텝 랜덤 보상, 즉 $R(s_t, a_t) = r_\Pi(s_t, a_t) - \lambda \mathrm{Var}[r_\Pi(s_t, a_t)]$를 고려할 수 있다. 여기서 λ는 위험 회피 성향이다. 이 랜덤 보상에 대한 기대값을 취하면 포트폴리오 최적화를 위한 고전적인 2차 함수의 마코위츠 보상(효용) 함수를 복구한다. 따라서 랜덤 보상 $R(s_t, a_t)$를 이용한 강화학습은 마코위츠 일기간 포트폴리오 최적화를 샘플 기반 다기간 설정으로 확장한다.

---

3. 마르코프 의사결정 프로세스

마르코프 의사결정 프로세스 모델은 제어^{control}를 묘사하는 새로운 자유도를 추가해 마르코프 모델을 확장한다. 강화학습에서 제어 변수는 에이전트의 행동을 설명할 수 있다. 제어는 에이전트에 의해 결정되며 피드백 루프의 존재를 통해 미래의 환경 진화를 수정할 수 있다. 피드백 루프를 사용한 제어 개념을 마르코프 프로세스의 프레임워크에 포함시키면 마르코프 의사결정 프로세스^{MDP, Markov Decision Process} 모델을 얻는다.

MDP 프레임워크는 상호작용에서 목표 지향 학습에 대한 정형화된 설명을 제공한다. 에이전트-환경 상호작용을 다음 세 가지 시그널의 메시지 전달로 묘사한다. 에이전트의 행동 시그널, 환경 상태 시그널, 에이전트의 보상, 즉 목적을 정의하는 시그널이 그것이다.

수학적 용어로 마르코프 의사결정 프로세스는 이산적 타임스텝 $t_0, \dots,$ t_n과 다음과 같은 요소들을 가진 튜플 $\{\mathcal{S}, \mathcal{A}(s), p(s'|s, a), \mathcal{R}, \gamma\}$에 의해 정의된다. 첫째, 상태 집합 $\mathcal{S}$를 갖고 있다. 그래서 각 관측된 $S_t \in \mathcal{S}$다. 공간 $\mathcal{S}$는 이산형 또는 연속형일 수 있다. $\mathcal{S}$가 유한이라면 유한한 MDP

를 갖고 그렇지 않으면 연속적인 상태 공간을 가진 MDP를 가진다.

둘째, 일련의 행동 $\mathcal{A}(s)$는 상태에서 취할 수 있는 가능한 행동 $A_t \in \mathcal{A}(s)$를 정의한다. 다시 집합 $\mathcal{A}(s)$는 이산형 또는 연속형일 수 있다. 전자의 경우 이산 행동 공간을 가진 MDP 모델을 가지며, 후자의 경우 연속 행동 MDP 모델을 얻는다.

다음으로 MDP는 이전 상태 S_{t-1}과 이 상태에서 취한 행동 A_{t-1}이 주어지면 다음 상태 S_t의 전이 확률 $p(s'|s, a) = p(S_t = s'|S_{t-1} = s, a_{t-1} = a)$에 의해 설정된다. 약간 더 일반적으로, 다음 상태 s'와 보상 $r \in \mathcal{R}$의 결합 확률을 설정할 수 있으며, 여기서 $\mathcal{R}$은 가능한 모든 보상의 집합이다.

$$p(s', r|s, a) = \Pr\left[S_t = s', R_t = r|S_{t-1} = s, a_{t-1} = a\right] \tag{9.6}$$
$$\sum_{s' \in \mathcal{S}, r \in \mathcal{R}} p(s', r|s, a) = 1, \ \forall s \in \mathcal{S}, a \in \mathcal{A}$$

이 결합 확률은 상태 전이 확률을 설정한다.

$$p(s'|s, a) = \Pr\left[S_t = s'|S_{t-1} = s, a_{t-1} = a\right] = \sum_{r \in \mathcal{R}} p(s', r|s, a) \tag{9.7}$$

또한 결합 확률은 행동 $a_{t-1} = a$를 취할 때 상태 $S_{t-1} = s$에서 받는 랜덤 보상 R_t의 기대값을 주는 기대 보상 함수 $r : \mathcal{S} \times \mathcal{A} \times \mathcal{S} \to \mathbb{R}$을 설정한다.

$$r(s, a, s') = \mathbb{E}\left[R_t|S_{t-1} = s, A_{t-1} = a, S_t = s'\right]$$
$$= \sum_{r \in \mathcal{R}} r\frac{p\left[S_t = s', R_t = r|S_{t-1} = s, a_{t-1} = a\right]}{p\left[S_t = s'|S_{t-1} = s, a_{t-1} = a\right]} \tag{9.8}$$

마지막으로 MDP는 할인율 γ를 설정할 필요가 있는데, 이는 0과 1 사이의 숫자다. 모든 단일 스텝 보상의 합에 의해 주어지는 총 누적 보상을 계산하고자 할인율 γ가 필요하다. 여기서 각각의 다음 항은 합에서 γ의 추가 제곱을 얻는다.

$$R(s_0, a_0) + \gamma R(s_1, a_1) + \gamma^2 R(s_2, a_2) + \ldots \qquad (9.9)$$

이는 $\gamma < 1$인한 지금 더 큰 보상을 받고 나중에 더 작은 보상을 받는 것이 지금 더 작은 보상을 받고 나중에 더 큰 보상을 받는 것보다 선호된다는 것을 의미한다. 할인율 γ는 단지 처음 시나리오가 둘째 시나리오보다 얼마나 더 선호되는가를 조절한다. 이는 MDP에 대한 할인율이 보상의 시간 가치를 반영하므로 금융에서의 할인율과 유사한 역할을 한다는 것을 의미한다. 따라서 금융 응용에서처럼 할인율 γ는 연속 복리 이자율과 같다고 생각할 수 있다. 무한기간 MDP에 대해 유한 총 보상을 갖고자 $\gamma < 1$이 요구된다.[2]

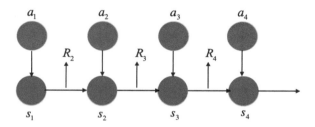

그림 9.1 마르코프 의사결정 프로세스의 인과성 다이어그램

그림 9.1에서는 마르코프 의사결정 프로세스를 묘사하는 그림을 보여준다. 청색 원은 이산 타임스텝에서 시스템 S_t의 진화하는 상태를 보인다. 이들 상태는 인과성^{causality} 관계를 나타내는 화살표에 의해 연결된다. 여기서 우리는 이전 청색 원으로부터 각 청색 원으로 들어가는 하나의 화살표만을 갖는데, 이는 동학의 마르코프 특성을 강조한다. 즉, 각 다음 상태는 이전 상태에만 의존하며 이전 상태의 전체 히스토리에는 영향을 받지 않는다. 녹색 원은 에이전트에 의해 취해지는 행동 A_t를 나타낸다. 위로 향하는 화살표는 행동 A_t를 취할 때 에이전트에 의해 받는

---

2. 무한 기간 MDP(infinite horizon MDP)를 위한 또 다른 공식화는 총 보상 대신 평균 보상을 최대화하는 것이다. 이와 같은 접근법은 할인율의 도입 없이 진행할 수 있게 한다. 이 책에서는 평균 보상을 가진 강화학습을 추구하지 않는다.

보상 R_t를 나타낸다.

마르코프 의사결정 프로세스 문제 또는 강화학습의 목적은 기대 총 누적 보상 식 (9.9)를 최대화하는 것이다. 이는 에이전트가 가능한 각 상태에서 어떻게 행동하는가를 지정하는 **결정 정책**decision policy의 적절한 선택에 의해 달성된다.

3.1 의사결정 정책

이제 마르코프 의사결정 프로세스에 대해 예상되는 총 보상을 최대화하는 목표를 실제로 달성할 수 있는 방법을 고려해보자. 강화학습의 목적은 미래에 수행되는 모든 행동에서 예상되는 총 보상을 최대화하는 것임을 상기한다. 지금은 이 문제를 해결해야 하지만 행동은 미래에 수행되기 때문에 이 문제를 해결하려면 **정책**policy을 정의해야 한다.

정책 $\pi(a|s)$는 현재 상태 $S_t = s$를 취해 행동 $A_t = a$로 변환하는 함수다. 다시 말해 이 함수는 마르코프 결정 프로세스의 행동 공간에 상태 공간을 매핑한다. 시스템이 벡터 S_t에 의해 설명되는 상태에 현재 있다면 다음 행동 A_t는 정책 함수 $\pi(S_t)$에 의해 주어진다. 정책 함수가 해당 인수 S_t의 관행적인 함수인 경우 출력 A_t는 단일 숫자가 된다. 예를 들어 정책 함수가 $\pi(S_t) = 0.5S_t$라면 가능한 각 S_t 값에 대해 취할 행동이 하나씩 있다. 이러한 정책 설정을 **결정적 정책**deterministic policy이라고 한다.

MDP의 정책을 분석하는 또 하나의 방법은 확률적 정책stochastic policy을 고려하는 것이다. 이 경우 정책 $\pi(a|s)$는 함수가 아니라 확률분포를 묘사한다. 예를 들어 두 행동 a_0와 a_1이 있다고 가정하면 확률적 정책은 로지스틱 함수 $\pi_0 := \pi(a = a_0|s) = \sigma(\theta^T s) = \frac{1}{1+\exp(-\theta^T s)}$와 $\pi_1 := \pi(a = a_1|s) = 1 - \pi_0$에 의해 주어진다.

이제 이들 두 설정 간의 차이를 좀 더 자세히 살펴보자.

첫째, 결정적 정책을 고려한다. 이 경우 취할 행동 A_t는 현재 상태 S_t에 적용되는 결정적 정책 함수 $\pi(S_t)$의 값에 의해 주어진다. RL 에이전트가 시스템의 동일한 상태 S_t에 두 번 이상 있다고 판단하면 매번 정확히 동일한 방식으로 동작한다. 어떻게 동작할지는 현재 상태 S_t에 따라 달라지지만 이전 히스토리에 따라 달라지지는 않는다. 이 가정은 특정 미래 상태를 관측할 확률은 현재 상태에만 의존하며, 이전의 어떤 상태에도 의존하지 않는 시스템 동학의 마르코프 속성과의 일관성을 보장하기 위한 것이다. 실제로 마르코프 의사결정 프로세스에 대해 항상 최적의 결정적 정책이 존재한다는 것이 입증할 수 있으므로 우리의 과제는 단순히 가능한 모든 결정적 정책 중에서 그것을 식별하는 것이다.

이것이 사실인 한 결정적 정책이 마르코프 의사결정 과정을 해결하는 데 필요한 전부인 것처럼 보일 수도 있다. 그러나 두 번째 클래스의 정책, 즉 확률적 정책은 강화학습에 종종 유용한 것으로 밝혀졌다.

확률적 정책의 경우 정책 $\pi(a\,|\,s)$는 가능한 액션 $A_t = a$에 대한 확률분포가 된다. 이 분포는 분포의 파라미터로서 $S_t = s$의 현재 값에 따라 달라질 수 있다. 따라서 결정적 정책 대신 확률적 정책을 사용하면 에이전트가 동일한 상태를 다시 방문할 때 이 상태에서 마지막으로 수행한 행동과 다른 행동을 취할 수 있다. 확률적 정책 클래스는 결정적 정책의 클래스보다 넓으며, 이는 항상 결정적 정책을 분포가 디렉 델타 함수^{Dirac delta function}로 압축되는 확률적 정책의 극한으로 생각할 수 있기 때문이다. 예를 들어 확률적 정책이 분산 σ^2의 가우시안 분포에 의해 주어진 경우 극한 $\sigma^2 \to 0$을 취함으로써 이 설정에서 결정적 디렉 의사 정책^{Dirac-like policy}을 얻을 수 있다.

우리는 확률적 정책을 좀 더 일반적인 사양으로 고려할 수 있지만 왜 그러한 확률적 정책을 고려하려고 하는가? 어떤 경우에는 확률적 정책이 불필요한 복잡성을 도입할 수 있다는 것이 밝혀졌다. 특히 MDP에서 전이 확률을 안다면 최적의 결정적 정책을 찾고자 결정적 정책만 고려할 수 있다. 이를 위해서는 다음 절에서 소개하는 벨만 방정식만 풀면 된다.

그러나 전이 확률을 모르는 경우 데이터에서 전이 확률을 추정해 벨만 방정식을 해결하는 데 사용하거나 강화학습 접근법에 따라 샘플링에 의존해야 한다. 이 경우 어떤 확률적 정책에 따른 가능한 행동의 랜덤화는 모델의 더 나은 추정을 위한 탐험을 위해 어느 정도 여유를 제공할 수 있다.

확률적 정책이 유용할 수 있는 두 번째 사례는 완전히 관측된 (마르코프) 프로세스 대신 환경이 부분적으로 관측되는 동적 모델(예, HMM 프로세스)을 사용하는 경우다. 이 모델에 추가 제어 변수를 도입하면 부분적으로 관측 가능한 마르코프 결정 프로세스 또는 줄여서 POMDP^{Partially} **Observable Markov Decision Process**가 생성된다. 확률적 정책은 POMDP 프로세스에 최적일 수 있으며 이는 최상의 정책을 항상 결정적 정책 클래스에서 찾을 수 있는 완전 관측 가능한 MDP 사례와는 다르다.

금융에 대한 많은 실제 관심 문제는 틀림없이 POMDP 공식에 해당될 것이지만 그러한 공식화는 완전히 관찰된 MDP 설정에 대한 강화학습에 초점을 두는 이 책의 범위를 벗어난다.

3.2 가치 함수와 벨만 방정식

앞에서 언급한 바와 같이 행동에 의한 학습의 일반적인 보조 작업은 주어진 환경 상태를 평가하는 것이다. 에이전트가 수행한 일련의 행동에 의해 정의되기 때문에 에이전트가 획득한 국지적 보상과 연관시키기를 원한다. 정책 π에 대해 가치 함수 $V^\pi(s)$를 정의하는 한 가지 방법은 상태 $S_t = s$에서 시작해 정책 π를 따름으로써 얻을 수 있는 기대 총 보상으로 설정하는 것이다. 즉, 다음과 같다.

$$V_t^\pi(s) = \mathbb{E}_t^\pi\left[\sum_{i=0}^{T-t-1} \gamma^i R\left(S_{t+i}, a_{t+i}, S_{t+i+1}\right) \middle| S_t = s\right] \tag{9.10}$$

여기서 $R(S_{t+i}, a_{t+i}, S_{t+i+1})$은 시점 $t + i$에서의 랜덤 미래 보상이고 T는 플래닝 기간이며(무한 기간 경우는 $T = \infty$에 해당한다), $\mathbb{E}_t^\pi\left[\cdot | S_t = s\right]$는 정책 π에 따라 미래 행동이 선택된다고 가정하면 세상의 모든 미래 상태에 걸쳐 시점 t에서 평균을 취하는 것(조건적 기대)을 의미한다.

가치 함수 식 (9.10)은 강화학습의 두 가지 주요 설정에 사용할 수 있다. 에피소드 작업에 대해 에이전트 학습 문제는 자연스럽게 고정 또는 가변 길이 $T < \infty$ 둘 중 하나일 수 있는 에피소드로 구분된다. 이러한 작업의 경우 미래 보상을 위해 할인 계수 γ를 사용하는 것이 엄격히 필요하지 않으며 원할 경우 거기에 $\gamma = 1$을 설정할 수 있다. 한편 지속적인 작업의 경우 에이전트와 환경 간의 상호작용이 자연스럽게 에피소드로 이어지지 않는다. 이러한 작업은 식 (9.10)의 $T = \infty$인 경우에 해당하므로 무한 보상 시리즈의 수렴을 보장하고자 $\gamma < 1$을 유지해야 한다.

따라서 상태-가치 함수 $V_\pi^t(s)$는 강화학습에서 랜덤 수익 G_t로도 알려진 총 누적 보상에 대한 조건부 기대값에 의해 주어진다.

$$G_t = \sum_{i=0}^{T-t-1} \gamma^i R\left(S_{t+i}, a_{t+i}, S_{t+i+1}\right) \tag{9.11}$$

가능한 각 상태 $S_t = s$에 대해 상태-가치 함수state-value function $V^\pi(s)$는 정책 π를 사용해 총 보상을 최대화하는 작업에 대해 이 상태의 '가치'를 제공한다. 따라서 상태-가치 함수 $V_\pi^t(s)$는 s와 의사결정 정책 π의 범함수 functional(즉, 함수의 함수)의 함수다. 시간 동질적 문제의 경우 시간 인덱스를 생략할 수 있다. 즉, $V_\pi^t(s) \rightarrow V^\pi(s)$다.

유사하게 우리는 동시에 상태 s에 있는 가치를 지정할 수 있고 첫 번째 행동으로 행동 a를 취할 수 있으며, 다음의 모든 행동에 대해 정책 π를 따를 수 있다. 이는 행동-가치 함수$^{\text{action-value function}}$ $Q^\pi(s, a)$를 정의한다.

$$Q_t^\pi(s,a) = \mathbb{E}_t^\pi \left[\sum_{i=0}^{T-t-1} \gamma^i R\left(S_{t+i}, a_{t+i}, S_{t+i+1}\right) \middle| S_t = s, a_t = a \right]. \quad (9.12)$$

상태-가치 함수 $V_\pi^t(s)$와 비교하면 행동-가치 함수 $Q^\pi(s, a)$는 타임스텝 t에 취해진 행동인 추가적 인수 a에 의존한다. 행동-가치 함수 $Q^\pi(s, a)$에 임의의 입력 $a \in \mathcal{A}$를 고려할 수 있지만 우리가 특별히 관심을 갖는 경우는 첫 번째 행동 a가 정책 $\pi(a|s)$에서 추출되는 특수한 경우다. 이 경우 상태-가치 함수와 행동-가치 함수 간에서 다음 관계를 얻을 수 있다.

$$V_t^\pi(s) = \mathbb{E}^\pi\left[Q_t^\pi(s,a)\right] = \sum_{a \in \mathcal{A}} \pi(a|s) Q_t^\pi(s,a). \quad (9.13)$$

9장에서 유한(이산적) MDP 공식화를 가정하지만 합을 적분으로 대체하면 동일한 공식을 연속-상태 MDP에도 적용할 수 있다.

상태-가치 함수 $V_\pi^t(s)$와 행동-가치 함수 $Q^\pi(s, a)$는 모두 상태에서 총 누적 보상인 G_t의 조건부 기대값으로 주어진다. 따라서 상이한 상태에서 얻어지는 총 누적 보상 G_t를 관측할 수 있다면 이들 가치 함수는 데이터에서 직접 구할 수 있을 것이다. 유한 MDP 모델에서 가장 간단한 모델이 나온다. 우리가 K개의 상태를 갖고 있고 K 상태의 각각에서 시작해 각 상태에 대해 얻어지는 상태, 행동, 보상의 관측된 시퀀스를 가리키는 데이터를 가진다고 가정하자. 그러면 상이한 상태의 가치 함수는 이들 관측된(또는 시뮬레이트된) 시퀀스를 이용해 실증적으로 추정될 수 있다. 이와 같은 방법은 강화학습 문헌에서 **몬테카를로**$^{\text{Monte Carlo}}$ 방법이라 부른다.

가치 함수를 분석하는 또 하나의 방법은 누적 미래 보상의 기대값으로 정의되는 특별한 구조에 의존하는 것이다. 다음에서 보는 바와 같이 이는 상태-가치 함수 식 (9.10)과 행동-가치 함수 식 (9.12)에 대한 특정 방정식을 도출하고자 사용될 수 있다.

우선 상태-가치 함수 식 (9.10)을 고려하자. 첫째 항을 합에서 분리하고, 후자를 첫째 항과 유사하지만 둘째 항으로 시작하는 합과 더한 것으로 다음과 같이 표현할 수 있다.

$$V_t^\pi(s) = \mathbb{E}_t^\pi \left[R(s, a_t, S_{t+1}) \right] + \gamma \mathbb{E}_t^\pi \left[\sum_{i=1}^{T-t-1} \gamma^i R(S_{t+i}, a_{t+i}, S_{t+i+1}) \middle| S_t = s \right]$$

이 방정식에서 우변의 첫째 항은 현재 스텝으로부터의 기대 보상일 뿐이다. 둘째 항은 다음 타임스텝 $t+1$에서의 어떤 다른 상태 s'의 가치 함수의 기대값에 할인 계수 γ를 곱한 것과 같다. 이로부터 다음을 얻는다.

$$V_t^\pi(s) = \mathbb{E}_t^\pi \left[R_t(s, a, s') \right] + \gamma \mathbb{E}_t^\pi \left[V_{t+1}^\pi(s'). \right] \tag{9.14}$$

방정식 (9.14)는 즉각적 기대 보상과 예상되는 다음 상태의 할인된 기대값의 합으로써 상태의 가치에 대한 표현을 준다. 더 나아가 이 표현의 시점-t 기대 $\mathbb{E}_t^\pi[\cdot]$는 현재 상태 $S_t = s$에 조건부를 의미한다.

따라서 방정식(9.14)는 $t = T - 1$로 시작해 시간을 거슬러 올라감으로써 시간 $t+1$에서 미래 값의 관점에서 시간 t에서의 가치 함수 계산을 가능하게 하는 간단한 재귀 체계를 제공한다. 이 관계를 '가치 함수에 대한 벨만 방정식'이라고 한다. 나중에 벨만 방정식이라고도 불리는 방정식을 몇 개 더 소개할 것이다. 이는 1950년대에 리차드 벨만[Richard Bellman]에 의해 동적 프로그래밍에 대한 그의 선구적인 연구의 맥락에서 제안됐다. 두 번째 기대 항은 $V_{t+1}^\pi(s')$의 선형 범함수이기 때문에 선형 방정식이라는 것을 유의하라. 특히 N개의 구별되는 상태에 대한 유한 MDP에 대해 벨만 방정식은 즉각 보상의 기대값과 $t+1$ 시점에서 상태로의 전이 확률과 우변에 기대값으로 들어가는 다음 기간의 가치 함수 $V_{t+1}^\pi(s')$의 표현으로, 각 상태에 대해 시점 t의 가치 함수를 정의하는 N개의 선형 방정식 집합을 생성한다. 전이 확률이 알려져 있다면 선형 대수의 방법을 사용해 이 선형 시스템을 쉽게 풀 수 있다.

마지막으로 벨만 방정식 (9.14)로 이어지는 모든 단계를 반복할 수 있지만 상태-가치 함수가 아닌 행동-가치 함수로 시작할 수 있다. 이렇게 하면 행동-가치 함수에 대한 벨만 방정식이 생성된다.

$$Q_t^\pi(s, a) = \mathbb{E}_t^\pi \left[R_t(s, a, s') \right] + \gamma \mathbb{E}_t^\pi \left[V_{t+1}^\pi(s') \right] \tag{9.15}$$

식 (9.14)와 유사하게 이는 유한 MDP 모델에 대한 선형 대수를 사용해 시간의 역방향 진행으로 풀 수 있는 선형 방정식이다.

〉 유한 대 무한 기간의 학습

MDP 문제가 유한 $T < \infty$와 무한 $T \rightarrow \infty$ 기간 모두의 경우에 대해 동일하게 형성될 수 있지만 계산적으로 이들은 상이한 알고리듬을 산출한다. 시간에 명시적으로 의존하지 않는 보상을 가진 무한 기간 MDP 문제에 대해 상태-가치와 행동-가치 함수는 명시적으로 시간에 의존하지 않을 것이다. 즉, $V_t(s_t) \rightarrow V(s_t)$이며 유사하게 $G_t(s_t, a_t) \rightarrow G(s_t, a_t)$이고 이와 같은 문제의 시간 불변성을 표현한다. 시간-불변 문제에 대해 벨만 방정식 (9.15)는 상이한 함수 $Q_t(s_t, a_t)$와 $Q_{t+1}(s_{t+1}, a_{t+1})$ 간의 재귀 관계라기보다는 동일한 함수 $Q(s, t)$에 대한 고정점 방정식fixed point equation이 된다.

기존의 많은 교과서 및 기타 자료들이 수렴 분석을 포함해 시간 독립적 설정에 대해 MDP와 RL에 대한 알고리듬을 제시하고 추구하는 데 초점을 맞추고 있지만 적절한 질문은 두 가지 유형의 MDP 문제 중 어떤 것이 금융 응용에 더 관련이 있는가이다. 우리는 계량 금융의 대부분의 목적이 1일, 1개월, 1분기 등과 같은 어떤 사전 지정된 기간에 걸친 성과에 초점을 맞추기 때문에 유한 기간 MDP 문제가 금융에서 더 일반적이라고 제시하는 경향이 있다. 예를 들어 뮤추얼 펀드 또는 ETF에 대한 $T = 1Y$의 연간 성과 기간은 MDP 공식에서 플래닝을 위한 자연적인 기간을 설정한다. 반면에 주어진 기간은 많은 수의 더 작은 타임스텝으로 구성될 수 있다. 예를 들어 일일 펀드 실적은 일중 1분 단위로 실행되는 여러 거래에서 초래될 수 있다. 또는 30년이라는 기간을 가진 장기 퇴직 포트폴리오의 다기간 최적화를 월별 또는 분기별 스텝의 스케일로 볼 수 있다. 이러한 경우 고정된 많은 수의 타임스텝을 가진 초기에 시간 의존적 문제를 시간 독립적인 무한 기간 문제로 근사하는 것이 합리적일 수 있다. 후자는 타임스텝의 수가 무한으로 갈 때 원래 문제의 근사치로 구해진다. 따라서 무한 기간 MDP 공식은 긴 시퀀스와 관련된 문제에 대한 유용한 근사치로 작동할 수 있다.

3.3 최적 정책과 벨만 최적성

다음으로 최적 가치 함수 V_t^*를 도입한다. 상태에 대한 최적 가치 함수는 모든 가능한 정책 중 이 상태에 대한 가장 높은 가치 함수일 뿐이다. 따라서 최적 가치 함수는 우리가 π_*라고 부르는 어떤 최적 정책에 대해 달성된다. 여기서 중요한 점은 최적 정책 π_*가 시스템의 모든 상태에 대해 최적이라는 것이다. 이것은 V_t^*가 어떠한 다른 정책 π의 V_t^π보다 어떠한 상태 S에 대해서도 크거나 같아야 한다. 즉, $V_t^\star := V_t^{\pi_*}(s) \geq V^\pi(s), \forall s \in \mathcal{S}$ 일 경우 $\pi_* > \pi$ 이어야 한다. 따라서 다음과 같이 V_*를 표현할 수 있다.

$$V_t^\star(s) := V_t^{\pi_*}(s) = \max_\pi V_t^\pi(s), \quad \forall s \in \mathcal{S} \tag{9.16}$$

동일하게 최적 정책 π_*는 행동-가치 함수로 결정될 수 있다.

$$Q_t^\star(s,a) := Q_t^{\pi_*}(s,a) = \max_\pi Q_t^\pi(s,a), \quad \forall s \in \mathcal{S} \tag{9.17}$$

이 함수는 상태 s에서 행동 a를 취하고 그 이후에 최적 정책을 따를 때의 기대 보상을 제공한다. 따라서 최적 행동-가치 함수는 식 (9.15)에 의해 얻을 수 있는 다음의 벨만 방정식으로 표현될 수 있다.

$$Q_t^\star(s,a) = \mathbb{E}_t^\star [R_t(s,a,s')] + \gamma \mathbb{E}_t^\star [V_{t+1}^\star(s')] \qquad (9.18)$$

이 방정식은 벨만 방정식 (9.14)에서처럼 상이한 타임스텝에서의 동일한 함수의 값이 아니라 2개의 최적 함수 $Q_t^\star(s,a)$와 $V_t^\star(s)$를 포함하므로 실무적으로 작업하기 불편하다는 것을 유의하라. 그러나 최적-가치 함수 $Q_t^\star(s,a)$에 대한 벨만 방정식을 $Q_t^\star(s,a)$ 함수만의 표현으로 얻을 수 있다.

$$V_t^\star(s) = \max_a Q_t^\star(s,a) \qquad (9.19)$$

이제 시점 $t+1$에서 평가된 식 (9.19)를 식 (9.18)에 대입할 수 있다. 이는 다음의 방정식을 산출한다.

$$Q_t^\star(s,a) = \mathbb{E}_t^\star \left[R_t(s,a,s') + \gamma \max_{a'} Q_{t+1}^\star(s',a') \right] \qquad (9.20)$$

식 (9.18)과 달리 이 방정식은 최적 행동-가치 함수를 이후 시점의 동일한 함수 값과 연결한다. 이 방정식은 행동-가치 함수에 대한 **벨만 최적성 방정식**Bellman Optimality Equation이라 불리며, 이는 동적 프로그래밍과 강화학습 모두에 중요한 역할을 한다. 이는 지금 최적 행동을 취하고 나중에 최적 정책을 따름으로써 최적 누적 보상이 얻어진다고 하는 유명한 벨만의 최적성 원리를 표현한다.

식 (9.18)과는 달리 벨만 최적성 방정식 (9.20)은 기대값 내부의 최대값 연산으로 인해 비선형 방정식이라는 점에 유의한다. 관련해 벨만 최적성 방정식은 임의의 고정된 정책 π를 유지하는 선형 벨만 방정식 (9.14)보다 풀기 어렵다. 벨만 최적성 방정식은 대개 수치적으로 푼다. 다음 절에서 이것을 푸는 몇 가지 고전적인 방법을 알아본다.

최적 상태-가치 함수 $V_t^\star(s)$에 대한 벨만 방정식은 식 (9.18)과 식 (9.19)를 이용해 다음과 같이 구할 수 있다.

$$V_t^\star(s) = \max_a \mathbb{E}_t^\star [R_t(s,a,s') + \gamma V_{t+1}^\star(s')] \qquad (9.21)$$

식 (9.20)과 같이 상태-가치 함수에 대한 벨만 최적성 방정식 (9.21)은 최 대값 연산으로 인해 비선형 방정식이다.

최적의 상태-가치 또는 행동-가치 함수가 이미 알려져 있다면 최적 행동을 찾는 것은 간단하며 본질적으로 '탐욕스러운' 1 스텝 최대화에 해당한다. '탐욕'이라는 용어는 컴퓨터 과학에서 중간(1 스텝) 고려 사항만 기반으로 하고 장기적인 의미에 대한 고려 사항은 기반으로 하지 않는 알고리듬을 묘사하고자 사용된다. 최적의 상태-가치 함수 $V_t^*(s)$를 이미 알고 있다면 이는 이 가치 함수에 내포된 모든 타임스텝의 행동이 이미 최적임을 의미한다. 이는 여전히 현재 타임스텝에서 어떤 행동을 선택해야 하는지를 스스로 결정하지는 않는다. 그러나 후속 스텝의 행동이 이미 최적이라는 것을 알고 있기 때문에 이 설정에서 최상의 다음 행동을 찾으려면 현재 상태에 대한 즉각적인 후속 상태만을 고려하는 탐욕스러운 1 스텝 탐색만 수행하면 된다. 즉, 최적의 상태-가치 함수 $V_t^*(s)$를 사용할 때 최적의 행동을 위한 1 스텝 전방 탐색¹⁻ˢᵗᵉᵖ ᵃʰᵉᵃᵈ ˢᵉᵃʳᶜʰ이 장기적 최적 행동을 생성한다.

최적 행동-가치 함수 $Q_t^*(s, a)$를 사용하면 현재 단계에서 최적의 행동에 대한 탐색은 훨씬 더 간단하며, a에 대해 단순히 $Q_t^*(s, a)$를 최대화하는 것에 해당한다. 이를 위해서는 가능한 후속 상태 및 그 가치에 대한 어떠한 정보도 사용할 필요가 없다. 이는 동학에 대한 모든 관련 정보가 이미 $Q_t^*(s, a)$로 인코딩돼 있음을 의미한다.

벨만 최적성 방정식 (9.20)과 (9.21)은 MDP 모델의 형식주의하에서 의사결정을 위한 중심 객체다. 동적 프로그래밍 방법은 이러한 방정식의 정확한 해 또는 수치적 해에 초점을 맞춘다. 많은(전부는 아니지만) 강화학습 방법은 또한 벨만 최적성 방정식 (9.20)과 (9.21)에 대한 해를 기반으로 한다. 나중에 더 자세히 보게 되겠지만 전통적인 동적 프로그래밍 방법과 이러한 방법의 주요 차이점은 이론적 모델의 전이ᵗʳᵃⁿˢⁱᵗⁱᵒⁿ보다는 경험적으로 관측된 전이에 의존한다는 것이다.

시간 동질적$^{\text{time-homogeneous}}$(무한 기간) 문제에 대해 가치 함수는 명시적으로 시간에 의존하지 않으며, 벨만 방정식 (9.14)는 이 경우 다음과 같이 간결한 형태로 쓸 수 있다.

$$T^{\pi}V^{\pi} = V^{\pi} \tag{9.22}$$

여기서 $T^{\pi} : \mathbb{R}^{S} \to \mathbb{R}^{S}$는 다음의 벨만 연산자$^{\text{Bellman operator}}$를 나타낸다.

$$(T^{\pi}V)(s) = r(s, \pi(s)) + \gamma \sum_{s' \in \mathcal{S}} p(s', s, \pi(s))V(s'), \quad \forall s \in \mathcal{S} \tag{9.23}$$

따라서 시간-정상적$^{\text{time-stationary}}$ MDP 문제에 대해 벨만 방정식은 고정점 방정식이 된다. $0 < \gamma < 1$이면 T^{π}는 최대 노름 축소$^{\text{maximum-norm contraction}}$이고, 고정점 방정식 (9.22)는 유일 해를 갖는다. 예를 들어 Bertsekas(2012)를 참고하라.

유사하게 벨만 최적 방정식 (9.21)은 시간-정상적 경우로 다음과 같이 쓸 수 있다.

$$T^{\star}V^{\star} = V^{\star} \tag{9.24}$$

여기서 $T^{\pi} : \mathbb{R}^{S} \to \mathbb{R}^{S}$는 다음의 벨만 최적성 연산자$^{\text{Bellman optimality operator}}$다.

$$(T^{\pi}V)(s) = \max_{a \in \mathcal{A}} \left\{ r(s, a) + \gamma \sum_{s' \in \mathcal{S}} p(s', s, a)V(s') \right\}, \quad \forall s \in \mathcal{S} \tag{9.25}$$

다시 한 번 $0 < \gamma < 1$이면 T^{π}는 최대 노름 축소$^{\text{maximum-norm contraction}}$이고 고정점 방정식 (9.22)는 유일 해를 갖는다. Bertsekas(2012)를 참고하라.

유한 기간 MDP 문제의 경우 벨만 방정식 (9.14)와 (9.21)은 상이한 함수와 $V_{t+1}^{\pi}(s_{t+1})$ 간의 재귀 관계가 된다. 이 경우에 대한 해의 존재는 확률적 최단 경로$^{\text{SSP, Stochastic Short-Path}}$ 문제로 유한 기간 MDP 문제를 매핑함으로써 확립할 수 있다. SSP 문제는 특정한 최종(흡수) 상태를 가지며, 에이전트의 문제는 최종 상태에 이르는 경로에 최소 예상 총 비용을 발생시키는 것이다. SSP에 대한 벨만 방정식의 존재에 대한 자세한 내용은 Bertsekas(2012)의 Vol. II를 참고하라. 유한 기간 MDP에서 시점 t는 프로세스의 단계stage로 생각할 수 있으며, N 스텝 후에 시스템이 확률 1로 흡수 상태absorbing state로 진입한다. 따라서 유한 기간 문제는 증강 상태 $\tilde{s}_t = (s_t, t)$를 가진 SSP 문제에 매핑된다.

---

4. 동적 프로그래밍 방법

벨만(1957)이 개척한 동적 프로그래밍DP은 환경이 마르코프이고 완전히 관측 가능할 때 최적의 정책을 찾는 문제를 푸는 데 사용할 수 있는 알고리듬 모음으로, 마르코프 의사결정 프로세스의 형식주의를 사용할 수 있다. 동적 프로그래밍 접근법은 일반적으로 상태 수가 낮은 유한 MDP 모델에서 작동하며, 또한 환경 모델이 완벽하게 알려져 있다고 가정한다. 환경 모델을 일반적으로 사전에 알 수 없는 실제 관심 문제에서 두 경우 모두 거의 발생하지 않으며 상태 공간은 종종 이산적이고 고차원 또는 연속 또는 다차원으로 연속이다. 유한 MDP에 대한 정확한 해를 찾는 DP 방법은 그러한 상황에서는 실현 불가능하다.

그럼에도 불구하고 DP 방법은 일반적으로 실제 문제에 매우 유용하지 않지만 '실제 세계' 응용에서 작동하며 강화학습에 작동하는 다른 방법들뿐만 아니라 근사적 동적 프로그래밍과 같은 다른 관련 접근법을 이해하는 데 근본적으로 중요하다. 예를 들어 DP 방법을 사용해, 알려진 확률 전이 행렬로 수행한 시뮬레이션 데이터에 적용된 RL 알고리듬을 검증할 수 있다. 여기서 가장 인기 있는 DP 알고리듬을 분석하려고 한다.

이러한 모든 알고리듬의 공통 특성은 모두 정책과 상태의 품질을 축약된 표현으로서의 상태-가치 함수(또는 행동-가치 함수 또는 둘 다)의 개념에 의존한다는 것이다. 각각 RL 방법에 의해 수행되는 (잠재적으로 고차원적인) 샘플 기반 접근법으로의 이들 알고리듬 확장을 일반적으로 가치 함수 기반 RL^{value function based RL}이라고 한다.

어떤 RL 방법은 가치 함수의 개념에 의존하지 않으며 정책만으로 작동한다. 이 책에서는 주로 가치 함수 기반 RL에 초점을 맞출 것이지만 때때로 '정책 반복^{policy iteration}'에 기초한 대안적 접근법의 예를 볼 것이다.

또한 이 절에서 고려한 모든 접근법은 상태-행동 공간이 이산적임을 의미한다. 일반적으로 명시적으로 지정되지 않지만 상태 공간의 차원성은 충분히 낮다고 가정돼야 결과가 되는 계산 알고리듬이 실제로 실현 가능할 것이다. DP 접근법은 또한 값의 범위를 이산화해 연속 상태를 가진 시스템에 사용된다. 다차원 연속 상태 공간의 경우 각 개별 구성 요소를 이산화한 다음 개별 그리드의 직접 곱을 취하고 모든 결과가 되는 상태를 인덱싱해 이산화된 일차원 표현을 생성할 수 있다. 그러나 이 접근법은 간단하며 연속 차원의 수가 충분히 낮을 때(예를 들어 3 또는 4를 초과하지 않을 때) 실현할 수 있다. 고차원 연속 문제의 경우 개별 그리드의 교차 곱을 형성하는 단순한 이산화도 다수의 이산화 스텝을 기하급수적으로 폭발적으로 증가시켜 실무에서는 빠르게 실현 불가능해진다.

4.1 정책 평가

앞에서 언급한 바와 같이 상태-가치 함수 $V_t^\pi(s)$는 에이전트가 자신의 행동을 선택할 때 정책 π를 따를 경우 현재 상태 $S_t = s$의 가치를 제공한다. 이 절에서 검토할 시간-정상성 MDP의 경우 벨만 방정식 (9.14)의 시간 독립^{time-independent} 버전은 다음과 같다.

$$V^\pi(s) = \mathbb{E}_t^\pi \left[R(s, a_t, S_{t+1}) + \gamma V^\pi(s') \right] \tag{9.26}$$

반면 벨만 최적성 방정식 (9.21)의 시간-독립 버전은 다음과 같다.

$$V^\star(s) = \max_a \mathbb{E}_t^\star \left[R(s, a, s') + \gamma V^\star(s') \right] \tag{9.27}$$

따라서 시간-정상적 문제의 경우 주어진 정책 π에 대한 상태-가치 함수 $V^\pi(s)$를 찾는 문제는 일련의 $|\mathcal{S}|$개 선형 방정식을 푸는 것과 같다. 여기서 $|\mathcal{S}|$는 상태 공간의 차원성을 나타낸다. 이러한 시스템을 (1 스텝으로) 직접 푸는 것은 역행렬 연산을 포함하므로 이러한 해는 상태 공간의 차원성 $|\mathcal{S}|$이 커질 때 비용이 많이 들 수 있다.

대안으로 벨만 방정식 (9.26)을 사용해 이를 풀기 위한 재귀적 접근법을 설정할 수 있다. 이는 선형 대수 접근법으로 얻은 명시적 1 스텝 공식보다는 상태-가치 함수를 찾기 위한 멀티스텝 수치 알고리듬을 생성하지만 실무에서 전자보다 더 잘 작동하는 경우가 많다.

이 아이디어는 벨만 방정식 (9.26)을 단순히 스텝 $k = 0, 1, \ldots$ 에 의해 인덱싱되는 반복 매핑의 $k \to \infty$에 따른 수렴에서의 정상점으로 보는 것인데, 이는 다음의 벨만 연산자를 가치 함수의 이전 반복 시행 $V_k^{(\pi)}(s)$에 적용해 얻어진다($V_k^{(\pi)}(s)$에서 아래첨자 k는 반복 시행을 세며 이 절에서는 시간-동질적 MDP로 작업하므로 생략한 시간 인덱스 t를 대신한다).

$$\mathcal{T}^\pi [V] := \mathbb{E}_t^\pi \left[R(s, a_t, S_{t+1}) + \gamma V(s') \right] \tag{9.28}$$

이는 다음 업데이트 규칙을 생성한다.

$$V_k^\pi(s) = \mathbb{E}_t^\pi \left[R(s, a_t, S_{t+1}) + \gamma V_{k-1}^\pi(s') \right] \tag{9.29}$$

이 관계를 이해하는 비공식적인 방법은 재귀recursion를 순차적 프로세스로 생각하는 것이다. 프로세스의 순차적 특성은 시간 개념에 매핑될 수 있다. 따라서 원래의 시간 의존 벨만 방정식 (9.14)에서 $T - t \to k$를 공식적으로 대체하면 식 (9.29)를 생성한다. 관계식 (9.29)는 종종 벨만 반복

Bellman iteration이라고 한다. 벨만 반복은 벨만 연산자 식 (9.28)에 대한 몇 가지 기술적 조건하에서 수렴되는 것으로 입증됐다. 특히 보상은 매핑의 수렴을 보장하고자 제한될 필요가 있다.

어떠한 주어진 정책 π에 대해서도 정책 반복policy iteration 알고리듬은 어떤 초기 추측(예, $V_0^{(\pi)}(s) = 0$)으로 시작해 벨만 방정식 (9.29)를 반복적으로 적용하는 것에 해당한다. 반복 시행은 주어진 허용 수준의 수렴이 달성될 때까지 계속되거나 또는 미리 지정된 스텝 수 동안 실행될 수 있다. 각 반복 시행은 선형 연산만 관련되므로 매우 빠르게 실행될 수 있다. DP 접근법에서 환경 모델이 완벽하게 알려져 있다고 가정한다는 것을 여기서 상기하라. 따라서 모든 기대는 선형이고 빠르게 계산된다. 이 방법은 고차원 이산 상태 공간에 확장할 수 있다.

정책 평가policy evaluation 알고리듬은 단일 정책 π를 평가하는 데 매우 빠를 수 있지만 동적 프로그래밍과 강화학습 접근법 모두의 목적이 최적 정책 π·를 발견하는 것이다. 이는 수많은 다른 접근법의 가능성을 열어준다. 한 클래스의 접근법에서 우리는 일련의 후보 정책 {π}를 고려하고 그 중 하나를 선택해 정책 π·를 찾는다. 이들 방법을 '정책 반복policy iteration' 알고리듬이라고 하며, 이들은 정책 평가 알고리듬을 필수적인 부분으로 사용한다. 다음에서 이 알고리듬을 고려한다.

4.2 정책 반복

정책 반복은 유한 MDP 모델에 대한 고전적 알고리듬이다. 다시 우리는 정상성 문제만을 고려한다. 따라서 시간 인덱스를 반복 시행 인덱스로 대체한다. 즉, $V_{T-t}^{\pi}(s) \to V_k^{\star}(s)$ 또한 이 알고리듬의 목적이 최적 $\pi = \pi$·를 발견하는 것이므로 여기서 인덱스 π를 생략한다.

정책 반복 알고리듬을 생성하려면 주어진 정책을 평가하는 방법과 주어진 정책을 개선하는 방법의 두 가지 특성이 필요하다. 두 가지 모두 전체 알고리듬에서 하위 알고리듬으로 간주할 수 있다. 이 방법의 첫 번째 구성 요소는 이미 사용 가능하며 방금 제시된 정책 평가 방법에 의해 제공된다는 점에 유의하라. 따라서 완전한 알고리듬을 갖고자 유일한 남은 과제는 주어진 정책을 개선하는 방법으로 이것을 보완하는 것이다.

이를 위해 다음의 행동-가치 함수에 대한 벨만 방정식을 고려하자.

$$Q^\pi(s,a) = \mathbb{E}_t \left[R(s,a,s') + \gamma V^\pi(s') \right] = \sum_{s',r} p(s',r|s,a) \left[R(s,a,s') + \gamma V^\pi(s') \right]$$

$$(9.30)$$

현재 행동 a는 여기서 제어 변수control variable다. a를 선택하는데 이 정책 π를 따른다면 취한 행동은 $a = \pi(s)$이고 행동 가치는 $Q^\pi(s, \pi(s)) - V\pi(s)$다. 이는 정책 π에 의해 규정된 것이 아닌 상이한 행동 $a \sim \pi'$(다른 정책 π')를 취함으로써 더 높은 가치 $Q^\pi(s, \pi'(s))$를 산출할 수 있다는 것을 의미한다. 이는 새로운 정책이 상태-가치 함수를 개선한다는 것을 의미하는 것을 보일 수 있다. 즉, 모든 상태 $s \in \mathcal{S}$에 대해 $V^{\pi'}(s) \geq V^\pi(s)$임을 보일 수 있다(후자의 명제는 정책 평가 정리policy evaluation theorem라 불린다. 자세한 내용은 Sutton과 Barto(2018) 또는 Szepesvari (2010)을 참고하라).

이제 $Q^\pi(s, a)$를 최대화하고자 식 (9.30)의 행동 a를 선택하고자 한다고 가정하자. $a \to a_*$를 최대화하는 것은 어떠한 $a \neq a_*$에 대해서도 $Q^\pi(s, a) \geq Q(s, a)$가 되는 a_*를 발견하는 것을 의미한다. 이는 동일하게 상태 s에 대해서를 제외하고는 π에 의해 주어지는 탐욕적 정책 π'로 생각할 수 있다. 즉, $a_* = \pi'(s)$와 같이 된다. 동일한 탐욕적 정책 $\pi' \neq \pi$는 $Q^\pi(s, a)$ 또는 동일하게 식 (9.30)의 우변을 최대화함으로써 발견할 수 있다면 정책 개선 정리를 만족할 것이고, 정책 반복을 통해 최적 정책을 발견하는 데 사용할 수 있다. 따라서 가능한 다음 행동 $a \in \mathcal{A}$에 대한 국지적 최대화에 의한 더 나은 탐욕 정책 π'의 저렴한 비용의 탐색은 이전보다 더 낮거나 또는 가장 나쁜 것에서 변화하지 않도록 하는 정책 시퀀스를 산출하는 것을 보장한다.

이 관찰은 다음과 같이 진행되는 정책 반복 알고리듬의 기초가 된다. 어떤 초기 정책 $\pi^{(0)}$으로 시작한다. 종종 순수 랜덤 초기화가 사용된다. 그 후 다음 두 가지 계산의 세트를 반복한다. 즉, 정해진 스텝 수 동안 또는 수렴될 때까지 다음과 같이 한다.

- **정책 평가:** 주어진 정책 $\pi^{(k-1)}$에 대해 벨만 방정식 (9.26)을 풀어 가치 함수 $V(k-1)$을 계산한다.
- **정책 개선:** 새로운 정책을 계산한다.

$$\pi^{(k)} = \arg\max_{a \in \mathcal{A}} \sum_{s'} p(s'|s,a) \left[R(s,a,s') + \gamma V^{(k-1)}(s') \right] \tag{9.31}$$

다시 말해 각 반복 시행 단계에서 우리는 먼저 이전 정책을 사용해 가치 함수를 계산한 다음 현재 가치 함수를 사용해 정책을 업데이트한다. 알고리듬은 제한된 보상을 갖는 유한 상태 MDP에 대해 수렴을 보장한다.

상태 공간의 차원이 크면 정책 평가의 다중 실행은 선형 방정식의 고차원 시스템을 포함하기 때문에 상당한 비용이 들 수 있다. 그러나 최적 제어의 많은 실제 문제는 큰 이산 상태-행동 공간 또는 연속적인 상태-행동 공간을 포함한다. 이러한 설정에서 벨만(1957)에 의해 도입된 DP의 방법과 정책 반복(또는 다음에 제시할 가치 반복) 같은 알고리듬은 더 이상 작동하지 않는다. 강화학습 방법은 특히 이러한 과제에 대한 실질적인 해로 개발됐다.

4.3 가치 반복

가치 반복은 유한하고 시간-정상성 MDP 모델을 위한 또 다른 고전적인 알고리듬이다. 정책 반복 방법과 달리 정책 개선 단계를 건너뛰고 재귀 절차를 사용해 최적의 상태-가치 함수 $V^*(s)$를 직접 찾는다.

가치 반복 방법은 반복 체계에서 벨만 최적성 방정식을 업데이트 규칙으로 적용함으로써 작동한다. 자세한 내용은 어떤 함수 $V^{(0)}(s)$의 선택 (예, $V^{(0)}(s) = 0$)으로 어떤 초기값 $V(s) = V^{(0)}(s)$에서 모든 상태에 대한 가치 함수의 초기화로 시작한다. 벨만 최적성 방정식을 업데이트 규칙의 정의로 사용해 가치 함수의 평가를 계속 반복한다. 즉, 각 반복 $k = 1, 2, \ldots$에 대해 이전 반복의 결과를 사용해 방정식의 우변을 계산한다.

$$V^{(k)}(s) = \max_a \mathbb{E}_t^{\star}\left[R(s, a, s') + \gamma V^{(k-1)}(s')\right] = \max_a \sum_{s', r} p(s', r | s, a)\left[r + \gamma V^{(k-1)}\right]$$

(9.32)

이것은 정책 개선과 정책 평가의 두 단계를 하나의 업데이트 단계로 결합하는 것으로 생각할 수 있다. 새로운 가치 반복 업데이트 규칙 식 (9.32)는 정책 평가 업데이트 식 (9.29)와 유사하지만 가능한 모든 행동 $a \in \mathcal{A}$에 대한 최대값으로 수행한다는 점에 유의하라.

이제 이러한 가치 반복에서 가치 함수를 업데이트하는 몇 가지 방법이 있다. 한 가지 접근법은 모든 상태 $s \in \mathcal{S}$에 대한 가치 함수를 다시 추출한 다음 모든 상태 $V^{(k-1)}(s) \to V^{(k)}(s)$에 대해 가치 함수를 동시에 업데이트하는 것이다. 이를 동기 업데이트synchronous updating라고 한다.

또 다른 접근법은 가치 함수를 현재 반복 시행 k에서 다시 계산함으로써 즉석에서 가치 함수 $V^{(k-1)}(s)$를 업데이트하는 것이다. 이를 비동기 업데이트asynchronous updating라고 한다. 비동기 업데이트는 종종 큰 상태-행동 공간의 문제에 사용된다. 최적 해에 대해 상대적으로 적은 수의 상태만 문제가 되는 경우 동기 업데이트에서와 같이 완전한 스위프 후 모든 상태를 업데이트하는 것은 고차원 상태-행동 공간에서 비효율적일 수 있다. 두 가지 업데이트 방법 모두 알고리듬이 최적의 가치 함수 $V(s)$로 수렴한다는 것을 증명할 수 있다. $V^*(s)$가 발견된 후 이전과 동일한 공식을 사용해 최적의 정책 π를 찾을 수 있다.

여기서 알 수 있듯이 상태-행동 공간이 이산적이고 적은 수의 상태를 갖는 한 기본 알고리듬은 매우 간단하고 잘 작동한다. 그러나 정책 반복과 유사하게 기하급수적으로 큰 메모리 요구 사항으로 인해 고차원 이산 또는 연속 상태 공간에서는 가치 반복 알고리듬을 빠르게 실행할 수 없게 된다. 이는 DP 문헌에서 차원의 저주 curse of dimensionality로 알려져 있다.[3] DP 해를 찾는 데 필요한 시간이 상태와 행동의 수에서 다항식이라는 점을 고려할 때 이는 엄청나게 긴 계산 시간을 생성할 수도 있다.[4]

저차원 연속 상태-행동 공간의 경우 DP 적용을 가능하게 하는 표준 접근법은 변수를 이산화하는 것이다. 이 방법은 상태 차원이 매우 낮은 경우에만 적용할 수 있으며, 일반적으로 3 또는 4를 초과하지 않는다. 고차원의 경우 가능한 모든 상태를 단순하게 열거하는 것은 이산화된 상태 수를 기하급수적으로 증가시키므로 메모리 및 속도 제한으로 인해 고전적인 DP 접근법이 이들 문제에 대해 실현 불가능하게 된다. 반면에 아래 세부 사항에서 다루는 것처럼 RL 접근법은 심지어 연속 분포에서도 항상 이산 값인 샘플에 의존한다. RL의 샘플링 기반 접근법이 이러한 연속 공간에서 저차원 기저에 대한 합리적인 선택과 결합될 때(즉, 어떤 함수 근사 방법 사용해) RL은 연속 값의 다차원 상태 및 행동에 대해 작동할 수 있다.

DP 방법은 이산 상태 공간의 모든 포인트에서 최적의 가치 함수를 수치적으로 정확하게 계산하는 것을 목표로 한다는 점을 상기한다. 그러나 고차원 문제에 종종 필요한 것은 상태 공간의 원래 차원성보다 더 낮고 종종 훨씬 더 낮은 파라미터 수를 사용해 가치 함수를 계산하는 대략적인 방법이다. 이러한 방법을 근사 동적 프로그래밍 approximate dynamic programming 이라고 하며 세계의 모델 model of the world이 알려진(또는 데이터로부터 독립적

---

3. 고차원성은 고차원 문제에 대해 실현 불가능하게 만들기 때문에 DP 접근법에는 저주지만 어떤 다른 접근법에서는 오히려 단순화를 가져올 수 있으며, 이 경우 '치원의 저주'는 '치원의 축복'으로 대체된다.

4. 상태와 행동 수의 다항식인 계산 시간이 DP에서 최악의 시나리오에 대해 구해진다. DP의 실무적 적용에서 수렴은 때때로 최악의 시나리오에서 주어진 제약 조건보다 빠르게 달성된다.

으로 추정된) 상황에서 적용할 수 있지만 (분산된) 상태 공간의 차원 수가 너무 커서 표준 값이나 정책 반복 방법을 적용할 수 없다. 한편 강화학습 접근법은 데이터로부터의 샘플과 직접 작업한다. 고차원 상태 공간을 처리하기 위한 적절한 함수 근사법과 결합하면 최적 제어에 대한 샘플-기반 RL 접근법을 제공하는데, 이는 다음에 추구할 주제다.

예제 9.3 금융 절벽 걷기

가계 금융의 좀 많이 단순화된 모델을 고려하자. S_t는 시점 t에 은행 계좌에 가계가 갖고 있는 돈의 양이라 하자. 단순성을 위해 S_t는 이산 집합 $\{S^{(i)}\}_{i=0}^{N-1}$에서만 값을 취할 수 있다고 가정한다. 계좌는 T 타임스텝 동안 유지돼야 하며 이후 폐쇄된다. 따라서 T가 플래닝 기간이다. 0 수준 $S^{(0)} = 0$는 파산^bankruptcy 수준이다. 이에 도달한다는 것은 가계의 부채에 대해 지급 불능을 의미하므로 이를 피해야만 한다. 각 스텝에서 에이전트는 계좌에 저축을 할 수 있고 $S^{(i)} \rightarrow S^{(i+1)}$(행동 a_+), 계좌로부터 인출할 수 있고 $S^{(i)} \rightarrow S^{(i)}$(행동 a_-) 또는 동일한 잔고를 유지한다. $S^{(i)} \rightarrow S^{(i)}$(행동 a_0). 계좌의 초기 잔고는 0이다. 최종 스텝 T 이전의 어떠한 스텝에 대해 에이전트가 0 수준 $S_0 = 0$으로 움직이면 에이전트는 −100의 음의 보상을 받으며, 에피소드는 종료된다. 그렇지 않으면 에이전트는 모든 T 스텝 동안 계속한다. 0 수준으로 이끌지 않는 모든 행동은 −1의 음의 보상을 얻는다. 최종 시점에서 최종 상태가 $S_T > 0$이면 보상은 −1이다. 하지만 계좌가 시점 T에 정확히 0으로 돌아가면, 즉 $S_T = 0$이면 최종 행동은 +10의 양의 보상을 얻는다. 학습 작업은 T 타임스텝 동안 총 보상을 최대화하는 것이다(그림 9.2). RL 에이전트는 최적 저축 정책을 훈련 에피소드 동안 상이한 행동을 시도함으로써 온라인으로 학습해야만 한다. 이는 시간-의존 문제지만 Sutton과 Barto (2018)에 나오는 절벽 걷기 문제와 같은 에피소드 작업과 타깃 상태를 가진 정상성 문제로 매핑할 수 있다.

그림 9.2 금융 절벽 걷기 문제는 Sutton과 Barto(2018)의 유명한 절벽 걷기 문제를 밀접하게 기반으로 한다. 초기 잔고 0('시작')의 은행 계좌가 주어질 때 목적은 단위 화폐로 저축을 하고 인출을 해 최종 타임스텝에서 계좌가 잔고 0('목표')로 끝나게 하는 것이다. 너무 빠른 인출은 파산(bankruptcy)으로 레이블링되며 게임이 종료된다. 계좌에 잔여 금액을 남기면서 최종 시점에 도달하는 것은 페널티를 부여받는다. 각 타임스텝에서 에이전트는 계좌가 0이 아니면 다음 여러 행동으로부터 한 가지를 선택할 수 있다. 저축('U'), 인출('D') 또는 아무것도 하지 않는 것('Z'). 거래 비용이 부여되므로 최적 정책은 잔고를 1로 유지하는 것이다.

5. 강화학습법

강화학습 방법은 DP 방법과 동일하게 MDP 모델을 푸는 목표를 가진다. 주요 차이점은 데이터 처리 및 계산 설계의 문제에 접근하는 방법이다. 이 절에서는 MDP 문제를 해결하기 위한 가장 인기 있는 강화학습 방법 중 일부를 간략하게 설명한다.

강화학습에 대한 세 가지 주요 클래스는 몬테카를로 방법Monte Carlo methods, 정책 탐색 방법policy search methods, 가치 기반 RLvalue-based RL이다. 처음 두 가지 방법은 벨만 방정식에 의존하지 않으므로 이번 장에 소개된 벨만 방정식에 직접 연결되는 링크는 없다. 몬테카를로와 정책 탐색 방법에 대한 간략한 개요를 제시하지만 이 책의 후반 장에 제시된 대부분의 자료는 가치 기반 RL을 사용한다. 이후의 절에서는 종종 가치 기반 RL을 단순히 'RL'이라고 언급할 것이다.

방금 언급했듯이 이러한 RL 접근법은 벨만 최적성 방정식 (9.20)과 (9.21)을 사용하지만 이들은 다르게 진행된다. DP 접근법으로 이들 방정식을 정확하게 풀려고 시도한다. 이는 세계의 완벽한 모델이 알려져 있고 상태-행동 공간의 차원이 충분히 낮은 경우에만 실현할 수 있다. 앞에서 언급했듯이 두 가정 모두 실제 관심 있는 대부분의 문제에 해당하지 않는다.

강화학습 접근법은 세계의 완벽한 모델이 알려져 있다고 가정하지 않는다. 대신 실제 데이터 생성 분포에서의 샘플로 보이는 실제 데이터에 의존한다. 이 분포를 추정하는 문제는 강화학습으로 모두 우회할 수 있다. 특히 모델 없는 강화학습model-free reinforcement learning은 데이터 샘플에 직접 작업하며 정책을 최적화할 때 샘플에만 의존한다. 물론 미래의 모델이 강화학습에 쓸모없다는 말은 아니다. 모델 기반 강화학습model-based reinforcement learning 접근법은 정책 최적화의 최종 목표 중 일부로 세계의 내부 모델을 구축한다. 이 책의 후반부에서 모델 기반 강화학습을 다루지만 이 절에서는 일반적으로 모델 없는 RL만을 제한적으로 고려할 것이다.

데이터에 의존하는 첫 번째 원칙과 관련된 것은 강화학습 방법의 DP 방법과의 두 번째 핵심적인 차이다. 데이터는 항상 잡음이 많기 때문에 강화학습은 표준 DP 방법으로 정확한 솔루션을 목표로 할 수 없고 오히려 정확한 해가 아닌 근사치를 목표로 한다. 분명한 것은, 이것 때문에 데이터 포인트 수가 무한대가 됐을 때 RL 해의 행태를 탐구하지 못하는 것은 아니다. 세계의 정확한 모델을 안다면 우리는 정확히 RL 해의 극한limit에서 모델을 재구성할 수 있을 것이다. 따라서 이론적으로 (순전히 경험적으로 구동되는 것이 아니라) RL 알고리듬은 접근적 극한에서 알려진 해에 대한 수렴을 입증해야 한다. 특히 충분히 저차원 시스템을 다루면 이러한 해는 표준 DP 방법을 사용해 독립적으로 계산될 수 있다. 이는 RL 알고리듬을 테스트하고 벤치마킹하는 데 사용할 수 있으며, 이 책의 뒷부분에서 더 자세히 다룬다.

마지막으로 DP와 강화학습법의 마지막 주요 차이점은 그들은 최상의 해를 추구하지 않고 단순히 '충분히 좋은' 해를 추구한다는 것이다. 이러한 패러다임 변화의 주된 동기는 앞에서 언급한 '차원의 저주'다. 유한 MDP에 대한 DP 방법은 가치 함수, 보상과 전이 확률을 테이블로 표현해 작업한다. 메모리 요건과 속도 제약은 고차원의 이산 또는 연속 상태-행동 공간에 대해 이 접근법을 실현 불가능하게 한다. 따라서 이러한 문제를 다룰 때 강화학습 접근법은 가치 함수 또는 행동 정책과 같은 관심을 갖는 양^{quantities}에 대한 함수 근사에 의존한다. 이산 값 상태 및 행동 공간의 차원이 충분히 낮은 유한 MDP에 대해 이들 알고리듬의 테이블 버전을 도입한 후 함수 근사를 사용하는 강화학습 알고리듬에 대해 이 절 뒷부분에서 다룬다.

이 절의 목적은 유한 상태 및 연속 상태 MDP 문제에 대해 가장 인기 있는 RL 알고리듬 몇 가지를 도입하는 것이다. 유한 MDP를 위해 개발된 방법부터 시작한 다음 나중에 함수 근사 접근법을 사용해 그것들이 어떻게 연속적인 상태-행동 공간으로 확장될 수 있는지 보여줄 것이다.

? 다지선다형 문제 1

다음 중 올바른 문장을 모두 선택하시오.

a. DP와 달리 RL은 보상과 전이 확률 함수를 알아야 한다.

b. DP와 달리 RL은 샘플에 의존하므로 보상과 전이 확률 함수를 알 필요가 없다.

c. RL에 대한 정보 집합 $\mathcal{F}_t$는 각 스텝에 대한 트리플릿 $\left(X_t^{(n)}, a_t^{(n)}, X_{t+1}^{(n)}\right)$을 포함한다.

d. RL에 대한 정보 집합 $\mathcal{F}_t$은 각 스텝에 대해 튜플릿 $\left(X_t^{(n)}, a_t^{(n)}, R_t^{(n)}, X_{t+1}^{(n)}\right)$을 포함한다.

5.1 몬테카를로 방법

몬테카를로 방법은 강화학습의 다른 방법과 마찬가지로 환경에 대한 완전한 지식을 가정하지 않으며 환경의 모델에 의존하지도 않는다. 대신 몬테카를로 방법은 경험, 즉 상태, 행동, 보상의 샘플에 의존한다. 실제 데이터로 작업할 때 이는 환경에 대한 사전 지식이 없는 학습에 해당한다. 경험도 시뮬레이션될 수 있다. 이 경우 몬테카를로 방법은 MDP 문제를 해결하기 위한 시뮬레이션 기반 접근법을 제공한다. DP 접근법은 정책 반복이나 가치 반복 알고리듬에서 반복 단계를 수행하고자 정확한 전이 확률에 대한 지식이 필요하다는 점을 상기하라. 강화학습 몬테카를로 방법에서는 이러한 분포로부터의 샘플만 필요하며 명시적 형태는 필요하지 않다.

몬테카를로 방법은 일반적으로 유한 플래닝 기간 $T < \infty$를 갖는 에피소드 작업에 한정돼 적용된다. 벨만 방정식에 의존하기보다는 행동-가치 함수의 정의로 직접 작업한다.

$$Q_t^\pi(s,a) = \mathbb{E}_t^\pi \left[\sum_{i=0}^{T-1} \gamma^{t-i} R(S_{t+i}, a_{t+i}, S_{t+i+1}) \,\middle|\, S_t = s, a_t = a \right] = \mathbb{E}_t^\pi \left[G_t \,|\, S_t = s, a_t = a \right] \tag{9.33}$$

여기서 G_t는 총 수익이다(식 (9.11)을 보라). N 집합의 각각 $G_t^{(n)}$을 생성하는 T 스텝 경로로 이뤄진 데이터에 접근할 수 있다면 다음 경험적 평균을 사용해 상태-행동 값 (s, a)에서의 행동-가치 함수를 추정할 수 있다.

$$Q_t^\pi(s,a) \simeq \frac{1}{N} \sum_{n=1}^{N} \left[Q_t^{(n)} \,\middle|\, S_t = s, a_t = a \right]. \tag{9.34}$$

각 경로에 대해 완전한 T 스텝 경로가 관측돼야 수익이 관측될 수 있고 행동-가치 함수를 업데이트하는 데 사용할 수 있다는 점을 주목하라.

이 관계에서 인덱스 π의 의미를 명확히 할 가치가 있다. 식 (9.34)의 몬테카를로 추정에서 π는 데이터를 수집할 때 적용된 정책으로 이해돼야 한다. 이는 이 몬테카를로 방법이 **온-폴리시**^{on-policy} 알고리듬이라는 것을 의미한다. 온-폴리시 알고리듬은 이러한 샘플 자체가 최적의 정책을 사용해 생성된 경우에만 샘플에서 최적의 정책을 학습할 수 있다.

반대로 **오프-폴리시**^{off-policy} 알고리듬은 다른 차선 정책^{sub-optimal policy}을 사용해 생성된 데이터에서 최적의 정책을 학습할 수 있다. 오프-폴리시 몬테카를로 방법은 여기에서 다루지 않으며 관심 있는 독자는 이 주제에 대한 자세한 내용은 Sutton과 Barto(2018)를 참고하라.

식 (9.33)에 표시된 바와 같이 행동-가치 프로세스는 여기에서 가정한 유한 MDP에서 상태와 행동의 각 조합에 대해 별도로 계산해야 한다. 이러한 조합의 수는 $|\mathcal{S}| \cdot |\mathcal{A}|$가 될 것이다. 각각 이 집합으로부터의 s와 a의 각 조합에 대해 우리는 이러한 조합을 만나는 경로만 선택해야 하며, 식 (9.34)의 합에서 이러한 경로에서의 수익만 포함해야 한다. (s, a)의 모든 조합에 대해 경험적 추정치 식 (9.34)는 극한 $N \to \infty$에서의 정확한 답으로 점근적으로 수렴한다. 또한 이러한 추정치는 (s, a)의 서로 다른 값에 대해 독립적이다. 이는 계산을 간단히 병렬로 가능하게 하므로 유용할 수 있다. 반면 상이한 쌍 (s, a)에 대한 추정치의 독립성은 이 알고리듬이 부트스트랩하지 않는다는 것을 의미한다. 즉, 노드 (s, a)에서의 행동-가치 함수를 추정하고자 이전 또는 관련 평가를 사용하지 않는다. 이러한 방법은 실제 솔루션에서 관측되거나 예상되는 어떤 규칙성(인수에 대한 가치 함수의 평활성^{smoothness})을 놓칠 수 있으므로 데이터의 잡음으로 인해 생성된 추정 상태-가치 함수의 어떤 거짓 점프를 발생시킬 수 있다.

식 (9.34)에서와 같은 행동-가치 함수 또는 상태-가치 함수에 대한 경험적 추정을 넘어 몬테카를로 RL 에이전트가 실제 또는 시뮬레이션 환경에 접근할 수 있다고 가정하면 몬테카를로 방법을 사용해 최적 제어를 찾을 수도 있다. 이를 위해 에이전트는 상이한 시행 정책을 사용해 경로를 생성해야 한다. 각 정책 π에 대해 수많은 N개의 경로가 이 정책을 사용해 샘플링된다. 행동-가치 함수는 식 (9.34)와 같이 경험적 평균을 사용해 추정된다. 이후 정책 반복 방법의 탐욕적 업데이트와 일치하는 정책 개선 단계를 따른다. 즉, $\pi'(s) = \arg \max_a Q^\pi(s, a)$다. 새로운 정책은 새로운 경로 집합을 샘플링하는 데 사용되며, 프로세스는 수렴될 때까지 또는 고정된 스텝 수 동안 실행된다.

새롭게 개선된 정책에 따르는 새로운 경로를 생성하는 것이 항상 실현 가능한 것은 아닐 수 있다. 예를 들어 에이전트는 특정 고정 정책을 사용해 얻은 하나의 고정 집합의 경로에만 접근할 수 있다. 이러한 경우 주어진 정책에 따른 수익을 추정하고자 다른 정책에서 얻은 경로를 사용하는 중요도 샘플링importance sampling 기법을 사용할 수 있다. 이는 데이터 수집 단계에서 사용된 정책 π와 시도 정책trial policy π'하에서 주어진 보상을 관측할 확률의 비율로 얻은 우도비 계수likelihood ratio factor로 관측된 경로를 재가중화함으로써 달성된다.

모든 N 경로가 샘플링된 후 행동-가치 함수(또는 상태-가치 함수)를 동시에 업데이트하는 배치 모드 평가 대신 다음 규칙에 따라 각 개별 경로를 관찰한 후 업데이트가 발생하는 온라인 학습 문제로 문제를 변환할 수 있다.

$$Q(s, a) \leftarrow Q(s, a) + \alpha \left[G_t(s, a) - Q(s, a) \right] \tag{9.35}$$

여기서 $0 < \alpha < 1$은 보통 학습률learning rate로 불리는 스텝 크기 파라미터다.

이와 같은 반복 업데이트가 극한 $N \to \infty$에서 실제 경험적 및 이론적 평균으로 수렴된다는 것을 보일 수 있다. 그러나 이 업데이트는 완전히 실시간은 아니다. 업데이트 식 (9.35)에서 총 수익 G_t를 사용할 수 있을 때까지 각 T 스텝 경로를 완료해야 하기 때문이다. 이는 특히 정책 최적화의 일부로 복수의 경로 생성과 평가가 필요한 경우 비효율적일 수 있다.

다음에 보여줄 것처럼 이 단점으로부터 자유로운 다른 학습 방법들이 있다.

5.2 정책 기반 학습

가치 기반 RL에서 최적 정책은 최적 가치 함수에서 얻으므로 별도로 모델링되지 않는다. 정책 기반 강화학습은 다른 접근법을 취하며 정책을 직접 모델링한다. 결정적 정책을 고려했던 가치 기반 RL과 달리 정책 기반 RL은 가능한 집합의 행동 $a \in \mathcal{A}$에 대한 확률분포를 정의하는 확률적 정책 $\pi_\theta(a|s)$로 작업하며, 여기서 θ는 이 분포의 파라미터를 정의한다.

결정적 정책은 가능한 행동의 분포가 정책에 의해 규정된 단일 행동에 집중된 디랙 델타 함수^{Dirac delta-function}가 되는 확률적 정책의 특별한 경우로 간주될 수 있음을 기억하라. 즉, $\pi_\theta(a|s) = \delta(a - a_*(s, \theta))$다. 여기서 $a_*(s, \theta)$는 θ에 의해 파라미터화된 상태에서 행동으로의 고정된 매핑이다. 결정적 정책이나 확률적 정책을 사용해 기대 총 보상을 최대화하고자 자유 파라미터 θ를 조정함으로써 학습을 수행한다.

정책 기반 방법은 일반적으로 로그 우도 트릭^{log-likelihood trick}으로 알려진 간단한 관계를 기반으로 하는데, 이 트릭은 기대값 $J(\theta) = \mathbb{E}_{\pi_\theta(a)}[G(a)]$의 미분을 계산해 얻는다. 여기서 함수 $G(a)$는 임의의 함수일 수 있지만 강화 학습에 연결하고자 일반적으로 $G(a)$가 랜덤 수익 식 (9.11)의 기대값을 의미하며, 여기에서는 취한 행동에 대한 의존성을 강조하고자 $G(a)$로 쓴다. 파라미터 θ와 관련된 기대값의 그래디언트는 다음과 같이 계산할 수 있다.

$$\nabla_\theta J(\theta) = \int G(a) \nabla_\theta \pi_\theta(a) dz = \int G(a) \frac{\nabla_\theta \pi_\theta(a)}{\pi_\theta(a)} \pi_\theta(a) da = \mathbb{E}_{\pi_\theta(a)}[G(a) \nabla_\theta \log \pi_\theta(a)]$$
(9.36)

이는 J의 θ에 대한 그래디언트가 함수 $G(a) \nabla_\theta \log \pi_\theta(a)$의 기대값임을 보

여준다. 따라서 분포 $\pi_\theta(a)$로부터 샘플링할 수 있다면 이 함수를 계산할 수 있으며, 샘플링에 의해 $G(a)$의 그래디언트의 불편 추정치를 가질 수 있다. 이것이 관계 식 (9.36)이 '로그 우도 트릭'이라 불리는 이유다. 즉, 이는 범함수 $J(\theta)$의 그래디언트를 샘플링이나 시뮬레이션에 의해 추정할 수 있게 한다.

로그 우도 트릭은 REINFORCE이라는 가장 간단한 정책 탐색 알고리듬의 기초가 된다. 알고리듬은 파라미터 θ_0의 초기값으로 시작하며, 반복 시행 카운터는 $k = 0$이다. 스텝 크기 하이퍼파라미터 α를 사용하며, θ_k의 업데이트는 첫 번째 샘플링이 $a_k \sim p_{\pi_k}(a)$ 에 달려있으며, 식 (9.36)의 증분 버전을 사용해 파라미터의 벡터를 업데이트한다.

$$\theta_{k+1} = \theta_k + \alpha_k G(a_k) \nabla_\theta \log \pi_{\theta_k}(a_k) \tag{9.37}$$

여기서 α는 $G(a)$의 음의 그래디언트를 따라 수행되는 업데이트의 속도를 정의하는 학습률 파라미터다. 알고리듬은 수렴이 될 때까지 또는 고정 스텝 수 동안 계속된다. 여기서 알 수 있듯이 이 알고리듬은 분포 $\pi_\theta(a)$로부터의 샘플이 쉬운 한 구현하기 매우 단순하다. 반면 식 (9.37)은 잡음이 섞인 확률적 그래디언트 하강 버전이므로 높은 분산의 추정량을 산출한다.

REINFORCE 알고리듬(식 9.37)은 가치 함수를 사용하지 않는 순수 정책 탐색 방법이다. 정책과 행동-가치 함수를 동시에 모델링하는 좀 더 정교한 버전의 학습을 얻을 수 있다. 이러한 방법을 액터-크리틱[actor-critic] 방법이라고 하는데, 여기서 액터[actor]는 하나의 분포군 $\pi_\theta(a|x)$에서 정책을 생성하는 알고리듬이며, 크리틱[critic]은 정책을 적용한 결과를 평가해 상태-가치 또는 행동-가치 함수로 표현한다.

이들 용어를 따라 REINFORCE 알고리듬은 '액터 전용' 알고리듬으로 간주될 수 있는 반면 SARSA 또는 Q 러닝은 '크리틱 전용' 방법으로 간주될 수 있다. 정책 기반 알고리듬의 한 가지 장점은 행동 정책의 매우 유연한 파라미터화를 허용한다는 것이며, 이는 연속 행동 공간에서도 작동할 수 있다. 일반적인 행동 정책 중 하나가 소위 소프트맥스 행동^{softmax in} ^{action} 정책이다.

$$\pi_\theta(a|s) = \frac{e^{h(s,a,\theta)}}{\sum_{a'} e^{h(s,a',\theta)}} \tag{9.38}$$

이 표현식에서 행동 $h(s, a, \theta)$는 행동 선호^{action preference}로 해석될 것이다. 이들은 파라미터 θ의 선형 함수로 취해질 수 있다. 예를 들어 다음과 같다.

$$h(s,a,\theta) = \theta^T U(s,a) \tag{9.39}$$

여기서 $U(s, a)$는 $\mathcal{S} \times \mathcal{A}$의 곱 공간에서 구축된 특성 벡터다. 이런 종류의 모델은 **선형 구조**^{linear architecture} 모델로 알려져 있다. 또는 신경망(또는 결정 트리와 같은 일부 다른 범용 근사 모델)을 사용해 선호 함수 $h(s, a, \theta)$를 비모수적으로 모델링할 수 있다. 이 경우 파라미터 θ는 그러한 신경망의 가중치가 될 수 있다. 실제로 액터-크리틱 알고리듬의 많은 구현은 각각 행동 정책과 가치 함수에 대한 일반적인 함수 근사 역할을 하는 두 개의 분리된 신경망을 사용하는 것을 포함한다. 액터-크리틱 알고리듬에 대한 자세한 내용은 Sutton과 Barto(2018), Szepesvari(2010)에서 발견할 수 있다.

5.3 시간 차이 학습

몬테카를로 방법이 액션-가치 함수 업데이트의 증분을 결정하기 위해 각 에피소드가 끝날 때까지 기다려야 한다는 것을 살펴봤다(식 9.35). 시간 차이^{TD, Temporal Difference} 방법은 다음 타임스텝까지만 기다렸다가 각 타임스텝에서 가치 함수를 증가시킴으로써 업데이트를 다르게 수행한다. TD 방법은 정책 평가와 정책 개선 모두에 사용할 수 있다. 여기서는 상태-가치 함수 V_t^π를 계산해 주어진 정책 π를 평가하는 데 어떻게 사용될 수 있는지에 초점을 맞춘다.

이러한 작업이 어떻게 수행될 수 있는지는 벨만 방정식(식 9.14)에서 확인할 수 있으며, 편의를 위해 다시 한 번 여기에 적는다.

$$V_t^\pi(s) = \mathbb{E}_t^\pi \left[R_t(s, a, s') + \gamma V_{t+1}^\pi(s') \right] \qquad (9.40)$$

앞에서 설명한 것처럼 이전 반복 시행의 상태-가치 함수가 업데이트 규칙을 정의하기 위한 우변을 평가하고자 사용된다면 이 방정식은 업데이트 방정식으로 변환할 수 있다. 이 아이디어는 DP의 가치 반복 및 정책 반복 알고리듬에 사용됐다. TD 방법은 동일한 아이디어를 사용하며, 여기에 단일 관측(다음 단계에서 얻은 관측)으로부터 식 (9.40)에 들어가는 기대값의 추정을 추가한다. DP 접근법과 유사하게 정확히 식 (9.40)의 기대값을 계산하는 세계의 이론적 모델에 의존하지 않고 TD 방법은 본질적으로 단일 관측으로부터 경험적 평균을 계산함으로써 이러한 기대값의 가장 간단한 추정에 의존한다.

경험적 평균을 추정하고자 단일 관측에 의존하는 것은 매우 변동성이 큰 업데이트로 이어질 수 있지만, 이는 진정한 온라인 방법에 대해 치를 준비가 돼 있어야 하는 대가다. 반면 이것은 매우 빠르다. 가치 함수의 최대화를 위해 (평균적으로) 미미한 개선만 가져오더라도 이러한 업데이트는 정책 개선 단계에서 저비용으로 많이 반복 시행될 수 있기 때문에 실행 가능하고 효율적인 알고리듬을 생성할 수 있다.

TD 방법은 상태-가치 함수 $V_t^\pi(s)$에 적용될 때 식 (9.40)(단일 관측으로 추정)의 우변과 TD 오차라고도 불리는 오차 δ_t의 척도로서의 좌변 간의 불일치를 취한다.

$$\delta_t = R_t(s, a, s') + \gamma V_{t+1}(s') - V_t(s) \qquad (9.41)$$

여기서 고정 정책 π에 대한 상태-가치 함수 업데이트를 다루면서 이 관계에서 명시적인 위첨자 인덱스 π를 생략했다는 것을 주의하라. 앞의 오차는 노드 s에서의 상태-가치 함수의 업데이트 규칙을 정의한다.

$$V_t(s) \leftarrow V(s) + \alpha\left[R_t(s, a, s') + \gamma V_{t+1}(s') - V_t(s)\right] \tag{9.42}$$

여기서 α는 학습률이다. 학습률이 상수일 필요가 없으며 오히려 반복 시행에 따라 변할 수 있다는 것을 주목하라. 실제로 곧 다루겠지만 특정 감쇠 스케줄 $\alpha = \alpha_t$는 업데이트 수가 무한대로 증가할 때 수렴을 보장하고자 구현돼야 한다.

TD 오차 δ_t는 다음 스텝 값 s에 따라 달라지기 때문에 실제로 시점 t에 사용할 수 없으며, 따라서 시점 $t + 1$에만 사용할 수 있다. 업데이트(식 9.42)는 다음 스텝의 정보에만 의존하므로 TD(0) 규칙이라고 알려져 있으며, 1 스텝 TD 업데이트라고도 한다. 이를 몬테카를로^{MC} 방법에 대해 얻은 식 (9.35)와 비교하는 것이 도움이 된다. 식 (9.35)에서는 전체 경로 수익 G_t를 계산할 때 전체 에피소드를 관찰해야 한다. 순차적으로 관찰된 보상은 경로가 완료될 때까지 가치 함수의 업데이트를 생성하지 않는다. 따라서 MC 방법은 온라인 설정에서 사용할 수 없다.

한편 TD 업데이트 규칙(식 9.42)은 각 개별 관찰 후 상태-가치 함수의 업데이트를 가능하게 하므로 현재 스텝에서 관찰된 보상 시그널과 다음 기간 가치 함수의 추정을 결합함으로써 부트스트래핑하는 온라인 알고리듬으로 사용할 수 있다. 여기서 두 값 모두 샘플에서 추정된다. 따라서 TD 방법은 DP의 부트스트래핑 특성을 몬테카를로 방법의 샘플 기반 접근법과 결합한다. 즉, TD 방법의 업데이트는 샘플에 기반을 두는 반면 DP에서는 환경의 특정 모델을 사용해 다음 기간 가치 함수의 기대값을 계산하는 것에 기반을 둔다. 어떠한 고정된 정책 π에 대해서도 학습률 α가 반복 시행 수에 따라 서서히 감소하면 TD(0) 규칙(식 9.42)이 실제 상태-가치 함수로 수렴되는 것을 증명할 수 있다. 이러한 수렴 증명은 유한 MDP와 연속적인 상태-행동 공간을 가진 MDP 모두에 대해 성립되며, 후자의 경우는 선형 함수 근사에 대해서만 성립될 뿐 더 일반적인 비선형 함수 근사에는 성립되지 않는다.[5]

TD가 각 관찰 후 업데이트를 생성하는 학습 능력은 많은 실제 응용 분야에서 매우 중요한 것으로 나타났다. 어떤 RL 작업은 긴 에피소드에 관련되며 연속 학습과 같은 어떤 RL 문제는 유한 길이 에피소드에서와 같은 명백한 정의를 갖고 있지 않다. 에피소드 학습이 자연스럽게 나타나던 특수상황에서 발생하던 상관없이 각 에피소드가 끝날 때까지 학습을 지연시키는 것은 속도를 늦추고 비효율적인 알고리듬을 생성할 수 있다. 모델 파라미터를 업데이트할 때마다 모든 에피소드를 다시 실행해야 하기 때문에 몬테카를로 방법은 모델 복잡도가 증가함에 따라 TD 방법과 비교할 때 점차적으로 비효율적이 된다.

TD 학습에는 여러 가지 버전이 있다. 특히 TD 학습을 상태-가치 함수 $V_t(s)$를 학습하는 데 적용하는 대신 유사한 접근법을 사용해 행동-가치 함수 $Q_t(s, a)$를 업데이트할 수 있다. 더 나아가 두 가지 유형의 TD 학습 모두에 대해 TD(0) 규칙(식 9.42)과 같은 1 스텝 업데이트 대신 멀티스텝 업데이트를 사용할 수 있으며, 이는 좀 더 일반적인 TD(λ) 방법과 n 단계 TD 방법에 이르게 한다. 이들 알고리듬에 대한 논의를 위해 Sutton과 Barto(2018)를 참고하라. 다음 절에서는 행동-가치 함수에 대한 1 스텝 TD 학습 방법에 초점을 맞춘다.

5.4 SARSA와 Q 러닝

이제 이 장에서 가장 중요한 내용에 도달했다. TD 방법을 적용해 상태 가치 함수 $V(s)$ 대신 행동-가치 함수 $Q(s, a)$를 학습할 때 온-폴리시 알고리듬과 오프-폴리시 알고리듬을 구별해야 한다. 온-폴리시 알고리듬

---

5. 가능한 상태와 행동의 수가 충분히 적은 유한 MDP에 적합한 테이블 설정으로 TD 알고리듬을 제시한 후 이어서 함수 근사에 대해 논의한다.

은 학습에 사용되는 데이터 세트를 생성하는 데 사용되는 정책이 최적 정책이라고 가정하므로 해야 할 작업은 데이터에서 최적 정책 함수를 학습하는 것임을 상기하라. 대조적으로 오프-폴리시 알고리듬은 특정 데이터 세트에 사용되는 정책이 반드시 최적의 정책일 필요는 없지만 차선이거나 순전히 랜덤일 수 있다고 가정한다. 오프-폴리시 알고리듬의 목적은 다른 정책하에서 데이터가 수집될 때 최적 정책을 찾는 것이다. 이 작업은 일반적으로 첫 번째 경우의 온-폴리스 학습보다 더 어려우며 관찰된 데이터에 함수(이 경우 정책 함수)를 적합화하는 직접 추론 direct inference 문제로 볼 수 있다.

TD 방법을 사용한 온-폴리시 학습과 오프-폴리시 학습 모두에 대해 시작점은 여기서 재현하는 벨만 최적성 방정식(식 9.20)이다.

$$Q_t^\star(s, a) = \mathbb{E}_t^\star \left[R_t(s, a, s') + \gamma \max_{a'} Q_{t+1}^\star(s', a') \right] \tag{9.43}$$

행동-가치 함수에 대한 TD 방법의 아이디어는 이전과 동일하게 식 (9.43)의 우변을 관측에서 하고, 그러고 나서 식의 우변과 좌변의 불일치를 이용해 업데이트 규칙을 정의하는 것이다. 그러나 이 절차의 세부 사항은 온-폴리시를 사용하는지 또는 오프-폴리시 학습을 사용하는지에 달려있다.

온-폴리시 학습의 경우를 우선 고려하자. 데이터가 최적 정책하에 수집됐다는 것을 알면 식 (9.43)의 최대값 연산은 이 경우 관측된 행동이 가치 함수의 최대값에 해당해야 하므로 불필요하다. 상태-가치 함수에 대한 TD 방법과 유사하게 식 (9.43)에서 기대값 연산을 단일 관측을 기반으로 하는 추정으로 대체한다. 이 경우 업데이트는 다음과 같이 된다.

$$Q_t(s, a) \leftarrow Q_t(s, a) + \alpha \left[R_t(s, a, s') + \gamma Q_{t+1}(s', a') - Q_t(s, a) \right] \tag{9.44}$$

이 온-폴리시 알고리듬은 SARSA로 알려져 있으며, 이는 업데이트를 하고자 퀸튜플 (s, a, r, s', a')를 사용한다는 것을 강조하기 위한 것이다. 이 경우 TD 오차는 다음과 같다.

$$\delta_t = R_t(s, a, s') + \gamma Q_{t+1}(s', a') - Q_t(s, a) \tag{9.45}$$

SARSA 알고리듬의 수렴은 데이터를 생성하는 정책에 의존한다. 정책이 무한 수 스텝의 극한에서 탐욕적 정책에 수렴하면 SARSA는 각 상태-행동 쌍이 무한 방문되는 극한에서 실제 정책과 행동-가치 함수에 수렴한다.

> ### SARSA와 Q 러닝

- SARSA는 온-폴리시 방법이며, 이는 한 특정 정책에 따라 Q-값을 계산하고 에이전트가 그 정책을 따른다는 것을 의미한다.
- Q 러닝은 오프-폴리시 방법이다. 이는 탐욕적 정책에 따라 Q-값을 계산하는 것으로 구성되지만 에이전트가 반드시 탐욕적 정책을 따르지는 않는다.

이제 오프-폴리시 학습의 경우를 고려하자. 이 경우 학습에 사용할 수 있는 데이터를 어떤 차선 또는 심지어 순수히 랜덤한 정책을 사용해 수집한다. 이와 같은 데이터에서 여전히 학습이 가능할까? 이 문제에 대한 해답은 가능하다는 것이다. 우리는 단순히 식 (9.43)의 기대 연산을 SARSA에서와 마찬가지로 단일 관측에서 얻은 추정치로 대체하지만 이번에는 다음 스텝의 행동 a'에 대한 최대값 연산은 유지한다. 즉, 다음과 같다.

$$Q_t(s, a) \leftarrow Q_t(s, a) + \alpha \left[R_t(s, a, s') + \gamma \max_{a'} Q_{t+1}(s', a') - Q_t(s, a) \right] \tag{9.46}$$

이것은 Q 러닝Q-Learning으로 알려져 있다. 1989년에 왓킨스Watkins에 의해 제안됐으며, 그 이후로 강화학습에서 가장 유명한 접근법 중 하나가 됐다. Q 러닝은 반복 시행의 수가 증가함에 따라 학습률 α이 서서히 감쇠할 때 각 상태–행동 쌍이 무한 방문되는 극한에서 유한 MDP에서 수렴한 다는 것을 증명할 수 있다. 유한 MDP에 대한 테이블 형태의 Q 러닝(식 9.46)을 연속 상태 공간의 시스템으로 확장하는 것은 다음 절에서 제시한 다. 따라서 Q 러닝은 행동–가치 함수에 적용되는 TD(0) 학습 방법이다.

에이전트가 학습 중에 행동을 선택해야 하는 경우 온라인 환경에서 SARSA와 Q 러닝의 주요 차이점을 주목하라. SARSA에서는 동일한 정책 (예, ε-탐욕적 정책$^{greedy\ policy}$, 연습문제 9.8 참고)을 사용해 현재 행동 a와 다 음 행동 a'를 모두 생성한다. 이와 대조적으로 Q 러닝에서는 다음 행동 이 행동–가치 함수 $Q_{t+1}(s', a')$를 최대화하는 탐욕적 행동이다. 이것이 정 확하게 Q 러닝이 상이한 차선의 실행 정책으로부터 최적 정책을 학습할 수 있게 하는 오프–폴리시 알고리듬으로 만드는 탐욕적 다음 행동 a'의 선택이다.

Q 러닝이 오프–폴리시 방식으로 작동하는 이유는 TD(0) 규칙(식 9.46)이 훈련용 데이터 획득을 위해 사용되는 정책에 의존하지 않기 때문이다. 이러한 의존성은 이 정책이 각 상태–행동 쌍을 데이터에서 여러 번 만나 야 한다는 가정을 통해 간접으로만 TD 규칙에 반영된다. 사실상 관측 횟 수가 무한으로 갈 때 점근적으로 무한번 만나게 된다. TD 규칙(식 9.46) 은 이러한 쌍의 관측값이 어떻게 계산되는지 질문에 대답하려고 하는 것이 아니다. 대신 이러한 관측값을 직접 사용해 행동–가치 함수의 값을 업데이트한다.

Q 러닝이 강화학습에서의 많은 작업에 특히 매력적으로 보이는 것은 오 프–폴리시 데이터를 통해 학습하는 능력이다. 특히 배치 강화학습에서 에이전트는 이전에 어떤 다른 에이전트가 생성한 데이터에서 학습해야 한다. 역사적 데이터를 생성한 에이전트가 최적으로 행동했다고 가정 하는 것은 많은 경우 너무 엄격하거나 비현실적일 수 있다. 게다가 어떤 경우에는 이전 에이전트가 최적으로 행동했을 수 있지만 어떤 추세^{trend} 또는 드리프트^{drift}의 영향으로 인해 환경이 변할 수 있다. 데이터에 사용

된 정책이 이전 기간에 최적일 수 있지만 드리프트로 인해 이는 오프-폴리시 학습이 된다. 요컨대 실제 응용에서는 온-폴리시 학습보다 오프-폴리시 학습의 예가 더 많은 것 같다.

오프-폴리시 데이터를 사용할 수 있는 능력은 식 (9.46)에 최대값 연산자의 존재라는 대가를 치른다. 이 연산자는 실제로 학습 중에 서로 다른 정책 간의 비교를 위한 메커니즘을 제공한다. 선택한 다음 행동 a가 반드시 Q 러닝 업데이트 규칙(식 9.46)에서 요구하는 바와 같이 $Q_{t+1}^*(s', a')$를 최대화하는 최적 행동일 필요는 없지만, 특히 식 (9.46)은 단일 관측된 전이 $(s, a) \rightarrow (r, s', a')$만으로는 최적 정책을 학습할 수 없음을 의미한다.

이는 온라인 Q 러닝이 이전에 방문한 모든 쌍 (s, a)에 대해 행동-가치 함수 $Q(s, a)$의 테이블 표현을 유지하고 과거 데이터와 새로 관찰된 전이를 모두 사용해 $\max_{a'} Q_{t+1}^*(s', a')$ 항을 추정할 수 있음을 시사한다. 이러한 방법은 새로운 관측을 추가해 배치 데이터 세트가 지속적으로 업데이트되고 너무 오래되고, 아마도 최적에서 멀어진 정책에 상응하는 관측을 제거하는 배치 학습의 조금 개선된 버전으로 볼 수 있다. 이 접근법을 강화학습 문헌에서 **경험 재생**experience replay이라고 한다. 당시 하나의 관측(또는 몇 개의 관측)을 추가하는 동일한 절차는 경로를 데이터 파일에 저장된 경로의 처리로 만들 수 있는 계산 방법으로, 순수 배치 모드 Q 러닝에서도 사용될 수 있다. 따라서 경험 재생을 통한 온라인 Q 러닝과 순수 배치 모드 Q 러닝의 차이는 배치 파일을 업데이트하는 상이한 규칙에 달려있다. 배치 모드 Q 러닝에서 배치 파일은 학습 중에는 동일하지만 학습 프로세스 속도를 높이고자 하나 또는 몇 개의 관측 단위로 배치가 구축될 수도 있다. 온라인 Q 러닝에서는 새로운 관측을 추가하고 버퍼 크기를 고정하고자 먼(오래된) 관측을 제거해 경험 재생 버퍼를 지속적으로 업데이트한다.

예제 9.4 SARSA와 Q 러닝을 활용한 금융 절벽 걷기

이번 장 앞부분에서 소개한 '금융 절벽 걷기' 는 유한 MDP에 대한 SARSA와 Q 러닝의 간단한 테스트 사례가 될 수 있다. 계좌에서 가능한 자금의 $N = 4$ 값을 가정하고 $T = 12$ 타임스텝을 가정한다. 모든 상태와 시간의 조합은 $N \times T = 4 \times 12$ 크기의 2차원 그리드로 표현할 수 있다. 3가지 가능한 행동 $a_t = \{a_+, a_-, a_0\}$를 수행할 수 있는 시간 의존 행동-가치 함수 $Q_t(s_t, a_t)$는 차원 $4 \times 12 \times 3$의 3차원 텐서로 저장한다.

RL의 온라인 응용에 필요한 탐험을 용이하게 하고자 우리는 ε-탐욕적 정책을 사용할 수 있다. ε-탐욕적 정책은 에이전트가 확률 $1 - \varepsilon$으로 행동-가치 함수를 최대화하는 행동을 취하고, 확률 ε으로 순수 랜덤 행동을 취하는 단순한 확률적 정책이다. ε-탐욕적 정책은 SARSA 업데이트(식 9.44)에서 a, a' 두 행동 모두를 생성하는 데 사용되며, Q 러닝에서는 현재 스텝에서 행동을 선택하는 데만 사용된다. 최적 정책의 비교는 표 9.1에 제시돼 있다. 충분히 작은 α와 ε의 감쇠의 경우(그림 9.3 참고), 두 가지 방법 모두가 그림 9.4에 나타나 있으며, 동일한 누적 보상으로 수렴한다. 이 예는 Q 러닝 노트북을 활용한 금융 절벽 걷기에서 구현된다. 자세한 내용은 부록 '파이썬 노트북'을 참고하라.

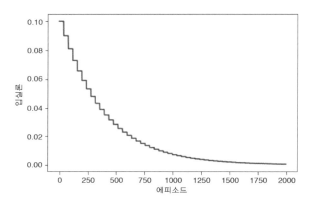

그림 9.3 그림은 금융 절벽 걷기 문제에서 ε이 에피소드의 증가에 따라 어떻게 감쇠되고, 이에 따라 표 9.1과 그림 9.4에서 보여주는 것처럼 Q 러닝과 SARSA가 동일한 최적 정책과 누적 보상에 수렴하는지를 보여준다.

표 9.1 금융 절벽 걷기 문제에 대한 최적 정책(상단), SARSA(S) 사용(하단), Q 러닝(Q) 사용. 행 인덱스는 잔고를 나타나고, 행 인덱스는 해당 기간을 나타낸다. 두 개의 최적 정책이 거의 동일함을 주목하라. 두 최적 정책 모두 잔고 0으로 시작해 마지막 기간에 잔고 1로 끝나는 거의 확실히 동일한 최단 경로를 따르게 한다.

S	0	1	2	3	4	5	6	7	8	9	10	11
3	Z	Z	Z	Z	Z	Z	Z	Z	Z	Z	Z	Z
2	Z	Z	Z	Z	Z	Z	Z	Z	Z	D	Z	Z
1	Z	**Z**	**Z**	**Z**	**Z**	**Z**	**Z**	**Z**	**Z**	**Z**	**D**	Z
0	**U**	Z	Z	Z	Z	Z	Z	Z	Z	Z	Z	**G**
Q	0	1	2	3	4	5	6	7	8	9	10	11
3	Z	Z	Z	Z	Z	Z	Z	Z	Z	Z	Z	Z
2	Z	Z	Z	Z	Z	Z	Z	Z	Z	D	D	Z
1	Z	**Z**	**Z**	**Z**	**Z**	**Z**	**Z**	**Z**	**Z**	**Z**	**D**	Z
0	**U**	Z	Z	Z	Z	Z	Z	Z	Z	Z	Z	**G**

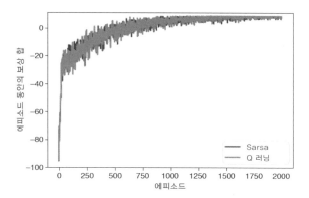

그림 9.4 Q 러닝과 SARSA가 그림 9.3에서 보여준 ε–감쇠 스케줄하에서 금융 절벽 걷기 문제와 거의 동일한 정책과 누적 보상에 수렴하는 것이 관측된다.

5.5 확률 근사와 배치 모드 Q 러닝

TD 방법에 대한 좀 더 체계적인 견해는 벨만 방정식을 풀기 위한 확률적 근사로 해석하는 것이다. 이 절에서 보여주는 것처럼 그러한 견해는 앞에 제시된 TD 업데이트 규칙의 의미를 더 잘 이해하는 데 도움이 될 뿐만 아니라 모든 개별 관측을 하나씩 취하는 대신 각 스텝 관측의 배치를 사용해 학습할 때 TD 업데이트 규칙을 확장하는 데 도움이 된다.

환경에 대한 모델이 알려져 있지 않을 때 벨만 최적성 방정식(식 9.20)에 들어가는 기대값 연산을 경험적 평균으로 대체함으로써 방정식을 근사적으로 푼다. 로빈스–먼로^{Robbins-Monro}(Robbins and Monro, 1951) 알고리듬과 같은 확률적 근사는 이 아이디어를 한 스텝 더 나아가게 해 샘플을 직접 합계하지 않고 평균을 추정할 수 있게 한다.

관측 $x_k, k = 1, \ldots, K$시퀀스의 평균값 $\frac{1}{K} \sum_{k=1}^{K} x_k$을 추정하는 간단한 예를 사용해 이 방법 배경의 아이디어를 보여준다. 모든 K개의 관측을 기다리는 대신 한 번에 하나씩 더해 평균의 실행 추정치 $\hat{x}_k$을 반복적으로 업데이트할 수 있다. 여기서 k는 반복 시행 수 또는 데이터 세트의 데이터 포인트 수다.

$$\hat{x}_{k+1} = (1 - \alpha_k)\hat{x}_k + \alpha_k x_k \tag{9.47}$$

여기서 $a_k < 1$은 다음 조건을 만족하는 스텝 k에서의 스텝 크기(학습률)를 표기한다.

$$\lim_{K \to \infty} \sum_{k=1}^{K} \alpha_k = \infty, \quad \lim_{K \to \infty} \sum_{k=1}^{K} (\alpha_k)^2 < \infty. \tag{9.48}$$

로빈스와 먼로는 이 제약하에 평균의 반복적 계산(식 9.47)은 확률 1로 실제 평균에 수렴하는 것을 증명했다(Robbins and Monro, 1951). 일반적으로 (스텝-의존적) 학습률 a_k의 최적 선택은 보편적이 아니며 문제에 특수하고 어느 정도의 실험을 요구한다.

식 (9.46)의 Q 러닝은 이제 식 (9.43)의 미지의 기대값을 현재 관측 $R_t(s, a, s') + \gamma \max_{a' \in \mathcal{A}} Q_{t+1}^{(k)}(s', a')$에 의해 교정된 현재 추정치 $Q_t^{(k)}(s, a)$로 추정하기 위한 로빈스-먼로의 확률적 근사(식 9.47)로 이해할 수 있다.

$$Q_t^{(k+1)}(s, a) = (1 - \alpha_k)Q_t^{(k)}(s, a) + \alpha_k \left[R_t(s, a, s') + \gamma \max_{a' \in \mathcal{A}} Q_{t+1}^{(k)}(s', a') \right] \tag{9.49}$$

식 (9.49)의 단일 관측 Q-업데이트는 순수한 온라인 버전의 로빈스-먼로 알고리듬에 해당한다. 또는 단일 데이터 포인트 대신 데이터 청크 chunk를 사용함으로써 확률적 근사가 모델 파라미터를 반복적으로 업데이트하고자 적용된다. 이러한 접근법은 대규모 데이터 세트로 작업할 때 유용하며, 확률적 미니-배치 확률적 그래디언트 하강법의 경우에서처럼 미니-배치 데이터를 투입함으로써 모델을 더 효율적으로 훈련할 때 머신러닝에서 흔히 사용된다. 이에 더해 확률적 근사법의 배치 버전은 다음에 다룰 주제인 연속 상태-행동 공간에서의 강화학습을 수행할 때 널리 사용된다.

다음 중 옳은 문장을 선택하라.

a. Q 러닝은 로빈스–먼로 확률적 근사를 사용해 벨만 최적성 방정식의 max(·) 항을 추정함으로써 얻어진다.

b. Q 러닝은 로빈스–먼로 확률적 근사를 사용해 벨만 최적성 방정식에서 미지의 기대값을 추정함으로써 얻어진다.

c. Q 러닝의 최적 Q 함수는 최적 학습률 $\alpha_k = \frac{\alpha}{k}$일 때 얻어진다. 여기서 $\alpha \simeq 1/137$이 학습을 위해 사용된다.

d. 최적 Q 함수는 Q 러닝에서 반복을 통해 학습된다. 여기서 각 스텝(Q 반복 시행)은 로빈스–먼로 알고리듬에서 한 번의 반복 시행을 구현한다.

예제 9.5 SARSA와 Q 러닝을 활용한 최적 주식 집행

9장 앞부분에서 소개한 '금융 절벽 걷기'와 매우 유사한 설정이 최적 주식 집행을 위한 토이 MDP 모델을 개발하는 기반이 될 수 있다.

주식 중개인이 각 블록이 n주인 N개의 블록을 팔아야 한다. 예를 들어 $N = 10$, $n = 1000$이다. 시점 t의 재고 상태는 $N = 10$ 상태인 $X^{(n)}$를 가진 집합 X의 값을 취하는 변수 X_t에 의해 주어진다. 따라서 $t = 0$의 시작 포인트에서 $X_0 = X^{(N-1)}$이며 타깃 상태는 $X_T = X^{(0)}$ = 0이다. 각 스텝에서 에이전트는 t 시점에 매도한 주식의 블록 수를 측정하는 4개의 가능한 행동 $a_t = a^{(i)}$을 가진다. 여기서 $a^{(0)} = 0$은 아무런 행동을 취하지 않은 것이고, $a^{(i)} = i$, $i = 1, \ldots, 3$은 매도된 블록 수다. 업데이트 방정식은 다음과 같다.

$$X_{t+1} = (X_t - a_t)_+ \tag{9.50}$$

거래는 선형 시장 충격$^{\text{linear market impact}}$을 통해 주가 동학에 영향을
미친다.

$$S_{t+1} = S_t e^{(1-\nu a_t)} + \sigma S_t Z_t \tag{9.51}$$

여기서 ν는 시장 마찰 파라미터$^{\text{market friction parameter}}$다. 유한 MDP 문
제로 매핑하고자 가능한 주가 $\boldsymbol{S}$의 범위는 M 값으로 이산화된다.
즉, $M = 12$다. 문제의 상태 공간은 $N \times M = 10 \cdot 12$0차원의 블록과
상태의 직접 곱 $\boldsymbol{X} \times \boldsymbol{S}$로 주어진다. 이때 시간을 포함하는 확대된
공간의 차원은 $120 \cdot 10 = 1200$이다.

주가가 S_t일 때 a_t 블록의 주식 수를 매도하는 수익은 $na_t S_t$다. 위험
조정 수익은 다음 스텝에서의 남은 재고 가격의 분산에 대해 페널
티를 더한다. 즉, $r_t = na_t S_t - \lambda_n \text{Var}[S_{t+1} X_{t+1}]$이다. 이때 상태와 시간
의 모든 조합은 $N \times M \times T = 10 \cdot 12 \cdot 10$ 크기의 3차원 그리드로
표현될 수 있다. 4개의 가능한 행동 $a_t = \{a_0, a_1, a_2, a_3\}$를 가진 시간
의존적 행동-가치 함수 $Q_t(s_t, a_t)$는 차원 $10 \times 12 \times 10 \times 4$의 4차원
텐서$^{\text{rank-4 tensor}}$로 저장될 수 있다.

이제 이와 같이 단순한 설정에서 SARSA 또는 Q 러닝을 적용해 최
적 주식 집행을 학습한다. 온라인 학습에 필요한 탐험을 위해 ε-탐
욕적 정책을 사용할 수 있다. 따라서 각 타임스텝에서 시간 의존적
최적 정책을 10×12(재고와 주가 수준에 대한) 상태에 대해 발견할
수 있고, 4개의 가능한 행동 $a_t = \{a_0, a_1, a_2, a_3\}$는 표 9.2의 두 번째 타
임스텝에서 보여주는 것처럼 10×12 행렬로 간주할 있다. 이 예는
Q 러닝 노트북을 활용한 시장 충격 문제 노트북에 구현돼 있다. 추
가적인 세부 사항은 부록 '파이썬 노트북'을 참고하라(그림 9.5).

표 9.2 주식 집행 문제에 대한 타임스텝 2에서의 최적 정책(왼쪽), SARSA(오른쪽), Q 러닝. 행은 재고 수준을 나타내고 열은 주가 수준을 나타낸다. 각 원소는 {0, 1, 2, 3} 블록의 주식을 매도하는 행동을 표기한다.

$t = 2$

재고 \ 주가 수준	1	2	3	4	5	6	7	8	9	10	11	12
0	0	0	0	0	0	0	0	0	0	0	0	0
1	0	0	0	0	0	0	0	0	0	0	0	0
2	0	0	0	0	0	0	0	0	0	0	0	0
3	0	0	1	0	0	0	0	0	0	0	0	0
4	0	1	1	3	0	0	0	0	0	0	0	0
5	0	3	2	2	0	0	0	0	0	0	0	0
6	0	3	2	3	0	1	0	0	0	0	0	0
7	0	3	2	2	1	0	0	0	0	0	0	0
8	0	0	0	0	0	0	0	0	0	0	0	0
9	0	0	0	0	0	0	0	0	0	0	0	0

$t = 2$

재고 \ 주가 수준	1	2	3	4	5	6	7	8	9	10	11	12
0	0	0	0	0	0	0	0	0	0	0	0	0
1	0	0	0	0	0	0	0	0	0	0	0	0
2	0	0	0	0	0	0	0	0	0	0	0	0
3	0	0	2	0	0	0	0	0	0	0	0	0
4	0	0	2	0	0	0	0	0	0	0	0	0
5	0	0	2	0	1	0	0	0	0	0	0	0
6	0	0	1	2	2	3	0	0	0	0	0	0
7	0	0	3	2	2	0	0	0	0	0	0	0
8	0	0	0	0	0	0	0	3	0	0	0	0
9	0	0	0	0	0	0	0	0	0	0	0	0

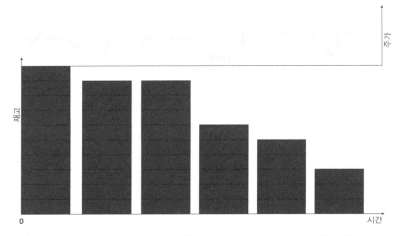

그림 9.5 최적 집행 문제: 어떻게 시장 주문을 더 낮은 시장 충격을 가진 더 작은 주문으로 쪼갤까? 유한 MDP 공식에서 상태 공간은 블록 수로 보인 재고, 주가, 시간이다. 이 예에서 에이전트는 각 타임스텝에서 {0, 1, 2, 3} 블록을 매도할지 결정한다. 문제는 재고를 보유해서 시장 위험을 증가시키지만 시장 충격을 줄일 것인지, 빨리 재고를 매도해 노출을 줄이지만 시장 충격은 증가시킬지를 결정하는 것이다.

예제 9.6 SARSA와 Q 러닝을 활용한 전자시장의 조성

이전 두 문제를 기반으로 고빈도 시장 조성의 문제를 고려해보자. 이전 예제와 달리 시간 독립적 최적 정책을 학습할 것이다.

시장 조성자market maker가 한 단위(lot)의 최선의 매도와 매수 지정가 주문을 내서 매수-매도 호가 스프레드bid-ask spread를 포착하고자 한다. 시장 조성자들은 재고를 항상 −1과 1 사이로 유지하도록 엄격하게 요구된다. 문제는 지정가 주문 호가창을 업데이트할 때마다 언제 최적의 매수 호가('b'), 매도 호가('s'), 보류('h')를 내는가 하는 것이다. 예를 들어 거의 확실히 즉각적인 순보상을 산출한다면 숏 포지션을 청산하는 호가를 부르는 것이 유리할 것이지만 어떤 때는 기다렸다가 더 큰 스프레드를 포착하는 것이 나을 것이다.

이 토이 예제에서 에이전트는 호가창 상단의 유동성 불균형을 가격 움직임에 따라 체결 확률의 대리 변수로 사용한다. 이 예제에서는 시장가 주문, 대기열 포지션, 주문 취소, 다양한 수준의 지정가 주문에 대한 지식을 사용하지 않는다. 이것들은 이후의 자료와 연습으로 남겨둔다.

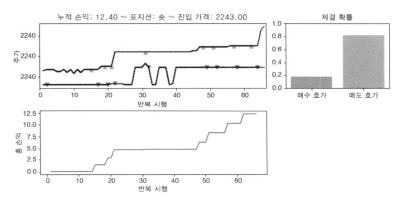

그림 9.6 시장 조성 문제는 매수 호가와 매도 호가 주문이 한계 내의 포지션을 유지하면서 손익을 최대화하는 것을 요구한다. 각 지정가 주문 호가창을 업데이트할 때마다 에이전트는 매수—매도 호가 스프레드를 포착하도록 어떤 호가가 체결될지 예상해야만 한다. 틱보다 작은 거래 비용이 트레이딩에 페널티를 부여하도록 가해진다. 이는 적어도 틱을 포착하는 거래에 보상을 주는 순효과를 가진다. 간단한 모델이 체결 확률(fill probabilities)을 결정하고자 도입되며 상태 공간은 포지션과 체결 확률 그리드와의 곱이다.

그림 9.6은 시장 조성 문제의 간단한 예를 보여준다. 균등하지 않은 각 타임 업데이트 t에서 시장의 정보 피드는 최선의 가격과 깊이 $\{p_t^a, p_t^b, q_t^a, q_t^b\}$를 제공한다. 상태 공간은 재고 $X_t \in \{-1, 0, 1\}$과 유동성 비율 그리드 $\hat{R}_t = \lfloor \frac{q_t^a}{q_t^a + q_t^b} N \rfloor \in [0, 1]$의 곱이다. 여기서 N은 그리드 포인트 수이고, q_t^a와 q_t^b는 최선의 매도 호가와 매수 호가의 깊이다. $\hat{R}_t \to 0$은 중간 가격이 상승하고 호가가 체결되는 국면 regime이다. 반대로 $\hat{R}_t \to 1$에 대해 성립한다. 상태 공간은 $3 \cdot 5 = 15$로 선택된다.

매수 호가는 확률 $\epsilon_t := \hat{R}_t$로 체결되며 매도 호가는 확률 $1 - \epsilon_t$로 체결된다. 보상은 총 P&L의 기대값이 되도록 선택된다. 숏 보유량을 청산하고자 매수 호가가 체결되면 기대 보상은 $r_t = -\epsilon_t(\triangle p_t + c)$가 된다. 여기서 $\triangle p_t$는 청산과 진입 가격의 차이며 c는 거래 비용이다. 예를 들어 에이전트가 시점 $s < t$에서 $p_s^a = 100$의 매도 호가에서 체결하면서 숏 포지션에 진입했는데, $p_t^b = 99$의 체결된 매수 호가로 포지션을 청산하면 $\triangle p_t = 1$이다. 에이전트는 포지션이 이미 숏 또는 롱일 때 매도 또는 매수 호가를 내면 각각 페널티가 부여된다.

이전 예제와 같이 시장 조성을 최적화하고자 SARSA 또는 Q 러닝을 적용한다. 온라인 학습에 필요한 탐험을 위해 ε-탐욕적 정책을 사용할 수 있다. 최적 정책의 비교는 표 9.3에서 보여준다. 각 에피소드 내에서 충분히 큰 수의 반복 시행에서 ε의 점진적 감쇠에 대해 두 방법 모두 그림 9.7의 동일한 누적 보상으로 수렴함이 관찰된다. 이 예제는 Q 러닝을 활용한 전자시장의 시장 조성에 구현돼 있다. 세부 사항은 부록 '파이썬 노트북'을 참고하라.

표 9.3 시장 조성 문제에 대한 최적 정책(상단), SARSA(S)를 사용(하단), Q 러닝(Q)을 사용. 행 인덱스는 포지션을 나타내고 열 인덱스는 예측 매도 체결 확률 버킷을 나타낸다. 두 최적 정책이 거의 동일하다는 것을 주목하라.

S	0–0.1	0.1–0.2	0.2–0.3	0.3–0.4	0.4–0.5	0.5–0.6	0.6–0.7	0.7–0.8	0.8–0.9	0.9–1.0
중립	b	b	b	b	b	b	s	s	s	s
숏	b	b	b	b	b	b	b	b	b	h
롱	h	s	s	s	s	s	s	s	s	s
Q	0–0.1	0.1–0.2	0.2–0.3	0.3–0.4	0.4–0.5	0.5–0.6	0.6–0.7	0.7–0.8	0.8–0.9	0.9–1.0
중립	b	b	b	b	b	b	s	b	b	s
숏	b	b	b	b	b	b	b	b	b	b
롱	s	s	s	s	s	s	s	s	s	s

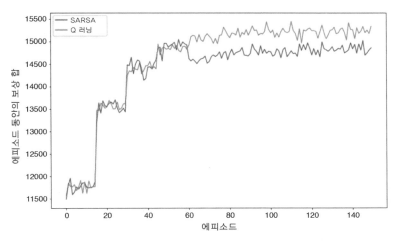

그림 9.7 Q 러닝과 SARSA은 시장 조성 문제에서 거의 동일한 정책과 누적 보상을 한다.

5.6 연속 공간에서의 Q 러닝: 함수 근사

이전의 강화학습 알고리듬 설명은 이산 상태 및 동작 공간을 가진 유한 MDP 모델의 설정을 가정했다. 이 경우 상태-행동 쌍의 모든 조합을 열거할 수 있다. 따라서 행동-가치와 상태-가치 함수는 테이블 형태로 유지할 수 있었고 Q 러닝(식 9.49)과 같은 TD 방법을 사용해 이들 노드에서의 행동-가치 함수 값을 반복적으로 계산할 수 있었다.

이러한 방법은 간단하며 테이블 설정에서 수렴한다고 증명할 수 있지만 흥미로운 실제 문제에 대해 한계에 빠르게 부딪친다. 후자는 종종 이산 또는 연속 상태-행동 공간에서 고차원이다. 각 연속 상태나 행동 변수의 직접적인 이산화를 사용한 다음 가능한 모든 상태와 행동 조합을 열거하면 기하급수적으로 많은 상태-행동 쌍을 얻게 된다. 이들 데이터를 저장하는 것조차 메모리 요구 사항에 있어 심각한 문제를 야기할 수 있으며, 계산 비용에서 기하급수적으로 느려지는 것에 대해서는 말할 것도 없다. 여기서 이러한 모든 쌍은 본질적으로 매우 고차원적인 최적화 문제의 파라미터가 된다. 이는 (고차원) 이산 또는 연속 공간의 함수가 비교적 적은 수의 자유 조정 가능한 파라미터로 표현되는 함수 근사 방법에 기초한 접근법을 요구한다.

선형 함수 근사법$^{\text{linear function approximation}}$에 동기를 부여하고자 노드 수가 M인 노드 집합 $\{s_n\}_{n=1}^{M}$을 가진 유한 MDP로 시작하자. 이 경우 상태–가치 함수 V는 상태 그리드의 각 노드에 대한 노드 값 V_n 집합에 의해 결정된다. 인덱스가 없는$^{\text{index-free}}$ 표기법을 사용해 이 집합을 다음과 같이 제시할 수 있다.

$$V(s) = \sum_{n=1}^{M} V_n \delta_{s,s_n} \tag{9.52}$$

여기서 δ_{s,s_n}는 다음과 같은 크로네커 심볼이다.

$$\delta_{s,s_n} = \begin{cases} 1 \text{ if } s = s_n \\ 0 \text{ otherwise} \end{cases} \tag{9.53}$$

식 (9.52)는 어떠한 특정 선택 $s = s_n$에 대해서도 주어진 노드 값 V_n을 가리키는 매핑 $V(s)$의 형태로 그리드에 있는 가치 함수의 모든 값 V_n을 동시에 표현하는 편리한 접근법으로 볼 수 있다.

이제 식 (9.52)를 기저 함수$^{\text{basis function}}$ 집합에 대한 전개식으로 다음과 같이 시사하는 바가 좀 더 큰 형태로 표현할 수 있다.

$$V(s) = \sum_{n=1}^{M} V_n \delta_{s,s_n} = \sum_{n=1}^{M} V_n \phi_n(s) \tag{9.54}$$

여기서 $\phi n(s)$는 다음과 같은 원핫$^{\text{one-hot}}$ 함수다.

$$\phi_n(s) = \delta_{s,s_n} = \begin{cases} 1 \text{ if } s = s_n \\ 0 \text{ otherwise} \end{cases} \tag{9.55}$$

후자의 형태는 이제 이 설정이 연속 상태 공간에 대해 일반화될 수 있는 방법을 이해하는 데 도움이 된다. 이산 상태 표현(식 9.54)에서 '원핫'(디랙과 유사한) 기본 함수 $\phi_n(s) = \delta_{s,s_n}$을 사용한다. 이제 그리드에 새로운 포인트를 추가하는 프로세스로 연속 시간 극한으로의 전이를 상상할 수 있으며, 동시에 M 노드 포인트 주변에서 합계(부분 합계)를 취해 식 (9.54)에서 합의 크기 M을 유지할 수 있다. 이 합의 각 항은 평균 노드 질량$^{\text{average mass of node}}$ V_n과 유한 MDP의 원 디랙-유사 기저 함수$^{\text{Dirac-like basis}}$ ^{function}의 평활화된 버전에 의해 주어질 것이다. 이러한 인접 포인트의 부분집합은 연속 극한으로 정의되는 실제 가치 함수에 대한 다루기 쉬운 근사를 생성한다. 연속 공간의 임의의 지점에서의 함수 값이 이제 M차원 근사에 매핑된다. 이러한 유한 차원 함수 근사의 품질은 전개식에 있는 항의 수와 기저 함수의 함수 형태에 의해 결정된다.

평활화된 국지적 기저는 예를 들어 B-스플라인$^{\text{B-splines}}$ 또는 가우시안 커널$^{\text{Gaussian kernels}}$을 사용해 구축할 수 있고, 다차원 연속 상태 사례의 경우 다변량 B-스플라인이나 방사형 기저 함수$^{\text{RBF, Radial Basis Function}}$를 사용할 수 있다. 1차원 B-스플라인 기저 함수의 집합은 그림 9.8에 나와 있다.

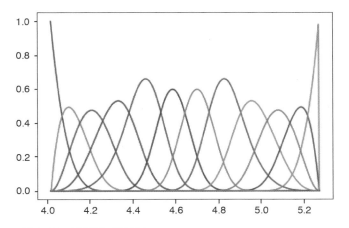

그림 9.8 B-스플라인 기저 함수

그림에서 볼 수 있듯이 B-스플라인은 전체 서포트 영역의 제한된 구역에서만 0과 다른 잘 국지화된 기저 함수를 생성한다. 다른 대안, 예를 들어 다항식이나 삼각함수도 기저 함수로 고려할 수 있지만 그것들은 국지적 변이보다는 전역적 변이의 함수일 것이다.

행동-가치 함수 $Q(s, a)$에 대해서도 유사한 전개식을 고려할 수 있다. 직접 곱 $S \times A$에 정의된 기저 함수 $\psi_k, k = 1, \ldots, K$의 집합이 있다고 가정하자. 관련해서 다음과 같이 행동-가치 함수를 근사화할 수 있다.

$$Q(s, a) = \sum_{k=0}^{K-1} \theta_k \psi_k(s, a) \tag{9.56}$$

여기서 이와 같은 전개식의 계수 θ_k는 자유 파라미터로 볼 수 있다. 벨만 최적성 방정식에 가장 잘 적합화되는 이들 각각의 파라미터 값을 찾을 수 있다.

여기서 이 전개식의 계수는 자유 파라미터로 볼 수 있다. 각각 벨만 최적성 방정식에 가장 적합화된 이러한 파라미터 값을 찾을 수 있다. K개의 기저 함수 $\psi_k(s, a)$의 고정된 유한 집합에 대해 행동-가치 함수 $Q(s, a)$의 범함수 최적화 문제는 상태 공간의 실제 차원에 관계없이 식(9.56)에 의해 파라미터 θ_k에 대한 K차원 수치 최적화의 훨씬 간단한 문제로 축소된다.

유한한(너무 크지는 않은) 값의 K를 가지면 이 방식으로 얻은 최적 가치 함수는 기껏해야 '실제' 최적 가치 함수와 근사적으로만 일치하는 것을 바랄 수 있다는 점을 유의해야 한다. 집합 $\{\psi_k(s, a)\}$가 완전^{complete}하다고 가정하면 극한 $K \rightarrow \infty$를 취함으로써 후자는 원칙적으로 동일한 기저 함수 전개식(식 9.56)으로 얻을 수 있다.

따라서 식 (9.56)은 함수 근사의 예를 제공하며 여기서 관심 함수는 K 기저 함수 $\psi_k(s, a)$ 집합 위의 전개식으로 표현되며, 여기서 계수 θ_k는 조정 가능한 파라미터다. 이러한 선형 함수 표현은 일반적으로 머신러닝 문헌에서 선형 구조$^{\text{linear architecture}}$라고 한다. 가치 함수나 정책 함수와 같은 관심 함수는 파라미터 θ_k와 기저 함수 $\psi_k(s, a)$의 선형 함수로 이 선형 구조 방법으로 표현되고 계산된다.

선형 구조 접근법의 주요 장점은 상대적 강건성과 계산 단순성이다. 근사되는 함수의 가능한 변분량은 기본적으로 기저 함수의 가능한 변분량에 의해 결정되므로 명시적으로 제어할 수 있다. 게다가 식 (9.56)은 θ에 선형이기 때문에 손실 함수가 2차 함수면 분석적 해를 생성할 수 있고, 손실 함수가 2차 함수가 아니지만 볼록일 때 유일하고 쉽게 계산되는 수치 해를 생성할 수 있다. 선형 구조를 사용하는 강화학습 방법이 수렴하는 것은 증명할 수 있다.

한편 선형 구조 접근도 단점에서 자유로울 수 없다. 중요한 것은 좋은 기저 함수를 선택하는 방법에 대한 지침을 제공하지 않는다는 것이다. 제한된(유계의) 1차원 연속 상태에 대한 좋은 기저 함수 집합을 도출하는 것은 어렵지 않다. 예를 들어 삼각함수 기저, 스플라인, 또는 다항식 기저까지 사용할 수 있다. 그러나 다차원 연속인 경우 좋은 기저 함수 집합을 찾는 것은 어렵다. 이는 강화학습을 넘어 일반적으로 머신러닝에서 특성 구축(또는 추출) 문제로 알려져 있다.

이러한 경우를 다루기 위한 가능한 한 가지 접근법은 트리나 신경망과 같은 일반적인 함수 근사 도구를 사용하는 비선형 구조를 사용해 관심 함수에 대해 어떠한 사전 정의된 기저 함수 집합에도 의존하지 않는 유연한 표현을 사용하는 것이다. 특히 심층 강화학습은 심층 신경망을 사용해 강화학습 작업에서 가치 함수나 행동 정책(또는 둘 다)을 근사할 때 얻어진다. 각 관측을 업데이트하는 대신 데이터의 미니 배치로 작업하면서 이산 상태 공간과 연속 상태 공간 모두에 대해 오프라인 버전을 제시한 후 심층 강화학습에 대해 다룰 것이다.

5.7 배치 모드 Q 러닝

직접 곱 $\mathcal{S} \times \mathcal{A}$에 정의된 $k = 0, 1, \ldots, K$가 있는 기저 함수 집합을 갖고 있고 행동-가치 함수는 선형 전개식(식 9.56)으로 표현된다고 가정하자. 이러한 표현은 유한 및 연속 MDP 문제 모두에 적용된다. 즉, 앞에서 살펴본 것처럼 유한 MDP 경우는 기저 함수 $\psi_k(s, a)$로 취해진 디랙 델타-함수를 가진 선형 구조(식 9.56)의 특수한 경우로 간주될 수 있다. 따라서 선형 설정(식 9.56)을 사용해 유한 및 연속 MDP의 경우 모두에 대해 Q 러닝 알고리듬에 대한 통합된 설명을 제공할 수 있다.

벨만 최적성 방정식(식 9.20)을 해결하는 것은 이제 파라미터 θ_k를 찾는 것에 해당한다. 분명히 모든 $K > 1$개의 그러한 파라미터를 찾고자 한다면 각 반복 시행에서 하나의 데이터 포인트만 관측하는 것은 유일하고 잘 지정된 방식으로 이들 파라미터들을 결정하거나 이전의 추정치를 업데이트하는 데 충분하지 않을 것이다. 이를 위해 이러한 추정치를 생성할 때 최소한 K개의 관측치(그리고 높은 분산 추정을 피하고자 이 숫자의 배수)를 다룰 필요가 있다. 다시 말하면 배치 모드, 즉 오프라인 강화학습 설정에서 작업할 필요가 있다. 배치 강화학습을 통해 에이전트는 환경에 접근할 수 없지만 오히려 일정 기간 동안 다른 에이전트의 행동을 관찰해 수집한 어떤 역사적 데이터로만 작업할 수 있다. 대수의 법칙에 기초해 배치 강화학습을 강화학습 알고리듬 훈련에 사용할 수 있을 때마다 순수 온라인 학습으로 얻은 것보다 낮은 분산의 추정량을 제공할 수 있다고 기대할 수 있다.

Q 러닝의 배치 버전을 얻고자 1 스텝 벨만 최적성 방정식(식 9.20)은 다음 형태의 회귀분석으로 해석된다.

$$R_t(s, a, s') + \gamma \max_{a' \in \mathcal{A}} Q^{\star}_{t+1}(s', a') = \sum_{k=0}^{K-1} \theta_k \psi_k(s, a) + \varepsilon_t \qquad (9.57)$$

여기서 ε은 시점 t에서의 평균 0의 랜덤 잡음이다. 파라미터 θ_k는 이제 기저 함수 $\psi_k(s, a)$에 의해 주어진 회귀(독립) 변수에 대한 종속 변수 $R_t(s, a, s') + \gamma \max_{a' \in \mathcal{A}} Q^*_{t+1}(s', a')$의 회귀계수로 나타난다. 식 (9.57)의 양변에 기댓값을 취하고 최적 Q 함수 $Q^*_t(s, a)$로 사용된 함수 근사(식 9.56)로 식 (9.20)을 복구하면 식 (9.57)과 (9.20)은 기댓값 측면에서 동일하다.

배치 데이터 파일은 $t = 0, \ldots, T - 1$에 대해 튜플 (s, a, r, s')로 구성된다. 각 튜플 레코드 (s, a, r, s')는 현재 상태 $s = s_t$와 취한 행동 $a = a_t$, 받은 보상 $r = r_t$와 다음 상태 s'를 포함한다. 다음 스텝 행동-가치 함수 $Q^*_{t+1}(s', a')$를 상태 s'와 행동 a'의 함수로(명시적 공식 또는 수치적 알고리듬을 통해서) 안다면 튜플 레코드 (s, a, r, s')는 이들을 지도학습 회귀로 간주하도록 사용될 수 있다. 즉, 여기서 독립 변수는 $s = s_t$이고, 종속 변수는 $y := r + \gamma \max_{a' \in \mathcal{A}} Q^*_{t+1}(s', a')$이다.

여기에는 다음 타임스텝에서 모든 행동에 대해 최댓값을 취하는 것 $\max_{a' \in \mathcal{A}}$와 관련된 번거로움이 있다. 곧 이 점을 다시 살펴보겠지만 현재로서는 이 연산이 어떤 방법으로든 수행될 수 있다고 가정해 각 튜플 (s, a, r, s')가 회귀식(식 9.57)에 대한 관측치로 사용될 수 있다고 가정하자.

각 타임스텝 t에 대해 N개의 경로에서 추출한 샘플이 있다고 가정하자.[6] 기존의 제곱 손실 함수를 사용해 표준 최소 제곱 최적화 문제를 풀어 계수 θ_k를 찾을 수 있다.

$$\mathcal{L}_t(\theta) = \sum_{k=1}^{N} \left(R_t(s_k a_k, s'_k) + \gamma \max_{a' \in \mathcal{A}} Q^\star_{t+1}(s', a') - \sum_{k=0}^{K-1} \theta_k \psi_k(s, a) \right)^2 \tag{9.58}$$

이를 적합화된 Q 반복$^{\text{FQI, Fitted Q Iteration}}$ 방법이라고 한다. 옵션 가격 결정을 위한 강화학습을 제시할 때 10장에서 이 방법의 적용을 알아본다.

---

6. 이것은 몬테카를로 경로 또는 실제 세계 데이터에서 얻은 경로일 수 있다.

이제 튜플 (s, a, r, s') 형태의 전이 샘플만 제공받을 때 회귀식(식 9.57)에 나타나는 $\max_{a' \in \mathcal{A}} Q_{t+1}^*(s', a')$를 계산하는 문제를 다뤄보자. 한 가지 간단한 방법은 이론적 최대값을 데이터 세트에서 관찰된 경험적 최대값으로 대체하는 것이다. 이는 최적 행동과 최적 Q 함수를 추정할 때 동일한 데이터 세트를 사용하는 것과 같다.

이와 같은 절차는 젠센의 부등식과 $\max(\cdot)$ 함수의 볼록성으로 인해 벨만 최적성 방정식(식 9.20)의 $\max_{a'} Q_{t+1}^*(s, a')$의 과대 추정을 초래하게 된다. 즉, $\mathbb{E}[\max f(x)] \leq \max \mathbb{E}[f(x)]$다. 여기서 $f(x)$는 임의의 함수다. 실제로 $Q(s', a')$에서 최대값의 기대값을 경험적 최대값으로 대체함으로써 최대값의 기대값인 $\mathbb{E}[\max_{a'} Q(s', a')]$를 $\max_{a'} \mathbb{E}[Q(s', a')]$로 대체하고, 더 나아가서 마지막 표현식의 내부 기대값에 대해 샘플 기반 추정을 사용한 것이다. 젠센의 부등식으로 이와 같은 대체는 일반적으로 행동-가치 함수의 과대 추정을 초래한다. 타임스텝에 걸친 반복 시행 동안 또한 파라미터에 대한 최적화 과정에서 여러 번 반복될 때 이 과대 추정은 왜곡되고 심지어 종종 발산하는 가치 함수를 산출한다. 이는 강화학습 문헌에서 과대평가 편향overestimation bias 문제로 알려져 있다.

Q 러닝에 대한 잠재적 과대평가 편향을 다루는 두 가지 가능한 접근법이 있다. 그중 하나는 행동-가치 함수와 최적 정책을 훈련하고자 두 가지 상이한 데이터 세트를 사용하는 것이다. 그러나 이는 정책이 행동-가치 함수 $Q(s, a)$에 의해 결정되는 Q 러닝에서 직접적으로 구현 가능하지 않다. 행동-가치 함수와 정책 모두를 상이한 데이터의 부분집합에 최적하는 대신 이중 Q 러닝Double Q-learning(van Hasselt 2010)으로 알려진 방법은 두 개의 행동-가치 함수 $Q_A(s, a)$와 $Q_B(s, a)$를 도입한다. 각 반복 시행에서 새로운 미니 배치 데이터가 제공될 때 이중 Q 러닝 알고리듬은 랜덤하게 $Q_A(s, a)$의 업데이트와 $Q_B(s, a)$의 업데이트 중 하나를 선택한다. $Q_A(s, a)$의 업데이트를 선택하면 최적 행동이 $Q_A(s', a')$를 최대로 하는 a_*로 결정되고 TD 오차 $r + \gamma Q_B(s', a_*) - Q_A(s, a)$를 이용해 $Q_B(s, a)$를 업데이트한다.

반면 $Q_B(s, a)$의 업데이트를 선택하면 최적 행동 a_*는 $Q_B(s', a')$를 최적화함
으로써 계산되고, TD 오차 $r + \gamma Q_A(s', a_*) - Q_B(s, a)$를 이용해 $Q_B(s, a)$를
업데이트한다. van Hasselt(2010)가 증명한 바와 같이 행동-가치 함수
$Q_A(s, a)$와 $Q_B(s, a)$는 이중 Q 러닝에서 관측의 수가 증가함에 따라 동일한
극한에 수렴한다. 이 방법은 종종 행동-가치 함수의 과소평가를 초래하
지만 단순한 샘플 기반 Q 러닝의 과대평가 편향 문제를 회피한다. 이중
Q 러닝은 종종 행동-가치 함수 $Q_\theta(s, a)$를 표현하는 신경망을 사용해 모
델 없는 Q 러닝model-free Q-learning과 함께 사용된다. 여기서 θ는 신경망의 파
라미터 집합이다.

행동-가치 함수 $Q(s, a)$가 어떤 특수한 파라미터화된 형태를 갖고 있어
다음 스텝 행동 a'를 분석적 또는 수치적으로 수행할 수 있다면 또 다른
가능성이 있다. 특히 일단 선형 구조(식 9.56)에 대해 기저 함수 $\psi_k(s, a)$와
계수 θ_k의 형태가 고정되면 최대값을 계산할 수 있다. 벨만 최적성 방정
식의 최대값을 이렇게 독립적으로 계산하면 이중 Q 러닝에서와 같이 행
동-가치 함수와 최적 정책을 학습하고자 데이터 세트를 두 개의 개별 데
이터 세트로 분할하는 것을 피할 수 있다. 이후 장에서 볼 수 있듯이 이러
한 시나리오는 특히 옵션 가격 결정을 포함한 계량 트레이딩의 일부 문
제에 대해 구현될 수 있다.

〉 벨만 방정식과 비전개 연산자

앞에서 봤듯이 벨만 최적성 방정식에서는 다음 스텝에서 모든 행동에 대
한 최대max 연산을 포함하는 비분석적 항이 특정한 계산 문제를 제기한다.
이 항은 '하드hard,7 최대 연산자가 특정 파라미터 극한에서 복구되도록 구
성된 미분 가능한 파라미터화된 연산자를 사용해 완화할 수 있는 것으로
밝혀졌다. 비전개 연산자non-expansion operator라 불리는 특정 유형의 연산자는
시간-정상성 MDP 문제에 대한 고정점fixed-point 해와 같은 해의 존재를 잊

---

7. hard는 혼합이 아닌, 즉 확률적이 아닌 것을 의미한다. - 옮긴이

지 않고 벨만 방정식에서 최대 연산자를 대체할 수 있는 것으로 밝혀졌다.

h를 유한 집합 I에 대한 실수 값 함수이라 하고 $\odot$를 함수 h의 값을 실수에 매핑하는 요약 연산자^{summary operator}라 하자. 최대 연산자 $\max_{i \in I} h(i)$와 최소 연산자 $\min_{i \in I} h(i)$는 요약 연산자의 예다. 다음 두 속성을 충족하는 경우 요약 연산자 $\odot$를 비전개^{non-expansion} 연산자라고 한다.

$$\min_{i \in I} h(i) \leq \odot h(i) \leq \max_{i \in I} h(i) \tag{9.59}$$

$$|\odot h(i) - \odot h'(i)| \leq \max_{i \in I} |h(i) - h'(i)| \tag{9.60}$$

여기서 h'는 동일한 집합 위의 또 다른 실수 값 함수다. 비전개 연산자의 예는 평균^{mean}과 최대^{max} 연산자를 포함해 ε-탐욕 연산자 $\mathrm{eps}_\varepsilon(\mathbf{X}) = \varepsilon \mathrm{mean}(\mathbf{X}) + (1 - \varepsilon) \max(\mathbf{X})$를 포함한다.

Litterman과 Szepasvari(1996)가 증명한 바와 같이 행동-가치 함수에 대한 다음과 같은 가치 반복^{value iteration}은

$$\hat{Q}(s,a) \leftarrow r(s,a) + \gamma \sum_{s' \in \mathcal{S}} p(s,a,s') \max_{a' \in \mathcal{A}} \hat{Q}(s',a') \tag{9.61}$$

다음과 같은 일반화된 가치 반복으로 대체될 수 있다.

$$\hat{Q}(s,a) \leftarrow r(s,a) + \gamma \sum_{s' \in \mathcal{S}} p(s,a,s') \odot_{a' \in \mathcal{A}} \hat{Q}(s',a') \tag{9.62}$$

위 식은 연산자 $\odot$가 다음과 같이 무한 노름^{infinity norm}에 대한 비전개 연산자라면 유일한 고정점으로 수렴한다.

$$\left| \odot \hat{Q}(s,a) - \odot \hat{Q}'(s,a) \right| \leq \max_a \left| \hat{Q}(s,a) - \hat{Q}'(s,a) \right| \tag{9.63}$$

여기서 위식은 어떠한 $\hat{Q}, \hat{Q}', s$에 대해서도 성립한다.

다음 중 옳은 문장을 모두 선택하라.

a. 적합화된 Q 반복은 온라인 Q 반복을 가속화하는 방법이다.
b. DP 접근법과 유사하게 적합화된 Q 반복은 업데이트될 때마다 하나의 경로만 보므로 다른 경로들에서 추가 잡음이 제거될 때 Q 반복이 더 잘 적합화된다.
c. 적합화된 Q 반복은 이산 상태–행동 공간에 대해서만 작동한다.
d. 적합화된 Q 반복은 연속 상태–행동 공간에 대해서만 작동한다.
e. 적합화된 Q 반복은 이산형 및 연속형 상태–행동 공간 모두에 대해 작동한다.

> **›** MDP를 이용한 온라닝 학습

1장에서 온라인 순차적 학습의 예로 멀티암 밴딧$^{\text{MAB, Multi-Armed Bandit}}$을 제시했다는 것을 기억하라. MAB 공식과 유사하게 마르코프 의사결정 프로세스를 사용한 온라인 학습의 좀 더 일반적인 설정에 대해[8] 훈련 알고리듬 $\mathcal{A}$는 다음과 같이 정의된 $\mathcal{A}$의 후회 최소화$^{\text{regret minimization}}$를 목표로 한다.

$$\mathbf{R}_T^{\mathcal{A}} = \mathcal{R}_T^{\mathcal{A}} - T\rho^{\star} \tag{9.64}$$

여기서 $\mathcal{R}_T^{\mathcal{A}} = \sum_{t=0}^{T-1} R_{t+1}$은 $\mathcal{A}$를 따를 때 T 시점까지 받은 총 보상이고, $p^{\star}$는 최적 장기 평균 보상을 나타낸다.

$$\rho^{\star} = \max_{\pi} \rho^{\pi} = \max_{\pi} \sum_{s \in \mathcal{S}} \mu_{\pi}(s) R(s, \pi(s)), \tag{9.65}$$

---

8. MDP에 대한 세부 사항은 3절을 참고하라.

여기서 $\mu_\pi(s)$는 정책 π에 의해 유도된 상태의 정상성 분포다. 후회 최소화 문제는 명백히 총 보상 최대화 문제와 동일하다. MDP를 활용한 온라인 학습에 대한 알고리듬은 Szepesvari(2010)를 참고하라.

MDP를 활용한 온라인 학습은 예를 들면 일중 거래[intraday trading]와 같이 새로운 데이터를 받은 후 정책을 실시간으로 조정하는 것을 요구하는 특정 작업에 대해 금융 맥락의 관심 대상이 될 수 있다. 앞에서 언급했듯이 경험 재생을 이용한 오프라인 학습과 온라인 학습의 조합은 순수 온라인 학습보다 더 좋고 안정적인 행동을 생성하는 경우가 많다.

5.8 최소 제곱 정책 반복

모든 MDP에 대해 모든 상태의 기대 할인 수익을 최대화하는 최적 정책인 π^*가 존재한다는 점을 상기한다. 9장의 전반부에서 설명한 것처럼 정책 반복은 단조적으로 개선되는 일련의 정책을 반복함으로써 최적 정책을 발견하는 방법이다. 각 반복은 두 단계로 구성된다. (i) 가치 결정[value determination]은 앞의 시스템을 풀어서 정책 π에 대한 상태-행동 가치를 계산한다. (ii) 정책 개선[policy improvement]은 다음 정책 π'를 정의한다. 이들 스텝은 수렴될 때까지 반복된다.

최소 제곱 정책 반복[LSPI, Least Square Policy Iteration](Lagoudakis and Parr, 2003)은 어떠한 정책을 사용해 수집된 샘플 경험도 효율적으로 사용할 수 있는 모델 없는[model-free] 오프-폴리시 방법이다.

LSPI 방법은 기저 함수 집합에서 선형 전개식으로 행동-가치 함수 $Q_t(x_t, a_t)$를 찾는 선형 구조를 사용하는 샘플 기반 및 모델 프리 근사 정책 반복 방법으로 이해될 수 있다.

LSPI 접근법을 알아보자. K개의 기저 함수의 집합 $\{\Psi_k(x,a)\}_{k=1}^K$를 갖고

있다고 가정한다. 이와 같은 기저 함수에 대한 특정 선택은 다음에 제시될 것이지만 이 절에서 기저 함수의 집합이 충분히 표현돼 실제 최적 행동-가치 함수를 근사적으로 이들 기저 함수 범위가 생성할 수 있는 한 이들의 특정 형태는 중요하지 않다. 그러한 집합이 고정되면 행동-가치 함수로 다음과 같은 선형 함수 근사를 사용한다.

$$Q_t^{\pi}(x_t, a_t) = \mathbf{W}_t \mathbf{\Psi}(x_t, a_t) = \sum_{k=1}^{K} W_{tk} \Psi_k(x_t, a_t) \tag{9.66}$$

정책 π에 대한 의존성이 π에 대한 의존성 계수 W_{ik}를 통해 이 식에 들어온다는 점에 유의하라. LSPI 방법은 가중치 W_{ik}의 조정을 통해 최적 정책을 찾는 프로세스로 생각할 수 있다. 정책 π는 행동-가치 함수를 최대화하는 탐욕적 정책이다.

$$a_t^{\star}(x_t) = \pi_t(x_t) = \operatorname*{argmax}_a Q_t(x_t, a_t) \tag{9.67}$$

LSPI 알고리듬은 식 (9.74)를 사용해 계수 W_{tk}(그리고 따라서 행동-가치 함수 $Q_t(x_t, a_t)$)의 계산과 주어진 행동-가치 함수를 기반으로 하는 정책의 계산 사이를 계속 반복한다. 이는 $t = T-1, ..., 0$에 대해 시간을 역방향으로 진행하면서 각 타임스텝에서 수행된다.

주어진 타임스텝에 대한 계수 $\mathbf{W}_t$를 발견하고자 우선 고정된 정책^{fixed} ^{policy} π에 대한 선형 벨만 방정식(식 9.18)이 행동-가치 함수만을 포함하는 형태로 표현될 수 있다는 점에 주목하라. 이는 임의의 정책 π에 대해 다음이 성립하기 때문이다.

$$V_t^{\pi}(x_t) = Q_t^{\pi}(x_t, \pi(x_t)) \tag{9.68}$$

이를 벨만 방정식(식 9.18)에 대입하면 다음 형태로 표현할 수 있다.

$$Q_t^{\pi}(x_t, a_t) = R_t(x_t, a_t) + \gamma \mathbb{E}_t \left[Q_{t+1}^{\pi}(X_{t+1}, \pi(X_{t+1})) \,\middle|\, x_t, a_t \right] \tag{9.69}$$

식 (9.57)과 유사하게 식 (9.69)를 다음 형태의 회귀식으로 해석할 수 있다.

$$R_t\left(x_t, a_t, x_{t+1}\right) + \gamma Q_{t+1}^{\pi}\left(x_{t+1}, \pi(x_{t+1})\right) = \mathbf{W}_t \mathbf{\Psi}\left(x_t, a_t\right) + \varepsilon_t \tag{9.70}$$

여기서 $R_t(x_t, a_t, x_{t+1})$은 랜덤 보상이고, ε은 시점 t의 평균 0의 랜덤 잡음이다. $t = \mathrm{T} - 1, \ldots, 0$ 각각에 대해 $k = 1, \ldots, K$인 샘플 전이 $\left(X_t^{(k)}, a_t^{(k)}, R_t^{(k)}, X_{t+1}^{(k)}\right)$에 접근할 수 있다고 가정하자. 주어진 정책 π에 대해 계수 $\mathbf{W}_t$는 다음의 최소 제곱 최적화 문제를 풀어 발견할 수 있다. 이 문제는 식 (9.58)과 유사하다.

$$\begin{aligned}
\mathcal{L}_t\left(\mathbf{W}_t\right) = \sum_{k=1}^{N} \Big(& R_t\left(X_t^{(k)}, a_t^{(k)}, X_{t+1}^{(k)}\right) \\
& + \gamma Q_{t+1}^{\pi}\left(X_{t+1}^{(k)}, \pi\left(X_{t+1}^{(k)}\right)\right) - \mathbf{W}_t \mathbf{\Psi}\left(X_t^{(k)}, a_t^{(k)}\right) \Big)^2
\end{aligned} \tag{9.71}$$

이 방정식의 해는 연습문제 9.14를 참고하라.

상태-행동 공간이 유한 MDP의 경우 식 (9.67)을 사용해 최적 정책을 찾는 것은 간단하며 각 상태에 대해 가능한 행동을 열거함으로써 달성된다. 행동 공간이 연속이면 더 많은 노력이 필요하다. 예를 들어 상태와 행동 공간이 모두 1차원 연속 공간인 경우를 생각해보자. 이러한 설정에서 식 (9.67)을 사용하고자 x_t 값의 범위를 이산 값 x_n의 집합으로 이산화한다. 먼저 이들 값에 대한 최적 행동을 계산한 다음 스플라인을 사용해 x_t의 나머지 값에 대해 보간할 수 있다. 주어진 계수 W_{tk} 집합에 대해 정책 $\pi_t(x_t)$는 스플라인-보간 함수로 표현된다.

예제 9.7 최적 배분을 위한 LSPI

시점 $t = 0$에서 초기 부 $W_0 = 1$로 시작해 각 기간 $t = 0, \ldots, T - 1$에 총 포트폴리오의 부분 $u_t = u_t(S_t)$을 위험 자산에 배분하고 나머지 부분 $1 - u_t$는 무위험 이자율 $r_f = 0$을 지급하는 무위험 은행 계좌에 투자하는 1장에서의 투자가 문제를 상기하자. 부의 프로세스는 자기 자금 조달$^{\text{self-financing}}$하며 1 스텝 보상 R_t, $t = 0, \ldots, T - 1$이 위험 조정 포트폴리오 수익률이다.

$$R_t = r_t - \lambda \mathrm{Var}\left[r_t | S_t\right] = u_t \phi_t - \lambda u_t^2 \mathrm{Var}\left[\phi_t | S_t\right] \tag{9.72}$$

그러면 $T - 1$ 스텝에 대한 최적 투자 문제는 다음에 의해 주어진다.

$$V^\pi(s) = \max_{u_t} \mathbb{E}\left[\sum_{t=0}^{T} R_t \,\middle|\, S_t = s\right] = \max_{u_t} \mathbb{E}\left[\sum_{t=0}^{T} u_t \phi_t - \lambda u_t^2 \mathrm{Var}\left[\phi_t | S_t\right] \,\middle|\, S_t = s\right]$$
$$\tag{9.73}$$

여기서 ETF 숏 매도(즉, $u_t < 0$)와 현금 차입(즉, $u_t > 1$)이 허용된다. LSPI 알고리듬을 $T = 10$ 기간에 걸친 $N = 2000$ 시뮬레이션 주가에 대해 적용한다. 즉, $\{\{S_t^{(i)}\}_{i=1}^{N}\}_{t=1}^{T}$이다. 각 기간에서 $K = 256$ B-스플라인 기저 함수를 사용해 상태-행동 공간에 걸친 기저 $\{\Psi_k(s,a)\}_{k=1}^{K}$을 구축한다. 여기서 $s \in [\min(\{S_t^{(i)}\}_{i=1}^{N}), \max(\{S_t^{(i)}\}_{i=1}^{N})]$이고 $a \in [-1, 1]$이다.

 이 특별히 간단한 문제에서 행동은 상태 공간과 독립이므로 상태-행동 공간에 대한 기저의 구축은 실제로 필요하지 않다. 그러나 우리의 동기가 더 일반적인 방법을 사용해 정확한 해 $u_t^* = \frac{\mathbb{E}[\phi_t]}{2\lambda \mathrm{Var}[\phi_t]}$에 가까운 추정치를 얻을 수 있다는 것을 보이는 것이다.

a_{T-1}은 타임스텝 $t = T - 1$에서 균등 랜덤 샘플로 초기화된다. 후속의 타임스텝 $t \in \{T - 1, T - 2, \ldots, 0\}$에서 a_t는 이전 최적 행동으로 초기화한다. 즉, $a_t = a_{t+1}^*$이다. LSPI는 정책을 가치 함수가 수렴할 때까지 반복적으로 $\pi^{k-1} \to \pi^k$ 업데이트한다. Q 함수는 200개의 주식 값과 20개의 행동 값으로 이뤄진 상태-행동 그리드 공간 Ω^h에

대해 최적화돼 다음의 최적 행동을 제공한다.

$$a_t^k(s) = \pi_t^k(s) = \underset{a}{\operatorname{argmax}} \, Q_t^{\pi^{k-1}}(s, a), \ (s, a) \in \Omega^h \quad (9.74)$$

각 타임스텝에 대해 LSPI는 다음의 종료 기준이 만족될 때까지 정책 π^k을 업데이트한다.

$$\|V^{\pi^k} - V^{\pi^{k-1}}\|_2 \leq \tau$$

여기서 $\tau = 1 \times 10^{-6}$이다. 그림 9.9에서 LSPI 알고리듬을 사용한 최적 배분(빨간색)이 정확한 해(파란색)와 비교된다. LSPI의 구현과 위의 최적 배분 문제에의 적용은 파이썬 노트북 ML_in_Finance_LSPI_Markowitz.ipynb를 참고한다.

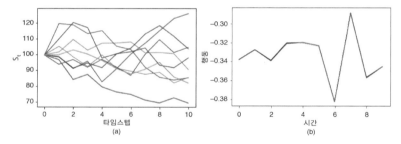

그림 9.9 1년 기간에 대해 오일러(Euler) 방법을 사용한 주가 시뮬레이션. 10기간 각각에 대해 LSPI 알고리듬을 사용해 최적 배분이 추정되고(빨간색), 정확한 해(파란색)와 비교된다. (a) 주가 시뮬레이션, (b) 최적 배분

5.9 심층 강화학습

선형 구조(식 9.56)에서 사용할 수 있는 기저 함수의 좋은 선택은 많은 실제 응용 분야에서 어려운 문제일 수 있으며, 특히 데이터의 차원이 증가하거나 데이터가 매우 비선형적이 되는 경우 또는 둘 다인 경우 더욱 그

렇다. 이 문제는 특성 공학feature engineering 문제라고도 하며, 강화학습에 특수한 것이라기보다는 모든 유형의 머신러닝에 공통적이다. 표현 특성representative features 학습은 머신러닝 문헌에서 흥미롭고 활발하게 연구된 주제며, 이러한 과제를 해결하고자 다양한 지도 및 비지도 알고리듬이 제안됐다.

일반적으로 원 데이터의 파라미터 기반 함수 변환으로 정의되는 수작업 설계 또는 알고리듬 기반 특성을 추구하는 대신 파라미터화된 '블랙박스' 알고리듬으로 간주되는 트리 또는 신경망과 같은 보편적 함수 근사 방법에 의존할 수 있다. 특히 심층 강화학습 접근법은 가치 함수나 정책 함수를 나타내고자 다수준의 신경망에 의존한다. 예를 들어 행동–가치 함수 $Q(s, a)$가 다층 신경망으로 표현되는 경우 이를 생각하는 한 가지 방법은 파라미터 θ_k가 신경망의 마지막 선형 계층의 가중치를 나타내는 선형 구조 설정(식 9.56)의 관점을 통해서이며, 이전 계층은 자체 파라미터 θ로 파라미터화할 수 있는 특정 '블랙박스'형 기저 함수 $\psi_k(s, a)$를 생성한다. 행동–가치 함수가 매우 비선형적이고 좋은 기저 함수의 명확한 선택이 즉시 제안될 수 없는 경우 이 접근법이 유리할 수 있다. 특히 이미지, 동영상, 비디오 게임 분석에는 큰 변이를 가진 함수가 나타나는 경우가 많으며, 이러한 응용의 경우 심층 신경망을 함수 근사로 사용하는 것이 매우 유용하다. 구글 딥마인드Google Deepmind가 아타리Atari 비디오 게임을 하고자 딥 Q 러닝의 사용을 연구하면서 이 연구 분야에 대한 강력한 추진이 시작됐다.

5.9.1 예비지식

상태 공간이 연속적일 때는 각 상태–행동 튜플에 대한 Q 값을 합리적으로 학습하고 저장할 수 없으므로 Q-값을 함수의 파라미터(일반적으로 신경망의 가중치와 편향)를 사용하는 함수 $\hat{q}(s, a, \mathbf{w})$로 나타낼 것이다. 이 근사 설정에서 업데이트 규칙은 다음과 같이 된다.

$$\mathbf{w} = \mathbf{w} + \alpha \left(r + \gamma \max_{a' \in A} \hat{q}\left(s', a', \mathbf{w}\right) - \hat{q}\left(s, a, \mathbf{w}\right) \right) \nabla_{\mathbf{w}} \hat{q}(s, a, \mathbf{w}) \qquad (9.75)$$

다르게 표현하면 다음을 최소화하고자 한다.

$$L(\mathbf{w}) = \mathbf{E}_{s,a,r,s'} \left[r + \gamma \max_{a' \in A} \hat{q}\left(s', a', \mathbf{w}\right) - \hat{q}\left(s, a, \mathbf{w}\right) \right]^2 \qquad (9.76)$$

5.9.2 타깃 네트워크

딥마인드(Mnih et al. 2015)는 두 개의 파라미터 집합($\hat{q}(s,a)$를 계산하기 위한) $\mathbf{w}$와 (타깃 네트워크인 $\hat{q}(s',a')$를 계산하기 위한) $\mathbf{w}^-$를 보유해 업데이트 규칙이 다음과 같이 된다.

$$\mathbf{w} = \mathbf{w} + \alpha \left(r + \gamma \max_{a' \in A} \hat{q}\left(s', a', \mathbf{w}^-\right) - \hat{q}\left(s, a, \mathbf{w}\right) \right) \nabla_{\mathbf{w}} \hat{q}(s, a, \mathbf{w}) \qquad (9.77)$$

타깃 네트워크의 파라미터는 Q-네트워크의 파라미터로 가끔씩 업데이트되며 개별 업데이트 간에는 고정된다. 업데이트를 계산할 때 $\mathbf{w}^-$에 대한 그래디언트를 계산하지 않음(이들은 고정 가중치로 고려된다)을 유의하라.

5.9.3 재생 메모리

플레이하면서 전이 (s, a, r, s')를 버퍼에 저장한다. 새로운 전이를 저장하면서 이전 예제는 삭제한다. 파라미터를 업데이트하고자 버퍼에서 미니 배치를 샘플링하고 확률적 그래디언트 하강 업데이트를 수행한다.

ε-탐욕적 탐험 전략

훈련 중에는 ε-탐욕 휴리스틱 전략을 사용한다. 딥마인드(Mnih et al. 2015)는 첫 백만 스텝 동안 ε을 1에서 0.1로 감소한다. 테스트 시간에서 에이전트는 확률 $\varepsilon = 0.05$의 랜덤 행동을 선택한다.

$$\pi(a|s) = \begin{cases} 1 - \epsilon, & a = \operatorname{argmax}_a Q_t(s, a) \\ \epsilon/|A|, & a \neq \operatorname{argmax}_a Q_t(s, a) \end{cases}$$

주목할 여러 포인트가 있다. 다음과 같은 몇 가지 사항에 유의해야 한다.

a. w는 재생 버퍼에서 샘플링된 경험의 mini-batch를 사용해 모든 learning_freq 스텝을 업데이트한다.

b. 딥마인드의 딥 Q-네트워크는 상태 s를 입력으로 취해 크기가 행동 수와 같은(size = number of actions) 벡터를 출력한다. 우리의 환경에서 $|A|$개의 행동, 따라서 $\hat{q}(s, \mathbf{w}) \in \mathbb{R}^{|A|}$가 된다.

c. 딥 Q-네트워크의 입력은 환경의 현재 관측과 관측 히스토리 모두에 기반을 둘 수 있다.

금융 문제에 대해 딥 Q 러닝을 사용하는 관행은 문제가 있다. 튜닝 및 구성이 필요한 파라미터의 수는 Q 러닝, LSPI, 물론 지도학습 설정의 딥러닝보다 훨씬 더 복잡한 접근법을 요구한다. 그러나 딥 Q 러닝은 고차원 이산 상태나 연속 상태 및 행동 공간으로 확장되는 몇 안 되는 접근법 중 하나다.

6. 요약

9장에서는 금융 문제를 푸는 데 유용한 토이 예제와 함께 강화학습을 소개했다. 9장의 강조점은 다양한 알고리듬과 RL 접근법을 이해하는 것이다. 다음 학습 목표를 확인해야 한다.

- 마르코프 의사결정 프로세스에 대한 친숙성 습득
- 벨만 방정식과 고전적 동적 프로그래밍 방법 이해
- 강화학습의 아이디어와 기타 MDP를 푸는 근사적 방법의 습득
- 오프-폴리시와 온-폴리시 학습 알고리듬의 차이 이해

- RL이 자산 관리와 트레이딩의 최적화 문제에 어떻게 적용되는지에 대한 통찰력 습득

10장에서는 RL이 좀 더 현실적인 금융 모델에 어떻게 적용되는지에 대한 좀 더 심층적인 예를 제시한다.

7. 연습문제

연습문제 9.1

보상 함수 $r_t = r(s_t, a_t)$를 가진 MDP를 고려하자. $Q^\pi(s, a)$를 이 MDP에 대한 정책 π에 대한 행동–가치 함수라 하고, $\pi_\star(a\,|\,s) = \arg\max_\pi Q^\pi(s, a)$는 최적 탐욕 정책이라 하자. 새로운 보상 함수를 이전 보상의 어파인 변환 **affine transformation** $\tilde{r}(t) = w r_t + b$로 정의하자. 여기서 b는 상수 파라미터이고 $w > 0$이다. 어떻게 새로운 최적 정책 $\tilde{\pi}_\star$이 이전 최적 정책 $\pi_\star$과 연관되는가?

연습문제 9.2

참/거짓 질문으로 당신의 답변을 뒷받침할 수 있는 간단한 설명을 제공하라.

- 참/거짓: 가치 반복은 수렴될 때 항상 최적 정책을 찾는다.[3]
- 참/거짓: Q 러닝은 온–폴리시 학습(가치 반복) 알고리듬이며 현재 정책 π하에 취한 행동을 사용해 행동–가치 함수 $Q(s, a)$에 대한 업데이트를 추정한다.[5]
- Q 러닝이 수렴하려면 탐험 대 활용 트레이드오프를 올바르게 관리해야 한다. 탐험 전략을 위해 어떤 속성을 성립해야 하는가?[4]
- 참/거짓: 선형 함수 근사를 사용한 Q 러닝은 항상 최적 정책으로 수렴한다.[2]

연습문제 9.3*

다음의 토이 현금 버퍼 문제$^{cash\ buffer\ problem}$를 고려하자. 투자자는 최초에 $S_{t_0} = 1$로 평가된 주식을 소유하고 있으며, 자산(주식 + 현금)이 $t = t_1$ 시점에서보다 특정 임계값 K보다 작지 않은지 확인해야 한다. $W_t = S_t + C_t$는 시간 t에서 이들의 a_t를 나타내며 여기서 C_t는 포트폴리오의 총 현금이다. 부 $W_{t_1} = K = 2$이면 투자자는 -10의 보상을 벌금으로 받는다.

투자자는 0이나 1의 현금을 각각 0이나 -1의 벌금으로 투입할 것을 선택한다(자금에서 공제되지 않는다).

동학^{Dynamics} 주가는 $P(S_{t+1} = s | S_t = s) = 0.5$인 이산 마르코프 체인을 따른다. 즉, 0.5의 확률로 주식은 시간 간격에 걸쳐 동일한 가격을 유지한다. $P(S_{t+1} = s + 1 | S_t = s) = P(S_{t+1} = s - 1 | S_t = s) = 0.25$이다. 부^{wealth}가 그리드에서 벗어나면 그 시점에 그리드에서 가장 가까운 값으로 반등한다. 상태는 행과 열 번호(첫 번째 행)로 식별되는 사각형 그리드다. 투자자는 항상 상태 $(1, 0)$(즉, 시점 $t_0 = 0$에서의 초기 부 $W_{t_0} = 1$, 즉 펀드에 현금이 없다)으로 시작하며 마지막 열(즉, 시점 $t = t_1 = 1$)에 있는 두 상태는 모두 최종(표 9.4)이다.

표 9.4 보상 함수는 펀드 부 w와 시간에 의존한다.

w	t_0	t_1
2	0	0
1	0	-10

(일반적인 상태 표기법을 사용하는) 벨만 방정식을 사용해 다음 표를 완성해 각 상태에 대한 첫 번째 라운드의 가치 반복 업데이트를 제공하라. 화폐의 시간 가치는 무시할 수 있다. 즉 $\gamma = 1$로 설정한다.

$$V_{i+1}(\mathbf{s}) = \max_a(\sum_{\mathbf{s}'} T(\mathbf{s}, a, \mathbf{s}')(R(\mathbf{s}, a, \mathbf{s}') + \gamma V_i(\mathbf{s}')))$$

(w,t)	(1,0)	(2,0)
$V_0(w)$	0	0
$V_1(w)$	?	NA

연습문제 9.4*

다음의 토이 현금 버퍼 문제를 고려하자. 투자자는 처음에 $S_{t_0} = 1$로 평가된 주식을 소유하고 있으며, 자신의 자산(주식 + 현금)이 시점 $t = t_1$에서 임계값 $K = 1$ 아래로 떨어지지 않게 해야 한다. 투자자는 주식을 팔거나 더 많은 현금을 투입할 수 있지만 둘 다 할 수는 없다. 전자의 경우 해당 주식을 매도하면 즉시 현금 업데이트가 이뤄진다(거래 비용을 무시할 수 있다). 투자자가 현금 $c_t \in \{0, 1\}$을 투입하기로 결정한다면 그에 상응하는 $-c_t$의 벌금이 있다(이 벌금은 펀드에서 가져오지 않는다).

$W_t = S_t + C_t$는 시점 t에서 그들의 부를 나타내며, 여기서 C_t는 포트폴리오의 총 현금이다.

동학^{Dynamics} 주가는 $P(S_{t+1} = s \mid S_t = s) = 0.5$인 이산 마르코프 체인을 따른다. 즉, 0.5의 확률로 주식은 시간 간격 동안 동일한 가격을 유지한다. $P(S_{t+1} = s + 1 \mid S_t = s) = P(S_{t+1} = s - 1 \mid S_t = s) = 0.25$이다. 부가 그리드에서 벗어나면 단순히 해당 시점에 그리드에서 가장 가까운 값으로 반등한다. 상태는 행과 열 번호(첫 번째 행)로 식별되는 사각형 그리드다. 투자자는 항상 상태 (1, 0)에서 시작하며(즉, 시점 $t_0 = 0$에서의 초기 자산, 즉 펀드에 현금이 없다) 마지막 열(즉, 시점 $t = t_1 = 1$)에 있는 두 상태 모두 최종이다.

표 9.5 보상 함수는 펀드 부 w와 시간에 의존한다.

w	t_0	t_1
1	0	0
0	0	-10

(일반적인 상태 표기법을 사용하는) 벨만 방정식을 사용해 다음 표를 완성해 각 상태에 대한 첫 번째 라운드의 가치 반복 업데이트를 제공하라. 화

페의 시간 가치는 무시할 수 있다. 즉, γ = 1로 설정한다.

$$V_{i+1}(\mathbf{s}) = \max_a (\sum_{\mathbf{s}'} T(\mathbf{s}, a, \mathbf{s}')(R(\mathbf{s}, a, \mathbf{s}') + \gamma V_i(\mathbf{s}')))$$

(w,t)	(0,0)	(1,0)
$V_0(w)$	0	0
$V_1(w)$	?	?

연습문제 9.5*

탐욕적 정책 $pi_\star(a|s)$ = arg max$_\pi Q^\pi(s, a)$와 같은 결정적 정책은 상태 $f(s)$의 임의의 함수에 의한 행동-가치 함수의 이동에 대해 불변한다. 즉, $\pi_\star(a|s) = \arg\max_\pi Q^\pi(s, a) = \arg\max_\pi \tilde{Q}^\pi(s, a)$이다. 여기서 $\tilde{Q}^\pi(s, a) = Q^\pi(s, a) - f(s)$다. 이것은 원래의 보상 함수 $r(s_t, a_t, s_{t+1})$의 다음과 같은 변환에 대해 최적 정책도 불변함을 의미한다는 것을 보여준다.

$$\tilde{r}(s_t, a_t, s_{t+1}) = r(s_t, a_t, s_{t+1}) + \gamma f(s_{t+1}) - f(s_t)$$

보상 함수의 이러한 변환은 **보상 형성**$^{reward\ shaping}$으로 알려져 있다(Ng, Russell 1999). 이것은 특정 환경에서 학습을 가속화하고자 강화학습에 사용돼왔다. 역강화학습$^{inverse\ reinforcement\ learning}$의 맥락에서 이 책의 이후 부분에서 다루는 것처럼 보상 형성의 불변성은 광범위한 영향을 미친다.

연습문제 9.6**

점유 척도$^{occupancy\ measure}$ $\rho_\pi: \mathcal{S} \times \mathcal{A} \to \mathbb{R}$을 다음 관계로 정의하자.

$$\rho_\pi(s, a) = \pi(a|s) \sum_{t=0}^{\infty} \gamma^t \Pr(s_t = s|\pi)$$

여기서 $\Pr(s_t = s|\pi)$는 정책 π에 따르는 시점 t에서 상태 $s = s_t$의 확률 밀도다. 점유 척도 $\rho_\pi(s, a)$는 상태-행동 쌍의 비정규화된 밀도로 해석할 수

있다. 예를 들어 가치 함수를 보상의 기대값으로 지정하는 데 사용할 수 있다. 즉, $V = < r(s, a) >_\rho$다.

a. 점유 척도 ρ_π로 정책을 계산하라.

b. 정규화된 점유 척도를 $\tilde{\rho}_\pi(s, a)$로 계산하라. 우리가 비정규화된 척도 ρ_π 대신 정규화된 척도 $\tilde{\rho}_\pi(s, a)$를 사용한다면 정책은 어떻게 달라지는가?

연습문제 9.7**

강화학습을 위한 이론적 모델은 일반적으로 보상 $r_t := r(s_t, a_t, s_{t+1})$이 제한된다고(유계라고) 가정한다. 즉, 어떤 고정된 값 r_{min}, r_{max}로 $r_{min} \leq r_t \leq r_{max}$다. 반면 실무자가 사용하는 어떤 보상 모델은 (수치적으로) 무한 보상을 생성할 수 있다. 예를 들어 선형 구조에서 보상 함수의 일반적인 선택은 K개의 기저 함수 Ψ_k의 집합에 대한 선형 전개식 $r_t = \sum_{k=1}^{K} \theta_k \Psi_k(s_t, a_t)$다. 어떤 사람이 유계의 기저 함수 집합을 선택하더라도 이 표현이 계수 θ_t 의 선택을 통해 유계가 아닐 수 있다(제한되지 않을 수 있다).

a. 보상의 선형 변환하의 정책 불변성(연습문제 9.1 참고)을 사용해 단위 구간 [0, 1]으로 제한되는 보상을 가진 동일 문제를 똑같이 공식화함으로써 이들 보상을 확률로 해석할 수 있다.

b. 어떻게 선형의 제한되지 않은 설정의 보상 $r_\theta(s, a, s') = \sum_{k=1}^{K} \theta_k \Psi_k(s, a, s')$을 단위 구간 [0, 1]의 값을 갖는 보상 함수로 수정할 수 있는가?

연습문제 9.8

에이전트가 ε-탐욕적 정책을 사용해 최적으로 행동하는 방법을 배우는 실시간 설정에서 유한 수의 상태와 행동을 가진 MDP를 생각해보자. ε-탐욕적 정책은 $1 - \varepsilon$ 확률로 각 상태 s에서 행동 $a_\star = \arg\max_{a'} Q(s, a')$를 취하며, 확률 ε로 랜덤 행동을 하는 것에 해당한다. SARSA와 Q 러닝이 상수 값 ε을 사용하는 이러한 정책에서 동일한 해로 수렴될 것인가? 얘를 들어 ε이 $\varepsilon_t \sim 1/t$와 같이 에폭의 증가에 따라 감쇠하면 답에서 무엇이 달라질 것인가?

연습문제 9.9

다음의 단일 스텝 랜덤 비용(음의 보상)을 고려하자.

$$C\left(s_t, a_t, s_{t+1}\right) = \eta a_t + \left(K - s_{t+1} - a_t\right)_+$$

여기서 η와 K는 어떤 파라미터다. 이러한 비용 함수를 사용해 에이전트가 투자를 학습하는 MDP 모델을 개발할 수 있다. 예를 들어 s_t는 시점 t의 주식 포트포리오의 현재 자산이고 a_t는 시점 t의 포트폴리오에서 더해지거나 차감되는 추가 현금이며, s_{t+1}은 시간 구간 $[t, t + 1]$에서 마지막의 포트폴리오 가치다. 두 번째 항은 타깃 값 K로부터 $t + 1$ 시점의 총 포트폴리오(주식과 현금)의 미달되는 금액으로 옵션같은 비용이다. 파라미터 η는 지불을 지연하는 것에 대한 지금 비용을 지불하는 것의 상대적 중요도를 조절한다.

a. 기대가 주가에 대해 취해지고 a_t가 결정적이라 가정하면 이 문제에 상응하는 기대 비용은 무엇인가?

b. 기대 비용은 행동 a_t의 볼록 또는 오목 함수인가?

c. 1 스텝 기대 비용을 최소화하는 최적 1 스텝 행동 $a_t^\star$를 발견할 수 있는가?

　　[힌트] 첫째 부분에서 다음 속성을 사용할 수 있다.

$$\frac{d}{dx}\left[y - x\right]_+ = \frac{d}{dx}\left[(y - x)H(y - x)\right]$$

여기서 $H(x)$는 헤비사이드^{Heaviside} 함수다.

연습문제 9.10

연습문제 9.9는 모델 없는^{model-free} 강화학습 설정에서 사용할 수 있는 간단한 단일 기간 비용 함수를 제시했다. 이제 그러한 옵션과 유사한 보상에 대한 모델 기반 공식을 공식화할 수 있다. 이를 위해 랜덤 마지막 기간 포트폴리오 상태의 다음 설정을 사용한다.

$$s_{t+1} = (1 + r_t)s_t$$
$$r_t = G(\mathbf{F}_t) + \varepsilon_t$$

말로 풀어보면 구간 $[t, t+1)$의 시작시점에서 초기 포트폴리오 값 $s_t + a_t$는 $\mathbb{E}[\varepsilon] = 0$과 $\mathbb{E}[\varepsilon^2] = \sigma^2$을 가진 잡음 ε에 의해 손상된 팩터 $\mathbf{F}_t$의 함수 $G(\mathbf{F}_t)$에 의해 주어지는 임의의 수익률 r_t의 증가에 따라 증가한다.

a. 연습문제 9.9의 설정에 대한 기대 비용의 형태를 구하라.
b. 이 경우에 대해 최적 단일 스텝 행동을 구하라.
c. 시그모이드 링크 함수 $G(\mathbf{F}_t) = \sigma(\Sigma_i w_i F_{it})$와 가우시안 잡음 ε_t를 가정할 때 i번째 팩터 F_{it}에 대한 최적 행동의 민감도를 계산하라.

연습문제 9.11

K차원의 이산 행동 집합 $a_t \in \mathcal{A}$를 가정하고 탐욕적 정책 $Q(s_t, a_t^\star) = \max_{a_t \in \mathcal{A}} Q(s_t, a_t)$에 의해 결정적 정책 최적화는 동일하게 $a_t = A_k, k = 1, \ldots, K$에 대한 확률 π_k의 확률분포 $\pi(a_t)$에 대한 최대화로 표현될 수 있음을 보여라(이 관계는 펜첼 쌍대성^{Fenchel duality}으로 알려져 있다).

$$\max_{a_t \in \mathcal{A}} Q(s_t, a_t) = \max_{\{\pi\}_k} \sum_{k=1}^{K} \pi_k Q(s_t, A_k) \quad \text{s.t.} \ 0 \leq \pi_i \leq 1, \ \sum_{k=1}^{K} \pi_k = 1$$

연습문제 9.12**

연습문제 9.11에서 주어진 확률분포에 대한 탐색의 관점에서 결정적 정책 탐색의 재공식화는 최종 결과가 여전히 결정적 정책인 수학적 항등식이다. 목적 함수를 다음과 같이 수정하면 결정적 정책을 확률적 정책 탐색으로 변환할 수 있다.

$$\max_{a_t \in \mathcal{A}} Q(s_t, a_t) = \max_{\{\pi\}_k} \sum_{k=1}^{K} \pi_k Q\left(s_t, A_k\right) \quad \text{s.t. } 0 \leq \pi_i \leq 1, \sum_{k=1}^{K} \pi_k = 1$$

여기에 어떤 준거('사전') 정책$^{\text{reference policy}}$ ω에 대한 정책 π의 KL 발산^{KL} ^{divergence}를 더하면 다음을 얻는다.

$$G^{\star}(s_t, a_t) = \max_{\pi} \sum_{k=1}^{K} \pi_k Q\left(s_t, A_k\right) - \frac{1}{\beta} \sum_{k=1}^{K} \pi_i \log \frac{\pi_k}{\omega_k}$$

여기서 β는 행동-가치 함수의 최적화와 확률 ω_k를 사용한 이전의 준거 정책 ω에 대한 선호를 각각 부여하는 두 항의 상대적 중요도를 조절하는 규제화 파라미터다. 파라미터 $\beta < \infty$가 유한할 때 이는 결정적 최적 정책 $\pi^{\star}(a|s)$가 아니라 확률적 정책을 산출한다.

엔트로피 규제화 범함수 $G(s_t, a_t)$에서 최적 정책 $\pi^{\star}(a|s)$를 발견하라(힌트: 라그랑지 승수 방법을 사용해 정규화 제약 $\sum_k \pi_k = 1$을 부여하라).

연습문제 9.13**

연습문제 9.12에서 도입한 준거분포 ω를 사용한 KL 발산에 의한 규제화 는 다기간 설정으로 확장될 수 있다. 이는 KL 발산의 형태로 엔트로피 페널티 항을 표준 RL 보상에 더하는 최대 엔트로피 강화학습$^{\text{maximum entropy}}$ $^{\text{reinforcement learning}}$을 산출한다. MxEnt RL의 최적 가치 함수는 다음과 같다.

$$F^{\star}(s) = \max_{\pi} \mathbb{E}\left[\sum_{t=0}^{\infty} \gamma^t \left(r(s_t, a_t, s_{t+1}) - \frac{1}{\beta} \log \frac{\pi(a_t|s_t)}{\pi_0(a_t|s_t)}\right) \bigg| s_0 = s\right]$$
$$(9.78)$$

여기서 $\mathbb{E}[\cdot]$는 정상성 분포 $\rho_\pi(a) = \sum_s \mu_\pi(s)\pi(a|s)$ 항의 평균을 나타낸 다. $\mu_\pi(s)$는 정책 π에 의해 유도된 상태에 대한 정상성 분포이고, π_0는 준

거 정책이다. 이 엔트로피 규제화 MDP 문제에 대한 최적 정책은 다음 형태를 가짐을 증명하라.

$$\pi^\star(a|s) = \frac{1}{Z_t}\pi_0(a_t|s_t)e^{\beta G_t^\pi(s_t,a_t)}, \quad Z_t \equiv \sum_{a_t}\pi_0(a_t|s_t)e^{\beta G_t^\pi(s_t,a_t)} \tag{9.79}$$

여기서 $G_t^\pi(s_t,a_t) = \mathbb{E}^\pi[r(s_t,a_t,s_{t+1})] + \gamma\sum_{s_{t+1}}p(s_{t+1}|s_t,a_t)F_{t+1}^\pi(s_{t+1})$이다. 극한 $\beta \to \infty$는 표준 결정적 정책을 복구함을 체크하라. 반면 반대 극한 $\beta \to 0$에서 랜덤 균등 정책을 얻는다. 이 책의 마지막 장에서 식 (9.79)와 같은 엔트로피 규제화 가치 기반 RL과 확률적 정책(종종 볼츠만 정책Boltzmann policy이라고 불리는)을 다시 살펴볼 것이다.

연습문제 9.14*

LSPI 방법에서의 계수 W_{tk}(식 9.71 참고)의 해가 다음과 같음을 증명하라.

$$\mathbf{W}_t^\star = \mathbf{S}_t^{-1}\mathbf{M}_t$$

여기서 $\mathbf{S}_t$는 행렬이고 $\mathbf{M}_t$는 벡터이며 다음과 같은 원소를 가진다.

$$S_{nm}^{(t)} = \sum_{k=1}^N \Psi_n\left(X_t^{(k)}, a_t^{(k)}\right)\Psi_m\left(X_t^{(k)}, a_t^{(k)}\right)$$

$$M_n^{(t)} = \sum_{k=1}^N \Psi_n\left(X_t^{(k)}, a_t^{(k)}\right)\left(R_t\left(X_t^{(k)}, a_t^{(k)}, X_{t+1}^{(k)}\right) + \gamma Q_{t+1}^\pi\left(X_{t+1}^{(k)}, \pi\left(X_{t+1}^{(k)}\right)\right)\right)$$

연습문제 9.15**

이진 집합 $I = \{1, 2\}$에 대해 정의된 함수 $h(i)$의 볼츠만 가중 평균Boltzmann weighted average을 고려하자.

$$\mathrm{Boltz}_\beta\, h(i) = \sum_{i \in I} h(i)\frac{e^{\beta h(i)}}{\sum_{i \in I}e^{\beta h(i)}}$$

a. 이 연산자가 극한 $\beta \to \infty$와 $\beta \to 0$에서 각각 얻어지는 $h(i)$의 최대값 과 평균 사이를 평활하게 보간$^{\text{smoothly interpolate}}$하는 것을 증명하라.

b. $\beta = 1$, $h(1) = 100$, $h(2) = 1$, $h'(1) = 1$, $h'(2) = 0$을 취함으로써, Boltz$_\beta$가 비전개 연산자임을 증명하라.

c. (프로그래밍) 비전개 연산자를 사용하면 일반화된 벨만 방정식의 해 를 잃을 수 있다. 이러한 현상을 보여주고자 다음의 간단한 예제를 사용한다. $I = \{1, 2\}$이고 두 행동이 a와 b이며 다음의 설정을 가진 MDP 문제를 고려하자.

$p(1 \mid 1, a) = 0.66$, $p(2 \mid 1, a) = 0.34$, $r(1, a) = 0.122$,
$p(1 \mid 1, b) = 0.99$, $p(1 \mid 1, b) = 0.01$, $r(1, b) = 0.033$.

두 번째 상태는 $p(1 \mid 2) = 0$, $p(2 \mid 2) = 1$로 흡수^{absorbing} 상태다. 할인 계 수는 $\gamma = 0.98$이다. 다음의 볼츠만 정책을 사용한다고 가정하자.

$$\pi(a \mid s) = \frac{e^{\beta \hat{Q}(s,a)}}{\sum_a e^{\beta \hat{Q}(s,a)}}$$

SARSA 알고리듬은 다음과 같다.

$$\hat{Q}(s,a) \leftarrow \hat{Q}(s,a) + \alpha \left[r(s,a) + \gamma \hat{Q}(s',a') - \hat{Q}(s,a) \right]$$

여기서 a, a'는 $\beta = 16.55$와 $\alpha = 0.1$을 가진 볼츠만 정책에서 추출된 다. 위의 SARSA 알고리듬이 $\hat{Q}(s_1, a)$에 대해 진동하는^{oscillating} 해를 산 출함을 증명하라. 즉, $\hat{Q}(s_1, a)$는 반복 시행의 수가 증가함에도 안정 된 상태에 도달하지 않는다.

연습문제 9.16**

벨만 최적성 방정식의 취급 불가능한 max 연산자에 대한 대안의 연속 근 사는 멜로우맥스^{mellowmax} 함수에 의해 주어진다(Asadi and Littman 2016).

$$mm_\omega(\mathbf{X}) = \frac{1}{\omega} \log \left(\frac{1}{n} \sum_{i=1}^{n} e^{\omega x_i} \right)$$

a. 멜로우맥스 함수는 극한 $\omega \to \infty$에서 max 함수를 복원함을 증명하라.

b. 멜로우맥스는 비전개 연산자임을 증명하라.

부록

다지선다형 문제 해답

문제 1

정답: 2, 4

문제 2

정답: 2, 4

문제 3

정답 5

파이썬 노트북

소스코드 저장소에 제공된 노트북이 금융 절벽 걷기 문제에 대한 Q 러닝과 SARSA, 시장 충격 문제와 전자시장 조성을 비롯한 9장의 많은 예제를 다룬다. 또한 저장소는 마코위츠 포트폴리오의 최적 배분 LSPI 알고리듬의 예제 구현을 포함한다. 이들 노트북의 더 자세한 내용은 README. md 파일에 포함돼 있다.

참고 문헌

Asadi, K., & Littman, M. L. (2016). An alternative softmax operator for reinforcement learning. *Proceedings of ICML*.

Bellman, R. E. (1957). *Dynamic programming*. Princeton, NJ: Princeton University Press.

Bertsekas, D. (2012). *Dynamic programming and optimal control* (vol. I and II), 4th edn. Athena Scientific.

Lagoudakis, M. G., & Parr, R. (2003). Least-squares policy iteration. *Journal of Machine Learning Research, 4*, 1107-1149.

Littman, M. L., & Szepasvari, S. (1996). A generalized reinforcement-learning model: convergence and applications. In *Machine Learning, Proceedings of the Thirteenth International Conference* (ICML '96), Bari, Italy.

Mnih, V., Kavukcuoglu, K., Silver, D., Rusu, A. A., Veness, J., Bellemare, M. G., et al. (2015). Human-level control through deep reinforcement learning. *Nature, 518*(7540), 529-533.

Robbins, H., & Monro, S. (1951). A stochastic approximation method. *Ann. Math. Statistics, 22*, 400-407.

Sutton, R. S., & Barto, A. G. (2018). *Reinforcement learning: An introduction*, 2nd edn. MIT.

Szepesvari, S. (2010). *Algorithms for reinforcement learning*. Morgan & Claypool.

Thompson, W. R. (1935). On a criterion for the rejection of observations and the distribution of the ratio of deviation to sample standard deviation. *Ann. Math. Statist.*, 6(4), 214-219.

Thompson, W. R. (1993). On the likelihood that one unknown probability exceeds another in view of the evidence of two samples. *Biometrika, 25*(3), 285-94.

van Hasselt, H. (2010). Double Q-learning. *Advances in Neural Information Processing Systems*. http://papers.nips.cc/paper/3964-double-q-learning.pdf.

강화학습 응용

10장에서는 강화학습을 재무에 실제로 적용하는 방법과 9장에서 제시된 이론의 추가적인 확장을 고려한다. 계량 금융의 가장 일반적인 문제 중 하나로 시작하며 이는 이산 시간에서의 최적 포트폴리오 트레이딩의 문제다. 트레이딩이나 리스크 관리의 많은 실제적인 문제는 상이한 형태의 최적화 기준, 포트폴리오 구성, 제약 조건의 동적 포트폴리오 최적화에 해당한다. 10장에서는 고전적 블랙-숄즈$^{Black-Scholes}$ 모델을 Q 러닝을 사용해 데이터 기반 접근법으로 일반화하는 옵션 가격 결정에 대한 강화학습 접근법을 소개한다. 그다음 G-러닝이라고 하는 Q 러닝의 확률적 확장을 제시하고 동적 포트폴리오 최적화에 어떻게 사용될 수 있는지 보여준다. 보상 함수의 특정 설정에 대해 G-러닝은 준분석적으로 다룰 수 있으며, 이는 선형 2차 조절기$^{LQR, Linear Quadratic Regulators}$의 확률적 버전에 해당한다. 이러한 사례에 대한 상세한 분석이 제시되며 동적 포트폴리오 최적화와 자산 관리의 문제에서 나온 예를 들어 해를 보여준다.

1. 서론

10장에서는 금융 강화학습의 실세계 응용을 고려한다. 계량 금융의 가장 일반적인 문제 중 하나인 최적 포트폴리오 트레이딩의 문제에서 출발한다. 트레이딩이나 리스크 관리의 많은 실제적인 문제는 상이한 최적화 기준, 포트폴리오 구성, 제약 조건의 동적 포트폴리오 최적화에 해당한다. 예를 들어 최적의 주식 집행 문제는 주식 매도의 슬리피지 비용slippage costs 최소화 목적을 가진 동일 회사의 주식 포트폴리오의 최적 동적 관리 문제로 볼 수 있다. 동적 포트폴리오 최적화의 좀 더 전통적인 예는 대개 오랜 기간(수개월 또는 수년)에 걸쳐 투자 포트폴리오를 관리하는 자산 운용사와 뮤추얼 펀드 또는 연금 펀드에 의해 주어진다. 헷지펀드에게 좀 더 전형적인 일중 거래는 상이한 포트폴리오 선택, 타임스텝, 제약 조건 등등의 동적 포트폴리오 최적화 문제로도 생각할 수 있다. 상이한 투자 기간과 목적 함수에 더해 포트폴리오 최적화 문제의 세부 사항은 특성에 대한 선택, 즉 상태 묘사에 대한 선택을 결정한다. 예를 들어 장기 투자 포트폴리오의 관리는 일반적으로 거시 경제적 요인을 포함하지만 지정가 주문 호가창 데이터는 포함하지 않는다. 반면 일중 거래의 경우는 이와 반대다.

동적 포트폴리오 관리는 확률적 최적 제어stochastic optimal control의 문제며, 여기서 제어 변수는 포트폴리오 매니저가 구축한 포트폴리오의 상이한 자산에 대한 포지션 변화에 의해 표현되며, 상태 변수는 포트폴리오의 현재 구성, 자산의 가격 및 시장 지수, 매수-매도 호가 스프레드 등을 비롯한 기타 관련 특성을 묘사한다. 플레이어의 트레이드가 시장을 움직일 수 있는 큰 시장 플레이어를 고려한다면 그러한 트레이더의 행동은 피드백 루프 효과를 발생시킬 수 있다. 후자는 금융 문헌에서 '시장 충격 효과market impact effect'로 언급된다.

동적 포트폴리오 관리에서 앞의 모든 요소는 동적 프로그래밍과 강화학습 방법을 적용하는 데 적합하다. 9장에서는 강화학습의 주요 개념과 방법을 소개했지만 10장에서는 포트폴리오 관리 문제에 대한 실제 응용을 좀 더 자세히 알아본다.

강화학습을 사용해 해결해야 하는 최적 제어의 문제로 간주될 때 그러한 문제는 일반적으로 매우 고차원의 상태-행동 공간을 가진다. 실제로 적극적으로 거래되는 미국 주식으로 우리 자신을 제약해도 약 3천 개의 주식을 갖게 된다. 선물, ETF, 정부채, 회사채 등과 같은 다른 자산을 더한다면 수천 차원의 상태 공간을 갖게 될 것이다. 특정 벤치마크 포트폴리오를 능가하는 것이 목표인 주식형 펀드의 좀 더 전문화된 사례에서도 투자 유니버스는 수십 또는 수백 개의 주식일 수 있다. 이는 이러한 강화학습 금융 응용은 (매우) 고차원이고 일반적으로 연속적인 (또는 대략 연속적인) 상태-행동 공간을 다뤄야 한다는 것을 의미한다.

분명히 이러한 고차원 RL 문제는 Sutton-Barto 책에서 설명한 역진자 또는 절벽 걷기 문제, 또한 9장에 제시된 '금융 절벽 걷기' 문제와 같은 강화학습 방법을 테스트하는 데 일반적으로 사용되는 단순한 저차원의 예보다 훨씬 더 복잡하다. 금융 이외의 문제에 적용되는 현대적 RL 방법은 전형적으로 수십만은 아닐지라도 수만 개로 측정되는 행동 공간 차원으로 작업하며 일반적으로 금융 문제보다 신호 대 잡음 비율이 훨씬 크다. 따라서 낮은 신호 대 잡음 비율과 잠재적으로 매우 높은 차원성은 비디오 게임과 로봇 공학에 대한 응용과는 대조적인 강화학습의 금융 응용에서의 두 가지 뚜렷한 차이다.

고차원 최적 제어 문제는 저차원 제어 문제보다 어렵기 때문에 먼저 저차원 포트폴리오 최적화 문제를 가진 강화학습의 응용을 탐구하고자 한다. 이러한 접근법은 더 복잡한 고차원 응용의 근거를 마련하고 일반 클래스의 동적 포트폴리오 최적화에 속하는 실제적으로 흥미로운 문제에 적용할 때 그 자체로 독립적인 관심을 가질 수 있다.

10장에서 다루는 첫 번째 문제는 정확히 이런 종류다. 즉, 그것은 다중 자산 포트폴리오 최적화를 위한 토이의 예가 아니라 저차원이면서 그 자체로 실제적인 관심 대상이 되는 것이다. 즉, 현대 계량 금융(Black and Scholes 1973; Merton 1974)의 초석 중 하나인 블랙-숄즈[BS] 모델로도 알려진 유명한 블랙-숄즈-머튼[BSM] 모델의 틀과 매우 유사한 공식에서 옵션 가격 결정의 고전적인 문제를 고려할 것이다.

10장의 목표

10장에서는 금융 강화학습을 사용하는 몇 가지 실제 사례를 소개한다.

- 옵션 가격 결정과 최적의 헷징을 위한 RL(QLBS)
- 주식 포트폴리오와 선형 2차 조율기^{LQR}를 위한 G-러닝
- G-러닝을 활용한 최적 소비를 위한 RL
- G-러닝을 활용한 포트폴리오 최적화를 위한 RL

10장에는 옵션 가격 결정과 헷징을 위한 QLBS 모델과 자산 관리^{wealth} ^{management}를 위한 G-러닝이 구현된 두 개의 노트북이 첨부돼 있다. 자세한 내용은 부록 '파이썬 노트북'을 참고하라.

2. 옵션 가격 결정을 위한 QLBS

BSM 모델은 처음에 소위 플레인 바닐라 유럽형 콜과 풋 옵션을 위해 개발됐다. 유럽형 콜 옵션$^{European\ call\ option}$은 매수자가 특정 미래 시간 T에 특정 주식을 고정된 가격 K로 취득할 수 있게 하는 계약이다. S_T가 시점 T의 주가라면 옵션 매수자에 대한 수익은 $(S_T - K)_+$다. 유사하게 유럽형 풋 옵션의 매수자는 시점 T에 고정된 가격 K로 주식을 매도할 수 있는 권리를 갖고, 최종 수익은 $(K - S_T)_+$가 된다. 유럽형 콜 옵션과 풋 옵션은 가치가 기초 주식(또는 더 일반적으로 기초 자산)에서 파생되는(또는 기초 자산에 의해 구동되는) 가장 단순하고 인기 있는 금융 파생상품 유형 중 하나다.

BSM 모델의 핵심 아이디어는, 옵션은 자산 가격 결정에 대한 상대적 가치 접근법을 사용해 가격이 결정될 수 있다는 것이다. 즉, 다른 거래 가

능한 자산의 관점에서 자산의 가격을 결정한다. 상대적 가격 결정 방법을 동적 옵션 복제dynamic option replication라고 한다. 옵션 수익은 옵션 만기 시 주가에 따라 결정된다는 관측에 기반을 둔다. 따라서 확률적 변동성과 같은 불확실성의 다른 원천을 무시한다면 만기 전 임의의 시점에서의 옵션 가치는 주식 가치에 의존해야만 한다. 이는 기초 주식과 현금으로 만들어진 단순한 포트폴리오, 즉 헷지 포트폴리오hedge portfolio라고 불리는 것을 사용해 옵션을 모방할 수 있게 한다. 헷지 포트폴리오는 주식과 현금 사이 부의 균형을 연속적으로 재조정함으로써 동적으로 관리된다. 더욱이 이것은 자기 자금 조달self-financing인 방식으로 이뤄지며, 이는 포트폴리오에 개시 시점을 제외하고는 포트폴리오로의 현금 유입이나 유출이 없다는 것을 의미한다. 동적 복제의 목적은 헷지 포트폴리오를 사용해 옵션을 최대한 가깝게 모방하는 것이다.

원 BSM 모델의 연속 시간 설정에서 주식과 현금 간에 헷지 포트폴리오를 지속적으로 재조정해 주식의 양이 주가에 대한 옵션 가격 민감도와 일치하게 함으로써 그러한 동적 복제가 정확하게 수행될 수 있는 것으로 밝혀졌다. 이는 옵션과 헷지 포트폴리오로 구성된 총 포트폴리오를 순간 무위험instantaneously risk free 자산으로 만들며, 이는 주식과 현금으로 옵션을 매순간 완벽하게 복제할 수 있다는 것을 의미한다. 옵션과 그 기초자산 간의 잘못된 헷징의 위험은 매순간 제거된다. 따라서 옵션과 그 헷지에 관련된 전체 포트폴리오는 무위험 이자율을 얻을 것이다. 이 극한에서의 옵션 가격은 투자자의 위험 선호도에 의존하지 않는다.

연속 시간 설정에서 이러한 분석을 수행하면 옵션 가격에 대한 그 유명한 블랙–숄즈 편미분 방정식PDE, Partial Differential Equation이 나타나는데, 그 해는 현재 주가의 결정적 함수로 옵션 가격을 산출한다. 블랙–숄즈 PDE는 타임스텝 Δ의 이산 간으로 헷지 포트폴리오를 분석한 후 연속 시간 극한 $\Delta \to 0$을 취함으로써 도출될 수 있다(예를 들어 Wilmott(1998) 참고). 결과적인 연속 시간 BSM 모델은 순차적 의사결정 문제에 해당하지 않으며 일반적으로 어떤 종류의 최적화 문제로도 축소되지 않는다는 것을 알 수 있다.

그러나 옵션 시장에서 옵션 복제(헷지) 포트폴리오의 재조정^{rebalancing}은 유한 빈도로 예를 들어 매일 발생한다. 기존의 BSM 모델에서 완전히 무시된 거래 비용 때문에 빈번한 재조정은 비용이 많이 들 수 있다. 거래 비용이 추가되면 무한번의 포트폴리오 재조정 행위로 인해 공식적으로 무한대의 옵션 가격으로 이어지기 때문에 공식적인 **연속 시간 극한**$^{continuous-time\ limit}$은 존재하지 않을 수 있다.

유한한 재조정 빈도로 완전한 복제는 더 이상 가능하지 않으며 복제 포트폴리오는 일반적으로 헷징 슬리피지의 양에 따라 옵션 가치와는 다를 것이다. 후자는 포트폴리오에 대한 연속적인 재조정 행위 사이의 주가 진화에 의존한다. 각각 완전한 복제가 없는 경우 헷지된 옵션 포지션은 어느 정도 헷징 오류 위험$^{mis-hedging\ risk}$을 갖게 되며, 이는 옵션 매수자나 매도자가 보상받아야 한다. 이는 일단 우리가 연속 시간 금융의 이상적인 설정에서 이산 시간 금융의 현실적인 설정으로 되돌아가면 옵션 가격은 투자자의 위험 선호에 의존하게 된다는 것을 의미한다.

이러한 이산 시간 설정에서 옵션 매도 에이전트의 견해를 취하면 그의 목적은 동적 옵션 복제를 통해 옵션 '위험 조정 헷징 비용$^{risk-adjusted\ cost\ of\ hedging}$'이라고도 하는 슬리피지 위험의 어떤 척도를 최소화하는 것이어야 한다. 옵션의 생애에 걸쳐 볼 때 이 설정은 슬리피지 비용(또는 동일하게 음의 비용$^{negative\ costs}$(비용의 부호를 음으로 바꾼 것)으로 결정된 보상의 최대화)을 최소화하는 순차적 의사결정 과정으로 간주될 수 있다. 이러한 이산 시간 접근법은 소멸하는 타임스텝의 극한에서 블랙-숄즈 공식으로 수렴되지만 좀 더 현실적인 설정을 제공하며, 옵션 거래와 가격 결정의 핵심 목표인 순차적 의사결정 과정$^{sequential\ decision-making}$에서 헷징에 의한 위험 최소화$^{riks-minimization\ by\ hedging}$에 초점을 맞출 수 있다. 따라서 옵션 가격 결정은 강화학습의 방법에 적합하며 실제로 다음에 보게 될 것처럼 이산 시간에서의 옵션 가격 결정과 헷징은 강화학습에 해당된다.

강화학습 작업으로 옵션 가격 결정을 간주하면 몇 가지 흥미로운 통찰력을 얻을 수 있다. 첫째, 주가 동학에 대한 특정 모델을 선택하면 모델 기반 강화학습을 강력한 샘플 기반 (몬테카를로) 계산 접근법으로 사용할 수 있다. 후자는 특히 상태 공간의 차원이 3이나 4를 초과할 때 옵션 가격과 헷지 비율에 대한 유한 차분법과 같은 다른 수치적 방법보다 유리할 수 있다. 둘째, Q 러닝과 같은 모델 없는[model-free] 강화학습 방법에 의존할 수 있으며 주가 동학 모델을 구축할 필요성을 완전히 우회할 수 있다. RL은 옵션 가격과 헷징의 모델 없는 학습을 위한 프레임워크를 제공한다.[1] 여기서는 유럽형 바닐라 옵션(예를 들어 풋 옵션 또는 콜 옵션)의 가격 결정과 헷징에 대한 강화학습 접근법을 위한 가장 간단한 설정만 고려하지만 접근 방식은 다중 자산, 조기 행사, 옵션 포트폴리오, 시장 마찰 등을 비롯한 더 복잡한 금융 상품으로 바로 확장할 수 있다.

10장에 제시된 모델은 왓킨[Watkins](1989), 왓킨과 다얀[Watkins and Dayan](1992)의 Q 러닝 방법과 (시간-이산화된) 블랙-숄즈 모델의 동적 옵션 복제 방법을 결합한다는 사실을 인지해 QLBS 모델이라고 한다. Q 러닝이 모델 없는 방법인 만큼 QLBS 모델도 모델이 없다는 뜻이다. 좀 더 정확하게 말하면 분포가 없는 것이다. 이 접근법으로 계산한 옵션 가격은 선택된 효용 함수에 의존하지만 주가 분포에 대한 어떤 모델에도 의존하지 않고 대신 단지 주가 분포로부터의 샘플만 사용한다.

QLBS 모델은 불완전한 시장에서의 헷징과 가격 결정에 대한 문헌과 관련된 금융 모델로서도 관심이 있을 수 있다(Fölmer and Schweizer 1989; Schweizer 1995; Cerný and Kallsen 2007; Potters et al. 2001; Petrete et al. 2010;

---

1. 여기서는 모델 없는 학습(model-free learning) 개념을 머신러닝 문헌에서 일반적으로 사용되는 것과 동일한 맥락에서 사용한다. 즉, 명시적 특성 동학(feature dynamics) 모델에 의존하지 않는 방법으로 사용한다. 이 절에 제시된 프레임워크의 옵션 가격과 헷지 비율은 보상 모델에 의존하며, 이러한 의미에서 모델 의존적이다.

Grau 2007). 이러한 종류의 이전의 많은 모델과 달리 QLBS는 효율적이며 데이터 기반의 Q 러닝 알고리듬 내에서 각 타임스텝에서 헷징과 가격 결정의 완전한 일관성을 보장한다. 또한 이산 시간 BSM 모델을 확장한다. 마코위츠 포트폴리오 이론(Markowitz 1959)을 다기간 설정으로 확장한 3절에서는 옵션 헷지 포트폴리오의 위험/수익 분석의 드리프트^{drift}를 통합한다. 이 확장은 동일한 모델 내에서 옵션에 대한 헷징과 투자를 모두 고려할 수 있게 하는데, 이는 표준 BSM 모델로는 하기 힘든 '현상학적' 일반화다(예, Wilmott (1998) 참고).

이러한 접근법에 따라 주가 동학이 로그 정규분포이고 투자 포트폴리오가 자기 복제적인 경우 고전적인 BSM 모델(Black and Scholes 1973; Merton 1974)의 모든 결과는 마코위츠 포트폴리오 이론(Markowitz 1959)의 연속 시간 극한 $\Delta t \rightarrow 0$으로 얻을 수 있는 것으로 밝혀졌다. 그러나 이 극한은 축퇴적^{degenerate}이다. 즉, '참' 옵션 가격의 모든 변동은 이 극한으로 점근적으로 붕괴돼 투자자의 위험 선호와 무관한 결정적 옵션 가격을 초래한다. 그러나 타임스텝 Δt가 유한하게 유지되는 한 옵션의 헷징 오류 위험과 옵션 가격의 투자자 위험 선호에 대한 의존성은 모두 지속된다.

이산 시간에서의 옵션 가격 결정은 모델이 알려진 경우 DP(모델 기반 RL)에 해당하고, 또는 모델을 알 수 없는 경우 RL에 해당하는 만큼 우리는 고전적인 연속 시간 BSM 모델이 모델 기반 강화학습의 연속 시간 극한에 해당한다고 말할 수 있다. 이러한 극한에서의 모든 데이터 요구 사항은 단지 현재 주가와 변동성의 두 숫자로 축소된다.

3. 이산 시간 블랙-숄즈-머튼 모델

여기서는 BSM 모델의 이산 시간 버전으로 시작한다. 잘 알려진 바와 같이 이 공식에서 옵션 헷징과 가격 결정의 문제는 순차적 위험 최소화에 해당한다. 해결해야 할 주요 문제는 옵션에서 위험을 어떻게 정의하느냐이다. 이 부분에서 Föllmer와 Schweizer(1989), Schweizer(1995), Cerný와 Kallsen(2007)의 연구에서 개척된 국지적 위험 최소화[local risk minimization] 접근법을 따른다. 비슷한 방법이 물리학자 Potters et al.(2001)에 의해 개발됐다. Petrelli et al.(2010)의 작업도 참고하라. 우리는 Grau(2007)에서 제안된 버전의 접근법을 사용한다.

이 접근법에서 만기 시점의 최종 주가 S_T에 의존하는 만기 시의 최종 수익 $H_T(S_T)$인 유럽형 옵션(예, 풋 옵션)의 매도자 입장을 취한다. 옵션을 헷징하고자 매도자는 매도 수익금을 주식 S_t와 무위험 은행 예금 B_t로 구성된 복제(헷지) 포트폴리오 Π_t를 설정한다. 헷지 포트폴리오의 가치는 어떤 시점 $t \leq T$에서도 다음과 같이 된다.

$$\Pi_t = u_t S_t + B_t \tag{10.1}$$

여기서 u_t는 옵션 위험을 헷징하고자 취해진 시점 t의 주식 포지션이다.

3.1 헷징 포트폴리오 평가

보통 그렇듯이 복제 포트폴리오는 미래의 모든 가능한 세계의 상태에서 옵션 가격을 정확하게 일치시키려고 한다. 옵션 포지션이 청산되는 만기 T에 시작한다면 헷지 포지션 u_t도 동시에 청산돼야 하므로 $u_T = 0$으로 설정한다.

$$\Pi_T = B_T = H_T(S_T) \tag{10.2}$$

이는 시점 T에서 세계의 모든 상태에서 B_T에 대해 성립돼야 하는 최종 조건을 설정한다.[2]

---

2. 거래 비용을 무시할 때 $u_T = 0$를 취하는 것은 단순히 모든 주식을 현금으로 바꾸는 것을 의미한다. $u_T = 0$ 선택에 대한 세부 사항은 Crau(2007)을 참고하라.

이전 시점 $t < T$에서 은행 계좌에 보유해야 할 금액을 찾고자 헷지 포트폴리오의 모든 미래 변화는 옵션의 생애에 걸쳐 현금 유입이나 인출 없이 최초 설정된 은행 계좌에서 자금을 조달해야 한다고 요구하는 자기 자금 조달self-financing 제약 조건을 부과한다. 이는 시간 $t + 1$에서 다시 헷지 re-hedge함으로써 포트폴리오 가치를 보존하는 다음의 관계를 의미한다.

$$u_t S_{t+1} + e^{r\Delta t} B_t = u_{t+1} S_{t+1} + B_{t+1} \tag{10.3}$$

이 관계식은 예금 계좌의 다음 타임스텝의 가치를 사용해 어떠한 시점 $t < T$의 옵션을 헷지하기 위한 은행 계좌의 현금 수량을 계산하고자 재귀적으로 표현될 수 있다.

$$B_t = e^{-r\Delta t} \left[B_{t+1} + (u_{t+1} - u_t) S_{t+1} \right], \quad t = T - 1, \dots, 0 \tag{10.4}$$

이를 식 (10.1)에 대입하면 Π_t에 대한 이후 시간의 가치로 표현된 재귀적 관계식을 생성하며, 따라서 이 재귀식은 최종 조건(식 10.2)으로 $t = T$에서 시작해 현재 시점 $t = 0$에까지 계속하는 식으로 시간의 역방향으로 풀 수 있다.

$$\Pi_t = e^{-r\Delta t} \left[\Pi_{t+1} - u_t \Delta S_t \right], \quad \Delta S_t = S_{t+1} - e^{r\Delta t} S_t, \quad t = T - 1, \dots, 0 \tag{10.5}$$

식 (10.4)와 (10.5)는 B_t와 Π_t가 미래에 의존하므로 어떤 $t < T$에서도 측정할 수 없다는 것을 의미한다는 점에 유의하라. 각각 현재 B_0과 Π_0의 값은 어떤 분포를 가진 랜덤 양이 된다. 어떠한 주어진 헷징 전략 $\{u_t\}_{t=0}^{T}$에 대해서도, 이러한 분포는 우선 기초 자산 가격의 $S_1 \rightarrow S_2 \rightarrow \dots \rightarrow S_N$에서 N개의 경로를 시뮬레이션한 다음 각 경로에서 역방향으로 진행하면서 평가하는 몬테카를로 시뮬레이션을 사용해 추정할 수 있다. 헷징 전략의 선택은 기초 자산의 진화에 영향을 미치지 않기 때문에 전방 경로의 시뮬레이션은 한 번만 수행한 다음, 상이한 헷지 전략 시나리오에서의 헷지 포

트폴리오의 미래 평가에 재사용한다는 점에 유의하라. 또는, 미리 결정된 헷징 전략 $\{u_t\}_{t=0}^{T}$ 및 최종 조건(식 10.2)과 함께 주가에 대한 실제 과거 데이터를 사용해 헷지 포트폴리오 가치 Π_0의 분포를 추정할 수 있다.

요약하자면 몬테카를로 시뮬레이션의 전방향 패스는 프로세스 $S_1 \rightarrow S_2 \rightarrow \ldots \rightarrow S_N$을 시뮬레이션해 수행되며, 역방향 패스는 설정된 헷지 전략인 $\{u_t\}_{t=0}^{T}$을 사용하고, '리스크에 대한 타임머신' 역할을 하는 자기 자금 조달 제약식(식 10.3)(Grau 2007)을 통해 미래의 불확실성을 현재 불확실성으로 역전파하는 재귀식(식 10.5)을 사용해 수행된다.

미래에서 현재 시간 t로의 그러한 '불확실성의 역전파'의 결과로 시점 t의 포트폴리오 Π_t를 복제하는 옵션은 특정 분포를 갖는 랜덤 수량이다. 옵션 매도자가 받아들일 수 있는 옵션 가격은 옵션 매도자의 위험 선호도에 따라 결정될 것이다. 예를 들어 옵션 가격은 Π_t의 분포에서 평균 더하기 위험에 대한 일부 프리미엄으로 취해질 수 있다. 분명히 옵션 가격은 매도자가 미래에 사용할 헷지 전략 $\{u_t\}_{t=0}^{T}$을 결정한 후에만 결정될 수 있으며, 이 헷지 전략은 (일종의 매핑으로서) 어떠한 미래 가치 $\{\Pi_t\}_{t=0}^{T}$에 대해서도 동일한 방식으로 적용된다. 따라서 최적 헷지 전략 $\{u_t\}_{t=0}^{T}$의 선택은 다음에 논의할 것이다.

3.2 최적 헷징 전략

경로별로 수행되는 헷지 포트폴리오 가치의 재귀 계산(식 10.5)과는 달리 최적 헷지는 모든 경로에 걸쳐 동시에 작동하는 횡단면 분석을 사용해 계산된다. 이는 우리가 미래에 직면할 수 있는 모든 상태에 적용될 헷지 전략인 $\{u_t\}_{t=0}^{T}$을 학습할 필요가 있기 때문이다. 그러나 각각의 주어진 경로는 시점 t에 하나의 값 S_t만 생성한다. 따라서 주어진 타임스텝 t에 대해 최적 헷지 $u_t(S_t)$을 계산하고자 모든 동시 발생적 경로에 대한 횡단면 정보가 필요하다.

포트폴리오 가치 계산과 마찬가지로 최적 헷지 $\{u_t\}_{t=0}^{T}$은 $t = T$부터 시작해 시간 역방향으로 계산된다. 그러나 우리는 매 시점 t에서 어떤 헷지를 계산할 때 미래를 알 수 없기 때문에 최적 헷지 u_t에 대한 어떠한 계산도 시점 t에서 이용할 수 있는 정보 $\mathcal{F}_t$에 대해서만 조건화할 수 있다. 이 계산은 롱스태프와 슈워츠$^{\text{Longstaff and Schwartz}}$(2001)의 미국형 몬테카를로 옵션 가격 결정 방법과 유사하다.

❯ 롱스태프와 슈워츠의 미국형 몬테카를로 옵션 가격 결정

롱스태프와 슈워츠의 미국형 옵션 몬테카를로 가격 결정 방법(2001)의 목적은 10장에서 다루는 문제와 완전히 다르지만(미국형 옵션의 위험 중립 가치 평가 대 유럽형 옵션의 실제 척도 이산 시간 헷징/가격 결정) 수학적 설정은 유사하다. 두 문제 모두 최적 전략을 찾고 있으며 이들 솔루션은 순방향 시뮬레이션$^{\text{forward simulation}}$과 함께 역방향 재귀$^{\text{backward recursion}}$가 필요하다. 여기서는 그들의 방법에 대한 간략한 개요를 제공한다.

롱스태프와 슈워츠(2001)의 LSM$^{\text{Least Square Monte Carlo Simulation}}$ 접근 방식의 주요 아이디어는 증권 평가의 역방향 단계를 몬테카를로^{MC} 설정에 더 적합한 순방향적인 방식으로 공식화한 회귀 문제로 취급하는 것이다. 시작점은 확률적 최적 제어(다른 말로 확률적 최적화로 알려진)의 가장 기본적인 방정식인 (역방향) 벨만 방정식이다. 금융 기초 자산에 대한 미국형 옵션의 경우 제어 변수는 이진 변수다. 즉, '행사' 또는 '행사하지 않음'이다. 이 특별한 경우에 대한 벨만 방정식은 현재 기초 자산 가격 S_t의 함수로서 시점 t에서 연속 값 $C_t(S_t)$를 생성한다.

$$C_t(S_t) = \mathbb{E}\left[e^{-r\Delta t}\max\left(h_{t+\Delta t}(S_{t+\Delta t}), C_{t+\Delta t}(S_{t+\Delta t})\right)\middle| \mathcal{F}_t\right] \qquad (10.6)$$

여기서 $h_t(S_\tau)$는 시점 τ에서의 옵션 수익이다. 예를 들어 미국형 풋 옵션의 경우 $h_t(S_t) = (K - S_t)_+$다. 시점 t에서의 프로세스 X_t의 특정 실현 값 $x = X_t$에 대한 내재 가치 값 $H(X_t)$보다 큰지 작은지 여부를 알고자 하기 때문에 미국형 옵션에 대해 계속 보유 가치^{continuation value}(행사를 하지 않고 계속 옵션을 유지하는 값)을 $x = X_t$ 값의 함수 $C_t(x)$로 추정해야 한다. 물론 문제는 각각의 몬테카를로 경로가 시점 t에서 정확하게 하나의 X_t 값을 갖고 있다는 것이다. 함수 $C_t(S_t)$를 추정하는 한 가지 방법은 모든 경로를 사용하는 것이다. 즉, 횡단면 정보를 사용하는 것이다. 이를 위해 1 스텝 벨만 방정식(식 10.6)은 다음 형태의 회귀식으로 해석된다.

$$\max\left(h_{t+\Delta t}(S_{t+\Delta t}), C_{t+\Delta t}(S_{t+\Delta t})\right) = e^{r\Delta t}C_t(S_t) + \varepsilon_t(S_t) \tag{10.7}$$

여기서 $\varepsilon_t(S_t)$는 평균 0인 시간 t에서의 랜덤 잡음이며, 일반적으로 해당 시점의 기초 자산 가격 S_t에 의존한다. 식 (10.7)에서 양변의 기대값을 취하면 식 (10.6)을 얻으므로 분명 식 (10.7)과 (10.6)은 기대값 측면에서 동일하다. 그다음 미지의 함수 $C_t(S_t)$는 어떤 기저 $\{\phi_n(x)\}$의 특정 선택에 대해 다음과 같이 기저 함수 집합으로 전개된다.

$$C_t(x) = \sum_n a_n(t)\phi_n(x) \tag{10.8}$$

여기서 $a_n(t)$는 $\max(h_{t+\Delta t}(S_{t+\Delta t}), C_{t+\Delta t}(S_{t+\Delta t}))$를 종속 변수로 하는 모든 몬테카를로 경로에 걸친 시점 t의 기초 자산 가격 S_t에 대한 최소 제곱 회귀식을 사용해 계산된다.

이 모델에서 최적 헷지 $u^\star(S_t)$는 현재 이용할 수 있는 횡단면 정보 $\mathcal{F}_t$를 조건부로 할 때 시점 t의 모든 시뮬레이션 경로에 걸친 Π_t의 분산을 최소화하는 조건으로부터 얻어진다. 즉, 다음과 같다.

$$u_t^\star(S_t) = \underset{u}{\mathrm{argmin}}\, Var\left[\Pi_t | \mathcal{F}_t\right]$$

$$= \underset{u}{\mathrm{argmin}}\, Var\left[\Pi_{t+1} - u_t \Delta S_t | \mathcal{F}_t\right], \quad t = T-1, \ldots, 0 \quad (10.9)$$

식 (10.9)의 첫 번째 표현은 Π_t의 모든 불확실성은 옵션 만기 T의 미래 의무를 충족하고자 시점 t에서 은행 계좌에 보유해야 하는 현금의 양 B_t에 관련된 불확실성에 기인한다는 것을 의미한다. 이는 최적 헷지가 각 타임스텝 t마다 옵션 포지션에 대한 헷지 자본 비용을 최소화해야 한다는 것을 의미한다.

최적 헷지는 식 (10.9)의 미분을 0으로 설정함으로써 분석적으로 찾을 수 있다. 이것은 다음을 제공한다.

$$u_t^\star(S_t) = \frac{Cov\left(\Pi_{t+1}, \Delta S_t | \mathcal{F}_t\right)}{Var\left(\Delta S_t | \mathcal{F}_t\right)}, \quad t = T-1, \ldots, 0 \quad (10.10)$$

이 표현은 시점 t에 조건부로 시점 $t+1$의 양에 대한 1 스텝 기대값을 포함한다. 이들이 어떻게 계산될 수 있는가는 우리가 연속적 상태 공간을 다루는지 이산적 상태 공간을 다루는지의 여부에 달려 있다. 상태 공간이 이산적인 경우 그러한 1 스텝 조건부 기대는 단순히 MDP 모델의 전이 확률에 관련된 유한 합이다. 반면 연속 상태 설정에서 작업하는 경우 이러한 조건부 기대는 롱스태프와 슈워츠(2001)의 LSMC 방법 또는 Grau (2007), Petrelli et al.(2010), Potters et al.(2001)의 실제 척도 MC 방법[real measure MC method]과 유사한 기저 함수 전개를 사용해 몬테카를로 설정에서 계산할 수 있다.

다음 설명에서 식 (10.10)와 같이 일반적인 표기법을 사용해 $\mathcal{F}_t$가 시점 t에 설정된 횡단면 정보를 나타내는 유사한 조건부 기대를 나타내며, 이를 통해 연속 상태 공간과 이산 상태 공간의 두 가지 경우를 모두 처리할 수 있을 만큼 일반적인 공식을 찾아보고 필요시 이산 상태 공식의 특별한 경우에서 발생하는 단순화를 다룬다.

3.3 이산 시간에서의 옵션 가격 결정

헷지 포트폴리오 Π_t의 시점 t에서 기대값으로 정의되는 공정 옵션 가격 fair option price $\hat{C}_t$의 개념으로 시작한다.

$$\hat{C}_t = \mathbb{E}_t\left[\Pi_t | \mathcal{F}_t\right] \tag{10.11}$$

식 (10.5)와 조건부 기대의 타워 법칙tower law of conditional expectation: $\mathbb{E}[X] = \mathbb{E}[\mathbb{E}[X|Y]]$를 사용하면 다음을 얻는다.

$$
\begin{aligned}
\hat{C}_t &= \mathbb{E}_t\left[e^{-r\Delta t}\Pi_{t+1} | \mathcal{F}_t\right] - u_t(S_t)\,\mathbb{E}_t\left[\Delta S_t | \mathcal{F}_t\right] \\
&= \mathbb{E}_t\left[e^{-r\Delta t}\mathbb{E}_{t+1}\left[\Pi_{t+1} | \mathcal{F}_{t+1}\right] \big| \mathcal{F}_t\right] - u_t(S_t)\,\mathbb{E}_t\left[\Delta S_t | \mathcal{F}_t\right] \\
&= \mathbb{E}_t\left[e^{-r\Delta t}\hat{C}_{t+1} \big| \mathcal{F}_t\right] - u_t(S_t)\,\mathbb{E}_t\left[\Delta S_t | \mathcal{F}_t\right], \quad t = T-1, \ldots, 0
\end{aligned}
\tag{10.12}
$$

최적 헷지를 Π_{t+1} 대신 $\hat{C}_{t+1}$로 표현하고자 유사하게 조건부 기대의 타워 법칙을 사용할 수 있다.

$$u_t^\star(S_t) = \frac{Cov\left(\Pi_{t+1}, \Delta S_t | \mathcal{F}_t\right)}{Var\left(\Delta S_t | \mathcal{F}_t\right)} = \frac{Cov\left(\hat{C}_{t+1}, \Delta S_t \big| \mathcal{F}_t\right)}{Var\left(\Delta S_t | \mathcal{F}_t\right)} \tag{10.13}$$

이제 식 (10.13)을 (10.12)에 대입하고 항을 정리하면 $\hat{C}_t$에 대한 재귀 관계를 다음 형태로 표현할 수 있다.

$$\hat{C}_t = e^{-r\Delta t}\mathbb{E}^{\hat{\mathbb{Q}}}\left[\hat{C}_{t+1} \big| \mathcal{F}_t\right], \quad t = T-1, \ldots, 0 \tag{10.14}$$

여기서 $\hat{\mathbb{Q}}$는 다음과 같은 전이 확률에 대한 부호가 있는 척도signed measure)이다.

$$\tilde{q}\left(S_{t+1} | S_t\right) = p\left(S_{t+1} | S_t\right)\left[1 - \frac{\left(\Delta S_t - \mathbb{E}_t\left[\Delta S_t\right]\right)\mathbb{E}_t\left[\Delta S_t\right]}{Var\left(\Delta S_t | \mathcal{F}_t\right)}\right] \tag{10.15}$$

여기서 $p(S_{t+1}|S_t)$는 물리적 척도physical measure $\mathbb{P}$하의 전이 확률이다. ΔS_t

의 충분히 큰 움직임에 대해 이 표현은 음이 될 수 있다. 이는 $\hat{\mathbb{Q}}$가 완전한 확률 척도가 아니며 단지 부호를 가진 척도라는 의미다(정규적인 척도와 달리 부호를 가진 척도는 양과 음의 값을 모두 취할 수 있다).

음의 공정 옵션 가격인 $\hat{C}_t$의 잠재적 가능성은 2차 함수 위험 최소화 방법의 잘 알려진 속성이다(Cerný and Kallsen 2007; Föllmer와 Schweizer 1989; Grau 2007; Potters et al. 2001; Schweizer 1995). 그러나 '공정'(기대) 옵션 가격(식 10.11)은 옵션 매도자가 부과해야 할 가격이 아니라는 점에 유의하라. 실제 위험 조정 공정 가격은 식 (10.16)에 의해 제공되며 이는 항상 매도자의 위험 선호도에 의해 정의되는 적절한 수준의 위험 회피도 λ에 의해 음이 아니게non-negative 만들 수 있다.[3]

공정 옵션 가격이 아직 옵션 매도자가 옵션에 대해 부과해야 할 가격이 아닌 이유는 옵션 매도 시점 $t = 0$ 시점에 고정된 금액 $\hat{B}_0 = \mathbb{E}_0 [B_0]$가 은행 계좌로 예치된 후 미래 어떤 시점에 은행 계좌 B_t를 소진하는 위험에 노출되기 때문이다. 필요하다면 옵션 매도자는 헷지 포트폴리오에 현금을 추가해야 하며 그러한 위험에 대해 보상받아야 한다. 딜러가 공정 옵션 가격 위에 추가해야만 하는 위험 프리미엄의 한 가지 설정으로, 다음과 같이 위험 회피 파라미터 λ를 사용해 모든 타임스텝 $t = 0, \ldots, N$에 걸친 위험 회피 포트폴리오의 누적 기대 할인 분산을 최적 매도 가격에 더하는 것이다.

$$C_0^{(ask)}(S, u) = \mathbb{E}_0 \left[\Pi_0 + \lambda \sum_{t=0}^{T} e^{-rt} Var\left[\Pi_t | \mathcal{F}_t \right] \middle| S_0 = S, u_0 = u. \right] \quad (10.16)$$

더 진행하고자 먼저 공정(딜러에게) 옵션 가격(식 10.16)의 최소화 문제는

---

3. 임의의 위험 회피도에 대해 음이 아닌 옵션 가격을 갖는 것이 바람직하다면 다음에 개발된 방법은 2차 함수 마코위츠 효용 대신 비2차 효용 함수를 사용해 일반화할 수 있다. 이는 준분석적으로 푸는 2차 최적화 대신 각 타임스텝에서 볼록 최적화 문제를 수치적으로 해결하는 크지도 작지도 않은 중간 정도의 계산 비용을 야기할 것이다.

동일하게 음의 $V_t = -C_t^{(ask)}$를 최대화하는 문제로 표현할 수 있다는 것을 유의하라. 여기서 다음과 같다.

$$V_t(S_t) = \mathbb{E}_t \left[-\Pi_t - \lambda \sum_{t'=t}^{T} e^{-r(t'-t)} Var\left[\Pi_{t'} \middle| \mathcal{F}_t\right] \middle| \mathcal{F}_t \right] \tag{10.17}$$

예제 10.8 비2차 효용 함수를 사용한 옵션 가격 결정

가격 변동 폭이 클 때 '공정' 옵션 가격인 $\hat{C}_t$가 음수가 될 수 있는 것은 마르코위츠 2차 효용의 비단조성에 기인한다. 비단조성은 합리적인 투자자의 효용 함수 $U(a)$에 대한 폰 노이만-모겐스턴^{von} ^{Neumann-Morgensterm} 조건 $U'(a) \geq 0, U''(a) \leq 0$을 위반한다. 2차 효용 함수에 대한 이 문제는 공정 옵션 가격에 위험 프리미엄을 추가해 해결할 수 있지만 이를 위해서는 위험 회피 파라미터인 λ가 일부 최소값을 초과해야 할 수도 있다. 2차 효용 대신 폰 노이만-모겐스턴 조건을 충족하는 효용 함수를 사용하는 경우 위험 회피의 임의의 값으로 음이 아닌 옵션 가격을 얻을 수 있다. 특히 지수 효용 함수에 의해 하나의 인기 있는 선택이 주어진다.

$$U(X) = -\exp(-\gamma X) \tag{10.18}$$

여기서 γ는 2차 효용에서 파라미터 ρ와 유사한 의미를 갖는 위험 회피 파라미터^{risk-aversion parameter}다. Halperin(2018)에서 볼 수 있듯이 2차 위험 최소화 방법에 해당하는 헷지와 가격은 γ 거듭제곱 전개식을 통한 변환과 함께 작은 위험 회피 파라미터 $\gamma > 0$ 극한에서의 지수 효용을 사용해서 구할 수 있다.

식 (10.16)에서와 같이 헷지 포트폴리오의 분산에 비례하는 옵션 가격 프리미엄을 추가하는 아이디어는 처음에는 직관적인 근거로 Potters et al.(2001)에 의해 제안됐지만 Halperin(2018)에 의해 제시된 효용 기반 접근법은 실제로 옵션 가격 프리미엄을 효용 기반 옵션 가격에 대한 2차 근사로 도출하며, 이는 2차 위험 최적화의 위험 회피 파라미터 λ와 지수 효용 $U(X) = -\exp(-\gamma X)$의 파라미터 사이의 근사적 관계도 다음과 같이 확립한다.

$$\lambda \simeq \frac{1}{2}\gamma \tag{10.19}$$

3.4 BS 극한에서의 헷징과 가격 결정

앞에 제시한 프레임워크는 엄격한 BS 극한 $\triangle t \rightarrow 0$으로의 전이를 매끄럽게 제공한다. 이 극한에서 물리적 척도 $\mathbb{P}$하의 BSM 모델 동학은 추세^{drift} μ와 변동성^{volatility} σ를 가진 연속 시간 기하 브라운 운동으로 묘사된다.

$$\frac{dS_t}{S_t} = \mu dt + \sigma dW_t \tag{10.20}$$

여기서 W_t는 표준 브라운 운동이다.

우선 BS 극한 $\triangle t \rightarrow 0$에서의 최적 헷지 전략(식 10.13)을 고려하자. 식 (10.13)에서 다음의 1차 테일러 전개를 사용하면

$$\hat{C}_{t+1} = C_t + \frac{\partial C_t}{\partial S_t}\Delta S_t + O\left(\Delta t\right) \tag{10.21}$$

다음을 얻는다.

$$u_t^{BS}\left(S_t\right) = \lim_{\Delta t \rightarrow 0} u_t^{\star}(S_t) = \frac{\partial C_t}{\partial S_t} \tag{10.22}$$

이는 연속 시간 BSM 모델의 올바른 최적 헷지다.

옵션 가격의 연속 시간 극한을 발견하고자 먼저 식 (10.12)의 두 번째 항

의 극한을 계산한다.

$$\lim_{\Delta t \to 0} u_t(S_t) \, \mathbb{E}_t \left[\Delta S_t \, | \, \mathcal{F}_t \right] = \lim_{dt \to 0} u_t^{BS} S_t (\mu - r) dt = \lim_{dt \to 0} (\mu - r) S_t \frac{\partial C_t}{\partial S_t} dt \tag{10.23}$$

식 (10.12)의 첫째 항을 평가하고자 2차 테일러 전개를 사용한다.

$$\begin{aligned} \hat{C}_{t+1} &= C_t + \frac{\partial C_t}{\partial t} dt + \frac{\partial C_t}{\partial S_t} dS_t + \frac{1}{2} \frac{\partial^2 C_t}{\partial S_t^2} (dS_t)^2 + \dots \tag{10.24} \\ &= C_t + \frac{\partial C_t}{\partial t} dt + \frac{\partial C_t}{\partial S_t} S_t (\mu dt + \sigma dW_t) \\ &\quad + \frac{1}{2} \frac{\partial^2 C_t}{\partial S_t^2} S_t^2 \left(\sigma^2 dW_t^2 + 2\mu\sigma dW_t dt \right) + O\left(dt^2\right) \end{aligned}$$

식 (10.23)과 (10.24)를 식 (10.12)에 대입하고 $\mathbb{E}[dW_t] = 0$과 $\mathbb{E}[dW_t^2] = dt$를 사용해 단순화하면 물리적 척도 $\mathbb{P}$하에서의 주식 추세 μ가 문제에서 제 거되고 식 (10.12)가 $dt \to 0$의 극한에서 칭송받는 블랙-숄즈 방정식이 됨을 알 수 있다.

$$\frac{\partial C_t}{\partial t} + r S_t \frac{\partial C_t}{\partial S_t} + \frac{1}{2} \sigma^2 S_t^2 \frac{\partial^2 C_t}{\partial S_t^2} - r C_t = 0 \tag{10.25}$$

따라서 주가가 로그 정규분포이면 우리의 헷징과 가격 결정 공식 모두 가 엄격한 극한 $\Delta t \to 0$에서 블랙-숄즈-머튼 모델의 원 공식이 된다.

❓ 다지선다형 문제 1

다음 중 올바른 문장을 모두 선택하라.

a. 블랙-숄즈 극한 $\Delta t \to 0$에서 최적 헷지 u_t는 BS 델타 $\frac{\partial^2 C_t}{\partial S_t^2}$와 같다.

b. 블랙-숄즈 극한 $\Delta t \to 0$에서 최적 헷지 u_t는 BS 델타 $\frac{\partial C_t}{\partial S_t}$와 같다.

c. 위험 회피 파라미터 λ는 극한 $\Delta t \to 0$에서 옵션 가격 결정과 헷징 문

제로부터 제거된다.

d. 유한 Δt에서 최적 헷지 u_t는 λ에 의존한다.

---

4. QLBS 모델

이제 마르코프 의사결정 프로세스^{MDP}의 프레임워크를 사용해 3절에서
제시한 이산 시간 BSM을 재구성하고 일반화한다. 핵심 아이디어는 이
산 시간에서의 위험 기반 가격 결정과 헷징을 식 (10.17)에 의해 결정되
는 가치 함수를 가진 MDP 문제로 이해할 수 있다는 것이다. 이 가치 함
수를 옵션 매도자에 대한 음의 위험 조정 옵션 가격으로 정의했다는 점
을 상기하자.

옵션 가격을 위한 MDP 공식의 가용성은 여러 가지 면에서 유익하다. 첫
째, 옵션의 기대 수익률을 의사결정으로 가져갈 수 있는 일관된 옵션 가
격 결정과 헷징 방법을 제공함으로써 BSM을 일반화하며, 따라서 이는
옵션을 거래하는 시장 주체들(헷저와 투기자)이 모두 사용할 수 있다. 옵
션 가격에 대한 이전의 불완전한 시장 모델은 헷징과 가격 결정의 일관
성을 보장하지 못하거나 주식 수익률을 분석에의 통합을 허용하지 않거
나 또는 둘 다 허용하지 않는다.[4] 따라서 MDP 공식은 원래 이산 시간
BSM 모델을 더 일반적으로 적용 가능하게 함으로써 개선한다.

둘째, MDP 공식은 옵션 가격 결정과 헷징에 대한 새로운 계산 접근법을
공식화하는 데 사용될 수 있다. 특정 방법이 주가 데이터 생성 프로세스
에 대한 가정에 따라 선택된다. 주가 데이터 생성 프로세스가 알려져 있
어 전이 확률과 보상 함수를 모두 알 수 있다면 옵션 가격 결정 문제는

---

4. 표준 연속 시간 BSM 모델은 옵션 가치 평가를 위해 위험 중립 가격 척도(risk-neutral pricing measure)
를 사용한다. 이 접근법은 순수한 위험 기반 옵션 헷징만 가능하게 하며, 이는 헷저에게는 적합할 수 있
지만 옵션 투기자에게는 적합하지 않다.

동적 프로그래밍이나 근사적 동적 프로그래밍을 사용해 벨만 최적 방정식을 풀면 해결할 수 있다. 가장 간단한 단일 주식 모델 공식에 대해 우리는 기초 자산 프로세스의 몬테카를로 시뮬레이션과 수치적 구현을 위한 행렬 선형 대수(OLS 선형회귀)만 관련된 재귀적 준분석 절차의 조합을 사용해 어떻게 풀 수 있는지 보여줄 것이다. 근사적 동적 프로그래밍에 기초한 유사한 방법은 모델의 좀 더 복잡한 다차원 확장에도 적용될 수 있다.

반면 우리는 MDP 모델의 일반적인 구조는 알 수 있지만 전이 확률과 보상 함수 같은 것의 설정은 알 수 없다. 이 경우 우리는 데이터 샘플에만 의존해 벨만 최적성 방정식에 대한 역방향 재귀 문제를 해결해야 한다. 이것이 강화학습의 설정이다. 데이터에만 의존하고 모델 동학을 알지 못한 상황에서 MDP 모델에 대한 벨만 최적성 방정식은 Q 러닝이나 그 수정된 버전을 사용해 (또한 2차 보상 함수로 인해 준분석적으로도) 쉽게 풀 수 있는 것으로 밝혀졌다.

상이한 버전의 Q 러닝 간의 특정 선택은 상태 공간이 모델링되는 방법에 따라 결정된다. 상태와 행동 공간을 이산화하고 연속 주가 동학에 대한 마르코프 체인 근사로 작업할 수 있다(예를 들어 Duan and Simonato (2001)를 참고하라). 동학에 대한 그러한 유한 상태 근사가 실제 연속 상태 동학으로 수렴되는 경우 이 접근법으로 계산된 최적 옵션 가격과 헷지 비율도 연속 상태 극한으로 수렴한다. 로그 정규 모델이 실제로 데이터 생성 프로세스라면 결과적인 표현식에서 $t \rightarrow 0, \lambda \rightarrow 0$의 극한을 취할 때 가격과 헷지 비율이 기존의 BSM 극한으로 수렴한다.

또 다른 가능성은 상태 공간을 연속으로 유지하고 Q 함수를 나타내는 근사 방법을 사용하는 것이다. 특히 선형구조를 사용할 경우 적합화된 Q 반복FQI, Fitted Q-Iteration 방법(Ernst et al. 2005)을 사용할 수 있다. 비선형 구조의 경우 신경망 Q 반복 방법은 신경망을 사용해 Q 함수를 나타낸다. 다음에서 우리의 제안은 대부분 선형 구조와 고정된 기저 함수 집합을 사용하는 기본 단일 주식 옵션 설정에 대한 연속 상태 FQI 방법에 초점을 맞추고 있다. 그러나 다음에 제시된 모든 공식은 '원핫^{one-hot}' 기저 함수를 사용해 유한 상태 공식으로 쉽게 조정할 수 있다.

4.1 상태 변수

주가 동학은 일반적으로 결정적 추세 항을 포함하므로 새로운 시간 변환 변수가 정상성을 갖게, 즉 비추세적이 되도록 상태 변수의 변경을 고려할 수 있다. 주어진 주가 프로세스 S_t에 대해 다음 관계에 의해서 새로운 변수 X_t를 정의함으로써 이를 달성할 수 있다.

$$X_t = - \left(\mu - \frac{\sigma^2}{2} \right) t + \log S_t \tag{10.26}$$

이 표현의 장점은 S_t가 기하 브라운 운동^{GBM, Geometric Brownian Motion}인 특수한 경우에서 분명히 볼 수 있다. 이 경우 다음을 얻는다.

$$dX_t = - \left(\mu - \frac{\sigma^2}{2} \right) dt + d \log S_t = \sigma dW_t \tag{10.27}$$

따라서 S_t의 실제 동학이 로그 정규일 때 X_t는 변동성 σ에 의해 크기 조정된 표준 브라운 운동이다. 주어진 MC 시나리오에서 X_t를 안다면 S_t의 상응하는 값은 다음 공식에 의해 주어진다.

$$S_t = e^{X_t + \left(\mu - \frac{\sigma^2}{2} \right) t} \tag{10.28}$$

$\{X_t\}_{t=0}^{T}$이 마팅게일^{martingale}, 즉 $\mathbb{E}[dX_t] = 0$, $\forall_t$인 한 평균적으로 옵션의 생애 동안 초기값 X_0으로부터 너무 떨어지지 않을 것이다. 상태 변수 X_t는 추세 항을 갖는 주가 S_t와 달리 시간 균등적^{time-uniform}이다. 그러나 관계식 (10.28)은 S_t의 비정상성 동학을 X_t의 정상성 동학에 매핑하고자 항상 사용될 수 있다. X_t의 마팅게일 속성은 주가의 가능한 미래 변동을 포착하고자 그리드가 너무 커서는 안 된다는 것을 의미하기 때문에 수치 그

534

리드 근사에도 도움이 된다.

식 (10.26)의 변수 변화$^{change of variable}$와 그 역(식 10.28)도 주가 동학이 GBM
이 아닐 때 적용할 수 있다. 물론 이 경우 새로운 상태 변수 X_t가 일반적
으로 마팅게일이 되지는 않겠지만 최적화 작업의 비정상성과 상태 변수
의 비정상성을 분리하는 데 본질적으로 유용하다.

4.2 벨만 방정식

3.2절에 설명한 위험 최소화 절차를 MDP 문제의 언어로 다시 설명하는
것으로 시작한다. 특히 시간 의존 상태 변수$^{time-dependent state variable}$인 S_t는
식 (10.28)을 사용해 시간 동질 변수$^{time-homogeneous variable}$ X_t로 표현된다.
또한 $a_t = a_t(X_t)$의 표기법을 사용해 시간 동질 변수 X_t의 함수로 표현되는
행동을 나타낼 것이다. 주가로 표현한 행동 $ut = u_t(S_t)$는 다음의 대입을
통해 구한다.

$$u_t\left(S_t\right) = a_t\left(X_t\left(S_t\right)\right) = a_t\left(\log S_t - \left(\mu - \frac{\sigma^2}{2}\right)t\right) \tag{10.29}$$

여기서 식 (10.26)을 사용했다.

x_t가 시점 t의 랜덤 상태 X_t의 특정 실현인 실제 헷징 결정 $a_t(x_t)$와 임의의
상태 X_t에 적용되는 헷징 전략을 구별하고자 시간 의존적 정책 $\pi(t, X_t)$의
개념을 도입한다. 다음 형태의 결정적 정책을 고려한다.

$$\pi : \{0, \ldots, T-1\} \times \mathcal{X} \to \mathcal{A} \tag{10.30}$$

이는 시점 t와 현재 상태 $X_t = x_t$를 행동 $a_t \in \mathcal{A}$에 매핑하는 결정적 정책
이다.

$$a_t = \pi(t, x_t) \tag{10.31}$$

여기서 새로운 상태 변수 X_t와 이의 정책 π에 대한 의존성을 표기한 위첨자 인덱스로 다시 표현한 식 (10.17)의 최대화 문제로 시작한다.

$$V_t^\pi(X_t) = \mathbb{E}_t \left[-\Pi_t(X_t) - \lambda \sum_{t'=t}^T e^{-r(t'-t)} Var\left[\Pi_{t'}(X_{t'})|\mathcal{F}_{t'}\right] \middle| \mathcal{F}_t \right] \qquad (10.32)$$

$$= \mathbb{E}_t \left[-\Pi_t(X_t) - \lambda Var\left[\Pi_t\right] - \lambda \sum_{t'=t+1}^T e^{-r(t'-t)} Var\left[\Pi_{t'}(X_{t'})|\mathcal{F}_{t'}\right] \middle| \mathcal{F}_t \right]$$

$t = t + 1$에서 $t = T$까지의 합과 관련된 이 식의 마지막 항은 이동된 시간 인수$^{\text{shifted time argument}}$를 가진 가치 함수의 정의를 사용해 다음과 같이 V_{t+1}의 항으로 표현할 수 있다.

$$-\lambda \mathbb{E}_{t+1} \left[\sum_{t'=t+1}^T e^{-r(t'-t)} Var\left[\Pi_{t'}|\mathcal{F}_{t'}\right] \right] = \gamma\left(V_{t+1} + \mathbb{E}_{t+1}\left[\Pi_{t+1}\right]\right), \quad \gamma := e^{-r\Delta t}$$

$$(10.33)$$

마지막 관계식에서 도입된 파라미터 γ은 원 BSM 모델의 연속 시간 무위험 이자율 r의 항으로 우리 프레임워크에서 고정된 이산 시간 할인 계수다.

이를 식 (10.32)에 대입하고 항을 다시 정리하고 포트폴리오 프로세스 식 (10.5)를 사용하면 QLBS 모델에 대한 벨만 방정식을 얻는다.

$$V_t^\pi(X_t) = \mathbb{E}_t^\pi \left[R(X_t, a_t, X_{t+1}) + \gamma V_{t+1}^\pi(X_{t+1}) \right] \qquad (10.34)$$

여기서 1 스텝 시간 의존 랜덤 보상은 다음과 같이 정의된다.[5]

$$R_t(X_t, a_t, X_{t+1}) = \gamma a_t \Delta S_t(X_t, X_{t+1}) - \lambda Var\left[\Pi_t|\mathcal{F}_t\right], \quad t = 0, \dots, T-1 \qquad (10.35)$$

$$= \gamma a_t \Delta S_t(X_t, X_{t+1}) - \lambda \gamma^2 \mathbb{E}_t \left[\hat{\Pi}_{t+1}^2 - 2a_t \Delta \hat{S}_t \hat{\Pi}_{t+1} + a_t^2 \left(\Delta \hat{S}_t\right)^2 \right]$$

두 번째 줄에서 식 (10.5)와 $\hat{\Pi}_{t+1} := \Pi_{t+1} - \bar{\Pi}_{t+1}$를 사용했고, 여기서

---

5. 가치 함수에서 우리의 정의 식(10.32)으로, 이는 미래 보상의 할인된 합이 항상 같지는 않다.

$\bar{\Pi}_{t+1}$는 Π_{t+1}의 모든 값에 대한 샘플 평균이며, 유사하게 $\Delta \hat{S}_t$에도 적용된다. $t = T$에 대해 $R_T = -\lambda \text{Var}[\Pi_T]$이며, 여기서 Π_T는 최종 조건(식 10.2)에 의해 결정된다.

식 (10.35)는 타임스텝 t의 기대 보상 R_t가 행동 변수 a_t의 2차 함수라는 것을 의미한다.

$$\mathbb{E}_t\left[R_t\left(X_t, a_t, X_{t+1}\right)\right] = \gamma a_t \mathbb{E}_t\left[\Delta S_t\right] \qquad (10.36)$$
$$- \lambda \gamma^2 \mathbb{E}_t\left[\hat{\Pi}_{t+1}^2 - 2a_t \Delta \hat{S}_t \hat{\Pi}_{t+1} + a_t^2\left(\Delta \hat{S}_t\right)^2\right]$$

이러한 기대 보상은 현금과 단일 주식으로 구성된 포트폴리오의 특별한 경우에 대한 일기간 마코위츠 포트폴리오 모델의 위험 조정 수익률과 동일한 수학적 구조를 갖는다. 첫 번째 항은 그러한 포트폴리오에서 예상되는 수익률을 제공하는 반면 두 번째 항은 포트폴리오의 2차 함수 위험에 대해 페널티를 부여한다. $\lambda \rightarrow 0$일 때 예상되는 보상은 a_t에 선형이므로 최대값이 없다.

우리 공식의 1 스텝 보상은 위험 페널티로서 헷지 포트폴리오의 분산을 포함하므로 이 접근법은 위험 민감 강화학습^{risk-sensitive reinforcement learning} 클래스에 속한다. 우리의 방법으로 위험은 1 스텝 보상 함수를 수정해 전통적인(기대 보상의 최대화만을 목표로 하는) 위험 중립 RL 프레임워크에 통합된다. Gosavi(2015)는 다른 맥락에서 유한 기간 위험 중립 MDP 문제에 1 스텝 분산 페널티를 더함으로써 위험 민감 MDP의 유사한 구성을 제안했다.

행동–가치 함수, 즉 Q 함수는 식 (10.32)와 동일한 식에 의해 정의되지만 이후 정책 π를 따르면서 현재 상태 X_t와 초기 행동 $a = a_t$ 모두에 대해 조건화된다.

$$Q_t^\pi(x,a) = \mathbb{E}_t\left[-\Pi_t(X_t)|\,X_t = x, a_t = a\right] \tag{10.37}$$

$$- \lambda \mathbb{E}_t^\pi\left[\sum_{t'=t}^{T} e^{-r(t'-t)}Var\left[\Pi_{t'}(X_{t'})|\,\mathcal{F}_{t'}\right]\,\middle|\,X_t = x, a_t = a\right]$$

최적 정책 $\pi_t^\star(\cdot|X_t)$는 가치 함수 $V_t^\pi(X_t)$를 최대화하는 정책으로 정의되거나 동일하게 행동–가치 함수 $Q_t^\pi(X_t, a_t)$를 최대화하는 정책으로 정의된다.

$$\pi_t^\star(X_t) = \operatorname{argmax}_\pi V_t^\pi(X_t) = \operatorname{argmax}_{a_t \in \mathcal{A}} Q_t^\star(X_t, a_t) \tag{10.38}$$

최적 가치 함수는 벨만 최적성 방정석을 만족한다.

$$V_t^\star(X_t) = \mathbb{E}_t^{\pi^\star}\left[R_t(X_t, u_t = \pi_t^\star(X_t), X_{t+1}) + \gamma V_{t+1}^\star(X_{t+1})\right] \tag{10.39}$$

행동–가치 함수에 대한 벨만 최적성 방정식은 $t = 0, \ldots, T-1$에 대해 다음과 같이 읽힌다.

$$Q_t^\star(x,a) = \mathbb{E}_t\left[R_t(X_t, a_t, X_{t+1}) + \gamma \max_{a_{t+1} \in \mathcal{A}} Q_{t+1}^\star(X_{t+1}, a_{t+1})\,\middle|\,X_t = x, a_t = a\right]$$
$$\tag{10.40}$$

$t = T$에서의 최종 조건은 다음과 같다.

$$Q_T^\star(X_T, a_T = 0) = -\Pi_T(X_T) - \lambda Var\left[\Pi_T(X_T)\right] \tag{10.41}$$

여기서 Π_T는 식 (10.2)에 의해 결정된다. 여기서 Var[·]는 주어진 상태에서 종료하는 모든 몬테카를로 경로에 대한 분산을 의미한다.

4.3 최적 정책

기대 보상(식 10.36)을 벨만 최적성 방정식(식 10.40)에 대입하면 다음을 얻는다.

$$Q_t^\star(X_t, a_t) = \gamma \mathbb{E}_t \left[Q_{t+1}^\star \left(X_{t+1}, a_{t+1}^\star \right) + a_t \Delta S_t \right] \tag{10.42}$$
$$- \lambda \gamma^2 \, \mathbb{E}_t \left[\hat{\Pi}_{t+1}^2 - 2a_t \hat{\Pi}_{t+1} \Delta \hat{S}_t + a_t^2 \left(\Delta \hat{S}_t \right)^2 \right], \quad t = 0, \dots, T-1$$

처음 항 $\mathbb{E}_t \left[Q_{t+1}^\star \left(X_{t+1}, a_{t+1}^\star \right) \right]$이 오직 조건부 확률 $p(X_{t+1} | X_t a_t)$를 통해 현재 행동에 의존한다는 것을 주목하라. 그러나 다음 상태 확률은 단지 주가에 옵션의 기초 주식 트레이딩의 주가에 대한 피드백 루프가 있을 경우에만 현재 행동 a_t에 의존한다. 현재의 프레임워크에서 옵션 매수자 또는 매도자가 어떠한 시장 충격도 초래하지 않는다고 가정하는 블랙-숄즈 모델의 표준 가정을 따른다.

피드백 효과를 무시하면 기대 $\mathbb{E}_t \left[Q_{t+1}^\star \left(X_{t+1}, a_{t+1}^\star \right) \right]$은 a_t에 의존하지 않는다. 따라서 이 근사로 행동-가치 함수 $Q_t^\star(X_t, a_t)$는 행동 변수 a_t의 2차 함수다.

〉 블랙-숄즈 극한

위험 회피 0의 극한 $\lambda \to 0$에서 이 방정식은 다음과 같이 된다.

$$Q_t^\star(X_t, a_t) = \gamma \mathbb{E}_t \left[Q_{t+1}^\star \left(X_{t+1}, a_{t+1}^\star \right) + a_t \Delta S_t \right] \tag{10.43}$$

이 극한 $Q_t^\star(X_t, a_t) = -\Pi(X_t, a_t)$에서 공정 옵션 가격 정의(식 10.11)를 사용하면 다음을 얻는다.

$$\hat{C}_t = \gamma \mathbb{E}_t \left[\hat{C}_{t+1} - a_t \Delta S_t \right] \tag{10.44}$$

이 식은 식 (10.12)와 일치하며 재귀 공식(식 10.42)이 정확하게 BS 공정 옵션 가격 $\hat{C}_t = \mathbb{E}_t[\Pi_t]$를 롤백하는 것을 보여준다. 이는 (식 10.44의 a_t에 대해 BS 델타를 사용하면서- 다음을 참고) QLBS 가격에 대해 먼저 $\lambda \to 0$ 극한을 취하고 다음 극한 $\Delta t \to 0$을 취한 것에 해당한다.

$Q_t^\star(X_t, a_t)$가 a_t의 2차 함수이므로 $Q_t^\star(X_t, a_t)$를 최대화하는 최적 행동 (즉, 헷지) $a_t^\star(S_t)$는 다음과 같이 분석적으로 계산된다.

$$a_t^\star(X_t) = \frac{\mathbb{E}_t\left[\Delta\hat{S}_t\hat{\Pi}_{t+1} + \frac{1}{2\gamma\lambda}\Delta S_t\right]}{\mathbb{E}_t\left[\left(\Delta\hat{S}_t\right)^2\right]} \tag{10.45}$$

이제 3.4절에서처럼 시점 t 주변에서 테일러 전개를 사용해 위의 표현식의 $\Delta t \to 0$ 극한을 취하면 다음을 얻는다(문제1 참고).

$$\lim_{\Delta t \to 0} a_t^\star = \frac{\partial\hat{C}_t}{\partial S_t} + \frac{\mu - r}{2\lambda\sigma^2}\frac{1}{S_t} \tag{10.46}$$

$\mu = r$로 설정 또는 $\lambda \to 0$의 극한을 취하면 위의 식은 BS 델타와 동일하게 된다. 한편 식 (10.45)의 유한-Δt 델타는 이 경우 식 (10.10)에 의해 주어진 위험 최소화 델타와 동일하게 된다.

이 두 사실 모두 관련된 해석을 갖고 있다. 옵션 델타(3.4절 참고)를 근사하는 2차 함수 헷징은 헷지 포트폴리오의 위험만 설명하는 반면 여기서는 위험 조정 포트폴리오 수익률 분석(Markowitz 1959) 스타일로 목적 함수에 추세 항^{drift term}$\mathbb{E}_t[\Pi_t]$(식 10.17 참고)를 더해 이를 확장한다. 이는 2차 함수 기대 보상(식 10.36)의 선형 첫 번째 항을 생성한다. 따라서 결과적인 헷지는 위험을 최소화해야만 얻을 수 있는 헷지와는 다르다. 분명한 것은 순수 위험 기반 2차 함수 헷지는 마코위츠와 같은 위험-수익률 분석에서 위험 회피율을 무한대 극한으로 취하거나 또는 위의 공식에서 $\mu = r$을 설정하는 것과 일치하며 이때 동일한 효과를 달성한다. 식 (10.46)에 나타난 두 가지 요인은 좀 더 일반적인 헷지에서 순수 위험 최소화 헷지를 얻을 수 있는 두 가지 가능한 방법을 보여준다. 이러한 헷지는 옵션이 헷지 수단으로만 고려되는 것이 아니라 투자/투기에 대해 고려될 때 적용될 수 있다.

요약하면 3절의 국지적 위험 최소화 헷지와 공정 가격 공식은 처음에 식 (10.45)에서 $\mu = r$로 설정한 다음 식 (10.42)에서 $\mu = 0$으로 설정하면 식 (10.42)와 (10.42)에서 각각 복원된다. 그 후 3장에서 설명한 것처럼 이 표현식에 대한 연속 시간 BS 공식은 결과의 표현식에서 최종 극한 $t \to 0$에서 재현된다. 극한을 취하는 순서는 헷지 비율(식 10.46)에서 시작하고 거기서 $\mu = r$로 설정한 다음 이를 가격 방정식(식 10.42)에 대입하고, 거기서 극한 $\lambda \to 0$을 취하면 식 (10.44)로 이어지는 식으로 수행한다. 후자의 관계는 식 (10.25)에서 보인 바와 같이 극한 $\triangle t \to 0$에서 블랙-숄즈 방정식을 산출한다. BS 극한을 취하는 이러한 순서는 '헷징 우선 가격 결정 나중'의 원칙과 일치하며, 이는 QLBS 모델에서 구현될 뿐 아니라 유동성이 낮은 옵션으로 작업하는 시장 관행과도 일관성을 갖는다.

식 (10.45)를 식 (10.42)에 다시 대입해 다음과 같은 $t = 0, \ldots, T - 1$에 대한 최적의 행동-가치 함수에 대한 명시적 재귀 공식을 얻는다.

$$Q_t^\star(X_t, a_t^\star) = \gamma \mathbb{E}_t \left[Q_{t+1}^\star(X_{t+1}, a_{t+1}^\star) - \lambda \gamma \hat{\Pi}_{t+1}^2 + \lambda \gamma \left(a_t^\star(X_t) \right)^2 \left(\Delta \hat{S}_t \right)^2 \right] \tag{10.47}$$

여기서 $a_t^\star(X_t)$는 식 (10.45)에서 정의된다. 위의 관계는 이 안에서 $\lambda \to 0$을 설정할 때 올바른 위험 중립 극한을 갖지 않음을 주목하라. 식 (10.47)에서 $\lambda \to 0$을 설정하는 것은 식 (10.45)에서 $\lambda \to 0$을 설정하는 것과 동일하다. 그러나 방금 설명한 것처럼 이는 BS 옵션 가격 방정식(식 10.25)를 재현하는 올바른 방법이 아니다. Q 함수에 대한 재귀식에서 극한 $\lambda \to 0$을 취하는 정확한 절차는 식 (10.43)에 의해 주어지는데, 이는 식 (10.46)에서 $\mu = r$로 설정함으로써 식 (10.43)에서 사용되는 행동 a_t가 앞에서 설명한 대로 얻어진다는 것을 의미한다.

식 (10.45)와 (10.47)이 제공하는 역방향 재귀는 $t = T - 1$에서 시작해 현재 $t = 0$으로 끝까지 진행된다. 각 타임스텝에서 가능한 행동에 대한 최대화 문제는 볼록 최적화에 해당하며, 이는 식 (10.45)를 사용해 분석적으로 수행된다. 이 최적화는 현재 타임스텝에 대해 식 (10.47)에 대입된다. 벨만 최적성 방정식에서의 이러한 행동 최적화의 단순성은 다른 확률적 최적 제어$^{SOC, Stochastic Optimal Control}$ 문제에서는 자주 발생하지 않는다는 점에 유의하라. 식 (10.47)가 최적 Q 함수에 대해 직접적으로 역방향 재귀를 제공하므로 이 방정식에서의 행동은 항상 하나의 최적 행동에 불과하기 때문에 우리의 설정에서 요구되는 연속 또는 이산 행동 공간 표현 어느 것도 필요하지 않다. 유한 상태 QLBS 모델을 처리하면 각 노드의 최적 시점 t Q 함수의 값은 시점 $t + 1$의 다양한 상태에서 다음 스텝 기대값의 합에서 직접 얻어지며 이러한 상태들에 도달하고자 1 스텝 확률을 곱한다.

행동–가치 함수의 역방향 재귀의 최종 결과는 현재 값이다. 옵션 가격의 정의(식 10.16)에 따르면 이는 음의 최적 Q 함수다. 따라서 우리의 접근법에서 공정 매도 옵션 호가$^{fair ask option price}$에 대해 다음과 같은 표현을 얻는데, 이를 QLBS 옵션 가격이라 칭한다.

$$C_t^{(QLBS)}(S_t, ask) = -Q_t(S_t, a_t^\star) \qquad (10.48)$$

원 BSM 모델에서 옵션의 가격과 헷징은 두 개의 별도 표현으로 제시되지만 QLBS 모델에서는 옵션 가격이 단순히 (음의) 최적 Q 함수이고, 함수의 두 번째 인수가 구축상 (음의) 최적 행동이기 때문에 동일한 표현식 (식 10.48)의 부분이라는 점은 흥미롭다.

옵션에 대한 최적 가격과 최적 헷지를 각각 제공하는 식 (10.48)과 (10.45)은 엄격한 BSM 극한 $\triangle t \to 0$에서 고전적 BSM 모델로 축소하는 동시에 고전적인 BSM 모델을 비점근적 경우 $\triangle t > 0$로 일반화하는 QLBS 모델의 완전한 (동학이 알려져 있을 때의) 해를 공동으로 제공한다. 다음 절에서는 이들이 어떻게 구현되는지를 살펴본다.

4.4 DP 해: 몬테카를로 구현

실무에서 식 (10.45)와 (10.47)에 의해 표현된 역방향 재귀는 상태 변수 X_t에 대한 N개의 시뮬레이션(또는 실제) 경로를 사용하는 몬테카를로 설정으로 푼다. 추가로 기저 함수 집합 $\{\Phi_n(x)\}$를 선택했다고 가정한다.

그러면 최적 행동(헷지) $a_t^\star(X_t)$와 최적 Q 함수 $Q_t^\star(X_t, a_t^\star)$를 시간 의존적 계수를 가진 기저 함수의 전개식으로 표현할 수 있다.

$$a_t^\star(X_t) = \sum_n^M \phi_{nt}\Phi_n(X_t) , \quad Q_t^\star(X_t, a_t^\star) = \sum_n^M \omega_{nt}\Phi_n(X_t) \tag{10.49}$$

계수 ϕ_{nt}와 ω_{nt}는 시간의 역방향으로 $t = T-1, \ldots, 0$에 대해 재귀적으로 계산된다.

첫째, 최적 행동 전개식의 계수 ϕ_{nt}를 발견한다. 계수들은 식 (10.42)의 기대값을 MC 추정치로 대체하고 모든 a_t-독립 항을 제거하며 a_t에 전개식(식 10.49)으로 대입하고 최대화를 최소화로 변환하고자 전체 부호를 변경함으로써 얻는 다음의 2차 함수를 최소화함으로써 발견할 수 있다.

$$G_t(\phi) = \sum_{k=1}^{N_{MC}} \left(-\sum_n \phi_{nt}\Phi_n(X_t^k) \Delta S_t^k + \gamma\lambda \left(\hat{\Pi}_{t+1}^k - \sum_n \phi_{nt}\Phi_n(X_t^k) \Delta \hat{S}_t^k \right)^2 \right) \tag{10.50}$$

이 식은 시점 t에서 시장 시나리오에 대한 평균을 자동으로 보장한다.

계수 ϕ_{nt}에 대한 식 (10.50)의 최소화는 다음 선형 방정식 집합을 산출한다.

$$\sum_m^M A_{nm}^{(t)} \phi_{mt} = B_n^{(t)} , \quad n = 1, \ldots, M \tag{10.51}$$

여기서 다음과 같다.

$$A_{nm}^{(t)} := \sum_{k=1}^{N_{MC}} \Phi_n\left(X_t^k\right) \Phi_m\left(X_t^k\right) \left(\Delta\hat{S}_t^k\right)^2$$

$$B_n^{(t)} := \sum_{k=1}^{N_{MC}} \Phi_n\left(X_t^k\right) \left[\hat{\Pi}_{t+1}^k \Delta\hat{S}_t^k + \frac{1}{2\gamma\lambda}\Delta S_t^k\right] \qquad (10.52)$$

이들은 다음의 벡터 형태로 최적 행동 $a_t^\star(X_t)$의 전개식에서 계수에 대한 해를 산출한다.

$$\phi_t^\star = \mathbf{A}_t^{-1}\mathbf{B}_t, \qquad (10.53)$$

여기서 $\mathbf{A}_t$와 $\mathbf{B}_t$는 각각 행렬 원소가 식 (10.52)에 의해 주어진 행렬과 벡터다. 이 표현식과 최적 행동에 대한 일반적 관계(식 10.45) 간의 유사성을 주목하라.

일단 시점 t의 최적 행동 $a_t^\star$가 계수(식 10.53)의 항으로 발견되면 최적 Q 함수에 대한 기저 함수 전개식(식 10.40)의 계수 ω_{nt}를 발견하는 문제로 이동한다. 이 목적을 위해 $a_t = a_t^\star$에 대한 1 스텝 벨만 최적성 방정식(식 10.40)은 다음 형태의 회귀식으로 해석될 수 있다.

$$R_t\left(X_t, a_t^\star, X_{t+1}\right) + \gamma\max_{a_{t+1}\in\mathcal{A}} Q_{t+1}^\star\left(X_{t+1}, a_{t+1}\right) = Q_t^\star(X_t, a_t^\star) + \varepsilon_t \qquad (10.54)$$

여기서 ε_t는 평균 0의 시점 t에서의 랜덤 잡음이다. 명백히 식 (10.54)의 양변에 기대값을 취하면 $a_t = a_t^\star$으로 식 (10.40)을 복구한다. 따라서 식 (10.54)와 (10.40)은 $a_t = a_t^\star$일 때 기대값이 동일하다.

따라서 계수 ω_{nt}는 다음의 최소 제곱 최적화 문제를 풂으로써 발견된다.

$$F_t(\omega) = \sum_{k=1}^{N_{MC}} \left(R_t\left(X_t, a_t^\star, X_{t+1}\right) + \gamma\max_{a_{t+1}\in\mathcal{A}} Q_{t+1}^\star\left(X_{t+1}, a_{t+1}\right) - \sum_n^M \omega_{nt}\Phi_n\left(X_t^k\right)\right)^2 \qquad (10.55)$$

또 하나의 행렬 C_t와 벡터 $\mathbf{D}_t$의 쌍을 다음과 같이 도입한다.

$$C_{nm}^{(t)} := \sum_{k=1}^{N_{MC}} \Phi_n\left(X_t^k\right) \Phi_m\left(X_t^k\right) \tag{10.56}$$

$$D_n^{(t)} := \sum_{k=1}^{N_{MC}} \Phi_n\left(X_t^k\right) \left(R_t\left(X_t, a_t^\star, X_{t+1}\right) + \gamma \max_{a_{t+1} \in \mathcal{A}} Q_{t+1}^\star\left(X_{t+1}, a_{t+1}\right) \right)$$

그러면 시점 t에서 최적 Q 함수를 정의하는 최적 가중치 ω_t에 대한 벡터 값 해를 얻는다.

$$\omega_t^\star = \mathbf{C}_t^{-1}\mathbf{D}_t \tag{10.57}$$

$t = T - 1, \ldots, 0$에 대해 공동으로, 그리고 재귀적으로 계산된 식 (10.53)과 (10.57)은 기저 함수 전개식을 사용해 연속-공간 설정에서 4.3절의 역방향 재귀의 실무적인 구현을 제공한다. 이 접근법은 동학이 알려져 있을 때 최적 가격과 최적 헷지를 발견하는 데 사용할 수 있다.

? 다지선다형 문제 2

다음에서 올바른 문장을 모두 선택하라.

a. QLBS 모델에서 Q 함수에서 전개식의 계수는 분류 문제로 해석된 벨만 방정식에서 DP 해로 얻어지며, 여기서 분류 문제는 딥러닝을 이용해 해를 구한다.

b. QLBS 모델에서 Q 함수에서 전개식의 계수는 회귀 문제로 해석된 벨만 방정식에서 DP 해로 얻어지며, 여기서 회귀 문제는 최소 제곱 최소화를 사용해 해를 구한다.

c. DP 해는 관측 가능한 보상을 요구한다.

d. DP 해는 헷지 최적화의 일부로 보상을 계산한다.

4.5 QLBS에 대한 RL 해: 적합화된 Q 반복(FQI)

전이 확률과 보상 함수를 알 수 없는 경우 강화학습을 사용해 QLBS 모델을 풀 수 있다. 이 절에서는 연속 상태-행동 공간에 대해 공식화되고 적합화된 Q 반복[FQI, Fitted Q-Iteration]으로 알려진 Q 러닝 버전을 사용해 이 접근법을 시연한다.

우리의 설정은 역사적으로 수집된 일부 데이터에만 액세스할 수 있는 배치 모드[batch-mode] 학습을 가정한다. 이용 가능한 데이터는 (식 10.26을 사용해 X_t의 함수로 표현되는) 기초 주식 S_t, 헷지 포지션 a_t, 순간 보상 R_t와 다음 시점 값 X_{t+1}에 대한 N_{MC}개의 경로 집합에 의해 다음과 같이 주어진다.

$$\mathcal{F}_t^{(n)} = \left\{ \left(X_t^{(n)}, a_t^{(n)}, R_t^{(n)}, X_{t+1}^{(n)} \right) \right\}_{t=0}^{T-1} , \quad n = 1, \ldots, N_{MC} \qquad (10.58)$$

우리는 이러한 데이터 세트가 시뮬레이션 데이터나 실제 과거 주가 데이터 또는 실제 거래 데이터 또는 인위적 데이터와 결합해 사용할 수 있다고 가정하고 주어진 옵션에 대한 가상 주식-현금 복제 포트폴리오의 성과를 추적한다.

적합화된 Q 반복[FQI] 방법의 시작점(Ernst et al. 2005; Murphy 2005)은 관심 수량, 즉 최적 행동과 최적 행동-가치 함수에 대한 모수적 모델군의 선택이다. 우리는 찾는 함수가 다음에 최적 행동과 행동-가치 함수를 찾고자 최적화된 조정 가능한 파라미터에 선형인 선형 구조를 사용한다.

4.4절에서 사용한 동일한 기저 함수 집합 $\{\Phi_n(x)\}$을 사용한다. 최적 Q 함수 $Q_t^\star(X_t, a_t)$는 a_t의 2차 함수이므로 이를 행렬 $\mathbf{W}_t$에 의해 파라미터화된 시간 의존 계수를 가진 기저 함수의 전개식으로 표현할 수 있다.

$$Q_t^\star(X_t, a_t) = \left(1, a_t, \frac{1}{2}a_t^2 \right) \begin{pmatrix} W_{11}(t) \, W_{12}(t) \cdots W_{1M}(t) \\ W_{21}(t) \, W_{22}(t) \cdots W_{2M}(t) \\ W_{31}(t) \, W_{32}(t) \cdots W_{3M}(t) \end{pmatrix} \begin{pmatrix} \Phi_1(X_t) \\ \vdots \\ \Phi_M(X_t) \end{pmatrix}$$

$$:= \mathbf{A}_t^T \mathbf{W}_t \mathbf{\Phi}(X_t) := \mathbf{A}_t^T \mathbf{U}_W(t, X_t) \qquad (10.59)$$

식 (10.59)를 다시 정리해 파라미터 벡터와 상태와 행동 모두에 의존하는 벡터의 곱으로 변환한다.

$$Q_t^\star(X_t, a_t) = \mathbf{A}_t^T \mathbf{W}_t \mathbf{\Phi}(X) = \sum_{i=1}^{3} \sum_{j=1}^{M} \left(\mathbf{W}_t \odot \left(\mathbf{A}_t \otimes \mathbf{\Phi}^T(X) \right) \right)_{ij}$$

$$= \mathbf{W}_t \cdot vec\left(\mathbf{A}_t \otimes \mathbf{\Phi}^T(X) \right) := \mathbf{W}_t \mathbf{\Psi}(X_t, a_t) \qquad (10.60)$$

여기서 $\odot$와 $\otimes$은 각각 두 행렬의 원소별(아드마르) 곱과 (크로네커) 외적을 나타낸다. 시간 의존 파라미터 벡터 $\mathbf{W}_t$는 행렬 $\mathbf{W}_t$의 열을 결합concatenate함으로써 얻어지고, 유사하게 $\mathbf{\Psi}(X_t, a_t) = vec\left(\mathbf{A}_t \otimes \mathbf{\Phi}^T(X) \right)$는 벡터 $\mathbf{A}_t$와 $\mathbf{\Phi}(X)$의 외적의 열을 결합함으로써 얻어진다.

계수 $\mathbf{W}_t$는 이제 $t = T - 1, \ldots, 0$에 대해 시간의 역방향으로 재귀적으로 계산될 수 있다. 이 목적을 위해 1 스텝 벨만 최적성 방정식(식 10.40)은 다음 형태의 회귀식으로 해석된다.

$$R_t(X_t, a_t, X_{t+1}) + \gamma \max_{a_{t+1} \in \mathcal{A}} Q_{t+1}^\star(X_{t+1}, a_{t+1}) = \mathbf{W}_t \mathbf{\Psi}(X_t, a_t) + \varepsilon_t$$
$$(10.61)$$

여기서 ε_t는 평균 0의 시점 t의 랜덤 잡음이다. 식 (10.61)의 양변에 기대값을 취하면 최적 Q 함수 $Q_t^\star(x, a)$에 대해 사용되는 함수 근사(식 10.59)로 식 (10.40)을 복구하므로 식 (10.61)과 (10.40)의 기대값은 동일하다.

따라서 계수 $\mathbf{W}_t$는 다음의 최소 제곱 최적화 문제의 해를 구함으로써 발견할 수 있다.

$$\mathcal{L}_t(\mathbf{W}_t) = \sum_{k=1}^{N_{MC}} \left(R_t(X_t, a_t, X_{t+1}) + \gamma \max_{a_{t+1} \in \mathcal{A}} Q_{t+1}^\star(X_{t+1}, a_{t+1}) - \mathbf{W}_t \mathbf{\Psi}(X_t, a_t) \right)^2$$
$$(10.62)$$

이 관계는 RL의 적합화 Q 반복 방법의 일반적인 오프-모델off-model, 오프-폴리시off-policy 설정에 대해 성립한다는 것을 주목하라.

$$W_t^\star = \mathbf{S}_t^{-1}\mathbf{M}_t \qquad (10.63)$$

여기서 다음과 같다.

$$S_{nm}^{(t)} := \sum_{k=1}^{N_{MC}} \Psi_n\left(X_t^k, a_t^k\right) \Psi_m\left(X_t^k, a_t^k\right) \qquad (10.64)$$

$$M_n^{(t)} := \sum_{k=1}^{N_{MC}} \Psi_n\left(X_t^k, a_t^k\right) \left(R_t\left(X_t^k, a_t^k, X_{t+1}^k\right) + \gamma \max_{a_{t+1}\in\mathcal{A}} Q_{t+1}^\star\left(X_{t+1}^k, a_{t+1}\right) \right)$$

식 (10.64)에서 두 번째 식의 최대화 스텝을 분석적으로 수행하기 위한 목적으로 계수 $\mathbf{W}_{t+1}$ 따라서 벡터 $\mathbf{U}_W(t+1, X_{t+1}) := \mathbf{W}_{t+1}\mathbf{\Phi}(X_{t+1})$(식 10.59 참고)은 이전 스텝에서 알려지므로 다음을 얻는다.

$$Q_{t+1}^\star\left(X_{t+1}, a_{t+1}^\star\right) = \mathbf{U}_W^{(0)}\left(t+1, X_{t+1}\right) + a_{t+1}^\star \mathbf{U}_W^{(1)}\left(t+1, X_{t+1}\right)$$
$$+ \frac{\left(a_{t+1}^\star\right)^2}{2}\mathbf{U}_W^{(2)}\left(t+1, X_{t+1}\right) \qquad (10.65)$$

여기서 행동-가치 함수가 $a_{t+1}^\star$의 2차 함수로 표현되지만 $a_{t+1}^\star$의 함수에서 최대 포인트를 식 (10.65)에서의 최적 값으로 사용하는 것은 잘못된 것이라는 것을 강조한다. 이는 동일한 데이터 세트를 사용해 최적 행동과 최적 Q 함수 모두를 추정하는 것과 같으므로 젠센의 부등식과 $\max(\cdot)$ 함수의 볼록성으로 인해 식 (10.64)에서 $Q_{t+1}^\star\left(X_{t+1}, a_{t+1}^\star\right)$의 과대평가로 이어진다. 식 (10.65)의 사용을 위한 올바른 접근법은 이전 타임스텝에서 적용된 (식 10.53의 샘플 기반 접근법으로 구현된) 분석적 해 식 (10.45)를 사용해 계산한 $a_{t+1}^\star$의 값을 입력하는 것이다.

분석적 최적 행동(식 10.45)의 가용성으로 인해 QLBS 모델에서 잠재적인 과대평가 문제(이중 Q 러닝(van Hasselt 2010)와 같은 방법을 사용해 때때로 해결되는 Q 러닝의 고전적인 문제)가 방지돼 수치적으로 안정된 결과를 이끌어 낸다.

식 (10.63)은 모델 없는 오프-폴리시 알고리듬인 적합화된 Q 반복[FQI]에 대한 의존성을 통해 모델 없는 오프-폴리시 설정의 QLBS 모델에 대한 해를 제공한다(Ernst et al. 2005; Murphy 2005).

? 다지선다형 문제 3

다음에서 올바른 문장을 모두 선택하라.

a. 기존의 블랙-숄즈 모델과 달리 이산 시간 QLBS 모델은 헷지 오류 위험을 페널티로 포함하는 Q 함수를 극대화하기 때문에 옵션의 헷지 오류 위험을 명시적으로 가격에 반영한다.

b. 학습할 파라미터의 수로 계산하면 QLBS 모델을 위한 RL 설정은 더 많은 미지수를 갖지만 DP 설정보다 데이터의 차원성(관측당 더 많은 특성)이 더 높다.

c. 극한 $\triangle t \rightarrow 0$ 및 $\lambda \rightarrow 0$에서의 RL 해에서 BS 해를 복구한다.

d. 극한 $\triangle t \rightarrow \infty$ 및 $\lambda \rightarrow \infty$에서의 RL 해에서 BS 해를 복구한다.

4.6 예제

여기서 초기 주가 $S_0 = 100$, 주식 추세 $\mu = 0.05$, 변동성 $\sigma = 0.15$로 시뮬레이션된 주가 히스토리 S_t를 이용한 QLBS 모델의 성과를 보여준다. 옵션 만기는 $T = 1$년이고, 무위험 이자율은 $r = 0.03$이다. 행사 가격 $K = 100$의 등가격ATM, At The Money 유럽형 풋 옵션을 고려한다. 헷지는 격주로 수행된다(즉, $\triangle t = 1/24$). $N = 50,000$개의 주가 경로 몬테카를로 시나리오를 사용하고 두 번의 MC 실행(각각 N개의 경로)으로 얻은 결과를 보고한다. 여기서 보고된 오차는 이들 실행에서 계산한 1 표준편차와 같다. 실험에서 BSM 모델과의 비교를 용이하게 하고자 순수 위험 기반 헷지, 즉 식 (10.45)에서 분자의 두 번째 항을 생략한다.

우리는 데이터 세트에서 관측된 가장 작은 값과 가장 큰 값 사이의 X_t 값 범위에서 큐빅 B-스플라인으로 선택된 12개의 기저 함수를 사용한다.

다음 실험에서 우리는 마코위츠 위험 회피 파라미터 $\lambda = 0.001$을 선택한다. 이는 BS 가격에서 크게 멀지는 않지만 QLBS 가격과 BS 가격의 가시적인 차이를 제공한다. ATM 옵션 가격의 λ에의 의존성은 그림 10.1에서 보여준다.

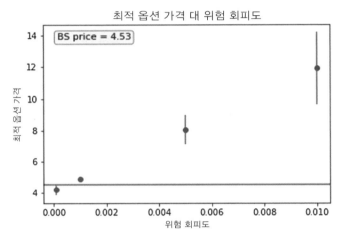

그림 10.1 등가격(ATM) 풋 옵션 대 위험 회피 파라미터. 타임스텝은 $\triangle t = 1/24$이다. 빨간 수평선은 연속 시간 BS 모델 가격에 해당한다. 오차 바는 2개의 MC 실행의 1 표준편차에 해당한다.

4.4절의 DP 해에 해당하는 최적 헷지, 포트폴리오 값과 Q 함수 값을 위한 시뮬레이션 경로와 해는 그림 10.2에서 보여준다.

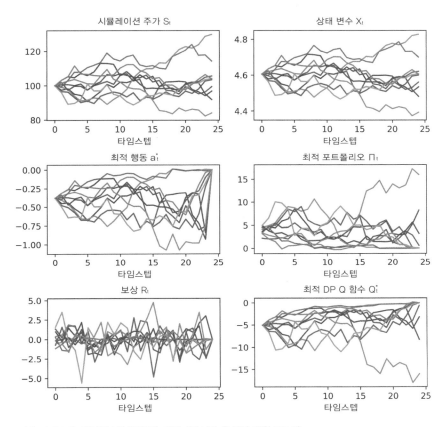

그림 10.2 MC 경로의 부분집합에 대한 ATM 풋 옵션에 대한 DP 해

결과적인 QLBS ATM 풋 옵션 가격은 4.90±0.12(두 번의 MC 실행 기반)이 고 BS 가격은 4.53이다.

먼저 $\lambda = 0.001$로 온-폴리시 학습으로 얻은 결과를 보고한다. 이 경우 DP 해의 일부로 계산된 최적 행동과 보상은 기초 주식의 경로에 추가로 4.5절의 적합화된 Q 반복[FQI] 알고리듬과 11.2절의 IRL 방법의 입력으로 사용된다. 4.5절의 적합화된 Q 반복[FQI] 알고리듬을 사용한 두 개의 MC 배치의 결과(각각 왼쪽 열과 오른쪽 열의 몇 개 경로를 랜덤으로 선택)는 그림 10.3에서 보여준다. DP해와 유사하게 식 (10.63)에서 행렬 C_t의 역행렬 을 구하고자 10^{-3}의 규제화 파라미터를 가진 단위행렬을 추가한다. 여기서는 온-폴리시 학습을 사용하기 때문에 결과로 얻는 최적 Q 함수 $Q_t^\star(X_t, a_t)$와 최적 값 $Q_t^\star(X_t, a_t^\star)$는 그래프에서 사실상 동일하다. 결과의 QLBS RL 풋 가격은 DP 값과 동일한 4.90 ± 0.12다. 예상대로 11.2절의 IRL 방법은 동일한 결과를 산출한다.

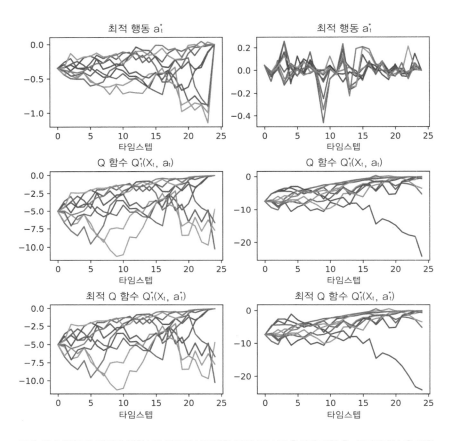

그림 10.3 2번 MC 배치에 대한 MC 경로의 부분집합 위의 ATM 풋 옵션에 대한 온—폴리시 학습을 위한 RL 해(적합화된 Q 반복)

다음 실험 집합에서는 오프-폴리시 학습을 고려한다. 위험 회피 파라미터는 $\lambda = 0.001$이다. 오프-폴리시 데이터를 생성하고자 각 타임스텝에서 모델의 DP 해에 의해 계산된 최적 헷지를 $[1 - \eta, 1 + \eta]$ 구간의 균등 랜덤 수에 곱한다. 여기서 $0 < \eta < 1$은 데이터의 잡음 수준을 제어하는

파라미터다. 알고리듬의 잡음 허용 수준을 테스트하고자 $\eta = [0.15, 0.25, 0.35, 0.5]$의 값을 고려할 것이다. 이들 차선sub-optimal 행동에 해당하는 보상은 식 (10.35)를 사용해 얻는다. 그림 10.4에서 고정된 시뮬레이션 데이터 세트의 랜덤 교란에 의해 얻은 10가지 상이한 차선 행동 시나리오로 오프-폴리시 학습에 대해 얻은 결과를 보여준다. 기록된 데이터에서 행동의 차선성 영향은 최소한 중간 잡음 수준으로 다소 미미하다는 점에 유의하라. 이는 적합화된 Q 반복FQI이 오프-폴리시 알고리듬인 한 예상되는 것이다. 이는 데이터 세트가 충분히 클 때 QLBS 모델은 심지어 순수하게 랜덤 행동을 가진 데이터에서도 학습할 수 있다는 것을 의미한다. 특히 주가가 로그 정규인 경우 BSM 모델 자체를 학습할 수 있다.

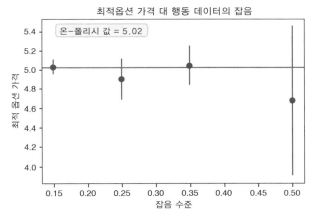

그림 10.4 $\eta = [0.15, 0.25, 0.35, 0.5]$에 대해 구간$[1 - \eta, 1 + \eta]]$의 각 최적 행동을 균등 확률 변수에 곱해 DP 최적 행동을 랜덤화함으로써 얻은 데이터를 활용한 오프-폴리시 FQI 러닝으로 얻은 옵션 가격의 평균 및 표준편차. 오차 바는 η 값당 10개의 시나리오로 얻어진다. 빨간 수평선은 $\eta = 0$에 해당하는 온-폴리시 학습을 통해 얻은 값을 보여준다.

적합화된 Q 반복FQI 알고리듬을 사용한 잡음 파라미터 $\eta = 0.5$의 오프-폴리시 학습에 대한 두 MC 배치의 결과는 그림 10.5에서 보여준다.

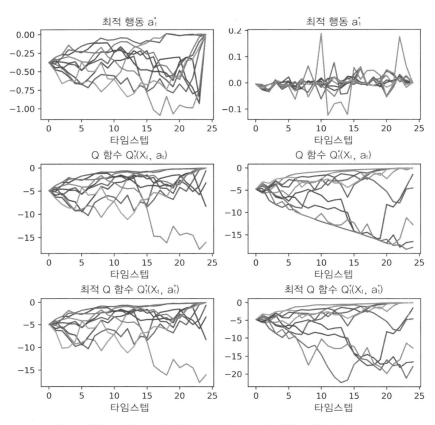

그림 10.5 2번 MC 배치에 대한 MC 경로의 부분집합 위의 ATM 풋 옵션에 대한 잡음 파라미터 $\eta = 0.5$의 오프–폴리시 학습을 위한 RL 해(적합화된 Q 반복)

4.7 옵션 포트폴리오

지금까지는 이미 존재하는 옵션 포트폴리오를 갖고 있지 않은 옵션 매도자에 의한 단일 유럽 옵션의 헷지와 가격 결정 문제를 고려했을 뿐이다. 여기에서는 옵션 매도자가 그러한 기존 옵션 포트폴리오를 갖고 있거나 또는 매도자가 몇 가지 옵션을 동시에 판매하려고 하는 경우에 대한 간단한 일반화를 개괄적으로 설명한다.

이 경우에 매도자는 새로운 포트폴리오에서 모든 옵션의 가격 결정과 헷지의 일관성에 관심이 있다. 즉, 매도자는 자신의 특정 포트폴리오를 위해 악명 높은 변동성 스마일^{volatility smile} 문제를 풀어야 한다. 여기서는 QLBS 모델을 사용해 이를 푸는 방법을 개괄적으로 설명함으로써 모델의 유연성과 데이터 기반 특성을 보여준다. 이러한 유연성은 임의의 일관성 있는 변동성 표면^{volatility surface}에 대한 적응을 용이하게 한다.

옵션 판매자가 시장 가격 $C_1, ..., C_K$에서 K개 옵션의 이미 존재하는 포트폴리오를 갖고 있다고 가정하자. 이 모든 옵션은 $i = 1, ..., K$에서 각각의 특정 옵션 C_i가 시장 상태 $\mathbf{X}_t$의 한 가지 또는 몇 가지 요소만 참조할 수 있도록 고차원적일 수 있는 기본 상태 벡터(시장) $\mathbf{X}_t$를 참조한다.

또는 시장 상태 $\mathbf{X}_t$의 구성 요소로 바닐라 옵션 가격을 추가할 수 있다. 이 경우 동적 복제 포트폴리오에는 기초 주식과 함께 바닐라 옵션이 포함될 수 있다. 이러한 헷지 포트폴리오는 Carr et al.(1988)이 도입한 이색 옵션(exotics)에 대한 정적 옵션 헷징^{static option hedging}의 동적 일반화^{dynamic generalization}를 제공할 것이다.

벡터 값 시장 요인, 행동(헷지), 보상의 튜플 경로에 대한 N개의 관측을 포함하는 과거 데이터 세트 $\mathcal{F}$가 있다고 가정하자(식 10.58과 비교하라).

$$\mathcal{F}_t^{(n)} = \left\{ \left(\mathbf{X}_t^{(n)}, \mathbf{a}_t^{(n)}, \mathbf{R}_t^{(n)}, \mathbf{X}_{t+1}^{(n)} \right) \right\}_{t=0}^{T-1}, \quad n = 1, \ldots, N \tag{10.66}$$

이제 옵션 매도자가 이 기존 포트폴리오에 또 다른 (이색) 옵션 C_e를 추가하려고 한다고 가정한다. 또는 매도자가 옵션 $C_1, ..., C_K, C_e$의 포트폴리오를 매도하려고 한다. 이색 옵션인 C_e가 시장에서 이전에 거래된 적이 있느냐 없느냐에 따라 두 가지 시나리오가 나올 수 있다. 이 시나리오들을 하나씩 분석할 것이다.

첫 번째 경우 이색 옵션 C_e는 이전에 시장에서 거래됐다. 트레이딩 데스크에 의해 기록된 그 이색 옵션의 델타와 관련 P&L 영향을 이용할 수 있는 한 우리는 간단히 식 (10.66) 안의 행동 벡터 $\mathbf{a}_t^{(n)}$과 보상 $\mathbf{R}_t^{(n)}$을 확대한 다음

4.5절의 FQI 알고리듬으로 진행할 수 있다(또는 보상을 사용할 수 없는 경우 10.2절의 IRL 알고리듬으로 진행할 수 있다). 알고리듬의 출력은 전체 옵션 포트폴리오의 최적 가격 P_t와 포트폴리오의 모든 옵션에 대한 최적 헷지가 될 것이다. FQI가 오프-폴리시 알고리듬인 한 인간이나 모델 오류를 허용하는 것이 좋다. 즉, 데이터의 델타는 상호 일관성이 전혀 없을 수 있다(앞 절의 단일 옵션 예를 참고하라). 그러나 물론 데이터의 일관성이 높을수록 최적의 포트폴리오 가격 P_t를 학습하는 데 필요한 데이터가 줄어든다.

총 포트폴리오 $C_1, \ldots, C_K, C_e$의 최적 시점 0의 값 P_0이 계산되면 이색 옵션에 대한 시장 일관성이 있는 가격은 다음과 같이 단순히 뺄셈에 의해 주어진다.

$$C_e = P_0 - \sum_{i=1}^{K} C_i \tag{10.67}$$

구축상 가격 C_e는 모든 옵션 가격 $C_1, \ldots, C_K$와 그들의 모든 헷지와 일치한다(다시 말하지만 이는 Q 러닝이 오프-폴리시 알고리듬이기 때문이다).

이제 다른 경우를 생각해보자. 이색 옵션인 C_e가 이전에 시장에서 거래되지 않았기 때문에 이 옵션에 사용할 수 있는 역사적 헷지가 존재하지 않는 경우다. 이는 이전 경우와 본질적으로 동일한 방식으로 QLBS 모델에 의해 다뤄질 수 있다. 다시 Q 러닝은 오프-폴리시 알고리듬이기 때문에 이는 옵션 C_e에 대한 실제 값 대신 방금 설명한 체계에서 (이전에 거래된) 대리 옵션proxy option C'_e의 델타와 보상이 사용될 수 있다는 것을 의미한다. 일반적인 직관과 일치하는 결과로, 이러한 방식은 이색 옵션 C_e에 대한 최적 가격과 헷지를 계산하고자 더 많은 데이터가 필요할 것이며, 따라서 학습 속도를 느리게 할 것이다. 반면 거래된 대리 옵션 C'_e이 매도자가 헷지 및 가격 결정을 하기 원하는 실제 이색 옵션 C_e가 더 가까울수록 데이터 수요 측면에서 알고리듬에 더 많은 도움이 될 것이다.

4.8 가능한 확장

지금까지는 QLBS 모델을 풋 옵션이나 콜 옵션 같은 단일 유럽형 바닐라 옵션에 적용하는 가장 기본적인 설정으로 제시해왔다. 이 프레임워크는 여러 방향을 따라 확장되거나 일반화될 수 있다. 여기서는 앞에서 제시한 기본 계산 프레임워크 위에 필요한 변경의 복잡도를 증가시키는 순서로 이들을 개괄한다.

기본 QLBS 설정의 가장 간단한 확장은 이를 비바닐라 최종 보상(예, 스트래들 옵션)으로 유럽형 옵션에 적용하는 것이다. 분명 이 경우 기본 QLBS 설정에 필요한 유일한 변경 사항은 행동-가치 함수에 대한 상이한 최종 조건일 것이다.

기본 QLBS 설정에 통합하기 쉬운 두 번째 확장은 옵션에 대한 조기 행사 특성이다. 이는 롱스태프와 슈워츠의 미국형 몬테카를로 방법에서 구현되는 것과 거의 동일한 방식으로 QLBS 모델에 추가할 수 있다. 즉, 역방향 재귀에서 조기 옵션 행사가 가능한 각 타임스텝에서 다음 타임스텝으로부터 현재 타임스텝까지의 값을 내재 옵션 가치와 비교해 최적 행동-가치 함수를 얻는다. 내재 옵션 가치는 옵션의 즉각적인 행사에 따른 수익으로 정의된다. 연습문제 10.2를 참고하라.

한 가지 더 가능한 확장은 복제 포트폴리오의 더 높은 모멘트^{higher moments}를 포착하는 것과 관련된다. 이는 비2차 효용 함수의 사용을 가정한다. 한 가지 접근법은 앞에서 설명한 대로 지수 효용 함수를 사용하는 것이다(Halperin 2018 참고). 계산 측면에서 비2차 효용을 사용하면 2차 최적화 대신 각 타임스텝에서 볼록 최적화 문제를 풀어야 할 필요성이 발생한다.

기본 QLBS 프레임워크는 거래 비용을 통합해 확장할 수도 있다. 이를 위해서는 문제의 상태와 행동 공간을 다시 정의해야 한다. 현금을 보유하고 있는 거래 비용이 주식 보유와 같지 않기 때문에 이 경우에는 주식 보유의 변화를 행동 변수로 사용할 수 있고 현재 주식 보유와 주식 시장 가격은 이제 상태 벡터의 일부가 돼야 한다. 거래 비용에 대한 함수 모델에 따라 보상 및 거래 비용 함수가 모두 볼록이라면 결과가 되는 최적화 문제는 2차 함수(보상 및 거래 비용 함수가 모두 행동에 대해 2차 함수인 경우) 또는 볼록이다.

마지막으로 기본 프레임워크는 옵션 포트폴리오를 비롯해 다중 자산 설정으로 일반화할 수 있다. 이러한 작업의 주요 문제는 좋은 기저 함수 집합을 지정하는 것이다. 다차원 공간에서 이것이 어려운 문제일 수 있다. 실제로 다차원 공간에서 기저를 형성하는 간단한 방법은 개별 기저의 직접 (교차) 곱을 취하는 것이지만, 이는 기하급수적인 수의 기저 함수를 생성한다. 결과적으로 이러한 단순한 접근법은 다소 낮은(< 10) 차원을 넘어서면 다루기 어렵게 된다.

고차원 공간의 특성 선택은 머신러닝의 일반적인 문제로, 강화학습이나 QLBS 접근법에 특화된 것이 아니다. QLBS 접근법은 문헌에서 개발된 방법에서 혜택을 얻을 수 있다. 그러나 이러한 방향을 추구하기보다는 이제 주식 포트폴리오의 다기간 최적화^{multi-period optimization}라는 상이하지만 똑같이 표준적인 금융 응용으로 눈을 돌린다. 이러한 다중 자산 설정^{multi-asset setting}이 기저 함수를 선택할 필요성을 완전히 피할 수 있음을 보여줄 것이다.

5. 주식 포트폴리오를 위한 G-러닝

5.1 서론

5절에서는 다중 자산 투자 포트폴리오의 다차원 설정을 고려한다. 특히 옵션을 비롯한 다른 자산의 포트폴리오에 유사한 방법을 사용할 수 있지만 여기서는 주식 포트폴리오를 고려한다.

10장에서 언급한 것처럼 강화학습을 통해 다차원으로 확장하는 한 가지 문제는 계산 비용과 차원의 저주로 인한 언더샘플링^{under-sampling} 문제다. 또 다른 잠재적(및 관련) 문제는 데이터에서 잡음이 매우 크게 차지한다는 점이다. 유한 샘플의 경우 행동-가치 함수나 잡음이 섞인 고차원 데이터를 가진 정책 함수와 같은 함수의 추정 자체가 상당히 큰 잡음이 갖는다. Q 러닝과 같은 결정적 정책에 의존하는 것보다는 이러한 잡음을 포착할 수 있는 확률적인 방법으로 작업하는 것을 선호할 수 있다.

다음에 제시된 프레임워크는 매우 고차원적인 설정으로 확장될 수 있는 확률적인 접근법으로 설계된다. 다시 한 번 쉽게 설명하고자 2차(마코위츠) 보상 함수에 대한 방법을 고려한다. 그러나 이 접근법은 다른 보상(효용) 함수를 포함하도록 일반화할 수 있다.

우리의 접근법은 문헌에서 'G-러닝'으로 알려진 Q 러닝의 확률적 확장을 기반으로 한다. G-러닝이 초기에는 유한한 MDP에 대해 공식화됐지만 여기서는 연속 상태 및 연속 행동 경우로 확대한다. 임의의 보상 함수에 대해 이를 위해서는 사전 지정된 기저 함수의 집합에 의존하거나 행동-가치 함수를 나타내기 위한 보편적 함수 근사(예, 신경망)를 사용해야 한다. 그러나 다음에 볼 것처럼 보상 함수가 2차일 때는 어느 접근법도 필요하지 않으며 포트폴리오 최적화 절차는 준분석적이다.[6]

5.2 투자 포트폴리오

여기서는 Boyd et al.(2017)이 제안한 포트폴리오 모델의 표기법과 가정을 채택한다. 이 모델에서 n개 자산 $i = 1, \ldots, n$의 포지션 달러 가치는 기간 t의 시작에서 자산 i의 달러 가치에 대한 구성 성분 $(x_t)_i$를 가진 벡터 x_t로 표시된다. 투자 포트폴리오는 자산 x_t 외에 무위험 이자율 r_f를 가진 무위험 은행 현금 계좌 b_t가 포함돼 있다. 모든 자산에서 숏 포지션은 음

---

6. 해를 푸는 데 있어서 수치적 방법이나 시뮬레이션을 필요로 하지 않는다. – 옮긴이

의 값 $(x_t)_i < 0$에 해당한다. 기간 t의 시작에서 자산의 매수 호가와 매도 호가의 평균 벡터는 $\mathbf{p}_t$로 표시되며 $(p_t)_i > 0$은 자산 i의 가격이다. t 구간의 시작에서 거래 $\mathbf{u}_t$가 이뤄지기 때문에 거래 직후 자산 가치 $\mathbf{x}_t$는 결정적이다.

$$\mathbf{x}_t^+ = \mathbf{x}_t + \mathbf{u}_t \tag{10.68}$$

총 포트폴리오 가치는 다음과 같다.

$$v_t = \mathbb{1}^T \mathbf{x}_t + b_t \tag{10.69}$$

여기서 $\mathbb{1}$은 1로 구성된 벡터다. 따라서 거래 후post-trade의 포트폴리오는 다음과 같다.

$$v_t^+ = \mathbb{1}^T \mathbf{x}_t^+ + b_t^+ = \mathbb{1}^T \left(\mathbf{x}_t + \mathbf{u}_t \right) + b_t^+ = v_t + \mathbb{1}^T \mathbf{u}_t + b_t^+ - b_t \tag{10.70}$$

주식 포지션의 모든 리밸런싱rebalancing은 은행 현금 계좌에서 조달된다고 가정한다(다음에서 거래와 관련된 추가 현금 비용이 도입될 것이다). 이는 다음과 같은 자기 자금 조달self-financing 제약 조건을 부과한다.

$$\mathbb{1}^T \mathbf{u}_t + b_t^+ - b_t = 0 \tag{10.71}$$

이는 단순히 주식과 현금 사이에서 부의 즉각적인 리밸런싱에 따라 포트폴리오 가치가 변하지 않는다는 것을 의미한다.

$$v_t^+ = v_t \tag{10.72}$$

거래 후 포트폴리오 v_t^+와 현금은 다음 기간의 시작 시점까지 투자된다. 기간 t에 걸친 자산 i의 수익률은 다음과 같이 정의된다.

$$(r_t)_i = \frac{(p_{t+1})_i - (p_t)_i}{(p_t)_i}, \quad i = 1, \ldots, n \tag{10.73}$$

다음 기간의 자산 포지션은 다음에 의해 주어진다.

$$\mathbf{x}_{t+1} = \mathbf{x}_t^+ + \mathbf{r}_t \circ \mathbf{x}_t^+ \tag{10.74}$$

여기서 $\circ$는 원소별 (아다마르) 곱$^{\text{element-wise Hadamard product}}$을 표기하고 $\mathbf{r}_t \in \mathbb{R}^n$은 기간 t에서 기간 $t + 1$까지의 자산 수익률 벡터다.

$$v_{t+1} = \mathbb{1}^T \mathbf{x}_{t+1} \tag{10.75}$$
$$= (1 + \mathbf{r}_t)^T \mathbf{x}_t^+ \tag{10.76}$$
$$= (1 + \mathbf{r}_t)^T (\mathbf{x}_t + \mathbf{u}_t) \tag{10.77}$$

기간 t에서 수익률 벡터 $\mathbf{r}_t$가 주어지면 무위험 수익률을 초과하는 포트폴리오 가치의 변화는 다음과 같다.

$$\Delta v_t := v_{t+1} - (1 + r_f)v_t = (\mathbb{1} + \mathbf{r}_t)^T (\mathbf{x}_t + \mathbf{u}_t) + (1 + r_f)b_t^+$$
$$- (1 + r_f)\mathbb{1}^T \mathbf{x}_t - (1 + r_f)b_t$$
$$= (\mathbf{r}_r - r_f \mathbb{1})^T (\mathbf{x}_t + \mathbf{u}_t) \tag{10.78}$$

위의 두 번째 식에서 식 (10.71)을 사용했다.

5.3 최종 조건

일반적으로 유한 투자 기간 T의 유한 기간 포트폴리오 최적화를 가정하므로 시점 T에서 적절한 최종 조건으로 문제를 보완해야 한다.

예를 들어 투자 포트폴리오가 주어진 벤치마크 포트폴리오(예, 시장 포트폴리오)를 추적해야 하는 경우 모든 주식 포지션이 벤치마크 $\mathbf{x}_T^B$에서 관측된 실제 주식 가중치와 동일해야 한다는 요구 사항에서 터미널 조건이 얻어진다. 이는 $\mathbf{x}_T = \mathbf{x}_T^B$를 의미한다. 식 (10.68)에 의해 다음과 같이 마지막 타임스텝에서의 행동 $\mathbf{u}_T$를 고정한다.

$$\mathbf{u}_T = \mathbf{x}_T^M - \mathbf{x}_{T-1} \tag{10.79}$$

따라서 마지막 스텝에서 행동 $\mathbf{u}_T$는 결정적이어서 T개의 나머지 행동

$\mathbf{u}_{T-1}, \dots, \mathbf{u}_0$에 적용돼야 하는 최적화의 대상이 아니다.

또는 투자 포트폴리오의 목적은 포트폴리오의 위험 조정 누적 보상의 최대화가 될 수 있다. 이 경우 적절한 최종 조건은 $\mathbf{x}_T = 0$일 수 있으며 이는 남은 롱 주식 포지션이 시점 T에 현금으로 전환돼야 함을 의미한다.

5.4 자산 수익률 모델

다음의 일기간 초과 자산 수익률의 선형 설정을 가정한다.

$$\mathbf{r}_t - r_f \mathbb{1} = \mathbf{W}\mathbf{z}_t - \mathbf{M}^T \mathbf{u}_t + \varepsilon_t \tag{10.80}$$

여기서 $\mathbf{z}_t$는 팩터 로딩 행렬 $\mathbf{W}$를 활용한 예측 변수 벡터이고 $\mathbf{M}$은 선형 충격 설정의 영구적 시장 충격^{permanent market impact} 행렬이며, ε_t는 다음 특성을 가진 잔차 벡터다.

$$\mathbb{E}[\varepsilon_t] = 0, \ \mathbb{V}[\varepsilon_t] = \Sigma_r \tag{10.81}$$

여기서 $\mathbb{E}[\cdot]$은 물리적 척도 $\mathbb{P}$에 대한 기대값을 표기한다.

식 (10.80)은 외부 시그널 $\mathbf{z}_t$, 제어(행동) 변수 $\mathbf{u}_t$와 제어할 수 없는 잡음 ε_t에 의해 구동되는 확률적 수익률 $\mathbf{r}_t$ 또는 동등하게 다음 스텝의 주가를 설정한다.

식 (10.80)에 대칭^{symmetrically}으로 들어오지만 두 수익률의 동인 $\mathbf{z}_t$와 $\mathbf{u}_t$는 완전히 다른 역할을 한다. 시그널 $\mathbf{z}_t$는 에이전트에 대한 외부^{external} 신호이지만 $\mathbf{u}_t$는 제어된^{controlled} 자유도다. 우리의 접근법에서 시장별 포트폴리오에 대한 최적 제어 $\mathbf{u}_t$를 찾고 있는 것이다. 적절한 최적화 문제를 설정할 때 최적의 행동 $\mathbf{u}_t$를 푼다. 이 절에서 볼 수 있듯이 이 **최적 제어**^{optimal control}는 $\mathbf{x}_t$ 더하기 잡음의 선형 함수로 밝혀진다.

5.5 시그널 동학과 상태 공간

우리의 접근법은 일반적이며 포트폴리오 리밸런싱 기간의 시간 척도 Δt에 관련될 수 있는 어떠한 예측 변수 $\mathbf{z}_t$ 집합에도 작동한다. 예를 들어 타임스텝 $\Delta t \simeq 1/250$의 일간 포트폴리오 트레이딩에 대해 예측 변수 $\mathbf{z}_t$는 뉴스와 VIX 및 MSCI 지수 같은 다양한 시장 지수를 포함할 수 있다. 월별 또는 분기별 타임스텝의 포트폴리오 트레이딩의 경우 추가 예측 변수에 거시경제 변수가 포함될 수 있다. 반대쪽 끝의 일중 또는 고빈도 트레이딩에서는 거시경제변수 대신 지정가 주문 호가창^{LOB, Limit Order Book}의 현재 상태에서 파생된 변수가 더 유용할 것이다.

일반적으로 예측 변수 z_t는 (i) 주식 수익률과 상관관계가 있고, (ii) 어느 정도 예측 가능하고(예, 평균 회귀 과정이 될 수 있음), (iii) 그 특성 시간^{characteristic times} τ가 타임스텝 Δt보다 더 큰 경우의 세 가지 요건을 충족할 경우 관심 대상이 된다. 특히 평균 회귀 시그널 z_t의 경우 평균 회귀 파라미터^{mean reversion parameter} κ는 특성 시간 스케일 $\tau \simeq 1/\kappa$를 생성한다.

마지막 요건은 단순히 $\tau \ll \Delta t$이고 z_t의 평균 수준이 0이라면 z_t의 변동은 정상성 백색 잡음 프로세스에 의해 잘 묘사될 것이며, 따라서 식 (10.80)에 이미 존재하는 백색 잡음 항과 구별할 수 없을 것이다. 예를 들어 월별 리밸런싱을 위해 설계된 LOB에서 도출되는 포트폴리오 구축을 위한 어떠한 특성도 식에 포함하는 것이 이러한 이유로 인해 무용지물이 될 수 있다.

Garleanu와 Pedersen(2013)과 유사한 시그널 $\mathbf{z}_t$의 동학에 대해 우리는 K-성분 벡터 $\mathbf{z}_t$에 대한 단순 다변량 평균 회귀 올스타인-울렌벡^{Ornstein-Uhlenbeck} 프로세스를 가정할 것이다.

$$\mathbf{z}_{t+1} = (\mathbf{I} - \Phi) \circ \mathbf{z}_t + \varepsilon_t^z \qquad (10.82)$$

여기서 $\varepsilon_t^z \sim \mathcal{N}(0, \Sigma_z)$는 잡음 항이고, Φ는 평균 회귀율의 대각 행렬이다.

벡터 $\mathbf{x}_t$와 $\mathbf{z}_t$를 결합^{concatenate}함으로써 크기 $N + K$의 확장된 상태 벡터 $\mathbf{y}_t$를 형성하는 것이 편리하다.

$$\mathbf{y}_t = \begin{bmatrix} \mathbf{x}_t \\ \mathbf{z}_t \end{bmatrix} \tag{10.83}$$

확장된 벡터 $\mathbf{y}_t$는 x-구성 요소를 제어하지만 z-구성 요소는 제어하지 못하는 에이전트를 위한 시스템의 전체 상태를 묘사한다.

5.6 1기간 보상

우리는 먼저 타임스텝 t에서 행동 $\mathbf{u}_t$를 취하는 비용이 없는 이상적인 경우를 고려한다. 그러한 행동을 취했을 때 받은 즉각적인 랜덤 보상은 식 (10.80)을 (10.78)에 대입해서 얻는다.

$$R_t^{(0)}(\mathbf{y}_t, \mathbf{u}_t) = \left(\mathbf{W}\mathbf{z}_t - \mathbf{M}^T\mathbf{u}_t + \boldsymbol{\varepsilon}_t\right)^T (\mathbf{x}_t + \mathbf{u}_t) \tag{10.84}$$

이상적인 마찰 없는 시장에서 얻을 수 있는 이 보상 외에도 즉각적인 시장 충격과 거래 수수료로 인해 받은 (음의) 보상을 추가해야 한다.[7] 또한 시점 $t + 1$ 시간에 새로 생성된 포트폴리오 포지션의 위험으로 인한 음의 보상을 포함해야 한다. Boyd et al.(2017)을 따라 이러한 위험 페널티를 간단한 2차 함수 척도로 표현하는데, 이는 새로운 상태 $\mathbf{x}_t + \mathbf{u}_t$를 조건부로 하는 순간 보상^{instaneous reward}(식 10.84)의 분산에 위험 회피 파라미터 λ를 곱한 것이다.

$$R_t^{(risk)}(\mathbf{y}_t, \mathbf{u}_t) = -\lambda \mathbb{V}\left[R_t^{(0)}(\mathbf{y}_t, \mathbf{u}_t) \,\middle|\, \mathbf{x}_t + \mathbf{u}_t \right] = -\lambda(\mathbf{x}_t + \mathbf{u}_t)^T \Sigma_r (\mathbf{x}_t + \mathbf{u}_t) \tag{10.85}$$

---

7. 우리의 설정에서 공매도 포지션은 없으며, 따라서 차입 비용은 포함하지 않는다고 가정한다.

순간 시장 충격과 거래 비용에 대한 음의 보상(비용)을 명시하고자 각 행동 u_{ti}를 두 개의 비음$^{\text{non-negative}}$ 행동 변수 $u_{ti}^+, u_{ti}^- \geq 0$의 차이로 표시하는 것이 편리하다.

$$u_{ti} = u_{ti}^+ - u_{ti}^-, \quad |u_{ti}| = u_{ti}^+ + u_{ti}^-, \quad u_{ti}^+, u_{ti}^- \geq 0 \tag{10.86}$$

따라서 $u_{ti} > 0$이면 $u_{ti} = u_{ti}^+$이고, $u_{ti} < 0$이면 $u_{ti} = -u_{ti}^-$이다. 그러면 순간 시장 충격과 거래 비용은 다음 표현식에 의해 주어진다.

$$R_t^{(impact)}(\mathbf{y}_t, \mathbf{u}_t) = -\mathbf{x}_t^T \Gamma^+ \mathbf{u}_t^+ - \mathbf{x}_t^T \Gamma^- \mathbf{u}_t^- - \mathbf{x}_t^T \Upsilon \mathbf{z}_t$$
$$R_t^{(fee)}(\mathbf{y}_t, \mathbf{u}_t) = -\nu^{+T} \mathbf{u}_t^+ - \nu^{-T} \mathbf{u}_t^- \tag{10.87}$$

여기서 $\Gamma^+, \Gamma^-, \Upsilon$와 v^+, v^-는 각각 행렬 값과 벡터 값 파라미터며, 이는 가장 간단한 경우 단위벡터 또는 행렬에 의해 곱해진 단일 스칼라로 파라미터화될 수 있다.

식 (10.84), (10.85), (10.87)을 결합하면 최적 포트폴리오 청산^{optimal} $^{\text{portfolio liquidation}}$에 대한 위험과 비용 조정$^{\text{risk and cost adjusted}}$ 순간 보상 함수의 최종 설정을 얻는다.

$$R_t(\mathbf{y}_t, \mathbf{u}_t) = R_t^{(0)}(\mathbf{y}_t, \mathbf{u}_t) + R_t^{(risk)}(\mathbf{y}_t, \mathbf{u}_t) + R_t^{(impact)}(\mathbf{y}_t, \mathbf{u}_t) + R_t^{(fee)}(\mathbf{y}_t, \mathbf{u}_t) \tag{10.88}$$

$\mathbf{u}_t = \mathbf{u}_t^+ - \mathbf{u}_t^-$로 주어질 때 1 스텝 기대 보상$^{\text{expected 1-step reward}}$은 다음과 같이 주어진다.

$$\hat{R}_t(\mathbf{y}_t, \mathbf{u}_t) = \hat{R}_t^{(0)}(\mathbf{y}_t, \mathbf{u}_t) + R_t^{(risk)}(\mathbf{y}_t, \mathbf{u}_t) + R_t^{(impact)}(\mathbf{y}_t, \mathbf{u}_t) + R_t^{(fee)}(\mathbf{y}_t, \mathbf{u}_t) \tag{10.89}$$

여기서 다음과 같다.

$$\hat{R}_t^{(0)}(\mathbf{y}_t, \mathbf{u}_t) = \mathbb{E}_{t,u}\left[R_t^{(0)}(\mathbf{y}_t, \mathbf{u}_t)\right] = \left(\mathbf{W}\mathbf{z}_t - \mathbf{M}^T(\mathbf{u}_t^+ - \mathbf{u}_t^-)\right)^T \left(\mathbf{x}_t + \mathbf{u}_t^+ - \mathbf{u}_t^-\right) \tag{10.90}$$

$\mathbb{E}_{t,u}[\cdot] := \mathbb{E}[\cdot \mid \mathbf{y}_t, \mathbf{u}_t]$는 시장 수익률의 다음 기간 실현 값에 대한 평균을 표시한다.

1 스텝 기대 보상(식 10.89)은 입력에 대해 2차 함수 형태를 갖는다. 이를 벡터 표기법을 사용해 더욱 명시적으로 표현할 수 있다.

$$\hat{R}(\mathbf{y}_t, \mathbf{a}_t) = \mathbf{y}_t^T \mathbf{R}_{yy}\mathbf{y}_t + \mathbf{a}_t^T \mathbf{R}_{aa}\mathbf{a} + \mathbf{a}_t^T \mathbf{R}_{ay}\mathbf{y}_t + \mathbf{a}_t^T \mathbf{R}_a \tag{10.91}$$

여기서 다음과 같다.

$$\mathbf{a}_t = \begin{pmatrix} \mathbf{u}_t^+ \\ \mathbf{u}_t^- \end{pmatrix}, \ \mathbf{R}_{aa} = \begin{bmatrix} -\mathbf{M} - \lambda\Sigma_r & \mathbf{M} + \lambda\Sigma_r \\ \mathbf{M} + \lambda\Sigma_r & -\mathbf{M} - \lambda\Sigma_r \end{bmatrix}, \ \mathbf{R}_{yy} = \begin{bmatrix} -\lambda\Sigma_r & \mathbf{W} - \Upsilon \\ 0 & 0 \end{bmatrix}$$

$$\mathbf{R}_{ay} = \left[\begin{bmatrix} -\mathbf{M} - 2\lambda\Sigma_r - \Gamma^+ \\ \mathbf{M} + 2\lambda\Sigma_r - \Gamma^- \end{bmatrix}, \begin{bmatrix} \mathbf{W} \\ \mathbf{W} \end{bmatrix} \right], \ \mathbf{R}_a = - \begin{bmatrix} \nu^+ \\ \nu^+ \end{bmatrix} \tag{10.92}$$

5.7 다기간 포트폴리오 최적화

다기간 포트폴리오 최적화는 마코위츠 포트폴리오 모델에서와 같은 위험과 비용 조정 수익률의 최대화 또는 위험과 비용 조정 거래 비용 최소화와 동일하게 공식화된다. 후자의 설정은 보통 최적 포트폴리오 청산 문제에 사용된다.

다기간 위험과 비용 조정 보상 최대화 문제는 다음과 같이 정의된다.

$$\text{maximize } \mathbb{E}_t \left[\sum_{t'=t}^{T-1} \gamma^{t'-t} \hat{R}_{t'}(\mathbf{y}_{t'}, \mathbf{a}_{t'}) \right] \tag{10.93}$$

$$\text{where } \hat{R}_t(\mathbf{y}_t, \mathbf{a}_t) = \mathbf{y}_t^T \mathbf{R}_{yy}\mathbf{y}_t + \mathbf{a}_t^T \mathbf{R}_{aa}\mathbf{a} + \mathbf{a}_t^T \mathbf{R}_{ay}\mathbf{y}_t + \mathbf{a}_t^T \mathbf{R}_a$$

$$\text{w.r.t. } \mathbf{a}_t = \begin{pmatrix} \mathbf{u}_t^+ \\ \mathbf{u}_t^- \end{pmatrix} \geq 0$$

$$\text{subject to } \mathbf{x}_t + \mathbf{u}_t^+ - \mathbf{u}_t^- \geq 0$$

여기서 $0 < \gamma \leq 1$은 할인 계수다. 미래 기간 $t' = [t, \dots, T-1]$에 대한 합은 마지막 기간 $t' = T$를 포함하지 않는다. 이는 마지막 행동이 식 (10.79)에

의해 고정되기 때문이다.

식 (10.93)의 마지막 제약식은 롱-온리 포트폴리오에 대해 적합한 것이지만 다른 제약식(예를 들어 포트폴리오 레버리지에 대한 제약식)으로 대체할 수 있다. 이들 제약식(일부 또는 모두)을 가지므로 우리의 문제는 제약식으로 가진 볼록 최적화 클래스에 속하며, 따라서 수치적으로 효율적인 방법으로 풀 수 있다.

동일한 비용 초점 공식이 앞 문제의 부호를 바꾸고 이를 거래 비용 $\hat{C}_t(\mathbf{y}_t, \mathbf{a}_t) = -\hat{R}_t(\mathbf{y}_t, \mathbf{a}_t)$의 최소화로 다시 표현함으로써 얻어진다.

$$\text{minimize } \mathbb{E}_t \left[\sum_{t'=t}^{T-1} \gamma^{t'-t} \hat{C}_{t'}(\mathbf{y}_{t'}, \mathbf{a}_{t'}) \right] \tag{10.94}$$

$$\text{여기서 } \hat{C}_t(\mathbf{y}_t, \mathbf{a}_t) = -\hat{R}_t(\mathbf{y}_t, \mathbf{a}_t), \tag{10.95}$$

위 식은 식 (10.93)과 동일한 제약식을 가진다.

5.8 확률적 정책

다기간 포트폴리오 최적화 문제(식 10.93)는 행동 $\mathbf{a}_t$를 결정하는 최적 정책이 델타 의사delta-like 확률분포로 묘사될 수 있는 결정적 정책이라고 가정한다.

$$\pi(\mathbf{a}_t|\mathbf{y}_t) = \delta\left(\mathbf{a}_t - \mathbf{a}_t^{\star}(\mathbf{y}_t)\right) \tag{10.96}$$

여기서 최적 결정적 행동 $\mathbf{a}_t^{\star}(\mathbf{y}_t)$는 제어 변수 $\mathbf{a}_t$에 대한 목적 함수(식 10.93)를 최대화함으로써 얻어진다.

그러나 실제 거래 데이터는 모델의 잘못된 설정, 시장 타이밍 지연, 인적 오류 등으로 인해 최적이 아니거나 때때로 잡음이 많을 수 있다. 선택한 동작이 항상 최적의 행동이라고 가정하는 결정적 정책(식 10.96)을 가정하려고 하면 데이터에 이러한 준최적sub-optimal(최적이 아닌) 행동이 존재할 가능성이 심각한 문제를 제기한다. 이는 이러한 사건들이 이들 모델 가정하에서 0의 확률을 가져야 하기 때문에 데이터에서 관찰될 경우 소멸 경로 확률vanishing path probabilities[8]을 생성할 수 있기 때문이다.

결정적 정책(식 10.96)을 가정하는 대신 평활화된smoothed 분포 $\pi(a_t | y_t)$에 의해 기술된 확률적 정책은 역포트폴리오 최적화inverse portfolio optimization 문제와 같은 역문제inverse problem[9]에 더 유용하다. 이 접근법에서 결정적 정책/행동에 관한 최대화 대신 확률분포 $\pi(a_t | y_t)$에 대한 최대화로 문제를 재구성한다.

$$\text{maximize } \mathbb{E}_{q_\pi} \left[\sum_{t'=t}^{T-1} \gamma^{t'-t} \hat{R}_t(\mathbf{y}_{t'}, \mathbf{a}_{t'}) \right] \tag{10.97}$$

여기서 $\hat{R}(\mathbf{y}_t, \mathbf{a}_t) = \mathbf{y}_t^T \mathbf{R}_{yy} \mathbf{y}_t + \mathbf{a}_t^T \mathbf{R}_{aa} \mathbf{a} + \mathbf{a}_t^T \mathbf{R}_{ay} \mathbf{y}_t + \mathbf{a}_t^T \mathbf{R}_a$

경로 확률: $q_\pi(\bar{x}, \bar{a} | \mathbf{y}_0) = \pi(\mathbf{a}_0 | \mathbf{y}_0) \prod_{t=1}^{T-1} \pi(\mathbf{a}_t | \mathbf{y}_t) P(\mathbf{y}_{t+1} | \mathbf{y}_t, \mathbf{a}_t)$

제약 조건: $\int d\mathbf{a}_t \, \pi(\mathbf{a}_t | \mathbf{y}_t) = 1$

여기서 $\mathbb{E}_{q_\pi}[\cdot]$은 식 (10.97)의 셋째 줄에 따라 경로 확률에 대해 취한 기대값이다.

위험 페널티가 위험 조정 수익률의 2차 함수 $\hat{R}(\mathbf{x}_t, \mathbf{a}_t)$에 포함되기 때문에 위험 조정 수익 최적화의 원 문제는 표준 MDP 설정에서 기대 누적 보상을 최대화하는 것으로 식 (10.97)에 다시 표현되므로, 이 문제에 MDP 모델의 표준 위험 중립적 접근법이 적용될 수 있다. 1 스텝 분산 페널티를 기반으로 하는 이와 같은 간단한 위험 조정이 Gosavi(2015)에 의해 비금융적 맥락에서 제안됐고 Halperin(2018, 2019)에서 옵션 가격에 대한 강화학습 기반 접근법에 사용됐다.

여기서 언급해야 할 또 하나의 사항은 포트폴리오 트레이딩에서 행동에 대한 확률적 접근법이 결정적 정책에 기초한 형식주의보다 더 자연스러

---

8. 소멸 경로는 중간에 경로가 없어지는 경우를 말한다. – 옮긴이
9. 역함수를 푸는 문제 – 옮긴이

운 접근법으로 보인다는 것이다. 사실 심지어 가장 단순한 1기간 설정에서도 포트폴리오 비중에 대한 마코위츠 최적 해가 추정된 주식 평균과 공분산의 함수이기 때문에 이들은 실제로 확률 변수다. 그러나 포트폴리오 최적화의 확률적 특성은 식 (10.93)과 같은 마르코위츠 유형의 일기간 또는 다기간 최적화 설정에서는 잘 인식되지 않는다. 확률적 포트폴리오 최적화 공식은 Marschinski et al.(2007)에 의한 1기간 설정에서 제안됐다.

5.9 준거 정책

포트폴리오 최적화(식 10.97)를 시도하기 이전에 결정돼야 하는 확률적 준거reference(또는 사전prior) 정책 $\pi_0(\mathbf{a}_t \,|\, \mathbf{y}_t)$가 주어졌다고 가정한다. 이러한 정책은 모수적 모델, 과거 히스토리 데이터 등을 기반으로 선택할 수 있다. 여기서는 간단한 가우시안 준거 정책을 사용할 것이다.

$$
\pi_0(\mathbf{a}_t|\mathbf{y}_t) = \frac{1}{\sqrt{(2\pi)^N |\Sigma_p|}} \exp\left(-\frac{1}{2}\left(\mathbf{a}_t - \hat{\mathbf{a}}(\mathbf{y}_t)\right)^T \Sigma_p^{-1}\left(\mathbf{a}_t - \hat{\mathbf{a}}(\mathbf{y}_t)\right)\right)
$$

$$(10.98)$$

여기서 $\hat{\mathbf{a}}(\mathbf{y}_t)$는 상태 벡터 $\mathbf{y}_t$의 선형 함수가 되도록 선택된 결정적 정책일 수 있다.

$$
\hat{\mathbf{a}}(\mathbf{y}_t) = \hat{\mathbf{A}}_0 + \hat{\mathbf{A}}_1 \mathbf{y}_t \tag{10.99}
$$

식 (10.98)의 파라미터에 대해 간단한 선택을 취해 다음과 같이 단지 2개의 스칼라 $\hat{a}_0$와 $\hat{a}_1$로 파라미터를 설정할 수 있다.

$$
\hat{\mathbf{A}}_0 = \hat{a}_0 \mathbb{1}_{|A|}
$$

$$
\hat{\mathbf{A}}_1 = \hat{a}_1 \mathbb{1}_{|A| \times |A|}
$$

여기서 $|A|$는 $\mathbf{a}_t$의 크기이고, $\mathbb{1}_A$와 $\mathbb{1}_{A \times A}$는 각각 1로 구성된 벡터와 행렬이다. 이렇게 하면 스칼라 $\hat{a}_0$와 $\hat{a}_1$은 우리 설정에서 하이퍼파라미터 역

할을 할 것이다. 유사하게 사전 정책에 대한 공분산 행렬 Σ_p는 상수 상관 계수 ρ_p와 상수 분산 σ_p의 간단한 행렬로 취할 수 있다.

다음에서 보는 것처럼 최적 정책은 $\hat{\mathbf{A}}_0$, $\hat{\mathbf{A}}_1$, Σ_p가 업데이트된 사전 정책 (식 10.98)과 동일한 가우시안 형태를 가진다. 이러한 업데이트는 사전 정책(식 10.98)을 정의하는 초기값으로 시작해서 반복적으로 계산될 것이다. 이와 관련해서 반복 시행 k에서의 업데이트, 예를 들어 $\hat{\mathbf{A}}_0^{(k)}$, $\hat{\mathbf{A}}_1^{(k)}$ 와 같이 위첨자로 표기될 것이다.

더 나아가 사전 정책(식 10.98)에서 $\hat{\mathbf{A}}_1 = \hat{\mathbf{A}}_1^{(0)} = 0$으로 설정하더라도 반복 시행 k에서 $\mathbf{y}_t$에 대한 선형 의존성이 나타나며, 이는 $\hat{\mathbf{A}}_1^{(k)}$의 값에 의해 결정된다. 이와 같은 상태 독립적 사전분포 $\pi_0(\mathbf{a}_t|\mathbf{y}_t) = \pi_0(\mathbf{a}_t)$의 선택은 아주 중요하지는 않더라도 모델의 자유 파라미터를 반으로 줄이는 동시에 다음의 몇몇 분석을 단순화하며, 따라서 앞으로 계속 가정할 것이다. 또한 이는 사전 정책(식 10.98)에서 $\bar{\mathbf{y}}_t$의 값을 설정할 필요가 없게 한다(동일하게 이를 0으로 설정할 수 있다). 따라서 사전 정책(식 10.98)을 정의하는 마지막 하이퍼파라미터 집합은 3개 값 $\hat{a}_0$, ρ_a, Σ_p만을 포함한다.

5.10 벨만 최적 방정식

다음과 같은 식이 있다고 하자.

$$V_t^\star(\mathbf{y}_t) = \max_{\pi(\cdot|y)} \mathbb{E}\left[\sum_{t'=t}^{T-1} \gamma^{t'-t} \hat{R}_{t'}(\mathbf{y}_{t'}, \mathbf{a}_{t'}) \,\middle|\, \mathbf{y}_t \right] \tag{10.100}$$

최적 상태-가치 함수 $V_t^*(\mathbf{x}_t)$는 벨만 최적성 방정식을 만족한다.

$$V_t^\star(\mathbf{y}_t) = \max_{\mathbf{a}_t} \hat{R}_t(\mathbf{y}_t, \mathbf{a}_t) + \gamma \mathbb{E}_{t,\mathbf{a}_t}\left[V_{t+1}^\star(\mathbf{y}_{t+1}) \right] \tag{10.101}$$

최적 정책 $\pi^\star$은 다음과 같이 $V^\star$에서 얻을 수 있다.

$$\pi_t^\star(\mathbf{a}_t|\mathbf{y}_t) = \arg\max_{\mathbf{a}_t} \hat{R}_t(\mathbf{y}_t, \mathbf{a}_t) + \gamma\mathbb{E}_{t,\mathbf{a}_t}\left[V_{t+1}^\star(\mathbf{y}_{t+1})\right] \tag{10.102}$$

강화학습[RL]의 목적은 데이터 샘플을 기반으로 벨만 최적성 방정식을 푸는 것이다. 최적 가치 함수가 RL 방법을 통해 구해진다고 가정하고 최적 정책 $\pi^\star$를 푸는 것은 식 (10.102)에 공식화된 또 다른 최적화 문제를 취한다.

5.11 엔트로피 규제화 벨만 최적성 방정식

우선 펜첼[Fenchel] 유형의 표현을 사용해 벨만 최적성 방정식을 재공식화한다.

$$V_t^\star(\mathbf{y}_t) = \max_{\pi(\cdot|y)\in\mathcal{P}} \sum_{\mathbf{a}_t\in\mathcal{A}_t} \pi(\mathbf{a}_t|\mathbf{y}_t)\left(\hat{R}_t(\mathbf{y}_t, \mathbf{a}_t) + \gamma\mathbb{E}_{t,\mathbf{a}_t}\left[V_{t+1}^\star(\mathbf{y}_{t+1})\right]\right) \tag{10.103}$$

여기서 $\mathcal{P} = \{\pi : \pi \geq 0, \mathbb{1}^T\pi = 1\}$은 모든 유효한 분포 집합을 가리킨다. 어떠한 $x \in \mathbb{R}^n$에 대해서도 $\max_i \in \{1, ..., n\}\, x_i = \max_{\pi\geq 0, \|\pi\|\leq 1} \pi^T x$가 성립하므로 식 (10.103)은 원 벨만 최적성 방정식(식 10.100)과 동일하다. 표현의 단순성을 위해 이산적 표기법을 사용하지만 다음의 모든 공식은 합을 적분으로 대체함으로써 동일하게 연속적 표기법으로 표현될 수 있다는 것을 유의하라. 이제부터 간략하게 기대 $\mathbb{E}_{\mathbf{y}_{t+1}|\mathbf{y}_t,\mathbf{a}_t}[\cdot]$를 $\mathbb{E}_{t,\mathbf{a}}[\cdot]$로 표기할 것이다.

준거 정책 $\pi_0(\mathbf{a}_t|\mathbf{y}_t)$ 대비 학습된 정책 $\pi(\mathbf{a}_t|\mathbf{y}_t)$의 1 스텝 정보 비용[information cost]은 다음과 같이 정의된다(Fox et al. 2015).

$$g^\pi(\mathbf{y}, \mathbf{a}) = \log\frac{\pi(\mathbf{a}_t|\mathbf{y}_t)}{\pi_0(\mathbf{a}_t|\mathbf{y}_t)} \tag{10.104}$$

정책 π에 대한 위 식의 기대값은 $\pi(\cdot\,|\,\mathbf{y}_t)$와 $\pi_0(\cdot\,|\,\mathbf{y}_t)$의 쿨백-라이블러 발산 KL divergence, Kullback-Leibler divergence이다.

$$\mathbb{E}_\pi\left[g^\pi(\mathbf{y},\mathbf{a})|\,\mathbf{y}_t\right] = KL[\pi||\pi_0](\mathbf{y}_t) := \sum_{\mathbf{a}_t} \pi(\mathbf{a}_t|\mathbf{y}_t)\log\frac{\pi(\mathbf{a}_t|\mathbf{y}_t)}{\pi_0(\mathbf{a}_t|\mathbf{y}_t)} \qquad (10.105)$$

한 경로에 대한 총 할인 정보 비용은 다음과 같이 정의된다.

$$I^\pi(\mathbf{y}) = \sum_{t'=t}^{T} \gamma^{t'-t}\mathbb{E}\left[g^\pi(\mathbf{y}_{t'},\mathbf{a}_{t'})|\,\mathbf{y}_t = \mathbf{y}\right] \qquad (10.106)$$

자유 에너지free energy 함수 $F_t^\pi(\mathbf{y}_t)$는 정보 비용 페널티(식 10.106)가 부여된 가치 함수(식 10.103)로 정의된다.

$$\begin{aligned}F_t^\pi(\mathbf{y}_t) &= V_t^\pi(\mathbf{y}_t) - \frac{1}{\beta}I^\pi(\mathbf{y}_t) \\ &= \sum_{t'=t}^{T}\gamma^{t'-t}\mathbb{E}\left[\hat{R}_{t'}(\mathbf{y}_{t'},\mathbf{a}_{t'}) - \frac{1}{\beta}g^\pi(\mathbf{y}_{t'},\mathbf{a}_{t'})\right].\end{aligned} \qquad (10.107)$$

식 (10.107)의 β는 보상 최적화와 준거 정책의 근접성 사이 트레이드오프를 제어하는 역온도inverse temperature 파라미터 역할을 한다. 자유 에너지 $F_t^\pi(\mathbf{y}_t)$는 엔트로피 규제화된 가치 함수며, 규제화의 양은 데이터의 잡음 수준에 맞춰 조정될 수 있다.[10] 준거 정책인 π_0은 지금 설명하는 확률적 정책 최적화 프로세스에서 '가이드핸드'를 제공한다.

자유 에너지 $F_t^\pi(\mathbf{y}_t)$에 대한 벨만 방정식은 식 (10.107)에서 얻어진다.

$$F_t^\pi(\mathbf{y}_t) = \mathbb{E}_{\mathbf{a}|y}\left[\hat{R}_t(\mathbf{y}_t,\mathbf{a}_t) - \frac{1}{\beta}g^\pi(\mathbf{y}_t,\mathbf{a}_t) + \gamma\mathbb{E}_{t,\mathbf{a}}\left[F_{t+1}^\pi(\mathbf{y}_{t+1})\right]\right] \qquad (10.108)$$

---

10. 물리학에서 자유 에너지는 식 (10.107)에 음의 부호를 부과한 것으로 정의된다. 식 (10.107)의 최대화가 이것이 음 값에 대한 최소화로 다시 표현할 수 있으므로 이 차이는 부호 관행의 문제일 뿐이다. 자유 에너지 함수에 대한 우리의 부호 관행은 강화학습과 정보 이론의 문헌을 따르는 것이다.

유한 기간 설정을 위해서는 식 (10.108)은 다음의 최종 조건에 의해 보완돼야 한다(식 10.79 참고).

$$F_T^\pi(\mathbf{y}_T) = \left.\hat{R}_T(\mathbf{y}_T, \mathbf{a}_T)\right|_{\mathbf{a}_T = -\mathbf{x}_{T-1}} \tag{10.109}$$

식 (10.108)은 가치 함수에 대한 벨만 최적 방정식의 소프트 확률적 완화로 볼 수 있으며, KL 정보 비용 페널티(식 10.104)는 역온도 β에 의해 제어되는 규제화로 간주된다. 이러한 규제화된 가치 함수(자유 에너지) 외에도 엔트로피 규제화된 Q 함수를 다음에 도입할 것이다.

5.12 G-함수: 엔트로피 규제화 Q 함수

행동-가치 함수와 유사하게 Fox et al.(2015)과 같이 상태-행동 자유 에너지 함수 $G^\pi(\mathbf{x}, \mathbf{a})$를 정의한다.

$$\begin{aligned}
G_t^\pi(\mathbf{y}_t, \mathbf{a}_t) &= \hat{R}_t(\mathbf{y}_t, \mathbf{a}_t) + \gamma \mathbb{E}\left[F_{t+1}^\pi(\mathbf{y}_{t+1}) \,\middle|\, \mathbf{y}_t, \mathbf{a}_t\right] \\
&= \hat{R}_t(\mathbf{y}_t, \mathbf{a}_t) + \gamma \mathbb{E}_{t,\mathbf{a}}\left[\sum_{t'=t+1}^T \gamma^{t'-t-1}\left(\hat{R}_{t'}(\mathbf{y}_{t'}, \mathbf{a}_{t'}) - \frac{1}{\beta} g^\pi(\mathbf{y}_{t'}, \mathbf{a}_{t'})\right)\right] \\
&= \mathbb{E}_{t,\mathbf{a}}\left[\sum_{t'=t}^T \gamma^{t'-t}\left(\hat{R}_{t'}(\mathbf{y}_{t'}, \mathbf{a}_{t'}) - \frac{1}{\beta} g^\pi(\mathbf{y}_{t'}, \mathbf{a}_{t'})\right)\right]
\end{aligned} \tag{10.110}$$

마지막 식의 G-함수에서 처음 행동 $\mathbf{a}_t$가 고정돼 $\mathbf{a}_t = \mathbf{a}$를 조건부로 할 때 $g^\pi(\mathbf{y}_t, \mathbf{a}_t) = 0$이라는 사실을 이용했다.

이제 이 표현과 식 (10.107)을 비교하면 G-함수와 자유 에너지 $F_t^\pi(\mathbf{y}_t)$ 간의 관계를 얻는다.

$$F_t^\pi(\mathbf{y}_t) = \sum_{\mathbf{a}_t} \pi(\mathbf{a}_t|\mathbf{y}_t)\left[G_t^\pi(\mathbf{y}_t, \mathbf{a}_t) - \frac{1}{\beta}\log\frac{\pi(\mathbf{a}_t|\mathbf{y}_t)}{\pi_0(\mathbf{a}_t|\mathbf{y}_t)}\right] \tag{10.111}$$

이 범함수는 다음 분포 $\pi(\mathbf{a}_t|\mathbf{y}_t)$에 의해 최대화된다.

$$\pi(\mathbf{a}_t|\mathbf{y}_t) = \frac{1}{Z_t}\pi_0(\mathbf{a}_t|\mathbf{y}_t)e^{\beta G_t^\pi(\mathbf{y}_t,\mathbf{a}_t)} \tag{10.112}$$

$$Z_t = \sum_{\mathbf{a}_t} \pi_0(\mathbf{a}_t|\mathbf{y}_t)e^{\beta G_t^\pi(\mathbf{y}_t,\mathbf{a}_t)}$$

최적 해(식 10.112)에서 평가된 자유 에너지(식 10.111)는 다음과 같이 된다.

$$F_t^\pi(\mathbf{y}_t) = \frac{1}{\beta}\log Z_t = \frac{1}{\beta}\log\sum_{\mathbf{a}_t}\pi_0(\mathbf{a}_t|\mathbf{y}_t)e^{\beta G_t^\pi(\mathbf{y}_t,\mathbf{a}_t)} \tag{10.113}$$

식 (10.113)을 사용해 최적 행동 정책은 다음과 같이 표현할 수 있다.

$$\pi(\mathbf{a}_t|\mathbf{y}_t) = \pi_0(\mathbf{a}_t|\mathbf{y}_t)e^{\beta(G_t^\pi(\mathbf{y}_t,\mathbf{a}_t)-F_t^\pi(\mathbf{y}_t))} \tag{10.114}$$

다음과 같은 식 (10.110)의 첫째 형태와 함께 식 (10.113), (10.114)도 (편의성을 위해 보이지는 않았지만) 여기에 반복한다고 하자.

$$G_t^\pi(\mathbf{y}_t,\mathbf{a}_t) = \hat{R}_t(\mathbf{y}_t,\mathbf{a}_t) + \gamma\mathbb{E}_{t,\mathbf{a}}\left[F_{t+1}^\pi(\mathbf{y}_{t+1})\,\middle|\,\mathbf{y}_t,\mathbf{a}_t\right] \tag{10.115}$$

다음의 최종 조건으로 시작해 $t = T-1, \ldots, 0$에 대해 역방향 재귀적으로 자기 일관적으로 풀어야 하는 연립방정식^{system of equation}을 형성한다.

$$G_T^\pi(\mathbf{y}_T,\mathbf{a}_T) = \hat{R}_T(\mathbf{y}_T,\mathbf{a}_T) \tag{10.116}$$

$$F_T^\pi(\mathbf{y}_T) = G_T^\pi(\mathbf{y}_T,\mathbf{a}_T) = \hat{R}_T(\mathbf{y}_T,\mathbf{a}_T)$$

식 (10.113, 10.114, 10.115)(Fox et al. 2015)는 $\pi(\mathbf{a}_t|\mathbf{y}_t)$, $G_t^\pi(\mathbf{y}_t,\mathbf{a}_t)$와 $F_t^\pi(\mathbf{y}_t)$에 대해 자기 일관적으로 풀어야 하는 연립방정식을 구성한다. 이를 푸는 방법으로 나아가기 전에 이 책에서 나중에 유용한 식 (10.107)의 엔트로피 규제화에 대한 다른 해석을 다루고자 한다.

식 (10.107)의 엔트로피 규제화 항의 또 다른 유용한 해석이 또 다른 함수의 르장드르-펜첼Legendre-Fenchel 변환으로서의 표현을 사용해 제시될 수 있다(Ortega and Lee 2014).

$$
-\frac{1}{\beta}\sum_{\mathbf{a}_t}\pi(\mathbf{a}_t|\mathbf{y}_t)\log\frac{\pi(\mathbf{a}_t|\mathbf{y}_t)}{\pi_0(\mathbf{a}_t|\mathbf{y}_t)} = \min_{C(\mathbf{a}_t,\mathbf{y}_t)}\sum_{\mathbf{a}_t}\Big(-\pi(\mathbf{a}_t|\mathbf{y}_t)\left(1+C(\mathbf{a}_t,\mathbf{y}_t)\right)
$$
$$
+\ \pi_0(\mathbf{a}_t|\mathbf{y}_t)e^{\beta C(\mathbf{a}_t,\mathbf{y}_t)}\Big),\qquad(10.117)
$$

여기서 $C(\mathbf{a}_t,\mathbf{y}_t)$는 임의의 함수다. 식 (10.117)은 $C(\mathbf{a}_t,\mathbf{y}_t)$에 대한 우변의 직접적 최소화에 의해 증명될 수 있다.

KL 항의 표현을 사용해 자유 에너지 최대화 문제(식 10.111)는 최대-최소 max-min 문제로 다시 표현할 수 있다.

$$
F_t^\star(\mathbf{y}_t)=\max_\pi\min_C\sum_{\mathbf{a}_t}\pi(\mathbf{a}_t|\mathbf{y}_t)\left[G_t^\pi(\mathbf{y}_t,\mathbf{a}_t)-C(\mathbf{a}_t,\mathbf{y}_t)-1\right]+\pi_0(\mathbf{a}_t|\mathbf{y}_t)e^{\beta C(\mathbf{a}_t,\mathbf{y}_t)}
$$
$$
(10.118)
$$

식 (10.118)에서 얻는 상상의 적대자adversary의 최적 비용은 다음과 같다.

$$
C^\star(\mathbf{a}_t,\mathbf{y}_t) = \frac{1}{\beta}\log\frac{\pi(\mathbf{a}_t|\mathbf{y}_t)}{\pi_0(\mathbf{a}_t|\mathbf{y}_t)}\qquad(10.119)
$$

Ortega 및 Lee(2014)와 유사하게 이것이 에이전트와 적대적 환경 간의 상상의 게임에 대한 무차별indifference 해를 제공하는 것을 체크할 수 있다. 여기서 최적 G-함수와 최적 적대적 비용(식 10.119)의 총합이 상수다. 즉, $G_t^\star(\mathbf{y}_t,\mathbf{a}_t) + C^\star(\mathbf{a}_t,\mathbf{y}_t)$ = 상수며, 이는 원 에이전트와 적대자의 게임이 내쉬 균형Nash Equilibrium임을 의미한다.

따라서 단일 에이전트에 의한 확률적 환경에서의 포트폴리오 최적화는 우리의 에이전트가 식 (10.118)의 마지막 항에 의해 주어진 지수적 예산

exponential budget을 갖고 적대적 상대방과 플레이하는 2자 게임^two-party game의 내쉬 균형을 찾는 것과 수학적으로 동일하다.

5.13 G—러닝과 F—러닝

보상이 관측되는 RL 설정에서 연립방정식(10.113, 10.114, 10.115)은 하나의 비선형 방정식으로 축소된다. 확장된 자유 에너지(식 10.113)를 식 (10.115)에 대입하면 다음을 얻는다.

$$
G_t^\pi(\mathbf{y}, \mathbf{a}) = \hat{R}(\mathbf{y}_t, \mathbf{a}_t) + \mathbb{E}_{t,\mathbf{a}} \left[\frac{\gamma}{\beta} \log \sum_{\mathbf{a}_{t+1}} \pi_0(\mathbf{a}_{t+1}|\mathbf{y}_{t+1}) e^{\beta G_{t+1}^\pi(\mathbf{y}_{t+1}, \mathbf{a}_{t+1})} \right]
$$
(10.120)

이 방정식은 행동-가치 Q 함수에 대한 벨만 최적성 방정식의 소프트 완화[11]를 제공하며, 식 (10.110)에 정의된 G-함수는 엔트로피 규제화된 Q 함수다(Fox et al. 2015). 식 (10.120)의 '역온도' 파라미터 β는 엔트로피 규제화의 강도를 결정한다. 특히 $\beta \to \infty$를 취하면 Q 함수에 대한 원래의 벨만 최적성 방정식을 복구한다. 식 (10.120)의 마지막 항은 β가 크지만 유한일 때 $\max(\cdot)$ 함수에 근사하기 때문에 식 (10.120)은 균등분포 준거 정책 π_0의 특별한 경우로 '소프트 Q 러닝'으로 알려져 있다.

유한 값 $\beta < \infty$의 경우 관측된 보상을 가진 강화학습 설정에서 식 (10.120)을 사용해 G-러닝을 설정할 수 있다. G-러닝은 Q 러닝을 엔트로피 기반 규제화가 필요한 잡음이 있는 환경으로 일반화하는 오프-폴리시 시간 차이^TD, Time-Difference 알고리듬(Fox et al. 2015)이다. Fox et al. (2015)의 G-러닝 알고리듬은 상태와 행동 공간이 모두 테이블 설정에서 설정됐다. 우리의 경우 고차원 연속 상태와 행동 공간을 다룬다. 따라서

---

11. 'soft'란 용어는 확률적 버전의 의미를 갖는다. – 옮긴이

테이블로 작성된 G-러닝에 의존할 수 없으며 행동-가치 함수의 함수 형태를 지정하거나 신경망과 같은 비모수 함수 근사를 사용해 값을 표현할 필요가 있다. 추가적 문제는 식 (10.120)에서 다음 모든 스텝 행동에 대한 다차원 적분(또는 합)을 계산하는 것이다. π_0와 G_t에 대해 취급하기 쉬운 파라미터화를 하지 않는 한 이 적분의 반복적인 수치 적분은 학습 속도를 크게 저하시킬 수 있다.

〉 G-러닝 대 Q 러닝

- Q 러닝은 결정적 정책을 사용하는 오프-폴리시 방법이다.
- G-러닝은 확률적 정책을 가진 오프-폴리시 방법이다. G-러닝은 확률적 정책으로 운영되기 때문에 생성 모델을 산출한다. G-러닝은 엔트로피 규제화 Q 러닝으로 간주할 수 있다.

또 다른 가능한 접근법은 G-함수(즉, 엔트로피 규제화 Q 함수)를 모두 우회하고 자유 에너지 F-함수(식 10.107)에 대한 벨만 최적성 방정식을 진행하는 것이다. 이 경우 $F_t^{\pi}(\mathbf{y}_t)$와 $\pi(\mathbf{a}_t|\mathbf{y}_t)$에 대한 한 쌍의 방정식이 있다.

$$F_t^{\pi}(\mathbf{y}_t) = \mathbb{E}_{\mathbf{a}|x}\left[\hat{R}(\mathbf{y}_t, \mathbf{a}_t) - \frac{1}{\beta}g^{\pi}(\mathbf{y}_t, \mathbf{a}_t) + \gamma\mathbb{E}_{t,\mathbf{a}}\left[F_{t+1}^{\pi}(\mathbf{y}_{t+1})\right]\right]$$

$$\pi(\mathbf{a}_t|\mathbf{y}_t) = \frac{1}{Z_t}\pi_0(\mathbf{a}_t|\mathbf{y}_t)e^{\hat{R}(\mathbf{y}_t, \mathbf{a}_t)+\gamma\mathbb{E}_{t,\mathbf{a}}\left[F_{t+1}^{\pi}(\mathbf{y}_{t+1})\right]} \qquad (10.121)$$

여기서 첫 번째 식은 F-함수에 대한 벨만 방정식(식 10.108)이며, 두 번째 식은 식 (10.115)를 식 (10.112)에 대입함으로써 얻는다. 또한 식 (10.121)의 정규화 상수^{normalization constant} Z_t는 일반적으로 식 (10.112)의 정규화 상수와 다르다는 것을 유의하라.

역강화학습을 다루는 11장에서 연속 상태와 행동을 가진 G-러닝의 해로 다시 돌아갈 것이다.

시간-정상성(무한 기간) 문제에 대해 '소프트 Q 러닝'(G-러닝) 방정식(식 10.120)은 다음과 같이 된다.

$$G^\pi(\mathbf{y}, \mathbf{a}) = \hat{R}(\mathbf{y}, \mathbf{a}) + \frac{\gamma}{\beta} \sum_{\mathbf{y}'} \rho(\mathbf{y}'|\mathbf{y}, \mathbf{a}) \left[\log \sum_{\mathbf{a}'} \pi_0(\mathbf{a}'|\mathbf{y}') e^{\beta G^\pi(\mathbf{y}', \mathbf{a}')} \right]$$

$$(10.122)$$

이는 비선형 적분 방정식이다. 예를 들어 상태와 행동 공간이 모두 1차원인 경우 결과 적분 방정식은 2차원이다. 따라서 계산적으로 시간 정상성 문제에 대한 G-러닝은 비선형 적분 방정식(식 10.122)의 해에 해당한다. 이 문제를 해결하고자 기존의 수치 방법을 사용할 수 있다. 연습문제 10.4를 참고하라.

5.14 시장 충격을 가진 포트폴리오 동학

포트폴리오 벡터 $\mathbf{x}_t$에 대한 상태 방정식은 식 (10.74)와 식 (10.80)을 사용해 얻어진다.

$$\begin{aligned} \mathbf{x}_{t+1} &= \mathbf{x}_t + \mathbf{u}_t + \mathbf{r}_t \circ (\mathbf{x}_t + \mathbf{u}_t) \\ &= \mathbf{x}_t + \mathbf{u}_t + \left(r_f \mathbb{1} + \mathbf{W}\mathbf{z}_t - \mathbf{M}^T \mathbf{u}_t + \varepsilon_t \right) \circ (\mathbf{x}_t + \mathbf{u}_t) \\ &= (1 + r_f)(\mathbf{x}_t + \mathbf{u}_t) + \mathrm{diag}\left(\mathbf{W}\mathbf{z}_t - \mathbf{M}\mathbf{u}_t \right)(\mathbf{x}_t + \mathbf{u}_t) + \varepsilon(\mathbf{x}_t, \mathbf{u}_t) \end{aligned}$$

$$(10.123)$$

여기서 시장 충격 M이 원소 μ_i의 대각 행렬이라고 가정하고 다음과 같이 설정한다.

$$\mathbf{M} = \mathrm{diag}\left(\mu_i \right), \quad \varepsilon(\mathbf{x}_t, \mathbf{u}_t) := \varepsilon_t \circ (\mathbf{x}_t + \mathbf{u}_t)$$

$$(10.124)$$

식 (10.23)은 시장 충격 $\mathbf{M}$ 때문에 동학dynamics이 제어 변수 $\mathbf{u}_t$에 비선형이

라는 것을 보여준다. 더 구체적으로 마찰 파라미터 $\mu_i > 0$일 때 상태 방정식은 $\mathbf{x}_t$에 선형이지만 $\mathbf{u}_t$에는 2차 함수다. 극한 $\mu \to 0$에서 동학은 선형이된다. 한편 보상(식 10.91)은 $\mu_i = 0$ 또는 $\mu_i > 0$인 경우 모두에 대해 2차 함수다.

$\mu_i > 0$일 때 동학이 비선형적이라는 사실은 실용적(계산적) 측면과 이론적 측면 모두에 광범위한 영향을 미친다. 비선형 경우에 대해 알아보기 전에 먼저 $\mu_i = 0$, 즉 시장 충격 효과가 무시되고 동학이 선형일 때의 더 간단한 사례를 분석한다.

동학이 선형이고 보상이 2차인 경우 결정론적 정책을 가진 최적의 포트폴리오 관리의 문제는 제어 이론에서 솔루션이 잘 알려진 선형 2차 조절기LQR, Linear Quadratic Regulator에 해당한다. 다음 절에서는 동적 포트폴리오 최적화에 특히 적합한 LQR 문제의 확률적 버전을 제시한다.

5.15 제로 함수 극한: 엔트로피 규제화를 가진 LQR

시장 충격을 무시해 모든 i에 대해 $\mu_i = 0$일 때 동학이 다음 상태 방정식에서 선형이 되므로 포트폴리오 최적화 문제는 단순화된다.

$$\mathbf{x}_{t+1} = (1 + r_f + \mathbf{W}\mathbf{z}_t + \varepsilon_t) \circ (\mathbf{x}_t + \mathbf{u}_t) \qquad (10.125)$$

이는 동일하게 다음과 같이 쓸 수 있다.

$$\mathbf{x}_{t+1} = \mathbf{A}_t (\mathbf{x}_t + \mathbf{u}_t) + (\mathbf{x}_t + \mathbf{u}_t) \circ \varepsilon_t \qquad (10.126)$$

여기서 다음과 같다.

$$\mathbf{A}_t = \mathbf{A}(\mathbf{z}_t) = \operatorname{diag}\left(1 + r_f + \mathbf{W}\mathbf{z}_t\right) \qquad (10.127)$$

비례적 거래 비용을 가정했던 앞 절과 달리 여기서는 볼록 거래 비용 $\eta \mathbf{u}_t^T \mathbf{C}\mathbf{u}_t$를 가정한다. 여기서 η는 거래 비용 파라미터이고, C는 대각 단위행렬을 만들고자 취해진 행렬이다. 보유 비용과 같은 다른 비용은 무시한다. 그러면 t 시점에서의 1 스텝 기대 보상은 다음 표현에 의해 주어진다.

$$\hat{R}_t\left(\mathbf{x}_t, \mathbf{u}_t\right) = \left(\mathbf{x}_t + \mathbf{u}_t\right)^T \mathbf{W}\mathbf{z}_t - \lambda\left(\mathbf{x}_t + \mathbf{u}_t\right)^T \Sigma_r\left(\mathbf{x}_t + \mathbf{u}_t\right) - \eta\mathbf{u}_t^T \mathbf{C}\mathbf{u}_t \tag{10.128}$$

문제가 미리 정한 기간 T에 대해 포트폴리오의 위험 조정 수익률을 최대화하는 것이라면 $\mathbf{x}_T$에 대한 자연스러운 최종 조건은 $\mathbf{x}_T = 0$으로 설정될 것이다. 즉, 모든 주식 포지션이 포트폴리오 만기에 현금으로 전환된다. 이는 마지막 행동이 확률적이 아니라 결정적이며, 시점 $T-1$에서의 주식 보유에 의해 결정된다는 것을 의미한다.

$$\mathbf{u}_{T-1} = \mathbf{x}_T - \mathbf{x}_{T-1} = -\mathbf{x}_{T-1} \tag{10.129}$$

따라서 마지막 보상은 $\mathbf{x}_{T-1}$의 2차 범함수다.

$$\hat{R}_{T-1} = -\eta\mathbf{u}_{T-1}^T \mathbf{C}\mathbf{u}_{T-1} \tag{10.130}$$

마지막 행동이 결정적이므로 최적화는 나머지 $T-1$개의 포트폴리오 조정 $\mathbf{u}_0, \ldots, \mathbf{u}_{T-2}$를 선택하는 것에 해당한다.

이제 G-러닝을 활용한 강화학습이 이러한 설정에서 가우시안 시간 가변 정책GTVP, Gaussian Time-Varying Policies을 사용해 준분석적으로 구할 수 있다는 것을 보일 것이다. 우선 $\mathbf{x}_t$의 2차 함수 형태로 가치 함수의 함수 형태를 설정한다.

$$F_t^\pi(\mathbf{x}_t) = \mathbf{x}_t^T \mathbf{F}_t^{(xx)}\mathbf{x}_t + \mathbf{x}_t^T\mathbf{F}_t^{(x)} + F_t^{(0)} \tag{10.131}$$

여기서 $\mathbf{F}_t^{(xx)}$, $\mathbf{F}_t^{(x)}$, $F_t^{(0)}$는 (유한 기간 문제에 대해) 이들의 시그널 $\mathbf{z}_t$에 대한 의존성을 통해 명시적으로든 암묵적으로든 양쪽으로 시간에 의존하는 파라미터들이다.

마지막 시간 스텝에 대해 $F^\pi_{T-1}(\mathbf{x}_{T-1}) = \hat{R}_{T-1}$을 가지며, 식 (10.130)과 (10.131)을 사용해 식 (10.131)의 계수에 대한 최종 조건을 얻는다.

$$\mathbf{F}^{(xx)}_{T-1} = -\eta\mathbf{C}, \quad \mathbf{F}^{(x)}_{T-1} = 0, \quad \mathbf{F}^{(0)}_{T-1} = 0 \tag{10.132}$$

임의의 타임스텝 $t = T - 2, \ldots, 0$에 대해 식 (10.126)에서 $\mathbf{x}_t$와 $\mathbf{z}_t$에 대한 잡음 항을 사용해 식 (10.115)에서 다음 기간의 F-함수의 조건부 기대값을 다음과 같이 계산한다.

$$\mathbb{E}_{t,\mathbf{a}}\left[F^\pi_{t+1}(\mathbf{x}_{t+1})\right] = (\mathbf{x}_t + \mathbf{u}_t)^T \left(\mathbf{A}_t^T \bar{\mathbf{F}}^{(xx)}_{t+1} \mathbf{A}_t + \Sigma_r \circ \bar{\mathbf{F}}^{(xx)}_{t+1}\right)(\mathbf{x}_t + \mathbf{u}_t)$$
$$+ (\mathbf{x}_t + \mathbf{u}_t)^T \mathbf{A}_t^T \bar{\mathbf{F}}^{(x)}_{t+1} + \bar{\mathbf{F}}^{(0)}_{t+1} \tag{10.133}$$

여기서 $\bar{\mathbf{F}}^{(xx)}_{t+1} := \mathbb{E}_t\left[\mathbf{F}^{(xx)}_{t+1}\right]$이며, 유사하게 $\bar{\mathbf{F}}^{(x)}_{t+1}$와 $\bar{\mathbf{F}}^{(0)}_{t+1}$에 대해서도 정의된다. 중요하게 이는 $\mathbf{x}_t$와 $\mathbf{u}_t$의 2차 함수다. 이를 벨만 방정식(식 10.115)에서 식 (10.131)에서 2차 함수의 보상 $\hat{R}(\mathbf{x}_t, \mathbf{a}_t)$와 결합하면 다음과 같이 행동-가치 함수 $G^\pi_t(\mathbf{x}_t, \mathbf{u}_t)$가 $\mathbf{x}_t$와 $\mathbf{u}_t$의 2차 함수가 됨을 알 수 있다.

$$G^\pi_t(\mathbf{x}_t, \mathbf{u}_t) = \mathbf{x}_t^T \mathbf{Q}^{(xx)}_t \mathbf{x}_t + \mathbf{u}_t^T \mathbf{Q}^{(uu)}_t \mathbf{u}_t + \mathbf{u}_t^T \mathbf{Q}^{(ux)}_t \mathbf{x}_t + \mathbf{u}_t^T \mathbf{Q}^{(u)}_t + \mathbf{x}_t^T \mathbf{Q}^{(x)}_t + Q^{(0)}_t \tag{10.134}$$

여기서 다음과 같다.

$$\begin{aligned}
\mathbf{Q}^{(xx)}_t &= -\lambda\Sigma_r + \gamma\left(\mathbf{A}_t^T \bar{\mathbf{F}}^{(xx)}_{t+1} \mathbf{A}_t + \Sigma_r \circ \bar{\mathbf{F}}^{(xx)}_{t+1}\right) \\
\mathbf{Q}^{(uu)}_t &= -\eta\mathbf{C} + \mathbf{Q}^{(xx)}_t \\
\mathbf{Q}^{(ux)}_t &= 2\mathbf{Q}^{(xx)}_t \\
\mathbf{Q}^{(x)}_t &= \mathbf{W}\mathbf{z}_t + \gamma\mathbf{A}_t^T \bar{\mathbf{F}}^{(x)}_{t+1} \\
\mathbf{Q}^{(u)}_t &= \mathbf{Q}^{(x)}_t \\
Q^{(0)}_t &= \gamma F^{(0)}_{t+1}
\end{aligned} \tag{10.135}$$

계수(식 10.135)로 G-함수 $G^\pi_t(\mathbf{x}_t, \mathbf{u}_t)$를 계산한 후 현재 스텝에 대한 F-함

수는 식 (10.113)을 사용해 발견할 수 있다. 즉, 식 (10.113)을 원래의 변수 $\mathbf{x}_t$와 $\mathbf{u}_t$로 표현하고 합을 적분으로 바꾸면 다음을 얻는다.

$$F_t^\pi(\mathbf{x}_t) = \frac{1}{\beta} \log \int \pi_0(\mathbf{u}_t|\mathbf{x}_t) e^{\beta G_t^\pi(\mathbf{x}_t, \mathbf{u}_t)} d\mathbf{u}_t \tag{10.136}$$

준거 정책 $\pi_0(\mathbf{u}_t|\mathbf{x}_t)$가 다음과 같이 가우시안이라고 가정한다.

$$\pi_0(\mathbf{u}_t|\mathbf{x}_t) = \frac{1}{\sqrt{(2\pi)^n |\Sigma_p|}} e^{-\frac{1}{2}(\mathbf{u}_t - \hat{\mathbf{u}}_t)^T \Sigma_p^{-1}(\mathbf{u}_t - \hat{\mathbf{u}}_t)} \tag{10.137}$$

여기서 평균값 $\hat{\mathbf{u}}_t$는 상태 $\mathbf{x}_t$의 선형 함수다.

$$\hat{\mathbf{u}}_t = \bar{\mathbf{u}}_t + \bar{\mathbf{v}}_t \mathbf{x}_t \tag{10.138}$$

여기서 $\bar{\mathbf{u}}_t$와 $\bar{\mathbf{v}}_t$는 사전분포(식 10.137)에서 시간 독립적으로 간주될 수 있는 (따라서 시간 인덱스를 생략할 수 있는) 파라미터다. 시간 레이블을 유지하는 이유는 곧 보겠지만 선형 동학(식 10.126)의 G-러닝에서 얻은 최적 정책도 역시 식 (10.137)과 같은 형태로 쓸 수 있는 가우시안이지만 업데이트된 파라미터 $\bar{\mathbf{u}}_t$와 $\bar{\mathbf{v}}_t$의 시그널 $\mathbf{z}_t$에 대한 의존성으로 최적 정책은 시간 의존적이 되기 때문이다.

$\mathbf{u}_t$에 어떠한 제약 조건도 부과되지 않으면 가우시안 준거 정책 π_0을 가진 식 (10.136)에서의 $\mathbf{u}_t$에 대한 적분은 $G_t^\pi(\mathbf{x}_t, \mathbf{u}_t)$가 $\mathbf{u}_t$에 2차 함수인 한 쉽게 분석적으로 수행된다.[12] n차원 가우시안 적분 공식으로 다음을 얻는다.

$$\int e^{-\frac{1}{2}\mathbf{x}^T \mathbf{A}\mathbf{x} + \mathbf{x}^T \mathbf{B}} d^n\mathbf{x} = \sqrt{\frac{(2\pi)^n}{|\mathbf{A}|}} e^{\frac{1}{2}\mathbf{B}^T \mathbf{A}^{-1}\mathbf{B}} \tag{10.139}$$

---

12. 현재의 공식에서 행동이 자기 자금 조달 조건에 의해 제한되므로 독립적인 가우시안 적분은 부정확한 결과를 생성할 수 있다. 변수의 합에 대해 제약 조건을 가진 적분의 제약된 버전은 연습문제 10.6을 참고하라. 다음 절에서는 제약 없는 가우시안 적분이 더 잘 작동하는 경우를 제시한다.

여기서 $|\mathbf{A}|$는 행렬 $\mathbf{A}$의 행렬식^{determinant}를 표시한다. 이 관계를 사용해 식 (10.136)의 적분을 계산하고 다음의 추가 파라미터를 도입한다.

$$\mathbf{U}_t = \beta \mathbf{Q}_t^{(ux)} + \Sigma_p^{-1} \bar{\mathbf{v}}_t$$
$$\mathbf{W}_t = \beta \mathbf{Q}_t^{(u)} + \Sigma_p^{-1} \bar{\mathbf{u}}_t \qquad (10.140)$$
$$\bar{\mathbf{\Sigma}}_p = \mathbf{\Sigma}_p^{-1} - 2\beta \mathbf{Q}_t^{(uu)}$$

결과적인 F-함수는 식 (10.131)과 동일한 구조를 가진다는 알 수 있다. 여기서 계수는 이제 Q 함수의 계수로 계산된다(연습문제 10.3을 참고하라).

$$F_t^\pi(\mathbf{x}_t) = \mathbf{x}_t^T \mathbf{F}_t^{(xx)} \mathbf{x}_t + \mathbf{x}_t^T \mathbf{F}_t^{(x)} + F_t^{(0)}$$
$$\mathbf{F}_t^{(xx)} = \mathbf{Q}_t^{(xx)} + \frac{1}{2\beta}\left(\mathbf{U}_t^T \bar{\mathbf{\Sigma}}_p^{-1} \mathbf{U}_t - \bar{\mathbf{v}}_t^T \mathbf{\Sigma}_p^{-1} \bar{\mathbf{v}}_t\right)$$
$$\mathbf{F}_t^{(x)} = \mathbf{Q}_t^{(x)} + \frac{1}{\beta}\left(\mathbf{U}_t^T \bar{\mathbf{\Sigma}}_p^{-1} \mathbf{W}_t - \bar{\mathbf{v}}_t^T \mathbf{\Sigma}_p^{-1} \bar{\mathbf{u}}_t\right) \qquad (10.141)$$
$$\mathbf{F}_t^{(0)} = \mathbf{Q}_t^{(0)} + \frac{1}{2\beta}\left(\mathbf{W}_t^T \bar{\mathbf{\Sigma}}_p^{-1} \mathbf{W}_t - \bar{\mathbf{u}}_t^T \mathbf{\Sigma}_p^{-1} \bar{\mathbf{u}}_t\right) - \frac{1}{2\beta}\left(\log|\mathbf{\Sigma}_p| + \log|\bar{\mathbf{\Sigma}}_p|\right)$$

마지막으로 주어진 스텝에 대한 최적 정책은 식 (10.114)를 사용해 구할 수 있다. 여기서 식 (10.114)는 원래의 변수 $\mathbf{x}_t$, $\mathbf{u}_t$의 항으로 다음과 같이 표현한다.

$$\pi(\mathbf{u}_t|\mathbf{x}_t) = \pi_0(\mathbf{u}_t|\mathbf{x}_t) e^{\beta(G_t^\pi(\mathbf{x}_t, \mathbf{u}_t) - F_t^\pi(\mathbf{x}_t))} \qquad (10.142)$$

$G_t^\pi(\mathbf{x}_t, \mathbf{u}_t)$가 $\mathbf{u}_t$의 2차 함수이므로 이는 가우시안 정책 $\pi(\mathbf{u}_t|\mathbf{x}_t)$를 산출한다.

$$\pi(\mathbf{u}_t|\mathbf{x}_t) = \frac{1}{\sqrt{(2\pi)^n \left|\hat{\mathbf{\Sigma}}_p\right|}} e^{-\frac{1}{2}(\mathbf{u}_t - \tilde{\mathbf{u}}_t - \tilde{\mathbf{v}}_t \mathbf{x}_t)^T \hat{\mathbf{\Sigma}}_p^{-1}(\mathbf{u}_t - \tilde{\mathbf{u}}_t - \tilde{\mathbf{v}}_t \mathbf{x}_t)} \qquad (10.143)$$

여기서의 업데이트된 파라미터는 다음과 같다.

$$\tilde{\mathbf{\Sigma}}_p^{-1} = \mathbf{\Sigma}_p^{-1} - 2\beta \mathbf{Q}_t^{(uu)}$$

$$\tilde{\mathbf{u}}_t = \tilde{\mathbf{\Sigma}}_p \left(\mathbf{\Sigma}_p^{-1} \bar{\mathbf{u}}_t + \beta \mathbf{Q}_t^{(u)} \right) \qquad (10.144)$$

$$\tilde{\mathbf{v}}_t = \tilde{\mathbf{\Sigma}}_p \left(\mathbf{\Sigma}_p^{-1} \bar{\mathbf{v}}_t + \beta \mathbf{Q}_t^{(ux)} \right)$$

따라서 식 (10.142)에 의해 표현된 시그널을 가진 엔트로피 규제화 LQR 을 활용한 정책 최적화는 파라미터 업데이트 $\bar{\mathbf{u}}_t$, $\bar{\mathbf{v}}_t$, $\mathbf{\Sigma}_p$의 사전분포(식 10.137)를 새로운 값 $\tilde{\mathbf{u}}_t$, $\tilde{\mathbf{v}}_t$, $\tilde{\mathbf{\Sigma}}_p$로 베이지안 업데이트하는 것에 해당한 다. 이들 수량은 이들의 $\mathbf{z}_t$에 대한 의존성을 통해 시간에 의존한다.

식 (10.144)의 세 번째 줄은 $\bar{\mathbf{v}}_t = 0$으로 시작했을지라도(이는 식 10.137의 상태 독립적인 평균 수준을 의미한다) 최적 정책이 $Q_t^{(ux)} \neq 0$인 한 상태 $\mathbf{x}_t$에 선형인 평균을 가진다는 것을 가리킨다. 따라서 엔트로피 규제화 LQR 은 평균이 상태 $\mathbf{x}_t$의 선형 함수인 가우시안 최적 정책을 산출한다. 이는 일반적인 (결정적) LQR의 확률적 일반화를 제공하며, 여기서 최적 정책 자체는 상태의 선형 함수다.

베이지안 업데이트(식 10.144)에 대해 주목할 또 하나의 흥미로운 포인트 는 시간 독립적 값 $\bar{\mathbf{u}}_t$, $\bar{\mathbf{v}}_t = \bar{\mathbf{u}}$, $\bar{\mathbf{v}}$로 시작했을지라도 업데이트된 값 $\tilde{\mathbf{u}}_t$, $\tilde{\mathbf{v}}_t$ 는 파라미터 $\mathbf{Q}_t^{(ux)}$와 $\mathbf{Q}_t^{(u)}$가 $\mathbf{z}_t$에 대한 의존성을 통해 시간에 의존하므로 시간 의존적으로 된다. 식 (10.135)를 참고하라.

주어진 타임스텝에 대해 G-러닝 알고리듬은 정책 파라미터를 F와 G-함수의 고정 계수에 대한 식 (10.144)에 따라 업데이트하는 정책 최적화 스텝과 정책 파라미터가 주어졌을 때 식 (10.134, 10.135, 10.141)을 이용 해 F와 G-함수의 파라미터에 대해 푸는 정책 평가 스텝을 교대로 반복 한다.

타임스텝 t에 대한 이 반복의 수렴에서 식 (10.134, 10.135, 10.141, 10.143)은 함께 엔트로피 규제화된 선형 동학에 대한 G-러닝의 한 스텝 을 푼다. 그런 다음 이전 스텝으로 이동해서 $t \to t - 1$ 계산을 반복해 진행한다. 수렴을 가속화하고자 시점 t에서의 정책의 최적 파라미터를 타임스텝 $t-1$에 대한 사전분포의 파라미터로 사용할 수 있다. 그다음 모든 절차가 현재 시점으로 계속된다. 식 (10.141)의 파라미터는 시그널 z_t에 의존하므로 다음 스텝의 기대값은 식 (10.133)에 표시된 대로 계산해야 한다.

? 다지선다형 문제 4

다음 중 올바른 문장을 모두 선택하라.

a. G-러닝에서 관행적인 행동-가치 함수와 가치 함수가 극한 $\beta \to 0$에서 F와 G-함수로부터 복원된다.

b. G-러닝에서 관행적인 행동-가치 함수와 가치 함수가 극한 $\beta \to \infty$에서 F와 G-함수로부터 복원된다.

c. 국지적 선형 G-함수와 F-함수를 얻으려면 G-러닝으로 포트폴리오 동학의 선형화가 필요하다.

d. 국지적 2차 G-함수와 F-함수를 얻으려면 G-러닝으로 포트폴리오 동학의 선형화가 필요하다.

5.16 영이 아닌 시장 충격: 비선형 동학

방금 증명한 것처럼 시장 충격 파라미터가 소멸되는 극한에서 2차 보상과 가우시안 준거 정책을 사용한 동적 포트폴리오 최적화는 선형 2차 조절기^{LQR}의 확률적 버전에 해당하며, 다중 및 다기간 포트폴리오에 대한 투자 정책을 최적화하기 위한 편리하고 빠른 준분석 계산 방법을 제공한다. 이는 고전적인 마코위츠 포트폴리오 최적화 문제에 대한 확률적 및 다기간 RL 기반 일반화를 제공한다.

시장 충격 파라미터 μ_i에 눈을 돌리면 문제에 급격한 변화가 발생한다.

$\mu_i > 0$의 경우 동학의 비선형성으로 인해 더 이상 분석적으로 다루는 것이 불가능하다. 이 경우 상태 방정식은 다음과 같다.

$$\mathbf{x}_{t+1} = (1 + r_f)(\mathbf{x}_t + \mathbf{u}_t) + \text{diag}\left(\mathbf{W}\mathbf{z}_t - \mathbf{M}\mathbf{u}_t\right)(\mathbf{x}_t + \mathbf{u}_t) + \varepsilon(\mathbf{x}_t, \mathbf{u}_t)$$

여기서 $\mathbf{M} = \text{diag}(\mu_i)$와 $\varepsilon(\mathbf{x}_t, \mathbf{u}_t) := \varepsilon_t \circ (\mathbf{x}_t + \mathbf{u}_t)$다(식 10.123, 10.124 참고).

동학이 비선형일 때 한 가지 가능성은 확장 칼만 필터extended Kalman filter의 작동과 유사하게 동학을 반복적으로 선형화하는 것이다. 결정적 정책에 관한 문제의 경우 반복 2차 조절기IQR, Iterative Quadratic Regulator를 사용해 정책 반복의 각 단계에서 준거 경로 주변의 동학을 선형화할 수 있다(Todorov and Li 2005). 확률적 정책으로 작업할 때는 다른 방법을 적용할 수 있다. 특히 Halperin과 Feldshteyn(2018)은 가우시안 랜덤 은닉 변수Gaussian random hidden vairable를 사용해 동학을 선형화하는 변이형 EM 알고리듬을 활용해 IQR의 확률적 버전을 제공한다. 동학이 비선형일 때 필요한 이러한 접근법은 선형 LQR 경우보다 기술적으로 더 많이 복잡하며, 자세한 내용은 문헌을 참고하라.

순수하게 계산 문제를 넘어서서 동학의 비선형성은 중요한 이론적 시사점으로 이어진다. 최적 제어의 문제는 상태 $\mathbf{x}_t$의 함수로서 최적의 행동 $\mathbf{u}_t^{\star}$를 찾는 것이다. 이 작업이 완료되면 결과 식을 다시 대입해 비선형 오픈 루프 동학(즉, 행동 변수가 최적 값으로 대체되는 동학)을 얻을 수 있다. 이 책의 뒷부분에서 설명하는 것처럼 이에 따르는 비선형성 동학은 실제 시장의 행동을 포착하는 데 중요한 결과를 가질 수 있다.

6. 자산 관리를 위한 RL

6.1 머튼 소비 문제

계량 금융에서 강화학습을 위한 이전의 두 가지 사용 사례, 즉 옵션 가격 결정과 동적 포트폴리오 최적화는 자기 자금 조달 포트폴리오와 함께 작동한다. 자기 자금 조달 포트폴리오가 포트폴리오의 시작과 종료를 제외하고 포트폴리오의 생애 동안 현금 투입이나 인출을 인정하지 않는 자산 포트폴리오임을 상기하라. 이러한 고전적인 금융 문제의 경우 자기 자금 조달 포트폴리오의 가정은 실제 금융 관행과 합리적으로 일치한다. 금융에는 자기 자금 조달 포트폴리오가 모델링의 좋은 출발점이 아닌 또 다른 광범위한 클래스의 고전적 문제가 존재한다. 재무 계획과 부의 관리는 그러한 문제의 두 가지 좋은 예다. 실제로 퇴직연금에 있는 전형적인 투자자는 고용돼 있는 동안 포트폴리오에 주기적으로 투자하고 은퇴할 때 정기적으로 그 계좌에서 인출한다. 투자자는 포트폴리오에 자본을 추가하거나 회수하는 것 외에도 다른 자산(예, 주식)을 매도하고 매수함으로써 포트폴리오의 리밸런싱을 수행할 수 있다.

투자 포트폴리오와 함께 최적 소비 문제는 이 문제를 자산 가격에 대한 로그 정규 동학을 가진 연속 시간 최적 제어의 문제로 간주한 로버트 머튼의 유명한 연구(Merton 1971)를 따라 흔히 머튼의 소비 문제^{Merton consumption} problem라고 한다. 현금 인출 대신 현금 투입과 관련된 문제의 최적화는 공식적으로 머튼 공식의 1 스텝 소비의 부호 변화에 해당하므로 중간 타임 스텝의 자금 투입이나 인출과 관련된 모든 유형의 부의 관리 문제를 일반화된 머튼의 소비 문제로 통칭할 수 있다. 우리는 부와 생애 소비라는 특정 효용 선택하에서 자산 배분과 소비의 조합을 포함하는 간단한 예로부터 시작할 것이다.

예제 10.9 CRRA 효용을 사용한 이산 시간 머튼 소비

기본적인 설정을 보여주고자 부의 소비와 더불어 위험 자산과 무위험 자산 사이에 부의 배분 문제를 고려하자. 최적 소비 문제를 머튼의 고전적인 연속 시간 접근 방식이 아닌 이산 시간 유한 기간 설정으로 공식화한다. Cheung과 Yang(2007)을 따라 투자 기간 $T \in \mathcal{N}$이 고정됐다고 가정한다. 또한 각 기간의 시작에서 투자자가 위험 자산과 소비 수준 사이의 부의 배분을 결정할 수 있다고 가정하는데, 이는 음수가 아니어야 하며 그 당시의 총 부보다 작아야 한다.

해당 시점 t에서 투자자의 부를 W_t로 표시하며, 기간 $[t, t+1]$ 내에서 위험 자산으로부터의 랜덤 수익률은 R_t로 표시한다. 시점 t의 소비수준은 $c_t \in [0, W_t]$로 표시한다. 소비 후에는 나머지 금액의 $\alpha_t \in [0, 1]$ 비율이 위험 자산에 투자되고 나머지는 무위험 자산에 투자된다. 이러한 제약 조건을 '예산 제약budget constraints'이라고 부른다. 이산 시간 부의 진화 방정식은 다음과 같다.

$$W_{t+t} = (W_t - c_t)[(1 - \alpha_t)R\Delta t + \alpha_t R_f \Delta t] \tag{10.145}$$

시점 $t = 0$의 초기 양의 부는 W_0이다. 예산 제약을 충족하는 매핑 시퀀스 $(C, \alpha) = \{(c_0, \alpha_0), \ldots, (c_{T-1}, \alpha_{T-1})\}$는 투자–소비 전략investment-consumption strategy이라 부른다.

최종 보상과 함께 소비에 대한 보상의 기대 합(즉, 소비의 효용)은 투자–소비 전략의 성과를 측정하는 기준으로 사용된다. RL에서는 행동에 오목concave인 어떠한 보상 함수도 자유로이 선택할 수 있다. 최적화 문제를 기술하면 다음과 같다.

$$\max_{(c_0, \alpha_0), \ldots, (C_{T-1}, \alpha_{T-1})} \mathbb{E}[\sum_{t=0}^{T-1} \gamma^t R(W_t, (c_t, \alpha_t), W_{t+1}) + \gamma^T R(W_T) | W_0 = w] \tag{10.146}$$

최적 투자전략은 다음으로 주어진다.

$$V_t(w) = \max_{(c_t, \alpha_t), \ldots, (C_{T-1}, \alpha_{T-1})} \mathbb{E}[\sum_{s=t}^{T-1} \gamma^{s-t} R(W_s, (c_s, \alpha_s), W_{s+1})$$

$$+\gamma^{T-t} R(W_T)|W_0 = w] \tag{10.147}$$

이는 $V_T(w)$에 대한 어떤 최종 조건을 가진 가치 함수 업데이트를 위한 벨만 방정식을 풀 수 있다.

$$V_t(w) = \max_{(c_t, \alpha_t)} \mathbb{E}[\gamma V_{t+1}(W_{t+1})|W_t = w], \forall t \in \{0, \ldots, T-1\} \tag{10.148}$$

닫힌 해를 제공하는 효용 함수의 일반적인 선택은 $U(x) = \frac{1}{\gamma'} x^{\gamma'}$ 형태의 고정 상대적 위험 회피CRRA, Constant Relative Risk Aversion 효용 함수다. 여기서 $\gamma' \in (0, 1)$이다. 그러면 상태 함수는 다음으로 축약된다.

$$V_t(w) = \frac{w^{\gamma'}}{\gamma'} \left[1 + (\gamma Y H_t)^{1/(1-\gamma')}\right]^{1-\gamma'} \tag{10.149}$$

최적 소비는 부에 대해 선형이다.

$$\hat{c}_t(w) = \frac{w}{(1 + (\gamma Y_t H_t)^{1/(1-\gamma')})} \leq w \tag{10.150}$$

여기서 시점 t의 최적 배분에서 펀드의 기대 수익률은 다음과 같다.

$$Y_t = \mathbb{E}[(\alpha_t^* R_t + (1 - \alpha_t^*) R_f)^{\gamma'}] \tag{10.151}$$

순환 변수recurrent variable H는 재귀 관계recursion relation에 의해 주어진다.

$$H_t = 1 + (\gamma Y_{t+1} H_{t+1})^{1/(1-\gamma')} \tag{10.152}$$

여기서 $H_T = 0$으로 가정한다. Y_t가 최대화되게 하는 유일한 $\alpha_t^* \in$

[0, 1]이 존재한다는 것을 주목하라. Y_t가 α_t^*에 오목임을 증명하고자 다음을 고려한다.

$$\gamma'(\gamma-1)'(\alpha_t^*\mathbb{E}[R_t]+(1-\alpha_t^*)R_f)^{\gamma'-2}(\mathbb{E}[R_t]-R_f)^2 \le 0 \qquad (10.153)$$

이는 음이 아닌 무위험 이자율과 평균 주식 수익률에 대해 $\gamma'(\gamma-1)'$ < 0, $(\mathbb{E}[R_t]-R_f)^2 \ge 0$과 $(\alpha_t^*\mathbb{E}[R_t]+(1-\alpha_t^*)R_f)^{\gamma'-2} > 0$이 성립하기 때문이다. 거래 비용이 없으면 명백히 위험 자산 수익률이 R_f를 상회할 때 부를 위험 자산으로 배분하고 기대 수익률이 하회할 때 무위험 계좌에 전부 투자하는 것을 선택한다.

따라서 CRRA 효용 함수에서 최적화 문제를 단순화할 수 있어 식 (10.150)에서 최적 소비를 풀 수 있다. 그림 10.6은 시뮬레이션된 주가하에서의 최적소비를 보여준다. 최적 배분은 여기서 보이지 않지만 위험 자산의 평균 수익률이 각각 무위험 이자율보다 높은지 낮은지에 따라 0과 1 사이를 교대로 설정할 것이다.

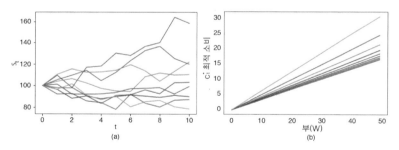

그림 10.6 주가는 오일러 방법(Euler scheme)을 사용해 1년 동안 시뮬레이션된다. 10개의 개별 선으로 표시된 10개의 기간마다 최적의 소비는 식 (10.150)의 폐쇄형 공식을 사용해 추정된다. 최적 투자는 시간에 따라 단조롭게 증가하고 있다. (a) 시뮬레이션 주가. (b) 부에 대한 최적 소비

앞의 예에서 Cheung과 Yang(2007)의 분석적 접근법은 효용 함수와 단일 자산 포트폴리오의 선택으로 제한된다. LSPI 알고리듬을 사용해 효용 함수 선택에 있어 유연성 있게 동일한 문제를 풀 수 있지만 그러한 접근

법은 더 높은 차원 포트폴리오로 확장되지 않는다. 따라서 우리는 효용 함수 선택에 유연성을 제공하면서 고차원 포트폴리오로 확장하는 G-러닝 접근법으로 눈을 돌린다.

다음 절에서는 부의 관리 문제, 즉 각 단계에서 현금이 투입(인출이 아닌) 되는 확정 기여형 퇴직 플랜의 최적화를 살펴보기로 한다. 방금 설명한 접근법의 노선을 따라 소비 효용에 의존하는 대신 1 스텝 보상을 직접 설정함으로써 더 RL 토종적^RL-native 접근법을 채택할 것이다. 또 다른 차이점은 앞 절에서와 같이 행동을 Merton 접근법에서와 같이 비율 항 ^fractional term 으로 정의하지 않고 자산 포지션의 절대적(달러 가치) 변화로 정의한다는 것이다. 곧 알게 되겠지만 이는 제약 없는 최적화 문제로 간단한 변환을 가능하게 하고 특정 보상 함수 선택에 대한 반분석적 솔루션을 제공한다.

6.2 확정 기여형 퇴직 플랜을 위한 포트폴리오 최적화

여기서는 퇴직 플랜을 위한 단순화된 모델을 고려한다. 우리는 T 스텝으로 이산 시간 프로세스를 가정해 T가 (정수 값) 기간이 되게 한다. 투자자/플래너는 N개의 자산에 부를 유지하고 x_t는 t 시점에 상이한 자산에 대한 포지션의 달러 가치 벡터며, u_t는 이들 포지션의 변화 벡터다. 우리는 $n = 1$인 첫 번째 자산이 무위험 채권이며 다른 자산들은 기대값이 $\bar{r}_t$인 불확실한 수익률 r_t를 가지며 위험 자산이라고 가정한다. 수익률의 공분산 행렬은 크기 $(N - 1) \times (N - 1)$의 Σ_r이다. 이 절의 표기법은 위험 자산 보유 가치의 벡터를 나타내고자 x_t가 사용된 이전 절과 다르다.

퇴직 연금 제도의 최적화는 플랜에 대한 정기적 기여와 자산 배분 모두의 최적화를 포함한다. c_t를 플랜의 시점 t 현금 분할 기여금^cash installment이라 하자. 그러면 쌍 (c_t, u_t)는 퇴직 플랜에 해당하는 동적 최적화 문제의 행동 변수로 간주할 수 있다.

우리는 각 타임스텝 t에서 시점 $t + 1$에 포트폴리오의 사전 지정된 목표이 있다고 가정한다. 우리는 타임스텝 t에서 목표 값 $\hat{P}_{t+1}$이 포트폴리오의 다음 스텝 값 $V_{t+1} = (1 + \mathbf{r}_t)(\mathbf{x}_t + \mathbf{u}_t)$를 초과한다고 가정하고, 이 목표에 비해 성과가 떨어지는 것에 대해 페널티를 부과하고자 한다. 이를 위해 타임스텝 t에 대해 다음과 같은 기대 보상을 고려할 수 있다.

$$
R_t(\mathbf{x}_t, \mathbf{u}_t, c_t) = -c_t - \lambda \mathbb{E}_t \left[\left(\hat{P}_{t+1} - (1 + \mathbf{r}_t)(\mathbf{x}_t + \mathbf{u}_t) \right)_+ \right] - \mathbf{u}_t^T \Omega \mathbf{u}_t
$$
(10.154)

여기서 첫 번째 항은 기간 t의 시작에 분할 기여금 c_t에 기인하는 것이며, 두 번째 항은 목표 값에 비해 성과가 떨어지는 기간에 대해 예상되는 음의 보상이며, 세 번째 항은 파라미터 행렬 Ω의 볼록 함수로 거래 비용을 근사화하고 규제화 역할을 한다.

1 스텝 보상(식 10.154)은 교정된 비선형성^{rectified non-linearity}에 $(\cdot)_+ := \max(\cdot, 0)$[13]에 대해 기대값을 취해야 하므로 작업하기에 불편하다. 또 다른 문제는 의사결정 변수 c_t와 $\mathbf{u}_t$가 독립적이지 않고 오히려 다음과 같은 제약을 만족한다는 것이다.

$$
\sum_{n=1}^{N} u_{tn} = c_t
$$
(10.155)

이는 단순히 매 타임스텝에서 모든 포지션의 총 변화는 그 시점에서의 현금 분할 기여금 c_t와 같아야 한다는 것을 의미한다.

따라서 1 스텝 보상(식 10.154)을 2가지 방법으로 수정한다. 즉 식 (10.155)를 사용해 첫 번째 항을 대체하고 교정 비선형성을 2차 함수로 근사한다. 새로운 1 스텝 보상은 다음과 같다.

---

13. 이는 ReLU(Rectified Linear Unit)와 같은 공식이다. - 옮긴이

$$R_t(\mathbf{x}_t, \mathbf{u}_t) = -\sum_{n=1}^{N} u_{tn} - \lambda \mathbb{E}_t \left[\left(\hat{P}_{t+1} - (1+\mathbf{r}_t)(\mathbf{x}_t + \mathbf{u}_t) \right)^2 \right] - \mathbf{u}_t^T \mathbf{\Omega} \mathbf{u}_t$$

$$(10.156)$$

새로운 보상 함수(식 10.156)는 두 가지 점에서 매력적이다. 첫째, 현금 투입 c_t와 포트폴리오 배분 결정 사이의 제약(식 10.155)을 명시적으로 해결해 초기의 제약하에서 최적화 문제를 제약되지 않은 문제로 변환한다. 이것은 배분 변수가 총 부의 비율로 정의되는 머튼 모델과 다르며, 따라서 구축상 제약된다. 달러로 측정한 행동을 기반으로 하는 접근법은 최적화 문제의 차원을 줄이는 동시에 제약을 받지 않게 한다. 제한되지 않은 최적화 문제를 풀면 식 (10.155)에서 시점 t에서의 최적 기여도를 얻을 수 있다.

보상(식 10.156)의 두 번째 매력적인 특성은 행동 $\mathbf{u}_t$에 2차이므로 매우 다루기 쉽다는 것이다. 반면 2차 보상(페널티)의 잘 알려진 단점은 이것이 대칭이며 양 시나리오 Vt+1 ≫ $\hat{P}_{t+1}$과 Vt+1 ≪ $\hat{P}_{t+1}$ 모두에 페널티를 부과하는 반면 사실 우리는 두 번째 클래스의 시나리오에만 불이익을 주고 싶다. 이 단점을 완화하고자 다음 기간 포트폴리오 값의 시점 t 기대값보다 상당히 높은 목표 값 $\hat{P}_{t+1}$을 고려할 수 있다. 이제부터는 이 경우를 가정한다. 그렇지 않으면 $\hat{P}_{t+1}$의 값은 임의적일 수 있기 때문이다. 예를 들어 한 가지 간단한 선택은 목표 포트폴리오를 고정적이고 충분히 높은 수익률을 갖고 증가하는 현재의 포트폴리오로 설정하는 것이다.

시간 의존적 부의 목표 수준과 관련된 2차 손실 설정이 부의 관리에 대한 최근 문헌에서 인기 있는 선택이라는 점에 주목한다. 한 가지 예가 확정 기여 퇴직 플랜에 대해 유사한 손실의 제곱 함수를 가진 동적 최적화 접근법을 개발한 Lin et al.(2019)에 의해 제공된다. 목표 포트폴리오 수준에 기초한 보상의 직접적 설정에 의존하는 유사한 접근법을 목표 기반 부의 관리goal-based wealth management라고 한다(Browne 1996; Das et al. 2018).

평균-분산 마코위츠 최적화는 자산 관리에 가장 일반적으로 사용되는 도구 중 하나다. 이 접근법의 포트폴리오 목표는 포트폴리오 내 자산의 기대 수익과 공분산의 관점에서 정의되는데, 이는 소매 투자자들에게 가장 자연스러운 공식이 아닐 수 있다. 실제로 소매 투자자들은 일반적으로 포트폴리오에 대한 특정 재무 목표를 추구한다. 예를 들어 퇴직 연금 플랜에 기여하는 사람은 퇴직 연령 시 포트폴리오의 가치가 적어도 어떤 목표 가치 P_T와 같거나 또는 그 이상 더 클 것을 요구할 수 있다.

목표 기반 자산 관리goal-based wealth management는 퇴직 플랜retirement plan이나 목표 기간 기금TDF, Target Date Fund과 같은 자산 관리 플랜의 최적 구조에 대해 몇 가지 흥미로운 관점을 제공한다. 부의 목표 측면에서 운용하는 동기는 초과 기대 수익과 분산 측면에서 고전적인 공식보다 더 직관적일 수 있다. 이를 확인하고자 V_T가 포트폴리오의 최종 부가 되고 P_T가 투자 기간의 최종 시점 T에서 부의 특정 목표 수준이라 하자. Browne(1996)과 Das et al.(2018)의 목표 기반 자산 관리 접근법은 최종 부 V_T가 목표 수준 P_T보다 높을 확률 $\mathrm{P}[V_T - P_T \geq 0]$을 적극적 포트폴리오 관리의 최대화 목표로 사용한다. 이 확률은 행사 가격 P_T를 가진 최종 부 V_T에 대한 이항 옵션의 가격과 동일하다. 즉, $\mathrm{P}[V_T - P_T \geq 0] = \mathbb{E}_t[\mathbb{1}_{V_T > P_T}]$ 지수 또는 로그 효용과 같은 부의 효용 대신 이 접근법은 이 이항 옵션의 가격을 목적 함수로 사용한다. 이 아이디어는 이항 옵션 대신 콜 옵션과 같은 기대 $\mathbb{E}_t[(V_T - P_T)_+]$를 사용해 수정할 수도 있다. 이러한 기대값은 이와 같은 사건의 확률을 단순히 제공하는 것이 아니라 최종 부가 목표를 얼마나 초과할 것으로 기대되는지를 계량화한다.

제곱 손실 보상square loss reward 설정은 10장에서 이미 여러 번 봤듯이 최적의 정책을 준분석적으로 구축할 수 있기 때문에 매우 편리하다. 여기서

는 퇴직 계획에 대한 최적의 확률적 소비-투자 정책을 계산하기 위한 준분석 체계를 구축하는 방법을 보여줄 것이다. 이 방법은 누적cumulative 또는 역누적de-cumulative 단계에 대해 충분히 일반적이다. 보상의 다른 설정인 경우 수치 최적화와 함수 근사(예, 신경망)가 필요할 것이다.

기대 보상(식 10.156)은 자산 수익률을 $\mathbf{r}_t = \bar{\mathbf{r}}_t + \tilde{\varepsilon}_t$로 표시하면 더 명시적 형태로 표현될 수 있다(첫 번째 자산이 무위험이므로). 첫 번째 구성 요소 $\bar{r}_0(t) = r_f$가 무위험 이자율이며, $\tilde{\varepsilon}_t = (0, \varepsilon_t)$이다. 여기서 ε_t는 크기 $(N-1) \times (N-1)$인 공분산 Σ_r을 가진 특이 잡음idiosyncratic noise이다. 이 식을 식 (10.156)에 대입하면 다음을 얻는다.

$$R_t(\mathbf{x}_t, \mathbf{u}_t) = -\lambda \hat{P}_{t+1}^2 - \mathbf{u}_t^T \mathbb{1} + 2\lambda \hat{P}_{t+1}(\mathbf{x}_t + \mathbf{u}_t)^T (1 + \bar{\mathbf{r}}_t)$$
$$- \lambda (\mathbf{x}_t + \mathbf{u}_t)^T \hat{\Sigma}_t (\mathbf{x}_t + \mathbf{u}_t) - \mathbf{u}_t^T \Omega \mathbf{u}_t \qquad (10.157)$$

여기서 다음과 같이 정의한다.

$$\hat{\Sigma}_t = \begin{bmatrix} 0 & \mathbf{0} \\ \mathbf{0} & \Sigma_r \end{bmatrix} + (1 + \bar{\mathbf{r}}_t)(1 + \bar{\mathbf{r}}_t)^T \qquad (10.158)$$

2차 함수의 1 스텝 보상(식 10.157)은 이전 절에서 고려한 보상(식 10.128)과 유사한 구조를 갖고 있다. 5.15절의 설정과 대조적으로 여기서는 자기 자금 조달 포트폴리오 대신 정기적인 현금 분할 기여금을 가진 포트폴리오를 다룬다. 그러나 후자가 제약식(식 10.155)에 의한 배분 결정 변수와 관련이 있기 때문에 결과적인 2차 함수 보상(식 10.157)은 선형 LQR 보상(식 10.128)과 동일한 2차 구조를 갖는다.

6.3 은퇴 플랜 최적화를 위한 G-러닝

방금 언급했듯이 2차 함수 1 스텝 보상(식 10.157)은 자기 자금 조달 포트폴리오에 대해 5.15절에서 고려했던 보상(식 10.128)과 매우 유사하다. 주요 차이점은 상태 또는 행동에 독립적인 식 (10.157)의 첫 번째 항 $-\lambda \hat{P}_{t+1}^2$의 존재다. 이 항은 정책 최적화 작업에는 영향을 미치지 않으며 필요한 경우, 예를 들어 플랜 생애의 모든 타임스텝으로부터의 합으로 직접 총보상을 계산하는 것으로 자명하게 설명할 수 있다.

5.15절에서와 같이 가우시안 시간 가변 정책^{GTVP, Gaussian Time-Varying Policies}을 사용한 유사한 준분석적 G-러닝 공식을 사용한다. 우선 가치 함수의 함수 형태를 $\mathbf{x}_t$의 2차 함수로 지정한다.

$$F_t^\pi(\mathbf{x}_t) = \mathbf{x}_t^T \mathbf{F}_t^{(xx)} \mathbf{x}_t + \mathbf{x}_t^T \mathbf{F}_t^{(x)} + F_t^{(0)} \tag{10.159}$$

여기서 $\mathbf{F}_t^{(xx)}$, $\mathbf{F}_t^{(x)}$, $F_t^{(0)}$는 이들의 목표 값 $\hat{P}_{t+1}$과 기대 수익률(이는 5.15절에서 시그널 $\mathbf{z}_t$에 인코딩된다)에 대한 의존성을 통해 시간에 의존하는 파라미터들이다. 동적 방정식은 이제 다음과 같다(식 10.126과 비교하라).

$$\mathbf{x}_{t+1} = \mathbf{A}_t \left(\mathbf{x}_t + \mathbf{u}_t\right) + \left(\mathbf{x}_t + \mathbf{u}_t\right) \circ \tilde{\varepsilon}_t, \quad \mathbf{A}_t := \mathrm{diag}\left(1 + \bar{\mathbf{r}}_t\right), \quad \tilde{\varepsilon}_t := (0, \varepsilon_t) \tag{10.160}$$

가치 함수(식 10.159)의 계수는 마지막 만기 $t = T - 1$부터 시작해 역방향으로 계산된다. $t = T - 1$에 대해 2차 함수 보상(식 10.157)은 다음 행동에 의해 분석적으로 최적화될 수 있다.

$$\mathbf{u}_{T-1} = \tilde{\mathbf{\Sigma}}_{T-1}^{-1} \left(\tilde{\mathbf{P}}_T - \hat{\mathbf{\Sigma}}_{T-1} \mathbf{x}_{T-1}\right) \tag{10.161}$$

여기서 파라미터 $\tilde{\mathbf{\Sigma}}_{T-1}$과 $\tilde{\mathbf{P}}_T$는 다음과 같이 정의했다.

$$\tilde{\mathbf{\Sigma}}_{T-1} := \hat{\mathbf{\Sigma}}_{T-1} + \frac{1}{\lambda}\mathbf{\Omega}, \quad \tilde{\mathbf{P}}_T := \hat{P}_T(1 + \bar{\mathbf{r}}_{T-1}) - \frac{1}{2\lambda} \tag{10.162}$$

앞 절처럼 최적 행동이 상태의 선형 함수인 것을 주목하라. 또 하나 흥미롭게 주목할 포인트는 식 (10.157)의 볼록 거래 비용을 묘사하는 마지막 항 ~$\mathbf{\Omega}$은 식 (10.161)에서 역행렬의 규제화를 제공한다.

$F_{T-1}^{\pi}(\mathbf{x}_{T-1}) = \hat{R}_{T-1}$을 갖는 마지막 타임스텝에 대해 계수 $\mathbf{F}_{T-1}^{(xx)}$, $\mathbf{F}_{T-1}^{(x)}$, $F_{T-1}^{(0)}$은 식 (10.161)을 식 (10.157)에 다시 삽입하고 $t = T - 1$의 식 (10.159)와 결과를 비교함으로써 계산할 수 있다. 이는 식 (10.159)의 파라미터에 대한 최종 조건을 제공한다.

$$\mathbf{F}_{T-1}^{(xx)} = -\lambda\mathbf{\Theta}_{T-1}^T\hat{\mathbf{\Sigma}}_{T-1}\mathbf{\Theta}_{T-1} - \hat{\mathbf{\Sigma}}_{T-1}\tilde{\mathbf{\Sigma}}_{T-1}^{-1}\mathbf{\Omega}\tilde{\mathbf{\Sigma}}_{T-1}^{-1}\hat{\mathbf{\Sigma}}_{T-1}$$

$$\mathbf{F}_{T-1}^{(x)} = \hat{\mathbf{\Sigma}}_{T-1}\tilde{\mathbf{\Sigma}}_{T-1}^{-1}\mathbb{1} + 2\lambda\hat{P}_T\mathbf{\Theta}_{T-1}^T(1 + \bar{\mathbf{r}}_{T-1})$$
$$- 2\lambda\mathbf{\Theta}_{T-1}^T\hat{\mathbf{\Sigma}}_{T-1}\tilde{\mathbf{\Sigma}}_{T-1}^{-1}\tilde{\mathbf{P}}_T + 2\hat{\mathbf{\Sigma}}_{T-1}\tilde{\mathbf{\Sigma}}_{T-1}^{-1}\mathbf{\Omega}\tilde{\mathbf{\Sigma}}_{T-1}^{-1}\tilde{\mathbf{P}}_T \quad (10.163)$$

$$F_{T-1}^{(0)} = -\lambda\hat{P}_T^2 - \tilde{\mathbf{P}}_T^T\tilde{\mathbf{\Sigma}}_{T-1}^{-1}\mathbb{1} + 2\lambda\hat{P}_T(1 + \bar{\mathbf{r}}_{T-1})^T\tilde{\mathbf{\Sigma}}_{T-1}^{-1}\tilde{\mathbf{P}}_T$$
$$- \lambda\tilde{\mathbf{P}}_T^T\tilde{\mathbf{\Sigma}}_{T-1}^{-1}\hat{\mathbf{\Sigma}}_{T-1}\tilde{\mathbf{\Sigma}}_{T-1}^{-1}\tilde{\mathbf{P}}_T - \tilde{\mathbf{P}}_T^T\tilde{\mathbf{\Sigma}}_{T-1}^{-1}\mathbf{\Omega}\tilde{\mathbf{\Sigma}}_{T-1}^{-1}\tilde{\mathbf{P}}_T$$

여기서 $\mathbf{\Theta}_{T-1} := \mathbb{I} - \tilde{\mathbf{\Sigma}}_{T-1}^{-1}\hat{\mathbf{\Sigma}}_{T-1}$이다. 임의의 타임스텝 $t = T - 2, \ldots, 0$에 대해 식 (10.160)을 사용해 벨만 방정식(식 10.115)의 다음 스텝 F-함수에 대한 조건부 기대를 다음과 같이 계산한다.

$$\mathbb{E}_{t,\mathbf{a}}\left[F_{t+1}^{\pi}(\mathbf{x}_{t+1})\right] = (\mathbf{x}_t + \mathbf{u}_t)^T\left(\mathbf{A}_t^T\bar{\mathbf{F}}_{t+1}^{(xx)}\mathbf{A}_t + \tilde{\mathbf{\Sigma}}_r \circ \bar{\mathbf{F}}_{t+1}^{(xx)}\right)(\mathbf{x}_t + \mathbf{u}_t)$$
$$+ (\mathbf{x}_t + \mathbf{u}_t)^T\mathbf{A}_t^T\bar{\mathbf{F}}_{t+1}^{(x)} + \bar{F}_{t+1}^{(0)}, \quad \tilde{\mathbf{\Sigma}}_r := \begin{bmatrix} \mathbf{0} & \mathbf{0} \\ \mathbf{0} & \mathbf{\Sigma}_r \end{bmatrix}(10.164)$$

여기서 $\bar{\mathbf{F}}_{t+1}^{(xx)} := \mathbb{E}_t\left[\mathbf{F}_{t+1}^{(xx)}\right]$이고 $\bar{\mathbf{F}}_{t+1}^{(x)}$와 $\bar{F}_{t+1}^{(0)}$에 대해서도 유사하게 정의된다. 위의 식은 $\mathbf{x}_t$와 $\mathbf{u}_t$의 2차 함수며, 식 (10.157)의 2차 함수 보상 $\hat{R}(\mathbf{x}_t, \mathbf{a}_t)$와 동일한 구조를 갖는다. 양 표현식을 벨만 방정식에 삽입하면 다음과 같다.

$$G_t^{\pi}(\mathbf{y}_t, \mathbf{a}_t) = \hat{R}_t(\mathbf{y}_t, \mathbf{a}_t) + \gamma\mathbb{E}_{t,\mathbf{a}}\left[F_{t+1}^{\pi}(\mathbf{y}_{t+1})\big| \mathbf{y}_t, \mathbf{a}_t\right]$$

행동-가치 함수 $G_t^{\pi}(\mathbf{x}t, \mathbf{u}t)$도 $\mathbf{x}_t$와 $\mathbf{u}_t$의 2차 함수라는 것을 알 수 있다.

$$G_t^{\pi}(\mathbf{x}_t, \mathbf{u}_t) = \mathbf{x}_t^T\mathbf{Q}_t^{(xx)}\mathbf{x}_t + \mathbf{x}_t^T\mathbf{Q}_t^{(xu)}\mathbf{u}_t + \mathbf{u}_t^T\mathbf{Q}_t^{(uu)}\mathbf{u}_t + \mathbf{x}_t^T\mathbf{Q}_t^{(x)} + \mathbf{u}_t^T\mathbf{Q}_t^{(u)} + Q_t^{(0)}$$
$$(10.165)$$

여기서 다음과 같다.

$$\mathbf{Q}_t^{(xx)} = -\lambda \hat{\boldsymbol{\Sigma}}_t + \gamma \left(\mathbf{A}_t^T \bar{\mathbf{F}}_{t+1}^{(xx)} \mathbf{A}_t + \tilde{\boldsymbol{\Sigma}}_r \circ \bar{\mathbf{F}}_{t+1}^{(xx)} \right)$$

$$\mathbf{Q}_t^{(xu)} = 2\mathbf{Q}_t^{(xx)}$$

$$\mathbf{Q}_t^{(uu)} = \mathbf{Q}_t^{(xx)} - \boldsymbol{\Omega} \qquad\qquad (10.166)$$

$$\mathbf{Q}_t^{(x)} = 2\lambda \hat{P}_{t+1}(1 + \bar{\mathbf{r}}_t) + \gamma \mathbf{A}_t^T \bar{\mathbf{F}}_{t+1}^{(x)}$$

$$\mathbf{Q}_t^{(u)} = \mathbf{Q}_t^{(x)} - \mathbb{1}$$

$$Q_t^{(0)} = -\lambda \hat{P}_{t+1}^2 + \gamma F_{t+1}^{(0)}$$

식 (10.165)의 2차 행동-가치 함수는 식 (10.134)와 유사하다. 유일한 차이는 파라미터 설정이다.

상이한 가치 함수 $F_x(x_t)$의 계수와 행동-가치 함수 $G_t(x_t, u_t)$ 및 상이한 최종 조건을 넘어 G-러닝의 1 스텝을 수행하는 나머지 계산은 5.15절에서와 동일하다. 현재 스텝에 대한 F-함수는 식 (10.136)을 사용해 구할 수 있으며, 다시 보여주면 다음과 같다.

$$F_t^\pi(\mathbf{x}_t) = \frac{1}{\beta} \log \int \pi_0(\mathbf{u}_t | \mathbf{x}_t) e^{\beta G_t^\pi(\mathbf{x}_t, \mathbf{u}_t)} d\mathbf{u}_t \qquad\qquad (10.167)$$

준거 정책 $\pi_0(\mathbf{u}_t | \mathbf{x}_t)$는 다음과 같이 가우시안이다.

$$\pi_0(\mathbf{u}_t | \mathbf{x}_t) = \frac{1}{\sqrt{(2\pi)^n |\Sigma_p|}} e^{-\frac{1}{2}(\mathbf{u}_t - \hat{\mathbf{u}}_t)^T \Sigma_p^{-1}(\mathbf{u}_t - \hat{\mathbf{u}}_t)} \qquad\qquad (10.168)$$

여기서 평균값 $\hat{\mathbf{u}}_t$는 $\mathbf{x}_t$의 선형 함수다.

$$\hat{\mathbf{u}}_t = \bar{\mathbf{u}}_t + \bar{\mathbf{v}}_t \mathbf{x}_t. \qquad\qquad (10.169)$$

5.15절에서와 같이 식 (10.167)에서 $\mathbf{u}_t$에 대한 적분이 식 (10.139)를 사용해 분석적으로 수행된다. 차이점은 5.15절에서 자기 자금 조달 자산 포트폴리오를 고려했으므로 이것이 행동 $\mathbf{u}_t$에 대해 제약을 부과했다는 것이다. 이와 같은 제약식을 무시하는 것은 수치적 부정확성을 초래할 수

있다. 대조적으로 현재의 경우 우리는 행동 $\mathbf{u}_t$에 제약을 가하지 않는다. 따라서 이 경우 제약되지 않은 다변량 가우시안 적분이 더 우수해야 한다. 놀랍게도 이는 의사결정 변수가 적절하게 선택되면 어떤 의미에서 부의 관리 작업에 대한 포트폴리오 최적화가 자기 자금 조달에 대한 포트폴리오 최적화보다 더 쉬운 문제가 될 수 있음을 의미한다.

가우시안 적분을 수행하고 결과 식을 식 (10.159)와 비교하면 그 계수들에 대해 다음을 얻는다.

$$
\begin{aligned}
F_t^\pi(\mathbf{x}_t) &= \mathbf{x}_t^T \mathbf{F}_t^{(xx)} \mathbf{x}_t + \mathbf{x}_t^T \mathbf{F}_t^{(x)} + F_t^{(0)} \\
\mathbf{F}_t^{(xx)} &= \mathbf{Q}_t^{(xx)} + \frac{1}{2\beta} \left(\mathbf{U}_t^T \bar{\boldsymbol{\Sigma}}_p^{-1} \mathbf{U}_t - \bar{\mathbf{v}}_t^T \boldsymbol{\Sigma}_p^{-1} \bar{\mathbf{v}}_t \right) \\
\mathbf{F}_t^{(x)} &= \mathbf{Q}_t^{(x)} + \frac{1}{\beta} \left(\mathbf{U}_t^T \bar{\boldsymbol{\Sigma}}_p^{-1} \mathbf{W}_t - \bar{\mathbf{v}}_t^T \boldsymbol{\Sigma}_p^{-1} \bar{\mathbf{u}}_t \right) \\
\mathbf{F}_t^{(0)} &= \mathbf{Q}_t^{(0)} + \frac{1}{2\beta} \left(\mathbf{W}_t^T \bar{\boldsymbol{\Sigma}}_p^{-1} \mathbf{W}_t - \bar{\mathbf{u}}_t^T \boldsymbol{\Sigma}_p^{-1} \bar{\mathbf{u}}_t \right) - \frac{1}{2\beta} \left(\log |\boldsymbol{\Sigma}_p| + \log |\bar{\boldsymbol{\Sigma}}_p| \right)
\end{aligned}
\tag{10.170}
$$

여기서 다음과 같은 보조 파라미터를 사용한다.

$$
\begin{aligned}
\mathbf{U}_t &= \beta \mathbf{Q}_t^{(ux)} + \Sigma_p^{-1} \bar{\mathbf{v}}_t \\
\mathbf{W}_t &= \beta \mathbf{Q}_t^{(u)} + \Sigma_p^{-1} \bar{\mathbf{u}}_t \\
\bar{\boldsymbol{\Sigma}}_p &= \boldsymbol{\Sigma}_p^{-1} - 2\beta \mathbf{Q}_t^{(uu)}
\end{aligned}
\tag{10.171}
$$

주어진 스텝에 대한 최적 정책은 식 (10.142)를 사용해 구할 수 있고 여기서 다시 보여주면 다음과 같다.

$$
\pi(\mathbf{u}_t | \mathbf{x}_t) = \pi_0(\mathbf{u}_t | \mathbf{x}_t) e^{\beta(G_t^\pi(\mathbf{x}_t, \mathbf{u}_t) - F_t^\pi(\mathbf{x}_t))}
\tag{10.172}
$$

여기서 2차 함수 행동-가치 함수(식 10.165)를 사용하면 새로운 가우시안 정책 $\pi(\mathbf{u}_t | \mathbf{x}_t)$를 얻는다.

$$\pi(\mathbf{u}_t|\mathbf{x}_t) = \frac{1}{\sqrt{(2\pi)^n \left|\tilde{\Sigma}_p\right|}} e^{-\frac{1}{2}(\mathbf{u}_t - \tilde{\mathbf{u}}_t - \tilde{\mathbf{v}}_t \mathbf{x}_t)^T \tilde{\Sigma}_p^{-1}(\mathbf{u}_t - \hat{\mathbf{u}}_t - \tilde{\mathbf{v}}_t \mathbf{x}_t)} \tag{10.173}$$

여기서 다음과 같다.

$$\begin{aligned}
\tilde{\Sigma}_p^{-1} &= \boldsymbol{\Sigma}_p^{-1} - 2\beta \mathbf{Q}_t^{(uu)} \\
\tilde{\mathbf{u}}_t &= \tilde{\Sigma}_p \left(\boldsymbol{\Sigma}_p^{-1} \bar{\mathbf{u}}_t + \beta \mathbf{Q}_t^{(u)} \right) \\
\tilde{\mathbf{v}}_t &= \tilde{\Sigma}_p \left(\boldsymbol{\Sigma}_p^{-1} \bar{\mathbf{v}}_t + \beta \mathbf{Q}_t^{(ux)} \right)
\end{aligned} \tag{10.174}$$

따라서 2차 함수 보상과 가우시안 준거 정책을 이용한 G-러닝에 대한 정책 최적화는 파라미터 업데이트 $\bar{\mathbf{u}}_t$, $\bar{\mathbf{v}}_t$, Σ_p를 가진 사전분포(식 10.168) 를 식 (10.174)에 정의된 새로운 값 $\hat{\mathbf{u}}_t$, $\tilde{\mathbf{v}}_t$, $\tilde{\Sigma}_p$로 베이지안 업데이트하는 것에 해당한다. 이들 수량은 목표 $\hat{P}_t$와 자산 기대 수익률 $\bar{\mathbf{r}}_t$에 대한 의존 성을 통해 시간에 의존한다.

5.15절에서와 같이 주어진 타임스텝 t에 대해 G-러닝 알고리듬은 F와 G-함수의 고정된 계수에 대해 식 (10.174)에 따라 정책 파라미터를 업데 이트하는 정책 최적화 스텝과 식 (10.165, 10.166, 10.170)을 이용해 주어 진 정책 파라미터를 이용해 F와 G-함수의 파라미터를 푸는 정책 평가 스텝을 반복한다. $\left|\tilde{\Sigma}_p \boldsymbol{\Sigma}_p^{-1}\right| < 1$이므로 $\tilde{\mathbf{u}}_t$, $\tilde{\mathbf{v}}_t$에 대한 반복 시행의 수렴은 보장된다. 타임스텝 t에 대한 반복 시행의 수렴에서 식 (10.165, 10.166, 10.170)과 식 (10.143)은 함께 G-러닝의 1 스텝을 푼다. 그리고 나서 이 전 스텝 ($t \rightarrow t-1$)로 이동하면서 현재 시점에 이르기까지 계산을 반복 한다.

현재 문제에 대해 G-러닝으로부터 필요한 추가 스텝은 예산 제약(식 10.155)을 사용해 각 타임스텝에 대한 최적 현금 기여를 구하는 것이다. G-러닝은 가우시안 랜덤 행동 $\mathbf{u}_t$를 생성하므로 식 (10.155)는 시점 t의 최 적 기여금 c_t가 평균 $\bar{c}_t = \mathbb{1}^T (\bar{\mathbf{u}}_t + \bar{\mathbf{v}}_t \mathbf{x}_t)$의 가우시안 분포라는 것을 의미한다. 따라서 최적 기대 기여금 $\bar{c}_t$는 포트폴리오 가치와 무관한 부분 u_t와 현재 포트폴리오에 따라 달라지는 부분 $\bar{v}_t$를 가진다. 이는 예를 들어 Lin et al.(2019)의 결정적 정책을 사용한 확정 기여금의 선형 설정과 유사하다.

유의할 점은 실무적으로 현금 분할 c_t에 일부 제약 조건을 부과할 수 있다는 것이다. 예를 들어 어떤 상한 c_{max}로 밴드 제약 조건 $0 \leq c_t \leq c_{max}$를 부과할 수 있다. 그러한 제약 조건은 우리의 틀에 쉽게 추가될 수 있다. 이를 위해 정확히 풀 수 있는 제약되지 않은 최소 제곱 문제를 제약된 최소 제곱 문제로 대체할 필요가 있다. 이는 효율적인 상용 블록 최적화 소프트웨어를 사용해 계산 시간을 크게 늘리지 않고도 수행할 수 있다. 어떠한 제약 조건도 적용하지 않고 얻은 최적 해의 경로 그림은 그림 10.7에 나타나 있으며, 30개의 타임스텝을 가진 100개 자산 포트폴리오에 대한 시뮬레이션 결과를 제시한다. 이 예제에서 사용된 모델 파라미터의 특정 선택에 대해 모델은 제약 조건을 부과하지 않고 플랜의 종료를 향해 약간 증가하는 약 500달러의 동일한 기여금을 투자하는 것을 최적으로 선택하는데, 이는 높은 목표 포트폴리오를 설정함으로써 달성된다. 그러나 좀 더 일반적인 환경에서는 제약 조건을 추가하는 것이 바람직할 수 있다.

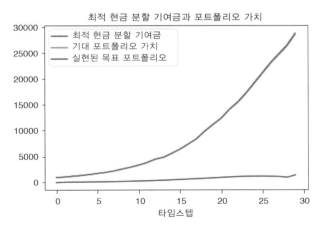

그림 10.7 100개의 자산을 가진 포트폴리오를 사용해 퇴직 플랜 최적화를 위해 가우시안 시간 가변 정책(GTVP)을 활용한 G-러닝의 예

6.4 논의

요약하자면 이번 절에서는 절대(달러 표시) 자산 포지션 변화를 행동 변수로 사용하고 이들 행동에 2차 함수인 보상 함수를 선택한다면 동적 포트폴리오 최적화를 위한 최적의 정책을 구축하고자 앞 절에서 사용한 2차 함수 보상으로 동일한 G-러닝 방법이 부의 관리 문제에 어떻게 사용될 수 있는지 보여줬다. 5.15절에서 보인 것처럼 2차 함수 보상과 가우시안 준거 정책을 가진 현재 설정에서 적용된 G-러닝이 자산 관리 작업을 위한 도구로서 엔트로피 규제화 LQR을 산출한다는 것을 발견했다. 이 접근법은 평균이 상태 x_t의 선형 함수인 가우시안 최적 정책을 생성한다.

여기서 제시한 방법은 제약된 버전이나 다른 설정의 보상 함수를 포함한 다른 공식으로 확장할 수 있다. 한 가지 가능성은 정의(식 10.154)를 제약 조건(식 10.155)과 함께 사용하는 것이며, 이는 2차 함수가 아닌 오목 보상 함수의 예를 제공한다. 이러한 경우는 신경망처럼 행동-가치 함수에 대해 유연한 함수 근사법을 사용해 다뤄야 한다.

7. 요약

10장의 주된 기본 아이디어는 강화학습이 옵션 가격 결정 및 헷징, 포트폴리오 최적화 및 부의 관리 문제 등 대부분의 전통적인 계량 금융 문제에 매우 자연스러운 프레임워크를 제공한다는 것을 보여주는 것이었다. 개별 자산(또는 자산 쌍 또는 버킷)의 거래가 일반적인 포트폴리오 최적화 문제의 특별한 경우이기 때문에 이 리스트는 금융의 계량 트레이딩 거래 또는 플래닝 문제에 대한 대부분의 사례를 포함한다고 말할 수 있다.

강화학습을 활용한 옵션 가격의 경우 배치 모드 Q 러닝이 옵션의 가격 결정과 헷징에 대한 분포 독립적 이산 시간 접근법을 생성하는 방법으로 사용될 수 있다는 것을 알았다. 고전적인 블랙-숄즈 모델에서처럼 거래 비용과 시장 충격이 무시되는 가장 간단한 경우에는 강화학습 접근법은 준분석적이며 선형 행렬 방정식을 푸는 것만을 요구한다. 예를 들어 지수 효용이을 사용돼 엄격한 무차익 거래 조건을 부과하는 경우 분석적 2차 최적화는 수치적 볼록 최적화로 대체돼야 한다.

그리고 나서 여러 자산을 가진 포트폴리오 최적화를 위한 강화학습을 사용하기 위한 도구로서 G-러닝으로 알려진 Q 러닝의 다변량 및 확률적 확장을 제시했다. 기존 QLBS 모델의 거래 비용과 시장 충격을 무시한 경우와 달리 G-러닝 방법은 이러한 효과를 포착한다. 보상 함수가 마코위츠 평균-분산 접근법에서와 같이 2차 함수이고, 시장 충격을 무시하는 경우 G-러닝 접근 방법은 고전적인 선형 2차 조절기^{LQR}의 확률론적 버전에 의해 제공되는 동적 포트폴리오 최적화에 대한 준분석 솔루션을 다시 산출한다. 다른 경우(예, 시장 충격이 포함되거나 보상이 2차 함수가 아닌 경우) G-러닝 접근법은 더 노력을 들여야 하는 수치 최적화 방법이나 신경망과 같은 함수 근사에 의존해야 한다.

G-러닝이 포트폴리오 관리에 어떻게 적용될 수 있는지를 시연하는 것 이외에도 이전 경우와 달리 중간 현금 흐름을 추가적인 제어 변수로 사용하는 부의 관리 작업에 G-러닝이 어떻게 활용될 수 있는지도 보여줬다. 이러한 두 가지 고전적인 금융 문제를 서로 다른 파라미터 설정을 가진 동일한 계산 방법(G-러닝)을 사용해 다룰 수 있음을 보여줬다. 따라서 강화학습 접근법은 제어 변수의 다른 정의 때문에 전통적으로 다른 문제로 취급되는 이러한 클래스의 문제에 대한 통일된 접근법을 제공할 수 있다. 여기서 보여준 것은 절대(달러 표시) 결정 변수를 사용할 때 두 가지 문제를 동일한 방식으로 처리할 수 있다는 것이다. 더욱이 이러한 접근법을 통해 부의 관리 문제는 제약 없는 최적화에 해당하기 때문에[14] 기존의 포트폴리

---

14. 또는 머튼 접근법에서와 같이 두 가지 제약 조건 대신 결과적인 현금 흐름에 대한 추가 제약 조건을 하나의 제약 조건을 가진 최적화에 적용한다면

오 최적화 문제보다 더 간단할 뿐 더 어렵지 않은 것으로 판명됐다.

10장에서의 프레젠테이션은 일반적인 RL 방법(Q 러닝과 G-러닝)을 사용했지만 준분석적이고 쉽게 이해할 수 있게 하는 2차 함수 보상의 경우에 주로 초점을 맞췄다. 물론 다양한 보상 설정이 가능하지만 이들은 함수 근사(예를 들어 신경망, 이는 심층 강화학습으로 이끈다)와 수치적 최적화에 의존해야 한다. 또한 다른 강화학습 방법(예, LSPI, 정책 그레이디언트 방법, 액터-크리틱 등)도 사용할 수 있다(예, Sato 2019).

8. 연습문제

연습문제 10.1

연속 시간 극한에서 QLBS 모델에서 최적 행동의 극한을 구하는 식 (10.46)을 도출하라.

연습문제 10.2

G-러닝을 사용해 얻은 최적 정책에 대한 표현(식 10.121)을 고려하자.

$$\pi(\mathbf{a}_t|\mathbf{y}_t) = \frac{1}{Z_t}\pi_0(\mathbf{a}_t|\mathbf{y}_t)e^{\hat{R}(\mathbf{y}_t,\mathbf{a}_t)+\gamma\mathbb{E}_{t,\mathbf{a}_t}\left[F_{t+1}^{\pi}(\mathbf{y}_{t+1})\right]}$$

여기서 1 스텝 보상은 식 (10.91)에서와 같이 2차 함수다.

$$\hat{R}(\mathbf{y}_t, \mathbf{a}_t) = \mathbf{y}_t^T\mathbf{R}_{yy}\mathbf{y}_t + \mathbf{a}_t^T\mathbf{R}_{aa}\mathbf{a} + \mathbf{a}_t^T\mathbf{R}_{ay}\mathbf{y}_t + \mathbf{a}_t^T\mathbf{R}_a$$

어떻게 이 관계가 다음 두 가지 경우에 단순화되는가?

(a) 조건부 기대 $\mathbb{E}_{t,a}[F_{t+1}^{\pi}(\mathbf{y}_{t+1})]$이 행동 a_t에 의존하지 않을 때

(b) 동학이 식 (10.125)에서처럼 a_t에 선형이 아닐 때

연습문제 10.3

관계(식 10.141)를 도출하라.

연습문제 10.4

식 (10.122)에 의해 주어진 시간 정상성 경우에 대한 G-러닝을 고려하자.

$$G^{\pi}(\mathbf{y}, \mathbf{a}) = \hat{R}(\mathbf{y}, \mathbf{a}) + \frac{\gamma}{\beta} \sum_{\mathbf{y}'} \rho(\mathbf{y}'|\mathbf{y}, \mathbf{a}) \log \sum_{\mathbf{a}'} \pi_0(\mathbf{a}'|\mathbf{y}') e^{\beta G^{\pi}(\mathbf{y}', \mathbf{a}')}$$

위 식의 높은 온도 극한 $\beta \to 0$는 $G^{\pi}(\mathbf{y}, \mathbf{a})$에 대한 고정 정책$^{\text{fixed-policy}}$ 벨만 방정식을 재현함을 보여라. 여기서 고정 정책이므로 정책은 사전 정책과 일치한다. 즉, $\pi = \pi_0$이다.

연습문제 10.5

식(10.174)에 의해 주어진 G-러닝에 대한 정책 업데이트 방정식들을 고려하자.

$$\tilde{\Sigma}_p^{-1} = \Sigma_p^{-1} - 2\beta \mathbf{Q}_t^{(uu)}$$

$$\tilde{\mathbf{u}}_t = \tilde{\Sigma}_p \left(\Sigma_p^{-1} \bar{\mathbf{u}}_t + \beta \mathbf{Q}_t^{(u)} \right)$$

$$\tilde{\mathbf{v}}_t = \tilde{\Sigma}_p \left(\Sigma_p^{-1} \bar{\mathbf{v}}_t + \beta \mathbf{Q}_t^{(ux)} \right)$$

(a) 높은 온도 극한 $\beta \to 0$과 낮은 온도 극한 $\beta \to \infty$에서 이들 표현식의 극한 형태를 구하라.

(b) 이들 반복적 방정식들의 안정 포인트 $(\bar{\mathbf{u}}_t, \bar{\mathbf{v}}_t)$와 함께 공분산 Σ_p를 안다고 가정하고 역으로 이들 안정 포인트 값 $\bar{\mathbf{u}}_t, \bar{\mathbf{v}}_t$의 항으로 Q 함수의 파라미터를 구하라. 단지 $\mathbf{Q}_t^{(uu)}, \mathbf{Q}_t^{(ux)}, \mathbf{Q}_t^{(u)}$만이 복원할 수 있음을 주목하라. 이 절차에서 파라미터 $\mathbf{Q}_t^{(xx)}$와 $\mathbf{Q}_t^{(x)}$를 잃는 이유를 설명할 수

있는가? (주의: 이 문제는 11장에서 다룰 역강화학습 주제의 서곡으로 간주할 수 있다.)

연습문제 10.6***

n차원의 제약 없는 가우시안 적분 공식은 다음과 같다.

$$\int e^{-\frac{1}{2}\mathbf{x}^T \mathbf{A}\mathbf{x}+\mathbf{x}^T \mathbf{B}} d^n \mathbf{x} = \sqrt{\frac{(2\pi)^n}{|\mathbf{A}|}} e^{\frac{1}{2}\mathbf{B}^T \mathbf{A}^{-1}\mathbf{B}}$$

파라미터 $\bar{\mathbf{X}}$의 제약식 $\sum_{i=1}^{n} x_i \leq \bar{\mathbf{X}}$가 적분 변수에 부과될 때 이 적분의 제약이 있는 버전은 다음과 같음을 보여라.

$$\int e^{-\frac{1}{2}\mathbf{x}^T \mathbf{A}\mathbf{x}+\mathbf{x}^T \mathbf{B}} \theta\left(\bar{\mathbf{X}} - \sum_{i=1}^{n} x_i\right) d^n \mathbf{x} = \sqrt{\frac{(2\pi)^n}{|\mathbf{A}|}} e^{\frac{1}{2}\mathbf{B}^T \mathbf{A}^{-1}\mathbf{B}} \left(1 - N\left(\frac{\mathbf{B}^T \mathbf{A}^{-1}\mathbf{1} - \bar{\mathbf{X}}}{\sqrt{\mathbf{1}^T \mathbf{A}^{-1}\mathbf{1}}}\right)\right)$$

여기서 $N(\cdot)$은 누적 정규분포다.

힌트: 헤비사이드 스텝 함수의 적분 표현을 사용하라.

$$\theta(x) = \lim_{\varepsilon \to 0} \frac{1}{2\pi i} \int_{-\infty}^{\infty} \frac{e^{izx}}{z - i\varepsilon} dz$$

부록

다지선다형 문제에 대한 답변

문제 1

정답: 2, 3

문제 2

정답: 2, 4

문제 3

정답: 1, 2, 3

문제 4

정답: 2, 4

파이썬 노트북

10장에는 옵션 가격 결정과 최적 헷징을 위한 QLBS 모델과 부의 관리를 위한 G-러닝이 구현된 두 개의 노트북이 첨부돼 있다. 노트북에 대한 자세한 내용은 README.md 파일에 포함돼 있다.

참고 문헌

Black, F., & Scholes, M. (1973). The pricing of options and corporate liabilities. *Journal of Political Economy, 81* (3), 637-654.

Boyd, S., Busetti, E., Diamond, S., Kahn, R., Koh, K., Nystrup, P., et al. (2017). Multiperiod trading via convex optimization. *Foundations and Trends in Optimization*, 1-74.

Browne, S. (1996). Reaching goals by a deadline: digital options and continuoustime active portfolio management. https://www0.gsb. columbia. edu/mygsb/faculty/research/pubfiles/841/sidbrowne deadlines.pdf.

Carr, P., Ellis, K., & Gupta, V. (1988). Static hedging of exotic options. *Journal of Finance, 53*(3), 1165-1190.

Cern´y, A., & Kallsen, J. (2007). Hedging by sequential regression revisited. Working paper, City University London and TU M¨unchen.

Cheung, K. C., & Yang, H. (2007). Optimal investment-consumption strategy in a discretetime model with regime switching. *Discrete and Continuous Dynamical Systems, 8*(2), 315-332.

Das, S. R., Ostrov, D., Radhakrishnan, A., & Srivastav, D. (2018). Dynamic portfolio allocation in goals–based wealth management. https://papers.ssrn.com/sol3/papers.cfm?abstract id=3211951.

Duan, J. C., & Simonato, J. G. (2001). American option pricing under GARCH by a Markov chain approximation. *Journal of Economic Dynamics and Control, 25*, 1689–1718.

Ernst, D., Geurts, P., & Wehenkel, L. (2005). Tree–based batch model reinforcement learning. *Journal of Machine Learning Research, 6*, 405–556.

Föllmer, H., & Schweizer, M. (1989). Hedging by sequential regression: An introduction to the mathematics of option trading. *ASTIN Bulletin, 18*, 147–160.

Fox, R., Pakman, A., & Tishby, N. (2015). Taming the noise in reinforcement learning via soft updates. In *32nd Conference on Uncertainty in Artificial Intelligence (UAI)*. https://arxiv.org/pdf/1512.08562.pdf.

Garleanu, N., & Pedersen, L. H. (2013). Dynamic trading with predictable returns and transaction costs. *Journal of Finance, 68*(6), 2309–2340.

Gosavi, A. (2015). Finite horizon Markov control with one–step variance penalties. In *Conference Proceedings of the Allerton Conferences*, Allerton, IL.

Grau, A. J. (2007). *Applications of least–square regressions to pricing and hedging of financial derivatives*. PhD. thesis, Technische Universit"at Müunchen.

Halperin, I. (2018). QLBS: Q–learner in the Black–Scholes(–Merton) worlds. *Journal of Derivatives 2020*, (to be published). Available at https://papers.ssrn.com/sol3/papers.cfm?abstract id=3087076.

Halperin, I. (2019). The QLBS Q–learner goes NuQLear: Fitted Q iteration, inverse RL, and option portfolios. *Quantitative Finance, 19*(9). https://doi.org/10.1080/14697688.2019.1622302, available at https://papers.ssrn.com/sol3/papers.cfm?abstract id=3102707.

Halperin, I., & Feldshteyn, I. (2018). Market self-learning of signals, impact and optimal trading: invisible hand inference with free energy, (or, how we learned to stop worrying and love bounded rationality). https://papers.ssrn.com/sol3/papers.cfm?abstract id=3174498.

Lin, C., Zeng, L., & Wu, H. (2019). Multi-period portfolio optimization in a defined contribution pension plan during the decumulation phase. *Journal of Industrial and Management Optimization, 15*(1), 401-427. https://doi.org/10.3934/jimo.2018059.

Longstaff, F. A., & Schwartz, E. S. (2001). Valuing American options by simulation - a simple least-square approach. *The Review of Financial Studies, 14*(1), 113-147.

Markowitz, H. (1959). *Portfolio selection: efficient diversification of investment.* John Wiley.

Marschinski, R., Rossi, P., Tavoni, M., & Cocco, F. (2007). Portfolio selection with probabilistic utility. *Annals of Operations Research, 151*(1), 223-239.

Merton, R. C. (1971). Optimum consumption and portfolio rules in a continuous-time model. *Journal of Economic Theory, 3*(4), 373-413.

Merton, R. C. (1974). Theory of rational option pricing. *Bell Journal of Economics and Management Science, 4*(1), 141-183.

Murphy, S. A. (2005). A generalization error for Q-learning. *Journal of Machine Learning Research, 6*, 1073-1097.

Ortega, P. A., & Lee, D. D. (2014). An adversarial interpretation of information-theoretic bounded rationality. In *Proceedings of the Twenty-Eighth AAAI Conference on AI.* https://arxiv.org/abs/1404.5668.

Petrelli, A., Balachandran, R., Siu, O., Chatterjee, R., Jun, Z., & Kapoor, V. (2010). Optimal dynamic hedging of equity options: residual-risks transaction-costs. *working paper.*

Potters, M., Bouchaud, J., & Sestovic, D. (2001). Hedged Monte Carlo: low variance derivative pricing with objective probabilities. *Physica A, 289,* 517-525.

Sato, Y. (2019). Model-free reinforcement learning for financial portfolios: a brief survey. https://arxiv.org/pdf/1904.04973.pdf.

Schweizer, M. (1995). Variance-optimal hedging in discrete time. *Mathematics of Operations Research, 20,* 1–32.

Todorov, E., & Li, W. (2005). A generalized iterative LQG method for locally-optimal feedback control of constrained nonlinear stochastic systems. In *Proceeding of the American Control Conference,* Portland OR, USA, pp. 300–306.

van Hasselt, H. (2010). Double Q-learning. *Advances in Neural Information Processing Systems.* http://papers.nips.cc/paper/3964-double-q-learning.pdf.

Watkins, C. J. (1989). Learning from delayed rewards. Ph.D. Thesis, Kings College, Cambridge, England.

Watkins, C. J., & Dayan, P. (1992). Q-learning. *Machine Learning,* 8(179–192), 3–4.

Wilmott, P. (1998). *Derivatives: the theory and practice of financial engineering.* Wiley.

역강화학습과 모방학습

11장에서는 가장 인기 있는 방법인 역강화학습IRL, Inverse Reinforcement Learning 과 모방학습IL, Imitation Learning 의 개요를 제공한다. 이들 방법은 강화학습과 유사하게 데이터 기반 방식으로 최적 제어 문제를 풀지만 이제는 보상이 관측되지 않는다는 결정적인 차이를 갖는다. 문제는 오히려 에이전트의 관측된 행동에서 보상 함수를 학습하는 것이다. 보상 없는 행동 데이터를 널리 사용할 수 있기 때문에 그러한 데이터에서 학습하는 문제는 확실히 매우 흥미롭다. 11장에서는 가장 유망한 IRL 방법에 대한 너무 어렵지 않은 기술적 설명을 제공하고, IRL에 대한 현재 문헌을 이해하고 따를 수 있는 충분한 지식을 제공하고, 간단한 시뮬레이션 환경을 사용해 진실ground truth 보상이 알려졌을 때 이러한 방법이 어떻게 성과를 내는지 평가하는 예를 제시한다. 그런 다음 거래 전략 식별, 감성 기반 거래, 옵션 가격 결정, 포트폴리오 투자자의 추론, 시장 모델링의 응용을 포함하는 계량 금융에서의 IRL 사용 사례를 제시한다.

1. 서론

실제 문제를 해결하고자 강화학습을 적용할 때 연구자가 직면하는 과제 중 하나는 보상 함수를 어떻게 선택하는가이다. 일반적으로 보상 함수

는 에이전트의 바람직한 행동을 장려해야 하지만 많은 경우 이를 설정하기 위한 여러 가지 접근법이 존재한다. 예를 들어 지수 추적 문제^{index} tracking problem를 해결하려고 한다고 가정하자. 여기서 과제는 특정 시장 지수(예, S&P 500) P_t^{target}을 t 시점의 값이 P_t^{track}인 소규모 주식 포트폴리오로 복제하는 것이다. 가능한 보상 함수로 표현식 $|P_t^{track} - P_t^{target}|$ 또는 $(P_t^{track} - P_t^{target})^2$ 또는 $(P_t^{track} - P_t^{target})_+$를 삼을 수 있다. 여기서 보상 힘수의 최적 선택은 상응하는 다기간 포트폴리오 최적화 문제에서 예상되는 위험 조정 수익률의 최적 선택과 동일하다. 따라서 보상 함수의 선택은 포트폴리오 최적화를 위한 위험 함수의 선택처럼 유일하지 않다.

에이전트에게 특정 작업을 수행하게 가르치는 좋은 보상 함수를 정의하는 문제는 머신러닝을 사용하는 다른 분야에서 잘 알려져 있다. 예를 들어 물리적 로봇이 각 타임스텝에서 로봇 관절의 위치와 속도의 다차원 공간에서의 보상 함수를 수작업으로 설계함으로써 두 테이블 사이에 커피 한 잔을 운반하는 것과 같은 (인간의 관점에서) 간단한 작업을 수행하도록 가르치는 것은 어떠한 보상 함수에 의존하지 않고 실행 정책을 직접 정의하는 것만큼 어려울 것이다. 그러므로 보상 함수를 미리 지정해야 할 필요는 많은 실제 관심 사례에 대한 강화학습의 적용 가능성을 상당히 제한한다. 금융에서 트레이더들은 종종 특정 효용(보상) 함수의 관점에서 생각하지 않고 오히려 전략(또는 RL 언어를 사용하면 정책)의 관점에서 생각한다.

그러한 실제적인 문제에 대응해 머신러닝의 연구자들은 보상(효용) 함수를 지정할 필요가 없는 동적 프로그래밍과 강화학습의 고전적인 설정에 대한 많은 대안을 개발했다. 보상 함수 없이 행동하는 것을 배우는 것은 시범이나 행동에서 배우는 것으로 알려져 있다. 행동 데이터가 풍부하게 생성되는 경우가 많기 때문에(GPS 모니터링 데이터, 휴대폰 데이터, 웹 브라우징 데이터 등을 고려) 다른 에이전트(인간이나 기계)의 관찰된 행동에서 학습한다는 개념은 확실히 매력적이며 광범위한 산업 및 비즈니스 응용 분야를 갖고 있다.

하지만 시연demonstration을 통해 배운다는 것이 정확히 무엇을 의미할까? 이 질문에 대한 가능한 한 가지 대답은 이 정책이 생성하는 행동(또는 유사한 행동)의 관찰만 주어졌을 때 관찰된 행동으로부터 최적의 정책을 학습하는 것을 의미한다는 것이다. 이것을 모방학습imitation learning이라고 한다. 이는 10장에서 고려했던 배치 모드 RL과 유사하지만 보상에 대한 지식은 없다. 즉, 에이전트가 취한 일련의 상태와 행동을 관찰하며, 과제는 이 데이터만으로 최적의 정책을 찾는 것이다. 배치 모드 RL과 마찬가지로 이는 데이터에서 분포(정책)의 추론 문제다. 그러나 배치 모드 RL과는 대조적으로 시연으로부터 배우는 문제는 잘 정의되지 않는다. 실제로 어떠한 상태와 행동의 특정 경로에 대해서도 이 경로와 일치하는 무한히 많은 정책이 존재한다. 유한 집합의 관찰된 경로에서 무한한 정책이 존재한다. 따라서 관찰된 경로의 유한 집합에서 정책을 학습하는 문제는 잘못 제기된 역문제inverse problem다.

〉 잘못 정의된 역문제

잘못 제기된 역문제는 보통 무한히 많은 해를 보여주거나 전혀 해가 없다. 그러한 역문제의 고전적인 예로는 추가 잡음에 의해 오염된 신호를 필터 통과 후 복원하는 문제를 포함한다. 간단한 금융 예는 유럽형 옵션들의 관측된 가격에서 미래 주가의 위험 중립 분포 $p(s_T|s_0)$을 구하는 것을 포함한다. $F(s_T, K)$가 만기 T를 가진 유동성이 있는 유럽형 옵션의 할인된 수익이라면 옵션의 관측된 시장 중간 가격mid-price을 다음과 같이 쓸 수 있다.

$$C(s_t, K) = \int ds_t p(s_T|s_0) F(s_T, K) + \varepsilon_t$$

여기서 ε_t는 관측 잡음을 의미한다. 모델 독립적 설정은 무한대의 관측과 같기 때문에 유한한 상장된 옵션 시장 가격을 갖는 것으로 모델 독립

적인 방식으로 조건부 밀도 $p(s_T|s_0)$을 재구축하기에 충분하지 않다. 그역문제는 유일 해를 갖고 있지 않다는 점에서 잘못 제기된 것이다. '최선의' 해를 선택하려면 다양한 형태의 규제화가 필요하다. 예를 들어 어떤사람은 어떤 준거(사전[1])로 $p(s_T|s_0)$의 엔트로피 또는 KL 발산에 대한 제약 조건을 부과하고자 라그랑지 승수를 사용할 수 있다. 따라서 역문제에서 '최선의' 해결책을 형성하는 것은 규제화 함수가 선택된 후에서야비로소 지정된다. 규제화 함수의 좋은 선택은 문제 또는 도메인 특화된것일 수 있으며, 이 경우 KL 규제화 또는 간단한 L_2 또는 L_1 규제화를 넘어설 수 있다. 본질적으로 규제화의 선택은 '규제화 모델'의 선택과 같기때문에 역문제에 대한 순수한 모델 독립적인 방법은 존재하지 않는다고주장할 수 있다.

이러한 문제는 지도학습의 전통적인 설정과 거의 다르지 않다고 생각하고 싶을지도 모른다. 실제로 훈련 데이터 세트에서 관측된 상태와 행동을각각 특성과 출력으로 다룰 수 있다. 그런 다음 각 행동을 별도의 관측으로 간주해 분류기나 회귀기로 정책을 직접 구축하려고 시도할 수 있다.

이 접근법은 실제로 가능하며 행동 복제behavioral cloning로 알려져 있다. 간단하지만(지도학습 방법을 사용할 수 있음) 방법을 실용적이지 않게 하는여러 가지 심각한 단점도 있다. 주요 문제는 그것이 종종 관측되지 않은새로운 상태들로 잘 일반화되지 않는다는 것이다. 이는 단순히 행동 정책이 지도학습을 사용해 각 개별 상태에서 추정되므로 이러한 상태들이서로 어떻게 관련될 수 있는지에 대한 정보를 전달하지 않기 때문이다.이는 전이를 관측으로 사용하는 TD 방법(예, Q 러닝)과 대조될 수 있다.

---

1. 준거분포를 사전분포로 간주하는 것이 편리하지만 베이지안 추정의 맥락에서 완전히 사전은 아니다.최대 엔트로피(MaxEnt) 또는 최소 교차 엔트로피(Minimum Cross-Entropy)는 사용 가능한 모든 제약조건과 일치하는 분포를 찾고 이 준거분포에 대한 KL 거리를 최소화한다. 대조적으로 베이지안 학습은베이즈 법칙을 사용해 사후분포를 점진적으로 업데이트한다.

결과적으로 행동 복제와 함께 지도학습을 사용해 얻은 정책을 미지의 상태에 일반화하면 환경의 실제 동적 프로세스와의 연결이 손실된다. 이런 학습된 정책이 여러 단계에 걸쳐 실행되면 오류가 증폭될 수 있으며 유도된 상태 분포가 시연에 사용된 실제 상태 분포에서 벗어날 수 있다.

따라서 보상을 이용할 수 없을 때는 일반적으로 다른 방법의 조합이 필요하다. 이러한 다면적 접근은 원칙적으로는 합리적으로 들리지만 세부 사항으로 들어가면 어려운 문제가 존재한다. 예를 들어 순환 신경망을 사용해 상태의 동학을 포착하고 순전파 신경망을 사용해 정책을 직접 파라미터화할 수 있다. 그런 다음 두 신경망의 파라미터는 예를 들어 확률적 그래디언트 하강법을 사용해 데이터에서 학습할 수 있다.

이러한 접근법의 주요 잠재적 문제는 모델 훈련에 사용되는 것과 다른 동학이 사용될 때 모델이 다른 환경으로 쉽게 이동하지 못한다는 것이다. 그러나 앞에서 설명한 것과 유사한 접근법에서는 동학 관계와 학습된 정책이 복잡하게 얽혀 있다. 따라서 학습된 정책은 동학(환경)이 변화하면 최적이 아닐 것이라고 예상할 수 있다.

한편 보상 함수는 상태와 행동에만 의존하므로 새로운 환경으로 쉽게 전이될 수 있다. 하지만 어떻게 이들 상태에 도달하는지는 관심이 없다. 시연된 동작에서 보상 함수를 학습하는 방법을 찾는다면 이 함수는 환경이 아니라 에이전트의 속성을 표현하기 때문에 다른 환경으로 전이시킬 수 있을 것이다. 에이전트의 선호도에 대한 압축되고 전이 가능한 표현으로 보상 함수를 학습하는 아이디어는 러셀(1998)에 의해 제안됐다. 이 아이디어를 중심으로 한 방법들은 집합적으로 역강화학습[IRL]으로 알려지게 됐다. 분명히 IRL에서 보상 함수가 발견되면 기존의 (직접) RL을 사용해 새로운 환경으로 최적 정책을 찾을 수 있다.

11장에서는 학습된 보상 함수에 의존하지 않는 모방학습 방법뿐만 아니라 IRL의 가장 인기 있는 방법에 대한 개요를 제공한다. 우리는 로봇과 비디오 게임에서 몇 가지 성공적인 응용에도 불구하고 지금까지 IRL은 소수의 연구 발표에서만 금융 응용용으로 채택됐다는 것을 서둘러 덧붙인다. 그럼에도 불구하고 IRL 방법이 계량 금융에 잠재적으로 매우 유용하다고 믿는다.

두 가지 모두 IRL의 모든 분야가 아직 초기이고 계속 발전하기 때문이며 금융 응용을 위해 IRL을 사용하는 것에 대해 발표된 논문은 거의 없기 때문에 11장은 대부분 IRL의 이론적 개념에 초점을 맞추고 있다. 11장의 과제는 세 가지다. (i) 가장 유망한 IRL 방법에 대한 합리적으로 높은 수준의 설명을 제공하고, (ii) IRL에 대한 현재 문헌을 이해하고 따를 수 있는 충분한 지식을 독자에게 제공하고, (iii) 트레이딩 전략 식별, 감성 기반 트레이딩, 옵션 가격 결정, 포트폴리오 투자자 추론 및 시장 모델링을 비롯한 계량 금융에서의 IRL에 대한 사용 사례를 제시한다.

11장의 목표

11장에서는 역강화학습과 가장 관련된 측면과 금융에 대한 응용을 검토한다.

- 역강화학습[IRL]과 모방학습[IL]의 방법을 소개한다.
- IRL과 IL에 대한 최근 적대적 접근법에 대한 리뷰를 제공한다.
- 시연자를 능가할 수 있는 IRL 방법을 소개한다.
- 계량 금융에서의 IRL과 IL의 기존 및 잠재적 응용을 검토한다.

11장에는 금융 절벽 걷기 문제에 대한 다양한 IRL 방법을 비교하는 노트북이 동반된다. 자세한 내용은 부록 '파이썬 노트북'을 참고하라.

2. 역강화학습

러셀(1998)의 핵심 아이디어는 보상 함수가 환경과 에이전트 간에 전이 가능한 동시에 에이전트의 선호도를 가장 간결하게 표현해야 한다는 것이다. 금융 응용으로 눈을 돌리기 전에 잠깐 일상생활에서 예를 들어 음식을 예열하고 다른 음식을 구입하고자 주문하는 등의 다양한 작업을 예약하는 거주자의 습관에서 학습하는 적응형 스마트 홈을 상상해보자. 자율주행 자동차에서는 제어 시스템이 운전자의 선호도를 학습해 승객으로서 탑승할 때 운전자가 편하게 운전할 수 있는 자율주행 스타일을 설정할 수 있다. 마케팅 애플리케이션에서 고객이나 잠재적 구매자의 선호도를 알고 그들의 효용 함수로 계량화하면 그들의 인식된 선호도에 맞춰 조정된 마케팅 전략을 알려줄 수 있다. 금융 응용에서 거래 상대방의 효용을 아는 것은 파생상품의 장외 거래^{OTC}나 신용 부도 스왑 등 쌍방 거래에서 유용할 수 있다. 옵션 가격 결정과 같은 IRL의 다른 금융 응용은 가장 인기 있는 IRL 방법을 제시한 후 11장 뒷부분에서 다룰 것이다.

강화학습이 동적 프로그래밍에 뿌리를 둔 것처럼 IRL은 역최적 제어^{IOC,} Inverse Optimal Control에 유사한 것(또는 그 이전의 선행 버전)도 갖고 있다. IRL과 마찬가지로 IOC의 목적은 비용 함수를 학습하는 것이다. 그러나 IOC 설정에서는 동학 및 최적 정책이 알려진 것으로 가정한다. (직접) 강화학습의 데이터 기반 접근법에 충실한 IRL은 상태 동학이나 정책 함수가 알려져 있다고 가정하지 않고 대신 경험적 분포를 구축한다.[2] 따라서 역강화학습^{IRL}은 (직접) RL 패러다임의 유용한 확장(또는 역함수inversion 그래서 명칭을 정당화)을 제공한다. 10장에서 사용된 배치 모드 학습의 맥락에서 IRL의 설정은 보상에 대한 정보가 없다는 점을 제외하고는 RL의 설정과 거의 동일하다(식 10.58 참고).

---

2. 머신러닝 문헌에서 동학이 알려져 있다고 가정하는 IOC 방법을 모델 기반 IRL이라고 부르기도 한다.

$$\mathcal{F}_t^{(n)} = \left\{ \left(X_t^{(n)}, a_t^{(n)}, X_{t+1}^{(n)} \right) \right\}_{t=0}^{T-1}, \quad n = 1, \ldots, N \tag{11.1}$$

IRL의 목적은 일반적으로 두 가지다. (i) 관측된 상태 및 행동과 가장 일치하는 보상 $R_t^{(n)}$를 찾고, (ii) (RL에서와 같이) 최적의 정책과 행동-가치 함수를 찾는다. 온-폴리시 IRL과 오프-폴리시 IRL을 구별할 수 있다. 온-폴리시 IRL의 경우 관측된 행동이 최적 행동이었다는 것을 안다. 오프-폴리시 IRL의 경우 관측된 행동이 반드시 최적의 정책을 따르지는 않을 수 있으며 최적이 아니거나 잡음이 될 수 있다.

일반적으로 IRL은 RL보다 더 어려운 문제다. 실제로 RL에서와 동일한 작업인 데이터에서 최적의 정책을 찾아야 할 뿐만 아니라 보상이 관측되지 않는 추가적인 복잡성하에서 찾아야 한다. 보상에 대한 정보가 RL/ IRL의 많은 잠재적 실제 적용에서 없을 때가 많다. 특히 RL 방법이 인간 행동 연구(예를 들어 Liu et al. 2013)에 적용될 때 이러한 경우가 많다. IRL은 직접적인 RL 방법의 유용한 대안으로 시연demonstration에 의해 로봇을 훈련시키는 방식으로 로봇 공학에서도 널리 사용된다(Kober et al. 2013).

순차적 의사결정 과정에 관련된 합리적 에이전트를 사용하는 많은 금융 응용에서 에이전트가 받는 보상에 대한 정보를 얻을 수 없으므로 IRL은 적어도 개념적으로 매우 매력적인 접근법을 제공하는 것으로 보인다. 이러한 (준)합리적인 에이전트의 몇 가지 예는 소매 또는 기관 투자자, 대출 또는 주택 담보 대출자, 예금 또는 저축 계좌 소유자, 신용카드 소유자, 클라우드 컴퓨팅, 모바일 데이터, 전기 등과 같은 유틸리티 소비자일 것이다.

거래 신청의 맥락에서 이러한 IRL 설정은 거래자가 상대방의 전략을 배우려고 할 때 발생할 수 있다. 쌍방의 무역에서 상대방의 행동을 관찰하지만 상대방의 보상은 관찰하지 않는다. 분명히 관찰된 행동으로부터 가장 가능성이 높은 상대방의 보상을 역설계해 상대방의 목표(전략)를 찾는다면 그것을 자신의 전략을 설계하는 데 사용할 수 있을 것이다. 이는 IRL 문제를 나타낸다.

예제 11.1 금융 절벽 걷기 IRL

RL 제어를 위한 토이 문제, 즉 가계 금융의 지나치게 단순화된 모델로 제시한 9장의 금융 절벽 걷기^{FCW} 예제를 고려하자. 이제 어떤 정책으로부터 샘플링된 일련의 경로가 주어진 이 문제에 대한 IRL 공식화를 고려하고 보상과 정책을 모두 구해보자.

상기해보면 분명히 FCW 예제의 최적 정책은 최소 금액을 $t = 0$ 시점에 계좌에 예치한 다음 마지막 스텝까지 추가 행동을 취하지 않는 것이며, 그 시점에서는 10의 보상으로 계좌를 해지하는 것이다. 그러나 랜덤 구성 요소를 더해 랜덤화할 수 있는 이 정책으로부터의 샘플링은 파산 수준 위반에 대한 중요한 페널티를 놓칠 수 있으며, 오히려 훈련 데이터에서 이러한 사건의 예를 가끔 '최적' 경로로 취급한다. 9절에서 보겠지만 관행적인 IRL은 실제로 최종 스텝의 보상을 달성하는 것보다 파산 수준을 위반하지 않는 것이 더 중요하다는 것을 간과한다.

2.1 RL 대 IRL

IRL과 직접 RL 문제를 구별하기 위한 매우 편리한 개념은 점유 척도$^{\text{occupancy measure}}$ $\rho_\pi(s, a) : \mathcal{S} \times \mathcal{S} \to \mathbb{R}$이다(Putterman(1994)과 9장의 연습문제 9.6 참고).

$$\rho_\pi(s, a|s_0) = \pi(a|s) \sum_{t=0}^{\infty} \gamma^t \mathrm{Pr}\left(s_t = s | \pi, s_0\right) \tag{11.2}$$

여기서 $\mathrm{Pr}(s_t = s | \pi)$는 정책 π를 따를 때의 상태 $s = s_t$의 확률 밀도다. 또한

점유 척도는 $t = 0$에서의 현재 상태 s_0의 함수다. 현재 상태의 가치 함수 $V = V(s_0)$은 이제 다음과 같이 보상 함수의 기대값으로 정의할 수 있다.

$$V(s_0) = \int \rho_\pi(s, a|s_0) r(s, a) \, ds da \qquad (11.3)$$

연습문제 9.1에서 어떤 고정된 $\alpha > 0$에 대한 모든 보상 $r(s, a) \to \alpha r(s, a)$의 공통 크기 조정하에서 최적 정책의 불변성으로 인해 정확한 정규화가 정의(식 11.2)에서 명시적으로 시행되지 않더라도 점유 척도 $\rho_\pi(s, a|s_0)$은 상태-행동 쌍의 정규화된 확률 밀도로 해석될 수 있다는 것을 상기하라.

여기서 우리는 RL과 IRL의 핵심적인 차이에 도달한다. RL에서는 미지의 보상 함수 $r(s_t, a_t)$의 수치 값이 주어지는데, 여기서 길이 T의 샘플링된 경로 $\tau = \{s_t, a_t\}_{t=0}^T$는 미지의 '전문가' 정책 π_E(배치 모드 RL의 경우)를 사용하거나 또는 온라인 정책의 경우 모델 정책 $\pi_\theta(a|s)$를 실행할 때 환경으로부터 샘플링됨으로써 얻어진다. (직접) RL의 문제는 튜플릿 (s_t, a_t, r_t, s_{t+1})의 형태로 샘플링된 데이터가 주어질 때 최적의 정책을 찾는 것이며, 따라서 기대값(식 11.3)을 최대화하는 최적의 척도 ρ_*를 찾는 것이다. 수치 보상을 관측하기 때문에 몬테카를로 방법을 사용해 데이터에서 가치 함수를 직접 추정할 수 있다. 최적 척도 ρ는 임의의 확률 밀도함수가 될 수 없으며 오히려 벨만 플로우 제약 조건Bellman flow constraints이라고 알려진 모델 동학에 의해 부과된 시간 일관성 제약 조건time consistency constraints을 만족해야 한다는 점에 유의하라.

이제 이 설정을 IRL과 비교한다. IRL에서 데이터는 보상이 없는 튜플릿 (s_t, a_t, s_{t+1})로 구성된다. 다른 말로 관측하는 모든 것은 상태와 행동의 경로 $\tau = \{s_t, a_t\}_{t=0}^T$이다. 기대값(식 11.3)으로서의 가치 함수 최대화 측면에서 IRL 설정은 몬테카를로 기반의 (아직 미지인) 보상 함수의 기대값(식 11.3)을 추정하는 데 도움이 되는 정보를 줄 것으로 가정하는 쌍 $\{s_t, a_t\}_{t=0}^T$의 집합을 제공하는 것과 같다.

분명히 관측된 경로가 주어졌을 때 보상 함수의 어떠한 모델을 구축하려면 시연된 경로가 충분히 실제 동학을 대표하며, 기록된 데이터에 사용된 전문가 정책이 최적이거나 최소한 최적의 정책에 '충분히 근접'하다고 가정해야 한다. 이러한 가정 중 어느 것이라도 성립되지 않는다면 그러한 데이터에서 '진정한' 보상 함수를 복원하는 것은 매우 불가능하다.

한편 시연된 경로가 전문가에서 얻어지면 취한 행동은 표현식(식 11.3)에서 몬테카를로 샘플링의 측면에서 볼 때 최적이어야 한다. 관측된 행동을 보상과 연결하고 최적 행동을 취하도록 장려하는 단순한 모델은 확률적 정책 $\pi(a|s) \sim \exp(\beta(r(s, a) + F(s, a)))$일 수 있다. 여기서 $\beta > 0$은 파라미터(역온도)이고 $r(x, a)$는 단일 스텝에 대한 기대 보상이며 $F(s, a)$는 미래 보상의 정보를 t 시점의 의사결정에 포함시키는 함수다.

10장에서 봤듯이 최대 엔트로피 RL은 정확히 이 유형의 정책을 산출한다. 여기서 $r(s, a) + F(s, a) = G_t^\pi(s_t, a_t) = \mathbb{E}^\pi[r(s_t, a_t, s_{t+1})] + \gamma\Sigma_{s_{t+1}} p(s_{t+1}|s_t, a_t)F_{t+1}^\pi(s_{t+1})$은 G-함수('소프트' Q-값)다(9장의 연습문제 9.13 참고). 즉각적 보상 $r(s_t, a_t, s_{t+1})$에 대한 또는 동일하게 기대 보상 $\mathbb{E}^\pi[r(s_t, a_t, s_{t+1})]$에 대한 정책의 지수적 의존성 때문에 최적 정책은 기대 총 보상을 최적화한다.

최대 엔트로피 IRL^MaxEnt IRL의 아이디어는 MaxEnt RL에 의해 생성된 볼츠만류 정책의 함수 형태 $\pi_\theta(a|s)$를 보존하는 것이다. 여기서 θ는 모델 파라미터 벡터다. 이들은 상태와 행동의 명시적 함수이기 때문에 이제 그것들을 상태 및 행동의 관측값 측면에서 데이터의 확률로 다르게 사용할 수 있다. 따라서 MaxEnt Boltzmann 정책 $\pi_\theta(a|s)$의 파라미터는 표준 최대 우도 방법을 사용해 추론할 수 있다. 11장 후반부에서 MaxEnt IRL를 다시 살펴본다.

2.2 IRL의 성공 기준은 무엇인가?

'진실'의 기대 보상 함수 $r(s, a)$가 없는 경우 파라미터화된 보상 정책 π_θ

$(a|s) \in \mathcal{R}$을 학습하는 모든 IRL 방법에 대한 성과기준은 무엇인가? 여기서 $\mathcal{R}$은 모든 허용 가능한 보상 함수의 공간이다.

IRL의 작업은 데이터로부터 보상 함수와 최적의 정책 π 모두를 학습한다. 따라서 상태-행동 점유 척도 ρ_π를 학습하는 것임을 상기하라. 따라서 두 함수 모두가 학습되면 두 함수를 모두 사용해 이러한 추론된 보상 및 정책 함수로 얻어지는 가치 함수를 계산할 수 있다. 따라서 IRL 방법의 품질은 이들 보상 및 정책 함수를 사용해 얻은 가치 함수에 의해 결정될 것이다.

결론은 IRL에 대한 성과 기준은 학습된 보상 함수로 직접 RL 문제를 해결하는 것과 관련된다는 것이다. 또한 기대 보상의 극대화를 IRL의 목적으로 삼을 수 있는데, 기대 보상의 극대화는 파라미터화된 기대 보상 함수 $r_\theta(a|s) \in \mathcal{R}$을 지정하는 θ에 대한 반복 시행에서 현재 보상 함수는 직접 RL 문제를 푸는 것과 연관된다. 그러나 이러한 IRL 방법은 직접 RL 문제가 계산 집약적이 되는 대규모 상태-행동 공간의 문제에 대해서는 실제로 매우 시간이 많이 걸리고 실현 불가능하게 될 수 있다.

모방학습^{imitation learning} 또는 IRL의 어떤 방법은 내부 루프에서 직접 RL 문제를 해결할 필요성을 피한다. 예를 들어 앞에서 언급한 MaxEnt IRL 방법은 IRL을 그래프(더 정확하게는 지수) 모델에서의 추론 문제로 축소한다. 이는 계산 프레임워크를 변경하지만 MaxEnt 정책의 정규화 계수 Z (분할 함수^{partition function}라고도 함)의 추정이 필요하기 때문에 또 다른 계산 부담을 발생시킨다. 이산 상태-행동 공간에 대한 MaxEnt IRL의 초기 버전은 동적 프로그래밍을 사용해 그러한 정규화 계수를 계산했다(Ziebart et al. 2008). 자세한 내용은 이 장의 뒷부분을 참고하라. 좀 더 최근의 MaxEnt IRL 접근법은 분할 함수 Z의 다른 추정 방법(예, 중요도 샘플링 ^{importance sampling} 사용)에 의존하지만 이는 RL을 내부 루프에서 제외함으로써 IRL 방법의 계산 효율성을 향상시키는 것이 어렵게 된다. 그러한 접근법은 GAIL과 이 장의 뒷부분에 제시될 관련 방법에 의해 다뤄진다.

2.3 진정으로 전이 가능한 보상 함수가 IRL로 학습될 수 있을까?

강화학습의 기본 전제를 상기하라. 보상 함수는 에이전트의 선호도를 표현하는 가장 간결한 형태다. 기대 보상 함수 $r(s_t, a_t)$는 현재 상태와 행동에만 의존하며 역학에 의존하지 않으므로 일단 명시되면 그것은 어떤 환경에 대한 최적의 정책을 찾고자 직접 RL과 함께 사용될 수 있다.

IRL 설정에서는 보상을 관찰하는 것이 아니라 관찰된 행동에서 그것들을 배운다. 기대 보상은 상태와 행동의 함수일 뿐이고 환경과 무관하므로 파라미터화된 행동 정책 π_θ를 관찰에 적합화함으로써 이들 함수를 추정하고, 이렇게 추정된 보상이 학습에 사용된 것과는 다른 환경에서 최적의 정책을 생성할 것이라고 추측하는 것은 합리적으로 보인다.

물론 주요 질문은 그러한 추측이 얼마나 현실적이냐는 것이다. 이 질문은 앞에서 언급한 IRL의 잘못 제기된 문제와는 (그리고 어떤 의미에서 더 어렵다) 다르다는 점에 유의하라.

역문제로서 IRL은 규제화 방법^{regularization method}의 선택에 민감하다. 특정 규제화는 함수 학습을 위한 불완전한 데이터의 문제를 해결할 수 있지만 학습된 보상을 가진 에이전트가 학습에 사용된 환경과 다른 새로운 환경에 배치될 때 한 환경에서 학습된 보상이 최적의 정책을 생성하는 것을 보장하지는 않는다.

1999년 Ng와 Russell이 제안한 보상 형성^{reward shaping} 개념(9장의 연습문제 9.5 참고)은 시연^{demonstration}으로부터 전이할 수 있는^{portable}(강건한^{robust}) 보상 함수를 배우는 문제가 어려울 수 있음을 시사한다. 이 분석의 주요 결과는 다음과 같은 순간 보상 함수^{instantaneous reward function} $r(s, a, s')$의 변환하에서 최적의 정책이 변하지 않는다는 것이다.

$$\tilde{r}(s, a, s') = r(s, a, s') + \gamma\Phi(s') - \Phi(s) \tag{11.4}$$

여기서 $\Phi : \mathcal{S} \times \mathcal{A} \to \mathbb{R}$은 임의의 함수다. 다음에 보듯이 이러한 강화학습의 보상 형성 불변성$^{\text{reward shaping invariance}}$은 강건한(전이 가능한) 보상을 학습하는 것이 모델 독립적인 방식으로 풀기 매우 어렵고 실현 불가능하다는 것을 가리킨다.

이를 살펴보고자 2개의 MDP, M과 M'를 갖고 있다고 가정하자. 이들 MDP는 보상은 동일하지만 각각 T와 T'로 표시되는 전이 확률만이 다르다. 간단한 예제는 결정적 동학 $T(s, a) \to s'$일 것이다. '참' 보상 함수가 식 (11.4) 형태라면 이는 $r(s, a, s') + \gamma\Phi(T(s, a)) - \Phi(s)$로 표현할 수 있다. 새로운 동학이 $T'(s, a) \neq T(s, a)$라면 이 보상은 동학 T'에 대해 동일한 형성 불변성 클래스가 아닐 것이다(Fu et al. 2019).

한편 동일한 논의가 다른 환경으로 전이할 수 있는 보상 함수를 구축하기 위한 접근법을 제시한다. 이 목적을 위해 단지 상태 s_t에만 의존하는 어떠한 가법적 기여도$^{\text{additive contribution}}$도 포함하지 않도록 추론된 기대 보상을 제한할 수 있다. 바꿔 말하면 최대로 단지 상태의 임의적 가법 함수까지만 보상 함수를 학습할 수 있다. 그러나 한편 최적 정책의 보상 형성 불변성으로 인해 이 함수는 최적 정책을 발견하는 것과 무관하며 모든 실제적인 목적을 위해 0으로 설정할 수 있다.

? 다지선다형 문제 1

다음 중 올바른 문장을 선택하라.

a. 역강화학습 작업은 관찰된 행동에서 동학을 학습하는 것이다.
b. 역강화학습 작업은 에이전트에 대한 최적 정책이 아니라 가장 나쁜 정책을 발견하는 것이다.
c. 역강화학습 작업은 상태와 에이전트의 행동에서 보상 함수와 정책 모두를 발견하는 것이다.

3. 최대 엔트로피 역강화학습

시연으로부터 학습learning from demonstration에 있어 에이전트에 의해 수행된 행동에 대해 어떤 가정을 했는가를 이해하는 것이 중요하다. IRL 설정에서는 정책과 보상 모두가 알려져 있지 않기 때문에 이 문제를 풀고자 추가적인 가정을 해야만 한다. 자연스러운 가정은 시연된 행동이 최적이거나 최적에 가깝다고 기대하는 것이다. 다른 말로 하면 에이전트가 최적으로 또는 최적에 가깝게 행동한다는 것을 의미한다.

에이전트가 결정적 정책deterministic policy을 따른다고 가정하면 앞의 가정은 모든 행동이 최적이 돼야 한다는 것을 의미한다. 그러나 이는 모델 편향, 잡음 섞인 파라미터 추정 등에서 발생하는 어떠한 오차에 대한 여지를 거의 두지 않는다. 결정적 정책 모델하에서 단일 최적이 아닌 행동을 포함하는 경로는 무한대 음의 로그 우도를 가진다. 즉, 이는 정확히 결정적 정책으로는 이러한 시나리오가 불가능하다는 것을 표현한다.

좀 더 관대한 접근법은 에이전트가 확률적 정책 $\pi_\theta(a|s)$를 따랐다고 가정하는 것이다. 이러한 정책하에서는 행동이 $\pi_\theta(a|s)$를 생성하는 모델에 따라 제한되더라도, 최적이 아닌 행동을 관측할 수 있다. 일단 확률적 정책에 대한 파라미터 모델이 정해지면 그 파라미터는 최대 우도 추정과 같은 표준 방법을 사용해 추정될 수 있다.

이 절에서는 확률적 정책의 특정 지수분포 설정exponential specification을 가진 확률적 IRL 모델군family of probabilistic IRL model을 제시한다.

$$\pi_\theta(a|s) = \frac{1}{Z_\theta(s)} e^{\hat{r}_\theta(s,a)}, \quad Z_\theta(s) = \int e^{\hat{r}_\theta(s,a)} \tag{11.5}$$

여기서 $\hat{r}_\theta(s, a)$는 강화학습의 보상과 행동-가치 함수에 관련된 어떤 함수다. 이미 소프트 맥스 행동softmax in action 정책(식 9.38 참고)을 다룬 9장과 G-러닝(식 10.114를 참고)을 소개한 10장에서 이와 같은 지수 설정을 가진 확률적 정책을 이미 살펴본 적이 있다.

앞 절에서는 식 (11.5)와 같은 지수 파라미터를 가진 확률적 정책을 소프트맥스 정책softmax policy이라고 부르기도 했지만 역강화학습 설정에서 19세기의 루드비히 볼츠만Ludwig Boltzmann의 통계 역학과 연구에 대한 연결을 인식해 종종 **볼츠만 정책**Boltzmann policy이라고 한다(다음의 '통계 물리학에 있어서 볼츠만 분포' 참고).

식 (11.5) 형태의 확률적 정책을 이끄는 방법은 일반적으로 파라미터화된 행동 정책의 공간에서 엔트로피의 최대화 또는 KL 발산 최소화에 기초한다. 이 절의 목적은 그러한 접근법의 개요를 제공하는 것이다.

> **통계 물리학에 있어서 볼츠만 분포**

통계 역학에서 식 (11.5)와 유사한 지수 분포는 분자 가스molecular gas와 같이 열 균형인 폐쇄 시스템을 고려할 때 나타난다. 최초의 공식은 1868년 루드비히 볼츠만이 열 균형의 분자 가스에 대한 확률적 접근법을 개발한 연구에서 제안됐다. 볼츠만 분포는 분자 가스와 같은 거시적 시스템의 상태를 에너지 E_i 측면에서 특징짓는데, 여기서 인덱스 i는 가능한 상태를 열거한다. 이러한 시스템이 온도 T를 갖는 환경과 균형 상태에 있을 때 볼츠만 분포는 다음과 같은 형태로 상이한 에너지 상태의 확률을 제공한다.

$$p_i = \frac{1}{Z} e^{-\frac{E_i}{k_B T}}$$

여기서 k_B는 볼츠만 상수Boltzmann constant라고 불리는 상수 파라미터고, Z는 분포의 정규화 계수normalization factor며, 통계 역학에서 분할 함수partition function라고 한다. 볼츠만 분포는 다음과 같은 시스템의 엔트로피를 최대화하는 분포로 얻을 수 있다.

$$H = -\sum_i p_i \log p_i$$

여기서 합은 제약 조건 $\sum_i p_i E_i = \bar{E}$의 제약하에 시스템에 접근할 수 있는 모든 에너지 상태에 대해 취해진다. 여기서 $\bar{E}$는 어떤 평균 에너지다. 볼츠만 분포는 1902년 조시아 윌라드 깁스$^{Josiah\ Willard\ Gibbs}$에 의해 분자 가스를 넘어 균형 시스템의 일반적인 설정으로 광범위하게 연구되고 일반화됐다. 따라서 물리학에서는 흔히 볼츠만-깁스 분포로 불린다. 특히 깁스는 시스템의 가상 복사본으로 구성되는 이상적 공간으로서의 통계적 앙상블$^{statistical\ ensemble}$의 개념을 도입했는데, 각 시스템의 복사본은 실제 시스템이 있을 수 있는 가능한 상태를 나타낸다. 앙상블의 물리학 기반 개념은 수학에서 확률 공간의 개념에 해당한다. 볼츠만 분포는 소위 표준 앙상블$^{canonical\ ensemble}$에 대해 발생하는데, 이는 환경과 열 균형(물리학에서는 열 저장체$^{heat\ bath}$라고 함)에서 입자의 수가 고정된 시스템에 대해 얻어진 것이다. 볼츠만-깁스 분포는 균형 통계 물리학에 대한 현대 접근법의 기초가 된다(Landau and Lifshitz, 1980).

3.1 최대 엔트로피 원리

최대 엔트로피^{MaxEntropy} 원리(Jaynes 1957)는 확률분포를 분포에 대한 유한 수의 적분 제약 조건 집합으로부터 학습해야 하는 잘못된 제기된 문제에 대한 일반적이고 매우 인기 있는 방법이다. 주어진 제약 조건에서 분포의 추론을 위한 MaxEnt 방법의 주요 아이디어는 그러한 제약 조건을 일치시키는 것을 넘어 추론된 분포는 최대한 무정보적이어야 한다는 것이다. 즉, 이 분포가 묘사하는 확률 변수의 불확실성이 가능한 한 가장 높게 생성해야 한다.

분포에서 불확실성의 양은 엔트로피에 의해 계량화될 수 있기 때문에

MaxEnt 방법은 사용할 수 있는 모든 적분 제약 조건을 일치시키면서 엔트로피를 최대화하는 분포를 찾는 것에 해당한다. MaxEnt 원리는 라플라스의 불충분 이유의 원리^{Laplace's principle of insufficient reason}[3]를 실제적으로 구현하고 있으며 통계 물리학에 뿌리를 두고 있다(Jaynes 1957).

여기서 간단한 단일 스텝 강화학습 설정에서 행동 정책을 학습하는 예를 사용해 MaxEnt 원리의 작동 원리를 보여준다. 이러한 설정은 문제에서 시간을 제거하는 것과 같다. 이제 모든 데이터를 i.i.d.로 가정할 수 있고 현재 행동의 향후 영향을 고려할 필요가 없기 때문에 이는 설정을 상당히 단순화한다. MaxEnt 원리의 결과적인 시간 독립 버전은 1957년 Jaynes가 처음 제안한 버전이다. 이 접근법을 이해하고자 통계 물리학 관점에서 설명하고자 한다.

$\pi(a|s)$를 행동 정책이라 하자. 상이한 조합의 (s, a)에 대해 받을 단일 보상 $r(s, a)$를 갖는 1 스텝 설정을 고려하자. 최적 정책은 가치 $V^\pi(s) = \int r(s,a)\pi(a|s)da$를 최대화해야 한다. 그러나 가치 함수는 $\pi(a|s)$의 선형 함수며 그 자체로는 $\pi(a|s)$의 최적 값을 나타내지 않는다. 보상 $r(s, a)$가 알려져 있다고 가정하면 엔트로피 규제화를 추가하고 다음 함수를 고려할 때 오목 최적화 문제가 얻어진다.

$$F^\pi(s) := V^\pi(s) + \frac{1}{\beta} H\left[\pi(a|s)\right] = \int \pi(a|s) \left[r(s,a) - \frac{1}{\beta} \log \pi(a|s)\right] da$$
(11.6)

여기서 $1/\beta$는 규제화 파라미터다. 이 표현의 $\pi(a|s)$에 대한 변분 미분^{variational derivative}을 취하고 이를 0으로 설정하면 다음의 최적 행동 정책(식 11.1 참고)을 얻는다.

---

3. 다른 사건보다는 하나의 사건을 기대할 만한 어떤 확실한 이유가 없는 경우에는 가능한 모든 사건에 동일한 확률을 할당해야 한다는 원칙으로 무차별 또는 무관심 원리라고도 불린다.

$$\pi(a|s) = \frac{1}{Z_\beta(s)} e^{\beta r(s,a)}, \quad Z_\beta(s) := \int e^{\beta r(s,a)} da \tag{11.7}$$

분명히 이 표현식은 보상 함수 $r(s, a)$가 정규화 계수 $Z_\beta(s)$를 정의하는 적분이 s의 모든 달성 가능한 값에 대해 수렴하는 것이라고 가정한다. 파라미터 설정 $\beta r(s, a) = r_\theta(s, a)$를 선택하면 식 (11.7)은 식 (11.5)와 동일한 지수 형태를 갖는다.

표현식(식 11.7)은 엔트로피 규제 최대화 문제의 해로 얻어진다. 주어진 평균 보상 $\bar{r}(s)$를 일치시키는 조건부로 $\pi(a|s)$의 엔트로피를 최대화함으로써 동일한 형태가 다른 방법으로도 얻을 수 있다. 이는 다음 함수를 최대화함으로써 달성된다.

$$\tilde{F}^\pi(s) = - \int \pi(a|s) \log \pi(a|s) + \lambda \left(\int \pi(a|s) r(s,a) da - \bar{r}(s) \right) \tag{11.8}$$

여기서 λ는 라그랑지 승수다. 최적 분포는 다음과 같다.

$$\pi(a|s) = \frac{1}{Z_\lambda(s)} e^{\lambda r(s,a)}, \quad Z_\lambda(s) = \int e^{\lambda r(s,a)} da \tag{11.9}$$

이는 $\beta = 1/\lambda$일 때 식 (11.7)과 동일한 형태를 가진다. 한편 적분 제약이 관련된 문제에 대해 λ의 값은 기대 보상 $\bar{r}$에 대해 고정될 수 있다. 이 목적을 위해 해(식 11.9)를 식 (11.8)에 대립하고 결과로 얻는 표현식을 λ에 대해 최소화하면 다음을 얻는다.

$$\min_\lambda \log Z_\lambda - \lambda \bar{r}(s) \tag{11.10}$$

이는 다음을 산출한다.

$$\frac{1}{Z_\lambda(s)} \int r(s,a) e^{\lambda r(s,a)} da = \bar{r}(s) \tag{11.11}$$

이는 정확하게 $\pi(a|s)$에 대한 적분 제약이다. λ의 최적 값은 식 (11.11)을

풀어서 또는 동일하게 식 (11.1)의 수치적 최소화에 의해 구할 수 있다. 최적화 문제(식 11.1)가 볼록이므로 이는 유일한 해를 산출한다(연습문제 11.1 참고).

〉 통계 물리학과의 연관성

특히 두 번째 도출에 의해 제시되는 식 (11.7) 또는 식 (11.9)는 특정 상태 –행동상 공간에 대한 에너지 $E(s, a) = -r(s, a)$의 통계적 앙상블의 볼츠만 분포로 볼 수 있다. 통계 물리학에서 고정된 평균 에너지를 가진 표준 앙상블에 대한 에너지 $E(x)$의 상태 X 공간에 있어 상태 $x \in X$의 분포는 에너지 E의 상이한 함수 형태에도 불구하고 동일한 볼츠만 형태로 주어진다. 통계 물리학에서 파라미터 β는 특수한 형태 $\beta = 1/(k_B T)$를 가진다. 여기서 는 볼츠만 상수이고 T는 시스템의 온도다. 이러한 이유로 식 (11.7)의 β는 역온도inverse temperature라고 불린다.

MaxEnt 원리의 직접적인 일반화는 절대 엔트로피를 KL 발산으로 대체하는 최소 교차 엔트로피MCE, Minimum Cross-entropy 원리에 의해 어떤 준거 분포 $\pi_0(a|s)$로 주어진다. 이 경우 식 (11.8) 대신 다음과 같은 KL 규제화 가치 함수를 고려한다.

$$F^\pi(s) = \int \pi(a|s) \left[r(s, a) - \frac{1}{\beta} \log \frac{\pi(a|s)}{\pi_0(a|s)} \right] da \qquad (11.12)$$

이 경우에 대한 최적 행동 정책은 다음과 같다.

$$\pi(a|s) = \frac{1}{Z_\beta(s)} \pi_0(a|s) e^{\beta r(s,a)}, \quad Z_\beta(s) := \int \pi_0(a|s) e^{\beta r(s,a)} da \qquad (11.13)$$

따라서 MaxEnt 또는 MCE 원칙을 기반으로 하는 모든 방법의 공통 특성은 지수 에너지 기반 확률분포exponential energy-based probability distribution의 등장이다.

보상 함수 $r(s, a)$를 사용하는 간단한 단일 스텝 설정의 경우 MaxEnt 최적 정책은 $r(s, a)$로 지수화된다. 다음에 보겠지만 엔트로피 기반 분석의 확장 또한 다중 스텝 경우에서 행동 정책에 대한 지수적 설정을 생성한다.

3.2 최대 인과 엔트로피

일반적으로 강화학습 또는 역강화학습은 다중 스텝에 걸쳐 확장된 경로에 관련된다. 가장 일반적인 형태로, 어떤 경로 길이 $T > 1$의 상태 시퀀스 $\mathbf{S}_T = \mathbf{S}_{0:T}$와 행동 시퀀스 $\mathbf{A}_T = \mathbf{A}_{0:T}$를 가진다. MDP에서의 상태와 행동 시퀀스는 2개의 상호작용하는 확률 프로세스 $\mathbf{S}_{0:T}$와 $\mathbf{A}_{0:T}$로 생각할 수 있다. 정책을 학습하는 문제는 상태 $\mathbf{S}_{0:T}$의 분포가 주어질 때 행동 $\mathbf{A}_{0:T}$의 분포를 추론하는 문제로 간주할 수 있다.

i.i.d. 데이터에 대한 MaxEnt 추론 문제와 달리 이와 같은 문제의 시간 의존성은 주의를 요한다. 실제로 상태를 조건부로 하는 행동의 분포에 대한 단순한 정의는 $P[\mathbf{A}_{0:T} | \mathbf{S}_{0:T}]$와 같이 전체 경로에 대해 정의되는 조건부 확률을 요구할 수 있다. 이와 같은 정의의 문제는 전체 상태 경로에 조건부로 하는 것이 미래에 대한 조건부를 포함하므로 인과성^{causality}을 위배할 수 있다. 마르코프 의사결정 프로세스의 경우 시점 t의 행동은 현재 상태에만 의존할 수 있다. 메모리 효과가 중요하면 더 고차의 MDP를 사용하거나 RNN과 같은 자기회귀 모델로 전환함으로써 처리할 수 있다. 분명히 두 경우 모두에 대해 인과성을 보존하고자 지금의(시점 t의) 행동은 미래에 의존할 수 없다.

각 변수 a_t가 단지 모든 변수 $\mathbf{S}_{0:T}$의 부분 $\mathbf{S}_{0:t}$에만 조건부라면 $\mathbf{S}$에 인과적으로 조건부인^{causally conditional} $\mathbf{A}$의 확률은 다음과 같이 표현된다.

$$P\left(\mathbf{A}^T \| \mathbf{S}^T\right) = \prod_{t=0}^{T} P\left(A_t | \mathbf{S}_{0:t}, \mathbf{A}_{0:t-1}\right) \tag{11.14}$$

조건부 확률의 표준 정의는 모든 경로 $S_{0:T}$에 조건부임을 의미하며 인과성을 위배한다. 인과적 조건부 확률(식 11.14)은 특히 어떠한 결합 확률 $P(\mathbf{A}^T, \mathbf{S}^T)$도 $P(\mathbf{A}^T, \mathbf{S}^T) = P(\mathbf{A}^T \mid \mid \mathbf{S}^T)P(\mathbf{S}^T\|\mathbf{A}^{T-1})$으로 인수분해^{factorized}될 수 있다는 것을 의미한다.

인과 엔트로피$^{\text{causal entropy}}$(Kramer 1998)는 다음과 같이 정의된다.

$$
H\left(\mathbf{A}^T \,\|\, \mathbf{S}^T\right) = \mathbb{E}_{\mathbf{A},\mathbf{S}}\left[-\log P\left(\mathbf{A}^T \,\|\, \mathbf{S}^T\right)\right] = \sum_{t=0}^{T} H\left(\mathbf{A}_t \,\|\, \mathbf{S}_{0:t}, \mathbf{A}_{0:t}\right)
\tag{11.15}
$$

이번 절에서 동학은 마르코프 프로세스라 가정하며, 따라서 $P(\mathbf{S}^T\|\mathbf{A}^{T-1})$ $= \Pi_t P(s_{t+1} | s_t, a_t)$다. 추가로 무한 기간 MDP의 설정을 가정한다. 이 경우에는 인과 엔트로피의 할인 버전을 사용해야만 한다.

$$
H\left(\mathbf{A}_{0:\infty} \,\|\, \mathbf{S}_{0:\infty}\right) = \sum_{t=0}^{T} \gamma^t H\left(\mathbf{A}_t \,\|\, \mathbf{S}_{0:t}, \mathbf{A}_{0:t}\right),
\tag{11.16}
$$

여기서 할인 계수는 $\gamma \leq 1$이다.

인과 엔트로피(식 11.6)(또는 유한 기간의 경우에 대해서는 식 11.15)는 조건부 정보가 시간에 따라 변하는 동적 설정에 대한 조건부 분포의 엔트로피를 자연스럽게 확장한 것이다. 이는 정확하게 MDP에 대한 학습 정책의 경우다. 이러한 설정에서 시스템의 상태 s_t는 조건부가 되는 정보$^{\text{conditioning information}}$로 고려할 수 있으며, 반면 a_t는 학습의 대상이다.

1차 MDP의 경우 시점 t의 행동 확률은 시점 t의 상태에만 의존하며 행동 정책의 인과 엔트로피는 정책 분포 $\pi(a_t | s_t)$에만 의존하는 더 간단한 형태를 취한다.

$$
H\left(\mathbf{A}_{0:\infty} \,\|\, \mathbf{S}_{0:\infty}\right) = \sum_{t=0}^{\infty} \gamma^t H\left(a_t \,\|\, s_t\right) = -\mathbb{E}_{\mathbf{S}}\left[\sum_{t=0}^{\infty} \gamma^t \int \pi(a_t|s_t) \log \pi(a_t|s_t) da_t\right]
\tag{11.17}
$$

여기서 기대값은 s_t의 모든 미래 값에 대해 갖는다. 중요하게 프로세스가 마르코프이므로 이 기대값은 $t = 0, 1, \dots$에서 s_t의 한계분포에만 의존하며 결합분포에는 의존하지 않는다.

인과 엔트로피는 가능한 제약 조건하에 최대화될 수 있으며 MaxEnt 원리를 동적 프로세스에 확장할 수 있다. 어떤 특성 함수가 T 스텝의 시연에서 관측되고 특성 함수는 시간에 가법적, 즉 $\mathcal{F}(\mathbf{S}, \mathbf{A}) = \Sigma_t F(s_t, a_t)$이라고 가정하자. 특히 경로 $(\mathbf{S}^T, \mathbf{A}^T)$에서 얻은 총 보상은 시간에 가법적이다. 따라서 총 보상 함수는 이와 같은 선택에 적합하다. 가법적 특성 함수에 대해 다음을 얻는다.

$$\mathbb{E}_{\mathbf{A},\mathbf{S}}^{\pi}[\mathcal{F}(\mathbf{S},\mathbf{A})] = \mathbb{E}_{\mathbf{A},\mathbf{S}}^{\pi}\left[\sum_{t=0}^{\infty}\gamma^t F(s_t, a_t)\right] \tag{11.18}$$

여기서 $\mathbb{E}_{\mathbf{A},\mathbf{S}}^{\pi}[\cdot]$은 미래 상태와 정책 $\pi(a_t|s_t)$에 의해 유도되는 행동에 걸친 분포 및 조건부 전이 확률 $P(s_{t+1}|s_t, a_t)$에 의해 표현되는 시스템의 전이 동학에 대한 기대값을 나타낸다.

다음의 경험적 특성 기대값을 일치시키는 정책을 추구한다고 가정하자.

$$\tilde{\mathbb{E}}_{emp}[\mathcal{F}(\mathbf{S},\mathbf{A})] = \mathbb{E}_{emp}\left[\sum_{t=0}^{\infty}\gamma^t F(s_t, a_t)\right] = \frac{1}{T}\sum_{t=0}^{T-1}\gamma^t F(s_t, a_t). \tag{11.19}$$

이제 최대 인과 엔트로피 최대화가 다음과 같이 공식화될 수 있다.

$$\begin{aligned} &\underset{\pi}{\arg\max}\, H\left(\mathbf{A}^T \,\|\, \mathbf{S}^T\right) \\ &\text{Subject to: } \mathbb{E}_{\mathbf{A},\mathbf{S}}^{\pi}[\mathcal{F}(\mathbf{S},\mathbf{A})] = \tilde{\mathbb{E}}_{\mathbf{A},\mathbf{S}}[\mathcal{F}(\mathbf{S},\mathbf{A})] \\ &\text{그리고 } \sum_{a_t}\pi(a_t|s_t) = 1, \;\; \pi(a_t|s_t) \geq 0, \;\; \forall s_t \end{aligned} \tag{11.20}$$

여기서 $\tilde{\mathbb{E}}_{\mathbf{A},\mathbf{S}}[\cdot]$은 식 (11.19)에서와 같이 경험적 특성 기대값을 나타낸다. 단일 스텝 MaxEnt 문제와는 대조적으로 제약 조건은 이제 단일 스텝이

아니라 전체 경로에 걸쳐 수집된 특성 기대값을 가리킨다. 인과성은 명시적으로 식 (11.21)에 부과되지 않는다. 그러나 MDP에서의 인과적 조건부 정책은 $\prod_{t=0}^{\infty} \pi_t(a_t|s_t)$로 인수분해된다. 따라서 인수 $\pi(a_t|s_t)$를 의사결정 변수로 사용하면 정책 π는 인과적으로 조건부가 되도록 강제할 수 있다.

동일하게 목적과 제약식을 바꿀 수 있으며 다음 쌍대 문제dual problem를 고려할 수 있다.

$$\underset{\pi}{\operatorname{argmax}} \, \mathbb{E}_{\mathbf{A},\mathbf{S}}^{\pi} \left[\mathcal{F}\left(\mathbf{S}, \mathbf{A} \right) \right] - \tilde{\mathbb{E}}_{\mathbf{A},\mathbf{S}} \left[\mathcal{F}\left(\mathbf{S}, \mathbf{A} \right) \right]$$

$$\text{Subject to: } H\left(\mathbf{A}^T \,\middle\|\, \mathbf{S}^T \right) = \bar{H} \qquad (11.21)$$

$$\text{그리고} \sum_{a_t} \pi(a_t|s_t) = 1, \quad \pi(a_t|s_t) \geq 0, \quad \forall s$$

여기서 $\bar{H}$는 최적화 동안 고정된 어떤 엔트로피 값이다. 비볼록이고 무한대의 제약 조건식을 가진 이전의 공식과는 달리 쌍대 공식은 오목concave이고 (정규화 제약식 이외에) 엔트로피에 대한 하나의 제약식만을 가진다.

최대 인과 엔트로피Max-Causal Entropy의 쌍대 형태(식 11.21)는 직접 RL과 IRL 모두에 대해 사용할 수 있다. 우선 이 접근법의 보상이 관측되는 직접 RL 문제에 대한 응용을 고려한다.

? 다지선다형 문제 2

다음 중 올바른 문장을 모두 골라라.

a. 최대 인과 엔트로피 방법은 행동과 미래 상태 간의 인과성 관계를 보존하는 순차적 의사결정 추론에 대해 최대 엔트로피 방법을 확장한다.

b. 최대 인과 엔트로피의 쌍대 형태는 비볼록 최대화에 해당하므로 다중 해를 산출한다.

c. 최대 인과 엔트로피 방법을 사용해 얻은 인과성 조건부 정책은 추가적인 인과성 제약 조건에 의해 보장된다.

d. 최대 인과 엔트로피 방법을 사용해 얻은 인과성 조건부 정책은 프로세스의 MDP 인수분해에 의해 보장된다.

3.3 G-러닝과 소프트 Q 러닝

최대 인과 엔트로피 모델(식 11.21)을 관측된 보상으로 강화학습에 적용하고자 기대 순간 보상 $r(s_t, a_t)$를 특성으로 취한다. 즉, $F(s_t, a_t) = r(s_t, a_t)$로 설정한다. 또한 직접적인 강화학습의 경우 목적 함수의 두 번째 항(식 11.21)은 정책 $\pi(a|s)$가 아니라 경험적 척도에만 의존하므로 최적화 목표 함수에서 제거될 수 있다. 마지막으로 $\pi(a|s)$의 엔트로피를 직접 규제화로 사용하는 대신 일부 준거 정책 $\pi_0(a|s)$를 사용해 KL 발산으로 전환함으로써 최대 인과 엔트로피 방법을 확장할 수 있다. $\pi(a|s)$를 규제화로 사용하는 경우는 균등 준거 밀도 $\pi_0(a|s)$를 선택함으로써 KL 발산을 사용하는 경우로부터 항상 복원할 수 있다.

$\pi(\cdot|s_t)$와 $\pi_0(\cdot|s_t)$의 쿨백-라이블러^{KL} 발산은 다음과 같다.

$$KL[\pi||\pi_0](\mathbf{s}_t) := \sum_{\mathbf{a}_t} \pi(\mathbf{a}_t|\mathbf{s}_t) \log \frac{\pi(\mathbf{a}_t|\mathbf{s}_t)}{\pi_0(\mathbf{a}_t|\mathbf{s}_t)} = \mathbb{E}_\pi \left[g^\pi(\mathbf{s}, \mathbf{a}) | \mathbf{s}_t \right] \qquad (11.22)$$

여기서 다음 식은 준거 정책 $\pi_0(a_t|s_t)$에 상대적인 학습된 정책 $\pi_0(a_t|s_t)$의 1 스텝 정보 비용이다.

$$g^\pi(\mathbf{s}, \mathbf{a}) = \log \frac{\pi(\mathbf{a}_t|\mathbf{s}_t)}{\pi_0(\mathbf{a}_t|\mathbf{s}_t)} \qquad (11.23)$$

여기서 인과 엔트로피 대신 KL 발산(식 11.22)을 사용해 일반화된 식 (11.21)에 의해 표현되는 정책 최적화 문제는 이제 다음 범함수의 최대화 문제로 공식화할 수 있다.

$$F_t^\pi(\mathbf{s}_t) = \sum_{t'=t}^{T} \gamma^{t'-t} \mathbb{E}\left[r(\mathbf{s}_{t'}, \mathbf{a}_{t'}) - \frac{1}{\beta} g^\pi(\mathbf{s}_{t'}, \mathbf{a}_{t'}) \right] \tag{11.24}$$

여기서 $1/\beta$는 라그랑지 승수다. 이 표현식에서 목적 함수의 두 번째 항(식 11.21)을 삭제했다는 것을 주목하라. 이 항이 보상 함수에만 의존할 뿐 정책에 따라 달라지지 않기 때문이다. 따라서 직접적인 강화학습 문제의 경우 생략할 수 있다. 그러나 나중에 설명하는 것처럼 IRL을 위해서는 보존해야 한다는 점에 유의하라.

식 (11.24)은 수정된 KL-규제화 보상 $r(\mathbf{s}_{t'}, \mathbf{a}_{t'}) - \frac{1}{\beta} g^\pi(\mathbf{s}_{t'}, \mathbf{a}_{t'})$를 가진 문제의 가치 함수로, 자유 에너지 함수^{free energy function}라고도 한다. 식 (11.24)의 β는 보상 최적화와 준거 정책에 대한 근접성 사이의 트레이드오프를 제어하는 역온도^{inverse parameter} 파라미터의 역할을 한다. 자유 에너지 $F_t^\pi(\mathbf{s}_t)$는 엔트로피 규제화 가치 함수며, 여기서 규제화 양을 데이터의 잡음 수준으로 보정할 수 있다.

최적화 문제(식 11.24)는 G-러닝을 제시했던 10장에서 연구한 최적화 문제와 정확히 일치한다.

$$F_t^\pi(\mathbf{s}_t) = \frac{1}{\beta} \log Z_t = \frac{1}{\beta} \log \sum_{\mathbf{a}_t} \pi_0(\mathbf{a}_t|\mathbf{s}_t) e^{\beta G_t^\pi(\mathbf{s}_t, \mathbf{a}_t)} \tag{11.25}$$

$$\pi(\mathbf{a}_t|\mathbf{s}_t) = \pi_0(\mathbf{a}_t|\mathbf{s}_t) e^{\beta(G_t^\pi(\mathbf{s}_t, \mathbf{a}_t) - F_t^\pi(\mathbf{s}_t))} \tag{11.26}$$

$$G_t^\pi(\mathbf{s}_t, \mathbf{a}_t) = r(\mathbf{s}_t, \mathbf{a}_t) + \gamma \mathbb{E}_{t,\mathbf{a}}\left[F_{t+1}^\pi(\mathbf{s}_{t+1}) \big| \mathbf{s}_t, \mathbf{a}_t \right] \tag{11.27}$$

여기서 G-함수 $G_t^\pi(\mathbf{s}_t, \mathbf{a}_t)$는 KL-규제화 행동-가치 함수다.

식 (11.25, 11.26, 11.27)은 $\pi(\mathbf{a}_t|\mathbf{y}_t)$, $G_t^\pi(\mathbf{s}_t, \mathbf{a}_t)$, $F_t^\pi(\mathbf{y}_t)$에 대해 자기 일관성

을 갖고 풀리는 연립방정식 체계를 구성한다(Fox et al. 2015). 길이 T의 유한 기간 문제에 대해 시스템은 $t = T$에서의 적절한 최종 조건을 사용해 후방 재귀^{backward recursion}로 $t = T - 1, \ldots, 0$에 대해 풀 수 있다.

확장된 자유 에너지(식 11.25)를 식 (11.27)에 대입하면 다음을 얻는다.

$$G_t^\pi(\mathbf{s}, \mathbf{a}) = r(\mathbf{s}_t, \mathbf{a}_t) + \frac{\gamma}{\beta}\mathbb{E}_{t,\mathbf{a}}\left[\log \sum_{\mathbf{a}_{t+1}} \pi_0(\mathbf{a}_{t+1}|\mathbf{s}_{t+1})e^{\beta G_{t+1}^\pi(\mathbf{s}_{t+1},\mathbf{a}_{t+1})}\right]$$
(11.28)

이 방정식은 행동-가치 함수에 대한 벨만 최적성 방정식의 소프트한 완화다(Fox et al. 2015). 식 (11.28)의 '역온도' 파라미터 β는 엔트로피 규제화 강도를 결정한다. 특히 b $\to \infty$를 취하면 Q 함수에 대한 원래의 벨만 최적성 방정식을 복구한다. β가 크고 유한할 때 식 (11.28)의 마지막 항은 max($\cdot$) 함수에 근사하기 때문에 식 (11.28)은 균등 준거 밀도 π_0의 특별한 경우에 대해 소프트 Q 러닝^{soft Q-learning}으로 알려져 있다.

또한 G-함수를 모두 우회할 수 있으며 자유 에너지 F-함수(식 11.24)에 대한 벨만 최적성 방정식을 진행할 수 있다는 것을 주목하라. 이 경우 두 개의 방정식 $F_t^\pi(\mathbf{s}_t)$와 $\pi(\mathbf{a}_t|\mathbf{s}_t)$를 갖는다.

$$F_t^\pi(\mathbf{s}_t) = \mathbb{E}_\mathbf{a}\left[r(\mathbf{s}_t, \mathbf{a}_t) - \frac{1}{\beta}g^\pi(\mathbf{s}_t, \mathbf{a}_t) + \gamma\mathbb{E}_{t,\mathbf{a}}\left[F_{t+1}^\pi(\mathbf{s}_{t+1})\right]\right]$$

$$\pi(\mathbf{a}_t|\mathbf{s}_t) = \frac{1}{Z_t}\pi_0(\mathbf{a}_t|\mathbf{s}_t)e^{r(\mathbf{s}_t,\mathbf{a}_t)+\gamma\mathbb{E}_{t,\mathbf{a}}\left[F_{t+1}^\pi(\mathbf{s}_{t+1})\right]}$$
(11.29)

방정식(식 11.29)은 단일 스텝 보상 $r(\mathbf{s}_t, \mathbf{a}_t)$가 단일 스텝 행동 확률 $\pi(\mathbf{a}_t|\mathbf{s}_t)$의 설정을 대체하지 않음을 보여준다. 오히려 합 $r(\mathbf{s}_t, \mathbf{a}_t) + \gamma\mathbb{E}_{t,\mathbf{a}}[F_{t+1}^\pi(\mathbf{s}_{t+1})]$의 설정이 요구된다(Ortega et al. 2015). 그러나 동학이 선형이고 보상 $r(\mathbf{s}_t, \mathbf{a}_t)$가 2차 함수인 특별한 경우에 $\mathbb{E}_{t,\mathbf{a}}[F_{t+1}^\pi(\mathbf{s}_{t+1})]$ 항이 시점 t의 보상 $r(\mathbf{s}_t, \mathbf{a}_t)$와 같은 형태의 파라미터를 갖는다. 따라서 이 항을 더하는 것은 단일 스텝 보상 함수의 파라미터를 '재정규화^{renormalization}'하는 것에 해당한다(연

습문제 11.3 참고). 정책을 학습하는 것이 목표인 경우 이러한 재정규화된 파라미터를 현재 보상과 기대 미래 보상으로 분리할 필요 없이 이들을 데이터에서 직접 학습할 수 있다.

MDP 공식에 대한 G-러닝(또는 동등하게 최대 인과 엔트로피) 최적 정책(식 11.26)이 식 (11.7)에서와 같이 익숙한 볼츠만 형식으로 여전히 제공되지만 이제는 G-함수에 의해 제공되는 다른 에너지 함수 $\hat{\mathcal{F}}(s_t, a_t)$를 갖고 있음을 본다. 이전의 단일 스텝 경우와 달리 다기간 설정에서 이 함수는 닫힌 형태로 사용할 수 없고 오히려 자기 일관성 있는 G-러닝 방정식(식 11.25, 11.26, 11.27)에 의해 재귀적으로 정의된다.

3.4 최대 엔트로피 IRL

G-러닝(최대 인과 엔트로피^{Max-Causal Entropy}) 프레임워크를 직접 강화학습과 역강화학습에 사용할 수 있다. 여기서 이를 IRL 작업에 적용한다.

이 절에서는 무한 시간 기간을 가진 시간-동질적 MDP를 가정한다. 또한 시간 정상성 행동-가치 함수 $G(s_t, a_t)$가 파라미터 θ를 가진 파라미터 모델(예, 신경망)로 지정된다고 가정해 $G_\theta(s_t, a_t)$로 표현한다. IRL 추론의 목적은 데이터에서 파라미터 θ를 학습하는 것이다.

정책 함수 $\pi(a_t|s_t)$와 파라미터화된 G-함수 $G_\theta(s_t, a_t)$로 표현된 G-함수 방정식(식 11.25)에서 시작한다.

$$\pi_\theta(\mathbf{a}_t|\mathbf{s}_t) = \frac{1}{Z_\theta(\mathbf{s}_t)}\pi_0(\mathbf{a}_t|\mathbf{s}_t)e^{\beta G_\theta(\mathbf{s}_t, \mathbf{a}_t)}, \quad Z_\theta(\mathbf{s}_t) := \int \pi_0(\mathbf{a}_t|\mathbf{s}_t)e^{\beta G_\theta(\mathbf{s}_t, \mathbf{a}_t)}\, d\mathbf{a}_t$$

$$(11.30)$$

여기서 G-함수(별칭으로 소프트 G-함수)는 벨만 최적성 방정식의 소프트 관계를 만족한다.

$$G_\theta(\mathbf{s}, \mathbf{a}) = r(\mathbf{s}_t, \mathbf{a}_t) + \frac{\gamma}{\beta} \mathbb{E}_{t,\mathbf{a}} \left[\log \sum_{\mathbf{a}_{t+1}} \pi_0(\mathbf{a}_{t+1}|\mathbf{s}_{t+1}) e^{\beta G_\theta(\mathbf{s}_{t+1}, \mathbf{a}_{t+1})} \right]$$

$$(11.31)$$

MaxEnt IRL에서 확률 행동 정책(식 11.30)은 $(\mathbf{s}_t, \mathbf{a}_t)$ 쌍으로 구성된 관측된 데이터의 확률 모델로 사용된다. 파라미터 θ로 표현된 손실 함수는 관행적 최대 우도 방법을 이 모델에 적용해 구할 수 있다.

더욱 통찰력을 얻고자 특정 경로 τ의 우도부터 시작하자.

$$
\begin{aligned}
P(\tau) &= p(\mathbf{s}_0) \prod_{t=0}^{T-1} \pi_\theta(\mathbf{a}_t|\mathbf{s}_t) P(\mathbf{s}_{t+1}|\mathbf{s}_t, \mathbf{a}_t) \\
&= p(\mathbf{s}_0) \prod_{t=0}^{T-1} \frac{1}{Z_\theta(\mathbf{s}_t)} \pi_0(\mathbf{a}_t|\mathbf{s}_t) e^{\beta G_\theta(\mathbf{s}_t, \mathbf{a}_t)} P(\mathbf{s}_{t+1}|\mathbf{s}_t, \mathbf{a}_t)
\end{aligned}
$$

$$(11.32)$$

이제 음의 로그 우도를 얻고자 이 표현식의 음의 로그를 취한다. 여기서 초기 상태 분포 $p(\mathbf{s}_0)$과 상태 전이 확률 $P(\mathbf{s}_{t+1}|\mathbf{s}_t, \mathbf{a}_t)$ 항은 어느 것도 모델 파라미터 θ에 의존하지 않으므로 이들 요소를 제거할 수 있다.

$$\mathcal{L}(\theta) = \sum_{t=0}^{T-1} \left(\log Z_\theta(\mathbf{s}_t) - \beta G_\theta(\mathbf{s}_t, \mathbf{a}_t) \right)$$

$$(11.33)$$

파라미터 θ에 대한 손실 함수의 최소화를 통해 최적 소프트 Q 함수 $G_\theta(\mathbf{s}_t, \mathbf{a}_t)$를 구할 수 있다. 일단 함수가 발견되면(필요하던 원하던) 식 (11.31)을 사용해 역으로 단일 스텝 기대 보상 $r(\mathbf{s}_t, \mathbf{a}_t)$를 추정할 수 있다.

손실 함수(식 11.33)의 그래디언트는 다음과 같이 계산될 수 있다.

$$
\begin{aligned}
\frac{\partial \mathcal{L}(\theta)}{\partial \theta} &= \sum_{t=0}^{T-1} \left(\int \pi_\theta(\mathbf{a}|\mathbf{s}_t) \frac{\partial G_\theta(\mathbf{s}_t, \mathbf{a})}{\partial \theta} \, d\mathbf{a} - \frac{\partial G_\theta(\mathbf{s}_t, \mathbf{a}_t)}{\partial \theta} \right) \\
&= \langle \frac{\partial G_\theta(\mathbf{s}, \mathbf{a})}{\partial \theta} \rangle_{model} - \langle \frac{\partial G_\theta(\mathbf{s}, \mathbf{a})}{\partial \theta} \rangle_{data}
\end{aligned}
$$

$$(11.34)$$

이 식의 두 번째 항은 주어진 θ 값에 대해 데이터에서 직접 계산할 수 있으며, 따라서 아무런 이슈를 제기하지 않는다. 문제는 식 (11.33)의 로그 분할 함수의 그래디언트를 주는 첫 번째 항(식 11.34)에 있다. 이 항은 확률 밀도 $\pi_\theta(a \mid s_t)$로 계산된 경로의 각 스텝에서 가능한 모든 행동에 대한 적분을 포함한다. 이산 행동 MDP의 경우 적분은 직접 계산할 수 있는 유한 합이 되지만 연속적이고 고차원 작용 공간의 경우 θ의 고정 값에 대한 이 적분의 정확한 계산은 시간이 많이 걸릴 수 있다. 이 적분은 분석적으로 평가되지 않는 한 파라미터 θ의 최적화 동안 여러 번 평가돼야 하며 이 단계의 계산 부담은 매우 높거나 심지어 불가능할 수 있다.

이러한 계산 문제를 잠시 접어두기로 하자. 이때 중간 결론은 IRL 작업이 G-러닝에 의해 생성된 행동 정책에 대한 최대 우도 방법을 사용해 해결될 수 있으며 벨만 최적성 방정식을 명시적으로 해결하지 않아도 된다는 것이다. 여기서 사용되는 해법은 신경망과 같은 유연한 함수 근사법을 사용해 전체 소프트 행동-가치 $G_\theta(s_t, a_t)$를 모델링하는 것이다. $G_\theta(s_t, a_t)$는 정책을 추론함으로써 행동 정책 $\pi_\theta(a \mid s_t)$를 정의하므로 소프트 행동-가치 함수를 직접 학습할 수 있다. 그러나 IRL 작업의 각 내부 단계에서 (소프트) 벨만 최적성 방정식을 풀어야 하는 필요성에서 그러한 명백한 구제는 반대의 측면이 있다는 점에 주목해야 한다. 앞에 제시된 형태에서 MaxEnt IRL 접근법은 (s_t, a_t) 쌍 형태의 데이터에 적합한 G-함수 $G_\theta(s_t, a_t)$를 사용한 행동 복제^{behavioral cloning}와 동일하다. 이는 전이 트리플릿 (s_t, a_t, s_{t+1})을 고려함으로써 시스템 동학을 명시적으로 추정하지 않고 포착하는 Q 러닝과 같은 TD 방법 또는 이의 '소프트' 버전과는 다르다. 따라서 11장(이 장의 윗부분)에서 언급한 행동 복제에 대한 모든 문제는 여기서도 발생할 것이다. 특히 (s_t, a_t) 쌍과 최대 우도 추정만 사용하는 소프트 가치 함수는 데이터와 일치하는 G-함수를 생성할 수 있지만 식 (11.31)이 추정된 G-함수로 마지막 스텝에서 사용될 때 실현 가능성이 없는 단일 스텝 보상 함수를 생성할 수 있다.

이러한 잠재적 문제를 방지하고자 G-함수에 파라미터 모델을 사용하는 대신 파라미터 단일 스텝 보상 함수 $r_\theta(\mathbf{s}_t, \mathbf{a}_t)$를 직접 지정할 수 있다. 예를 들어 선형 구조로 보상 함수는 K개의 미리 설정된 특성 $\Psi_k(\mathbf{s}_t, \mathbf{a}_t)$에 대해 선형이다.

$$r_\theta(\mathbf{s}_t, \mathbf{a}_t) = \sum_{k=1}^{K} \theta_k \Psi_k(\mathbf{s}_t, \mathbf{a}_t) \tag{11.35}$$

대안적으로 보상 함수는 파라미터 θ에 비선형일 수 있으며 신경망이나 가우시안 프로세스를 사용해 정의할 수 있다.

> ### 유계의 보상을 가진 IRL

9장에서 것처럼 강화학습은 보상이 어떤 값 r_{max}에 의해 위로부터 유계이어야 한다[bounded from above]고 요구한다. 한편 보상 함수의 변환에 관해서도 어떤 불변성을 가진다. 즉, 정책은 보상 함수의 어파인 변환 $r(s, a) \rightarrow ar(s, a) + b$하에서 변하지 않는다. 여기서 $a > 0$이며 b는 고정 파라미터다. 가장 높은 가능한 보상을 0으로 고정시키고자 이러한 불변성을 사용한다. 즉, 일반성을 잃지 않고 $r_{max} = 0$이다. 다음 형태의 보상 함수를 가정하자.

$$r(s, a) = \log D(s, a) \tag{11.36}$$

여기서 $D(s, a)$는 또 다른 상태와 행동의 함수다. 함수 $D(s, a)$의 정의역이 단위 구간, 즉 $0 \leq D(s, a) \leq 1$이라고 가정하자. 이 경우 요구되는 바와 같이 보상은 0에 의해 위로부터 유계다. 즉, $-\infty < r(s, a) \leq 0$이다.

이제 $0 \leq D(s, a) \leq 1$이기 때문에 $D(s, a)$를 이진 분류기의 확률로 해석할 수 있다. $D(s, a)$가 상태 s의 주어진 행동 a가 전문가에 의해 생성되는 확률로 선택된다면 식 (11.36)에 따라 보상의 최대화는 전문가 경로의 로그 확률 최대화에 해당한다.

$D(s, a) = \sigma(\theta\Psi(s, a))$에 대한 간단한 로지스틱 회귀 모델을 사용하자. 여기서 $\sigma(x)$는 로지스틱 함수이고, θ는 크기 K의 모델 파라미터 벡터며, $\Psi(s, a)$는 K개의 기저 함수 벡터다. 이러한 설정의 경우 다음과 같이 파라미터화된 보상 함수를 얻는다.

$$r(s,a) = -\log\left(1 + e^{-\theta\Psi(s,a)}\right) \tag{11.37}$$

기저 함수 $\Psi_k(s, a)$가 a에 대해 선형이면서 동시에 s에 대해 임의의 의존성을 가진다면 이 보상 함수는 a에 대해 오목임을 확인할 수 있다(연습문제 11.2 참고). 따라서 이러한 보상은 위험 회피 RL과 IRL에 대한 선형 설정(식 11.35)의 대안으로 사용될 수 있다. 모방학습imitation learning에 대해 다룰 때 보상 설정(식 11.36)을 다시 살펴본다.

보상 함수가 정의되면 G-함수의 파라미터 의존성은 소프트 벨만 방정식(식 11.31)에 의해 해결된다. 또한 식 (11.31)은 식 (11.34)에 들어가는 G-함수의 그래디언트를 정의할 것이다. 그래디언트는 참 데이터 생성 분포 π_E와 모델 분포 π_θ로부터의 샘플링을 사용해 추정할 수 있다. 분명히 IRL 문제를 이러한 방식으로 해결하면 추정된 보상 $r_\theta(s_t, a_t)$는 파라미터화된 G-함수로 직접 작동하는 이전 버전보다 동학에 더 일치할 것이다. 그러나 이는 IRL 알고리듬이 파라미터 θ에 대한 최적화의 각 단계에서 최적의 소프트 행동-가치 함수 $G_\theta(s_t, a_t)$를 찾는 직접적인 RL 문제를 해결하도록 강제한다. 직접 RL 문제를 한 번이라도 해결하는 것이 특히 고차원 연속 작업 공간에서 상당한 시간이 걸릴 수 있다는 점을 감안할 때 이는 단일 스텝 보상을 직접 추론하는 계산 비용을 매우 높고 실세계 응용에 비실용적으로 만들 수 있다.

또 다른 계산적으로 더 실현 가능한 옵션은 BC와 유사한 손실 함수(식 11.33)를 동학 관계와 더 일치하도록 정의하는 것이다. 관측된 트리플릿

전이 (s_t, a_t, s_{t+1})에 의존하는 규제화를 도입한다. 이 방향으로 한 가지 간단한 아이디어는 식 (11.31)의 좌변과 우변 차이의 제곱인 벨만 오차 제곱과 같은 규제화 항을 추가하는 것이다. 여기서 단일 스텝 보상은 상태와 행동의 함수가 아니라 고정된 수치로 설정돼야 한다. 이와 같은 접근법은 SQIL^Soft Q-Imitation Learning(소프트 Q 모방학습)이라 불리며 로봇 공학에서 적용됐다(Reddy et al. 2019).

모방학습의 맥락에서 IRL을 고려하는 다음 절에서 IRL의 규제화 주제를 다시 살펴볼 것이다. 부수적으로 규제화의 적용과 상관없이 존재하는 IRL 문제의 다른 계산적 측면도 언급할 것이다.

3.5 분배 함수 추정

파라미터 θ를 최적화한 후 식 (11.31)을 사용해 단일 스텝 기대 보상 $r(s_t, a_t)$를 추정할 수 있다. 실제로 결과 손실 함수의 그래디언트 계산에는 (다차원) 행동 공간에 대한 적분이 관련된다. 이 경우 MaxEnt IRL 방법에 중요한 계산적 병목 현상이 발생한다. 또한 행동 공간에 걸친 적분 계산이 관련된 G-러닝 식 (11.25)를 통한 직접적인 강화학습에서도 동일한 병목 현상이 발생한다.

확률분포와 관련된 적분을 수치적으로 계산하는 데 일반적으로 사용되는 한 가지 방법은 중요도 샘플링^importance sampling이다. $\hat{\mu}(a_t|s_t)$가 샘플링 분포라면 그래디언트(식 11.34)에 나타나는 적분은 다음과 같이 평가될 수 있다.

$$\int \pi_\theta(\mathbf{a}_t|\mathbf{s}_t) \frac{\partial G_\theta(\mathbf{s}_t, \mathbf{a}_t)}{\partial \theta} d\mathbf{a}_t = \int \hat{\mu}(\mathbf{a}_t|\mathbf{s}_t) \frac{\pi_\theta(\mathbf{a}_t|\mathbf{s}_t)}{\hat{\mu}(\mathbf{a}_t|\mathbf{s}_t)} \frac{\partial G_\theta(\mathbf{s}_t, \mathbf{a}_t)}{\partial \theta} d\mathbf{a}_t$$

$$(11.38)$$

이는 샘플링 분포가 원 확률분포에서 샘플링하는 것보다 더 용이하다는 아이디어로, 원 분포에 대해 적분하는 것을 샘플링 분포 $\hat{\mu}(\mathbf{a}_t|\mathbf{s}_t)$에 대한

것으로 대체하는 것이다. 이 분포가 샘플링에 사용될 때 그래디언트 ∂G_θ /$\partial \theta$는 우도 비율 $\pi_\theta/\hat{\mu}$에 곱해진다.

중요도 샘플링은 샘플링 분포 $\hat{\mu}(\mathbf{a}_t|\mathbf{s}_t)$가 최적 행동 정책 $\pi_\theta(\mathbf{a}_t|\mathbf{s}_t)$에 더 근접할수록 더욱 정확해진다. 이 관측은 적응적 샘플링 분포[adaptive sampling distribution] $\hat{\mu}(\mathbf{a}_t|\mathbf{s}_t)$를 산출하는 데 사용될 수 있다. 예를 들어 다음과 같이 그래디언트에 따라 G-함수를 업데이트하는 데 사용하는 계산 방법을 구상할 수 있다.

$$\frac{\partial \mathcal{L}(\theta)}{\partial \theta} = \sum_{t=0}^{T-1} \left(\int \hat{\mu}(\mathbf{a}_t|\mathbf{s}_t) \frac{\pi_\theta(\mathbf{a}_t|\mathbf{s}_t)}{\hat{\mu}(\mathbf{a}_t|\mathbf{s}_t)} \frac{\partial G_\theta(\mathbf{s}_t, \mathbf{a})}{\partial \theta} \, d\mathbf{a} - \frac{\partial G_\theta(\mathbf{s}_t, \mathbf{a}_t)}{\partial \theta} \right)$$

(11.39)

이는 이전 반복 시행에서의 θ에 의존해 샘플링 분포 $\hat{\mu}(\mathbf{a}_t|\mathbf{s}_t)$를 간헐적으로 업데이트할 것이다. 이와 같은 방법은 로봇 공학에서 '유도 비용 학습[guided cost learning]'(Finn et al. 2016)으로 알려져 있다. 또 다른 학습 방법인 시연으로부터의 학습 방법[learning from demonstration]을 다루는 5절에서 관련 방법을 다룰 것이다. 이러한 고급 방법으로 눈을 돌리기 이전에 분할 함수를 정확하게 계산해 근사치가 필요하지 않게 할 수 있는 MaxEnt IRL의 다루기 쉬운 공식을 제시하고자 한다. 큰 일반성 손실 없이 소비자 선호와 가격 민감도의 추론 문제 맥락에서 그러한 공식화를 제시할 것이다. 또한 이러한 문제는 소비자 신용 문제[consumer credit problem]의 특수한 경우로 볼 수 있다. 유사한 소비자 신용의 예는 소비자가 (소비자가 소득 예산하에 지불할 수 있는 일정액으로 월별 할당된) 공공요금(예, 전기료)을 선불하고 대신 결체 처리와 ATM 서비스의 신용 초과 및 신용 대출 한도에 대해 페널티를 받는 소비자 공공요금 선불 플랜을 포함할 수 있다. 다른 예로는 다양한 금리와 연체 위약금을 가진 다양한 대출상품이 소비자에게 제공되고, 사용자가 원금 상환 시기를 선택하는 소비자 대출과 주택 담보 대출이 있다.

다음 중 올바른 모둔 문장을 선택하라.

a. 최대 엔트로피 IRL은 관측 가능한 상태와 행동 시퀀스에 적합화된 보상 함수를 사용하지 않고 G-러닝 시스템에 대해 자체 일관성 있는 해를 제공한다.

b. '소프트 Q 러닝'은 균등 준거 행동 정책을 채택함으로써 G-러닝에서 얻은 행동-가치 함수에 대한 벨만 최적성 방정식의 완화 방법이다.

c. 최대 엔트로피 IRL은 모든 시연^{demonstration}이 엄격하게 최적이라고 가정한다.

d. 최대 엔트로피 IRL에서 $\beta \to \infty$ 극한을 취하는 것은 모든 시연이 엄격하게 최적이라고 가정하는 것과 같다.

4. 예제: 소비자 선호 추론을 위한 MaxEnt IRL

앞 절에서는 MaxEnt IRL 접근 방식에 대한 일반적인 공식이 제시됐다. 이 접근법은 이산 상태-행동과 연속 상태-행동 공간 모두에 대해 공식화될 수 있지만 후자의 경우 분할 함수 계산은 종종 실제 응용 분야에서 계산이 큰 부담이 될 수 있다.

이들 계산 문제가 MaxEnt IRL 접근법의 개념적 단순성을 상쇄해서는 안된다. 이 절에서는 2차 함수 보상과 가우시안 정책을 사용해 도출할 수 있는 이 방법의 특히 간단한 버전을 제시한다. 이 공식을 순환적으로 발생하는 전기료 서비스의 소비자 학습 선호도와 가격 민감도 문제라는 마케팅의 최대 관심 문제 맥락에서 제시할 것이다.

또한 IRL을 적용하는 데 필요한 데이터의 양에 대한 직관을 독자에게 제공하고자 이 간단한 예를 사용할 것이다. 다음에 보이는 것처럼 IRL을 실세계의 잡음 섞인 데이터에 적용할 때 주의해야 한다. 특히 시뮬레이션 예를 사용해 어떻게 어떠한 유한한 샘플 데이터에서도 불가피한 관측 잡음이 그 자체를 에이전트의 이질성heterogeneity인 것처럼 가장할 수 있는지를 보여줄 것이다.

4.1 IRL과 소비자 선택 문제

소비자의 선택, 수요, 선호를 이해하는 것은 마케팅 문헌의 핵심 주제다. 여기서 소비자는 소비자나 기업일 수 있다. 이러한 문제의 중요한 클래스 중 하나는 클라우드 컴퓨팅 플랜, 인터넷 데이터 플랜, 공공요금 플랜(예, 전기, 가스, 전화) 등과 같은 순환적으로 발생하는 공공요금과 같은 플랜 및 서비스에 대한 소비자의 동적 수요다. 이 설정에서 소비자 행동은 계약 기간이나 플랜의 정기 지급 간의 기간과 같이 일정 기간에 걸쳐 확장되므로 다기간 의사결정 문제로 간주할 수 있다.

소비자를 효용 극대화하는 합리적 에이전트로 모델링하는 경우 이 문제는 역최적 제어inverse optimal control 또는 역강화학습 방법에 적합하다. 마케팅 문헌에서 소비자 효용 학습에 대한 역최적 제어 접근법을 종종 구조적 모델structural models(예, Marschinski et al. 2007)이라고 한다. 이 접근법은 특정 마케팅 캠페인에 의해 유도된 효과로부터 진정한 소비자 선택과 수요 선호를 식별할 수 있는 능력으로 순수 통계 회귀 기반 모델보다 유리하다. 이를 통해 학습된 소비자 효용을 기반으로 소비자에게 매력도가 평가될 수 있는 새로운 제품과 제안을 판촉promotion할 수 있다.

구조적 모델은 미래 지향적인 소비자를 단일 스텝 효용이 아닌 플랜 기간에 걸쳐 기대되는 소비 효용의 흐름을 최대화하는 합리적인 에이전트로 본다. 구조적 모델은 일반적으로 소비자 효용에 대한 모델을 설정하고 동적 프로그래밍과 확률적 최적 제어 방법을 사용해 모델을 추정한다.

강화학습의 언어를 사용해 표현하면 구조적 모델은 결정적 정책을 사용하는 동적 프로그래밍이나 근사 동적 프로그래밍 방법을 필요로 한다. 11장 앞에서 언급했듯이 시연된 동작이 최적이 아닌 경우 에이전트의 효용을 추론하고자 결정적 정책을 사용하는 것이 문제가 될 수 있다. 각 단계가 엄격하게 최적이어야 한다고 가정하는 결정적 정책은 엄격하게 최적이 아닌 모든 경로에 0 확률을 할당한다. 이렇게 하면 시연된 동작이 엄격하게 최적의 동작에서 어떤 방식으로든 벗어날 것으로 예상되는 데이터가 배제된다. 말할 필요도 없이 사용할 수 있는 데이터는 거의 항상 다양한 범위에서 최적이 아니다.

모든 시연에 대해 엄격한 최적성을 부여하는 가정을 완화하고자 구조적 모델은 일반적으로 '사용자 충격^{user shocks}'이라고도 하는 단일 스텝 소비자 효용에 랜덤 구성 요소를 추가한다. 그러한 접근법의 예는 Xu et al. (2015)에서 찾을 수 있다. Xu 등은 모바일 데이터 요금제의 소비자 보상(효용) 함수를 추론하고자 사용자 충격을 적용했다. 이를 통해 최적이 아닌 경로를 가능하게 하지만 이 접근법은 관측되지 않고 시뮬레이션된 '사용자 충격'이 파라미터 추정 절차에 추가되는 몬테카를로 시뮬레이션을 사용해 보상 파라미터를 최적화해야 한다.

이러한 접근법을 추구하는 대신 MaxEnt IRL은 결정적 정책 대신 확률적 정책을 사용함으로써 데이터의 가능한 비최적성을 관리하는 계산적으로 더 효율적인 대안을 제공한다. 이 접근법은 최적의 파라미터를 가진 모델에 따르지만 가끔 일어나는 완전한 최적 행동으로부터의 과도하지 않은 편차로 묘사되는 드문 변동^{rare fluctuation}을 어느 정도 허용한다.

이제 이 장에서 소개한 MaxEnt IRL 방법의 간단한 파라미터 설정을 제시한다. 앞으로 보겠지만 그것은 구조적 모델에 대한 몬테카를로 기반 방법과 비교해 매우 가벼운 계산법이다.

4.2 소비자 효용 함수

더 공식적으로 요금제의 월 할당량^{quota}을 어길 때 소비 단위에 대해 월 가격 F, 최초 할당량 q_0, 가격 p를 지급하는 단일 서비스 요금제를 구입한 고객을 고려한다.[4] $t = 0, 1, \ldots, T - 1$시점(여기서 T의 단위는 지급 기간의 길이, 예를 들어 월이다)에 다음과 같이 고객의 단일 스텝 효용(보상) 함수를 설정한다.

$$r(a_t, q_t, d_t) = \mu a_t - \frac{1}{2}\beta a_t^2 + \gamma a_t d_t - \eta p(a_t - q_t)_+ + \kappa q_t \mathbb{1}_{a_t=0} \tag{11.40}$$

여기서 $a_t \geq 0$은 t일의 일 소비이고, $q_t \geq 0$은 t일의 시작점에서 남은 할당량이며, d_t는 청구 주기의 끝까지 남은 일수다. 그리고 어떤 x에 대해 $x_+ = \max(x, 0)$ 축약 표기법을 사용한다. 식 (11.40)의 4번째 항은 월 할당량 q_0가 소진되면 고객이 지불하는 금액 $p(a_t - q_t)_+$에 비례한다. 파라미터 η는 고객의 가격 민감도를 나타내며, μ, β, γ는 사용자 보상의 상태-행동 변수 q_t, d_t, a_t에 대한 의존도를 설정한다. 마지막으로 마지막 항 $\sim \kappa qt$ $\mathbb{1}_{a_t=0}$은 시점 t의 소비 $a_{t=0}$에 대해 받을 보상을 나타낸다(여기서 $\mathbb{1}_{a_t=0}$는 $a_{t=0}$ 이면 1이고 아니면 0인 지표 함수다). 모델 보정$^{model\ calibration}$은 사용자 소비 이력이 주어질 때 파라미터 $\eta, \mu, \beta, \gamma, \kappa$를 추정하는 것에 해당한다.

보상(식 11.40)이 $K = 5$의 기저 함수에 대한 전개로 다음과 같이 동일하게 표현될 수 있다.

$$r(a_t, q_t, d_t) = \mathbf{\Theta}^T \mathbf{\Phi}(a_t, q_t, d_t) = \sum_{k=0}^{K-1} \theta_k \Phi_k(a_t, q_t, d_t) \tag{11.41}$$

여기서 다음과 같다.

---

4. 할당량 q_0를 위배하는 것을 허용하지 않는 플랜의 경우 단지 가격 p를 무한대로 설정함으로써 현재 공식은 여전히 적용된다.

$$\theta_0 = \mu \langle a_t \rangle, \ \theta_1 = -\frac{1}{2}\beta \langle a_t^2 \rangle, \ \theta_2 = \gamma \langle a_t d_t \rangle$$

$$\theta_3 = -\eta p \langle (a_t - q_t)_+ \rangle, \ \theta_4 = \kappa \langle q_t \mathbb{1}_{a_t=0} \rangle$$

여기서 $\langle X \rangle$는 X의 경험적 평균과 같다. 그리고 다음의 기저 함수 집합 $\{\Phi_k\}_{k=0}^{K-1}$이 사용된다.

$$\Phi_0(a_t, q_t, d_t) = a_t/\langle a_t \rangle$$

$$\Phi_1(a_t, q_t, d_t) = a_t^2/\langle a_t^2 \rangle$$

$$\Phi_2(a_t, q_t, d_t) = a_t d_t/\langle a_t d_t \rangle \qquad (11.42)$$

$$\Phi_3(a_t, q_t, d_t) = (a_t - q_t)_+/\langle (a_t - q_t)_+ \rangle$$

$$\Phi_4(a_t, q_t, d_t) = q_t \mathbb{1}_{a_t=0}/\langle q_t \mathbb{1}_{a_t=0} \rangle$$

앞에서 설명한 바와 같이 구조적 모델은 사용자 효용에 임의의 '사용자 충격'을 추가해 결정적 정책과 가능한 비최적 행동을 조정하려고 시도한다. 예를 들어 그러한 '사용자 충격'을 파라미터 μ에 추가할 수 있다. 이러한 접근법의 단점은 모델 추정을 위해 사용자 충격 경로의 몬테카를로 시뮬레이션이 필요하다는 것이다

이는 MaxEnt IRL과 비교할 수 있다. MaxEnt IRL은 관측된 경로에 확률을 할당하는 확률적 접근 방식이기 때문에 모델을 가능한 비최적 행동과 조화시키고자 유틸리티 함수에 랜덤 충격을 도입할 필요가 없다. 따라서 MaxEnt IRL은 사용자 효용의 파라미터를 추정하고자 몬테카를로 시뮬레이션이 필요하지 않으며 대신 표준적인 최대 우도 추정^{MLE, Maximum Likelihood Estimation}을 사용할 수 있다. 식 (11.40)에 정의된 보상에 대해 MLE는 5개의 변수를 가진 볼록 최적화에 해당하며, 이는 표준적인 상용 볼록 최적화 소프트웨어를 사용해 효율적으로 수행될 수 있다. 또한 우리의 설정(식 11.40)은 나머지 방법론을 그대로 유지하면서 더 많은 기본 함수를 추가해 쉽게 일반화할 수 있다.

4.3 소비자 효용을 위한 최대 엔트로피 IRL

상대적 엔트로피 IRL^{Relative Entropy IRL}(Boularias et al. 2011)이라고 하는 MaxEnt IRL의 확장을 사용한다. 이는 MaxEnt 방법의 균등분포를 불균등 벤치마크(또는 '사전') 분포 $\pi_0(a_t | q_t, d_t)$로 대체한다.

$$P\left(q_{t+1} = q_t - a_t, a_t | q_t, d_t\right) := \pi(a_t | q_t, d_t) \tag{11.43}$$
$$= \frac{\pi_0(a_t | q_t, d_t)}{Z_\theta(q_t, d_t)} \exp\left(r(a_t, q_t, d_t)\right) = \frac{\pi_0(a_t | q_t, d_t)}{Z_\theta(q_t, d_t)} \exp\left(\boldsymbol{\Theta}^T \boldsymbol{\Phi}(a_t, q_t, d_t)\right)$$

여기서 $Z_\theta(q_t, d_t)$는 상태-의존 정규화 계수^{normalization factor}다.

$$Z_\theta(q_t, d_t) = \int \pi_0(a_t | q_t, d_t) \exp\left(\boldsymbol{\Theta}^T \boldsymbol{\Phi}(a_t, q_t, d_t)\right) da_t. \tag{11.44}$$

MaxEnt IRL의 대부분의 응용은 멀티스텝 경로를 기본 대상으로 사용하고 경로 공간에 분할 함수 Z_θ를 정의한다는 점에 주목한다. MaxEnt IRL의 첫 번째 응용은 Ziebart et al.(2008, 2013)에서와 같이 작은 이산 상태-행동 공간 위에서 Z_θ를 정확하게 계산하는 반면 대규모 또는 연속 상태-행동 공간에 대해서는 근사 동적 프로그래밍 또는 기타 근사 방법을 사용한다. 예를 상대적 엔트로피 IRL 접근법(Boularias et al. 2011)에서는 준거('배경') 정책 분포로부터 중요도 샘플링^{importance sampling}을 사용해 Z_θ를 계산한다. 대규모 또는 연속적인 상태-행동 공간의 경우 MaxEnt/RelEnt IRL 방법의 응용에 대해 주요 계산 병목 현상을 야기하는 것이 바로 이 계산이다.

식 (11.40)과 같은 간단한 구간별 2차 함수 보상^{piecewise-quadratic reward}을 사용해 다르게 진행할 수 있다. 각 타임스텝에 대해 상태 의존 정규화 계수 Z_θ를 정의한다. 경로-의존 '전역적^{global}' 분할 함수 Z_θ를 국지적^{local} 상태 의존 상수 $Z_\theta(q_t, d_t)$ 대신 사용하기 때문에 이 상수를 계산하고자 정확하거나 근사적인 동적 프로그래밍에 의존할 필요가 없다. 이는 Boularias et al.(2011)의 접근법과 유사하다(또한 상대적 엔트로피 최소화에 의존하기

때문). 그러나 우리의 경우 준거 분포 $\pi_0(a_t|q_t, d_t)$와 정규화 계수 $Z_\phi(q_t, d_t)$는 모두 단일 타임스텝에서 정의되며, $Z_\phi(q_t, d_t)$의 계산은 적분(식 11.44)을 계산하는 것에 해당한다. 다음 표시된 것처럼 이 적분은 적절하게 선택된 분포 $\pi_0(a_t|q_t, d_t)$를 사용해 분석적으로 계산할 수 있다

우리는 준거('사전prior') 행동 분포 $\pi_0(a_t|q_t, d_t)$에 대한 이산과 연속 분포의 혼합을 사용한다.

$$\pi_0(a_t|q_t, d_t) = \bar{\nu}_0\delta(a_t) + (1 - \bar{\nu}_0)\tilde{\pi}_0(a_t|q_t, d_t)\mathbb{I}_{a_t > 0} \tag{11.45}$$

여기서 $\delta(x)$는 디랙 델타 함수Dirac delta-function를 나타내며, $\mathbb{I}_{x>0} = 1$ if $x > 0$ 이고 아니면 0이다. 연속 구성 요소 $\tilde{\pi}_0(a_t|q_t, d_t)$는 다음과 같이 분할된 spliced 가우시안 분포로 주어진다.

$$\tilde{\pi}_0(a_t|q_t, d_t) = \begin{cases} (1 - \omega_0(q_t, d_t))\phi_1\left(a_t, \frac{\mu_0 + \gamma_0 d_t}{\beta_0}, \frac{1}{\beta_0}\right) & \text{if } 0 < a_t \leq q_t \\ \omega_0(q_t, d_t)\phi_2\left(a_t, \frac{\mu_0 + \gamma_0 d_t - \eta_0 p}{\beta_0}, \frac{1}{\beta_0}\right) & \text{if } a_t \geq q_t \end{cases} \tag{11.46}$$

여기서 $\phi_1(a_t, \mu_1, \sigma_1^2)$와 $\phi_2(a_t, \mu_2, \sigma_2^2)$는 작은 일 소비 수준과 큰 일 소비 수준에 대한 2개의 절단된 정규분포의 확률 밀도함수다. 즉, 각각 $0 \leq a_t \leq q_t$ 그리고 $a_t \geq q_t$다(특히 이들은 모두 별도로 1로 정규화된다). 혼합 파라미터 $0 \leq \omega_0(q_t, d_t) \leq 1$은 다음과 같은 $a_t = q_t$에서의 연속성 조건에 의해 결정된다.

$$(1 - \omega_0(q_t, d_t))\phi_1\left(q_t, \frac{\mu_0 + \gamma_0 d_t}{\beta_0}, \frac{1}{\beta_0}\right) = \omega_0(q_t, d_t)\phi_2\left(q_t, \frac{\mu_0 + \gamma_0 d_t - \eta_0 p}{\beta_0}, \frac{1}{\beta_0}\right) \tag{11.47}$$

위의 일치 조건matching condition은 큰 값의 qt를 필요로 하며 이에 대한 정규 분포 값은 지수적으로 매우 작아지므로, 실무적으로 양쪽에 로그를 취해 이를 사용하는 것이 더 좋다.

$$\omega_0(q_t, d_t) = \frac{1}{1 + \exp\left\{\log \phi_2\left(q_t, \frac{\mu_0 + \gamma_0 d_t - \eta_0 p}{\beta_0}, \frac{1}{\beta_0}\right) - \log \phi_1\left(q_t, \frac{\mu_0 + \gamma_0 d_t}{\beta_0}, \frac{1}{\beta_0}\right)\right\}}$$

(11.48)

사전 혼합-분할 분포(식 11.45)는 간단한 분포로 표현됨에도 불구하고, 직관적이고 주로 관찰된 소비 패턴과 대략 일치하는 것으로 나타나는 매우 복잡한 동학으로 이어진다. 특히 식 (11.46)이 $a_t > q_t$에서 큰 변동은 작은 변동 $0 < a_t \le q_t$의 평균 값 $\frac{\mu - \gamma d_t}{\beta}$보다 작은 평균 값 $\frac{\mu - \gamma d_t - \eta p}{\beta}$를 중심으로 한다는 것을 나타낸다. 여분의 허용 배리어를 위배하는 경우 평균의 감소와 시간에 따른 각 요소의 평균 감소 모두 현재 맥락에서 매우 직관적으로 보인다. 다음에서 보여주는 것처럼 사후분포 $\pi(a_t | q_t, d_t)$는 이러한 특성을 계승하는 동시에 동학의 잠재적 복잡성을 더욱 풍부하게 한다.[5]

사전 혼합-분할 분포(식 11.45)를 준거 분포 $\pi_0(a_t | q_t, d_t)$로 사용하는 이점은 상태 의존적 정규화 계수[6] $Z_\theta(q_t, d_t)$가 다음 선택으로 정확하게 평가될 수 있다는 것이다.

$$Z_\theta(q_t, d_t) = \bar{\nu}_0 e^{\kappa q_t} + (1 - \bar{\nu}_0)\left(I_1(\theta, q_t, d_t) + I_2(\theta, q_t, d_t)\right)$$

(11.49)

여기서 다음과 같다.

$$I_1(\theta, q_t, d_t) = (1 - \omega_0(q_t, d_t))\sqrt{\frac{\beta_0}{\beta_0 + \beta}} \exp\left\{\frac{(\mu_0 + \mu + (\gamma_0 + \gamma)d_t)^2}{2(\beta_0 + \beta)} - \frac{(\mu_0 + \gamma_0 d_t)^2}{2\beta_0}\right\}$$

$$\times \frac{N\left(-\frac{\mu_0 + \mu + (\gamma_0 + \gamma)d_t - (\beta_0 + \beta)q_t}{\sqrt{\beta_0 + \beta}}\right) - N\left(-\frac{\mu_0 + \mu + (\gamma_0 + \gamma)d_t}{\sqrt{\beta_0 + \beta}}\right)}{N\left(-\frac{\mu_0 + \gamma_0 d_t - \beta_0 q_t}{\sqrt{\beta_0}}\right) - N\left(-\frac{\mu_0 + \gamma_0 d_t}{\sqrt{\beta_0}}\right)}$$

$$I_2(\theta, q_t, d_t) = \omega_0(q_t, d_t)\sqrt{\frac{\beta_0}{\beta_0 + \beta}} \exp\left\{\frac{(\mu_0 + \mu - (\eta_0 + \eta)p + (\gamma_0 + \gamma)d_t)^2}{2(\beta_0 + \beta)}\right.$$

(11.50)

---

5. 특히 정적 혼합 계수 $\nu 0$을 상태와 시간 의존적 변수 $\nu_t = \nu(q_t, d_t)$로 더 풍부하게 한다.
6. 정규화 계수, 정규화 상수, 정규화 요인, 정규화 팩터는 모두 동일한 의미로 사용된다. – 옮긴이

$$- \frac{(\mu_0 - \eta_0 p + \gamma_0 d_t)^2}{2\beta_0} + \eta p q_t \Bigg\} \times \frac{1 - N\left(\frac{-\mu_0 + \mu - (\eta_0 + \eta)p + (\gamma_0 + \gamma)d_t - (\beta_0 + \beta)q_t}{\sqrt{\beta_0 + \beta}}\right)}{1 - N\left(\frac{-\mu_0 - \eta_0 p + \gamma_0 d_t - \beta_0 q_t}{\sqrt{\beta_0}}\right)}$$

여기서 $N(x)$는 누적 정규 확률분포다.

T 스텝 경로 $\tau_i = \{a_t^i, q_t^i, d_t^i\}_{t=0}^T$의 확률(여기서 i는 상이한 사용자-경로를 열거한다)은 단일 스텝 확률의 곱으로 얻어진다.

$$P(\tau_i) = \prod_{(a_t, q_t, d_t) \in \tau_i} \frac{\pi_0(a_t | q_t, d_t)}{Z_\theta(q_t, d_t)} \exp\left(\boldsymbol{\Theta}^T \boldsymbol{\Phi}(a_t, q_t, d_t)\right) \sim exp\left(\boldsymbol{\Theta}^T \boldsymbol{\Phi}^{(\tau_i)}(a_t, q_t, d_t)\right) \tag{11.51}$$

여기서 $\boldsymbol{\Phi}^{(\tau_i)}(a_t, q_t, d_t) = \left\{\Phi_k^{(\tau_i)}(a_t, q_t, d_t)\right\}_{k=0}^{K-1}$는 관측 경로 τ_i를 따르는 누적 특성 개수^{cumulative feature count}다.

$$\Phi_k^{(\tau_i)}(a_t, q_t, d_t) = \sum_{(a_t, q_t, d_t) \in \tau_i} \Phi_k(a_t, q_t, d_t) \tag{11.52}$$

따라서 우리의 모델에서 총 경로 확률은 고전적 MaxEnt IRL 접근법(Ziebart et al. 2008)에서와 같이 경로를 따르는 총 보상의 지수 함수다. 반면 지수 함수 이전의 정규화 계수는 경로 확률이 아니라 단일 스텝으로 작업하므로 다르게 계산된다.

식 (11.51)의 지수 경로 확률분포를 정의하는 파라미터 $\boldsymbol{\Theta}$는 표준 최대 우도 추정^{MLE} 방법에 의해 추정될 수 있다. N개의 역사적으로 관측된 단일 주기 소비 경로를 갖고 있고 경로 확률들이 독립적이라고 가정하자.[7] 이들 데이터를 관찰하는 총 우도^{total likelihood}는 다음과 같다.

$$L(\theta) = \prod_{i=1}^N \prod_{(a_t, q_t, d_t) \in \tau_i} \frac{\pi_0(a_t | q_t, d_t)}{Z_\theta(q_t, d_t)} \exp\left(\boldsymbol{\Theta}^T \boldsymbol{\Phi}(a_t, q_t, d_t)\right) \tag{11.53}$$

---

7. 개별 소비자에 대한 보상 사이 상호 의존성의 더 복잡한 경우를 고려할 수 있지만 여기서 이러한 접근법을 추구하지는 않는다.

따라서 음의 로그 우도는 $\boldsymbol{\Theta}$에 의존하지 않는 $\log \pi_0(a_t \mid q_t, d_t)$ 항을 생략한 후[8] $1/N$로 크기를 조정하면 다음을 얻는다.

$$-\frac{1}{N} \log L(\theta) = \frac{1}{N} \sum_{i=1}^{N} \left(\sum_{(q_t, d_t) \in \tau_i} \log Z_\theta(q_t, d_t) - \sum_{(a_t, q_t, d_t) \in \tau_i} \boldsymbol{\Theta}^T \boldsymbol{\Phi}(a_t, q_t, d_t) \right)$$

$$= \frac{1}{N} \sum_{i=1}^{N} \left(\sum_{(q_t, d_t) \in \tau_i} \log Z_\theta(q_t, d_t) - \boldsymbol{\Theta}^T \boldsymbol{\Phi}^{(\tau_i)}(a_t, q_t, d_t) \right) \quad (11.54)$$

최적 파라미터에 대한 최초의 추측 $\theta_k^{(0)}$이 주어질 때 음의 로그 우도의 규제화된 버전을 고려할 수 있다.

$$-\frac{1}{N} \log L(\theta) = \frac{1}{N} \sum_{i=1}^{N} \left(\sum_{(q_t, d_t) \in \tau_i} \log Z_\theta(q_t, d_t) - \boldsymbol{\Theta}^T \boldsymbol{\Phi}^{(\tau_i)}(a_t, q_t, d_t) \right) + \lambda ||\theta - \theta^{(0)}||_q$$

$$(11.55)$$

여기서 λ는 규제화 파라미터고 $q = 1$ 또는 $q = 2$는 각각 L_1과 L_2 노름을 나타낸다. MLE 추정(식 11.53)을 베이지안 최대 사후$^{\text{MAP, Maximum A Posteris}}$ 추정으로 바꿀 때 규제화는 θ_k에 대한 사전분포의 기여도로서 베이지안 해석을 할 수 있다.

식 (11.51)과 같은 지수 모델이 볼록인 음의 로그 우도 함수를 생성한다는 잘 알려진 특성을 사용해 최종 목적 함수(식 11.55)는 (직접 계산으로도 확인할 수 있듯이) 파라미터 $\boldsymbol{\Theta}$에 볼록하므로 $\theta^{(0)}$과 λ의 어떠한 값에 대해서도 유일한 해를 가진다. 이를 통해 개별 고객이나 고객 그룹 간에 추정된 모델 파라미터의 원활한 진화와 보정 절차$^{\text{calibration procedure}}$의 안정성이 보장된다.

규제화된 음의 로그 우도 함수(식 11.55)는 볼록 최적화를 위한 다수의 알고리듬을 사용해 최소화할 수 있다. $\lambda = 0$(즉, 정규화를 사용하지 않음) 또는 $q = 2$일 경우 목적 함수는 미분 가능하며, 그래디언트 기반 방법을 사

---

8. $Z_\theta(q_t, d_t)$는 여전히 $\pi_0(a_t \mid q_t, d_t)$에 의존한다. 식 (11.44)를 참고하라.

용해 파라미터 θ_k를 보정할 수 있다. $\lambda > 0$과 L_1 규제화를 사용할 때 목적 함수는 0에서 미분 가능하지 않으며, 이는 L-BFGS 알고리듬의 Orhant-Wise 변형을 사용해 해결할 수 있다(Kalakrishnan et al. 2013).

4.4 데이터가 얼마나 필요한가? IRL과 관측 잡음

IRL 및 관측 잡음 IRL은 보상이 관찰되지 않고 이로 인해 더 적은 데이터를 기반으로 하기 때문에 일반적으로 직접 강화학습보다 어렵다. RL 훈련은 종종 데이터 집약적이라는 것은 잘 알려져 있다. 예를 들어 심층 강화학습은 종종 수백만 개의 특성 벡터 관측에서 측정된 훈련 데이터 세트를 사용한다. 금융 응용의 경우 정교한 함수 근사가 아닌 심지어 2차 보상 함수를 가진 간단한 RL 모델도 충분히 정확한 결과를 위해 수만 개의 예를 필요로 할 수 있다.

IRL이 전형적으로 RL보다 어렵고 RL이 일반적으로 매우 데이터 집약적이라는 점을 고려할 때 IRL이 성공하기 위한 자연스러운 첫 번째 질문은 충분한 데이터가 있는지 여부다.

이 질문에 대한 답은 분명히 몇 가지 요인에 달려 있다. 첫째, 조정할 자유 파라미터 수와 모델에 달려있다. 둘째, IRL의 사용 목적에 따라 다르다. 예를 들어 IRL을 금융 에이전트 군집화에 적용하는 방법을 고려하자. 일반적으로 군집화에 대한 표준 접근법은 특성 집합을 미리 결정한 다음 특성의 유클리드 공간에 정의된 벡터 노름^{vector norm}과 같은 척도로 군집화를 수행하는 것이다.

군집화의 대상이 추상적인 데이터 포인트가 아니라 금융 에이전트인 경우 IRL은 이 표준 접근법에 비해 많은 측면에서 매우 매력적인 대안을 제공한다. 이 아이디어는 IRL이 군집화를 위한 유용한 특성을 정의하고자 학습한 보상 함수를 사용하는 것이다. 군집화를 이러한 방식으로 수행할 경우 결과되는 군집은 에이전트의 보상과 상관되는 특성에 의해 서로 구별되므로 구축상 의미가 있을 것이다.

이 아이디어는 매우 간단한 방법으로 구현될 수 있다. N개의 서로 다른 에이전트로 얻은 N개의 경로를 갖고 있다고 가정하자. 또한 각 에이전트에 대한 보상 함수는 일련의 K개의 기저 함수 $\Psi_k(s_t, a_t)$에 대한 확장으로 표시될 수 있다고 가정한다.

$$r(s_t, a_t) = \sum_{k=1} \theta_k \Psi_k(s_t, a_t) \qquad (11.56)$$

각 에이전트에 대해 IRL이 별도로 수행되면 일반적으로 각 에이전트에 대해 달라지는 학습된 파라미터 집합 $\{\theta_k\}$가 생성된다. 학습된 파라미터 $\{\theta_k\}_{k=1}^{K}$은 어떤 척도, 예를 들어 두 에이전트 i와 j 사이 벡터 간의 유클리디안 거리 $D_{ij} = \sum_{k=1}^{K} \left(\theta_k^{(i)} - \theta_k^{(j)} \right)^2$ 을 정의하는 데 사용할 수 있다.

분명히 이 프로그램이 작동하려면 파라미터 θ들 사이의 차이가 통계적으로 유의해야 한다. 그렇지 않으면 이러한 방법으로 얻은 에이전트의 이질성은 데이터 잡음으로 인한 인위적인 결과에 불과할 수 있다.

샘플링 오차의 거짓 효과에서 IRL 데이터의 진정한 이질성을 식별하기 위한 신중한 접근법은 서로 다른 유한 샘플 추정기의 효율성(예, 수렴률)에 대한 추정에 의존하는 것이다. 고전적인 통계학에서 이러한 비율은 우도^{likelihood}를 분석적으로 추적할 수 있을 때 얻을 수 있다. 이는 예를 들어 손실 제곱 함수를 사용하는 최대 우도 추정의 경우다. 다른 경우로 예를 들어 비모수 모델에서 우도는 닫힌 형태의 식을 갖지 않으며, 따라서 점근 전^{pre-asymptotic}(유한 샘플) 추정기의 수렴률에 대한 분석적 결과를 얻을 수 없다.

이러한 경우 분석적 공식에 대한 실질적인 대안은 몬테카를로 시뮬레이션에 의존하는 것이다. 유한 크기 데이터에 대해 IRL로 학습한 파라미터 θ를 통계적 추정기로 볼 수 있으므로 동일한 모델에서 시뮬레이션된 데이터에 대해 이들을 사용함으로써 이러한 추정기의 효율성과 유한 샘플 관측 잡음이 이들에 미치는 영향을 탐구할 수 있다. 다시 말해 IRL에 의해 학습된 모델은 진정한 모델이라고 가정된다. 모델이 생성적이라면 어떤 고정되고 그럴듯한 파라미터들을 사용해 모델을 시뮬레이션할 수 있고 요구만 있으면 언제든지 $^{on\ demand}$ 무제한의 데이터를 생성할 수 있다. 그리고 나서 IRL 추정기의 유한 샘플 성과를 평가하고자 길이 T의 모든 관측 시퀀스에 대해 얻은 예측된 파라미터의 히스토그램을 그리고, 참 값(데이터를 시뮬레이션하는 데 사용되는 값)과 비교할 수 있다.

이 절에서 개발된 간단한 MaxEnt IRL 프레임워크는 관측 잡음의 거짓 영향에서 에이전트 간에 진정한 이질성을 구별하는 데 필요한 데이터양에 대한 직관을 개발하는 데 도움이 될 수 있다. 모델이 생성적이고 시뮬레이션이 용이하므로 몬테카를로 시뮬레이션을 사용해 유한 샘플 성과를 평가하는 데 사용할 수 있다.

4.5 반사실적 시뮬레이션

식 (11.54)나 (11.55)의 MLE 방법을 사용한 모델 파라미터 Θ 추정 후 사용자들이 다른 선불 프리미엄 F_j, 가격 p_j, 초기 할당량 $q_j(0)$을 갖는 계획을 채택한다고 가정할 때 이 모델을 총 사용자 보상의 반사실적 시뮬레이션 $^{counterfactual\ simulation9}$에 사용할 수 있다. 이를 위해 a_t의 일일 소비량과 이전 값인 q_{t-1}, d_{t-1}이 주어지면 그다음 값은 결정된다. 즉, $q_t = (q_{t-1} - a_t)_+$, $d_t = d_{t-1} - 1$이다. 따라서 우리 모델에서 경로 확률은 행동 확률에 의해서만 정의되며 시점 t에서 다른 행동의 $a_t \geq 0$ 의 확률 밀도는 단일 스텝 확률

---

9. 반사실적 시뮬레이션은 발생하지 않은 사건을 발생했다고 가정하거나, 또는 발생한 사건이 발생하지 않았다고 가정하고 그에 대한 인과적 상황을 살펴보는 것이다. 본문의 예에서 현재 채택하고 있지 않는 지불 플랜을 채택할 때 사용자 보상이 어떻게 되는가를 시뮬레이션하므로 반사실적 시뮬레이션이라 할 수 있다. - 옮긴이

$P(\tau) \sim \exp(r(a_t, q_t, d_t))$에서 얻을 수 있다. 식 (11.40)과 (11.43)을 사용하면 다음을 얻는다.

$$\pi(a_t|q_t, d_t) = \frac{\pi_0(a_t|q_t, d_t)}{Z_\theta(q_t, d_t)} \exp\left\{ \mu a_t - \frac{1}{2}\beta a_t^2 + \gamma a_t d_t - \eta p(a_t - q_t)_+ + \kappa q_t \mathbb{1}_{a_t=0} \right\}$$
(11.57)

식 (11.45)에 의해 주어진 혼합 이산-연속 사전분포 $\pi_0(a_t|q_t, d_t)$의 명시적인 형태를 사용해 동일한 형태의 사후분포 $\pi(a_t|q_t, d_t)$를 다음과 같이 표현할 수 있다.

$$\pi(a_t|q_t, d_t) = \nu_t \delta(a_t) + (1 - \nu_t)\tilde{\pi}(a_t|q_t, d_t)\mathbb{I}_{a_t>0}$$
(11.58)

여기서 혼합 가중치는 상태와 시간 의존적이다.

$$\nu_t = \frac{\bar{\nu}_0 \exp\{\kappa q_t\}}{Z_\theta(q_t, d_t)} = \frac{\bar{\nu}_0 \exp\{\kappa q_t\}}{\bar{\nu}_0 e^{\kappa q_t} + (1 - \bar{\nu}_0)\left(I_1(\theta, q_t, d_t) + I_2(\theta, q_t, d_t)\right)}$$
(11.59)

여기서 식 (11.49)를 사용했으며 분할 가우시안 요소는 다음과 같다.

$$\tilde{\pi}(a_t|q_t, d_t) = \begin{cases} (1 - \omega(\theta, q_t, d_t))\phi_1\left(a_t, \frac{\mu_0+\mu+(\gamma_0+\gamma)d_t}{\beta_0+\beta}, \frac{1}{\beta_0+\beta}\right) & \text{if } 0 < a_t \leq q_t \\ \omega(\theta, q_t, d_t)\phi_2\left(a_t, \frac{\mu_0+\mu-(\eta_0+\eta)p+(\gamma_0+\gamma)d_t}{\beta_0+\beta}, \frac{1}{\beta_0+\beta}\right) & \text{if } a_t \geq q_t \end{cases}$$
(11.60)

여기서 가중치 $\omega(\theta, q_t, d_t)$는 식 (11.57)과 식 (11.49)를 사용해 얻을 수 있다. 대수 연산을 통해 이는 다음과 같은 공식을 유도한다.

$$\omega(\theta, q_t, d_t) = \frac{I_2(\theta, q_t, d_t)}{I_1(\theta, q_t, d_t) + I_2(\theta, q_t, d_t)} = \frac{1}{1 + \frac{I_1(\theta, q_t, d_t)}{I_2(\theta, q_t, d_t)}}$$
(11.61)

여기서 함수 $I_1(\theta, q_t, d_t)$, $I_2(\theta, q_t, d_t)$는 앞에서 식 (11.50)에 의해 정의된다. 비율 $I_1(\theta, q_t, d_t)/I_2(\theta, q_t, d_t)$는 동일하게 다음과 같은 형태로 표현될 수 있다.

$$\frac{I_1(\theta, q_t, d_t)}{I_2(\theta, q_t, d_t)}$$

$$= e^{-p(\eta_0+\eta)\left(q_t - \frac{\mu_0+\mu+(\gamma_0+\gamma)d_t}{\beta_0+\beta}\right) - \frac{p^2(\eta_0+\eta)^2}{2(\beta_0+\beta)}} \frac{\int_0^{q_t} e^{-\frac{1}{2}(\beta_0+\beta)\left(a_t - \frac{\mu_0+\mu+(\gamma_0+\gamma)d_t}{\beta_0+\beta}\right)^2} da_t}{\int_{q_t}^{\infty} e^{-\frac{1}{2}(\beta_0+\beta)\left(a_t - \frac{\mu_0+\mu+(\gamma_0+\gamma)d_t - (\eta_0+\eta)p}{\beta_0+\beta}\right)^2} da_t}$$

$$(11.62)$$

식 (11.62)에 의해 주어진 비율 $I_1(\theta, q_t, d_t)/I_2(\theta, q_t, d_t)$를 적용한 식 (11.61)
은 식 (11.60)으로 직접 시작했다면 $a_t = q_t$에서의 연속성 조건으로부터
얻었을 가중치에 대한 공식과 일치함을 직접 계산에 의해 확인할 수
있다.

$$\omega_0(q_t, d_t) = \frac{1}{1 + \exp\left\{\log \frac{\phi_2\left(q_t, \frac{\mu_0+\mu+(\gamma_0+\gamma)d_t - (\eta_0+\eta)p}{\beta_0+\beta}, \frac{1}{\beta_0+\beta}\right)}{\phi_1\left(q_t, \frac{\mu_0+\mu+(\gamma_0+\gamma)d_t}{\beta_0+\beta}, \frac{1}{\beta_0+\beta}\right)}\right\}} \qquad (11.63)$$

두 표현식 (11.61)과 (11.63)이 일치한다는 사실은 사전분포 $\pi_0(a_t \mid q_t, d_t)$
가 $a_t = q_t$에서 연속인 한 사후분포 $\pi(a_t \mid q_t, d_t)$ 역시 $a_t = q_t$에서 연속이라는
것을 의미한다. $a_t = q_t$에서의 연속성과 함께 최적(또는 '사후') 행동 분포
$\pi(a_t \mid q_t, d_t)$는 기준('사전') 분포 $\pi_0(a_t \mid q_t, d_t)$와 동일한 혼합 이산 분할 가우
시안 구조를 가진다. 반면 각 구성 분포의 혼합 가중치, 평균과 분산은
변한다. 우리 모델의 이러한 구조 보존 속성은 베이지안 분석에서 켤레
사전분포의 구조 보존 특성과 유사하다. 분할된 가우스 분포(식 11.60)의
시뮬레이션은 표준 가우시안 분포의 시뮬레이션보다 약간만 더 복잡하
다. 여기에는 먼저 분할된 분포의 성분을 시뮬레이션한 다음 이 분포에
서 절단된 정규분포 확률 변수를 시뮬레이션하는 작업이 포함된다. 다
른 소비 경로는 상태 변수 q_t, d_t의 결정적 업데이트와 함께 혼합 분포(식
11.58)에서 반복 시뮬레이션에 의해 얻어진다.

혼합 분할 정책(식 11.58)을 사용한 시뮬레이션된 일일 소비의 예는 그림
11.1에서 볼 수 있으며 잔여 할당량에 대한 결과 경로는 그림 11.2에서
볼 수 있다. 여기서 모델 파라미터 값은 $q_0 = 600$, $p = 0.55$, $\mu = 0.018$,

$\beta = 0.00125$, $\gamma = 0.0005$, $\eta = 0.1666$, $\kappa = 0.0007$을 사용하며 추가로 $\mu_0 = \mu$, $\beta_0 = \beta$, $\gamma_0 = \gamma$, $\eta_0 = \eta$, $\kappa_0 = \kappa$, $\nu_0 = 0.05$로 설정한다.

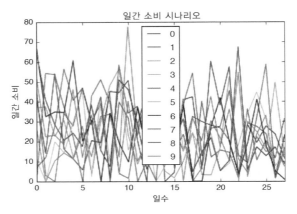

그림 11.1 일간 소비 시뮬레이션

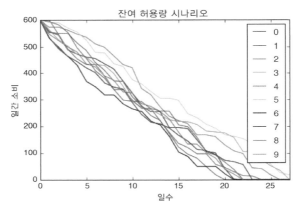

그림 11.2 잔여 허용량 시뮬레이션

효용 함수는 그대로 유지하더라도 관측 잡음 때문에 소비는 달마다 상당히 크게 달라질 수 있다(예, 고객은 해당 기간의 약 80%에 할당량을 모두 사용할 수 있으며, 또는 월말에 미사용 할당량이 남을 수도 있다).

4.6 MLE 추정량의 유한-샘플 속성

최대 우도 추정^{MLE}은 추정된 모델 파라미터에 대해 비대칭적으로 편향되지 않은 결과를 제공하는 것으로 알려져 있지만 실제로는 세분된 개별 고객에 대해 제한된 이력^{history}을 가진 데이터를 처리해야 한다. 예를 들어 고객 1000명을 대상으로 Xu et al.(1015)의 구조적 모델을 9개월 동안의 데이터에 대해 훈련했다. 분석에 포함될 고객의 수는 더 많은 데이터를 수집함으로써 잠재적으로 증가할 수 있지만 긴 개인 수준의 소비 이력을 수집하는 것은 예를 들어 고객 이동성과 같은 여러 가지 요인 때문에 더 어려울 수 있다.

서비스 소비를 위한 긴 시계열의 가용성에 대한 그러한 잠재적 한계를 고려해 우리 모델의 설정에서 MLE 추정기의 유한 샘플 특성을 조사하는 것이 중요하다. 특히 두 고객이 동일한 '참' 모델 파라미터를 갖고 있더라도 이들의 유한 샘플 MLE 추정치는 일반적으로 이들 고객에 대해 다를 수 있다.

따라서 개별 고객을 구별할 수 있는 모델의 능력은 분석에 사용할 수 있는 제한된 데이터의 양과 함께 현실적인 설정에서의 MLE 추정기의 편향과 분산의 양에 달려있다. Xu et al.(2015)은 1000명의 사용자에 대한 9개월 관측 데이터 세트에 대한 추정 모델 파라미터의 상당한 이질성을 보고했지만 추정기의 유한 샘플 특성을 다루지 않았기 때문에 그들의 결과가 추정기의 '관측 잡음'에 기인될 수 있다는 가장 간단한 해석을 간과하고 있다. 이러한 잡음은 심지어 완벽하게 동질적인 고객 집합에서도 관측된다.

우리는 모델 파라미터를 위와 같이 고정시키면서 N_m개월의 소비 이력을 반복적으로 N_p회 샘플링해 모델에 대한 MLE 추정기의 경험적 분포를 추정으며, 각 모델 파라미터에 대해 N_p 추정 값의 히스토그램을 생성했다.

결과는 그림 11.3, 11.4, 11.5에서 보여주는데, 여기서 N_m = 10, 100, 1000

개월 데이터에 대한 결과 히스토그램을 보여주는데, 모든 그래프에 대한 실험 횟수는 $N_p = 100$으로 유지한다. β를 제외한 모든 파라미터의 경우 $N_m = 10$에 대한 MLE 추정치의 표준편차는 평균과 거의 같다. 이는 내재된 파라미터가 두 배 이상으로 다르지 않는 한 10개월 동안 매일 관측한 두 명의 사용자를 모델로 구별하기 어렵다는 것을 의미한다.

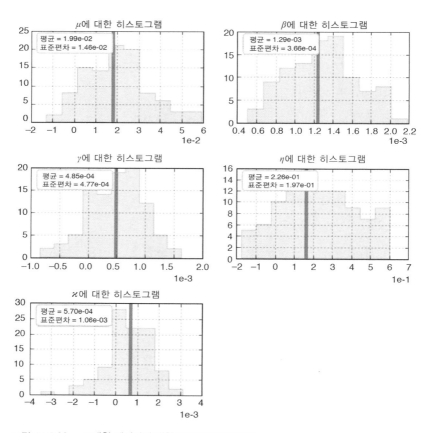

그림 11.3 $N_m = 10$개월 데이터에 대한 MLE 추정치의 분포

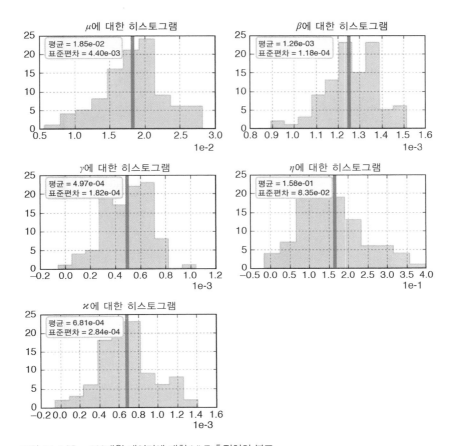

그림 11.4 $N_m = 100$개월 데이터에 대한 MLE 추정치의 분포

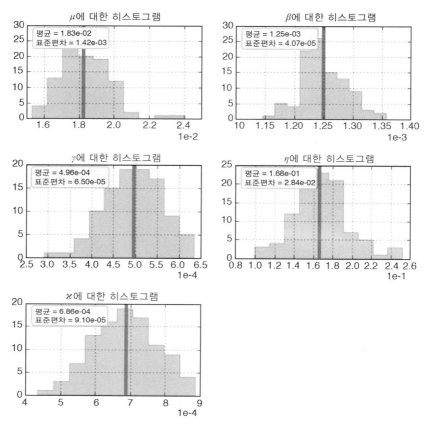

그림 11.5 N_m = 1000개월 데이터에 대한 MLE 추정치의 분포

이는 Xu et al.(2015)에 의해 유사한 환경에서 제안된 모델이 암시하는 고객 이질성에 약간의 의심을 불러일으킬 수 있다. 그리고 이러한 이질성의 일부가 전부는 아니지만 모델 추정 절차의 유한 샘플 잡음에 의해 설명될 수 있다. 그러나 모든 고객은 실제로 모델의 관점에서 구별할 수 없음을 시사한다.

반면에 MLE 추정기의 편향과 분산이 관측 기간의 범위가 10 사용자-개월에서 1000 사용자-개월로 증가함에 따라 어떻게 감소하는지를 알 수 있다. 이러한 결과는 실제적으로 소비 행태가 유사한 고객 그룹을 사용해 모델을 보정해야 함을 시사한다. 이는 시계열 군집화^{clustering}에 널리 사용되는 기술을 사용해 구현될 수 있다.

4.7 논의

동적인 소비자 수요 추정을 위한 최대 엔트로피 역강화학습IRL의 다루기 쉬운 버전을 제시했으며, 이는 새로운 제품과 서비스에 대한 적절한 마케팅 전략을 설계하는 데 적용될 수 있다. 클라우드 플랜, 전기 및 가스 플랜 등과 같은 주기적인 공공요금의 마케팅과 가격 결정의 유사한 문제에 대해 적절한 조정을 통해 적용될 수 있다. 이 모델을 사용하면 간단한 시뮬레이션이 가능하므로 반사실적 실험을 수행하는 데 도움이 된다. IRL/머신러닝 측면에서 대부분 다른 버전의 최대 엔트로피 IRL과 달리 우리의 모델은 벨만 최적성 방정식을 심지어 한 번도 풀 필요가 없다. 우리의 접근법에서의 모델 추정은 저차원 공간에서의 볼록 최적화에 해당하며, 표준 상용 최적화 소프트웨어를 사용해 풀 수 있다. 이는 일반적으로 모델 파라미터 추정을 위해 몬테카를로 시뮬레이션에 의존하는 구조적 모델보다 계산적으로 훨씬 쉽다. 이 모델에서 가벼운 추정기가 사용 가능하므로 유한 샘플 성과의 추정을 가능하게 한다. 결과적으로 이것은 데이터의 관측 잡음으로 인한 거짓 이질성에서 데이터의 진정한 이질성을 탐지하는 것을 용이하게 한다.

5. 적대적 모방학습과 IRL

5.1 모방학습

모방학습imitation learning은 시연으로부터의 학습 모델의 중요한 두 번째 클래스다. 역강화학습과 달리 모방학습은 에이전트의 보상 함수를 복원하려고 시도하는 것이 아니라 관측된 행동이 주어질 때 행동 정책을 직접 모델링하려고 시도한다. 모방학습에서 목표는 보상 함수보다는 전문가 정책을 복구하는 것이다. 보상 함수 자체를 찾으려는 IRL의 목표보다 약간 덜 야심적인 것이 분명하다. IRL은 전이 가능할 수 있고 다른 환경에서 사용할 수 있지만 모방학습은 전이 가능하지 않다. 그러나 실제적인 관심의 많은 문제에서 우리는 진정한 전이 가능성을 필요로 하지 않는다. 예를 들어 일부 거래에서 단기 또는 중간 기간 범위(일 또는 주)의 경우 시장 동학에 대한 근사적인 정상성을 합리적으로 가정할 수 있으므로 과거 데이터에서 학습한 정책을 사용해 트레이딩 결정을 내릴 수 있다. 또한 앞 절에서 봤듯이 '참' 보상 함수는 일부 불변 변환invariance transformation까지만 학습할 수 있다. 이러한 보상 함수 학습의 모호성은 여러 환경에 걸친 IRL의 적용을 미묘한 문제로 만들 수 있다.

모방학습은 IRL만큼 긴 역사를 갖고 있지만 로봇과 비디오 게임에 RL과 IRL의 방법을 적용하는 리서처들 사이에서 지난 몇 년 동안 상당한 인기를 얻었다. 설명을 명확하게 하면 행동 복제BC, Behavioral Cloning 방법은 보상 함수를 명시적으로 도입하지 않는 한, 공식적으로는 모방학습으로 분류할 수도 있다. 그러나 이 책에서는 현대적 문헌을 따라 BC를 모방학습 방법으로 포함시키지 않을 것이다. 오히려 Ho와 Ermon의 적대적 생성 모방학습GAIL, Generative Adversarial Imitation Leaning 모델로 시작된 일련의 문헌을 기반으로 할 것이다. GAIL이 보상 함수를 복원하지 않더라도 나중에 제시하는 일반화는 보상 및 정책 함수를 모두 복원하는 것을 목표로 한다. 따라서 문헌의 관례에 따라 때때로 이러한 방법을 적대적 IRLadversarial IRL이라고 언급할 것이다.

5.2 GAIL: 적대적 생성 모방학습

GAIL의 아이디어를 소개하고자 최대 인과 엔트로피Max-Causal Entropy 방법의 쌍대 형태(식 11.21)를 상기하자. 앞 절에서는 직접 RL(더 구체적으로는

G-러닝)을 사용하는 식 (11.21)을 사용해 얻은 모델의 최대 우도 추론을 이용해 최대 엔트로피 IRL을 얻을 수 있는 방법을 설명했다. 후자의 접근법으로 일반 특성 $\mathcal{F}(\mathbf{S}, \mathbf{A})$는 단일 스텝 기대 보상 함수 $r(s_t, a_t)$로 대체된다.

따라서 이 추론 라인은 두 단계로 진행된다. (i) 고정적이고 알려지지 않은 보상 함수를 가정하고 최적의 정책을 생성하고자 이 함수로 직접 RL 문제를 해결하고, (ii) 결과 최적 정책을 관측된 행동의 확률적 모델로 사용해 보상 함수의 파라미터를 관행적인 최대 우도 방법으로 보정한다.

실제 IRL 구현에서 우리는 일반적으로 보상 함수의 파라미터 설정에 의존한다. 이는 보상 함수 최적화와 관련해 IRL 최적화의 각 반복 시행당 하나의 직접 RL 문제를 해결해야 함을 의미한다.

대안적으로 우리는 여전히 최대 인과 엔트로피 접근법(식 11.21)을 기반으로 하지만 직접 RL 문제를 해결하지 않으려는 다른 IRL 접근법을 고려할 수 있다.

이를 위해 직접 RL 문제를 해결하는 대신 고정적이지만 알 수 없는 보상 함수를 가정하고 그러한 모델로 얻은 데이터의 우도를 최대화하는 대신 우리는 일반 특성 $\mathcal{F}(\mathbf{S}, \mathbf{A})$를 알려져 있지 않은 참 보상 함수 $r(s, a)$ $\in \mathcal{R}$로 대체하고 정책 π와 보상 $r(s, a)$ 모두에 대해 동시에 최적화할 수 있다.

$$\max_{r(s,a) \in \mathcal{R}} \left(\max_{\pi} \mathbb{E}_{\rho_\pi} \left[r(s, a) \right] - \mathbb{E}_{\rho_E} \left[r(s, a) \right] \right)$$

여기서 $\rho_\pi(s, a)$와 $\rho_E(s, a)$는 각각 엔트로피에 대한 제약하에 학습된 정책 π와 전문가 정책에 의해 유도되는 결합 상태-행동 분포다(후자는 샘플을 통해 접근할 수 있다). π와 독립적이므로 두 번째 항을 생략했던 이전 공식과의 차이를 유념하라. 참 보상 함수를 알 수 없을 때 이 항은 유지해야 한다. 문헌에서의 좀 더 일반적인 표기법을 준수하고자 보상 함수를 비용 함수(부정적 보상) $c(s, a)$로 대체하고 관련해서 π에 대한 최대화를 최소화로 대체한다. 이는 다음과 같은 IRL 문제를 생성한다.

$$\max_{c(s,a) \in C} \min_{\pi} \mathbb{E}_{\rho_\pi}[c(s,a)] - \mathbb{E}_{\rho_E}[c(s,a)]$$

$$\text{Subject to: } H^{causal}(\pi) = \bar{H} \tag{11.64}$$

여기서 $H^{causal}(\pi) = \mathbb{E}_{\rho_\pi}[\pi(a|s)]$는 인과 엔트로피$^{causal\ entropy}$이며, $\bar{H}$는 최적화에 고정되는 것으로 가정되는 인과 엔트로피의 어떤 미리 설정된 값이다. 정책 π에 대한 정규화 제약이 식 (11.64)의 해에 대해 성립한다고 여전히 가정하지만 여기서는 이 제약을 생략한다.

〉 최대 엔트로피 IRL과 견습 학습

식 (11.64)에서의 최적화 의미는 미지의 비용 함수 $c(s, a)$로 전문가 정책만큼 낮은 총 비용을 생성하는 최적의 정책 π를 찾으려고 한다는 것이다. 따라서 우리는 이러한 모든 함수에 걸친 최대값을 찾는다.

$$\max_{c(s,a) \in C} \min_{\pi} \mathbb{E}_{\rho_\pi}[c(s,a)] - \mathbb{E}_{\rho_E}[c(s,a)]$$

분명히 이러한 문제는 현재의 형태로는 잘못 제기된 것이며 인과 엔트로피 규제화(식 11.64의 두 번째 줄)는 무한 수의 잠재적 후보 해 중에서 유일한 '최선의' 솔루션을 선택한다. 엔트로피 규제화가 IRL 규제화에 대한 자연스럽고 매우 인기 있는 접근법이지만 그것이 가능한 유일한 접근법은 아니다. 특히 2004년 Abbeel과 Ng 논문 「역강화학습을 통한 견습 학습$^{Apprenticeship\ Learning\ via\ Inverse\ Reinforcement\ Learning}$」은 최선의 정책과 차선책 사이의 마진을 극대화하는 것에 해당하는 다른 규제화를 사용했다. 후자의 문제는 서포트 벡터 머신$^{SVM,\ Support\ Vector\ Machines}$에서 최대 마진 분리 초평면을 찾는 문제와 유사하며 후자와 마찬가지로 Abbeel과 Ng의 방법은 2차 프로그래밍$^{QP,\ Quadratic\ Programming}$에 의존한다.

엔트로피 제약식의 소프트 완화를 사용하면 이는 다음 최소화 문제로
공식화될 수 있다.

$$\text{IRL}(\pi_E) = \max_{c(s,a) \in C} \min_{\pi} -H^{causal}(\pi) + \mathbb{E}_{\rho_\pi(s,a)}[c(s,a)] - \mathbb{E}_{\rho_E(s,a)}[c(s,a)] \tag{11.65}$$

최소점에서 목적 함수는 전문가 정책 π_E가 주어질 때 최적 비용 함수를
반환한다. 이 최적화 문제는 참 비용 함수에 대한 IRL 최적화의 내부 루
프에서 다음의 직접 RL 문제를 푸는 것을 요구한다.

$$\text{RL}(c) = \min_{\pi} -H^{causal}(\pi) + \mathbb{E}_{\rho_\pi(s,a)}[c(s,a)] \tag{11.66}$$

> **어디에 라그랑지 승수가 있는가?**

제약식이 있는 라그랑지 최적화 문제의 소프트 완화는 일반적으로 이러
한 제약식을 특정한 고정된 가중치로 목적 함수에 직접 추가하는 소프
트 페널티로 대체하는 것과 같다. 실제 라그랑지 승수와는 달리 최적화
대상이 아니라 고정 파라미터로 보유한다. 이 파라미터를 무한대로 취
할 때 극한에서 제약식이 정확히 충족되는 해를 복구한다. 그럼에도 불
구하고 식 (11.65)의 엔트로피 항 앞에 고정 규제화 파라미터를 명시적
으로 포함하지 않았다(또는 이와 동등하게 그러한 파리미터를 1로 설정했
다). 왜 이 표현이 일반성을 잃지 않고 여전히 정확한지 설명할 수 있는
가? 힌트: 실제 보상(또는 비용) 함수 복원의 모호성에 대한 이전 논의를
상기하라.

5.3 IRL에서 RL을 우회하는 기술로서의 GAIL

GAIL은 우리의 최종 목적이 IRL 설정에서와 같이 보상이 관측되지 않을
때 최적의 정책(즉, 직접 RL 문제를 푸는 것)을 찾는 문제에 초점을 맞춘다.

이는 전문가 정책을 사용해 수집된 샘플을 통해 전문가 정책 π_E를 입력으로 IRL에 의해 복구된 비용 $\tilde{c}(s, a)$를 갖고 RL을 사용해 정책을 학습하는 문제로 설정할 수 있다. 공식적으로 이는 다음의 복합 함수로 표현될 수 있다.

$$RL \circ IRL(\pi_E) \tag{11.67}$$

이 공식에서 비용 함수의 최적화는 식 (11.67)에 따라 구성의 첫 번째 층인 IRL(π_E)에 내재돼 있다. IRL에 대한 표준 접근법은 파라미터 함수 $c_\theta(s, a)$를 가정하고, 그러고 나서 파라미터를 학습하는 것이다. 그러나 이는 방금 설명한 것처럼 IRL의 내부 루프에서 직접 RL 문제를 여러 번 푸는 것을 포함한다. 여기서의 목표는 보상을 포함하지 않는 시연에서 최적의 정책을 찾을 때 직접적인 RL 문제를 명시적으로 푸는 것을 피하는 프레임워크를 찾는 것이다.

명시적 RL 문제는 파라미터 설정을 모든 허용 가능한 비용 함수의 공간에 정의된 비모수 비용 함수로 바꾸면 피할 수 있다. 이러한 비용 함수에 대한 최적화가 수치적이 아니라 분석적으로 수행될 수 있는 경우 결합된 RL-IRL 목표를 정의하는 복합 함수(식 11.67)는 내부 루프에서 직접적인 RL 문제를 해결하지 않고도 구현될 수 있다.

이 작업을 수행하는 방법을 보려면 식 (11.65)로 돌아가서 이제 볼록 함수 $\psi(c)$ 를 사용해 규제화를 더하자.

$$IRL(\pi_E) = \max_{c(s,a) \in C} \min_{\pi} -\psi(c) - H^{causal}(\pi) + \mathbb{E}_{\rho_\pi(s,a)}\left[c(s,a)\right] - \mathbb{E}_{\rho_E(s,a)}\left[c(s,a)\right] \tag{11.68}$$

❯ 규제화가 왜 모방학습에서 그렇게 중요한가?

이 기회를 이용해 머신러닝에서 규제화의 역할에 대한 중요한 일반적인 사항을 언급한다. 일부 응용에서는 규제화가 주목적 함수에 비해 다소 부차적인 역할을 한다. 예를 들어 릿지(L_2) 규제화는 회귀 작업에 자주 사용되며 종종 함수 형태를 크게 변경하지 않고 최소 제곱 최적화 문제에 대한 올바른 솔루션을 제공한다. 이와는 대조적으로 GAIL 규제화는 모델에 중요한 핵심 입력이다. Ho와 Ermon에 의해 발견됐듯이 규제화 함수 $\psi(c)$의 상이한 선택은 기존의 행동 복제[BC] 접근법과 잠재적으로 새로운 방법을 모두 포함하는 모방학습의 많은 다양한 실제 구현을 생성할 수 있다.

규제화를 추가하지 않는다면 식 (11.65)는 전체 함수 공간에서 최적화할 때 $\rho_\pi = \rho_E$의 결과를 산출하는데, 이는 에이전트가 전문가 정책을 복제해야 한다고 말하는 것이므로 실제로는 유용하지 않다. 사용 가능한 데이터가 전체 상태-행동 공간을 커버하지 않는 경우 이 결과는 유일한 해를 생성하기에 불충분하며 추가 제약 조건을 요구한다. 이는 당연히 예상되는 결과다. 아무런 제약 없이는 IRL 문제가 매우 부적절하기 때문이다. 이 문제를 극복하고자 볼록 규제화 함수 $\psi(c)$를 추가함으로써 목적 함수(식 11.65)를 수정해 식 (11.68)이 되게 한다.

다음으로 식 (11.68)의 목적 함수는 규제화 함수 $\psi(c)$의 볼록성으로 인해 π에서 볼록하고 $c(s, a)$에서 오목하다는 점에 주목한다(연습문제 11.5 참고). 이는 최적의 솔루션 (π^*, $c^*(s, a)$)가 목적 함수(식 11.68)의 안장점[saddle point](최소값을 최대화하는 최소-최대 해[max-min solution][10])임을 의미한다. 먼저 최소화를 수행하고 다음에 최대화를 수행하는 대신 이러한 작업의 순서를 안장점으로 바꿔 최소값을 최대화하는 최대-최소 해 대신 동등한 최소값을 최대화하는 최소-최대 해를 생성할 수 있다(볼록 분석에서의 강한 쌍대성[strong duality]으로 알려져 있다). 즉, 두 연산은 최적화 문제(식 11.68)의 경우 교환할 수 있다. 이를 이용해 식 (11.68)을 다음과 같이 표현할 수 있다.

---

10. 최소-최대 한국어 표기는 최소값을 최대화한다는 의미로 영어의 순서와 다르게 표현했다. - 옮긴이

$$\mathrm{RL} \circ \mathrm{IRL}(\pi_E) = \min_{\pi} -H^{causal}(\pi) + \max_{c(s,a) \in C} -\psi(c)$$
$$+ \mathbb{E}_{\rho_\pi(s,a)}[c(s,a)] - \mathbb{E}_{\rho_E(s,a)}[c(s,a)] \qquad (11.69)$$

결과를 식 (11.65)와 같이 $\mathrm{IRL}(\pi_E)$가 아니라 $\mathrm{RL} \circ \mathrm{IRL}(\pi_E)$로 표현했다는 점을 주목하라. 이는 식 (11.65)의 최소값을 최대화하는 최소-최대 해의 의미는 복합 함수의 의미(식 11.67)와 동일하며, 내부 계층에서 IRL 문제를 해결한 다음 학습된 비용 함수를 사용해 외부^{RL} 계층에서 최적의 정책을 찾는다는 것을 염두에 둔 것이다.

식 (11.69)의 비용 $c(s, a)$를 다음과 같이 공식적으로 적분할 수 있다.

$$\mathrm{RL} \circ \mathrm{IRL}(\pi_E) = \min_{\pi} -H^{causal}(\pi)$$
$$+ \max_{c(s,a) \in C} \left(\sum_{s,a} (\rho_\pi(s,a) - \rho_E(s,a))\, c(s,a) - \psi(c) \right)$$
$$= \min_{\pi} -H^{causal}(\pi) + \psi^\star(\rho_\pi - \rho_E) \qquad (11.70)$$

여기서 $\psi^\star : \mathbb{R}^{\mathcal{S} \times \mathcal{A}} \to \bar{\mathcal{R}}$는 규제화 함수 ψ의 볼록 켤레$^{\text{convex conjugate}}$라 부른다.

$$\psi^\star(x) = \sup_{y \in \mathbb{R}^{\mathcal{S} \times \mathcal{A}}} \mathbf{x}^T \mathbf{y} - \psi(\mathbf{y}) \qquad (11.71)$$

> ❯ **볼록 켤레**

볼록 켤레 함수 ψ^*는 펜첼 켤레$^{\text{Fenchel conjugate}}$로도 알려져 있다. 또한 변환(식 11.71)은 펜첼-르장드르 변환$^{\text{Fenchel-Legendre transform}}$으로도 알려져 있다. 함수 $\psi(y)$가 우리의 경우처럼 볼록이고 미분 가능일 때 볼록 켤레는 르장드르 변환과 일치한다. ψ^*이 모든 곳에서 미분 가능^{everywhere} ^{differentiable}이라면 ψ, ψ^* 쌍은 $\psi^{**} = \psi$이라는 의미에서 쌍대다(연습문제 11.4 참고). 관련해서 역변환은 $\psi(x) = \sup_x \mathbf{y}^T \mathbf{x} - \psi^*(\mathbf{x})$로 표현된다.

복합 RL/IRL 작업(식 11.70)의 목적은 규제화 함수 ψ의 볼록 켤레 ψ^*에 의해 측정되는 점유 척도 $\rho_\pi(s, a)$와 $\rho_E(s, a)$의 차이를 최소화하는 정책 π를 찾는 것으로 공식화될 수 있으며, 이는 인과 엔트로피에 의해 규제화된다(Ho and Ermon 2016). 흥미롭게도 식 (11.70)은 비용 함수 $c(s, a)$를 점유 척도 $\rho_\pi(s, a)$ 와 $\rho_E(s, a)$가 일치하게 하는 (상태-행동에 의존하는) 라그랑지 승수로 해석할 수 있게 한다.

지금까지 요약하면 볼록 켤레 ψ^*로 전환함으로써 식 (11.68)에서 비용 함수 최적화를 제거할 수 있었다. 그러나 가장 일반적인 형태인 임의의 볼록 함수 $\psi(c)$에서 이는 식 (11.68)에서 $c(s, a)$에 대한 최대화를 볼록 켤레의 정의(식 11.71)에서의 또 다른 최대화로 대체하기 때문에 형식적인 개선일 뿐이다. 그러나 Ho와 Ermon이 보여준 것처럼 규제화의 특정한 선택 $\psi(c)$를 통해 볼록 켤레 ψ^*가 닫힌 형태로 구할 수 있으므로 실제적으로 구현 가능한 방법을 얻을 수 있다. 다음에 GAIL의 실제 설정에 대해 토론할 것이다.

5.4 GAIL에서의 실제적 규제화

Ho와 Ermon(2016)을 따라 식 (11.70)의 볼록 켤레 규제화 ψ^*에 대한 젠센–섀논Jensen-Shannon 발산 $D_{JS}(\rho_\pi, \rho_E)$를 선택한다.

$$D_{JS}(\rho_\pi, \rho_E) = DK_{KL}\left(\rho_\pi \| \frac{1}{2}(\rho_\pi + \rho_E)\right) + DK_{KL}\left(\rho_E \| \frac{1}{2}(\rho_\pi + \rho_E)\right)$$

$$(11.72)$$

JS 발산은 구조상 음이 아닌 KL 발산의 선형 조합에 의해 주어지기 때문에 음이 아니며 $\rho_\pi = \rho_E$일 때만 0이 된다. 점유 척도 ρ_π와 ρ_E에 대해 대칭이기 때문에 음이 아니며 $\rho_\pi = \rho_E$일 때 JS 발산은 ρ_π와 ρ_E 사이의 '거리'를 정의하는 유효한 지표다.

젠센-섀넌^{JS} 발산은 두 분포 간의 유사도 척도를 정의하는 유일한 방법
이 아니다. JS 거리를 특수한 경우로 포함하는 더 일반적인 정의가 f-발
산$^{f\text{-divergence}}$의 개념에 의해 주어진다. $f(1) = 0$을 만족하는 어떠한 볼록, 하
반연속$^{lower\text{-}semi\text{-}continuous}$ 함수 $f : \mathbb{R}^+ \to \mathbb{R}$에 대해 확률 밀도 p와 q를 가진
두 분포 P와 Q의 f-발산은 다음과 같이 정의된다.

$$D_f\left(\,P \| Q\right) = \int q(x) f\left(\frac{p(x)}{q(x)}\right) dx \tag{11.73}$$

특히 $f(x) = x \log x$를 취하면 f-발산은 KL 발산 $D_{KL}(P\|Q)$에 일치하며, 반
면 $f(x) = -x \log x$를 취하면 반대 KL 발산 $D_{KL}(Q\|P)$를 얻게 된다. 두 분포
P와 Q의 f-발산은 $D_f(P\|Q) = D_f(Q\|P)$일 때 대칭^{symmetric}이라고 한다. 특
히 대칭적 JS 발산이 $f(x) = -x \log x - (x + 1) \log \frac{x+1}{2}$을 선택할 때 얻어진다
(연습문제 11.5 참고). 다음 절에서 f-발산을 다시 살펴본다.

따라서 GAIL 모방학습 알고리듬은 정책 π의 인과 엔트로피에 의한 규제
화를 통해 점유 척도 ρ_π가 전문가 정책 π_E까지의 JS 거리를 최소화하는 정
책 π를 찾는 문제로 정의된다.

$$\mathrm{RL} \circ \mathrm{IRL}(\pi_E) = \min_\pi D_{JS}\left(\rho_\pi, \rho_E\right) - \lambda H^{causal}(\pi) \tag{11.74}$$

또한 JS 거리 규제화는 이진 분류 문제의 손실 함수로 해석될 수 있다.
$D(s, a)$를 상태-행동 쌍 (s, a)가 전문가 정책 π_E에 의해 생성될 확률이고
$1 - D(s, a)$를 이 쌍이 정책 π에 의해 생성될 확률이라고 하자. 이 분류기
는 이러한 정책에서 생성된 상태-행동 쌍에 대한 정책 π와 π_E를 구별하
기 때문에 GAIL에서 판별자로 언급된다. JS 발산은 다음과 같이 작성될
수 있다.

$$\Psi_{GA}^{\star}\left(\rho_{\pi} - \rho_{E}\right) = D_{JS}\left(\rho_{\pi}, \rho_{E}\right) = \max_{D \in [0,1]^{S \times \mathcal{A}}} \mathbb{E}_{\pi_E}\left[\log D(s, a)\right]$$
$$+ \mathbb{E}_{\pi}\left[\log\left(1 - D(s, a)\right)\right] \tag{11.75}$$

쉽게 확인할 수 있듯이 전체 함수 공간에 대한 제약 없는 최대화는 다음 결과를 제공한다.

$$D(s, a) = \frac{\rho_{E}(s, a)}{\rho_{\pi}(s, a) + \rho_{E}(s, a)} \tag{11.76}$$

이 표현식을 다시 식 (11.75)에 대입하면 상수 항이 더해진 JS 발산(식 11.72)을 얻는다(연습문제 11.3 참고).

> ### 경로 판별자

각 쌍이 이진 플래그^{binary flag} $b_i = \{0, 1\}$에 의해 표시되는 N개의 상태-행동 쌍 (s_i, a_i)를 관측했다고 가정하자. 여기서 쌍 (s_i, a_i)가 π_E에 의해 생성되면 $b_i = 1$이고 아니면 $b_i = 0$이다. 이러한 데이터의 로그 우도는 베르누이 우도의 로그곱으로 다음과 같이 얻어진다.

$$\mathcal{L} = \frac{1}{N} \log \prod_{i=1}^{N} [D(s, a)]^{b_i} [1 - D(s, a)]^{1 - b_i}$$
$$= \frac{1}{N} \sum_{i=1}^{N} b_i \log D(s_i, a_i) + (1 - b_i) \log\left(1 - D(s_i, a_i)\right) \tag{11.77}$$

관측수가 클 때 비율 $\Sigma_i b_i / N$과 $\Sigma_i (1 - b_i) / N$이 각각 유도된 상태-행동 밀도 ρ_E와 ρ_{π}에 근접한다. 따라서 극한에서 다음을 얻는다.

$$\mathcal{L} = \sum_{s, a} \rho_{E}(s, a) \log D(s, a) + \rho_{\pi}(s, a) \log\left(1 - D(s, a)\right) \tag{11.78}$$

이는 식 (11.75)와 일치한다. 따라서 이진 경로 분류기의 로그 우도는 JS 발산(식 11.72)의 경험적 추정을 제공한다.

5.5 GAIL에서의 적대적 학습

두문자어 GAIL 안의 단어 '적대적^{adversarial}'의 의미를 확장해보자. 이 목적을 위해 이항 로그 손실(식 11.75)을 사용한 최적화 문제 분석(식 11.74)을 상기하자. 첫 번째 항을 계산하려면 현재 정책 π에 대해 기대값을 취해야 한다. 연속 고차원 행동 공간의 경우 이는 이 공간에서 고차원 적분을 계산하는 것과 같다.

3.5절에서 언급했듯이 편리한 샘플링 분포를 찾을 수 있다면 이러한 적분은 중요도 샘플링을 사용해 합리적인 비용으로 계산할 수 있다. 중요도 샘플링에서 항상 성립하는 것으로 식 (11.75)에서 볼 수 있는 것처럼 최적의 샘플링 분포는 정책 π와 동일하다.

이는 수렴될 때까지 손실 함수(식 11.75)의 최대화를 위한 두 단계 간에 계속 전환하는 반복 최적화 절차를 제안한다. 짝수 단계에서 손실 함수는 고정된 샘플링 분포로 첫 번째 항에 대한 중요도 샘플링을 사용해 계산된다. 홀수 단계에서는 최적 정책 π와 전문가 정책 π_E에 더 근접하도록 만들고자 샘플링 분포를 업데이트한다.

일반적으로 식 (11.74)의 첫 번째 항과 같은 다루기 힘든 기대값은 랜덤 잡음(예, 백색 잡음일 수 있음) z_t의 파라미터화된 변환을 사용해 계산할 수 있다. 좀 더 정밀하게 그러한 변환은 파라미터화된 함수 $G_\theta(s_t, z_t)$를 사용해 구현할 수 있다. 여기서 z_t는 간단한 분포를 가진 랜덤 잡음(예, 가우시안 잡음)이다.

$$\pi_\theta(a_t|s_t) = G_\theta(s_t, z_t) = f_\theta(s_t) + \sigma_\theta(s_t)z_t \tag{11.79}$$

여기서 $f_\theta(s_t)$와 $\sigma_\theta(s_t)$는 예를 들어 신경망과 같은 구현 가능한 2개의 파라미터화된 함수다. 잡음 z_t가 가우시안이면, 즉 $z_t \sim \mathcal{N}(0, 1)$이면 생성자^{generation} G_θ의 출력은 함수 $f_\theta(s_t)$와 $\sigma_\theta(s_t)$에 의해 각각 주어진 상태 의존적 평균과 분산을 가진 가우시안 분포가 될 것이다. 이러한 가우시안 분포에서의 샘플링은 수치적으로 효율적인 방법으로 수행될 수 있다. 필요하거나 원하는 경우 비가우시안[non-Gaussian] 잡음 z_t를 사용할 수 있으며, 이는 비가우시안 행동 정책을 생성한다.

식 (11.79)에 정의된 정책 π_θ를 사용하면 식 (11.74)에서 첫 번째 항의 θ에 대한 미분은 (여기서 $W(s, a) := \log(1 - D(s, a))$) 다음과 같다.

$$\nabla_\theta \mathbb{E}_{\pi_\theta} [W(s, a)] = \mathbb{E}_z [\nabla_a W(s, a) \nabla_\theta \pi_\theta(a|s)] \simeq \frac{1}{M} \sum_{i=1}^{M} \nabla_a W(s, a) \nabla_\theta \pi_\theta(a|s)|_{z=z_i}$$

$$(11.80)$$

여기서 z_i는 잡음 z_t의 분포에서 추출된 샘플이다. 적대적 학습으로 식 (11.79)는 목적이 정책 $\pi \sim G_\theta$에서 샘플을 생성하는 것인 생성자를 정의한다. 그러면 최적화 문제(식 11.74)는 두 플레이어 간의 최소값을 최대화하는 최소-최대[min-max] 게임으로 해석될 수 있다. 즉, 예를 들어 신경망 등을 사용해 파라미터화된 함수 $D_w(s, a)$로서 구현된 생성자 G_θ와 판별기 D다. 이 게임의 목적 함수는 $D \rightarrow D_w$로 대체한 식 (11.74)와 (11.75)에서 얻어진다.

$$\text{RL} \circ \text{IRL}(\pi_E) = \min_{\pi \sim G_\theta} \max_{D_w \in [0,1]} \mathbb{E}_{\pi_E} [\log D_w(s, a)] + \mathbb{E}_\pi [\log (1 - D_w(s, a))] - \lambda H^{causal}(\pi)$$

$$(11.81)$$

이 목적 함수의 최적화(즉, 안장점 해 찾기)는 두 플레이어의 행동 사이를 반복해 달성된다. 홀수 단계에서 식 (11.81)은 그래디언트 하강 업데이트를 사용해 판별자 D_w(즉, 이것의 파라미터에 대해)에 대해 최대화된다. 짝수 단계에서 식 (11.81)은 식 (11.79)에 따라 행동 정책 $\pi \sim G_\theta$를 정의하는 파라미터 θ에 대해 최소화된다.

판별자 D_w와 GAIL이 채택한 정책 생성자 G_θ 사이의 최소 최대 게임(식 11.81)은 Goodfellow et al.(2014)의 유명한 GANs[Generative Adversarial Networks] 논문에서 제안된 적대적 생성 훈련의 특별한 경우다. 이미지 인식을 위한 원래 GAN 프레임워크에서 생성자 G_θ는 실제 이미지와 유사한 샘플을 생성한다. GAIL에서 생성자는 행동 정책 분포로부터 샘플을 생성한다.

규제화 항 이외에 G_θ 생성자가 생성되는 $\pi \sim G_\theta$에 따라 달라지는 것은 식 (11.81)의 두 번째 항뿐이다. $D_w(s, a)$는 판별자가 주어진 쌍 (s, a)를 모델 정책 π_θ가 아닌 전문가 정책 π_E에 의해 생성된 것을 식별할 확률임을 상기한다. 따라서 정책 생성자의 파라미터에 대한 이 항의 최소화는 판별자를 최대 혼란시키고 π에 의해 생성된 쌍 (s, a)가 전문가 정책 π_E[11]에 의해 생성된 것으로 식별될 확률을 최대화하려고 시도한다. 이는 생성자가 위조지폐를 생산하는 위조지폐범 역할을 하고, 판별자가 위조지폐를 없애려는 단속 기관이나 정보 기관의 역할을 하는 적대적 학습의 간단한 은유를 시사한다(Goodfellow et al. 2014).

5.6 다른 적대적 접근법*

Goodfellow et al.(2014)의 GAN 논문은 머신러닝 커뮤니티에 상당한 관심을 불러일으켰으며 많은 유용하고 흥미로운 확장이 뒤따랐다. 그러나 훈련 불안정으로 GAN 학습이 어려운 경우가 많은 것으로 나타났다. 불안정성은 부분적으로 원래 GAN의 목적 함수에 의해 발생하며 GAN은 그래디언트 소멸을 겪는다. 이로 인해 생성자를 훈련하기가 어렵다. 이 절에서는 GAN의 다양한 일반화와 확장을 간략히 검토한다.

5.7 f-발산 훈련*

앞에서 이미 언급했듯이 JS 발산은 대칭 f-발산의 특별한 경우다. 일반적인(대칭 또는 비대칭의) 경우 f-발산은 5.4절의 식 (11.73)으로 정의된다. 여기에 편의상 다시 한 번 적어본다.

---

11. Goodfellow et al.(2014)의 원 GAN 논문에서는 $\mathbb{E}_\pi[\log(1 - D_w(s, a)]$와 동일한 식 (11.81)의 두 번째 항을 최소화하는 대신 $\mathbb{E}_\pi[\log D_w(s, a)]$라는 표현을 최대화해 판별자를 최대로 혼란스럽게 하는 동일한 효과를 얻는다면 더 나은 성과가 관찰될 수 있다고 제안했다.

$$D_f \left(P \| Q \right) = \int q(x) f \left(\frac{p(x)}{q(x)} \right) dx \tag{11.82}$$

여기서 $f : \mathbb{R}^+ \to \mathbb{R}$은 $f(1) = 0$을 만족하는 어떤 볼록이고 하반연속lower-semi-continuous 함수[12]다. 특히 $f(x) = x \log x - (x+1) \log \frac{x+1}{2}$을 선택할 때 대칭 JS 발산이 얻어진다(연습문제 11.5 참고).

Nguyen et al.(2010)과 Nowozin et al.(2016)에 의해 보여주는 것처럼 볼록 켤레 $f(x) = \sup_t xt - f^*(t)$에 대한 역관계를 사용해 다음과 같은 f-발산의 변분 표현variational representation을 얻을 수 있다.

$$
\begin{aligned}
D_f \left(P \| Q \right) &= \int q(x) \sup_{t \in \mathrm{dom}_{f^\star}} \left\{ t \frac{p(x)}{q(x)} - f^\star(t) \right\} dx \\
&\geq \sup_{T \in \mathcal{T}} \left(\int p(x) T(x) dx - \int q(x) f^\star \left(T(x) \right) \right) \\
&= \sup_{T \in \mathcal{T}} \mathbb{E}_{x \sim P} \left[T(x) \right] - \mathbb{E}_{x \sim Q} \left[f^\star \left(T(x) \right) \right]
\end{aligned}
\tag{11.83}
$$

여기서 $T : \mathcal{X} \to \mathbb{R}$은 클래스 $\mathcal{T}$ 내의 임의의 함수다. 식 (11.83)은 젠센 부등식과 $\mathcal{T}$가 모든 가능한 함수의 부분집합만을 포함한다는 사실 때문에 f-발산에 대한 하한을 제공한다. 실제 실현에서 함수 T는 파라미터화된 설정 T_ω를 사용해 구현되는데, 여기서 ω는 예를 들어 신경망을 사용해 튜닝이 가능한 파라미터의 벡터를 나타낸다. 이는 임의의 f-발산을 사용해 암묵적 모델 분포 Q를 고정된 분포 P에 일치시키기 위한 반복 최적화 체계를 구축하는 데 사용된다. 이 반복적 방법으로 해결된 문제는 안장점 최소-최대 최적화 문제(f-GAN)이다.

$$\min_Q \max_{T_\omega} F(\theta, \omega) = \mathbb{E}_{x \sim P} \left[T_\omega \right] - \mathbb{E}_{x \sim Q} \left[f^\star \left(T_\omega \right) \right] \tag{11.84}$$

---

12. 함수 f의 점 c 근처에서의 값이 $f(c)$에 가깝거나 크면 하반연속(lower semi−continuous) 또는 아래서 반연속이라 하며, 함수 f의 점 c 근처에서의 값이 $f(c)$에 가깝거나 작으면 상반연속(upper semi−continuous)이라 한다. − 옮긴이

실용적인 T_ω의 파라미터화 방법이 Nowozin et al.(2016)에서 고려됐다. 이것이 GAIL의 JS 발산 접근법을 일반화하는 f-발산을 기반으로 GAIL의 확장을 구축하는 데 어떻게 사용될 수 있는지 다음 절에서 보여준다.

5.8 와서스타인 GAN*

앞에서 언급했듯이 적대적 생성 학습에 대한 머신러닝 커뮤니티의 열정에도 불구하고 실무자들은 훈련의 불안정성으로 인해 GAN이나 GAIL 네트워크를 훈련시키는 것이 어려울 수 있다는 것을 발견했다. 앞에서 언급했듯이 이 불안정성은 부분적으로 원래 GAN의 목적 함수에 의해 야기된다.

이 문제의 원인을 더 잘 이해하고자 GAN의 주요 아이디어를 상기하라. 파라미터 함수 G_θ를 통해 랜덤 잡음(균등, 가우시안 등)을 전달함으로써 모델 밀도 P_θ로부터 샘플이 시뮬레이션될 수 있다. 이 경우 P_θ는 GAIL에 대한 행동 정책이 되거나 또는 어떤 다른 출력, 예를 들어 GAN의 다른 응용에 대한 이미지 분류기가 된다. 모델 파라미터 θ가 손실 함수 $\mathcal{L}(P_\theta, P_E)$를 사용해 훈련되는 경우 수치적 효율성을 위해 미분 가능한 손실 함수를 갖는 것이 바람직하다. 이는 매핑 $\theta \rightarrow P_\theta$가 미분 가능(연속)이어야 함을 의미한다. GAN과 GAIL에서처럼 손실 함수는 분포 ρ_π와 ρ_E 사이의 차이에 대한 척도에 의해 주어지며, 이는 척도가 θ에서 미분 가능해야 함을 의미한다.

연속 매핑 $\theta \rightarrow P_\theta$의 경우 모델 파라미터 θ의 반복 시행에서의 수렴은 훈련에 사용되는 척도(예, JS 발산과 같은)에 대한 수렴을 의미한다. 그러나 이는 밀도 P_θ가 존재한다고 가정하지만 곧 설명할 것으로 문제는 이러한 밀도가 어떤 저차원 매니폴드에 대해서는 존재하지 않는다는 점이다.

JS 발산을 사용하는 대안으로 Arjovsky et al.(2017)은 흙더미-이동 거리EM distance, Earth-Mover distance를 사용한다. 이는 와서스타인 거리Wasserstein distance로도 알려져 있다.

$$W\left(P,Q\right) = \inf_{\gamma \in \Pi(P,Q)} \mathbb{E}_{(x,y)\sim\gamma} \left[||x - y||_1\right] \tag{11.85}$$

여기서 $\Pi(P, Q)$는 한계분포가 P와 Q인 모든 결합분포 $\gamma(P, Q)$의 집합을 표기하고, $||\cdot||_1$은 L_1 노름^{norm}을 나타낸다. 식 (11.85)가 흙더미-이동 거리라고 하는 이유는 값 $\gamma(x, y)$가 분포 P를 Q로 변환하고자 x에서 y로 전송돼야 하는 질량의 양으로 해석될 수 있기 때문이다.

다음 예제에서 EM 거리는 미분 가능한 목적 함수를 제공하는 반면 JS 발산은 미분할 수 없는 함수를 제공하는 것으로 밝혀질 것이다.

예제 11.2 직선의 학습

EM 척도가 미분 가능하고 학습 가능하지만 JS 발산은 그렇지 못한 상황의 간단한 예가 Arjovsky et al.(2017)에 의해 제안됐다. 이를 확인하고자 $z \sim U[0, 1]$을 균일하게 분포된 잡음 소스로 하고 θ를 단일 실수 값 파라미터로 설정하자. 모델 분포 P_θ로부터의 샘플은 평면 위의 쌍 $\theta(\theta, z) \in \mathbb{R}^2$으로 구한다. 반면 '전문가 분포' P_E의 표본은 쌍 $(0, z) \in \mathbb{R}^2$으로 주어진다. 다른 말로 P_E와 P_θ 분포는 P_E가 원점을 통과하는 평면의 두 수직선을 묘사하는 반면 P_θ는 원점으로부터의 거리 $|\theta|$를 유지한다. 이 경우에 대한 EM 거리(식 11.85)를 계산하면 $W(P, Q) = |\theta|$를 얻으며, 이는 $0 \neq 0$에 대해 연속적이고 미분 가능하며 학습 파라미터 θ에 대해 소멸되지 않는 그래디언트를 제공한다. 반면 KL 발산 $D_{KL}(P\theta||P_E)$, $D_{KL}(P_E||P\theta)$ 또는 JS 발산 $D_{JS}(P\theta, P_E)$는 파라미터 θ를 학습하는 것을 불가능하게 하는 그래디언트 소멸 문제를 초래한다(연습문제 11.6 참고).

Arjovsky et al.(2017)은 이미지 인식 신경망의 적대적 생성 학습에 대해 와서스타인 GAN을 사용하는 실제적 테스트에서 실제 이미지 데이터 세트로 수행한 수많은 실험에서 전통적 GAN보다 와서스타인 GAN이 효

율성을 크게 개선하는 것을 보여줬다.

5.9 최소 제곱 GAN*

최소 제곱 GAN$^{\text{LS-GAN, Least-Square GAN}}$은 GAN의 또 다른 흥미로운 확장으로 실제 성능을 향상시키는 것을 목표로 한다. LS-GAN의 아이디어를 설명하고자 GAN의 최대-최소 목표를 상기하라.

$$\min_G \max_D V_{GAN}(D, G) = \mathbb{E}_{x \sim p_E(x)}\left[\log D(x)\right] + \mathbb{E}_{x \sim p_z(z)}\left[\log\left(1 - D\left(G(z)\right)\right)\right]$$
$$(11.86)$$

고전적인 GAN에서 판별자 $D(x)$는 전문가에 의해 생성된 샘플을 생성자 $G(z)$에 의해 생성된 샘플에서 알려주는 분류기다. 이 경우 식 (11.86)은 이항 분류를 위한 교차 엔트로피 목적 함수다.

판별자 $D(x)$에 대한 교차 엔트로피 손실의 사용은 GAN 모델의 훈련 문제를 생성하는 실무에서 발견된다. 이 손실 함수는 생성자를 훈련하기 위한 그래디언트가 소멸되도록 해 훈련에서 수치적 불안정성을 초래할 수 있는 것으로 밝혀졌다. 이는 교차 엔트로피 손실이 생성자에 의해 생성된 가짜 예제의 가중치(결정 경계의 오른쪽에 있지만 여전히 멀리 있는 경우)에 대해 충분한 그래디언트를 제공하지 않기 때문에 발생한다(Mao 등 2016).

최소 제곱 GAN$^{\text{LS-GAN}}$ 모델(Mao et al. 2016)은 교차 엔트로피 판별자를 최소 제곱 손실 함수로 대체한다. 목적 함수는 다음과 같이 두 단계 절차로 공식화된다.

$$\min_D V_{LSGAN}(D) = \frac{1}{2}\mathbb{E}_{x \sim p_E(x)}\left[(D(x) - b)^2\right] + \frac{1}{2}\mathbb{E}_{x \sim p_z(z)}\left[\left(D\left(G(z)\right) - a\right)^2\right]$$
$$\min_G V_{LSGAN}(G) = \frac{1}{2}\mathbb{E}_{x \sim p_z(z)}\left[\left(D\left(G(z)\right) - c\right)^2\right] \qquad (11.87)$$

여기서 파라미터 a와 b는 가짜와 실제 데이터에 대한 값(레이블)을 나타내며, 파라미터 c는 G가 D를 가짜 데이터로 믿기 원하는 값을 제공한다. 파라미터 a, b가 제약식 $b - c = 1$과 $b - a = 2$를 만족하면 식 (11.87)에서 LS-GAN 최적화는 모델 밀도 및 전문가와 에이전트 밀도의 혼합 간의 피어슨 χ^2 발산[Pearson X² divergence]을 최소화하는 것과 같다(연습문제 11.7 참고). 이미지 생성 실험은 다수의 사용 사례에 대해 표준 GAN에 비해 LS-GAN의 성과가 개선됨을 입증했다(Mao et al. 2016).

6. GAIL을 넘어: AIRL, f-MAX, FAIRL, RS-GAIL 등*

GAIL의 목적은 전문가 정책을 모방한 최적의 정책을 복원하는 것이며, 여기서 전문가 정책은 이 정책으로 생성된 샘플(전문가 경로)을 통해 제공된다. 에이전트의 보상 함수는 GAIL에서 학습되지 않으며, 이것이 GAIL이 순수 모방학습[IL] 알고리듬인 이유다. 실제로 GAIL은 이 측정치를 분류기 $D(s, a)$에 대한 최대값으로 표현함으로써 에이전트와 전문가의 점유 척도 간의 JS 거리 $D_{JS}(\rho\pi, \rho_E)$를 최소화한다(식 11.75 참고). 모든 허용 가능한 분류기의 전체 함수 공간에서 최대화가 수행되면 다음과 같은 최적 값을 얻을 수 있다.

$$D(s, a) = \frac{\rho_E(s, a)}{\rho_\pi(s, a) + \rho_E(s, a)} \tag{11.88}$$

GAIL의 실제 구현에서 판별자는 신경망과 같은 파라미터화된 형태 $D_\mathbf{w}(s, a)$로 선택되므로 $D_\mathbf{w}(s, a)$의 최적 값은 모델 파라미터의 특정 벡터 $\mathbf{w}$에 대해 얻어진다. 식 (11.88)의 역함수를 구하고 $D(s, a) \rightarrow D_\mathbf{w}(s, a)$로 대입하면 다음의 명시적 형태를 얻을 수 있다.

$$\rho_\pi(s, a) = \frac{1 - D_\mathbf{w}(s, a)}{D_\mathbf{w}(s, a)} \rho_E(s, a) \tag{11.89}$$

전문가 정책 π_E에 의해 생성된 쌍 (s, a)에서 최적의 판별자 $D_w(s, a)$가 0에 가까워야 함을 보여준다. 이는 최적 판별자 $D_w(s, a)$가 이들 포인트에서 척도 ρ_π와 ρ_E가 일치하기 위해서다. 여기서 중요한 점은 수치 구현을 위해 함수 근사 $D_w(s, a) \in [0, 1]$은 이론적 값(식 11.88)을 근접하도록 근사할 수 있을 만큼 유연해야 한다는 것이다. 그것 외에 GAIL은 판별자 D_w의 함수적 형태에 더 이상의 제한을 두지 않는다. 특히 보상 함수와 관련된 링크는 없다. 즉, GAIL은 관측된 동작에서 보상이 아닌 최적의 정책을 복원하는 데 초점을 맞춘 순수 모방학습 알고리듬이다.

GAIL의 모방학습 접근법의 간단한 특정 수정이 IRL의 원래 설정(예를 들어 보상과 최적의 정책을 모두 회복하는 것)으로 확장될 수 있다는 것이 밝혀졌다. 이 절에서는 이러한 확장을 몇 가지 고려한다.

6.1 AIRL: 적대적 역강화학습

Finn et al.(2016)은 판별 함수를 위한 특별한 함수 형태를 제안했다.

$$D(s, a) = \frac{e^{\beta f_\theta(s, a)}}{e^{\beta f_\theta(s, a)} + \pi(a|s)} \tag{11.90}$$

여기서 $\pi(a|s)$는 에이전트 정책이고 β와 $f_\theta(s, a)$는 각각 파라미터와 함수인데, 이 의미는 곧 명확해질 것이다.

보상 함수 $\hat{r}(s, a)$를 분류기 $D(s, a)$의 크기 조정된^{rescaled} 로그 오즈^{log-odds}로 정의한다.

$$\hat{r}(s, a) = \frac{1}{\beta} \log \frac{D(s, a)}{1 - D(s, a)} = f_\theta(s, a) - \frac{1}{\beta} \log \pi(a|s) \tag{11.91}$$

랜덤 경로에 대한 이들 보상을 사용해 가치 함수 $\hat{V}(s)$는 모든 미래 보상의 할인된 기대값으로 주어진다.

$$\hat{V}(s) = \mathbb{E}\left[\sum_{t=0}^{\infty} \gamma^t \hat{r}(s_t, a_t) \,\middle|\, s_0 = s\right]$$

$$= \mathbb{E}\left[\sum_{t=0}^{\infty} \gamma^t \left(f_\theta(s, a) - \frac{1}{\beta}\log\pi(a|s)\right) \,\middle|\, s_0 = s\right] \tag{11.92}$$

관련해서 정책 최적화는 가치 함수(식 11.92)를 최대화하는 것에 해당한다.

이것을 최대 인과 엔트로피 IRL 설정에서 자유 에너지(엔트로피 규제화된 가치 함수)에 대해 사용한 식 (11.24)와 비교할 수 있다. 이들 표현식은 f_θ $(s, a) = r_\theta(s, a) + g(s)$를 설정하면 동일한 정책을 생성한다. 여기서 $g(s)$는 상태의 임의 함수다. 곧 보겠지만 최적점에서 $f_\theta(s, a)$는 어드밴티지 함수 **advantage function**와 일치하며 함수 $g(s)$에 대한 해석을 제공한다.

적대적 역강화학습**AIRL** 모델(Finn et al. 2016; Fu et al. 2015)은 GAIL 목적 함수(식 11.81)에서 판별자의 특수 형태(식 11.90)를 사용하는 것에 해당하며, 여기서 일반 함수 $D(s, a)$의 최적화는 함수 $f_\theta(s, a)$의 파라미터 θ의 최적화에 의해 대체된다.

$$J(\pi, \theta) = \min_\pi \max_\theta \mathbb{E}_{\pi_E}\left[\log\frac{e^{\beta f_\theta(s,a)}}{e^{\beta f_\theta(s,a)} + \pi(a|s)}\right]$$

$$+ \mathbb{E}_\pi\left[\log\frac{\pi(a|s)}{e^{\beta f_\theta(s,a)} + \pi(a|s)}\right] - \lambda H^{causal}(\pi) \tag{11.93}$$

이 목적 함수의 파라미터 θ에 대한 그래디언트는 MaxEnt IRL에 대한 중요도 샘플링 방법의 그래디언트와 일치하는 것을 증명할 수 있다(식 11.38 참고).

AIRL은 파라미터와 관련해 판별자를 최적화하는 단계 사이를 반복하고 RL 목적 $\max_\pi \mathbb{E}_{\tau \sim \pi}[\gamma^t \hat{r}(s_t, a_t)]$를 최대화해 정책을 최적화함으로써 수행된다. 식 (11.92)를 참고하라. 판별자 목적의 전역적**global** 최소값은 $D = 1/2$일 때 달성된다. 이 점에서 식 (11.90)을 사용하면 다음을 얻는다.

$$\pi(a|s) = e^{\beta f_\theta(s,a)} \tag{11.94}$$

정책 $\pi(a|s)$는 1로 정규화돼야 하므로 이는 $\int e^{\beta f_\theta(s,a)} da = 1$이 성립돼야 함을 의미한다.

이를 균등 준거 정책 $\pi_0(a|s)$의 특수한 사례에 대해 최대 인과 엔트로피 IRL의 정책(식 11.30)과 비교해보자. 이 정책은 다음과 같이 쓸 수 있다.

$$\pi_\theta(\mathbf{a}_t|\mathbf{s}_t) = \frac{1}{Z_\theta(\mathbf{s}_t)} e^{\beta G_\theta(\mathbf{s}_t, \mathbf{a}_t)}, \quad Z_\theta(\mathbf{s}_t) := \int e^{\beta G_\theta(\mathbf{s}_t, \mathbf{a}_t)} d\mathbf{a}_t \tag{11.95}$$

이 정책은 동일하게 다음과 같이 쓸 수 있다.

$$\pi_\theta(\mathbf{a}_t|\mathbf{s}_t) = e^{\beta * \left(G_\theta - (\mathbf{s}_t, \mathbf{a}_t) - \frac{1}{\beta} \log Z_\theta(\mathbf{s}_t) \right)} := e^{\beta A_\theta(\mathbf{s}_t, \mathbf{a}_t)} \tag{11.96}$$

여기서 다음 식은 어드밴티지 함수(advantage function)다.

$$A_\theta(\mathbf{s}_t, \mathbf{a}_t) := G_\theta(\mathbf{s}_t, \mathbf{a}_t) - \frac{1}{\beta} \log \int e^{\beta G_\theta(\mathbf{s}_t, \mathbf{a}_t)} d\mathbf{a}_t = G_\theta(\mathbf{s}_t, \mathbf{a}_t) - V_\theta(\mathbf{s}_t) \tag{11.97}$$

식 (11.96)과 (11.94)를 비교하면 $f_\theta^\star(s,a) = A_\theta^\star(s,a)$임을 알수 있다. 여기서 $A_\theta^\star$는 최적 어드밴티지 함수다. 이는 최적 판별자에서 AIRL이 어드밴티지 함수를 학습한다는 것을 의미한다(Fu et al. 2015). 후자는 단일 스텝 보상을 복구하는 데 사용될 수 있다.

AIRL 방법은 보상 함수^{reward function}뿐만 아니라 보상 형성 함수^{shaping function}까지 학습하고자 확장할 수도 있다(식 11.4 참고). 보상 형성 함수가 보상과 함께 학습되면 그러한 학습의 결과는 훈련에 사용되는 것과 다른 동학을 가진 새로운 환경으로 전이될 수 있다(Fu et al. 2015).

6.2 전방 KL 또는 후방 KL?

5.7절에서 주목한 것처럼 KL 발산과 JS 발산은 모두 더 넓은 클래스인 f-발산의 특별한 경우다. 특히 $f(x) = -\log x$을 취하면 다음을 얻는다.

$$D_f\left(\rho_E(s,a)\|\rho_\pi(s,a)\right) = D_{KL}\left(\rho_\pi(s,a)\|\rho_E(s,a)\right) \tag{11.98}$$

이 발산은 흔히 '후방' KL 발산이라 부른다.

반면 $f(x) = x \log x$를 취하면 다음을 얻는다.

$$D_f\left(\rho_E(s,a)\|\rho_\pi(s,a)\right) = D_{KL}\left(\rho_E(s,a)\|\rho_\pi(s,a)\right) \tag{11.99}$$

이 발산은 '전방' KL 발산이라 부른다.

'후방'과 '전방' KL 발산이 모두 f-발산의 특별한 경우로 얻어지고 이들이 모두 척도 ρ_π가 '전문가' 척도 ρ_E와 어떻게 다른지 평가한다고 하면 모방학습의 작업에서 이러한 척도 중 어떤 것을 선호해야 하는지 의문이 들 수 있다.

모든 유형의 모방학습IL은 척도 ρ_π와 ρ_E에서 통계적 차이의 최소화에 해당한다고 밝혀졌다.

$$\mathcal{L}_{BC} = \mathbb{E}_{\rho_E}\left[KL\left(\rho_E(s,a)\|\rho_\pi(s,a)\right)\right] = -\mathbb{E}_{\rho_E}\left[\log \rho_\pi(s,a)\right] - \mathcal{H}_{\rho_E}(s,a) \tag{11.100}$$

전문가 정책의 엔트로피 $\mathcal{H}_{\rho_E}(s, a)$가 에이전트 정책 $\pi_\theta(a\,|\,s)$와 독립이므로 이 항은 삭제될 수 있다. 첫 번째 항의 최소화는 최대 우도법에서 음의 로그 우도를 최소화하는 것과 정확히 동일하다.

KL의 전방과 후방 발산은 학습된 정책 π에 대해 다른 행태를 나타낸다. 전방 KL 발산은 평균적으로만 π와 π_E를 일치하는 행태를 장려하지만(이것이 본질적으로 최대 우도법이 하는 것이기 때문에) 후방 KL 발산의 최소화는 π의 '모드-탐색mode-seeking' 행태를 부여하는데, 모드-탐색은 가장 그럴듯한 행동이라는 측면에서 전문가 정책과 더 잘 일치시키려고 한다.

예제 11.3 전방 대 후방 KL: 모드 커버 대 모드 탐색

여기서 전방 KL 발산 최적화는 다음과 같다.

$$D_{KL}\left(\rho_E(s,a)||\rho_\pi(s,a)\right) = \int \rho_E(s,a) \log \frac{\rho_E(s,a)}{\rho_\pi(s,a)} \, ds \, da \qquad (11.101)$$

후방 KL 발산 최적화는 다음과 같다.

$$D_{KL}\left(\rho_\pi(s,a)||\rho_E(s,a)\right) = \int \rho_\pi(s,a) \log \frac{\rho_\pi(s,a)}{\rho_E(s,a)} \, ds \, da \qquad (11.102)$$

이때의 주요 차이를 알아보자.

두 경우 문제는 모두 전문가 정책 π_E로 KL 분산을 최소화하는 정책 π를 찾는 것이다.

먼저 전방 KL 발산(식 11.101)을 고려하자. 이 경우 전문가 밀도는 가중치 집합으로 사용된다. 따라서 전방 KL의 최소화는 $\pi_E > 0$인 곳에서는 항상 π와 π_E를 일치시키려고 한다. 다시 말해 π는 가능한 한 모든 곳에서 π_E와 일치하려고 한다. 이를 모드-커버 행태^{mode-covering behavior}라 한다.

이제 후방 KL 발산(식 11.102)을 고려하자. 이 경우 최소화에서 가중치 역할을 하는 것이 에이전트의 정책 π다. π_E가 0이 아닌 a의 어떤 값에서 π를 0으로 설정하면 후방 KL 발산을 사용할 때 이에 대한 패널티가 없다. 즉, 이 방법을 사용하면 에이전트 정책이 전방 KL 발산의 경우에서처럼 모든 경로에 대해서가 아닌 모든 경로의 일부 영역에서만 전문가 정책을 일치시키려 할 것이다. 즉, 후방 KL 발산의 최소화는 모드-탐색 동작을 강제한다.

이러한 차이점을 설명하고자 전문가 정책인 π_E가 이중 모드^{bimodal}이지만 단일 모드^{uni-modal} 분포만 허용하는 파라미터화된 정책인 π_θ

로 근사화하려고 한다고 가정하자. 두 KL 발산 모두에 의해 어떤 종류의 정책이 선택될 것인가?

전방 KL 발산의 최소화는 모든 관측치를 최대한 포괄하려고 하기 때문에 단일 모델 밀도를 이중 모드 전문가 정책의 두 개의 최대치 사이에 놓으려 할 것이다.

반면 후방 KL 발산의 최소화는 전문가 이중 모드 정책의 가장 큰 구성 요소에 일치하는 단일 모드 정책을 생성한다. 전문가 정책에서 가장 큰 구성 요소는 최적의 행동에 상응하고 더 작은 구성 요소들은 최적이 아닌 행동에 상응한다고 가정한다. 이 경우 후방 KL이 올바른 작업을 수행한다고 말할 수 있는데, 이는 전문가가 시연한 최적의 행동 및 최적이 아닌 작업 모두에 대해 걸치는 대신 최적의 행동에 초점을 맞춘다.

BC는 전방 KL 발산을 최소화하지만 다음에 볼 것처럼 AIRL과 이의 일부 확장은 모두 후방 KL 발산을 최소화한다.

6.3 f—MAX

AIRL 일반화는 다른 f-발산들을 사용해 얻을 수 있다. f-MAX 방법 (Chasemiour et al. 2019)은 f-발산 $D_f(\rho_E(s, a)\|\rho_\pi(s, a))$의 최적화에 기반을 둔다. 이는 다음의 반복적 최적화 절차를 사용해 수행된다(5.7절의 식 11.84 참고).

$$\max_{T_\omega} F(\theta, \omega) = \mathbb{E}_{x \sim P\pi_E}\left[T_\omega\right] - \mathbb{E}_{x \sim \pi}\left[f^\star\left(T_\omega\right)\right]$$

$$\max_{\pi} \mathbb{E}_{\tau \sim \pi}\left[\sum_t f^\star\left(T_\omega\right)\right] \tag{11.103}$$

여기서 첫째 항은 T_ω를 최적화함으로써 f-발산 $D_f(\rho_E(s, a) \| \rho_\pi(s, a))$를 최소화한다. 정책 최적화 목적은 첫째 항을 π에 대해 최소화하는 것 또는 동일하게 둘째 방정식을 최소화하는 것과 동일하다. 이들 방정식은 일반적 f-발산에 대한 f-MAX 방법을 산출한다.

이제 후방 KL 발산(식 11.98)을 $D_f(\rho_E(s, a) \| \rho_\pi(s, a)) = D_{KL}(\rho_\pi(s, a) \| \rho_E(s, a))$로 f-발산의 특수 경우로서 선택한다고 가정하자. 이는 $f(x) = -\log x$로 선택하는 것에 해당한다. 이 경우에 대한 볼록 쌍대는 $f^*(y) = -1 - \log(-y)$이고 $T_\omega^\pi(s, a) = -\frac{\rho_\pi(s,a)}{\rho_E(s,a)}$이다(Nowozen et al. 2016). 이들 표현식을 식 (11.103)의 두 번째 항에 대입하면 두 번째 항은 다음과 같이 다시 쓸 수 있다.

$$\max_\pi \mathbb{E}_{\tau \sim \pi}\left[\sum_t f^\star\left(T_\omega^\pi(s_t, a_t)\right)\right] = \max_\pi \mathbb{E}_{\tau \sim \pi}\left[\sum_t \log \rho_E(s_t, a_t) - \log \rho_\pi(s_t, a_t) - 1\right]$$
$$(11.104)$$

반면 AIRL의 정책 목적은 최적 판별자(식 11.88)를 식 (11.92)에 대입함으로써 식 (11.91)에서 정의된 $\hat{r}$로 표현할 수 있다.

$$\hat{V}(s) = \mathbb{E}\left[\sum_{t=0}^\infty \gamma^t \hat{r}(s_t, a_t) \,\middle|\, s_0 = s\right] = \frac{1}{\beta}\mathbb{E}\left[\sum_{t=0}^\infty \gamma^t \log \frac{D(s_t, a_t)}{1 - D(s_t, a_t)} \,\middle|\, s_0 = s\right]$$
$$= \frac{1}{\beta}\mathbb{E}_{\tau \sim \pi}\left[\sum_t \log \rho_E(s_t, a_t) - \log \rho_\pi(s_t, a_t)\right] \qquad (11.105)$$

이 식은 식 (11.104)와 비필수적인 가법 및 승법 상수만큼만 다르다. 따라서 최대화는 동일한 솔루션을 생성한다. 이는 AIRL이 역KL 발산^{reverse} ^{KL divergence}을 최소화함으로써 MaxEnt IRL 문제를 푼다는 것을 보여준다(Chasemiour et al. 2019).

이 예는 AIRL이 AIRL을 더 일반적인 클래스의 f-발산으로 일반화하는 더 일반적인 f-MAX 알고리듬(식 11.103)의 특수한 경우로 간주될 수 있음을 보여준다.

더군다나 Chasemiour et al.(2019)에 나타난 것처럼 f-MAX는 식 (11.70)에 의해 일반적인 형태로 주어진 Ho와 Ermon의 비용 규제화된 MaxEnt IRL 프레임워크의 부분집합으로도 간주할 수 있다. 이러한 목적을 위해 다음과 같은 비용 규제화를 사용한다.

$$\psi_f(c) = \mathbb{E}_{\rho_E}\left[f^\star\left(c(s,a)\right) - c(s,a)\right] \tag{11.106}$$

이 선택으로 다음의 볼록 켤레를 얻는다.

$$\psi_f^\star\left(\rho_\pi(s,a) - \rho_E(s,a)\right) = D_f\left(\rho_\pi(s,a)||\rho_E(s,a)\right) \tag{11.107}$$

이는 일반화된 Ho-Ermon 목적 함수를 산출한다.

$$\begin{aligned} \mathrm{RL} \circ \mathrm{IRL}(\pi_E) &= \min_\pi -H^{causal}(\pi) + \psi^\star\left(\rho_\pi - \rho_E\right) \\ &= \min_\pi -H^{causal}(\pi) + D_f\left(\rho_\pi(s,a)||\rho_E(s,a)\right) \end{aligned} \tag{11.108}$$

6.4 순방향 KL: FAIRL

f-MAX는 많은 점유 척도 거리를 지원하는 일반적인 방법이지만 전방 KL 발산에는 작동하지 않는 것으로 밝혀졌다. 이 속성에는 몇 가지 이유가 있다. 첫째, 전방 KL은 다음 설정에 해당한다.

$$f(x) = x\log x, \quad f^\star(y) = \exp(y-1), \quad T_\omega^\pi = 1 + \log\frac{\rho_E(s,a)}{\rho_\pi(s,a)} \tag{11.109}$$

이러한 선택으로 정책 최적화의 목적 함수(식 11.103의 두 번째 항)는 다음과 같이 된다.

$$\max_\pi \mathbb{E}_{\tau \sim \pi}\left[\sum_t f^\star\left(T_\omega\right)\right] = \mathbb{E}_{\rho_\pi}\left[\frac{\rho_E(s,a)}{\rho_\pi(s,a)}\right] = 1 \tag{11.110}$$

이는 전방 KL 발산을 선택할 때 정책을 훈련하기 위한 어떠한 시그널도 제공되지 않는다는 것을 의미한다. 전방 KL 발산의 최적화를 위해 사용 가능한 알고리듬을 생성할 때 AIRL의 전방 KL 버전을 생성하는 AIRL 보상 함수의 간단한 수정을 고려해보자. AIRL은 보상 함수의 다음 형태를 선택한다는 점을 상기하자.

$$\hat{r}(s, a) = \frac{1}{\beta} \log \frac{D(s, a)}{1 - D(s, a)} \tag{11.111}$$

이 선택 대신 FAIRL[Forward-AIRL, 전방 AIRL](Chasemiour et al. 2019)는 단일 스텝 보상의 다른 정의를 사용한다.

$$\hat{r}(s, a) = \frac{1}{\beta} \frac{D(s, a)}{1 - D(s, a)} \log \frac{1 - D(s, a)}{D(s, a)} \tag{11.112}$$

확인할 수 있는 것처럼 이 선택에 대해 다음을 얻는다.

$$\mathbb{E}_{\tau \sim \pi} \left[\sum_t \gamma^t \hat{r}(s_t, a_t) \right] \sim -D_{KL} \left(\rho_E(s, a) \| \rho_\pi(s, a) \right) \tag{11.113}$$

그러므로 FAIRL에서 식 (11.112)에 정의된 보상을 이용한 정책 최적화는 전방 KL 발산 최소화와 같다. 앞에서 언급한 것처럼 전방 KL 발산은 AIRL을 사용해 얻어지는 모드 탐색 행태와 반대로 모드 커버 행태를 촉진한다. 특정 상황에서는 시뮬레이션된 로봇을 사용한 실험에서 발견됐듯이 이 점이 장점으로 바뀔 수 있다(Chasemiour et al. 2019).

〉 어떻게 보상과 판별자를 연관시킬 것인가?

AIRL과 FAIRL은 각각 식 (11.111)과 (11.112)에 표현된 판별자의 함수로서 보상의 두 가지 예를 제공한다. 모든 선택은 D가 증가할 때 보상이 증가하는 속성을 보장하며, 이는 전문가 행동의 거의 최적성[near-optimality]에 대한 가정을 부여한다.

적대적 모방학습 환경에서 보상과 판별자를 관련시키는 다른 유용한 방법이 있는지 물어볼 수 있다. 직관을 발달시키고자 다음 예를 고려하라. 보상이 유계^{bounded}를 가지며 로지스틱 방정식에 의해 묘사된다고 가정한다.

$$r(s,a) = \frac{1}{1 + \exp\left(-\theta^T \Psi(s,a)\right)} \tag{11.114}$$

여기서 $\theta = (\theta, \ldots, \theta_K)$는 파라미터 벡터며 $\Psi(s,a) = (\Psi_1(s,a), \ldots, \Psi_K(s,a))$는 K개의 미리 지정된 기저 함수 집합이다. 판별자는 동일한 특성 (s,a)의 함수며 다음과 같이 유사한 형태를 가진다고 가정한다.

$$D(s,a) = \frac{1}{1 + b\exp\left(-\theta^T \Psi(s,a)\right)} \tag{11.115}$$

여기서 b는 파라미터다. 간단한 대수적 조작을 통해 $r(s,a)$를 $D(s,a)$로 표현할 수 있다.

$$r = r\left(D(s,a)\right) = \frac{D(s,a)}{b + (1-b)D(s,a)} \tag{11.116}$$

명백히 이 선택은 식 (11.116)에서 보상이 유계^{bounded}이고 $D \to 0$일 때 $r \to 0$이고 $D \to 1$일 때 $r \to 1$이 성립된다는 점을 제외하고는 D와 r 사이 관계의 단조성 측면에서 AIRL과 FARL의 파라미터화와 유사하다. D가 꼬리 확률$^{tail\ probability}$(또한 비누적 분포 함수$^{ddf,\ decumulative\ distribution\ function}$로도 알려져 있다)로 간주되는 경우에서 유계의 보상 $0 \le r(D) \le 1$은 또 다른 ddf를 생성하는 판별자에 대한 ddf의 변환으로 간주할 수 있다. 이는 식 (11.116)보다 더 많은 일반 모델을 구축하는 데 사용될 수 있다. 예를 들어 식 (11.198)의 파라미터 b는 함수 $b(s, a)$로 만들 수 있다.

6.5 리스크 민감 GAIL(RS-GAIL)

강화학습에 대한 10장에서 설명한 것처럼 RL의 표준 공식에서 경로로부터 예상되는 총 보상을 최대화한다. 이 경로는 모든 단일 스텝 보상의 합으로 주어진다. 이는 위험 중립 접근법^{risk-neutral approach}으로 불린다. 즉, 표준 RL은 총 보상의 평균에 의존되지만 높은 순서의 모멘트(예, 분산 또는 꼬리 확률)에는 의존하지 않는다. 반면에 금융 응용의 경우 위험은 종종 포트폴리오의 특정 포지션을 거래하는 것과 같은 의사결정 과정의 필수적이고 중요한 부분이다. 금융 외의 영역에서도 인간과 로봇의 안전을 위해 위험에 민감한 모방학습이 바람직하기 때문에 머신러닝 커뮤니티에서 활발한 연구의 주제다.

특정 경우에는 전통적인 위험 중립적 RL 접근법에서 보상의 간단한 수정으로 행동을 취하는 위험의 어떤 척도를 통합할 수 있다. 예를 들어 10장에 제시했던 QLBS의 옵션 가격 강화학습 모델에서 단일 스텝 보상에는 옵션 헷징 포트폴리오의 분산에 비례하는 위험 페널티가 포함된다.

위험 민감 모방학습에 대한 좀 더 일반적인 접근법은 다음과 같이 에이전트가 전문가 비용 함수 c에 대한 정책 π의 손실 C_π를 최소화하려고 한다고 가정하는 것이다.

$$\min_\pi \mathbb{E}\left[C_\pi\right] \tag{11.117}$$

다음 제약식은 제약하에서의 최소화다.

$$\rho_\alpha\left[C_\pi\right] \le \rho_\alpha\left[C_{\pi_E}\right] \tag{11.118}$$

여기서 ρ_α는 신뢰 수준 α에서의 CVaR과 같은 위험도 측정이다. 제약식(식 11.118)의 의미는 에이전트가 전문가와 동일한 위험을 가져야 한다는 것이다. 라그랑지 승수 방법을 사용해 목적 함수에 제약식을 추가하면 다음과 같은 동일한 제약되지 않은 문제를 만들 수 있다.

$$\min_{\pi} \max_{\lambda \geq 0} \mathbb{E}\left[C_\pi\right] - \mathbb{E}\left[C_{\pi_E}\right] + \lambda \left(\rho_\alpha \left[C_\pi\right] - \rho_\alpha \left[C_{\pi_E}\right]\right) \tag{11.119}$$

비용이 에이전트에 의해 관측되지 않기 때문에 모든 비용 함수 $c(s, a) \in C$에 대해 이 표현을 최대화하는데, 여기서 $C_\pi(c)$는 비용 함수 $c(s, a)$에 대한 정책 π의 손실이다. 이는 다음의 최대-최소 문제를 생성한다.

$$\min_{\pi} \max_{c \in C} \max_{\lambda \geq 0} \mathbb{E}\left[C_\pi(c)\right] - \mathbb{E}\left[C_{\pi_E}(c)\right] + \lambda \left(\rho_\alpha \left[C_\pi(c)\right] - \rho_\alpha \left[C_{\pi_E}(c)\right]\right)$$
$$\tag{11.120}$$

마지막으로 π에 대한 최소화를 λ에 대한 최대화로 교환하고 GAIL과 유사하게 인과 엔트로피와 볼록 규제화 $\psi(c)$를 목적 함수에 추가한다. 이는 위험 민감 GAIL^{RS-GAIL} 알고리듬을 발생시킨다(Lacotte et al. 2018).

$$\max_{\lambda \geq 0} \min_{\pi} -H^{causal}(\pi) + \mathcal{L}_\lambda(\pi, \pi_E)$$
$$\mathcal{L}_\lambda(\pi, \pi_E) := \max_{c \in C}(1 + \lambda)\left(\rho_\alpha^\lambda \left[C_\pi(c)\right] - \rho_\alpha^\lambda \left[C_{\pi_E}(c)\right]\right) - \psi(c) \tag{11.121}$$

여기서 $\rho_\alpha^\lambda \left[C_\pi(c)\right] := \left(\mathbb{E}\left[C_\pi\right] + \lambda \rho_\alpha \left[C_\pi\right]\right)/(1 + \lambda)$는 위험 파라미터 λ의 평균-CVaR에 대한 정책 π에 대한 일관성 있는 위험 척도다. 파라미터 λ는 정책의 평균 성과와 위험 간의 트레이드오프를 제어한다. Lacotte et al. (2018)은 ρ_π와 ρ_E 사이에 JS 또는 와서스타인 척도를 산출하는 규제화 $\psi(c)$를 사용해 두 가지 버전의 알고리듬을 생성했다. 이들은 GAIL에 비해 평균 보상과 위험 척도 측면에서 여러 시뮬레이션 로봇 환경에 대해 향상된 성과를 발견했다.

6.6 요약

이 절에서는 최적 정책과 보상 함수를 모두 학습하고자 GAIL이 사용하는 JS 발산 대신 다른 척도를 사용하는 적대적 생성 모방학습^{GAIL}의 다양한 확장을 간략히 설명했다. 모든 모방학습 알고리듬은 행동과 전문가에 의해 유도된 점유 척도 사이 어떤 척도의 최소화에 해당하므로 다른 규제화를 선택해 대안의 공식을 탐색하는 것은 다른 환경에 대한 모방 학습의 효율성을 탐구하는 데 도움이 된다. 이번 절에 제시된 모델은 RL/IRL의 기존 위험 중립 설정과 위험 민감 접근법 모두를 다룬다. 다시 한 번 강조하고자 금융에서 직면하는 대부분의 RL/IRL 문제는 의사결정에 내재된 위험을 어느 정도 통제해야 하며, 이는 특히 금융 응용에 대해 위험에 민감한 접근법을 흥미롭게 한다.

역강화학습과 모방학습은 머신러닝 커뮤니티의 연구자들에 의해 활발하게 추구되고 있다. 이러한 방향의 주요 활동은 로봇 공학과 비디오 게임에 대한 응용에 의해 주로 추진되는 것처럼 보이지만 신경과학, 마케팅, 소비자 연구, 금융 분야에서도 IRL과 IL의 방법 적용에 대한 연구가 진행되고 있다. IRL의 금융 응용으로 전환하기 전에 다음 몇 절에서는 금융 응용에서 유망한 효용을 보여주는 IRL에 대한 다른 방법을 고려한다.

7. 가우시안 프로세스 역강화학습

11장에서 지금까지 제시된 IRL 방법은 (알려져 있지 않은) 보상 함수를 특성의 고정된 결정적 함수(또는 동등하게 기저 함수)로 취급하는 확률적 모델을 보여준다. 상태 및 행동에서 K개의 기저 함수 집합 $\Psi_k(s, a)$, $k = 1, ..., K$가 주어질 때 한 가지 일반적인 접근법은 특성의 선형 전개 $r(s, a) = \sum_k \theta_k \Psi_k(s, a)$로 보상 함수를 구성하는 것이다. 기저 함수가 유계[bounded]이기 때문에 결과 보상 함수도 유한 계수 θ_k에 대해 유계라고 가정한다.[13] 보상을 학습하는 문제는 유한 계수 집합 θ_k를 찾는 문제로 감소한다.

개념적으로는 간단하지만 이 접근법은 미리 정의된 '좋은' 기저 함수 집합을 요구하기 때문에 분명한 한계를 갖고 있다. 저차원 연속 상태-행동

---

13. 또는 기저 함수는 제한되지 않으나 보상 함수는 제한된 비선형 함수 설정을 고려할 수 있다.

공간에서 간단하고 관리하기 쉬운 기저 함수 집합을 구성하는 것은 비교적 간단하다. 예를 들어 1차원 및 유계의 상태와 행동 공간의 경우 단순히 상태와 행동 공간 모두에 대해 두 개의 개별 기저 함수 집합(예, B-스플라인)을 구축한 다음 직접 곱을 상태-행동 공간에서의 기저 함수 집합으로 취할 수 있다. 두 집합이 모두 N개의 기저 함수를 갖는 경우 결합 상태-행동 공간에 대한 N^2개의 기저 함수를 갖게 된다. 고차원의 경우 개별 기저의 직접 곱을 사용하는 것에 기초한 접근법은 분명 문제가 될 것이다. 그것은 기저의 차원과 데이터에서 추정될 파라미터 수의 지수적 증가를 초래할 것이기 때문이다.

IRL에 대한 기저 함수(특성)의 선택이 명확하지 않은 경우 가능한 한 가지 대안적 접근법은 특성과 보상 함수를 모두 학습하고자 시연을 사용하는 것이다. 데이터에서 고수준의 특성을 학습하는 문제는 지도 및 비지도학습에서 고전적인 문제라는 점에 유의하자. 예를 들어 분류 작업을 위해 딥러닝 구조를 사용할 때 네트워크의 내부 계층은 원시 데이터로부터 고수준의 특성을 생성한다. 중요한 것은 지도학습에서는 이렇게 학습된 특성의 품질을 평가하기 위한 명확한 기준이 있다는 것이다. 이는 분류기 자체의 품질에 의해 측정되며 역전파를 통해 학습된다. RL 및 IRL 설정에서 이는 각각 Deep RL과 Deep IRL 접근법에 의해 따르는 경로다.

이 절에서는 IRL에 대한 다양한 베이지안 접근 방식을 고려할 것이다. 결정적 보상과 확률적 정책을 사용하는 MaxEnt IRL과 달리 베이지안 강화학습에서 보상은 랜덤이며 상태-행동 공간에 일정한 확률분포를 가진다. IRL에서와 같이 보상은 관측되지 않으며 은닉(잠재) 변수를 사용해 베이지안 접근법으로 모델링할 수 있다. 그런 다음 베이지안 IRL의 목적은 관측된 데이터에서 이 은닉 변수의 확률분포를 학습하는 것이다.

7.1 베이지안 IRL

$r = r(s, a)$ 값이 상태와 행동에 따라 달라질 수 있는 확률 변수라고 가정하자. 이 절에서 이들을 $X = (s, a)$로 통칭한다. $p(r|X)$가 주어진 특성 X에 대한 사전확률분포라고 하자. 이 분포는 일련의 상태와 전문가가 시연한 행동으로 구성된 데이터 $\mathcal{D}$를 관측하기 전에 보유하고 있는 상이한 상태에서의 보상에 대한 우리의 견해를 제시한다.

어떤 고정된 보상 함수에 대해 데이터 $\mathcal{D}$를 관측할 확률은 어떤 우도 함수 $p(\mathcal{D}|r, \theta)$에 의해 주어지며, 여기서 θ는 조정할 수 있는 모델 파라미터다. 우도 함수는 특정 RL 모델을 사용해 명시적으로 계산할 수 있지만 여기서는 일시적으로 지정되지 않은 상태로 둔다.

입력 특성 X가 주어졌을 때 데이터 $\mathcal{D}$와 보상 r을 관측할 수 있는 결합 확률은 다음과 같다.

$$p(\mathcal{D}, r|X) = p(r|X)\, p(\mathcal{D}|r, \theta) \tag{11.122}$$

IRL에서는 보상이 관측되지 않으므로 식 (11.122)에서 가능한 모든 r 값에 대해 적분함으로써 데이터의 기대 우도를 형성한다. 이는 다음 식을 생성한다.

$$p(\mathcal{D}|X) = \int p(r|X)\, p(\mathcal{D}|r, \theta)\, dr \tag{11.123}$$

관측된 전문가 데이터의 우도를 최대화하고자 한계화된 이 확률은 파라미터 θ에 대해 최대화돼야 한다. 그러나 이 표현식은 보상의 모든 달성 가능한 값에 대한 적분을 관련된다. 수치적으로 계산하고자 이 적분은 가능한 M개 보상 값의 집합으로 이산화할 수 있다. 그러나 이는 식 (11.123)에서 하나의 IRL 문제를 풀고자 $p(\mathcal{D}|r, \theta)$를 계산하는 M개의 직접적인 강화학습 문제를 풀어야 함을 의미한다.

이산화를 사용한 적분(식 11.123)의 직접 계산에 대한 대안으로 라플라스

^{Laplace}(saddle-point) 근사를 사용해 이를 추정할 수 있다. 후자의 근사치는 식 (11.123)의 피적분 함수가 인수의 특정 값 $r_\star$ 주변에서 강한 피크를 가질 때 적용된다. 그런 다음 $\log(p(r|X)p(\mathcal{D}|r,\theta))$를 $r_\star$ 주변에서 저차 테일러 전개를 수행하고 편차 $\triangle r = r - r_\star$에 대해 가우시안 적분을 수행해 안장점 근사치를 구한다.

이 두 가지 접근법 모두 보상의 주어진 파라미터화된 사전분포 $p(r|X)$를 가정한다. 특정 응용(예, 로봇 공학)에서 그러한 파라미터 사전분포를 고안하는 것은 때때로 지루하거나 성가시다. 가우시안 프로세스^{GP} IRL은 파라미터 사전분포를 사용하는 대신 매우 유연한 비모수 설정의 함수에 대한 분포로 작업한다.

7.2 가우시안 프로세스 IRL

가우시안 프로세스^{GP} 접근법에서 사전 보상 분포는 평균 0의 GP 사전분포로 모델링된다.

$$r \sim \mathcal{GP}\left(0, k_\theta(\mathbf{x}_i, \mathbf{x}_j)\right) \tag{11.124}$$

여기서 k_θ는 공분산 함수를 나타낸다. 즉, 다음과 같다.

$$k_\theta(\mathbf{x}_i, \mathbf{x}_j) = \sigma_k^2 e^{-\frac{\xi}{2}(\mathbf{x}_i - \mathbf{x}_j)^T(\mathbf{x}_i - \mathbf{x}_j)} \tag{11.125}$$

여기서 $\theta = (\sigma_k, \xi)$은 모델 파라미터 벡터다.

유한한 데이터 샘플에 대해 GP 사전분포는 확률 $r \sim \mathcal{N}(0, K_{XX})$를 유도한다. 여기서 K_{XX}는 $[K_{XX}]_{ij} = k_\theta(\mathbf{x}_i, \mathbf{x}_j)$의 원소를 가진 공분산 행렬이다. 보상 함수의 학습은 커널 함수(식 11.125)의 파라미터 θ를 학습하는 것에 해당한다.

3장의 GP 회귀분석에서 목적은 입력 x와 이들 포인트에서 함수 $f(x)$의 어떤 값 f가 주어질 때 이 함수의 특정 파라미터 형태를 확정하지 않고 미지의 함수 값을 평가하는 것임을 상기하자. 작업은 테스트 데이터 포인트 $x_\star$에서 사후분포 f_{star}를 찾는 것이다. f와 $f_\star$의 결합분포가 가우시안이므로 $f_\star$의 사후분포도 역시 가우시안이다.

$$f_\star | x, x_\star, f \sim \mathcal{N}\left(K_{x_\star,x} K_{x,x}^{-1} f, \, K_{x_\star,x_\star} - K_{x_\star,x} K_{x,x}^{-1} K_{x,x_\star}\right) \qquad (11.126)$$

GPIRL에서는 GP 회귀분석과 달리 원하는 함수 값(즉, 보상 함수)이 관측되지 않는다. 관측과 연결하고자 GPIRL은 MaxEnt IRL을 사용한다 (Levine et al. 2011). u는 참 보상을 나타내는 반면 r은 잡음 버전의 보상을 나타낸다. 주어진 데이터 $\mathcal{D}$와 유도 포인트^{inducing points}가 주어질 때 u와 θ의 사후확률은 다음과 같다.

$$P(u, \theta | \mathcal{D}, X_u) \, P(\mathcal{D}, u, \theta | X_u) = P(u, \theta | X_u) \left[\int P(\mathcal{D}|r) \, P(r|u, \theta, X_u) \, dr\right]$$
$$(11.127)$$

이 표현에서 $P(\mathcal{D}|r)$은 고정된 보상에 조건부인 관측 확률이다. 이 표현식을 평가하고자 GPIRL은 r에 대한 지수적 의존성^{exponential dependence}을 포함하는 MaxEnt 정책을 사용한다. r에 대한 적분을 계산하고자 이산화하거나 또는 안장점 근사를 사용해 추정할 수 있다. 안장점 근사의 극한 경우가 Levine et al.(2011)에 의해 사용됐다. 이들은 r의 잡음이 0이 되는 극한을 고려했는데, 이는 $P(r|u, \theta, X_u)$를 델타 함수 $\delta(r - u)$로 만든다.

8. IRL은 교사를 능가할 수 있을까?

11장에서 지금까지 제시된 IRL 및 모방학습을 위한 모든 알고리듬은 교사가 시연한 경로(행동)가 최적 또는 거의 최적이라는 동일한 공통 가정을 공유한다. 이러한 가정은 에이전트가 시연된 행동이 거의 최적이라는 것을 안다면 교사의 의도를 추론하기보다는 교사를 모방하기만 하면 된다는 점에서 문제를 다소 쉽게 만든다. 그러나 이 가정은 많은 실제 관심 사례에서 너무 엄격하거나 비현실적일 수 있다. 예를 들어 인간 시연을 통해 로봇을 가르칠 때 시연자의 비최적성 수준을 측정하거나 제어하기가 항상 쉬운 것은 아니다. 모방학습(의도를 학습하는 대신)과 시연의 가능한 비최적성의 결합은 제어할 수 없거나 이해할 수 없는 학습 정책과 보상을 생성할 수 있다.

최적 또는 거의 최적에 가까운 시연에서만 학습하는 표준 패러다임에 대한 또 다른 잠재적 반대는 실패한(또는 강하게 최적화되지 않은) 시연에 접근하는 것이 종종 교사의 목적에 매우 유익한 정보를 제공할 수 있다는 것이다. 예를 들어 금융 절벽 걷기 예에서 전통적인 IRL은 절벽에서 파산 상태로 떨어지지 않는 높은 보상 경로만을 사용해 훈련할 수 있다. 직관적으로 결국 파산 상태에 이르게 되는 에이전트 실패 경로를 보여주고 그것들을 피해야 할 경로로 정책 최적화 모듈에 전달함으로써 학습이 개선될 수 있다고 기대할 수 있다. 이는 인간 학습과 더 유사할 수 있지만 기존의 IRL이나 IL 접근법의 대부분은 그러한 정보를 통합하지 않으므로 덜 효율적이고 더 데이터 집약적인 알고리듬으로 이어질 수 있다. 이 절에서는 성공적인 시연과 실패한 시연의 학습을 모두 통합하는 MaxEnt IRL의 강력한 확장을 제시한다.

금융 응용에서 이 접근법이 갖는 의미를 이해하고자 인간 투자자 또는 인간 트레이더에서 학습하는 에이전트를 도입하는 것을 고려해보자. 인간이 행동 편향에 제약되고 때때로 최적이 아니거나 잘못된 트레이딩 결정을 내리므로 표준 IRL이나 IL 접근법을 따르는 에이전트가 할 수 있는 최선의 방법은 그러한 오류와 편견을 전파하는 인간의 AI 분신^{alter ego}을 구축하는 것이다. 그러나 이상적으로는 단순히 트레이더의 전략을 모방하는 것을 원하는 것이 아니라 실제 트레이더의 의도를 유추하고 이들의 '진정한' 의도를 포착하는 정책을 최적화함으로써 오히려 트레이더의 전략을 개선하기를 원할 것이다. 물론 이러한 접근법은 인간과 기계의 상호작용에서 빙산의 일각이다. 로보어드바이저의 맥락에서 인간-기계 상호작용의 예를 위해 Capponi et al.(2019)을 참고하라.

시연의 성과를 능가하려면 에이전트는 최적 또는 거의 최적의 시연뿐만 아니라 심각하게 최적이 아니거나 완전히 실패한 시연을 포함한 다양한 시연을 통해 학습해야 한다. 실제로 교사를 모방하는 것이 아니라 능가하는 작업은 의사결정 공간에서 외삽^{extrapolation}에 해당하지만 그러한 외삽은 불가능하거나 모든 시연이 (거의) 최적일 경우 잘 일반화되지 않을 수 있다.

이 절에서는 단순히 행동을 모방하기보다는 교사의 의도를 포착해 교사를 능가하는 것을 목표로 하는 머신러닝 문헌의 최근 몇 가지 아이디어를 고찰한다.

8.1 실패로부터의 IRL

많은 상황에서 IRL 알고리듬을 훈련시키고자 고품질 전문가 데이터를 제공하는 것은 비용이 많이 들거나 문제가 될 수 있다. 예를 들어 인간 트레이더를 모방하고자 IRL을 적용할 수 있는 경우를 고려해보자. 관측된 트레이더 행동의 특정 시퀀스가 트레이더의 내부 목적 관점에서도 반드시 최적인 것은 아닐 수 있다. 따라서 이 경우 시연된 경로에서 최적성의 양을 계량화하기는 어려울 것이다. 반면에 MaxEnt IRL과 같은 전통적인 IRL 방법은 일반적으로 시연된 경로가 최적 경로에 가깝고 최적 행동에서 단지 가끔 이탈할 뿐이라고 가정한다. 이것은 성공적인 IRL 모델은 전문가의 시연을 설명하기보다는 전문가의 시연에서 관찰된 행동을 정당화할 수 있다는 것을 의미한다.

앞의 예는 시연의 최적성에 대한 주장이 항상 실현 가능한 것은 아니라는 것을 암시한다. 그러나 흥미롭게도 이는 많은 문제에 대해 심지어 바람직하지 않을 수 있다. 바람직한 행동과 바람직하지 않은 행동의 예를 모두 제공하는 인간의 가르침에서와 마찬가지로 인공 에이전트에게 원하지 않는 행동(정책)에 대한 정보를 제공하는 것은 성공과 실패 모두 포함된 데이터를 사용해 시연에서 최적의 정책을 식별하는 데 도움이 될 수 있다. 실패한 데모는 성공적인 데모보다 더 쉽게 생성할 수 있다.

실패로부터 IRL$^{\text{IRLF, IRL from Failure}}$ 모델(Shiarlis et al. 2016)은 성공적인 시연과 실패한 시연 모두에 대해 작업하는 '고전적' 최대 인과 엔트로피 IRL의 확장을 제안한다. 앞의 두 집합의 시연을 각각 $\mathcal{D}$와 $\mathcal{F}$라고 부른다. IRLF 모델의 중심 아이디어는 두 가지 기준을 결합하는 것이다. 첫째, 학습된 정책의 특성 기대치가 경험적 기대치와 일치해야 한다. 이 부분은 기존 MaxEnt IRL과 동일하다. 또한 IRLF에 새로 추가된 목적은 이러한 특성 기대치가 $\mathcal{F}$의 경험적 기대와 최대로 다를 것을 요구하는 것이다. 이는 $\mathcal{D}$에서 관찰된 상태-행동 쌍을 동시에 장려하고 $\mathcal{F}$에서 발견된 쌍을 방지하는 보상의 학습을 촉진할 수 있다.

좀 더 공식적으로 K개의 특성 $\phi_k(s, a)$가 있고 $r(s, a) = (w^{\mathcal{D}} + w^{\mathcal{F}})^T \phi(s, a)$와 같이 이들 특성에 선형적으로 파라미터화된다. 여기서 $w^{\mathcal{D}}$와 $w^{\mathcal{F}}$는 의미가 곧 명확해질 길이 K의 두 개의 파라미터 벡터다. $\tilde{\mu}_k^{\mathcal{D}}$와 $\tilde{\mu}_k^{\mathcal{F}}$는 각각 $\mathcal{D}$와 $\mathcal{F}$에 대한 경험적 특성 기대치며, μ_k^π는 정책 π하의 특성 기대치다. IRLF 모델은 다음 목적 함수를 최대화한다.

$$J\left(\pi, \theta, z, w^{\mathcal{D}}, w^{\mathcal{F}}\right) = H\left(A||S\right) - \frac{\lambda}{2}\left\|\theta\right\|^2 + \sum_{k=1}^{K} \theta_k z_k \qquad (11.128)$$

$$+ \sum_{k=1}^{K} w_k^{\mathcal{D}}\left(\mu_k^\pi|_{\mathcal{D}} - \tilde{\mu}_k^{\mathcal{D}}\right) + \sum_{k=1}^{K} w_k^{\mathcal{F}}\left(\mu_k^\pi|_{\mathcal{F}} - \tilde{\mu}_k^{\mathcal{F}} - z_k\right)$$

여기서 $H(A||S)$는 인과 엔트로피를 의미하며, π는 최적 정책이고, $w^{\mathcal{D}}$, $w^{\mathcal{F}}$은 두 종류의 제약 조건에 대한 라그랑지 승수로 작용하는 두 세트의 특성 전개 계수다. 첫 번째 제약식은 $\mu_k^\pi|_{\mathcal{D}} = \tilde{\mu}_k^{\mathcal{D}}$이며 정책 π를 사용해 성

공적인 경로를 일치시킨다. 두 번째 제약식은 $\mu_k^\pi|_{\mathcal{D}} - \tilde{\mu}_k^{\mathcal{F}} = z_k$이고, 보조 변수 $z_k \in \mathbb{R}$과 연관된다. 목적 함수(식 11.128)는 파라미터 $\theta, w^{\mathcal{D}}, w^{\mathcal{F}}$, 정책 π에 대해 최대화하며, 동시에 변수 z_k에 대해서도 최대화한다. 식 (11.128)에서 z_k에 대한 최대화는 실패한 경로에 대한 경험적 특성과 다르게 될 특성 기대치를 생성하는 목표를 달성한다. 최종 IRLF 공식(식 11.128)이 볼록 최적화에 해당하기 때문에 계산적으로도 편리하다. 세부 사항은 Shiarlis et al.(2016)을 참고하라.

IRLF 방법은 MaxEnt IRL과 유사한 방식으로 작동하며 보상 함수 $r(s, a)$ $= (w^{\mathcal{D}} + w^{\mathcal{F}})^T \phi(s, a)$와 소프트 Q 반복을 통한 정책 업데이트 간을 반복한다. $w^{\mathcal{D}}, w^{\mathcal{F}}$의 파라미터 수는 기존의 MaxEnt IRL보다 2배 더 크지만 분석적으로 파라미터 $w^{\mathcal{F}}$의 업데이트를 수행해 표준 MaxEnt IRL에 비해 계산 오버헤드가 최소화된다. IRLF 모델의 흥미로운 추가 속성은 실패한 경로가 일부 특성에 대해 성공적인 경로와 유사하고 다른 특성들에 대해서는 유사하지 않은 경우도 IRLF가 다룬다는 것이다.

8.2 학습 선호

표준 RL 접근법에 따라 보상 함수는 시연자의 목적에 대한 가장 간결한 설명을 제공한다. 관련해서 기존의 IRL 접근법은 일련의 시연으로부터 보상 함수를 학습하는 데 초점을 맞춘다. 그러나 11장의 앞에서 설명했듯이 시연으로부터의 보상에 대한 추론은 해에 규제화가 부과되지 않는 한 (예, MaxEnt IRL에서 수행되는 것처럼) 무한한 수의 해를 생성하는 잘못된 역문제다. 또한 보상은 임의의 선형 리스케일링과 가법적 형상 변환 shaping transformation에서만 발견될 수 있으며, 이는 서로 다른 환경에서 학습된 보상과 정책의 전이를 복잡하게 한다.

교사의 목표에서 가장 압축된 표현으로 보상 함수를 학습하는 것의 대안은 대신 교사의 선호preference를 배우는 것이다. 선호는 교사의 의도를 나타내는 대안적 표현으로 볼 수 있다. 단일 상태-행동 조합에 대해 정의된 보상과 달리 상태-행동 조합이나 다중 스텝multi-step 경로 쌍에 대한 선호가 지정된다. 선호는 개별 행동이나 경로의 양호함에 대한 계량적 척도에 의존하거나 의존하지 않을 수 있는 순위 순서(순서적ordinal) 관계 rank-ordering relation로 공식화된다. 분명히 모든 상태-행동 쌍에 대해 값이 알려진 보상 함수로 작업한다면 모든 경로 쌍은 누적된 보상에 따라 순위가 매겨질 수 있다. 그러나 사용해 수치적 보상을 지정하지 않고 순서적 척도만을 사용해 경로 간의 선호 관계를 설정할 수도 있다. 이는 예를 들어 AAA, AA, A 등과 같은 회사채 등급과 다소 유사하다. AA 등급 채권의 채무 불이행 확률은 A 등급 채권의 채무 불이행 발생률보다 낮다고 가정하지만 신용 등급 자체는 상이한 등급 범주에서의 채무 불이행 위험의 절대 수준에 대한 정보를 전달하지 않는다.

시연에 대한 쌍별 기반 정성적 순위를 정의하는 것이 다른 개별 경로에 수치 보상 값을 직접 할당하는 것보다 더 쉽거나 더 직관적일 수 있는 많은 상황이 있을 것이다. 예를 들어 포트폴리오 매니저는 단일 보상 값의 관점에서 트레이딩에서 매니저의 만족을 표현하기보다는 서로 다른 주식 매수 결정의 상대적 순위를 표현함으로써 더 편안할 수 있다.

따라서 일련의 순위가 매겨진 경로가 주어질 때 목적이 어떤 경로가 다른 경로보다 나은 이유를 추론하는(즉, 시연자의 의도를 이해하는) 선호 기반 IRL 문제를 고려하는 것은 흥미롭다. 이러한 추론의 최종 결과는 기존의 IRL 접근법에서와 같이 보상 함수로 다시 압축된다. 그러나 이 보상은 단순히 시연자의 행동을 모방하는 것이 아니라 추론된 의도를 기반으로 하기 때문에 기존의 RL 접근법과 함께 사용돼 기존의 IRL 접근법과 같이 단순히 모방하는 것이 아니라 시연에서의 성과를 향상시킬 수 있는 정책을 학습할 수 있다.

선호 기반 IRL은 IRLF 모델에서 취한 접근법의 자연스러운 확장으로도 간주될 수 있다. 후자에서 모든 시연은 성공 또는 실패의 양을 더 이상 지정하지 않고 성공과 실패로 분할한다. 선호 기반 IRL을 사용하면 다양한 품질의 시연으로 작업할 수 있으며, 그러고 나서 어떤 성공 기준(예, 시연자의 감춰진 보상[hidden reward] 사용)을 사용해 순위를 매긴다. 이는 IRL 에이전트에게 성공 및 실패 경로로의 단순한 이진 분류보다 더 정교한 정보를 제공할 수 있다.

8.3 T-REX: 경로-순위 보상 외삽

앞에서 언급한 것처럼 시연에서 보여준 성과를 향상시키려면 사용자의 거의 최적성에 가까운 경우를 가정해 단순히 사용자의 흉내를 내는 것이 아니라 사용자의 의도를 포착해야 한다. 관측된 행동의 함수로 사용자의 의도를 유추하는 경우 그러한 함수는 시연된 행동을 넘어 잠재적으로 시연자의 성과를 초과할 수 있다.

이 아이디어는 브라운 et al.(2019)에서 제안된 T-REX[Trajectory-Ranked Reward EXtrapolation, 경로 순위 보상 외삽] 모델에 기초한다. T-REX 에이전트에는 여러 개의 순위가 매겨진 시연이 제공된다. 경로의 순위는 시연자의 선호에 대한 정보를 전달한다. T-REX는 시연된 경로에 순위 관계를 부과하는 특정 형태에 대해 유연하다. 한 가지 가능성은 경로 품질에 대한 사전 지정된 척도(예, 이것은 시연자의 '내부 보상[internal reward]'일 수 있다. 즉, '참' 누적 보상일 수 있다[14]) 를 기반으로 모든 경로를 동시에 순위 매기는 것이다. 가능한 다른 설정은 품질에 숫자 값을 할당하는 것을 피하고 오히려 품질을 경로 쌍에 정의된 순서 선호 관계로 정의한다. T-REX는 다음에 설명할 것처럼 (하위의) 경로의 쌍에 대해 작동하므로 쌍별 비교를 기반으로 한 두 번째 형태의 순위 순서는 T-REX의 훈련에 충분하다. 한편 첫 번째 설정에서와 같이 각 개별 경로에 대한 계량적 절대 선호도 측정이 제공되

---

14. 다음에 제시될 D-REX라 불리는 T-REX 모델의 확장은 외부에서 제공된 순위가 없을 때로 진행할 수 있게 한다.

면 명확하게 쌍별 선호 관계를 쉽게 추론할 수 있다.

더 공식적으로는 오름차순으로 순위가 매겨진 N개의 순위 시연 τ_n이 주어졌다고 가정하자. 따라서 시연 τ_1은 최악이고(최하위 순위를 가지며), 시연 τ_N은 최고다(높은 순위를 가진다). 한 쌍의 경로 τ_i, τ_j에 대한 선호 관계는 $i > j$이면 $\tau_i \prec \tau_j$로 표기된다.

T-REX 알고리듬은 (i) 보상 추론과 (ii) 정책 최적화의 두 단계로 진행된다. 이 절차의 첫 번째 단계만이 시연에서 (외삽된) 보상 함수를 추론하는 IRL의 형태에 해당한다. 두 번째 단계는 RL 정책을 최적화함으로써 성과를 개선하고자 직접 RL에 대한 특정 알고리듬을 가진 이 외삽된 보상 함수를 사용하는 것에 해당한다. 앞으로 여기서는 T-REX 모델의 첫 번째 단계인 IRL에 초점을 맞춘다.

T-REX 모델의 보상 추론 단계의 목적은 시연자가 최적화하려는 실제 보상 함수에 근사한 파라미터화된 보상 함수 $\hat{r}_\theta(s, a)$를 찾는 것이다. 이는 일반적인 IRL 목적 함수로 공식화되지만 T-REX 모델에 의해 추가된 중요한 트릭은 보상 함수에 추가적인 구조적 제약 조건이 부과된다는 것이다. 좀 더 구체적으로는 이 함수로 계산된 누적 보상은 순위 순서 rank-ordering 관계와 일치해야 한다.

$$\sum_{(s,a) \in \tau_i} \hat{r}_\theta(s, a) < \sum_{(s,a) \in \tau_j} \hat{r}_\theta(s, a) \ \text{ if } \ \tau_i \prec \tau_j \tag{11.129}$$

$\hat{J}_\theta(\tau_i) = \sum_t \gamma^t \hat{r}_\theta(s_t, a_t)$를 경로 τ_i에 대한 할인된 누적 보상이라 하자. 다음 손실 함수를 최소화함으로써 T-REX를 훈련한다.

$$\mathcal{L}(\theta) = \mathbb{E}_{\tau_i, \tau_j \sim \Pi} \left[\xi \left(P \left(\hat{J}_\theta(\tau_i) < \hat{J}_\theta(\tau_j) \right), \tau_i \prec \tau_j \right) \right] \tag{11.130}$$

여기서 Π는 시연 쌍에 대한 분포이고 ξ는 이진 손실 함수다. 식 (11.130)의 이진 이벤트 확률 P는 다음과 같이 소프트맥스 분포로 모델링된다.

$$P\left(\hat{J}_\theta(\tau_i) < \hat{J}_\theta(\tau_j)\right) = \frac{\exp \sum_{s,a \in \tau_j} \hat{r}_\theta(s,a)}{\exp \sum_{s,a \in \tau_i} \hat{r}_\theta(s,a) + \exp \sum_{s,a \in \tau_j} \hat{r}_\theta(s,a)} \tag{11.131}$$

손실 함수 $\xi(\cdot)$에 대해 교차 엔트로피 손실이 사용되며, 따라서 손실 함수는 다음과 같이 된다.

$$\mathcal{L}(\theta) = -\sum_{\tau_i \prec \tau_j} \log \frac{\exp \sum_{s,a \in \tau_j} \hat{r}_\theta(s,a)}{\exp \sum_{s,a \in \tau_i} \hat{r}_\theta(s,a) + \exp \sum_{s,a \in \tau_j} \hat{r}_\theta(s,a)} \tag{11.132}$$

이 손실 함수는 실현된 총 수익에 기초해 한 경로가 다른 경로보다 선호되는지 여부를 예측하고자 분류기를 훈련시키고, 이 결과를 이 쌍에 대한 선호 레이블과 비교한다. 결과는 다른 IRL 접근법과 같이 파라미터화된 단일 스텝 보상 함수로 표현된다. 다른 방법과 대조적으로, T-REX는 실제 시연의 결과가 아닌 시연자의 인지된 목적$^{perceived\ goals}$과 가장 일치하는 보상을 찾는다. 여기서 시연 자체는 매우 최적이 아닐 수 있다는 것을 강조하는 것이 중요하다. 중요한 것은 T-REX가 단순히 MaxEnt IRL과 같이 이미 (거의) 최적이라고 가정하는 것이 아니라 시연의 의도를 학습하는 것이다. 일단 의도가 보상 함수에서 코드화되면 그것은 정책 최적화 과정에서 다른 상태-행동 조합으로 추론될 수 있다. 이렇게 하면 시연에서의 성과를 초과하는 결과가 발생할 수 있다.

Brown et al.(2019)에서 보듯이 T-REX는 MuJoCo 및 Atari 시뮬레이션 환경 내의 여러 작업에서 GAIL과 다른 최첨단 적대적 및 행동 복제 방법보다 더 나은 결과를 산출한다. 이 구현은 파라미터화된 보상 $r_\theta(s, a)$의 모델로 심층 합성곱 신경망^{CNN}을 사용했다. 그러나 T-REX 접근 방식은 일반적이며 다른 구조를 사용해 적용할 수도 있다. 특히 함수 근사가 전혀 필요하지 않은 유한 MDP에 대해 사용할 수 있다. 다음 절에서는 이산 MDP를 사용해 IRL에 대한 T-REX의 간단한 금융 예제를 고려할 것이다.

8.4 D–REX: 교란–기반 보상 외삽

방금 제시한 T–REX 알고리듬은 간단하고 매력적으로 보이지만 경로 쌍에 대한 순위 레이블의 가용성에 의존한다. 그러나 이러한 순위를 항상 사용할 수 있는 것은 아니다. 예를 들어 포트폴리오 매니저는 과거 트레이딩 포트폴리오의 역사적 기록을 보유할 수 있지만 포트폴리오 간에 쌍별 순위를 제공하는 것은 어려울 수 있다. 이런 경우 문제는 그런 시나리오로 무엇을 할 수 있느냐 하는 것이다.

T–REX를 일반화해 자동으로 순위가 매겨지는 시연을 제공하는 방법을 D–REX^{Disurbance-Based Reward EXtrapolation, 교란 기반 보상 외삽}라고 한다(Brown et al. 2019). 이 방법의 아이디어는 행동 복제를 사용해 학습된 정책에 상이한 수준의 잡음을 주입하는 순위 기반 모방학습^{rank-based imitation learning} 방법을 사용하는 것이다. Brown et al.(2019)에서 보듯이 이는 시연자에 의한 명시적 순위 매김 없이 시연자가 제공한 경로에 대해 자동으로 순위를 매기는 데 사용할 수 있다. 이러한 방식으로 순위 레이블이 생성되면 알고리듬은 T–REX 방법을 따른다.

9. 금융 절벽 걷기를 위한 IRL의 시도

지금까지 주어진 역강화학습과 모방학습에 대한 광범위한 이론적 소개를 바탕으로 이제 가능한 실제 보상 대비 결과를 쉽게 확인할 수 있는 간단한 금융 문제에 IRL을 적용할 준비가 됐다.

이 절에서는 앞서 IRL의 간단한 테스트 케이스로 언급했던 이산 MDP 경우인 9장의 금융 절벽 걷기^{FCW, Financial Cliff Walking} 예제에 세 가지 IRL 알고리듬(최대 인과 엔트로피 IRL, IRLF와 T–REX)을 적용한다.

FCW 예제에 대한 최적의 정책은 최소 금액을 $t = 0$ 시간에 계좌에 입금한 다음 마지막 단계까지 아무것도 하지 않는 것이며, 마지막 시점에서는 10의 보상을 받고 계좌를 폐쇄해야 한다는 것을 상기하자. 우리는 순수 랜덤 구성 요소를 추가해 이 정책을 랜덤화하고 이를 사용해 튜플 (s_t, a_t, r_t, s_{t+1}) 형태로 샘플링된 경로를 생성한다.

시작 위치는 RL 예에서와 같이 (0, 0)이 아니라 (1, 0)으로 선택하는데, 이는 첫 번째 단계에서 결정적으로 '위로 이동'하는 것을 피하기 위한 것이다. 총 보상이 100 이하인 시연(즉, 파산으로 이어지는 경로)은 실패한 경로로 표시되고 양의 누적 보상이 있는 경로는 성공한 것으로 표시된다. 이 모든 것이 최적인 것은 아니다. 최적의 전략은 총 보상액이 10이며 마지막 단계까지 행동하지 않고, 마지막 시점에서만 전체 금액을 회수한다. 성공적인 경로에 대한 보상의 분포는 그림 11.6에서 볼 수 있다.

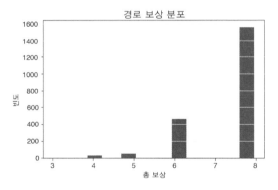

그림 11.6 금융 절벽 걷기(FCW) 예제에서 시뮬레이션된 경로에 대한 누적 보상의 분포

이제 이 데이터에 대한 세 가지 IRL 방법을 사용해 실험 결과를 제시하고 이를 실제 사례와 비교한다.

9.1 최대 인과 엔트로피 IRL

MaxEnt IRL^{Max-Causal Entropy IRL}(최대-인과 엔트로피 IRL)에서 시연되는 모든 경로는 최적에 가깝다고 가정하는데, 때때로 최적성에서 벗어나는 경우도 있다. 그림 11.6에서 보상의 분포는 에이전트에 성공적인 경로만 주

710

어졌을 때 얻어지는 것으로 대부분의 경로가 최적의 보상 10 또는 거의 최적의 보상 8을 갖는다는 점에서 그러한 가정에 대해 신뢰할 수 있는 경우로 보인다.

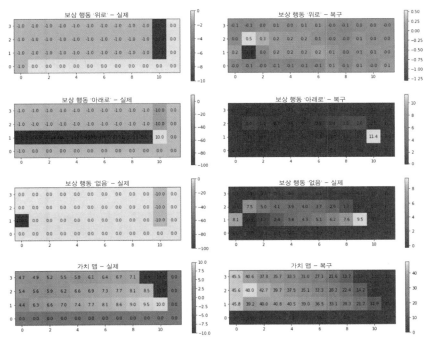

그림 11.7 FCW 문제에 대한 MaxEnt IRL의 결과. (왼쪽) 모든 이동에 대한 실제 보상과 참 가치 함수, (오른쪽) 복구된 가치

MaxEnt IRL의 결과는 그림 11.7에서 볼 수 있다. 분명히 MaxEnt IRL은 상태 (1, 10)에서 아래로 이동해 높은 보상을 포착할 수 있다(오른쪽의 두 번째 그래프 참조). 에이전트가 마지막 스텝까지 예금 한 단위를 보유하는 한, 무행동$^{zero\ action}$에 대한 보상은 큰 값으로 복원된다. 그러나 이는 실제와 일치하지 않는다. 이 스텝들에 대한 실제 보상은 0이다. MaxEnt IRL은 이러한 상태-행동 조합이 단순히 최적 경로의 하위 부분이기 때문에 높은 보상 상태와 연관시킨다. 마지막 단계에서 10의 실제 경로 보상을 얻더라도 최적의 경로에 대해 앞선 스텝은 국지적 보상이 높은 스텝으

로 MaxEnt IRL에 의해 인식된다. 또 다른 관찰은 MaxEnt IRL이 절벽을 감지하지 못하지만 실제로는 절벽을 피하는 것이 다른 어떤 행동보다 총 보상의 측면에서 더 중요하다는 것이다. 그 이유는 물론 MaxEnt IRL은 단지 성공적인 경로를 제공받았기 때문에 절벽을 의식하지 않기 때문이다.

9.2 실패로부터 IRL

다음으로 IRLF[IRL from Failure, 실패로부터 IRL] 모델을 고려하자. 여기서는 성공적 경로와 실패적 경로를 가진 시연을 모두 사용한다. 두 데이터 세트는 동일한 수의 관측치를 갖는다. IRLD의 결과는 그림 11.8에서 보여준다.

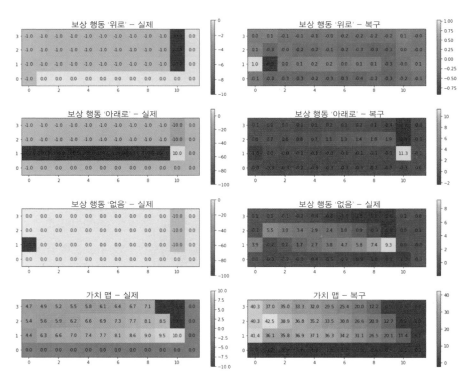

그림 11.8 FCW 문제에 대한 IRLF의 결과. (왼쪽) 모든 이동에 대한 실제 보상과 참 가치 함수, (오른쪽) 복구된 가치

IRLF는 FCW 문제에 대한 MaxEnt IRL과 유사한 성과를 보인다. 실패한 시연이 주어졌지만 절벽에서 떨어질 때 강력한 음의 보상을 부과하지 않는다. 복원된 보상은 MaxEnt IRL 방법으로 찾은 보상과 유사하게 나타난다.

9.3 T-REX

T-REX의 경우 에이전트에게 성공 경로와 실패 경로를 동일하게 제공하는데, 이들 경로는 별개의 데이터 세트로 분할되는 것이 아니라 동일한 데이터 세트의 구성 원소로 제공된다. 각 경로는 경로에 누적된 각각의 실제 보상에 의해 순위가 매겨진다.

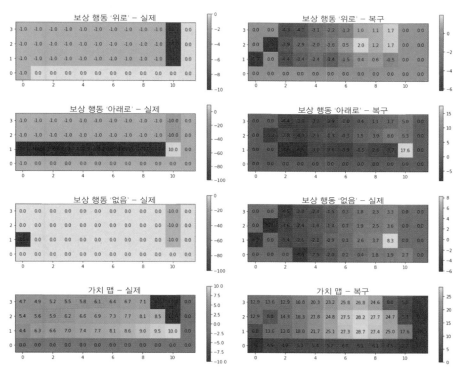

그림 11.9 FCW 문제에 대한 T-REX의 결과. (왼쪽) 모든 이동에 대한 실제 보상과 참 가치 함수, (오른쪽) 복구된 가치

T-REX의 결과는 그림 11.9에서 볼 수 있다. 다른 두 IRL 방법보다 성과가 좋다는 것을 알 수 있다. 첫째, 이미 파산 상태에 있을 때 얻는 0의 보상과 첫째 수준에서 절벽에서 떨어질 때 얻는 음의 보상을 구별한다. 또한 무행동에 대해 보상을 할당함에 있어 오류가 덜 발생하는 것으로 보인다. 즉, 무행동 경로의 모든 부분에 양의 보상을 할당하는 대신 처음에 음의 보상과 마지막에 양의 보상을 할당하는 경향이 있으며, 이는 누적 보상 관점에서 부분적으로 상호 상쇄한다.

9.4 요약

이 간단한 예에서도 알 수 있듯이 IRL은 어려운 문제다. IRL은 잡음 관측에서 숨겨진 시그널(우리의 경우 보상)을 복원하는 역문제임을 상기하라. 모든 역문제가 시그널의 완전한 복원을 가능하게 하는 것은 아니다, 일부 정보는 필연적으로 손실된다. 간단한 FCW 환경을 사용한 실험을 통해 이를 확인할 수 있다. 이산 MDP 설정으로 작업했기 때문에 함수 근사를 사용하지 않았으며, 따라서 추론 부분 자체의 성과에 집중할 수 있었다. 우리의 실험은 IRL에서 보상 모호성을 보여준다. 복원된 보상의 절대값은 실제 보상의 절대값과 일치하지 않는다. 긍정적인 측면에서 IRL 방법과 특히 T-REX 방법은 실제 보상의 일반적인 구조를 포착하는 것으로 보인다.

10. IRL의 금융 응용

이 절에서는 IRL과 IL의 금융 응용을 고려한다. 현재까지 금융 분야 IRL 적용에 관한 연구 논문은 극히 일부에 불과하지만 상이한 계량 금융 분야에서 몇 가지 흥미로운 사용 사례를 고려할 것이다.

두 가지 유형의 IRL 문제를 고려할 것이다. 첫 번째 클래스에서는 특정 시장 에이전트의 보상 함수에 대한 추론을 고려한다. 에이전트는 인간

일 수도 있고 로봇, 즉 트레이딩 알고리듬일 수도 있다. 이 클래스에 속하는 세 가지 사용 사례를 알아본다. 첫 번째는 고빈도 선물 거래 전략 식별의 문제다. 두 번째는 위험 회피 옵션 트레이더의 보상 함수를 학습하는 문제다. 세 번째 사용 사례는 포트폴리오 투자자의 보상 함수 추론을 위한 IRL 공식을 제시한다.

두 번째 유형의 IRL 문제는 어떤 시장 시그널이나 심지어 시장 동학이 집단행동에 의해 영향을 받는다고 가정할 때 모든 시장 에이전트의 '병합된' 보상 함수를 추론한다. 이것이 단일 에이전트 IRL 공식으로 남아있지만 여기서 에이전트는 비공식적으로 시장의 '보이지 않는 손Invisible Hand'으로 해석될 수 있는 시장에서 어떤 집단 모드의 구현이 된다. 이러한 유형의 IRL 문제에 대해서는 두 가지 사용 사례를 다시 고려한다. 첫 번째 사용 사례에서 모든 시장 참여자의 집단행동은 시장 투자자의 감성(뉴스 감성에 의해 설명됨)과 동일시된다. 두 번째 사용 사례에서 집합적인 행동이 주어진 주식에의 자금의 순유입이나 순유출이 되도록 취해진다. 다음에서 볼 것처럼 그러한 IRL의 적용은 시장 동학에 대한 모델링의 새로운 통찰력을 제공할 수 있다.

10.1 알고리듬 트레이딩 전략 식별

최초 발표된 IRL의 금융 응용 중 하나는 Yang et al.(2015)이 제안한 것이다. 이들은 관측된 트레이딩 히스토리가 주어질 때 고빈도 트레이딩 전략의 식별 문제를 다뤘다. 이 문제는 사기 행위와 불공정 트레이딩 관행을 방지하려는 시장 운영자와 규제 기관에게 특히 관심이 있다. 또한 알고리듬 트레이딩 관행에 대한 체계적인 분석은 규제 기관이 시장의 전반적인 건전성을 유지하는 규제와 정책을 생산하는 데 도움이 된다.

트레이딩 전략의 식별은 종종 모든 알고리듬 전략의 군집화와 같은 비지도학습 기법을 사용하는 실무자들에 의해 다뤄진다. 이들은 트레이딩 계정의 활동 누적 통계에서 얻은 특성을 사용한다. 분명히 거래 활동의 다양한 누적 통계에 대한 그러한 의존은 전략 운영자의 실제 목표와 거의 관련이 없는 특성을 식별하기 쉬운 '맹목적인' 방법인 것으로 보인다. 관련해서 전략의 군집화를 수행하고자 이러한 특성에 의존하는 것은 설명력이 거의 없는 비정보 군집을 생성할 수 있다.

역강화학습은 그러한 순수 통계적(또는 데이터 마이닝) 접근법의 대안을 제공한다. 관측된 트레이딩 전략이 트레이더의 보상 함수(또는 알고리듬 전략)을 추론하는 데 사용되는 경우 학습된 보상은 금융 에이전트의 인지된 목적에 대한 정보를 제공하는 좀 더 '지능적인' 상이한 특성 집합을 제공할 수 있다. Yang et al.(2015)에서 발견됐듯이 학습된 보상 함수를 기반으로 하는 군집화는 유사한 보상 함수를 가진 에이전트의 군집을 더 잘 식별한다.

Yang et al.(2015)에서 수집한 데이터 수집은 시카고 상품거래소^{CME} Globex 전자거래 플랫폼에서 거래된 E-Mini S&P 500 지수에 대한 주문 호가창 감사 추적 데이터다. 감사 추적 데이터에는 밀리초 단위의 모든 주문 호가창 이벤트가 포함된다. 각 레코드에는 날짜, 시간, 확인 시간(즉, 주문 매칭 엔진에 의해 주문이 확인된 시간), 고객 계정, 거래자 식별 번호, 매수/매도 플래그, 가격, 수량, 주문 유형(시장가 또는 지정가), 메시지 유형, 주문 ID가 포함된다.

상태 특성은 지정가 주문 호가창의 세 가지 다른 수준에서 최선의 매수 호가와 최선의 매도 호가 사이의 주문 거래량 불균형을 사용해 구축된다. 이 세 가지 변수는 세 가지 수준(높음^{high}, 중간^{medium}, 낮음^{low}으로 더 이산화된다. 또한 재고 수준(보유 포지션)은 상태 묘사의 일부로 사용된다. 행동 공간은 다음과 같은 방식으로 이산화된다. 모든 지정가 및 시장가 주문은 각각 10개의 버킷으로 분리된다. 또한 시장 에이전트는 기존의 지정가 주문을 취소할 수 있으며, 이 경우 두 개의 이진 자유도가 추가로 생성된다. 결과적으로 가능한 모든 행동은 길이가 22인 이진 벡터로 인코딩된다. 상태-행동 특성의 총 벡터는 상태와 행동의 이산화된 값을 함께 쌓아서 얻는다.

Yang et al.(2015)은 Ramachandran과 Amirv(2007)의 베이지안 IRL 접근법을 사용한다. 베이지안 IRL에서 보상은 확률분포 $p(r)$을 가진 관측되지 않은 확률 변수로 가정한다. 전이 확률 $p(s', a|s)$로 다음 상태와 행동의 관측 O가 주어지면 주어진 보상 값의 사후확률은 다음과 같이 구해진다.

$$p(r|s, a, s') = \frac{p(r)p(s', a|r, s)}{\sum_r p(r)p(s', a|r, s)} \tag{11.133}$$

특정 행동 a_m과 관련된 보상은 평균 0와 공분산 행렬 K_m을 가진 가우시안 프로세스^{GP}로 모델링돼 $r \sim N(0, K_m)$을 생성한다. 따라서 보상은 공분산 행렬 K_m에 의해 완전히 지정된다. 공분산 행렬의 원소 $k_m(s_i, s_j)$는 지수 커널$^{\text{exponential kernels}}$의 제곱으로 취해진다.

$$k_m(s_i, s_j) = e^{k_m \frac{1}{2}(s_i - s_j)^2} + \sigma_m^2 \delta_{s_i, s_j} \tag{11.134}$$

따라서 모델 파라미터 벡터 θ는 k_m, σ_m, σ의 값에 의해 주어지며, 여기서 σ는 우도 함수의 잡음 수준을 제어하는 파라미터다. Yang et al.(2015)의 GPIRL 알고리듬은 두 단계 사이를 반복한다. 즉, 다음과 같이 한다.

- 주어진 파라미터 값 θ에 대해 사후확률 $p(r|O)$를 최대화한다. 이는 $\log p(O|r) - \log p(r|\theta)$의 최소화와 같다. 이 단계의 출력은 보상 $r_{MAP}(\theta)$의 최대 사후$^{\text{MAP, Maximum A Posteriori}}$ 값으로, 식 (11.133)에서 분자의 값을 최대화한다.
- $p(\theta|O)$의 라플라스 전개로 얻어지는 $\log p(O|\theta, r_{MAP})$을 최대화함으로써 파라미터 θ를 최적화한다.

Yang et al.(2015)에서 보여준 것처럼 이 GPIRL 공식에서의 최대 사후 계산은 볼록 최적화로 축소할 수 있으므로 수치상 효율적인 방법으로 수행할 수 있다. 학습된 보상 함수에서 얻은 특성은 알고리듬 전략의 군집화를 수행하는 데 사용됐다. 이러한 방법으로 얻은 군집은 누적 계정 통계에서 도출된 특성을 사용해 얻은 군집보다 더 순수하고 해석 가능한 것으로 확인됐다.

10.2 옵션 가격 결정을 위한 역강화학습

역강화학습은 현재(시점 t에서) 가치가 S_t인 주식에 대한 만기 T와 행사 가격 K의 유럽형 풋 옵션의 정해진 수량을 매도하는 옵션 트레이더의 보상 함수를 추론하는 데 사용할 수 있다. 옵션 만기에서의 주가 S_T의 변동에 대한 노출을 헷지하고자 옵션 매도자는 일정량의 주식과 일부 현금으로 구성된 포트폴리오를 롱^{long}한다. 옵션 매도자는 $S_T > K$일 때 K 가격으로 주식을 매도해야 하는 의무를 이행하지 못할 위험을 완화하고자 이 헷지 포트폴리오를 동적으로 재조정한다. 보상은 옵션 헷지 포트폴리오의 리스크-조정된 수익으로 정의된다.

10장의 옵션 가격에 대한 QLBS 모델에 사용한 것과 동일한 설정을 가정한다. QLBS가 시장을 움직이지 않는 소액 투자자의 모델임을 상기하라. 이 가정은 기존의 블랙-숄즈^{BS} 옵션 가격 모델에서와 동일하다. BS 모델과 대조적으로 QLBS 모델은 이산 시간 순차적 위험 최소화^{discrete-time sequential risk minimization}에 의한 옵션 가격을 결정한다. 이는 동학이 로그노말이라면 위험 회피 λ를 가진 단순한 마코위츠와 같은 단일 스텝(시점 $\triangle t$에서의) 보상(음의 위험)이 $\triangle t \rightarrow 0$, $\lambda \rightarrow 0$의 극한에서 표준 BS 모델로 축소되는 준분석적으로 처리 가능한 모델을 생성한다는 것을 보여준다.

10장에서는 관측된 데이터가 상태, 행동, 보상을 포함하는 QLBS 모델을 사용해 직접적인 강화학습 문제를 고려했다. 여기서는 데이터에서 따르는 것으로 가정되는 보상 함수와 최적의 정책을 학습하는 문제에 관심을 갖는다. 즉, 옵션 가격 결정 문제에 대해 IRL의 관점을 취한다.

전형적으로 IRL은 RL보다 더 어려운 문제이고 둘 다 계산적으로 어렵지만 QLBS 모델의 설정에서는 두 가지 모두 똑같이 쉽다. 보상 함수의 2차 함수 형태(식 10.35)와 시장에서 트레이더의 행동 피드백 루프가 없기 때문이다.

실제로 이 경우 보상 함수의 학습은 식 (10.35)를 사용해 단 하나의 파라미터 λ를 찾는 것과 같다. 이 파라미터를 추정하고자 G-러닝에 대한 일반 방정식(식 11.29)을 기반으로 하는 MaxEnt IRL의 설정을 적용한다.

$$F_t^\pi(\mathbf{s}_t) = \mathbb{E}_\mathbf{a}\left[r(\mathbf{s}_t, \mathbf{a}_t) - \frac{1}{\beta}g^\pi(\mathbf{s}_t, \mathbf{a}_t) + \gamma\mathbb{E}_{t,\mathbf{a}}\left[F_{t+1}^\pi(\mathbf{s}_{t+1})\right]\right]$$

$$\pi(\mathbf{a}_t|\mathbf{s}_t) = \frac{1}{Z_t}\pi_0(\mathbf{a}_t|\mathbf{s}_t)e^{r(\mathbf{s}_t,\mathbf{a}_t)+\gamma\mathbb{E}_{t,\mathbf{a}}\left[F_{t+1}^\pi(\mathbf{s}_{t+1})\right]} \qquad (11.135)$$

3.3절에서 언급한 것처럼 식 (11.135)는 단일 스텝 보상 $r(\mathbf{s}_t, \mathbf{a}_t)$가 일반적으로 $\gamma\mathbb{E}_{t,\mathbf{a}}\left[F_{t+1}^\pi(\mathbf{s}_{t+1})\right]$의 값을 요구하는 단일 스텝 행동 확률 $\pi(\mathbf{a}_t|\mathbf{s}_t)$의 대안적 설정을 형성하지 않는다는 것을 보여준다.

그러나 여기서 고려하는 시장 충격이 없는 특수한 경우에 대해 분석은 단순화된다. 마지막 표현이 전이 확률 $p(s_{t+1}|s_t, a_t)$를 통해 행동 a_t에 의존한다는 것을 주목하라. 에이전트가 작은 옵션 트레이더라는 가정하에 $p(s_{t+1}|s_t, a_t) = p(s_{t+1}|s_t)$를 갖는다. 이 경우 식 (11.135)의 두 번째 줄 정책 공식의 지수의 두 번째 항은 행동 a_t에 독립적으로 되며, 따라서 정책 방정식의 분자와 분모에서 상쇄된다. 따라서 시장 충격(행동으로부터의 피드백 루프)이 없는 특수한 경우에 대해 MaxEnt 정책은 단일 스텝 보상만으로 표현할 수 있다.

$$\pi(a_t|X_t) = \frac{1}{Z}e^{r_t(X_t,a_t)} \qquad (11.136)$$

여기서 Z는 정규화 계수다.

QLBS 모델에서 기대 단일 스텝 보상은 다음과 같다(식 10.35 참고).

$$r_t(X_t, a_t) := \mathbb{E}_t \left[R_t(X_t, a_t, X_{t+1}) \right] = c_0(\lambda) + a_t c_1(\lambda) - \frac{1}{2} a_t^2 c_2(\lambda) \qquad (11.137)$$

여기서 간결성을 위해 X_t에 대한 의존성을 생략하고 다음을 정의한다.

$$c_0(\lambda) = -\lambda \gamma^2 \mathbb{E}_t \left[\hat{\Pi}_{t+1}^2 \right], \ c_1(\lambda) = \gamma \mathbb{E}_t \left[\Delta S_t + 2\lambda\gamma \Delta \hat{S}_t \hat{\Pi}_{t+1} \right],$$

$$c_2(\lambda) = 2\lambda\gamma^2 \mathbb{E}_t \left[\left(\Delta \hat{S}_t \right)^2 \right] \qquad (11.138)$$

이를 MaxEnt 정책(식 11.136)과 결합하면 다음을 얻는다.

$$\pi\left(a_t \,|\, X_t \right) = \frac{1}{Z} e^{r_t(X_t, a_t)} = \sqrt{\frac{c_2(\lambda)}{2\pi}} \exp \left[-\frac{c_2(\lambda)}{2} \left(a_t - \frac{c_1(\lambda)}{c_2(\lambda)} \right)^2 \right]$$
$$(11.139)$$

따라서 MaxEnt 방법의 지수분포를 2차식의 기대 보상(식 10.35)과 결합하면 가우시안 행동 정책(식 11.139)을 얻게 된다.[15]

식 (11.139)를 사용해 데이터 $\left\{ X_t^{(k)}, a_t^{(k)} \right\}_{k=1}^N$을 관측할 확률은 다음과 같다(두 번째 식에서 상수 계수 $-1/2 \log (2\pi)$를 생략한다).

$$LL(\lambda) = \log \prod_{k=1}^N p_\lambda \left(a_t^{(k)} \,\middle|\, X_t^{(k)} \right) = \sum_{k=1}^N \left(\frac{1}{2} \log c_2^{(k)}(\lambda) - \frac{c_2^{(k)}(\lambda)}{2} \left(a_t^{(k)} - \frac{c_1^{(k)}(\lambda)}{c_2^{(k)}(\lambda)} \right)^2 \right)$$
$$(11.140)$$

여기서 $c_i^{(k)}$, $i = 1, 2$는 k번째 경로에서 평가된 표현식(식 11.138)을 나타낸다. 이는 λ의 오목 함수이므로 표준 최적화 패키지를 사용해 유일한 최대점이 수치적으로 쉽게 발견될 수 있다.

식 (11.140)의 최적화는 t의 한 특정 값을 가리킨다는 것을 주의하라. 이

---

15. 이와 같은 확률적 행동 정책은 QLBS 모델에서의 직접 강화학습을 위해 사용되는 Q 러닝에 의해 얻어지는 탐욕적 정책과는 명백히 다르다. MaxEnt IRL은 확률적 정책으로 작업하므로 옵션 가격 결정을 위해 확률적 정책을 사용하는 상응하는 '직접' 강화학습 공식은 QLBS 모델이 아니라 G-러닝에 기반을 둔 엔트로피 규제화 버전이 될 것이다.

계산은 상이한 시점 t에 대해 독립적으로 반복될 수 있으며, 이는 내재 위험 회피 파라미터의 기간 구조로 간주할 수 있는 곡선 $\lambda_{impl}(t)$를 생성한다.

이 예제를 요약하면 시장 충격(시스템 내의 피드백 루프)이 없을 때 MaxEnt IRL은 단일 스텝 보상 함수를 직접 학습한다는 것을 살펴봤다. 이 보상 함수의 파라미터는 MaxEnt 확률적 정책을 사용해 전통적 최대 우도 추정으로 추정할 수 있다.

10.3 G-러닝과 포트폴리오 투자가의 IRL

10장에서는 동적 자산 포트폴리오를 최적화하기 위한 도구로 2차식의 보상 함수와 가우시안 시간 변동 정책^{GTVP, Gaussian Time-Varying Policies}을 가진 G-러닝을 소개했다. G-러닝에 대한 이러한 모델 기반 접근법은 잘 알려진 선형 2차 조절기^{LQR, Linear Quadratic Regulator}의 확률적 버전에 해당한다. 지금까지는 각각 자기 자금 조달^{self-financing} 포트폴리오와 비자기 자금 조달^{non-self-financing} 포트폴리오에 해당하는 두 가지 공식을 고려했다. 첫 번째 공식은 자산 운용사의 활동을 모델링하는 데 적합하지만 중간 시점에 현금 흐름을 갖는 두 번째 공식은 자산 관리와 재무 계획 업무에 적합하다.

여기서는 퇴직 연금 기여자 또는 개인 중개 계좌 관리자 등 개별 대리인에 대한 G-러닝의 두 번째 공식을 취할 것이며, 그 역공식을 고려한다. 이 문제는 Dixon과 Haperin(2020)에서 설정됐는데, Dixon과 Halperin은 퇴직 플랜 문제에 대해 G-러닝에 대한 직접적인 강화학습과 역강화학습을 각각 수행하는 G-러닝과 GIRL^{G-learning IRL}이라는 두 가지 연관된 알고리듬을 제시했다. 이번 절에서는 Dixon과 Halperin(2020)의 GIRL 알고리듬의 개요를 제공한다.

우리는 투자 포트폴리오에서 달러 표시 자산 포지션의 히스토리가 포트폴리오로부터의 현금 투입 또는 인출과 자산 배분 결정을 모두 포함하는 포트폴리오 매니저의 의사결정과 함께 제공된다고 가정한다. 또한 투자자 유니버스에 있는 모든 자산에 대한 자산 가격과 기대 자산 수익률의 역사적 값이 주어진다. 구체적인 예로 주식 포트폴리오와 단일 채권을 고려할 수 있지만 다른 유형의 자산에도 동일한 형식을 적용할 수 있다.

6.3절에서 확률적 정책을 얻었다는 것을 상기하라(식 10.172 참고).

$$\pi(\mathbf{u}_t|\mathbf{x}_t) = \pi_0(\mathbf{u}_t|\mathbf{x}_t)e^{\beta(G_t^\pi(\mathbf{x}_t,\mathbf{u}_t)-F_t^\pi(\mathbf{x}_t))} \tag{11.141}$$

6.3절에서 2차식의 보상 함수는 2차식의 행동-가치 함수(식 10.170과 10.165 참고)다.

$$F_t^\pi(\mathbf{x}_t) = \mathbf{x}_t^T \mathbf{F}_t^{(xx)} \mathbf{x}_t + \mathbf{x}_t^T \mathbf{F}_t^{(x)} + F_t^{(0)} \tag{11.142}$$

$$G_t^\pi(\mathbf{x}_t,\mathbf{u}_t) = \mathbf{x}_t^T \mathbf{Q}_t^{(xx)} \mathbf{x}_t + \mathbf{x}_t^T \mathbf{Q}_t^{(xu)} \mathbf{u}_t + \mathbf{u}_t^T \mathbf{Q}_t^{(uu)} \mathbf{u}_t + \mathbf{x}_t^T \mathbf{Q}_t^{(x)} + \mathbf{u}_t^T \mathbf{Q}_t^{(u)} + Q_t^{(0)}$$

여기서 각 항은 다음과 같다.

$$\begin{aligned}
\mathbf{Q}_t^{(xx)} &= -\lambda\hat{\mathbf{\Sigma}}_t + \gamma\left(\mathbf{A}_t^T \bar{\mathbf{F}}_{t+1}^{(xx)} \mathbf{A}_t + \tilde{\mathbf{\Sigma}}_r \circ \bar{\mathbf{F}}_{t+1}^{(xx)}\right) \\
\mathbf{Q}_t^{(xu)} &= 2\mathbf{Q}_t^{(xx)} \\
\mathbf{Q}_t^{(uu)} &= \mathbf{Q}_t^{(xx)} - \mathbf{\Omega} \\
\mathbf{Q}_t^{(x)} &= 2\lambda\hat{P}_{t+1}(1+\bar{\mathbf{r}}_t) + \gamma\mathbf{A}_t^T \bar{\mathbf{F}}_{t+1}^{(x)} \\
\mathbf{Q}_t^{(u)} &= \mathbf{Q}_t^{(x)} - \mathbb{1} \\
Q_t^{(0)} &= -\lambda\hat{P}_{t+1}^2 + \gamma F_{t+1}^{(0)}
\end{aligned} \tag{11.143}$$

여기서 $\hat{P}_t$는 벤치마크 포트폴리오 B_t와 어떤 고정된 율 η로 증가하는 값 $\mathbf{1}^T\mathbf{x}$를 가진 현재 포트폴리오와의 혼합으로 정의되는데, 혼합 계수 ρ는 다음과 같이 적용된다.

$$\hat{P}_{t+1} = (1-\rho)B_t + \rho\eta\mathbf{1}^T\mathbf{x} \tag{11.144}$$

상태-행동 쌍 $(\mathbf{x}_t, \mathbf{a}_t)$의 D개의 경로 $\zeta_i, i = 1, \ldots, D$의 집합을 포함하는 역사적 데이터를 갖고 있다고 가정하자. 여기서 경로 i는 어떤 시점 t_{0i}에서 시작해 시점 T_i까지 실행된다. 이 경로 집합에서 단일 경로 ζ를 고려하고 이 경로에 대해 시작 시점 $t = 0$과 종료 시점 T를 설정하자. 개별 경로가 독립이라고 간주되므로 이들은 문제의 마지막 로그 우도에 가법적으로 들어온다. 쌍 $(\mathbf{x}_t, \mathbf{u}_t)$의 동학은 생성 모델 $p_\theta(\mathbf{x}_{t+1}, \mathbf{u}_t | \mathbf{x}_t) = \pi_\theta(\mathbf{u}_t | \mathbf{x}_t) p_\theta(\mathbf{x}_{t+1} | \mathbf{x}_t, \mathbf{u}_t)$를 가진 마르코프 프로세스라 가정한다. 여기서 θ는 모델 파라미터 벡터를 나타낸다.

경로 ζ를 관측하는 확률은 다음 표현식에 의해 주어진다.

$$P(\mathbf{x}, \mathbf{u} | \Theta) = p_\theta(\mathbf{x}_0) \prod_{t=0}^{T-1} \pi_\theta(\mathbf{u}_t | \mathbf{x}_t) p_\theta(\mathbf{x}_{t+1} | \mathbf{x}_t, \mathbf{u}_t) \tag{11.145}$$

여기서 $p(\mathbf{x}_0)$은 i번째 시연의 시작에서의 $\mathbf{x}_t$의 한계 확률이다. 최초 값 $\mathbf{x}_0$이 고정돼 있다고 가정하면 이는 경로 ζ에 대해 관측한 데이터 $\{\mathbf{x}_t, \mathbf{a}_t\}_{t=0}^{T}$에 대한 다음의 로그 우도를 제공한다.

$$LL(\boldsymbol{\theta}) := \log P(\mathbf{x}, \mathbf{u} | \Theta) = \sum_{t \in \zeta} \left(\log \pi_\theta(\mathbf{u}_t | \mathbf{x}_t) + \log p_\theta(\mathbf{x}_{t+1} | \mathbf{x}_t, \mathbf{u}_t) \right) \tag{11.146}$$

이 표현식에 들어가는 전이 확률 $p_\theta(\mathbf{x}_{t+1} | \mathbf{x}_t, \mathbf{u}_t)$는 다음 상태 방정식에서 얻을 수 있다.

$$\mathbf{x}_{t+1} = \mathbf{A}_t(\mathbf{x}_t + \mathbf{u}_t) + (\mathbf{x}_t + \mathbf{u}_t) \circ \tilde{\boldsymbol{\varepsilon}}_t, \quad \mathbf{A}_t := \mathrm{diag}(1 + \bar{\mathbf{r}}_t), \quad \tilde{\boldsymbol{\varepsilon}}_t := (0, \boldsymbol{\varepsilon}_t) \tag{11.147}$$

여기서 ε_t는 공분산 Σ_r의 가우시안 잡음이다(식 10.160 참고). 여기서 $x_t^{(0)}$이 채권 포지션의 값이고 $\mathbf{x}_t^{(r)}$이 위험 자산 포지션의 값일 때 $\mathbf{x}_t = (x_t^{(0)}, \mathbf{x}_t^{(r)})$으로 표현하고, $\mathbf{u}_t$와 $\mathbf{A}_t$에 대해 유사하게 표현하면 이는 다음의 전이 확률을 생성한다.

$$p_\theta\left(\mathbf{x}_{t+1}|\mathbf{x}_t, \mathbf{a}_t\right) = \frac{e^{-\frac{1}{2}\boldsymbol{\Delta}_t^T \boldsymbol{\Sigma}_r^{-1}\boldsymbol{\Delta}_t}}{\sqrt{(2\pi)^N |\boldsymbol{\Sigma}_r|}}\delta\left(x_{t+1}^{(0)} - (1 + r_f)x_t^{(0)}\right), \quad \boldsymbol{\Delta}_t := \frac{\mathbf{x}_{t+1}^{(r)}}{\mathbf{x}_t^{(r)} + \mathbf{u}_t^{(r)}} - \mathbf{A}_t^{(r)}$$

$$\tag{11.148}$$

여기서 계수 $\delta\left(x_{t+1}^{(0)} - (1 + r_f)x_t^{(0)}\right)$는 포트폴리오에서 채권 부분의 결정적 동학을 포착한다. 이 항은 모델 파라미터에 의존하지 않으므로, 이를 로그 전이 확률에서 상수 항 $\log(2\pi)$와 함께 제거할 수 있다. 이는 다음을 산출한다.

$$\log p_\theta\left(\mathbf{x}_{t+1}|\mathbf{x}_t, \mathbf{a}_t\right) = -\frac{1}{2}\log|\boldsymbol{\Sigma}_r| - \frac{1}{2}\boldsymbol{\Delta}_t^T \boldsymbol{\Sigma}_r^{-1}\boldsymbol{\Delta}_t \tag{11.149}$$

식 (11.141), (11.143), (11.149)를 경로 로그 우도(식 11.146)에 대입하고 이를 다음 형태로 표현한다.

$$LL(\boldsymbol{\theta}) = \sum_{t\in\zeta}\left(\beta\left(G_t^\pi(\mathbf{x}_t, \mathbf{u}_t) - F_t^\pi(\mathbf{x}_t)\right) - \frac{1}{2}\log|\boldsymbol{\Sigma}_r| - \frac{1}{2}\boldsymbol{\Delta}_t^T \boldsymbol{\Sigma}_r^{-1}\boldsymbol{\Delta}_t\right)$$

$$\tag{11.150}$$

여기서 $G_t^\pi(\mathbf{x}_t, \mathbf{u}_t)$와 $F_t^\pi(\mathbf{x}_t)$는 식 (11.143)에 의해 정의된다.

로그 우도(식 11.150)는 모델 파라미터 벡터 $\theta = (\lambda, \eta, \rho, \Omega, \Sigma_r, \Sigma_p, \bar{\mathbf{u}}_t, \bar{\mathbf{v}}_t)$의 함수다($\beta$가 표본 내에서 최적화될 수 없는 규제화 하이퍼파라미터임을 상기하라). $\bar{\mathbf{v}}_t = 0$과 $\bar{\mathbf{u}}_t = \bar{\mathbf{u}}$(즉, 사전분포의 상수 평균을 취한다)로 설정함으로써 문제를 단순화할 수 있다. 이 경우 IRL 추론으로 학습할 모델 파라미터 벡터는 $\theta = (\lambda, \eta, \rho, \Omega, \Sigma_r, \Sigma_p, \bar{\mathbf{u}})$다. '적절한proper' IRL 설정은 $(\Sigma_r, \Sigma_p, \bar{\mathbf{u}})$를 고정시키면서(즉, IRL 모델 외부에서 추정한다) 보상 함수의 파라미터 $(\lambda, \eta, \rho, \Omega)$에 대한 학습에만 관여할 것이다. 식 (11.150)에서 정의된 로그 우도는 오목이고 유일한 최대값을 갖는다. 또는 동일하게 이의 음의 값은 볼록이고 유일한 최소값을 갖는다.

따라서 GIRL 알고리듬은 표준 최적화 소프트웨어를 사용해 매우 효율적으로 수행할 수 있는 볼록 최적화에 해당한다. 알고리듬의 성과는 Dixon과 Halperin(2020)에서 시뮬레이션 환경을 사용해 평가됐는데, 여기서 알고리듬의 입력으로 필요한 기대 수익률에 대한 알파 모델^{alpha} model은 실제 세계의 주식 수익률 예측 모델의 성과로부터 예상되듯이 약한 예측력을 갖도록 설계됐다. 그림 11.11을 참고하라.

Dixon과 Halperin(2020)에서 수행된 실험에서는 임의로 선택된 보상 파라미터를 가진 G-러닝 에이전트를 사용해 시뮬레이션 환경에서 총 기대 보상을 최대화하는 거의 최적의 행동(현금 유입 및 포트폴리오 재조정)을 생성했다. GIRL 알고리듬은 표 11.1에 나타낸 것과 같이 시연된 행동에서 정확한 보상 파라미터를 추론할 수 있는 것으로 확인됐다.

표 11.1 GIRL에 의해 추정된 값과 함께 포트폴리오 배분에 사용된 G-러닝 에이전트 파라미터

파라미터	G-러닝	GRIRL
ρ	0.4	0.406
λ	0.001	0.000987
η	1.01	1.0912
ω	0.15	0.149

G-러너는 위험 자산 수익률의 공분산 Σ_t과 함께 기대 위험 자산 수익률 $\bar{r}_t$를 입력으로 취한다. 그림 11.10에서 보듯이 표 11.1에서 선택한 임의의 보상 파라미터를 사용하더라도 투자 기간에 걸쳐 재조정을 하지 않는 동일 비중 포트폴리오와 비교할 때 샤프 비율이 더 우수하다. G-러너는 알파 모델을 사용하며 국지적으로 2차 보상 함수를 사용해 다기간 설정에서 지속적으로 우수한 수익을 창출한다. G-러너는 몇 초 안에 표준 하드웨어로 100개 자산 포트폴리오에 대해 훈련한다.

GIRL은 G-러너가 생성하는 상태-행동 경로에서 손실 함수를 최소화해 G-러너를 모방한다. 표 11.1의 GIRL 학습 파라미터는 샘플링 오차와 수

치 정확도까지 G-러너 파라미터에 근접한 것으로 관찰된다. 따라서 GIRL은 G-러너를 모방하는 것으로 관측된다. 평균 포트폴리오 수익률 샘플은 그림 11.10에서 서로 밀접하게 추적한다. 학습된 G-러너 파라미터의 오차는 그림 11.10의 범례에서 괄호 안에 보고된 바와 같이 샤프 비율의 한계적 감소를 초래한다.

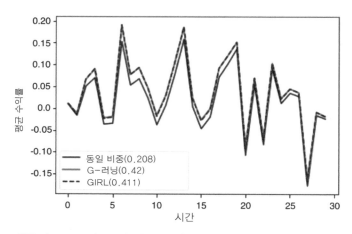

그림 11.10 샘플 평균 포트폴리오 수익률은 30분기(7.5년)에 걸쳐 보여준다. 검은색 선은 재조정하지 않는 동일 비중 포트폴리오에 대한 샘플 평균 수익률을 보여준다. 빨간색 선은 표 11.1에서 주어진 파라미터 값에 대한 G-러닝 에이전트를 보여준다. GIRL은 G-러닝 에이전트를 모방하고 파란색 점선에 의해 보여준 수익률을 생성한다. 샤프 비율은 괄호 안에 보인다.

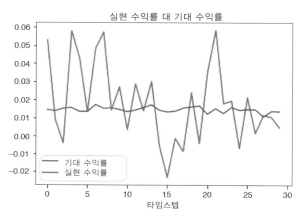

그림 11.11 샘플 평균 실현 수익은 샘플 평균 예상 수익률에 대해 플롯돼 약하게 상관 관계가 있는 것으로 관찰된다.

726

G-러너와 GIRL의 두 알고리듬은 개별적으로 또는 조합으로 사용할 수 있다. 특히 이들의 조합은 실제 인간 에이전트를 G-러너로 모델링하고 GIRL을 사용해 이러한 G-러너의 잠재 목적(보상)을 추론함으로써 로보어드바이저에 사용될 수 있다. 그러면 GIRL은 최고의 인간 투자자들을 흉내 낼 수 있을 것이고, 따라서 모든 투자자 중에서 최고의 성과를 낼 수 있는 로보어드바이저 서비스를 고객에게 제공할 수 있을 것이다.

10.4 감성 기반 트레이딩 전략을 위한 IRL과 보상학습

주식 또는 채권과 같은 거래 가능한 증권의 시장 가격은 거래 활동과 그로 인한 거래량 불균형의 영향을 크게 받는다. 결과적으로 시장 참여자들의 거래 결정은 미래의 자산 성과를 예측하는 공통 요소(의사결정에 있어서 모든 시장 참여자에 의해 공유되는 요소)와 시장 운영자의 특정 목표나 전략에 더 잘 적합할 수 있는 고유한 의사결정 요소에 의해 좌우된다.

시장 참여자의 대다수가 공통적으로 고려하는 요인 중 하나는 투자자 감성$^{investor\ sentimnet}$이다. 이러한 투자자 감성에 대한 다양한 대리 변수가 금융 문헌에 고려되고 있다. 인기 있는 접근법 중 하나는 블룸버그, 톰슨-로이터, 또는 레이븐팩^{RavenPack}과 같은 회사가 계산한 뉴스 감성 점수를 특정 주식에 대한 일반 대중의 분위기를 표현하는 투자자 감성의 척도로 사용하는 것이다.

투자자 감성과 미래 시장 움직임 사이의 관계를 탐색하는 한 가지 방법은 투자자 감성이 입력으로 사용되고 주식 수익률이 산출물로 작용하는 회귀를 사용하는 것이다. 이는 지도학습 접근법이다. 이는 시장 감성을 어떤 의사결정의 결과로 보려고 하지 않고 예측 문제에 대한 주어진 고정 입력으로 취급한다.

또 다른 접근법은 투자자 감성을 시장의 상이한 상태에서 관측된 시장 참여자들의 행동으로 취급하는 것이다. 이것은 문제에 대해 MDP 공식을 설정한다. 이 접근법의 장점은 MDP 문제 내의 정책이 상태의 함수인 것과 같은 방식으로 시장 감성이 시장 상태에 적응적이 될 수 있다는 것이다. 따라서 MDP 공식은 감성과 시장 상태 사이의 상호 의존성을 포착한다.

투자자 감성에 의해 정의되는 행동에 상응하는 보상이 관측되지 않기 때문에 여기서 보상 없는 학습을 다루는데, 이는 IRL 설정이다. 투자자 감성과 시장 가격 동학 사이의 연관성을 학습하는 IRL 관점은 Yang et al.(2018)에 의해 제안됐다. 이러한 모델링의 목적은 주식 수익률에 대한 더 나은 예측 모델을 구축하는 데 사용할 수 있는 유용한 고수준 특성 high-level features 을 찾는 것이다. IRL 접근법에서 이러한 특성들은 관측된 투자자 감성(행동)이 상태와 행동으로 구성된 관측된 경로에 걸쳐 미지의 누적 보상을 최대화하고 있다고 가정함으로써 구축된다.

실제적 구현을 위해 Yang et al.(2018)의 저자들은 Thomson-Reuters 뉴스 분석의 뉴스 감성을 미국 주식 시장에 대한 투자자 감성의 대리 변수로 사용했다. S&P 500 지수^{SPX}의 모든 종목에 대한 감성 점수는 시장 전반의 공통 감성으로 집계돼 모든 시장 에이전트의 '집단행동'(또는 투표)으로 간주된다. 이 행동 공간은 각각 고^{high}, 중^{medium}, 저^{low} 감성에 해당하는 세 가지 상태로 구분된다.

보상 함수를 학습하고자 Yang et al.(2018)은 Yang et al.(2015)에 사용된 것과 유사한 확률적 GPIRL 접근법을 사용한다. 실험 결과 학습된 보상 함수에 기반을 둔 적응적 트레이딩 시스템이 지도학습 접근법에 기반을 둔 벤치마크 전략보다 더 잘 수행됐다.

Yang et al.(2019)의 접근법이 MDP 문제의 차원 축소 예로, 본질적으로 흥미롭다는 점에 주목한다. 사실 투자자 감성은 구축상 모든 시장 참여자의 집단적인 반응을 동시에 반영하는 척도다. 따라서 투자자 감성을 에이전트의 행동으로 식별한다면 이러한 에이전트는 모든 시장 참여자를 동시에 일체화해야 한다. 이는 상호작용하는 많은 금융 에이전트를 포함하는 시장 동학을 다루지만 여기서는 단일 에이전트 IRL 문제로 공식화한다. 따라서 이는 분석을 상당히 단순화시킨다. 다음 절에서 단일 에이전트를 통해 시장 동학을 모델링하는 아이디어로 돌아가겠다.

10.5 IRL과 '보이지 않는 손' 추론

투자자 감성은 모든 시장 참여자를 대표하지만 그럼에도 시장 참여자들의 실제 행동과 직접적인 관련이 없다. 시장 참여자의 실제 행동은 미래 가치에 대한 견해를 보유하는 것이라기보다는 상이한 증권의 트레이딩에 해당한다. 시장에 대한 다중 에이전트 견해로 시작하면 시장 전반과 관련된 또 다른 단일 에이전트 모델에 도달할 수 있다. 이 접근법에서 에이전트는 시장 포트폴리오(예, S&P 500 주식의 SPX 포트폴리오)의 모든 주식에 투자할 수 있다. 각 타임스텝에서 서로 다른 에이전트들이 서로 다른 주식을 사거나 팔거나 단순히 그들의 트레이딩 북을 보유할 수 있다.

일반적으로 시장은 다양한 형태의 이질적 에이전트로 채워져 있다. 특정 효용 함수를 극대화하는 합리적인 에이전트가 있다. 이때 다음에 좀 더 자세히 다룰 용어인 제한적 합리성bounded rationality을 가진 에이전트가 있다. 심지어 완전히 비합리적인 에이전트들, 즉 '잡음 트레이더들noisy traders'도 있을 수 있다. 이들은 주어진 각 타임스텝에서 인지된 목적에 따라 상이한 행동을 취할 것이다.

한편 시장 동학은 각 스텝에서 트레이딩 시그널, 모든 시장 에이전트의 행동, 시장 에이전트가 이용할 수 있게 되는 새로운 정보에 인한 혁신 잡음innovation noise의 조합에 의해 주도된다. 이러한 동학 관계를 통해 얻은 SPX 포트폴리오는 시장에 최적화된 포트폴리오로, 종종 시장 이기기beat the market를 위한 적극적 관리 펀드active management fund의 벤치마크 포트폴리오 역할을 한다. 이 시장 최적 포트폴리오의 동학을 단일 에이전트의 행동에 의해 부분적으로 영향을 받는 확률적 시장 동학stochastic market dynamics 으로 생각할 수 있다. 이러한 에이전트는 시장의 역동적인 집단 모드collective mode 또는 보이지 않는 손Invisible Hand으로 식별될 수 있다. 다른 말로 하면 이 에이전트는 시장의 모든 에이전트의 평균이 아니라 합과 같은 역할을 한다. 시장 동학을 모델링하는 이러한 접근법은 Halperin과 Feldshteyn (2018)에서 제안됐다. 이 절에서의 설명은 Halperin과 Feldshteyn (2018)에서 IRL 접근법의 간략한 개요를 제공한다.

시장 전반의 에이전트에 대한 IRL의 목적은 관측된 시장 동학에서 보상 함수를 찾는 것이다. 보상 함수에 대한 가능한 파라미터 설정에 대한 통찰력을 얻으려면 먼저 단순한 일기간 포트폴리오 최적화 문제를 우선 고려하는 것이 유익할 것이다. 이 경우 기대 보상은 행동-가치 함수와 일치한다. 따라서 이러한 환경에서 최적의 투자 정책을 찾는 것은 투자의 기대 보상(또는 기대 효용)을 최대화하는 것과 같다.

에이전트가 합리적이고[16] 특정 효용 $U(a)$를 갖고 있다고 가정할 때 직접 포트폴리오 최적화 문제는 모든 입력이 주어졌을 때 $U(a)$를 최대화하는 것과 같으며 자산 배분 a에 대한 모든 제약하에 놓인다.

이 직접 최적 제어 문제를 해결하는 대신 그것의 역을 고려할 수 있다. 시장 최적 포트폴리오는 시장 지수에 있는 모든 주식의 시가 총액에 의해 시장 최적 배분이 주어지기 때문에 시장 자체에서 이미 알려진다. 이 정보를 사용해 최적 해에서 효용을 찾을 수 있다. 이는 포트폴리오 최적화의 '역문제inverse problem'에 해당한다. 이것이 바로 최적 자산 배분에 대한 유명한 Black-LittermanBL 모델의 접근법이다(Black and Litterman, 1991). BL 모델은 일기간(비동학적non-dynamic) 마코위츠 최적 포트폴리오 이론의 역이다. 마코위츠 모델은 효용 함수 $U(a) = a^T \bar{r} - \lambda a^T \Sigma a$를 극대화함으로써 기대 수익률 $\bar{r}$과 주식 수익률의 미래 공분산 Σ에 대한 투자자

---

16. 합리성(rationality) 가정에 대한 자세한 내용은 다음을 참고하라.

의 견해를 고려해 최적의 포트폴리오를 계산한다. 여기서 λ는 위험 회피 파라미터다. 따라서 기대 수익률 $\mathbf{r}$는 예측 시그널 $\mathbf{z}$ 값에 의존한다.

BL 모델은 문제를 뒤집어 시장 최적 포트폴리오가 마코위츠 효용의 최대화를 통해 얻어진다고 가정하고 시장 최적 포트폴리오를 입력으로 받아들이고, 그것에서 기대 수익률에 대한 시장-내재 견해를 유추한다. 이는 다시 공통적인 예측 시그널 $\mathbf{z}$에 대한 시장-내재 견해로 변환된다. BL 모델은 시장-내재 견해의 학습과 함께 사용자가 투자자들의 사적 신호private signal가 투자 포트폴리오의 성과에 미치는 잠재적 영향을 추론할 수 있게 한다.

BL 모델은 Bertsimas et al.(2012)에 의해 역최적화inverse optimization 문제로 명시적으로 재공식화됐다. 이것이 BL 접근법의 역최적화 관점을 제공하지만 비동학적non-dynamic(일기간) 공식이다. 동학이 몇(또는 많은) 트레이딩 기간에 걸쳐 확장되는 시그널에 관심이 있다면 문제가 될 수 있다. 이러한 효과를 다루려면 시장 수익률의 다기간(동학적) 모델이 필요하다.

IRL은 상태-행동 시퀀스에서의 학습을 기반으로 하므로 이는 Bertsimas et al.(2012)의 역최적화 BL 접근법의 동학적, 에이전트 기반 확장을 위한 편리한 프레임워크를 제공한다.

일단 시장 동학 모델링에 대한 IRL 접근법에서 단일 에이전트 공식을 설정하면 이 에이전트의 '합리성'을 명확히 하는 것이 중요하다. 완전히 합리적인 에이전트의 개념에 기반을 둔 IRL이나 역확률 제어의 전통적 모델은 이러한 IRL 문제에 적합하지 않을 수 있다. 실제로 시장 가격이 잠재적으로 서로 다른 투자 목표를 추구하는 많은 개인 투자자의 행동에 영향을 받기 때문에 이러한 실제 에이전트를 직접 합산해 얻은 에이전트는 하나의 고정된 유형의 합리적인 행동에 해당하는 특정한 보상(효용) 함수를 갖고 있지 않을 수 있다.

더 나은 가정은 완전히 합리적이지는 않고 오히려 제한된 합리성을 갖는 집단적 에이전트^{collective agent}를 갖는 것이다. 제한적 합리성을 가진 에이전트는 반드시 행동-가치 함수에 대한 누적 보상을 증가시키고자 행동하는 것은 아니다. 대신에 그것의 목적 함수는 어떤 준거 정책 π_0에서 정책 π를 업데이트하는 정보 비용(식 11.23)에 의해 페널티를 받는 주어진 파라미터화된 보상 함수에 의해 작성된다. 보상 함수와 정보 비용 사이의 상대적 가중치는 극한 $\beta \to \infty$가 완전히 합리적인 행동에 해당하게 역온도^{inverse-temperature} 파라미터 β에 의해 제어되는 반면 극한 $\beta \to 0$은 사전 믿음 π_0를 고수하고 처리된 정보의 변화에 적응하지 못하는 최대 비합리적 행동을 설명한다. 수학적으로 제한된 합리성을 가진 에이전트의 최적화는 3.3절에서 다룬 G-러닝과 동일하다. 여기서 정보 비용은 정책 업데이트에 대한 합리성 페널티^{rationality penalty}로 해석된다.

〉 제한적 합리성

금융 에이전트의 제한적 합리성의 개념은 Simon(1956)이 실제 세계에서 에이전트의 행동을 더 잘 설명하고자 기존의 합리적 투자자 모델을 넘어서자고 제안했을 때 처음 제시됐다. 전통적인 합리적 투자자 모델은 시장 에이전트가 완전히 합리적이며 각 에이전트는 잘 정의된 효용(보상) 함수를 최대화한다고 가정함으로써 본 노이만-몰게스타인^{Von Neumann-Morgenstern} 기대 효용 접근법을 따른다. 또한 모든 에이전트가 동일한 효용 함수를 갖고 있다고 가정할 경우 시장 최적 포트폴리오를 하나의 합리적인 대표 에이전트에 의해 제어되는 모델을 얻는다. 특히 자본 자산 가격 결정 모델^{CAPM, Capital Asset Pricing Model}에서 그러한 에이전트의 효용 함수는 마코위츠 2차 효용 함수다. 그러나 시장 에이전트의 완벽한 동질성 가정은 너무 이상적일 수 있다. 실제 금융 시장은 종종 매우 이질적 유형의 투자자들로 채워지기 때문이다. 따라서 시장 동학의 단일 에이전트 모델링을 수행하려면 완벽하게 합리적인 행태로부터의 편차를 계량화할 수 있는 공식적인 접근법이 요구된다.

제한적 합리성을 가진 에이전트를 모델링하기 위한 편리한 계산 프레임 워크는 Ortega와 Braun(2013)에 의해 제안됐으며, 이들은 순전히 합리적 인 행태와의 차이에 대한 계량적 척도로 정보 비용(식 11.23)을 사용할 것 을 제안했다. Ortega et al.(2015)이 더 논의한 것처럼 이 척도는 에이전트 가 정책을 업데이트하고자 이전에 미리 지정된 정책 π_0에서 필요로 하는 비트^{bit} 수를 계산한다.

분명히 시장 전반 에이전트^{market-wide agent}를 일단 정의하면 이 에이전트가 시장 전체를 나타내기 때문에 에이전트의 행동을 직접 관찰할 수는 없 다. 이 에이전트에 대한 거래 상대방은 존재하지 않는다. 자기 자신과 거 래를 하는데, 이는 보상 함수에 의해 구동되는 자기 플레이^{sefl-play}에 의한 자기 학습^{self-learning}으로 수학적으로 묘사될 수 있다.[17] 에이전트의 행동 은 시장 포트폴리오를 부분적으로 제어하는 것과 같다.

그러한 시장 전반 에이전트의 행동은 직접 관측할 수 없지만 가격 충격 메커니즘을 통해 시장 가격에 영향을 미친다. 가격 충격을 통해 시장 을 뜨겁게 하거나 냉각시키는 것은 '보이지 않는 손' 에이전트의 행동 에서 관측 가능한 유일한 효과다. 우리는 에이전트의 행동이 환경(시 장)에 미치는 영향에 대한 단순한 선형 영향 모델을 가정한다. 따라서 주식 수익률은 행동의 선형 함수로 모델링되며, 이는 모든 시장 에이전 트의 트레이딩 결정에서 집계된 '일관성이 없는^{non-coherent}' 부분을 근사 하는 잡음 항에 의해 추가로 교란된다. 가장 간단한 경우 잡음은 가우 시안 백색 잡음으로 모델링할 수 있지만 좀 더 복잡한 변동성 동학도 가능하다.

이러한 가정하에서 에이전트의 제어 u_t을 가진 모든 주식의 시가 총액 x_t 에 대한 동학적 방정식은 10장의 5.14절에 있는 식 (10.123)에서 얻은 것

---

17. 이 맥락에서 10장의 5.13절에 있는 예제는 G-러닝 환경에서 단일 에이전트 학습이 제로섬 2인 에이전 트 게임에서 내쉬 균형에 대한 해로서 동등하게 공식화될 수 있음을 보여준다.

과 동일하다. 여기서 이를 편의상 다시 적는다.[18]

$$\begin{aligned}
\mathbf{x}_{t+1} &= (1 + \mathbf{r}_t) \circ (\mathbf{x}_t + \mathbf{u}_t) \\
&= (1 + r_f + \mathbf{Wz}_t - \mathbf{M}^T \mathbf{u}_t + \varepsilon_t) \circ (\mathbf{x}_t + \mathbf{u}_t) \qquad (11.151) \\
&= (1 + r_f)(\mathbf{x}_t + \mathbf{u}_t) + \mathrm{diag}\,(\mathbf{Wz}_t - \mathbf{Mu}_t)\,(\mathbf{x}_t + \mathbf{u}_t) + \varepsilon(\mathbf{x}_t, \mathbf{u}_t)
\end{aligned}$$

여기서 ∘은 원소(아다마르) 곱을 의미하며 $\mathbf{z}_t$는 예측 시그널의 벡터, $\mathbf{W}$는 계수며 $\mathbf{M}$은 여기서 원소 μ_i를 가진 대각 행렬이라고 가정되는 시장 충격 행렬이다. 즉, $\mathbf{M} := \mathrm{diag}(\mu_i)$다. 그리고 다음은 승법적 잡음 항이다.

$$\varepsilon(\mathbf{x}_t, \mathbf{u}_t) := \varepsilon_t \circ (\mathbf{x}_t + \mathbf{u}_t) \qquad (11.152)$$

식 (11.151)은 시장 충격 ~ μ_i로 인해 동학이 제어 $\mathbf{u}_t$에 비선형임을 보여준다. 좀 더 구체적으로 마찰 변수friction variable $\mu_i > 0$일 때 상태 방정식은 $\mathbf{x}_t$에는 선형이지만 제어 $\mathbf{u}_t$에는 2차 함수이다. 모든 $\mu_i \rightarrow 0$인 극한에서 동학이 선형으로 된다.

선형 및 비선형 동학의 경우 모두 제한적 합리성을 가진 시장 전반 에이전트 모델은 수학적으로 10장의 5.13절에 제시된 G-러닝의 시간 가변 버전과 동일하다. G-러닝에 사용된 동일한 KL 규제화가 이전 정책에서 갱신하는 제한적 합리성을 가진 에이전트의 정보 비용으로 해석되며, 이에 따라 다른 설정에서 Ortega와 Brown(2013), Ortega et al.(2015)이 제안한 것처럼 에이전트의 합리성 정도를 제어하는 데 사용되기 때문이다.

보상이 2차 함수이면서 동학이 선형일 때 동적 포트폴리오 최적화는 선형 2차 조절기LQR, Linear Quadratic Regulator의 확률적 버전에 해당한다. 이 경우의 해는 10장 5.15절에서 설명했다. 여기서 발견한 것처럼 마찰 제로의

극한에서 최적 정책은 가우시안 정책 $\pi(\mathbf{u}_t | \mathbf{x}_t)$이며, 이의 평균은 상태 $\mathbf{x}_t$에 선형이다.

$$\pi(\mathbf{u}_t | \mathbf{x}_t) = \frac{1}{\sqrt{(2\pi)^n \left| \tilde{\Sigma}_p \right|}} e^{-\frac{1}{2}(\mathbf{u}_t - \tilde{\mathbf{u}}_t - \tilde{\mathbf{v}}_t \mathbf{x}_t)^T \tilde{\Sigma}_p^{-1}(\mathbf{u}_t - \hat{\mathbf{u}}_t - \tilde{\mathbf{v}}_t \mathbf{x}_t)} \tag{11.153}$$

여기서 $\tilde{\mathbf{u}}_t$, $\tilde{\mathbf{v}}_t$, $\tilde{\Sigma}_p$는 10장의 5.15절에 정의된 파라미터다.

동학이 비선형일 때, 즉 시장 충격 $\mu_i > 0$일 때 분석은 상당히 더욱 복잡하다. 게다가 IRL이 시장 전체로서 시장의 단일 에이전트 모델에 대해 적용될 때 에이전트의 행동은 관측 불가능해진다. 비선형성을 다루기 위한 한 가지 가능한 접근법은 정책 파라미터 튜닝과 동학 방정식의 선형화 단계 사이를 반복하는 계산 체계를 설정하는 것이다. 이 모든 것은 에이전트의 행동을 관측되지 않은 변수로 취급한다.

이러한 계산 방법은 변분 EM 알고리듬을 사용하는 Halperin과 Feldshteyn (2018)에서 개발됐다. 이 알고리듬 분석에서 가장 중요한 의미는 시장 마찰 $\mu_i > 0$의 존재와 추가 제약이 없는 경우에도 최적 정책은 여전히 상태 $\mathbf{x}_t$에 선형인 평균을 갖고 변분 EM 알고리듬으로부터 계산될 수 있는 파라미터를 가진 식 (11.153)에서와 동일한 가우시안 형태를 유지한다는 것이다.

좀 더 제약된 동학을 얻고자 제로 절편의 특수한 경우에 대해 이 정책에 대한 결정적 극한을 취한다. 이는 다음의 선형 결정적 정책을 생성한다.

$$\mathbf{u}_t = \Phi_t \mathbf{x}_t \tag{11.154}$$

여기서 Φ_t는 원 모델 파라미터에서 계산될 수 있는 파라미터 행렬이다. 일반적으로 이 파라미터는 예측 시그널 $\mathbf{z}_t$에 선형적으로 의존할 수 있기 때문에 시간 의존적이다. 식 (11.154)가 절편을 갖지 않는 이유는 에이전트는 엄격히 0의 값으로 주식에 투자해서는 안 되기 때문이다.

선형 행동 정책(식 11.154)은 10장의 5.13절에서 제시한 것처럼 KL 정보 비용 항에 의해 페널티를 받는 특정 2차 함수(마코위츠) 보상을 극대화하는 시장 전반 에이전트의 최적 행동을 묘사한다. 또는 상이한 보상 함수를 가진 G-러닝을 사용할 수 있다.

중요하게 상이한 비용-조정 보상 함수의 경우 결과적인 최적 행동 정책은 선형 행동 정책과 다를 것이다. 일반적인 경우 MDP의 결정적 정책은 상태의 결정적 함수다. 이를 $u_t = \Phi(\mathbf{x}_t, \mathbf{z}_t)$로 표현할 수 있다. 여기서 $\Phi(\mathbf{x}_t, \mathbf{z}_t)$는 $\Phi(0, \mathbf{z}_t) = 0$을 만족하는 미분 가능한 함수다. 이들의 함수적 형태는 문제에 대해 선택된 특정 보상 함수에 의해 결정된다. 이 경우 식 (11.154)는 비선형 함수 $\Phi(\mathbf{x}_t, \mathbf{z}_t)$의 일반적 테일러 전개를 사용하는 선도-차수 테일러 근사로 생각할 수 있다.

$$\mathbf{u}_t = \Phi(\mathbf{x}_t, \mathbf{z}_t) = \left.\frac{\partial \Phi(\mathbf{x}_t, \mathbf{z}_t)}{\partial \mathbf{x}_t}\right|_{\mathbf{x}_t=0} \mathbf{x}_t + \frac{1}{2} \left.\frac{\partial^2 \Phi(\mathbf{x}_t, \mathbf{z}_t)}{\partial \mathbf{x}_t^2}\right|_{\mathbf{x}_t=0} \mathbf{x}_t^2 + \ldots .$$

$$(11.155)$$

식 (11.154) 또는 (11.155)와 같은 결정적 정책을 가정할 때 이것의 동학에 대한 의미를 제기할 수 있다. 이 목적을 위해 일단 상태 변수 $\mathbf{x}_t$의 결정적 함수로 정책(식 11.154)을 설정하면 이 표현식을 식 (11.151)에 간단히 대입해 제어 변수 $\mathbf{u}_t$를 포함하지 않는 동학 방정식을 얻을 수 있다.

이는 마찰 파라미터가 영이 아니거나 또는 무시되는 여부에 따라 상당히 상이한 결과를 산출한다. 선형 행동 정책(식 11.154)의 경우를 우선 고려하자. 식 (11.154)를 식 (11.151)에 대입하고 단순화하면 다음을 얻는다.

$$\Delta \mathbf{x}_t = \mu \circ \phi \circ (1+\phi) \circ \mathbf{x}_t \circ \left(\frac{\phi + (1+\phi)(r_f + \mathbf{w}\mathbf{z}_t)}{\mu\phi(1+\phi)} - \mathbf{x}_t\right) + (1+\phi) \circ \mathbf{x}_t \circ \varepsilon_t^{(r)}$$

$$(11.156)$$

다음의 파라미터를 도입한다.

$$\kappa\Delta t = \mu \circ \phi \circ (1+\phi), \ \theta(\mathbf{z}_t) = \frac{\phi + (1+\phi)(r_f + \mathbf{w}\mathbf{z}_t)}{\mu\phi(1+\phi)}, \ \sigma(\mathbf{x}_t)\sqrt{\Delta t} = (1+\phi)\circ\mathbf{x}_t$$

$$(11.157)$$

여기서 Δt는 타임스텝이다. 그리고 $\varepsilon_t^{(r)} \rightarrow \varepsilon t$로 대체하면 식 (11.156)을 더 시사적으로 다음과 같이 표현할 수 있다.

$$\Delta\mathbf{x}_t = \kappa \circ \mathbf{x}_t \circ (\theta(\mathbf{z}_t) - \mathbf{x}_t)\,\Delta t + \sigma(\mathbf{x}_t)\sqrt{\Delta t} \circ \varepsilon_t \qquad (11.158)$$

이 방정식은 2차 함수 추세^{drift}항을 가진다는 것을 주목하라. 이는 올스타인-울렌벡$^{\text{OU, Ornstein-Uhlenbeck}}$ 프로세스와 같은 선형 추세를 가진 모델과는 매우 다르다. 극한 $\mu \rightarrow 0$, $\phi \rightarrow 0$에서 식 (11.158)은 행동 항 $\mathbf{u}_t$를 갖고 있지 않은 식 (10.80)에 의해 주어지는 로그 정규 수익률 모델로 축소된다.

$$\frac{\Delta\mathbf{x}_t}{\mathbf{x}_t} = r_f + \mathbf{w}\mathbf{z}_t + \varepsilon_t \qquad (11.159)$$

따라서 전통적인 로그 정규 수익률 동학(시그널을 가진)이 극한 $\mu \rightarrow 0$, $\phi \rightarrow 0$에서 우리의 프레임워크에서 재생된다. 그러나 파라미터 μ, ϕ가 작으나 비영이 아닐 때 식 (11.159)와 (11.158)은 정성적으로 다른 동학을 묘사한다.

식 (11.159)는 스케일 변환에 대해 스케일 불변, 즉 $\mathbf{x}_t \rightarrow \alpha\mathbf{x}_t$인 반면(여기서 α는 스케일 파라미터이며), 비선형 평균 회귀 동학(식 11.183)은 스케일 불변성이 아니다. 이는 물론 시장 전반의 에이전트가 시장의 모든 에이전트를 합한다는 사실에 기인한다.

따라서 변수 κ, ϕ가 작지만 소멸되지 않는다면 식 (11.158)은 스케일 불변성과 그에 따라는 다기간 자기상관으로 잠재적으로 복잡한 비선형 동학을 생성한다. 동적 생성된 평균 회귀 수준 $\theta(\mathbf{z}_t)$를 가진 이러한 비선형 동학은 선형 제어 $\mathbf{u}_t$를 가진 단순한 선형 역학(식 11.151)으로부터 생성된다.

평균 회귀의 수준과 속도 모두 매우 명확한 원천을 갖고 있다. 즉, 식 (11.158)에서 볼 수 있듯이 수준 $\theta(z_t)$는 직관적인 외부 신호 z_t에 의해 구동되는데, 이는 직관적으로 이해된다. 반면 이러한 '목표' 가격으로 회귀하는 속도는 시장 충격 파라미터 벡터 μ에 비례하는데, 이것 역시 직관적이다.

장기적 상관관계를 유도하는 동학적으로 생성된 평균 회귀와 외부 시그널 z_t에 대한 최적 행동의 동학적 적응은 모두 자기 조직 시스템[self-organizing system]에 대해 전형적인 현상이라는 점에 주목한다. 예를 들어 Yukalov와 Sornette(2014)를 참고하라. 따라서 Halperin과 Feldshteyn(2018)에서 제안된 시장의 모든 트레이더를 동시에 모방하는 가상의 자기 플레이 모델[self-playing model]은 Yukalov와 Sornette(2014)에서 제안된 자기 조직[self-organization]과 의사결정 간의 동등성을 구체적으로 보여준다.

상수의 평균 회귀 수준 $\theta(z_t) = \theta$를 가진 1차원[1D]의 경우 식 (11.158)은 스케일이 재조정된 $s_t = x_t/\theta$에 대해 다음의 동학을 산출한다.

$$\Delta s_t = \mu s_t(1 - s_t) + \sigma\sqrt{\Delta t}s_t\varepsilon_t, \quad \mu := \kappa\theta\Delta t \qquad (11.160)$$

식 (11.160)에 의해 묘사되는 동학 또는 이것의 무잡음 극한, 즉 $\sigma \to 0$은 물리학과 생물학에 널리 접하거나 사용된다. 특히 식 (11.160)의 극한 $\sigma \to 0$는 예를 들어 인구 증가의 맬서스-베르헐스트[Mathus-Verhulst] 모델(예, Kampen(1981) 참고) 또는 식 (11.16)에서 $3 \leq \mu < 4$일 때 발생하는 로지스틱 맵 혼돈[logistic map chaos]의 파이겐바움 분기점[Feigenbaum bifurcation]에서 발생하는 로지스틱 맵 동학[logistic map dynamics](예, Sternberg(2010) 참고)을 묘사한다. $\sigma > 0$일 때 식 (11.160)은 승법적 온도 잡음을 가져서 매우 복잡한 동학을 산출하는 로지스틱 맵을 묘사한다(Baldovin and Robeldo, 2005).

또한 식 (11.158)에 의해 의미되는 1D 동학의 연속 시간 극한을 고려할 수 있다.

$$dx_t = \kappa x_t \left(\theta - x_t \right) dt + \sigma x_t \, dW_t \qquad (11.161)$$

여기서 W_t는 표준 브라운 운동^{brownian motion}이다. 1D 프로세스는 기하적 평균 회귀^{GMR, Geometric Mean Reversion} 프로세스로 경제학과 금융에서 알려져 있다. GMR 모델(식 11.161)은 Dixit과 Pindyck(1994)에 의해 사용됐으며, 이 특성은 Ewald와 Yang(2007)에 의해 더욱 연구됐고 이들은 이 프로세스가 $2\kappa\theta > \sigma^2$ 제약하에 유계이고^{bounded}, 음이 아니고^{non-negative}, 정상성 분포^{stationary distribution}를 갖는다는 것을 보였다. Halperin과 Feldshteyn(2018)에서 제시된 모델은 그러한 평균 회귀 동학을 가정하기보다는 제한된 합리성을 가진 에이전트의 기저의 동학 최적화 문제에서 (다변량 설정으로) 그러한 동학을 도출한다.

요약하자면 시장 동학을 선형 최적 제어를 통해 부분적으로 제어되는 MDP 모델로 모델링하는 IRL 접근법은 문제를 개방 루프 제어^{open loop control} 공식으로 변환함에 따라 비정상성 다변량 GMR 프로세스(식 11.158) (또는 1차원 설정에서 1D에 상응하는 프로세스)를 생성한다. 이 프로세스에는 선형 추세^{linear drift}가 있는 GBM 또는 OU 모델과 달리 2차 함수의 추세^{quadratic drift}가 있다. 시장에 전체적으로 적용되면 IRL은 비선형 추세를 통해 동학적 시장 모델을 생성할 수 있다. 흥미로운 질문은 최적 정책 함수의 일반 형태(식 11.155)로 선형 항과 2차 항을 모두 유지한다면 그 결과 시장 동학 방정식이 어떻게 변화할 것인가 하는 것이다. 명백하게 이 항을 유지하면 식 (11.158)의 추세가 2차식에서 3차식^{cubic}으로 변경된다. 다12장에서 다루겠지만 결과로 도출된 수정된 동학적 시장 모델은 특히 유효 평균 회귀율 $k < 0$인 국면을 포함한 다양한 시장 국면^{regime}을 설명하기 위한 모델 확장에 바람직할 수 있다.

11. 요약

11장에서는 역강화학습[IRL]과 모방학습[IL]의 개념 및 방법을 제시했다. IRL 과 IL의 전체 분야는 현재 ML의 많은 연구자에 의해 활발하게 추구되고 있기 때문에 11장의 목표는 독자가 연구 문헌을 탐색하고 새로운 개발 을 따를 수 있도록 충분히 높은 수준의 검토를 제공하는 것이었다. 특히 최근 ML 문헌에서 추세화되고 있는 IRL과 IL에 대한 적대적 접근에 대한 리뷰를 제공했다.

11장의 서론에서 언급했듯이 IRL과 IL의 전 분야가 이러한 방법을 로봇 과 비디오 게임에 적용하는 리서처들 사이에서 상당한 관심과 새로운 아이디어를 지속적으로 창출하고 있지만 현재 금융에의 응용은 여전히 희소하다. 금융 응용은 금융에 적용할 수 있도록 IRL 또는 IL 방법에 엄격 히 제한을 부여한다. 즉, 이들은 연속적인(때로는 고차원적인) 상태-행동 공간으로 다뤄야 하며 시연의 잡음에 내성을 가져야 하고, 단지 보상의 기 대값이 아니라 보상의 위험 특성도 포착해야 한다. 또한 단순히 모방하고 시연된 행동이 이미 최적에 가깝다고 가정하는 것이 아니라 이상적으로 는 시연에서의 성과를 능가하는 IRL 또는 IL 방법이 필요하다. T-REX와 D-REX를 비롯한 이러한 방법은 매우 최근에 제안됐으며, 11장에서 금 융에서 그들의 채택 동기를 제공하고자 이들의 예를 포함시켰다.

계량 금융에 대한 IRL의 적용 중에서 개별 트레이더에 대한 추론과 전체 시장 동학을 추론하는 것에 초점을 맞춘 응용의 개요를 설명했다.

첫 번째 클래스의 문제에 대해 10.3절의 G-러너 및 GIRL 알고리듬으로 시연했으며, IRL은 RL 에이전트나 RL 에이전트로 모델링된 인간 에이전 트의 보상 함수를 복원할 수 있다. 이는 IRL이 로보어드바이저 및 투자자 의 선호도에 대한 추론에 사용될 수 있음을 시사한다.

시장 전반의 단일 에이전트를 다루는 IRL 문제의 두 번째 클래스에 대해 시장 동학이 해당 에이전트의 행동에 연관될 수 있다. 시장 동학의 다중 에이전트 RL 공식이 이용 가능하고 특정 응용에 유용하지만 하나의 시장 전반 에이전트('보이지 않는 손')로 매핑하면 새로운 시장 모델을 구축하기 위한 도구로 IRL을 생각할 수 있다.

12. 연습문제

연습문제 11.1

a. 식 (11.7)을 도출하라.
b. 식 (11.10)의 최적화 문제가 볼록이라는 것을 증명하라.

연습문제 11.2

1차원 상태와 행동 공간을 가진 정책 최적화 문제와 단일 스텝 보상의 다음 파라미터화를 고려하자.

$$r(s,a) = -\log\left(1 + e^{-\theta\Psi(s,a)}\right)$$

여기서 θ는 K개의 파라미터 벡터이며 $\Psi(s,a)$는 K개의 기저 함수 벡터다. 기저 함수 $\Psi(s,a)$가 a에 대해 선형인 한 이것이 a의 오목 함수임을 증명하라.

연습문제 11.3

식 (11.75)의 분류기 $D(s,a)$에 대한 변분 최대화^variational maximization는 젠센-섀넌 발산^Jensen-Shannon divergence(식 11.72)을 재현함을 증명하라.

연습문제 11.4

스칼라 변수 x의 미분 가능한 볼록 함수 $\psi(x)$에 대한 볼록 켤레 함수 $\psi^\star$의 정의(식 11.71)하에서 (i) $\psi^\star$이 볼록이고, (ii) $\psi^{\star\star} = \psi$을 증명하라.

연습문제 11.5

f–발산(식 11.73) 정의에서 선택 $f(x) = x \log x - (x+1) \log \frac{x+1}{2}$이 분포 P 와 Q의 젠센–섀넌 발산(식 11.72)을 산출함을 증명하라.

연습문제 11.6

5.6절에서 직선을 학습하는 예제에서 KL 발산 $D_{KL}(P_\theta \| P_E)$, $D_{KL}(P_E \| P_\theta)$과 JS 발산 $D_{JS}(P_\theta \| P_E)$을 계산하라.

연습문제 11.7

a. 식 (11.87)의 LS–GAN 손실 $V_{LSGAN}(D)$의 최소화가 다음 관계를 산출함을 보여라.

$$D(s,a) = \frac{a\rho_\pi + b\rho_E}{\rho_\pi + \rho_E}$$

b. 이 표현을 이용해 식 (11.87)에서 $V_{LSGAN}(D)$의 최소화가 계수 a, b, c 가 제약식 $b - c = 1$과 $b - a = 2$를 만족하는 한 모델 밀도 및 전문가와 에이전트 밀도의 혼합 간의 피어슨 발산(거리)과 동일함을 보여라.

연습문제 11.8

AIRL 목적 함수(식 11.93)의 파라미터 θ에 대한 그래디언트를 계산하고 이들이 최대 인과 엔트로피 IRL 목적 함수의 그래디언트를 추정하고자 적응적 중요도 샘플링(식 11.39)을 사용해서 얻은 그래디언트와 일치함을 보여라.

부록

다지선다형 문제 정답

문제 1

정답: 3

문제 2

정답: 1, 4

문제 3

정답 1, 2

파이썬 노트북

11장에는 금융 절벽 걷기 문제에 대한 다양한 IRL 방법을 비교한 노트북이 첨부돼 있다. 노트북에 대한 자세한 내용은 README.md 파일에 포함돼 있다.

참고 문헌

Arjovsky, M., Chintala, S., & Bottoum, L. (2017). Wasserstein GAN. https://arxiv.org/abs/1701.07875.

Baldovin, F., & Robledo, A. (2005). Parallels between the dynamics at the noise-perturbed onset of chaos in logistic maps and the dynamics of glass formation. *Phys. Rev. E, 72*. https://arxiv.org/pdf/cond-mat/0504033. pdf.

Bertsimas, D., Gupta, V., & Paschalidis, I. (2012). Inverse optimization: A new perspective on the Black-Litterman model. *Operations Research, 60*(6),

1389-1403.

Black, F., & Litterman, R. (1991). Asset allocation combining investor views with market equilibrium. *Journal of Fixed Income, 1* (2), 7-18.

Boularias, A., Kober, J., & Peters, J. (2011). Relative entropy inverse reinforcement learning. In *Proceedings of the Fourteenth International Conference on Artificial Intelligence and Statistics, PMLR 15* (pp. 182-189).

Brown, D. S., Goo, W., Nagarajan, P., & Niekum, S. (2019). Extrapolating beyond suboptimal demonstrations via inverse reinforcement learning from observations. arXiv:1904.06387.

Brown, D. S., Goo, W., & Niekum, S. (2019). Better-than-demonstrator imitation learning via automatically-ranked-demonstrations. arXiv:1907.0397.

Capponi, A., Olafsson, S., & Zariphopoulou, T. (2019). Personalized robo-advising: Enhancing investment through client interaction.

Chasemiour, S., Gu, S., & Zemel, R. (2019). Understanding the relation between maximumentropy inverse reinforcement learning and behaviour cloning. ICLP.

Dixit, A., & Pindyck, R. (1994). *Investment under uncertainty.* Princeton NJ: Princeton University Press.

Dixon, M.F., & Halperin, I. (2020). G-Learner and GIRL: Goal Based Wealth Management with Reinforcement Learning, available at https://papers.ssrn.com/sol3/papers.cfm?abstract$ $id=3543852.

Ewald, C. O., & Yang, Z. (2007). Geometric mean reversion: formulas for the equilibrium density and analytic moment matching. University of St. Andrews Economics Preprints.

Finn, C., Christiano, P., Abbeel, P., & Levine, S. (2016). A connection between generative adversarial networks, inverse reinforcement learning, and energy-based models. arXiv:1611.03852.

Finn, C., Levine, S., & Abbeel, P. (2016). Guided cost learning: deep inverse optimal control via policy optimization. arXiv:1603.00448.

Fox, R., Pakman, A., & Tishby, N. (2015). Taming the noise in reinforcement learning via soft updates. In *32nd Conference on Uncertainty in Artificial Intelligence (UAI)*. https://arxiv.org/pdf/1512.08562.pdf.

Fu, J., Luo, K., & Levine, S. (2015). Learning robust rewards with adversarial inverse reinforcement learning. arXiv:1710.11248. https://arxiv.org/pdf/1512.08562.pdf.

Goodfellow, I., Pouget-Abadie, J., Mirza, B. X. M., Warde-Farley, D., Ozair, S., Corville, A., et al. (2014). Generative adversarial nets. *NIPS*, 2672-2680.

Halperin, I., & Feldshteyn, I. (2018). Market self-learning of signals, impact and optimal trading: Invisible hand inference with free energy, (or, how we learned to stop worrying and love bounded rationality). https://papers.ssrn.com/sol3/papers.cfm?abstract id=3174498.

Ho, J., & Ermon, S. (2016). Generative adversarial imitation learning. In *Advances in Neural Information Processing Systems 29*. http://papers.nips.cc/paper/6391-generativeadversarial-imitation-learning.pdf.

Jaynes, E. (1957). Information theory and statistical mechanics. *Physical Review*, 106(4), 620-630.

Kalakrishnan, M., Pastor, P., Righetti, L., & Schaal, S. (2013). Learning objective functions for manipulations. In *International Conference on Robotics and Automation (ICRA)*.

Kampen, N. G. V. (1981). *Stochastic processes in physics and chemistry*. North-Holland.

Kober, J., Bagnell, J. A., & Peters, J. (2013). Reinforcement learning in robotics: a survey. *International Journal of Robotic Research, 32*(11), 1238-1278.

Kramer, G. (1998). Directed information for channels with feedback. Ph.D. thesis, Technische Wissenschaften ETH Z¨urich.

Lacotte, J., Ghavamzadeh, M., Chow, Y., & Pavone, M. (2018). Risk-sensitive generative adversarial imitation learning. https://arxiv.org/pdf/1808.04468.pdf.

Landau, L., & Lifshitz, E. (1980). *Statistical physics. Course of theoretical physics, vol. 5 (3 ed.).* Oxford: Pergamon Press.

Levine, S., Popovic, Z., & Koltun, V. (2011). Nonlinear inverse reinforcement learning with Gaussian processes. *Advances in Neural Information Processing Systems, 24.*

Liu, S., Araujo, M., Brunskill, E., Rosetti, R., Barros, J., & R. Krishnan (2013). Understanding Sequential Decisions via Inverse Reinforcement Learning. In *IEEE 14th International Conference on Mobile Data Management.*

Mao, X., Li, Q., Xie, H., Lau, R., Wang, Z., & Smolley, S. P. (2016). Least squares generative adversarial networks. https://arxiv.org/abs/1611.04076.

Marschinski, R., Rossi, P., Tavoni, M., & Cocco, F. (2007). Portfolio selection with probabilistic utility. *Annals of Operations Research, 151*(1), 223–239.

Nguyen, X., Wainwright, M. J., & Jordan, M. I. (2010). Estimating divergence functionals and the likelihood ratio by convex risk minimization. *Information Theory. IEEE, 56*(11), 5847–5861.

Nowozin, S., Sceke, B., & Tomioka, R. (2016). F-GAN: training generative neural samplers using variational divergence minimization. https://arxiv.org/abs/1606.00709.

Ortega, P., & Braun, D. A. (2013). Thermodynamics as a theory of decision-making with information processing costs. *Proceedings of the Royal Society A.* https://doi.org/10.1098/rspa.2012.0683. https://arxiv.org/pdf/1204.6481.pdf.

Ortega, P. A., Braun, D. A., Dyer, J., Kim, K., & Tishby, N. (2015). Information-theoretic bounded rationality. https://arxiv.org/pdf/1512.06789.pdf.

Putterman, M. L. (1994). *Markov decision processes: discrete stochastic dynamic programming.* New York, NY, USA: John Wiley & Sons, Inc.

Ramachandran, D., & Amirv, E. (2007). Bayesian inverse reinforcement learning. *Proc. IJCAI,* 2586–2591.

Reddy, S., Dragan, A. D., & Levine, S. (2019). SQIL: imitation learning via regularized behavioral cloning. https://arxiv.org/pdf/1905.11108.pdf.

Russell, S. (1998). Learning agents for uncertain environments. In *Proceeding of the Eleventh Annual Conference on Computational Learning Theory. COLT' 98*, ACM, New York, NY, USA, pp. 101-103.

Shiarlis, K., Messias, J., &Whiteson, S. (2016). Inverse reinforcement learning from failure. In J. Thangarajan, Tuyls, K., Jonker, C., Marcella, S. (Eds.) *Proceedings of 15th International Conference on Autonomous Agents and Multiagent Systems (AAMAS)*. Singapore.

Simon, H. (1956). Rational choice and the structure of the environment. *Psychological Review, 63*(2), 129-138.

Sternberg, S. (2010). *Dynamic systems*. Dover Publications.

Xu, L., Smith, J., Hu, Y., Cheng, Y., & Zhu, Y. (2015). A dynamic structural model for heterogeneous mobile data consumption and promotion design. Working paper, available at https://www.krannert.purdue.edu/academics/MIS/workshop/Xuetal_2015_DynamicMobileData.pdf.

Yang, S. Y., Qiao, Q., Beling, P. A., Scherer, W. T., & Kirilenko, A. A. (2015). Gaussian process-based algorithmic trading strategy identification. *Quantitative Finance, 15*(10). https://doi.org/10.1080/14697688..1011684.

Yang, S. Y., Yu, Y., & Almahdi, S. (2018). An investor sentiment reward-based trading system using Gaussian inverse reinforcement learning algorithm. *Expert Systems with Applications, 114*, 388-401.

Yukalov, B. I., & Sornette, D. (2014). Self-organization in complex systems as decision making. *Advances in Complex Systems*, 3-4, 17.

Ziebart, B., Bagnell, J., & Dey, A. K. (2013). The principle of maximum causal entropy for estimating interacting processes. *IEEE Transactions on Information Theory, 59*(4), 1966-1980.

Ziebart, B., Maas, A., Bagnell, J., & Dey, A. (2008). Maximum entropy inverse reinforcement learning. AAAI, 1433-1438.

12

머신러닝과 금융의 최전선

12장에서는 계량 금융 및 머신러닝에서 새롭게 등장하는 연구 주제를 살펴본다. 흥미롭게 떠오르는 많은 주제 중에서 두 가지 광범위한 주제에 초점을 맞춘다. 첫 번째는 에이전트의 인지-행동 주기에 대한 두 가지 작업으로 지도학습과 강화학습의 통합을 다룬다. 특히 강화학습의 정보 이론 기반 버전을 비롯해 문헌에서 최근 연구 아이디어를 개괄하고 금융 응용에 대한 관련성을 알아본다. 이러한 아이디어가 RL 금융 모델에 흥미로운 실제적 영향을 미치는 이유를 설명하는데, RL 금융 모델은 보통 '알파 연구'에서 수행되는 것처럼 특성이 목적 최적화의 외부로부터 선택되는 것이 아니고 장기 목적의 최적화라는 일반적인 작업 내에서 선택된다. 12장에 제시된 두 번째 주제는 시장 동학 모델을 구축하고자 강화학습 방법을 사용하는 것이다. 또한 이러한 RL에서 영감을 받은 시장 모델에 대한 계산을 위한 몇 가지 고급 물리학 기반 접근법을 소개한다.

1. 서론

지난 10년 동안 머신러닝은 연구자와 실무자 모두에서 높은 인기를 누렸고 다양한 분야에 걸쳐 실용적인 응용을 위한 많은 흥미로운 사용 사례가 나타났다. 금융 외에도 이미지 인식이나 음성 인식과 같은 디지털 서비스에 대한 응용이 지도학습 및 비지도학습에 대한 연구 발표의 흐름을 지배한다. 강화학습의 응용은 주로 로봇 공학과 비디오 게임에 초점을 맞추고 있으며, 이는 구글의 딥마인드^{DeepMind}나 OpenAI와 같은 회사의 연구 노력에 의해 입증된다.

머신러닝에 대한 지속적인 연구는 더 '고전적인' 선행 방법들보다 실제 애플리케이션의 과제를 더 잘 해결하기 위한 새로운 방법을 계속해서 생산하고 있다. 머신러닝에서 그러한 새로운 접근법의 한 예는 2014년에 발견됐지만(Goodfellow et al. 2014) 2019년 12월 28일 현재 이미 12,000번 인용된 적대적 생성 네트워크^{GAN, Generative Adversarial Networks}다. 이 책에서 언급한 머신러닝의 다른 많은 성공적인 알고리듬(예, 다양한 오토인코더, 어텐션 네트워크, 심층 강화학습 등)이 지난 몇 년 동안 개발됐다. 따라서 머신러닝의 혁신 속도는 수년이 아니라 수개월 단위로 이뤄진다고 해도 과언이 아닐 수 있다. 분명 이것은 가장 최신 연구를 대학원 수준의 교과서 형식으로 다루려는 어떠한 시도도 헛된 것이 될 수밖에 없다는 것을 의미한다. 그러한 책은 집필에서 인쇄로 가는 여정을 마치기도 전에 이미 시대에 뒤떨어진 것이기 때문이다. 그러한 목표는 헛되이 되겠지만 반면에 우리가 이 책에 가장 적합하다고 믿는 것이 아닐 수도 있다.

정확히는 우리의 책이 일반적인 ML이 아니라 금융에서의 ML에 관한 것이기 때문에 주제 선택은 금융에서 그들의 잠재적인 적용 가능성에 의해 추진된다. 아이디어는 독자들에게 더 진보된 연구를 위한 팁을 주고 금융 응용을 위해 사용할 수 있는 신생의 대안 방향을 제공하는 것이다.

관련해서 12장에서는 최근 문헌에서 제안됐지만 아직 금융 분야 머신러닝의 많은 실무자에게 알려지지 않은 다양한 새로운 아이디어에 대한 간략한 개요를 제공하려고 노력할 것이다. 특히 처음 두 개 절에서는 머신러닝 방법에 적합한 금융 문제에 대한 유용한 통찰력을 제공할 수 있는 물리학의 아이디어를 이야기할 것이다.

12장의 두 번째 주제는 보편성^{universality}과 통일^{unification}의 아이디어와 관련이 있다. 머신러닝은 종종 하나의 특정 작업을 해결하도록 모두 조정된 파편적인 알고리듬 세트로 제시된다. 예를 들어 계량 거래에서 예측 시그널을 탐색하는 것은 미래 자산 수익률이나 위험을 예측할 수 있는 관측 가능한(또는 계산 가능한) 수량을 찾는 것과 같다. 이는 일반적으로 어떤 역사적 데이터에 대한 훈련에 의해 해를 찾는 지도학습 문제로 공식화된다. 이는 추출된 시그널에 기반을 둬야 하는 최적 트레이딩 문제로부터 분리되는 것으로 공식화된다. 후자의 주어진 시그널에 대한 최적 트레이딩 문제는 대개 강화학습 방법을 사용해 해결된다. 이 설정에서 트레이딩 시그널은 RL 모델 외부에서 계산된 외생적 입력으로 간주된다.

한편 트레이딩 에이전트 구축을 생각한다면 에이전트는 (추정된 트레이딩 시그널을 통해) 미래를 예측하는 동시에 최적의 정책을 발견하고 실행할 수 있어야 한다. 첫 번째 작업은 인지 작업$^{perception\ task}$이고 두 번째 작업은 행동 작업$^{action\ task}$이다.

다중 스텝$^{multi-step}$ 트레이딩을 설정하면 에이전트는 한 스텝에서 다른 스텝으로 이동하면서 이러한 두 가지 유형의 활동을 끊임없이 교대로 수행한다. 다시 말해 그것은 인지-행동 주기의 많은 반복 시행을 통해 살아간다.

대부분의 현재 방법은 이 두 가지 작업(인지-행동 주기의 에피소드)을 별도로 처리하지만 이들은 분명 하위 작업이다. 최적의 트레이딩 정책을 생성하는 작업이 주작업$^{main\ task}$인 반면 예측 시그널을 찾는 작업은 2차적인 작업$^{secondary\ task}$이다. 이상적으로는 이러한 작업을 분리해 처리하는 것이 아니라 함께 통합하는 머신러닝 접근법을 생각할 수 있다. 12장에서는 이러한 것을 목표로 하는 몇 가지 최신 접근법을 제시한다.

12장에서는 금융 분야 머신러닝 및 강화학습의 프런티어에 대한 개요를 제공한다.

- 물리학을 이용한 IRL을 넘어서는 시장 모델링
- 머신러닝의 새로운 물리학 기반 아이디어
- 인지–행동 주기
- 추론과 플래닝의 통일

2. 시장 동학, 역강화학습과 물리학

11장에서 역강화학습^{IRL}이 시장 전체의 동학을 모델링하는 데 어떻게 사용될 수 있는지 간략히 설명했다는 것을 상기하라. 이 목적을 위해 시장 내 모든 트레이더의 집단행동으로 식별된 '보이지 않는 손$^{invisible\ hand}$'에 이전트의 최적 보상과 최적 정책을 찾는 문제를 제기했다. '비일관적' (또는 제로 지성$^{zero-intelligence}$) 트레이더는 '보이지 않는 손' 에이전트를 위한 환경의 일부로 간주된다. 10.5절에서 설명한 것처럼 2차 보상 함수 (마코위츠 효용 함수)를 사용한 이 설정에 대한 IRL은 선형 최적 정책을 생성한다(식 11.154). 일단 최적의 정책이 주식의 시가 총액의 선형 함수로 얻어지면 주가에 대한 동학적 가격 방정식에 다시 대입될 수 있다. 이것은 비선형(이차) 추세^{drift} 항을 갖는 주식의 시장 가격의 모델을 산출한다. 이 모델은 시그널이 존재할 때 기하 평균 회귀$^{GMR,\ Geometric\ Mean\ Reversion}$ 모델을 다변량 모델로 확장할 수 있다(Merton 1975; Dixit and Pindyck 1994; Ewald and Yang 2007).

10.5절에서 제시한 IRL 기반의 모델(Halperin and Feldshteyn 2018)은 시장

전반적 에이전트의 전망에서 볼 때 시장 동학에 대한 내시경적 묘사 mesoscopic description를 제공한다. 이는 시장 '내부로부터from within'의 관점이다. 이 접근법에서 에이전트의 행동 u_t는 (시장에 있는 모든 트레이더에 의한) $[t, t + \triangle t]$ 구간의 시작점에서 특정 주식의 모든 포지션에 대한 조정이다. 이는 에이전트가 자기 플레이self-play를 통해 학습하는 시장의 단일 에이전트 모델을 생성하고 환경은 일관성이 없는 '잡음 트레이더'에 의해 생성되는데, 이들의 트레이드는 주식 가격 진화의 확률적 구성 요소를 제공한다.

시장 '내부'로부터 시장 동학을 보는 대신 시장 외부에서 이러한 동학을 고려할 수 있다. 실제로 시장의 모든 트레이더를 한 번에 보기 때문에 그들의 집단행동 u_t를 구간 $[t, t + \triangle t]$의 시작에서 외부 투자자들에 의해 시장에 투입된(혹은 마이너스인 경우 인출된) 새로운 자본의 양으로 해석하는 것은 당연하다. 곧 보겠지만 이러한 '이중' 관점은 IRL 기반 시장 동학 모델을 일반화해 (Halperin과 Feldshteyn(2018)에서 암시적으로 가정한 바와 같이) 안정적인 '성장growth' 시장 단계뿐만 아니라 기업의 채무 불이행corporate defaults과 시장 폭락market crash이 있는 좀 더 현실적인 시장 체제를 설명한다.

2.1 '퀀텀 균형—불균형'(QED) 모델

X_t를 차원이 없는 1차원 수량으로 스케일링된 시점 t의 기업의 시가 총액이라 하자(예를 들어 관측 기간 동안의 평균 시가 총액을 나눌 수 있으며, 이 경우 X_t의 평균은 1이 될 것이다). 일반적인 형태로 다음 방정식에 의해 묘사되는 이산 시간 동학을 고려한다.

$$X_{t+\Delta t} = (1 + r_t \Delta t)(X_t - cX_t\Delta t + u_t\Delta t)$$
$$r_t = r_f + \mathbf{w}^T \mathbf{z}_t - \mu u_t + \frac{\sigma}{\sqrt{\Delta t}}\varepsilon_t \tag{12.1}$$

여기서 $\triangle t$는 타임스텝이고 r_f는 무위험 이자율이며, c는 배당률(여기서 상수로 가정), z_t는 가중치 w를 가진 예측 변수 벡터, μ는 선형 충격 설정의 시장 충격 파라미터다. 즉, $u_t := u_t(X_t, z_t)$는 외부 투자자로부터의 현금 유출입이며, $\varepsilon_t \sim \mathcal{N}(0, 1)$는 백색 잡음이다. 여기서 첫째 방정식은 타임스 텝 $[t, t + \triangle t]$에서의 시가 총액[1]의 변화를 시점 t의 X_t 값을 구성하는 두 가지 변화로 정의한다. 첫째, 구간의 시작에서 배당 $cX_t\triangle t$가 투자자에 게 지급되는 한편, 투자자들을 주식에 $u_t\triangle t$만큼 투입할 수 있다. 그다음 새로운 자본 값 $X_t - cX_t\triangle t + u_t\triangle t$가 r_t율로 성장한다. 후자는 식 (12.1) 의 두 번째 식에 의해 주어지는데, 여기서 항 μu_t는 선형 트레이드 충격 효과를 묘사한다. u_t가 0일 수도 있고 아닐 수도 있음을 주목하라.

식 (12.1)의 양 식에 동일한 수량 u_t가 나타나는 이유는 간단하다. 첫 번 째 식에서 u_t는 자본 투입 $u_t\triangle t$로 들어가는 것이고, 두 번째 식에서 이는 시장 충격 항 μu_t를 통해 들어간다. 이는 자본 $u_t\triangle t$를 더하는 것은 u_t에 비례하는 주식의 양을 거래하는 것을 의미하기 때문이다. 다음에 보겠 지만 이 항은 매우 작은 μ값에 대해서도 중요하다. 결과가 되는 모델의 극한 $\mu \to 0$에서 비분석적[non-analytic], 즉 닫힌 해가 없기 때문이다.

일반적으로 시점 t에 투자자들에 의해 투입되는 자본의 양 $u_t\triangle t$는 현재 시장의 시가 총액 X_t와 다른 잠재적 요인들(예, 알파 시그널)에 의존한다. 다음과 같은 시그널이 없는 두 파라미터 ϕ와 λ를 가진 u_t의 가장 간단한 함수 형태를 고려한다.

$$u_t = \phi X_t + \lambda X_t^2 \tag{12.2}$$

이 표현식에서 상수 항이 없는 것을 주목하라. 이는 어떠한 투자자가 완 전히 0의 가격을 가진 주식에 투자하지 않도록 보장한다. 또한 항상 식 (12.2)는 X_t와 시그널 z_t에 의존하는 더 일반적인 비선형 자본 공급[capital supply] 함수 $u(X_t, z_t)$의 선도 차수 테일러 전개로 간주할 수 있다. 관련해서

---

1. 또는 동일하게 발행 주식수가 고정된 경우 주식 가격

파라미터 ϕ와 λ는 시그널 $\mathbf{z}_t$의 서서히 변화하는 함수일 수 있다. 여기서 이들이 고정 파라미터로 다뤄지는 극한 경우를 고려한다.

식 (12.2)를 식 (12.1)에 대입하고 $O(\Delta t)^2$ 항을 무시하고 연속 시간 극한 $\Delta t \to dt$를 취하면 '퀀텀 균형-불균형'$^{\text{QED, Quantum Equilibrium-Disequilibrium}}$ 모델을 얻는다(Halperin과 Dixon 2020).

$$dX_t = \kappa X_t \left(\frac{\theta}{\kappa} - X_t - \frac{g}{\kappa} X_t^2 \right) dt + \sigma X_t \left(dW_t + \mathbf{w}^T \mathbf{z}_t \right) \tag{12.3}$$

여기서 W_t는 표준 브라운 운동이고 파라미터 g, κ, θ는 다음과 같이 정의된다.

$$g = \mu\lambda, \quad \kappa = \mu\phi - \lambda, \quad \theta = r_f - c + \phi \tag{12.4}$$

$\mu > 0$를 고정시키면 평균 회귀 파라미터 κ의 부호는 ϕ와 λ의 값에 따라 음이나 양이 될 수 있다. $\phi < \lambda/\mu$이면 $\kappa < 0$이며, 그렇지 않고 $\phi \geq \lambda/\mu$인 경우에는 $\kappa \geq 0$을 얻는다.

$g = 0$일 때 식 (12.3)은 물리학과 생물학에서 승법적 잡음을 가진 베르홀스트 인구 성장 모델$^{\text{Verhulst population growth model}}$로 알려져 있다. 이는 X_t^2항 앞의 계수가 1이 되게 하는 종속 변수 X_t의 선형 스케일 재조정에 의해 얻어질 수 있는 형태로 동일하게 표현될 수 있다.

식 (12.3)의 고차 항은 프로세스에서 포화^{saturation}를 야기할 수 있다는 것을 주의하라. 인구 동학에서 이는 제한된 음식 자원에 대해 경쟁하는 인구에 해당한다. 금융 맥락에서 이는 외부 세계로부터 자본 투입이 없는 시장의 제한된 총 부$^{\text{total wealth}}$를 나타낸다.

2.2 랑주뱅 방정식

식 (12.3)은 다음의 랑주뱅 방정식의 특수한 경우다.

$$dx_t = -U'(x_t)dt + \sigma x_t dW_t \qquad (12.5)$$

이는 외부 퍼텐셜 $U(x)$를 가진 과감쇠된[over-damped2] 브라운 입자[brownian particle]를 묘사한다. $U(x)$의 음의 그래디언트는 승법적 잡음의 존재하에 방정식의 추세 항을 제공한다.

랑주뱅 방정식은 1908년 논문(Langevin 1908)에서 1905년에 알버트 아인슈타인[Albert Eiestein]에 의해 물리학에서 개발된 자유 브라운 확산 모델[free brownian diffusion model]을 확장한 폴 랑주뱅[Paul Langevin]의 이름을 따서 명명된 것이다. 아인슈타인의 모델은 랜덤 동학이 동일한 종류의 다른 입자와의 상호작용에 의해 구동되는 브라운 입자에 대한 것이다. 랑주뱅의 아인슈타인 이론 확장에서 다른 입자들의 집합적 영향(예, 용액에서 큰 분자가 작은 분자 동학에 대해 미치는 영향) 또는 외부 장(예, 충전된 입자에 작동하는 전기장)을 퍼텐셜 $U(x)^3$로 코드화된다. 이와 같은 퍼텐셜은 일반적으로 다항식과 같은 어떤 비선형 함수로 주어진다.

간단한 예제가 2차 다항식에 의해 주어진다. $U(x) = \frac{m}{2}x^2$이라 하자. 여기서 m은 파라미터다. 이와 같은 퍼텐셜은 물리학에서 조화 진동자 퍼텐셜[harmonic oscillator potential]이라 불린다. 이 퍼텐셜은 볼록이고 $x = 0$에서 유일한 최소점(안정점)을 갖는다. 이를 일반적 랑주뱅 방정식(식 12.5)에 대입하면 다음을 얻는다.

$$dx_t = -mx_t dt + \sigma x_t dW_t \qquad (12.6)$$

이 방정식은 질량 m을 가진 입자(조화 진동자)를 결정적 선형 항 $(-mx_t)$와 비례적 확산항 (σx_t)의 결합으로 묘사한다.

---

2. 진동 운동을 2계 미분방정식으로 풀 수 있는데, 특성 방정식이 두 실근을 가질 때(Over-damping)를 과감쇠하고 저항이 너무 심해서 굉장히 천천히 움직이게 된다. 진동은 하지 않는다. - 옮긴이

3. 퍼텐셜은 힘이 작용하는 공간에서 물체의 위치를 변화시킬 때 저장되는 에너지를 말하며, 위치 에너지라고도 불린다. - 옮긴이

물리학에서 조화 진동자 퍼텐셜 $U(x) = \frac{m}{2}x^2$의 경우는 다음과 같이 보통 더 일반적인 비선형 퍼텐셜의 2차식 전개로 이해한다.

$$U(x) = u_0 + u_1 x + u_2 x^2 + \dots \tag{12.7}$$

여기서 상태 변수 x의 모든 $O(x^3)$ 항과 이보다 더 높은 차수의 지수는 무시된다. 이들 고차 항은 보통 복잡한 물리적 시스템에서의 구조와 안정된 상태를 정의하는 상호작용과 관련 있는 것으로 밝혀졌다. 이러한 이유로 물리학에서 2차식 퍼텐셜 $U(x) \sim x^2$의 경우 엄격히 말하면 이것이 조화 진동자(2차식) 상호작용 퍼텐셜을 갖고 있음에도 흔히 상호작용이 없는non-interacting 경우로 언급된다.

관련해서 랑주뱅 방정식(식 12.5)은 승법적 잡음의 제약하에서 자유 조화 진동자에 대한 방정식으로 해석된다. 여기서 단어 자유free의 의미는 브라운 입자의 흥미롭고도 사소하지 않은 상호작용 효과가 퍼텐셜 $U(x)$의 고차항(3차, 4차 등)에 의해서만 포착될 수 있다는 사실을 가리킨다.

2.3 랑주뱅 방정식으로서 GBM 모델

일반 랑주뱅 방정식(식 12.5)의 상태 변수 x_t가 주가 S_t라 하면 이는 다음의 기하학적 브라운 운동GBM, Geometric Brownian Motion 모델의 방정식과 매우 유사하게 보인다.

$$dS_t = \mu S_t dt + \sigma S_t dW_t \tag{12.8}$$

이제 GBM 모델은 다음 일반 Itô 확산diffusion의 $\mu(S_t) = \mu S_t$ 및 $\sigma(S_t) = \sigma S_t$의 선형 설정으로 간주할 수 있다.

$$dS_t = \mu(S_t)dt + \sigma(S_t)dW_t \tag{12.9}$$

랑주뱅 식 (12.5)와 GBM 식 (12.8)은 $x_t = S_t$로 대체하고 $m = \mu$로 설정하면

모두 매우 유사하게 보이지만 중요한 차이가 있다. 즉, 추세 항의 부호다. GBM 모델의 선형 추세 μx_t를 랑주뱅 식에 의해 제시되는 바와 같이 퍼텐셜 $U(x)$의 음의 그래디언트로 해석하면 이는 음의 질량을 가진 조화 진동자에 해당한다. 이와 같은 음의 질량 조화 진동자는 $m > 0$의 양의 질량을 가진 조화 진동자처럼 $x = 0$에서 안정점을 갖지 못하는 역포물선 inverted parabola이다. 즉, GBM 모델은 그림 12.1에서와 같이 전역적으로 불안정한globally stable 동학을 묘사한다. 전역적 불안정성은 결코 무한정 오랫동안 지속될 수 없기 때문에 이는 GBM 모델이 불완전하다는 것을 나타내며 더 완전한 모델은 그러한 불안정성이 무한정 진행되는 것을 방지하기 위한 메커니즘을 가져야 한다. 다음에 설명하겠지만 QED 모델은 그러한 동학의 안정화를 제공한다.

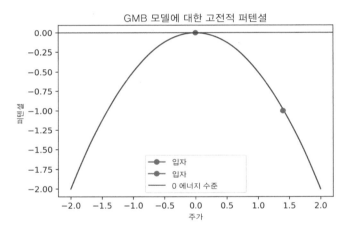

그림 12.1 기하학적 브라운 운동 모델에 해당하는 고전적인 퍼텐셜 $U(x)$. 기업 주식의 가격은 이 퍼텐셜(빨간색 점)에 의해 영향을 받는 입자의 위치로 설명된다. 퍼텐셜은 음의 질량을 가진 조화 진동자에 해당하며 불안정한 시스템을 묘사한다. $x = 0$ 위치에 초기에 놓인 입자는 불안정하며 언덕 아래로 빠르게 굴러 내려간다.

2.4 랑주뱅 방정식으로서 QED 모델

전역적으로 불안정한 동학에 해당하는 GBM 모델과 달리 식 (12.3)에서의 QED 모델은 다음과 같은 4차식의 퍼텐셜quartic potential에 해당한다.

$$U(x) = -\frac{1}{2}\theta x^2 + \frac{1}{3}\kappa x^3 + \frac{1}{4}g x^4 \qquad (12.10)$$

GBM 모델의 퍼텐셜 $U(\mathrm{x}) = -\frac{1}{2}\mu x^2$과 이 식을 비교한다면 $\theta = \mu$를 설정하고 $\kappa \to 0$, $g \to 0$으로 극한을 취하면 두 식이 일치한다. 따라서 QED 모델은 3차식 추세를 갖는 GBM 모델의 확장으로 간주될 수 있다.

퍼텐셜 $U(x)$에 각각 3차 및 4차 비선형 항을 제어하는 추가적인 파라미터 κ와 g가 존재하기 때문에 퍼텐셜 $U(x)$는 그림 12.2에서 표시한 대로 파라미터의 값에 따라 매우 다양한 모양을 생성할 수 있다. Halperin과 Dixon(2020)에서 보듯이 이것은 그림 12.2에서 왼쪽 그래프의 퍼텐셜이다. 이는 주식 시장의 가장 흥미로운 동학을 생성한다. GBM 모델의 불안정한 동학 대신 QED 모델은 동학이 메타안정적일 수 있음을 시사한다. 이러한 동학은 파라미터에 따라 이러한 변화가 발생할 시간이 매우길 수 있지만 결국 변화한다는 점에서 조화 진동자 동학과 같은 전역적으로 안정된 동학과는 다르다.

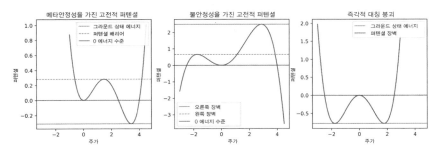

그림 12.2 QED 모델에서 상이한 파라미터 선택에서 퍼텐셜 $U(x)$는 상이한 형태를 취한다. 시스템의 안정적 상태는 최소 퍼텐셜에 해당한다. 왼쪽 퍼텐셜은 국지적 최소값이 0이고 전역적 최소값이 $x = 3.3$인 메타안정적 시스템을 보여준다. 중앙의 퍼텐셜에 대해서는 상태 $x = 3.3$은 불안정해지고 상태 $x = 0$이 메타안정적이다. 오른쪽의 퍼텐셜은 두 개의 대칭 최소값을 가지며 입자는 에너지를 최소화하고자 이들 중 하나를 선택할 수 있다. 이러한 시나리오는 물리학에서 '즉각적 대칭 붕괴(spontaneous symmetric breaking)'라고 부른다.

어떻게 이런 일이 일어나는지에 대한 설명은 다음과 같다. 그림 12.2의 왼쪽에 보이는 퍼텐셜은 국지적 우물 바닥의 메타안정적인 포인트와 x

의 작은 값에 대한 퍼텐셜 부분 간의 퍼텐셜 장벽potential barrier이 있다. 여기서 퍼텐셜 그래디언트에 대한 운동은 가격 0 수준, 즉 $x = 0$으로 하락하는 것을 의미한다. 잡음으로 인한 변동으로 인해 장벽의 오른쪽에 초기에 배치된 시점 t의 x_t 값을 가진 주식을 나타내는 입자가 장벽의 왼쪽으로 점프할 수 있다. 물리학에서 그러한 '장벽 호핑barrier-hopping' 전환을 설명하는 동학 방정식의 해를 인스탄톤instanton이라고 부른다. 이 명명법의 이유는 메타안정 상태와 불안정 국면 사이의 전이(0 수준, 즉 $x = 0$으로 '하락')가 거의 즉각적으로 발생하기 때문이다. 그러나 이러한 호핑 자체가 발생하는 데는 시간이 오래 걸릴 수 있다. 모델 파라미터에 따라 대기 시간은 원칙적으로 관측된 유니버스의 수명을 초과할 수 있다.

금융 용어로 $x = 0$에서 0 수준으로 향해 장벽을 뛰어넘는 경우가 기업 파산(채무 불이행)에 해당한다. GBM 모델은 포인트 $x = 0$가 얻어질 수 없는 역조화 퍼텐셜에 해당하므로 기업 채무 불이행은 GBM 모델로 포착할 수 없다. 가격 동학으로 기업 채무 불이행의 존재를 포착해야 하는 금융 모델에서 이는 보통 위험률hazard rate과 같은 추가적인 자유도를 도입해야 달성할 수 있다.

이와는 대조적으로 QED 모델에서 기업 채무 불이행은 완벽하게 가능하며 그림 12.2에서 왼쪽의 메타안정된 퍼텐셜의 상이한 상태 간의 인스탄톤 유형의 호핑 전이에 해당한다. Halperin과 Dixon(2020)에서 보듯이 QED 모델(식 12.3)은 동일한 기업(주식)을 참조하는 신용 부도 스왑CDS, Credit Default Swap에 대한 데이터를 동시에 적합화시킬 수 있는 단일 자유도(주식 가격 그 자체)로 주식 모델을 나타내는 일련의 파라미터를 허용한다.

따라서 QED 모델은 백색 잡음과 컬러 잡음[4] 구성 요소를 포함하는 승법적 잡음을 갖는 비선형 랑주뱅 동학에 해당한다. 컬러 잡음 항은 투자자

---

4. 백색 잡음(White noise)은 스펙트럼이 모든 주파수 대역에서 균일한 잡음을 말한다(모든 색깔에 해당하는 주파수가 섞여 있으면 흰색(무색)으로 보인다는 것과 유사하다). 컬러 잡음(Colored noise)은 주파수 대역에서의 스펙트럼이 일정하지 않은(not constant) 잡음을 말하며 시간적으로 상관관계가 있는 잡음을 의미한다. - 옮긴이

가 사용하는 시그널을 묘사한다. 이러한 동학 및 관련 상전이는 물리학에서 많이 연구된다. 예를 들어 Schmittmann과 Zia(1995), den Broeck et al.(1997), Hinrichsen(2000)을 참고하라. 특히 메타안정된 최소 퍼텐셜에서의 잡음 유도 인스탠톤 전이 문제는 물리학에서 크래머의 탈출Kramer's escape 문제로 알려져 있으며, 이에 상응하는 확률은 크래머의 탈출률Kramer's escape rate 공식에 의해 주어진다. 랑주뱅 방정식과 크래머의 탈출률 관계는 이전에 경제물리학econophsics 문헌에서 고려됐는데, 특히 Bouchaud와 Cont(1998), Bouchaud와 Potters(2004), Sornette(2000, 2003)가 시장 폭락을 묘사했다.

2.5 금융 모델링에 대한 통찰력

Halperin와 Dixon(2020)의 QED 모델은 금융 모델링에 대한 많은 흥미로운 통찰력을 제공한다. 고전적인 기하학적 브라운 운동GBM, Geometric Brownian Motion 모델을 시작으로, 국지적local 또는 확률적 변동성 모델stochastic volatility model과 같은 많은 주식 가격 모델의 경우 잡음(확산) 항을 '더 흥미로운' 것, 즉 비선형이고 확률적인 것들로 만들어 동학을 더욱 복잡하게 하는 반면 전형적으로 선형 추세 항을 갖는다.

대조적으로 QED 모델은 매우 작거나 매우 큰 주식 가격 국면에서 올바른 행태를 보장하기 위한 적절한 추세 항 설정의 중요성을 지적한다. 특히 QED 모델은 시장에 기업 채무 불이행이 존재하는 것과 양립할 수 없는 GBM 모델이나 확률적 변동성 모델과 달리 채무 불이행이 가능한 자유도(주가 자체) 1만 있는 간결한 모델이며, 주가 데이터와 CDS 데이터 모두에 보정될 수 있다. 이는 CDS 데이터를 사용해 장기 주식 수익률을 더 잘 추정할 수 있게 해 장기적인 포트폴리오 관리에 유용할 수 있다. GBM 모델 및 그 직계 자손 모델과 비교할 때 QED 모델이 가져다준 혁신은 시장에서의 자본 유입과 자산 가격에 미치는 영향을 통합한다는 것이다. 이러한 두 가지 현상은 모두 자산 가격의 장기적 행태에 상당한 영향을 미치는 것으로 잘 알려져 있지만 실무에서 사용되는 대부분의 전통적인 자산 가격 결정 모델에는 포함되지 않고 있다.

QED 모델에서 볼 수 있듯이 자본 유입과 그것의 가격 영향을 모두 통합하면 4차 퍼텐셜 $U(x)$ 또는 주가의 3차식 추세가 생성된다. 이러한 시장 마찰 효과는 마찰 파라미터 κ, g가 작게 남아있는 한 섭동 이론 방법 perturbation theory methods[5] 으로 알려진 작은 파라미터의 체계적 전개를 이용해 마찰 없는 극한 $\kappa = g = 0$에서 얻은 규칙적인 행태를 수정할 수 있는 '2차' 효과로 처리할 수 있다. 단 Halperin과 Dixon(2020)에서 보듯이 극한 κ, $g \rightarrow 0$은 불연속이다. 즉, 평활 함수의 극한으로 존재하지 않는다. 특히 인스탠톤 전이(및 이에 따른 기업 채무 불이행)는 이 극한에서 사라진다. 인스탠톤은 작은 마찰 파라미터에 대한 어떤 유한 차수의 섭동 이론을 사용해 밝혀낼 수 없는 본질적으로 비섭동non-perturbative 현상이다. 대신 물리학에서 인스탠톤 효과는 작은 파라미터의 섭동 이론에 의존하지 않는 비섭동 방법을 사용해 다룬다. Halperin과 Dixon(2020)을 참조해 관련 물리학 문헌을 검토하라. QED 모델은 비섭동적 현상이 금융에 중요하며 물리학에서 개발된 방법이 이러한 현상을 모델링하는 데 유용할 수 있음을 시사한다.

2.6 머신러닝에 대한 통찰력

금융 시장의 동학 모델링에 대한 새로운 아이디어를 제공하는 것 외에도 QED 모델은 일반적으로 머신러닝에 유용한 통찰력을 제공할 수 있다. 가장 중요하게 이는 보통 우리가 갖고 있지 않은 데이터의 역할을 강조한다는 것이다. 실제로 기업의 채무 불이행이나 시장 폭락은 드문 사

---

5. 수학과 물리학에서, 섭동 이론(perturbation theory) 또는 미동 이론은 해석적으로 풀 수 없는 문제의 해를 매우 작다고 간주할 수 있는 파라미터의 테일러 전개로 나타내는 이론이다. – 옮긴이

건의 예다. 사용 가능한 주가 데이터에 머신러닝 모델을 적합화시킬 때 이러한 회귀 사건은 일반적으로 과소 표현되거나 데이터에서 완전히 누락된다. 이렇게 하면 편향된 데이터가 생성된다. 예를 들어 주식 수익률의 전통적인 금융 또는 머신러닝 모델이 사용 가능한 시장 데이터로 보정될 때 과거에 채무 불이행된 주식은 데이터 세트에서 제거되는 경우가 많다. 결과적으로 발생하는 주식 수익률의 데이터 세트는 기업 채무 불이행의 존재에 대한 정보를 전달하지 않기 때문에 편향된다.

머신러닝에서 누락되거나 사용할 수 없는 데이터를 보상하기 위한 한 가지 일반적인 접근법은 손실 함수에 어떤 일반적인 규제화를 부과하는 것이다. 규제화의 일반적인 선택은 예를 들어 L_2와 L_1 규제화를 포함한다. QED 모델은 사전분포의 선택이 결과 모델의 올바른 행태를 강제하는 데 중요한 세부 기술일 수 있다는 사실을 강조한다. QED 모델에서 메타안정적 상태와 불안정한 상태를 분리하는 퍼텐셜 장벽의 존재를 보장하고자 Halperin과 Dixon(2020)은 '크래머의 규제화Kramer's regularization'라고 부르는 것을 퍼텐셜이 장벽을 갖도록 보장하는 규제화로 사용했다. 이로부터 도출된 크래머의 탈출률 공식을 적용해 호핑 확률을 계산할 수 있다. 이는 좀 더 전문화된 규제화 방법, 특히 '일반' L_2 및 L_1 규제화와 달리 특정 정적 또는 동적 대칭성을 보존하거나 유지하는 방법이 머신러닝의 다른 영역에서도 잠재적으로 흥미로울 수 있음을 시사한다.

3. 물리학과 머신러닝

앞 절에서는 물리학에서 개발된 방법이 전통적인 머신러닝의 순수한 데이터 기반 접근 방식을 풍부하게 할 수 있는 예를 개략적으로 설명했다. 이 절에서는 머신러닝에서 물리학의 역할을 설명하고 머신러닝 방법에 적합한 문제에 유용할 수 있는 물리학의 새로운 아이디어에 대한 개요를 제공하면서 좀 더 일반적인 맥락에서 이 주제를 다룰 것이다.

역사적으로 현대 머신러닝의 용어집을 구성하는 많은 아이디어는 물리학에 뿌리를 두고 있다. 이는 몬테카를로 방법, 볼츠만 머신(물리학에서 이징 모델^{ising model}과 기타 그리드 모델에서 유래), 최대 엔트로피 추론, 에너지 기반 모델 등과 같은 머신러닝의 기본 개념을 포함한다. 이 방법들의 대부분은 19세기와 20세기 상반기에 물리학에서 개발됐다. 그러나 물리학은 지난 50년 동안 그 자체의 추진력을 유지해왔다. 그리고 이러한 발전의 일부는 머신러닝 문헌에서 아주 최근에야 나타났다. 이 절에서는 이 분야에서 가장 흥미로운 몇 가지 작업에 대해 개략적으로 설명한다.

3.1 딥러닝과 물리학에서의 계층적 표현

딥러닝의 중심 아이디어 중 하나는 비선형 함수의 계층적 다층적 구성이다. 딥러닝은 비선형 변환의 여러 계층에 걸쳐 입력 데이터를 처리해 원래 입력의 계층적 표현을 제공한다. 심층 컨볼루션 네트워크에서 데이터는 상위 계층의 뉴런 수용 영역 내에 있는 몇 개의 뉴런의 입력을 결합해 계층적으로 합하고 다음 계층으로 동일한 방식으로 진행된다. 이것은 네트워크에서 상위 계층으로 이동하면서 점차 더 추상적인 특징을 생성하게 하는 초기 데이터의 계층적, 다층적 코스 그레인^{coarse-graining} 프로세스로 생각할 수 있다.

여러 단계의 추상화를 계층적으로 진행해 원래 특성의 코스 그레인 절차는 재정규화 그룹^{renormalization group}이라는 이름으로 물리학에서 뚜렷한 유사성을 갖는다. 재정규화 그룹의 코스 그레인은 기초가 되는 현미경적 이론에서 출발해 대규모 이론을 체계적으로 구축하게 한다. 따라서 RG는 딥러닝과 유사한 대규모 구조의 등장을 설명하는 메커니즘으로 해석될 수 있다.

RG 방법은 원래 Kadanoff 및 다른 학자들에 의해 스핀의 이산 값 시스템을 위한 이징 모델과 같은 격자 모델^{lattice model}을 위해 물리학에서 도입됐다. 실수 공간 RG의 목표(Efrati et al. 2014)는 짧은 범위 변동을 적분화하고 긴 범위 상관관계만 유지하고자 위치 공간에서 주어진 자유도 X 집합을 코스 그레인하는 것이다. 이 축소는 코스 그레인 변수의 공간에 정의된 해밀토니안[6] 함수와 함께 새로운 '효과적인' 이론을 낳는다. 해밀토니안의 함수 형태는 코스 그레인 변환으로 보존된다. $H(X', \theta')$가 파라미터 θ를 가진 원래의 변수 X의 해밀토니안^{Hamiltonian}이라면 새로운 코스 그레인된 해밀토니안 $H(X', \theta')$는 동일한 함수 형태를 갖지만 상이한 파라미터(또는 물리학 용어를 이용해 해밀토니안의 결합 상수^{coupling constant})를 갖는다. 이 절차의 반복적 적용은 연속적인 RG 단계에서 해밀토니안의 결합 상수 사이 재귀 관계를 야기한다. 이러한 관계를 RG 플로우 방정식^{RG flow equation}이라고 하며, 유효 이론 간의 관계를 상이한 길이 스케일로 공식화한다.

물리학의 실수 공간 RG 방법이 심층 신경망의 입력 처리와 유사하게 보인다는 것을 알 수 있는데, 이는 두 가지 접근법이 모두 계층적 방식으로 진행되기 때문이다. 또한 몇 가지 차이점이 있다. 물리학에서 RG 접근법과 함께 후속 표현 사이의 연결은 더 추상적인 표현이 분할 함수^{partition function}를 보존할 수 있게 해야 한다. 그러므로 RG 플로 방정식은 딥러닝 응용에 초점을 맞춘 학습의 동학이 아니라 네트워크의 구조를 결정한다.

현재까지 딥러닝에 대한 이론적 설명은 아직 걸음마 단계이기 때문에 RG와 딥러닝 사이의 유사점과 차이점을 탐구하는 것이 흥미롭다. 따라서 딥러닝이 정교한 코스 그레인만을 수행한다고 추측할 수 있다. 물리학계의 많은 최근 연구는 RG가 딥러닝의 이론적 분석에 유용한 프레임워크를 제공할 수 있다는 가능성을 추구했다. 예를 들어 de Mello Koch et al.(2019)은 자석의 통계적 역학 모델인 이징^{Ising} 모델을 사용해 비지도 제한된 볼츠만 머신^{RBM, Restricted Botzmann Machine}을 훈련시켰다. 그들은 훈련

---

6. 해밀토니안(Hamiltonian)은 양자역학에서 계의 운동 에너지와 포텐셜 에너지의 합으로 전체 에너지를 나타내는 관측 가능량으로, 양자 상태의 시간 변화를 생성하는 작용 연산자로 해석할 수 있다. – 옮긴이

된 RBM에 의해 생성된 패턴을 이징 모델의 RG 처리를 통해 생성된 구성과 비교했고 RG 플로우와 RBM 플로우 사이의 몇 가지 유사점을 발견했다. 특히 은닉 뉴런과 보이는 뉴런의 상관관계 함수를 살펴보고 이를 통해 RG와 같은 코스 그레인 절차를 진단할 수 있는 것으로 밝혔다. de Mello Koch et al.(2019)의 수치 실험은 훈련된 RBM을 사용해 계산된 상관관계 함수에서 RG와 유사한 패턴의 존재를 발견했다. 이는 물리학과 딥러닝 사이의 유사성을 추구하는 것이 딥러닝의 이론적 설명에 대한 새로운 통찰력을 제공할 수 있다는 생각을 뒷받침한다.

3.2 텐서 네트워크

지난 30년간 통계물리학에서 주목할 만한 성공 사례 중 하나는 격자 모델lattice model에 의해 묘사된 양자 스핀quantum spin 시스템의 분석을 위해 텐서 분해tensor decomposition를 사용하는 방법의 개발이었다.

이 개발의 본질을 설명하고자 먼저 텐서 자체의 정의를 다시 살펴본다. 텐서는 기본적으로 행렬의 개념을 2차원2D 배열이나 2D 테이블로 확장하는 다차원 배열이다. 텐서는 다중 뷰 테이블multi-view table로 간주할 수 있다. N차원 텐서 $\mathbf{X}$는 $X_{i_1, \dots, i_N}$ 요소로 표현되며, 이는 N차원 정수 값 $\mathbf{i} = (i_1, \dots, i_N)$으로 인덱스화된다. 정규 행렬은 차원 2의 텐서, 벡터는 차원 1의 텐서, 스칼라는 차원 0의 텐서로 볼 수 있다.

머신러닝에 이용 가능한 대부분의 데이터는 텐서로 자연스럽게 표현되며, 구글의 머신러닝 라이브러리가 텐서플로TensorFlow라고 불리는 것은 우연이 아니다. 대부분의 일반 입력으로 텐서를 사용한다. 금융에서 텐서는 데이터에 가장 자연스러운 형식을 제공한다. 예를 들어 특정 주식의 유니버스에 대한 역사적 주식 데이터는 3D 텐서로 나타낼 수 있다. 여기서 첫 번째 인덱스는 타임스텝, 두 번째 인덱스는 주식에 대한 것이며, 세 번째 인덱스는 주식의 특성을 열거한다. 세 번째 차원의 크기가

1이면 하나의 숫자만 전달할 수 있으며 현재 주식 수익률을 이 요소에 배치할 수 있다. 이는 수익률의 표준 데이터 행렬을 생성할 것이다. 텐서에서 3차원의 크기가 1보다 크면 펀더멘털 비율, 감성 점수 등 주식/기업의 다른 특성들을 보유할 수 있다.

입력 데이터가 자연스럽게 텐서 형식을 나타낼 수 있지만 그러한 데이터의 처리를 어떻게 진행하느냐는 여전히 미해결 문제로 남아 있다. 딥러닝 접근법을 비롯한 대부분의 현대 머신러닝 방법들은 텐서가 아닌 데이터의 표현에 내부적으로 의존한다. 예를 들어 MNIST 수기 숫자와 같은 2D 영상(즉, 2D 텐서)에 대해 훈련된 순전파 신경망은 먼저 입력 2D 행렬의 열을 쌓아 벡터(1D 텐서)로 변환한다. 그러나 그러한 절차는 원본 데이터의 입력 구성 요소의 상관 구조를 깨뜨릴 수 있다. 예를 들어 MNIST 예제에서 2D 영상에서 인접 셀의 픽셀은 강하게 상관관계를 가질 수 있지만 2D 행렬을 그 열로 쌓아 벡터로 전환시킬 때 이 상관관계는 손실될 수 있다(또는 숨겨질 수 있다).

다행히 응용 수학에서 개발된 방법은 텐서 값의 데이터에 대한 대안적이고 더 텐서 중심적인 분석 방법을 제공한다. 그것들은 텐서 분해[tensor decomposition]라고 알려져 있다. 텐서 분해는 특이값 분해[SVD]와 같은 행렬 분해 방법의 다차원 일반화로 간주할 수 있다. SVD는 행렬(2D 텐서)을 고유 벡터(1D 텐서)의 직접 곱의 합으로 분해하지만 텐서 분해는 N차원 텐서를 저차원 텐서로 유사하게 분해하기 위한 체계적인 프레임워크를 제공한다. CP 분해[7]와 터커 분해[Tucker decomposition] 같은 고전적인 텐서 분해 방법(예, Kolda and Bader, 2009)은 선형 대수의 SVD 및 PCA 방법(즉, 2D 텐서 방법)의 다차원 일반화로 간주할 수 있다.

---

7. CP 분해는 텐서를 1차원 텐서의 선형 조합으로 인수분해한다. 따라서 3차원의 텐서는 다음과 같이 R 랭크의 1차원 텐서의 합으로 분해될 수 있다. $\mathcal{T} \approx \sum_{r=1}^{R} a^r \circ b^r \circ c^r$ 여기서 ○는 외적을 나타낸다. – 옮긴이

물리학에서 텐서 분해에 대한 관심은 RG 방법의 수치적 구현 필요성에 의해 영감을 받았다. N개의 양자 스핀 시스템은 N개의 텐서로 표현될 수 있다. 이러한 텐서는 예를 들어 개별 파동 함수^{wavefunction} $\Psi_k(x)$, $k = 1$, ..., N의 직접 곱을 취함으로써 얻을 수 있다. 수치적 구현의 경우 N이 수십 또는 수백을 초과하면 모든 개별 상태의 직접 곱으로 얻는 데이터의 전체 N차원 텐서를 저장하는 비용이 비쌀 수 있으므로 그러한 데이터를 압축하는 어떤 방법이 필요하다.

물리학에서 텐서 분해는 일반적으로 저차원 데이터 표현을 추구하며 여기서 차원 감소는 SVD와 PCA 방법과 유사한 방식으로 저차원 구성 요소의 시리즈로 전개함으로써 달성된다. 텐서 네트워크^{tensor network}는 N차원 텐서를 저차원 텐서의 축소된 곱으로 인수분해^{factorization}한 것이다. 텐서 네트워크는 저차원 팩터 텐서를 조작해 매우 높은 차원의 텐서를 축소하거나 다항식 비용으로 구성 요소를 검색하는 등의 작업을 허용함으로써 차원의 저주를 타파한다.

특히 텐서-트레인 분해^{tensor-train decomposition}로 응용 수학에서 알려진 행렬 곱 상태^{MPS, Matrix Product State} 분해는 RG를 수치적으로 구현하기 위한 도구로, 물리학에서 많은 유용한 응용을 발견했다. MPS(또는 텐서-트레인) 분해는 랭크가 낮은 텐서들의 곱의 합으로 고차원 텐서를 나타낸다. MPS 분해는 선형 구조를 가진 텐서 네트워크에 상응하지만 그림 12.3에서와 같이 텐서 네트워크의 계층적 버전도 있다.

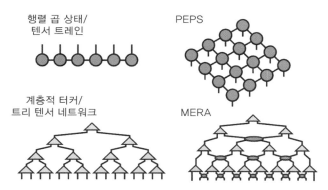

행렬 곱 상태/
텐서 트레인

PEPS

계층적 터커/
트리 텐서 네트워크

MERA

그림 12.3 텐서 네트워크의 다양한 구조: (왼쪽 위) MPS(Matrix Product State, 행렬곱 상태) 또는 TT(텐서 –트레인) 네트워크는 텐서를 3–인덱스 텐서의 체인곱으로 요인 분해한다. (오른쪽 위) PEPS(proejcted entangled pair states, 투사된 얽힌 쌍 상태) 텐서 네트워크는 1차원 MPS/TT 네트워크를 임의의 그래프 위의 네트워크로 일반화한다. (왼쪽 아래) 트리 텐서(계층적 터커) 네트워크는 텐서를 터커 포맷(Turcker format)으로 쌓는다. (오른쪽 아래) MERA(Multi–scale entanglement renormalization ansatz, 다중 스케일 얽힘 재정규화 가설 풀이) 텐서 네트워크는 여러 스케일로 분기 간의 유니터리 분리 연산(unitary disentaler operation)을 취함으로써 차원이 확장된 트리 네트워크다(출처: Miles Stoudenmire로부터 사용 허가를 받음(http://tensornetwork.org)).

텐서 네트워크는 딥러닝에 대한 많은 흥미로운 통찰력을 제공한다. 딥러닝과 유사하게 텐서 네트워크는 이전 추상화 수준에서 특성을 코스 그레인함으로써 점진적으로 더 추상적인 특성을 구축해 데이터의 계층적 표현을 만든다. 가장 흥미로운 차이점은 일반적으로 신경망의 정보는 서로 다른 계층에서 네트워크 가중치의 완전 랭크full-rank 텐서에 저장되지만 텐서 네트워크에서 모든 관련 데이터를 저차원 랭크 텐서에 저장함으로써 이 정보가 압축된다는 것이다. PCA와 유사하게 이러한 분해는 입력 데이터의 정확한 복구를 제공하지 않고 오히려 '잡음 제거de-noised' 버전을 저장한다. 따라서 데이터에서 잡음을 제거하는 것은 텐서 네트워크 내에서 데이터 압축의 부분이 된다.

데이터 분석 및 머신러닝에 텐서 네트워크를 적용하는 것에 대한 많은 흥미로운 최근 제안 중 텐서 네트워크를 사용해 비지도 방식으로 특성을 구축하는 방법을 제공하는 한 가지 특별한 아이디어를 개략적으로 설명하고자 한다(Stoudenmire 2017).

Stoudenmire(2017)의 주요 아이디어는 텐서 네트워크를 국지적 특성 맵 local feature map으로 시작하는 고수준의 특성을 생성하는 방법으로 사용하는 것이다. 그것은 다음과 같다. 입력 데이터가 어떤 원시 d-차원 특성 $\mathbf{x}$에 의해 묘사된다고 가정하고 텐서 곱 구조로 차원 d^N의 공간에 N개의 원시 입력 $\mathbf{x}$를 매핑하는 특성 맵 $\Phi(\mathbf{x})$를 찾는다. 이러한 맵은 국지적 특성 맵 $\phi^{s_j}(\mathbf{x}_j)$로 시작해서 구축할 수 있다. 여기서 $s_j = 1, \ldots, d$다. 그러고 나서 완전한 특성 맵이 국지적 특성 맵의 직접 곱을 취해 구축된다.

$$\Phi^{s_1 s_2 \ldots s_N}(\mathbf{x}) = \phi^{s_1}(\mathbf{x}_1)\phi^{s_2}(\mathbf{x}_2) \cdots \phi^{\mathbf{x}_N}(x_N) \tag{12.11}$$

특성 맵(식 12.11)이 주어질 때 데이터 모델은 다음의 전개로 표현될 수 있다.

$$f(\mathbf{x}) = \sum_{s_1, s_2, \ldots, s_N} W_{s_1 s_2 \ldots s_N} \phi^{s_1}(\mathbf{x}_1)\phi^{s_2}(\mathbf{x}_2) \cdots \phi^{s_N}(\mathbf{x}_N) \tag{12.12}$$

여기서 $\mathbf{W}$는 위의 전개에서 d^N 계수를 저장하는 N차 텐서다. 식 (12.12)는 두 개의 N차원 텐서의 축소다. N이 증가함에 따라 d^N 파라미터를 조작하거나 저장하는 것이 빠르게 구현 불가능하게 된다. Stoudenmire (2017)에서 제안된 해는 텐서 네트워크에 의한 최적의 가중치 $\mathbf{W}$를 근사화하는 것이었다. 국지적 특성 맵과 계수 텐서 $\mathbf{W}$의 동시 텐서 네트워크의 코스 그레인은 비지도 방식으로 상위 수준 특성을 생성하는 다층적, 계층적 방법을 생성하는 것을 보였다.

Stoudenmire(2017)에서 논의하는 것처럼 이 절차는 심층 신경망의 계층적 특징 구성과 유사하다. 차이점은 텐서 네트워크의 경우 텐서 축소 연산은 모두 선형 연산이며 비선형성의 유일한 근원은 국지적 특성 맵의 구축 $\phi^{s_j}(\mathbf{x}_j)$에 있다(Stouden-mair(2017)에서 다항식 특성을 사용한다). 선형 텐서 축소 연산은 이론적으로 완전히 제어할 수 있으므로 이는 데이터에서 추상적 특성을 추출하는 제어 가능한 접근법을 제공한다. 이는 이론적으로 제어하기 어려운 비선형 계층을 여러 개 쌓아 얻는 신경망과는 다르다. 따라서 텐서 네트워크는 임의의 국지적 특성 맵에서 시작해서 추상적인 상위 수준 특성을 구축하는 원칙적인 방법을 제공한다. 이는 지도학습과 강화학습에 모두 유용할 수 있다. 특히 9장과 10장의 일부 경우에서 설명한 것처럼 기저 함수의 좋은 선택이 다차원 제어 작업에 대한 강화학습의 적용에 중요하다. 텐서 네트워크는 국지적 특성 맵으로 시작하는 상향식 방식으로 그러한 기초를 구성하는 방법을 제안한다.

3.3 불균형 환경에서의 제한된 합리적 에이전트

머신러닝에서 흥미로운 최근 개발이 잠재적인 응용을 갖고 있는 또 다른 물리학 분야는 통계 물리학에서 연구된 현미경적 및 거시적 시스템의 불균형 프로세스다. 에너지 기반 모델, 볼츠만 머신, 최대 엔트로피 방법 등과 같은 고전적인 머신러닝 방법이 모두 19세기에 루트비히 볼츠만의 연구에서 물리학자들에 의해 개발된 균형 통계 역학의 개념에 기초한다는 것을 상기하자.

열역학 및 통계역학에서 불균형 프로세스는 종종 에너지 함수 $E_\lambda(x)$가 시간에 따라 어떻게 변하는지 결정하는 시간 의존적 외부 파라미터 $\lambda(t)$ == [0, 1]을 설정함으로써 모델링된다. 예를 들어 에너지 $E_0(x)$와 $E_1(x)$를 가진 두 퍼텐셜에 대한 선형 전환으로 에너지는 $E_\lambda(x) = E_0(x) + \lambda(E_1(x) - E_0(x))$가 된다. 파라미터 λ의 변화가 무한히 느리게 수행될 때(즉, 준정학적으로quasi-statically 시스템 확률분포는 어떠한 λ의 값에 대해서도 균형 분포 $p_\lambda(x) = \frac{1}{Z_\lambda}e^{-\beta E_\lambda(x)}$의 경로를 따른다. 그러나 파라미터 λ의 전환이 유한한 시간에 수행될 때 확률분포의 불균형 경로는 일반적으로 균형 경로와 다를 수 있다.

금융에서 균형 가정의 의미를 생각하려면 금융 트레이딩 중개 에이전트의 구축 문제를 고려하면 된다. 거래 의사결정을 위해 에이전트가 z_t를 사용하는 시장 시그널로 설정하자. 많은 모델에서 암시적인 가정은 거래 신호 z_t의 변화가 일어나면 시장은 '균형을 찾을' 충분한 시간을 갖고 시장 가격이 신호 z_t의 새로운 정보를 완전히 흡수하는 새로운 정상성 또는 준 정상성 상태를 찾는다는 것이다.

그러나 이러한 가정이 모든 시장 시나리오에서 반드시 유지돼야 하는 것은 아니다. 열역학에서 외부 파라미터 $\lambda(t)$의 역할을 하는 시그널 z_t의 변화로 인해 환경에 빠른 변화가 있을 때 시장 동학은 균형 분포의 경로를 따를 수 없고 대신 불균형 방식으로 진화한다. 균형과 불균형의 차이는 특성 시간charateristic time의 개념을 사용해 명확히 할 수 있다. 시그널 z_t의 변화에 따른 이완의 특성 시간 τ_z가 트레이딩 빈도보다 클 경우 균형 가정은 더 이상 적용되지 않는다. 그러한 시나리오에서 동학은 불균형일 것이다. 따라서 변화하는 불균형 환경에서 의사결정 에이전트를 고려하는 것은 금융 응용에서 관심 대상이다.

11장의 10.5절에서 설명한 것처럼 사이먼(Simon, 1956)이 처음 제안한 제한적 합리성 에이전트의 개념은 금융을 위한 유용한 패러다임이다. 그 것은 시장 에이전트가 완전히 합리적이고 각각은 잘 정의된 효용(보상) 함수를 최대화한다고 가정하는 폰 노이만-모겐스턴von Neumann-Morgenstern 의 기대 효용 접근법의 완벽하게 합리적인 에이전트를 제한된 정보 처리 자원을 가진 에이전트의 개념으로 대체한다. 계산 자원의 부족으로 인해, 제한된 합리성을 가진 에이전트는 주어진 효용 함수에 따라 완벽한 행동을 찾을 수 없다.

사이먼의 제한적 합리성 이론은 정보 이론과 열역학(Tishby and Polani 2011; Ortega and Braun 2013; Ortega et al. 2015)의 도구로 보강됐다. 이 접근법으로 제한적 합리성을 가진 에이전트는 일부 사전(기준) 정책 π_0의 업데이트에 대한 정보 비용을 통합하는 증강 보상 함수augmented reward function 를 최대화한다. 증강 보상 함수에서 두 구성 성분의 상대적 가중치가 역온도 파라미터 β에 의해 결정될 때 이 파라미터는 에이전트의 합리성의 정도도 제어하므로 고온 극한 $\beta \to 0$에서는 에이전트에 대한 가장 최적의 행동이 '사전' 정책 π_0을 전혀 업데이트하지 않는다. 즉, 완전히 비합리적인 태도로 행동한다. β의 값이 0이 아닌 경우 보상 최대화와 정보 비용 최소화 사이의 트레이드오프 최적화 문제에 대한 최적 해는 통계 물리학의 균형 분포와 유사한 볼츠만 분포의 형태를 취한다. 이는 에이전트의 의사결정 프로세스가 환경 변화에 의해 정책 변화가 촉발돼 사전 정책 π_0에서 사후 정책 π로 변화되는 것으로 이해될 수 있음을 의미한다.

수학적으로는 10.5절에서 본 것처럼 KL 정보 비용으로 보상 함수를 증강하는 것은 G-러닝에서처럼 KL 엔트로피에 의한 가치 함수와 행동-가치 함수의 규제화와 같다. 다시 말해 G-러닝의 접근법은 제한적 합리성을 가진 에이전트에 대한 균형 동학 가정에 해당한다. 이 접근법을 통해 에이전트의 최적 행동은 볼츠만과 유사한 정책에 의해 결정되며 환경 변화에 따른 자유 에너지의 차이에 의해 구동된다. 따라서 변화하는 불균형 환경에서 작동하는 제한적 합리성을 가진 에이전트의 경우로 이 접근법을 확장하는 것을 고려하는 것은 흥미롭다.

이 문제는 Grau-Moya et al.(2018)에서 다뤄졌다. 환경이 균형을 벗어나면 제한된 합리성의 에이전트는 균형 상태의 자유 에너지 차이를 완전히 활용할 수 없으며, 그 효용 중 일부는 환경의 소실 및 가열에 의해 상실된다. 불균형 열역학에서 일반화된 요동 정리^{generalized fluctuation theorem}와 자진스키 동등성^{Jarzynski equality}으로 알려진 열역학을 확장하는 최근 결과를 사용하는 것은 불균형 시스템과 관련해 작동한다. Grau-Moya et al. (2018)은 환경의 불균형 변화에 따른 제한된 합리성 에이전트의 자유 에너지 변화에 대한 관계를 얻었으며, 이를 에너지 소멸량과 관련시켰다. Grau-Moya et al.(2018)의 분석은 단일 스텝 효용 최적화 환경에서 자유 에너지가 (RL에서 최대화하는 수량인) 가치 함수와 직접 관련되기 때문에 이 작업을 다기간 경우로 확장하는 것이 RL에 중요할 수 있다.

4. 머신러닝의 '대통합'

이 책에서는 지도학습, 비지도학습, 강화학습의 세 가지 주요 유형(강화 학습의 하위 클래스로 IRL 포함)을 고려했다. 첫 번째 두 유형은 인공 에이전트에 대한 인지 작업$^{perception\ task}$의 클래스에 해당한다. 강화학습은 행동 작업$^{action\ task}$이라고 하는 인공 에이전트의 다른 작업 클래스에 해당한다.

지금까지는 주로 이 세 가지 유형의 머신러닝을 다른 방법을 때때로 활용할 수 있는 개별 작업으로 제시했다. 예를 들어 강화학습은 지도 또는 비지도학습을 사용해 얻은 특성을 사용할 수 있다. 강화학습이 지도학습에 가져다주는 이점도 있다. 특히 강화학습 방법은 지도학습을 위해 실시간 비용 효율적인 특성 선택을 수행할 수 있다. 금융 응용에 대해 더 구체적으로 설명하면 이 책의 반복되는 주제는 금융에서 지도학습을 위한 계량경제학과 머신러닝 방법의 통일, 그리고 포트폴리오 최적화 작업을 위한 확률적 최적 제어와 강화학습 방법의 통일이다. 이 모든 것은 머신러닝의 상이한 분야에 걸친 방법의 상호 침투와 머신러닝 외부에서 개발된 도구와의 통합 예가 될 것이다.

이 절에서는 다양한 유형의 머신러닝 간 상호작용에 대한 상이한 관점을 제공하고 이러한 머신러닝 작업을 별도로 고려하기보다는 결합해서 고려하는 것이 왜 유익한지 알아본다. 이를 통해 좁게 공식화된 목표를 달성하기 위한 서로의 방법의 기술적 응용이 아니라 인공 에이전트의 모델링을 위한 더 높은 수준의 추상화 내에서 통합된 관점을 의미한다.

그러한 잠재적 이익을 보여주고자 주식 시장에서 트레이딩을 수행하기 위한 인공 에이전트 구축의 문제를 고려하자. 이러한 에이전트에 대해서 훈련의 지도학습 부분은 자신의 미래 가치(즉, 충분히 높은 자기상관관계를 갖는)와 미래 자산 수익률을 예측하는 어떤 '시그널'(관찰 가능한 시장 데이터의 함수)을 찾는 것과 같다. 지도학습 문제는 어떤 역사적 데이터에 대한 훈련을 통해 해결된다.

이 접근법의 주된 문제는 이것이 트레이딩으로 이익을 얻는 것인 에이전트의 궁극적인 목표와 직접적으로 결부되지 않는다는 것이다. 지도학습을 사용해 얻은 트레이딩 시그널은 그 자체의 미래 가치를 예측할 수 있고 주식 수익률과 상관관계가 있을 수 있지만 사용하기에는 매우 실용적이지 않다. 예를 들어 이러한 신호에 의존하는 전략은 트레이딩 시그널 분석에 따라 기대되는 이익에서 차감해야 할 너무 높은 비용을 초래할 수 있다. 그러나 그러한 잠재적 문제를 다루는 것은 지도학습 알고리듬의 외부에 있다. 거래 비용은 단지 트레이딩에서 발생하는데, 이 트레이딩 즉 행동action[8]이 문제의 일부로 고려되지 않기 때문이다.

이는 공식화된 것처럼 트레이딩 에이전트의 학습에서 지도학습 부분이 추출된 시그널에 기반을 둬야 하는 최적 트레이딩 문제에서 분리된다는 것을 의미한다. 지도학습을 사용해 트레이딩 시그널이 일단 얻어지면 트레이딩 전략을 최적화하려는 강화학습 에이전트의 외생적 입력으로 사용된다. 그러므로 이 접근법은 트레이딩 시그널의 추론을 통해 미래를 예측하는 인지 작업과 최적으로 트레이딩하는 행동 작업을 분리해 본다.

한편 다기간 트레이딩 맥락에서 에이전트는 한 단계에서 다른 단계로 이동할 때 이 두 가지 유형의 활동 사이를 번갈아 가며 수행한다. 다시 말해 그것은 인지-행동 주기perception-action cycle의 많은 반복을 통해 살아간다.

대부분의 현재 방법은 인지와 행동 작업을 인지-행동 주기의 개별 요소로 취급하지만 명확한 계층 구조를 갖고 있다. 최적의 트레이딩 정책을 생성하는 작업이 주요 작업인 반면 예측 시그널을 찾는 작업은 보조 작업이다. 이는 트레이딩 에이전트가 추상적으로 '옳을' 수 있지만 목표 달성에 도움이 되지 않는 동학 모델을 구축하기보다는 에이전트의 최종 목표에 특별히 조정된 상태 표현과 동학 법칙을 자유롭게 설계할 수 있

---

8. 인지-행동 주기의 행동 – 옮긴이

음을 의미한다. 이 절에서는 인공 에이전트에 대한 인식과 행동에 대한 하위 작업에 대해 이들을 분리해서 다루는 것이 아니라 '통합된[unified,] 견해를 제공하는 것을 목표로 하는 몇 가지 최근 접근법을 개략적으로 설명한다.

4.1 인지-행동 주기

유기체의 지능적 행동에 관한 연구 문헌에서 인지-행동 주기는 목표를 향한 일련의 감각 유도 행동의 과정에서 유기체와 환경 사이 정보의 순환적 흐름을 설명한다. 동일한 개념을 인공 에이전트 환경과의 상호작용을 보여주고자 적용될 수 있다. 생물학적 유기체와 인공 에이전트를 단순히 '에이전트'로 지칭하면서 일반적인 용어로 이 문제에 접근할 수 있다.

에이전트의 행동으로부터 환경에 대한 피드백을 받는 주기는 인지와 행동 작업 간에 복잡한 의존성을 가져온다. 행동이 환경을 변화함에 따라 인식은 수동적이지 않고 에이전트에 의해 이전에 선택된 작업에 따라 달라진다. 생물체의 경우 이것은 어떤 감각 탐지에 대한 입력[sensor input]을 미래에 경험할 것인가를 어느 정도 제어할 수 있거나, 또는 어떤 감각 탐지에 대한 입력이 플래닝[planning]에 무관한지를 결정할 수 있음을 의미한다. 트레이딩 에이전트와 같은 인공 에이전트의 경우 이러한 감각 탐지에 대한 입력의 역할은 트레이딩 시그널 z_t에 의해 수행된다. 따라서 인지와 행동 작업에 대한 주기 중심의 견해 내에서 이들은 서로 긴밀하게 얽혀 있다.

Tishby와 Polani(2011), Ortega와 Braun(2013), Ortega et al.(2015)에 나타난 것처럼 정보 이론 방법은 인지-행동 주기 내에서 인지와 행동 사이의 상호작용을 설명하는 통합적이고 모델 독립적인 방법을 제공한다. 이 접근법 내에서 주기의 정보 흐름은 양방향 정보 전달 프로세스로 간주된다.

첫째, 환경에서 에이전트로 전송되는 정보가 있다. 트레이딩 에이전트의 예에서 이는 트레이딩 시그널 z_t를 구축하는 데 사용되는 시장 정보다.

둘째, 에이전트에서 환경으로 전달되는 정보가 있다. 다시 금융 맥락에서 이러한 정보 전송의 예를 찾는 것은 쉽다. 에이전트가 큰 포지션을 취할 때 다른 시장 참여자들은 종종 이것을 첫 번째 에이전트가 트레이딩을 촉발한 우월한 정보를 갖고 있다는 증거로 간주한다. 따라서 이에 따라 시장 참여자들은 그들의 추정치와 트레이딩 결정을 수정할 수 있으며, 이들이 모두 결합될 때 이는 시장 환경의 변화에 해당한다.

4.2 정보 이론과 강화학습의 접점

11장과 12장에서 여러 차례 다뤘듯이 정보 이론 도구는 강화학습 문제에 매우 유용하다. 10장에서 고려했던 한 예가 G-러닝이라는 것을 기억하라. 그것은 정책 최적화(플래닝) 목적에 에이전트에 대한 정보 처리 제약을 통합하는 Q 러닝의 확률적 확장을 제공한다.

G-러닝은 정보 이론에 탄탄한 뿌리를 두고 있지만 잡음이 많은 고차원 데이터를 처리할 수 있는 생성 모델이 되는 데 있어 실질적인 이점을 제공한다. 10.5절과 이전 절에서 살펴본 것처럼 G-러닝에서 수행한 대로 보상을 증가시키고자 KL 벌칙을 추가하는 것도 정보 처리 비용의 규모에 따라 합리성의 양이 제어되는 제한적 합리성의 에이전트를 모델링하는 방법으로 볼 수 있다. 이것은 사이먼(1956)의 제한적 합리성의 에이전트 개념에 대한 실용적이고 원칙적인 정보 이론적인 구현을 제공하고 G-러닝은 정보 처리 비용 제약을 에이전트의 의사결정에 통합하는 것을 기반으로 한다. 에이전트와 환경 간의 양방향 정보 흐름의 관점에서 G-러닝은 환경에서 에이전트로 정보를 전달한다. 따라서 에이전트에서 환경으로 두 번째 정보 흐름을 포함시키고자 이 프레임워크를 확장하는 것이 중요하다.

이러한 정보 기반 강화학습의 연장은 최근 2018년까지 Tiomkin과 Tishby(2018)에서 개발됐다. 저자들은 에이전트와 환경 사이의 피드백 상호작용을 두 개의 비대칭 정보 채널로 구성된 것으로 간주했다. 환경으로부터의 지도(인과) 정보는 표준 RL 설정에서 고려되는 최대 기대 보상을 제약한다. Tiomkin과 Tishby는 무한 기간 마르코프 의사결정 프로세스 문제 설정에서 환경과 에이전트 사이의 인과적 정보에 대해 벨만 방정식과 같은 재귀 방정식을 개발했다. 이 관계를 가치 함수에 대한 벨만 재귀 방정식과 결합할 수 있으며, 이는 인과 정보 흐름과 에이전트의 가치 함수를 모두 유도하는 통합 벨만 방정식으로 이어진다. Tiomkin과 Tishby(2018)가 지적한 것처럼 이 접근법은 잠재적으로 인공 에이전트의 설계 기준에 중요한 실용적 적용이 될 수 있다. 좀 더 구체적으로 에이전트의 '뇌'(즉, 프로세서)의 정보 처리 속도는 관련된 MDP 문제를 해결하는 데 필요한 최소 정보 속도보다 높아야 한다(Tiomkin and Tishby, 2018).

Tiomkin과 Tishby(2018)의 접근법은 무한 기간 설정으로 작동하는 생물체 또는 인공 에이전트에 적용된다. 금융 응용의 경우 무한 기간 설정은 결코 정확할 수 없지만 많은 타임스텝에 관련된 문제에 대한 좋은 근사치가 될 수 있다. 고정되고 적은 수의 타임스텝을 가진 멀티스텝 의사결정을 수반하는 다른 작업의 경우 이것이 가장 적합한 설정이 아닐 수 있다.

4.3 강화학습과 지도학습: 예측, MuZero와 다른 새로운 아이디어

많은 스텝에 걸쳐 확장된 의사결정을 포함하는 장기 목적을 계획할 수 있는 에이전트 구축과 관련되지만 상이한 접근법이 구글의 딥마인드 DeepMind 연구자들에 의해 추구되고 있다. 무한 기간 의사결정을 고려하는 Tiomkin과 Tishby(2018)의 연구와 달리 이 연구는 전방 탐색을 기반으로 한 멀티스텝 플래닝multi-step planning의 무한 기간 문제에 초점을 맞춘다. 이러한 플래닝 문제의 예는 아타리 2600 게임 같은 비디오 게임이나 체스나 바둑 같은 전통 게임을 통해 제공된다.

이러한 플래닝 문제의 공통적인 특징은 모두 향후 여러 스텝에서 에이전트의 행동 결과를 탐색해야 한다는 것이다. 강화학습 설정에서 이것은 지연된 보상을 가진 학습을 설명하고 모든 중간 타임스텝의 경우 즉각적인 보상은 모두 0이고, 게임의 전체 점수를 정의하는 것은 마지막 스텝(예, 체스 게임의 체크메이트)에서 얻은 보상일 뿐이다. 이러한 문제에 대한 플래닝에는 향후의 여러 스텝에 걸친 에이전트 행동의 시나리오 분석이 포함돼야 한다.

딥마인드의 연구자들이 추구하는 방법은 유한 기간 플래닝 작업을 푸는데 초점을 맞추고 있으며, 일반적으로 신경망 기반의 심층 강화학습 구조 내에서 운영된다. 이러한 접근법으로 복잡한 심층 신경망은 가치 함수나 강화학습 에이전트에 대한 정책 함수의 보편적 함수 근사치universal function approximation로 사용된다. 머신러닝 커뮤니티에서는 이러한 방법의 성과를 알아볼 때 일반적으로 사용되는 실험 유형으로는 딥마인드며, 다른 연구자들은 시뮬레이션된 비디오 게임 환경, 체스나 바둑 같은 시뮬레이션 게임, MuJoCo와 같은 물리적 로봇을 위한 대안적인 시뮬레이션 환경을 사용하는 경우가 많다.

딥마인드가 취하는 접근법은 모델 기반 강화학습의 한 종류며, 여기서 작업은 가치 함수에 대한 엔드투엔드 예측기end-to-end predictor를 개발하는 것이다. 이 접근법의 주요 아이디어는 추상적인 MDP에서의 플래닝이 실제 환경에서 플래닝하는 것과 동등하다는 요건에 의해 제약을 받는 추상적인 MDP 모델을 구축하는 것이다. 이를 가치 동등성value equivalence 이라고 하며 추상적인 MDP에서 경로를 통한 누적 보상이 실제 환경에서 경로의 누적 보상에 일치해야 한다는 요건에 해당한다.

이 아이디어는 가치 함수 예측을 위한 신경망 기반 가치 동등 모델을 구성하는 예측 뉴런predictron에서 처음 구현됐다(Silver 2017). 이 접근법의 혁신은 가치 동등성을 보장하는 것 외에도 결과적인 추상적인 MDP를 어떠한 방식으로도 제약하지 않는다는 것이다. 특히 그러한 MDP의 상태는 비지도학습 접근법에서 흔히 가정되는 것처럼 관측된 상태에 대한 압축된 견해를 제공할 필요가 없는 은닉 상태로 간주된다. 마찬가지로 추상적인 MDP의 상태 간 전이가 실제 환경에서의 전이와 일치해야 한다는 요구 사항은 없다. 추상적인 MDP의 유일한 목적은 플래닝 문제의 최적 해를 찾는 것이다.

이 접근법은 아타리 2600 비디오 게임과 바둑, 장기, 일본 장기 게임에 대해 게임 규칙과 에이전트 구조의 변화 없이 초인적인 성과를 달성하기 위해 몬테카를로 트리 탐색과 세계의 모델 학습을 결합한 딥마인드의 MuZero에서 확장됐다(Schrittwieser 2017). MuZero 에이전트는 교사로부터 아무런 지도 없이 자기 플레이를 통해 배운다. 학습은 엔드투엔드이며 은닉 상태의 동시적 학습, 은닉 상태의 전이 확률과 플래닝 최적화 알고리듬을 포함한다.

따라서 예측 뉴런과 MuZero 에이전트는 지도학습 작업이 플래닝 최적화의 최종 목적에 종속되는 지도학습과 강화학습에 대한 통합 접근법을 구현한다. 금융 플래닝 및 의사결정 문제에 대해 유사한 접근법을 탐구하는 것은 금융에서 머신러닝을 위한 매우 유망한 미래 방향이다.

참고 문헌

Bouchaud, J., & Cont. R. (1998). A Langevin approach to stock market. *Eur. Phys. J. B, 6*(4), 543–550.

Bouchaud, J., & Potters, M. (2004). *Theory of financial risk and derivative pricing*, 2nd edn. Cambridge: Cambridge University Press.

de Mello Koch, E., de Mello Koch, R., & Cheng, L. (2019). *Is deep learning an RG flow?* https://arxiv.org/abs/1906.05212.

den Broeck, C. V., Parrondo, J., Toral, R., & Kawai, R. (1997). Nonequilibrium phase transitions induced by multiplicative noise. *Physical Review E, 55*(4), 4084–4094.

Dixit, A., & Pindyck, R. (1994). *Investment under uncertainty*. Princeton NJ: Princeton University Press.

Efrati, E., Wang, Z., Kolan, A., & Kadanoff, L. (2014). Real-space renormalization in statistical mechanics. *Review of Modern Physics, 86*, 647-667.

Ewald, C. O., & Yang, Z. (2007). *Geometric mean reversion: formulas for the equilibrium density and analytic moment matching*. University of St. Andrews Economics Preprints.

Goodfellow, I., Pouget-Abadie, J., Mirza, B. X. M., Warde-Farley, D., Ozair, S., Corville, A., et al. (2014). Generative adversarial nets. *NIPS*, 2672-2680.

Grau-Moya, J., Kruger, M., & Braun, D. (2018). Non-equilibrium relations for bounded rational decision-making in changing environments. *Entropy, 20*, 1. https://doi.org/10.3390/e20010001.

Halperin, I., & Dixon, M. (2020). "Quantum Equilibrium-Disequilibrium": Asset price dynamics, symmetry breaking, and defaults as dissipative instantons. *Physica A: Statistical Mechanics and Its Applications, 537*. https://doi.org/10.1016/j.physa.2019.122187.

Halperin, I., & Feldshteyn, I. (2018). Market self-learning of signals, impact and optimal trading: invisible hand inference with free energy, (or, how we learned to stop worrying and love bounded rationality). https://papers.ssrn.com/sol3/papers.cfm?abstract id=3174498.

Hinrichsen, H. (2000). Nonequilibrium critical phenomena and phase transitions into absorbing states. *Advances in Physics, 49*(7).

Kolda, T., & Bader, B. (2009). Tensor decompositions and applications. *SIAM Review, 51*(3), 455-500.

Langevin, P. (1908). Sur la théorie du mouvement brownien. *Comps Rendus Acad. Sci. (Paris), 146*, 530-533.

Merton, R. C. (1975). An asymptotic theory of growth under uncertainty. *Review of Economic Studies, 42*(3), 375-393.

Ortega, P., & Braun, D. A. (2013). Thermodynamics as a theory of decision-making with information processing costs. *Proceedings of the Royal Society A.* https://doi.org/10.1098/rspa.2012.0683. https://arxiv.org/pdf/1204.6481.pdf.

Ortega, P. A., Braun, D. A., Dyer, J., Kim, K., & Tishby, N. (2015). Information-theoretic bounded rationality. https://arxiv.org/pdf/1512.06789.pdf.

Schmittmann, B., & Zia, R. (1995). *Statistical mechanics of driven diffusive systems*: Vol 17: *Phase transitions and critical phenomena.* In C. Domb, & J.L. Lebowitz (Ed.). Academic Press.

Schrittwieser, J. (2017). Mastering atari, go, chess and shogi by planning with a learned model. https://arxiv.org/abs/1911.08265.

Silver, D. (2017). The predictron: end-to-end learning and planning. In *ICML'17 Proceedings of the 34th International Conference on Machine Learning* (Vol. 70, pp. 3191–3199).

Simon, H. (1956). Rational choice and the structure of the environment. *Psychological Review, 63*(2), 129–138.

Sornette, D. (2000). Stock market speculations: spontaneous symmetry breaking of economic valuation. *Physica A, 284*(1–4), 355–375.

Sornette, D. (2003). Why stock markets crash. Princeton: Princeton University Press.

Stoudenmire, E. M. (2017). Learning relevant features of data with multi-scale tensor networks. *Quantum Science and Technology, 3*(3). https://iopscience.iop.org/article/10.1088/2058-9565/aaba1a/meta, available at https://arxiv.org/pdf/1801.00315.pdf.

Tiomkin, S., & Tishby, N. (2018). A unified Bellman equation for causal information and value in Markov decision processes. https://arxiv.org/abs/1703.01585.

Tishby, N., & Polani, D. (2011). *Information theory of decisions and actions* (pp. 601–636). Perception-Action Cycle. New York, NY, USA: Springer.

찾아보기

금융 머신러닝
이론에서 실전까지

발 행 | 2022년 1월 11일

지은이 | 매튜 딕슨 · 이고르 핼퍼린 · 폴 빌로콘
옮긴이 | 이 기 홍

펴낸이 | 권 성 준
편집장 | 황 영 주
편 집 | 조 유 나
디자인 | 윤 서 빈

에이콘출판주식회사
서울특별시 양천구 국회대로 287 (목동)
전화 02-2653-7600, 팩스 02-2653-0433
www.acornpub.co.kr / editor@acornpub.co.kr

책값은 뒤표지에 있습니다.